Saskia Gießen / Maria Hoeren
Birgit Wedemeyer / Hiroshi Nakanishi

Das große Excel-Vorlagenbuch

FRANZIS
HOT STUFF

Saskia Gießen
Maria Hoeren
Birgit Wedemeyer
Hiroshi Nakanishi

Das große Excel-Vorlagenbuch

HOT STUFF JUBILÄUMSAUSGABE

Mit 828 Abbildungen

Bibliografische Information der Deutschen Bibliothek
Die Deutsche Bibliothek verzeichnet diese Publikation in der Deutschen Nationalbibliografie; detaillierte Daten sind im Internet über **http://dnb.ddb.de** abrufbar.

Hinweis
Alle Angaben in diesem Buch wurden vom Autor mit größter Sorgfalt erarbeitet bzw. zusammengestellt und unter Einschaltung wirksamer Kontrollmaßnahmen reproduziert. Trotzdem sind Fehler nicht ganz auszuschließen. Der Verlag und der Autor sehen sich deshalb gezwungen, darauf hinzuweisen, dass sie weder eine Garantie noch die juristische Verantwortung oder irgendeine Haftung für Folgen, die auf fehlerhafte Angaben zurückgehen, übernehmen können. Für die Mitteilung etwaiger Fehler sind Verlag und Autor jederzeit dankbar.
Internetadressen oder Versionsnummern stellen den bei Redaktionsschluss verfügbaren Informationsstand dar. Verlag und Autor übernehmen keinerlei Verantwortung oder Haftung für Veränderungen, die sich aus nicht von ihnen zu vertretenden Umständen ergeben. Evtl. beigefügte oder zum Download angebotene Dateien und Informationen dienen ausschließlich der nicht gewerblichen Nutzung. Eine gewerbliche Nutzung ist nur mit Zustimmung des Lizenzinhabers möglich.

Herausgeber: Jobst Kerhan
Satz: DTP-Satz A. Kugge, München
art & design: www.ideehoch2.de
Druck: Bercker, 47623 Kevelaer
Printed in Germany

ISBN 978-3-7723-**7077-2**

V Das große Excel-Buch

Noch ein Buch und noch mehr Vorlagen zu Excel?

Ja, denn die Kombination ist das Besondere! Die Kombination aus Beschreibung im Buch und dazu passender Lösung auf der beiliegenden CD-ROM. So können Sie schnell und problemlos alle Lösungen nutzen und – wenn gewünscht – an Ihre Bedürfnisse anpassen.

Die Vorlagen sind in zwei Hauptgruppen unterteilt, in den geschäftlichen und in den privaten Bereich. Innerhalb dieser Gruppen sind die Beispiele in verschiedene thematische Kategorien eingeordnet, wie Auto, Finanzen, Büro, Gesundheit oder Haushalt.

Neben der thematischen Sortierung haben wir die einzelnen Beispiele in Schwierigkeitsstufen (✱,✱✱,✱✱✱,✱✱✱✱) eingeordnet. An den Sternen können Sie erkennen, ob die Datei keine bzw. ganz einfache Formeln (✱) oder komplexe Formeln (✱✱✱✱) enthält.

Wir Autoren verfügen über langjährige Erfahrung mit Microsoft Excel, die wir sowohl in unseren Beratungen, Seminaren und Workshops als auch aus den Entwicklungen in IT-Projekten gesammelt haben.

Viel Spaß haben uns die Beispiele zum Thema Kids & Co. gemacht, bei denen Kinder und Erwachsene die Möglichkeiten von Excel spielerisch erlernen können.

Das breite Spektrum an verschiedenen Dateien verdanken wir zum großen Teil den Teilnehmern der Seminare und Workshops, die uns mit ihren Fragen und Wünschen immer wieder neue Anregungen für weitere Einsatzmöglichkeiten von Excel gegeben haben.

Wir bedanken uns an dieser Stelle ganz herzlich bei Familie, Freunden und Bekannten, die uns durch konkrete Beispiele aus Ihrem Excel-Alltag oder auch durch Fragen und Anregungen unterstützt haben. Sicherlich findet jeder von Euch »seine Idee« im einen oder anderen Beispiel integriert wieder.

Und all denen, die mit den folgenden Worten an uns herantraten: »Wenn Ihr so ein Buch schreibt, dann hätte ich gerne auch eine Excel-Datei fürs …« können wir nun antworten »Schaut doch mal auf Seite …«.

Köln, im Sommer 2007

Birgit Wedemeyer
Maria Hoeren
Saskia Gießen
Hiroshi Nakanishi

I Inhaltsverzeichnis

Teil I – Privat 15

1 Arbeit & Rente 18

1.1 Fehlzeiten: An diesen Tagen habe ich nicht gearbeitet 18
1.2 Rentencheck: Wie viele Tage noch bis zur Rente? 20
1.3 Stundennachweis mit erhöhtem Lohn für samstags 22
1.4 Überstunden: Bis wie viel Uhr muss ich heute noch arbeiten? 24

2 Adressen 26

2.1 Adressen weltweit suchen und mit Google Earth anzeigen 26
2.2 Adressliste: Suchen mit Spezialfilter 28
2.3 Alter über das Geburtsdatum ermitteln 30
2.4 Geburtstag: Wer feiert im nächsten Monat? 32

3 Auto 34

3.1 Autokauf: Kostenvergleich beim Neukauf 34
3.2 Autokosten übersichtlich darstellen 36
3.3 Bezinverbrauch berechnen 38
3.4 Fahrtenbuch führen 40
3.5 PKW-Kosten in der Übersicht 42

4 Finanzen 44

4.1 Darlehen berechnen 44
4.2 eBay-Auktionen überwachen 46
4.3 Einbruchs-Schadensaufstellung 48
4.4 Einkaufscheck: Wer war wann wo einkaufen? 50
4.5 Fondssparplan 54
4.6 Quartalsmäßiger Finanzüberblick eines Haushalts 56
4.7 Vermögensverwaltung: Aktien im Blick 58
4.8 Versicherungen: Beiträge berechnen 62
4.9 Währungsumrechner 64
4.10 Zinsen bei einmaliger Zahlung 66

5 Gesundheit 68

5.1 Astrologie: In welchem Sternzeichen bin ich geboren? 68
5.2 Blutdruckkontrolle mit Diagramm 70
5.3 BMI (Body-Mass-Index) ermitteln 72
5.4 Besser essen: Protokoll über die tägliche Nahrungsaufnahme 74
5.5 Gewichtskontrolle: wöchentlich 76
5.6 Gewichtskontrolle: Weight Watchers-Punkte berechnen 78
5.7 Kalorienaufnahme: Monatsprotokoll 80

5.8 Kalorienverbrauch bei diversen Tätigkeiten ... 82
5.9 Laborwerte vergleichen ... 84
5.10 Private Krankenkasse abrechnen ... 86
5.11 Sport: Laufprotokoll ... 88
5.12 Sport: Training protokollieren und bewerten ... 90

6 **Haushalt** ... 92
6.1 Aufgabenverteilung im Haushalt ... 92
6.2 Ausgaben pro Kalenderwoche protokollieren ... 94
6.3 Einnahmen und Ausgaben im privaten Haushalt ... 96
6.4 Renovierungskosten überwachen ... 98
6.5 Rezepte: Verwaltung ... 100
6.6 Rezepte: Umrechnungstabelle nach Personenzahl ... 102
6.7 Terminplaner für die ganze Familie ... 104
6.8 Zeitmanagement im Haushalt mit Prioritäten ... 106

7 **Kids & Co.** ... 108
7.1 Addieren im Zahlenraum bis 100 ... 108
7.2 Addieren lernen am Computer ... 110
7.3 Bilder zählen ... 112
7.4 Stundenplan zum Ausmalen ... 114
7.5 Tiere zählen und das Ergebnis am Computer eingeben ... 116
7.6 Tier-Sudoku für Kids ... 118
7.7 Zahlen zählen – gar nicht mal so einfach ... 120

8 **Papeterie** ... 122
8.1 Bastelkalender: Hochformat ... 122
8.2 Bastelkalender: Querformat ... 124
8.3 Bestellformular zum Ausdrucken ... 126
8.4 CD-Einleger gestalten ... 128
8.5 Gutscheine zum Drucken ... 130
8.6 Linien- und Rechenpapier ... 132
8.7 Namensschilder drucken ... 134
8.8 Ordnerrücken breit ... 136
8.9 Ordnerrücken schmal ... 138
8.10 Registermappen beschriften ... 140

9 **Sammeln & Sortieren** ... 142
9.1 Buch-Archiv ... 142
9.2 Bücher-Datenbank ... 144
9.3 CDs archivieren ... 148
9.4 DVD-Verleihliste ... 150
9.5 Schallplatten-Verzeichnis ... 152
9.6 Übersicht der Zeitungsabos (Ausgaben) ... 154

9.7 Verleihliste für alle Fälle 156
9.8 Verzeichnis für CDs, Videos und DVDs 158

10 **Schule** 160
10.1 Auswertung von Klausuren, Klassenarbeiten und Tests 160
10.2 Bundesjugendspiele 162
10.3 Elternliste für Schule und Kindergarten 164
10.4 Geometrie: eine Gerade zeichnen 166
10.5 Klassenarbeitsübersicht 168
10.6 Klausurberechnung 170
10.7 Notenspiegel der Klasse pro Schulhalbjahr 172
10.8 Notenspiegel einer Klasse für einen Test 174
10.9 Römische Zahlen in Dezimalzahlen umwandeln 176
10.10 Stundenplan mit farblicher Kennzeichnung 178
10.11 Vokabeltest Latein 180
10.12 Vokabeln mehrsprachig nachschlagen 182

11 **Schwarzes Brett** 186
11.1 Aushang mit Abreißschnipseln 186
11.2 Menüplan Kantine 188
11.3 Wochen- und Putzpläne 190

12 **Spiel, Sport & Hobby** 192
12.1 Buchstabenrätsel selbst gemacht 192
12.2 Countdown: Wie lange noch bis zur Hochzeit? 196
12.3 Einarmiger Bandit 198
12.4 Fußball-Tippgemeinschaft 200
12.5 Kniffel-Druckvorlage 202
12.6 Rechnen lernen 204
12.7 Siegerliste: Ermitteln der Plätze 1, 2 und 3 bei einem Laufwettbewerb 206
12.8 Siegerliste: Ermitteln der Plätze 1, 2 und 3 beim Weitsprung 208
12.9 Schiffe versenken – mit Excel die Vorlagen erstellen 210
12.10 Sudoku-Formular zum Drucken 214
12.11 Urkunde aufgrund sportlicher Leistungen 216
12.12 Wettlauf auswerten 218

13 **Urlaub** 220
13.1 Dollar-Check: Was ist er noch wert? 220
13.2 Reisecheck: Checkliste zum Ausfüllen 222
13.3 Reisecheck: Was muss ich in den Koffer packen? 224
13.4 Reisecheck: Welcher Reiseanbieter ist der günstigste? 226
13.5 Urlaub: Was hat jeder Tag insgesamt gekostet? 228
13.6 Urlaubsplaner für den Job 230
13.7 Währungsumrechner 232

14 **Vereine** 234
14.1 Belegungsplan für Sporthallen und Plätze 234
14.2 Eintrittskarten mit fortlaufender Nummer 236
14.3 Geburtstagslisten 238
14.4 Mannschaftsliste 240
14.5 Mitglieder- und Beitragsverwaltung 242
14.6 Mitgliederverwaltung 244
14.7 Lotto-Zusatzzahl-Tipp 248
14.8 Spielpläne 250
14.9 Turnierplan für Zuschauer 252
14.10 Turnierplan K.o.-System 254

15 **Wohnung & Miete** 256
15.1 Checkliste für den Umzug 256
15.2 Der optimale Fliesenkauf 258
15.3 Mietcheck: Zahle ich zu viel? 260
15.4 Stromverbrauch 262
15.5 Wasserverbrauch grafisch anzeigen 264

Teil II – Geschäftlich 267

1 **Adressen** 270
1.1 Adressenliste schnell durchsuchen 270
1.2 Adressliste für Outlook vorbereiten 272
1.3 Adressliste mit Auswahlfunktion 276
1.4 Adressliste mit Map24 278
1.5 Doppelte Adressen anzeigen lassen 280

2 **Analysen** 282
2.1 ABC-Analyse: Auswertung nach Filialen 282
2.2 ABC-Analyse: Umsatz der Produkte 284
2.3 Bevölkerungsstatistik anhand des Rhein-Sieg-Kreises 286
2.4 Break-Even-Analyse: Wo liegt die Gewinnzone? 288
2.5 Deckungsbeitragsrechnung: Unternehmensgewinn 290
2.6 Geschlechterverteilung: Männer und Frauen zählen 292
2.7 Marktforschung: Marktanteile ermitteln am Beispiel Automarken 294
2.8 Messeanalyse: Standbesucher zählen und auswerten 296
2.9 Umsatz pro Kunde mit grafischer Darstellung 298
2.10 Umsatz: Kunden in Gruppen zusammenfassen und zählen 300
2.11 Umsatz nach Filialen? 302
2.12 Verkaufsstatistik: Warengruppen auswerten 304

3 Branchenlösungen ... 306

3.1 Alle Branchen: Angebot bis Rechnung in einer Excel-Mappe ... 306
3.2 Alle Branchen: Baukosten überwachen ... 308
3.3 Alle Branchen: flexible Einsatzplanung ... 310
3.4 Alle Branchen: Rechnung aus Liefersummen bilden ... 312
3.5 Dienstleistung: Terminplaner für ein Kosmetikstudio ... 314
3.6 Hotelgewerbe: Fakturierprogramm für kleinen Hotelbetrieb ... 316
3.7 Kanzleien: Mandantenstammblatt anlegen ... 318
3.8 Kontrolle Lagerbestand und Bestellungen ... 320
3.9 Kultur: Platzreservierungen für ein Theater ... 322
3.10 Vermietung: Autoverleih ... 326
3.11 Vermietung: Mietberechnung – Jahresmiete ... 330
3.12 Vermietung: Surfbrettverleih ... 332
3.13 Vermietung: Stellplatzvermietung ... 334

4 Buchhaltung ... 336

4.1 Bewirtungskosten: DIN A4 ... 336
4.2 Kassenbuch: einfache Variante ... 338
4.3 Kassenbuch: mit Ausweis der Mehrwertsteuer ... 340
4.4 Offene Posten: Übersicht ... 342
4.5 Quittungsdruck mit Text ... 344
4.6 Rechnungspositionen mit unterschiedlichen Steuersätzen ... 346
4.7 Reisekostenabrechnung für einen Monat ... 348
4.8 Reisekostenabrechnung für einen Tag ... 350
4.9 Spesen: Jahresaufstellung ... 352

5 Büro ... 354

5.1 Arbeitsaufwand nach Monaten und Kostenstellen summieren ... 354
5.2 Fax-Deckblatt mit Formularfeldern entwerfen ... 356
5.3 Fax-Deckblatt ausgestalten und als Mustervorlage ablegen ... 358
5.4 Kurzmitteilung: Formular für firmeninterne Zwecke ... 360
5.5 Messekostenplaner: Soll-Ist-Vergleich ... 362
5.6 Mitarbeiterverzeichnis mit Sprechzeiten und Kontaktdaten ... 364
5.7 Präsentationsablauf mit Zeiten ... 366
5.8 Rabattbetrag und Mehrwertsteuer berechnen ... 368
5.9 Seminar- und Veranstaltungsbeurteilungen ... 370
5.10 Tätigkeitsbericht: Protokollierung mit Kostenstellen ... 372
5.11 Tätigkeitsbericht: Protokollierung mit Kostenstellen Teil 2 ... 374
5.12 Telefonmanagement: Gesprächsnotiz A5 ... 376
5.13 Terminmanagement: fällige Termine farbig darstellen ... 378
5.14 Urlaubsplan für jedes beliebige Jahr ... 380
5.15 Urlaubsplan mit Mindestbesetzung ... 382
5.16 Vergleich eingeholter Angebote mit Prozentsätzen ... 384
5.17 Vergleich eingeholter Angebote mit Rabattbeträgen ... 386

6 **Fahrzeuge** ... 388
6.1 Benzinverbrauch: Statistik ... 388
6.2 Fahrzeugkosten im Blick ... 390
6.3 Fahrtenbuch: einfache Variante ... 392
6.4 Fahrtenbuch mit Kilometer- und Uhrzeitberechnung ... 394
6.5 Fahrzeugkosten pro Jahr ... 396
6.6 Fahrzeugkosten pro Monat ... 398
6.7 Pkw-Finanzierung: Leasing oder Kredit? ... 400

7 **Finanzen** ... 402
7.1 Einnahmen und Ausgaben mit Belegen ... 402
7.2 Gewinn- und Verlustaufstellung ... 404
7.3 Kreditanalyse: Darlehensvarianten durchrechnen ... 406
7.4 Kreditanalyse: Ratenlaufzeit ... 408
7.5 Kreditanalyse: Status quo ... 410
7.6 Kreditanalyse: Tilgungsplan ... 414
7.7 Vermögensverwaltung: Aktienverläufe protokollieren und analysieren ... 416
7.8 Zinsen zu regelmäßigen Zahlungen ... 418

8 **Lohn & Gehalt** ... 420
8.1 Lohnabrechnung für Minijobs ... 420
8.2 Stundenkontrollzettel mit Pausen (Uhrzeiten) ... 422
8.3 Stundenkontrollzettel über Mitternacht hinaus ... 424
8.4 Stundennachweis für Aushilfen ... 426

9 **Personal** ... 428
9.1 Anwesenheitsliste ... 428
9.2 Arbeitszeiterfassung: Jahresübersicht mit Überstunden ... 430
9.3 Budgetkontrolle ... 434
9.4 Personaleinsatzplan mit automatischer Warnung bei Unterbesetzung ... 436
9.5 Prämien verteilen ... 440
9.6 Provisionen berechnen ... 442
9.7 Urlaubsantrag ... 444
9.8 Urlaubsplan mit automatischem Zählen der Urlaubstage ... 446
9.9 Verkaufsprämien ... 448

10 **Selbstständige & Freiberufler** ... 452
10.1 Besuchsbericht erstellen und auswerten ... 452
10.2 Buchungsliste für DATEV ... 454
10.3 Einnahmenkalkulation für Freiberufler ... 456
10.4 Flyer-Vorlage, 3-fach gefaltet: Beispiel Pizza-Taxi ... 458
10.5 Liquiditätsplan ... 460
10.6 Projektplan ... 462

10.7 Visitenkarten: Hochformat ... 464
10.8 Visitenkarten: Querformat ... 466

11 Unternehmensführung ... 468
11.1 Analysen: Auswertungen nach zwei Merkmalen ... 468
11.2 Analysen: Auswertungen nach drei Merkmalen in einer Tabelle ... 470
11.3 Analysen der Kunden, Käufer und Umsätze ... 472
11.4 Hausmesse: alle Kosten im Blick ... 474
11.5 Inventur: Inventurliste ... 476
11.6 Kommunikationsanalyse: Anrufe auswerten und grafisch darstellen ... 478
11.7 Kundenanalyse: Besucherstrom mit einem Netzdiagramm analysieren ... 480
11.8 Mitbestimmung: Ergebnisse einer Betriebsratswahl ... 482
11.9 Mitarbeiter: Beurteilung ... 484
11.10 Mitarbeiter: Mitarbeiterfragebogen erstellen ... 486
11.11 Umsatzstatistik der vergangenen Jahre ... 488
11.12 Umsätze per Hyperlink überwachen ... 490
11.13 Umsätze: Quartalsumsätze ... 492
11.14 Unsätze: Umsatzzahlen als Tortendiagramm ... 494

12 Vertrieb ... 496
12.1 Angebot erstellen ... 496
12.2 Auftragsbestätigung aus Angebot erstellen ... 498
12.3 Lieferschein aus Angebot oder Auftrag schreiben ... 500
12.4 Mahnung aus einer Rechnung erstellen ... 502
12.5 Rechnung aus Angebot oder Auftrag schreiben ... 504
12.6 Rechnungsformular: eine einfache Rechnung erstellen ... 506
12.7 Rechnungsformular: Rechnung mit benutzerdefinierten Zahlenformaten ... 508
12.8 Rechnungsformular: Rechnung mit verknüpften Tabellen ... 510
12.9 Rechnungskontrolle mit dem Rechnungsausgangsbuch ... 512
12.10 Vertriebsprozess: komplett in einer Excel-Mappe ... 514

13 Zeit & Datum ... 516
13.1 Altersverteilung: Personen automatisch in Altersgruppen einteilen ... 516
13.2 Datumsberechnung: Monat im Datum ermitteln und mit Pivot-Tabelle auswerten ... 518
13.3 Firmenjubiläum: Wer feiert im aktuellen Monat seinen Jahrestag? ... 520
13.4 Kalender: Professionelle Optik selbst erstellen ... 522
13.5 Kalender: Taschenkalender für die Brieftasche ... 526
13.6 Kalenderwochen berechnen ... 528
13.7 Weltzeit: mit der Weltuhr immer wissen, wo es wie spät ist ... 530

S Stichwortverzeichnis ... 533

Privat

Die Rubrik *Privat* enthält Dateien, die überwiegend für den privaten Bereich bestimmt sind. Sie lassen sich jedoch nach der ein oder anderen Modifikation auch für berufliche Zwecke einsetzen. In den Kategorien sind Dateien zu den folgenden Themen enthalten:

- **Arbeit & Rente:** In dieser Kategorie können Sie beispielsweise ausrechnen lassen, wie viele Tage es noch bis zur Rente sind. Mit Hilfe einer anderen Datei lässt sich die verbleibende Arbeitszeit pro Tag errechnen.

- **Adressen:** Neben einer Adressliste mit Suchfilter gibt es Beschreibungen, um sich eine Adresse in Google Earth anzeigen zu lassen. Zusätzlich gibt es eine Datei, in der Sie aufgrund des Geburtsdatums das aktuelle Alter einer Person ermitteln können. Sehen Sie auch einmal in den geschäftlichen Teil, dort finden Sie auch eine Adresskategorie.

- **Auto:** Behalten Sie mit den Dateien dieser Kategorien die Ausgaben für Ihr Auto im Überblick. Zusätzlich finden Sie eine Datei, mit der Sie einen Kostenvergleich beim Autokauf durchführen können.

- **Finanzen:** Hier finden Sie verschiedene Ansätze, um die Kosten in Ihrem Haushalt zu kontrollieren. Mit der Lösung *eBay-Auktionen überwachen* behalten Sie den Überblick über Ihre Auktionen. Weitere Dateien beschäftigen Sie mit der Rückzahlung von Darlehen und der Zinsrechnung.

- **Gesundheit:** Sie finden Vorlagen für Ihren Body-Mass-Index und zur Blutdrucküberwachung. Mehrere Dateien beschäftigen sich mit dem Thema Gewichtskontrolle.

- **Haushalt:** Zeit- und Terminmanagement für die ganze Familie und eine Ein- und Ausgabekontrolle sind nur zwei von mehreren Vorlagen für den Haushalt. Ein Beispiel zeigt Ihnen, wie Sie eine Liste zur Aufgabenverteilung im Haushalt erstellen. Zwei Tabellen helfen Ihnen, Ihre Rezepte zu verwalten, und bieten eine Umrechnung der Mengenangaben nach Personenanzahl.

- **Kids & Co.:** Ein Stundenplan zum Ausmalen und mehrere Tabellen zum Zählen und zum Rechnenlernen mit Excel sind nicht nur für Kinder spannend. Ein Highlight ist das Sudoku für Kinder, in dem Tiere verteilt werden müssen.

- **Papeterie:** Hier haben wir diverse Vorlagen für den Ausdruck erstellt. Neben CD-Einlegern finden Sie Linien und Rechenpapier. Zusätzlich finden Sie zwei Vorlagen, um sich einen Bastelkalender im Hoch- und Querformat zu erstellen.

- **Sammeln & Sortieren:** Mit diesen Dateien können Sie Ihre Sammlungen professionell archivieren. In der Datei *Buch-Archiv* erfassen Sie alle Bücher, geben Ihre persönlich Bewertung ein und den Standort, wo Sie sie wieder finden. Über die DVD-Verleihliste behalten Sie die verliehenen Filme im Auge.

- **Schule:** In dieser Kategorie finden Sie Dateien für Schüler und auch für Lehrer. Für Lehrer sind die Dateien zum Notenspiegel und zur Klausurauswertung von Interesse. Für Schüler sind die Vokabelprüfungen und die Umrechnung von römischen Zahlen in Dezimalzahlen gedacht.

- **Schwarzes Brett**: Hier sind Wochen- und Putzpläne und die klassische Vorlage für einen Aushang mit Abreißschnipseln enthalten.

- **Spiel, Sport & Hobby**: Kniffel, Sudoku oder Buchstabenrätsel: Für diese Spiele sind fertige Vorlagen enthalten. Wenn Ihnen Las Vegas zu weit ist, schauen Sie sich den einarmigen Banditen mit Excel an. Zusätzlich finden Sie Dateien, in denen Sie die Sieger von Wettkämpfen ermitteln.

- **Urlaub**: Die wichtigsten Dateien für die Urlaubsvorbereitung sind in dieser Kategorie zu finden. Für kostenbewusste Leser ist die Excel-Datei gedacht, mit der Sie die Kosten pro Urlaubstag ermitteln. Zur Vorbereitung des nächsten Urlaubs werden ein Währungsumrechner und mehrere Checklisten für, z. B. für das Kofferpacken, angeboten.

- **Vereine**: Alles rund um den Verein: Mitgliederverwaltung, Mannschaftsliste und Spielpläne sind hier vertreten, außerdem noch eine Lotto-Tippliste, wenn Sie Ihre Vereinskasse auffüllen möchten.

- **Wohnung & Miete**: Die Dateien zum Thema *Wohnung und Miete* enthalten Analysen zum Wasser- und Stromverbrauch. Ein Highlight ist die Berechnung der Fliesenmenge, wenn nur die Länge und die Breite der zu fliesenden Fläche bekannt sind.

1 Arbeit & Rente

1.1 Fehlzeiten: An diesen Tagen habe ich nicht gearbeitet

Kategorie: Arbeit & Rente

Dateiname: MEINE ABWESENHEITSTAGE.XLS

Schwierigkeitsgrad: ✵✵✵

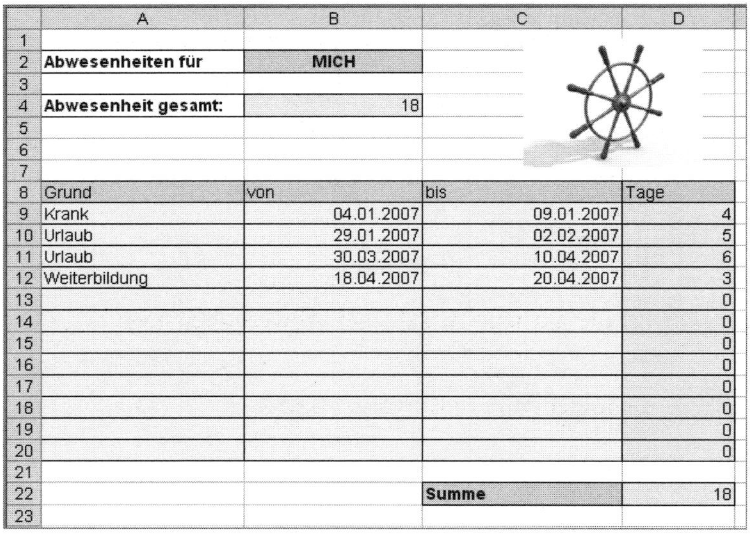

	A	B	C	D
1				
2	**Abwesenheiten für**	**MICH**		
3				
4	**Abwesenheit gesamt:**	18		
5				
6				
7				
8	Grund	von	bis	Tage
9	Krank	04.01.2007	09.01.2007	4
10	Urlaub	29.01.2007	02.02.2007	5
11	Urlaub	30.03.2007	10.04.2007	6
12	Weiterbildung	18.04.2007	20.04.2007	3
13				0
14				0
15				0
16				0
17				0
18				0
19				0
20				0
21				
22			**Summe**	18
23				

Bild 1.1: Die Berechnungen auf dem Register *Abwesenheitstage*

Stellen Sie sich vor, Sie möchten protokollieren, an welchen Tagen Sie nicht gearbeitet haben. Dabei möchten Sie nur die Anzahl der Arbeitstage wissen, also ohne Wochenenden und ohne Feiertage.

Die vorliegende Mappe enthält zwei Tabellenblätter: Auf dem ersten geben Sie alle notwendigen Daten ein und auf dem zweiten finden Sie die Feiertage bis 2010.

NETTOARBEITSTAGE ist ein Add-In. Sie aktivieren es über *Extras/Add-Ins*, setzen den Haken bei *Analyse-Funktionen* und bestätigen mit *OK*.

Das Register Feiertage

Aufgrund der länderabhängigen Feiertage sollten Sie die Liste der Feiertage kontrollieren und gegebenenfalls korrigieren.

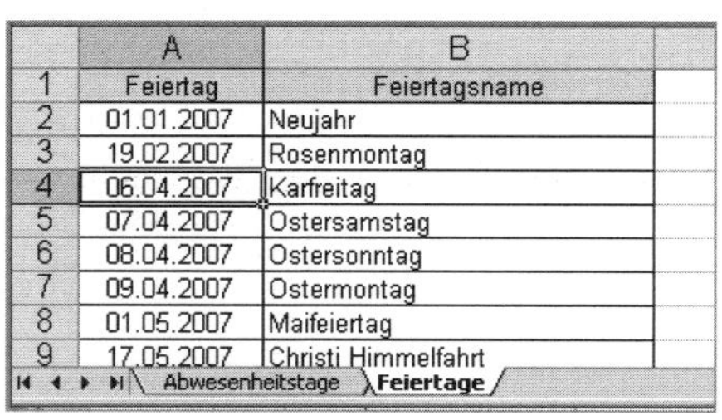

	A	B
1	Feiertag	Feiertagsname
2	01.01.2007	Neujahr
3	19.02.2007	Rosenmontag
4	06.04.2007	Karfreitag
5	07.04.2007	Ostersamstag
6	08.04.2007	Ostersonntag
7	09.04.2007	Ostermontag
8	01.05.2007	Maifeiertag
9	17.05.2007	Christi Himmelfahrt

Bild 1.2: Die Feiertage auf dem gleichnamigen Tabellenblatt

Die Anzahl der Abwesenheiten

Sie möchten jetzt die Anzahl der Tage, an denen Sie nicht in der Firma waren, ohne Wochenenden und ohne Feiertage errechnen.

1. Markieren Sie die Zelle D9 und geben Sie die folgende Funktion ein:

   `=NETTOARBEITSTAGE(B9;C9;Feiertage!A2:A80)`

In der ersten Zelle steht das Anfangs- und in der zweiten Zelle steht das Enddatum der Abwesenheit. Der dritte Bereich ist die Liste der Feiertage vom gleichnamigen Tabellenblatt.

2. Kopieren Sie diese Funktion nach unten.

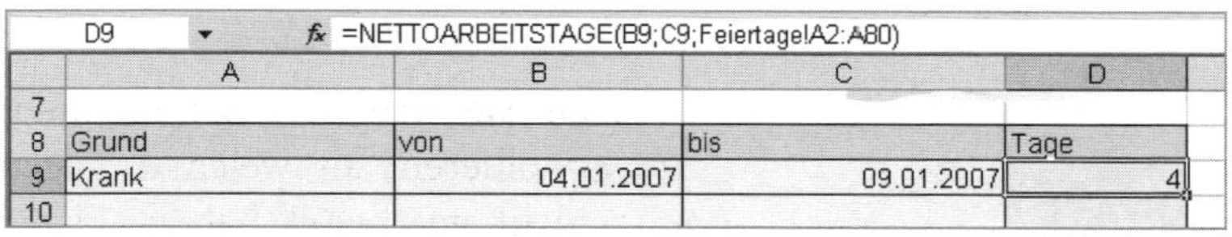

Bild 1.3: Die Anzahl der Abwesenheiten ohne Wochenenden und ohne Feiertage

3. Klicken Sie nun in die Zelle D22 und bilden Sie dort die AutoSumme [Σ].
4. Kontrollieren Sie, ob alle Zellen mit den Abwesenheitstagen markiert sind, und drücken Sie [Eingabe].

   `=SUMME(D9:D21)`

Zur besseren Übersicht soll im oberen Bereich die aktuelle Anzahl der Abwesenheitstage angezeigt werden.

5. Markieren Sie die Zelle B4 und geben Sie die folgende Funktion ein: `=D22`

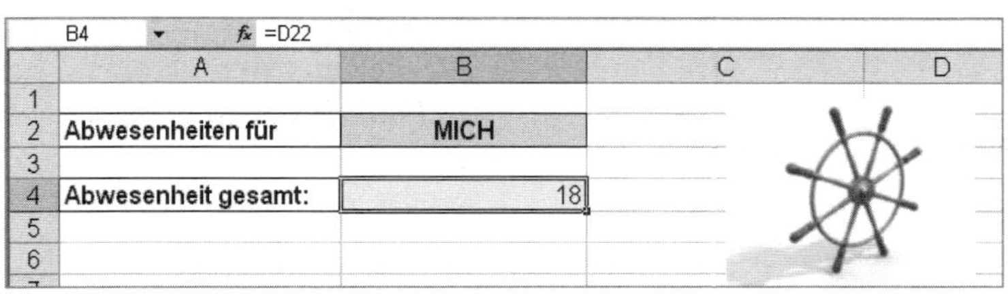

Bild 1.4: Die aktuelle Anzahl der Abwesenheitstage

Die Tabelle erweitern

Sie möchten drei weitere Zeilen in die Tabelle einfügen.

1. Markieren Sie drei Zeilenköpfe in der Tabelle.
2. Klicken Sie mit der rechten Maustaste in die Markierung und wählen Sie den Befehl *Zellen einfügen*.

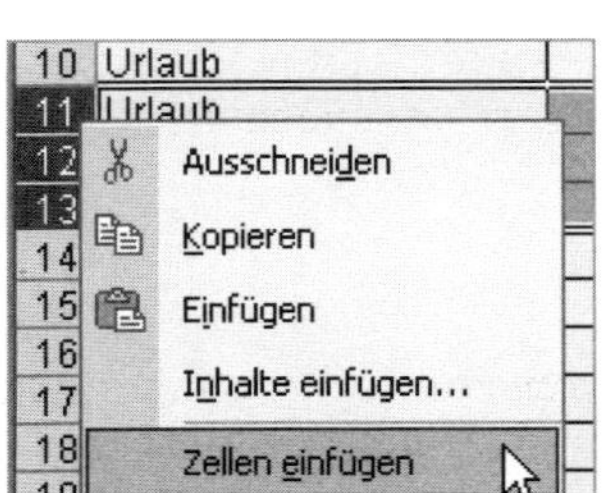

Bild 1.5: Drei Zeilen in einem Schritt einfügen

1.2 Rentencheck: Wie viele Tage noch bis zur Rente?

Kategorie: Arbeit & Rente

Dateiname: WIE VIELE TAGE BIS ZUR RENTE.XLS

Schwierigkeitsgrad: ❋❋

Vielleicht möchten Sie wissen, in wie vielen Tagen Sie in Rente gehen können.

Zum einen möchten Sie sich die Anzahl der Tage, also inklusive der Wochenenden und Feiertage, anzeigen lassen. Zum anderen wollen Sie wissen, wie viele Tage Sie noch arbeiten gehen müssen.

	A	B
1	06.01.2007	Heute
2	23.12.2010	Rentenbeginn
3		
4	1447	Anzahl Tage
5		
6	985	Anzahl Arbeitstage
7		

Bild 1.6: Die Anzahl der Tage bis zum Rentenbeginn

Das aktuelle Datum

Zur Berechnung der Anzahl der Tage benötigen Sie das aktuelle Tagesdatum.

1. Markieren Sie die Zelle A1 und geben Sie die folgende Funktion ein:

```
=HEUTE ()
```

Ab jetzt wird in der Zelle A1 immer das Systemdatum Ihres Computers angezeigt.

2. Geben Sie in die Zelle A2 das Datum Ihres Rentenbeginns ein.

A1 fx =HEUTE()

	A	B
1	06.01.2007	Heute
2	23.12.2010	Rentenbeginn

Bild 1.7: Die Funktion HEUTE() zeigt immer das aktuelle Datum.

Die Anzahl der Tage

Als Erstes wollen Sie wissen, wie viele Tage zwischen den beiden Daten liegen.

Markieren Sie die Zelle A4 und geben Sie den folgenden Rechenschritt ein:

```
=A2-A1
```

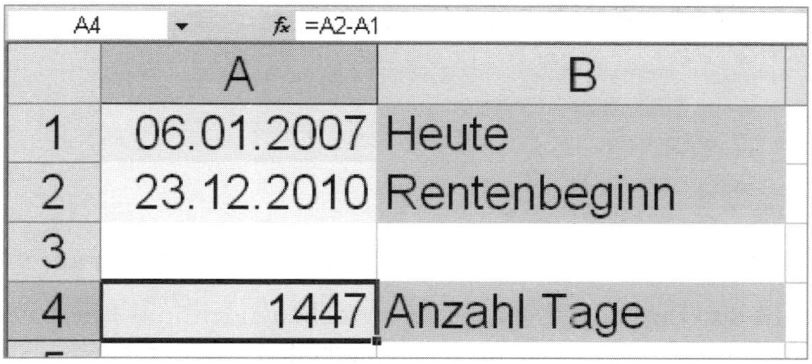

A4 = A2-A1

	A	B
1	06.01.2007	Heute
2	23.12.2010	Rentenbeginn
3		
4	1447	Anzahl Tage

Bild 1.8: Die Anzahl der Tage zwischen zwei Daten

In der Zelle A4 wird die aktuelle Anzahl der Tage berechnet.

Die Arbeitstage im Jahr

Im nächsten Rechenschritt möchten Sie wissen, wie viele Arbeitstage zwischen den beiden Daten liegen. Dazu benötigen Sie neben der Funktion NETTOARBEITSTAGE eine Liste aller Feiertage der nächsten Jahre. Eine Liste finden Sie in dieser Mappe auf dem Tabellenblatt *Liste Feiertage.* Dort finden Sie einen Zellbereich mit dem Namen *Feiertage.*

1. Setzen Sie den Cursor in die Zelle A6 und öffnen Sie den Funktionsassistenten.
2. Suchen Sie die Funktion NETTOARBEITSTAGE. Sollten Sie die Funktion nicht finden, dann lesen Sie weiter unten weiter.
3. Ins Feld *Ausgangsdatum* geben Sie die Zelle A1 ein.
4. Ins Feld *Enddatum* geben Sie die Zelle A2 ein.
5. Ins Feld *Freie_Tage* kommt der Zellbereich mit dem Namen *Feiertage.*

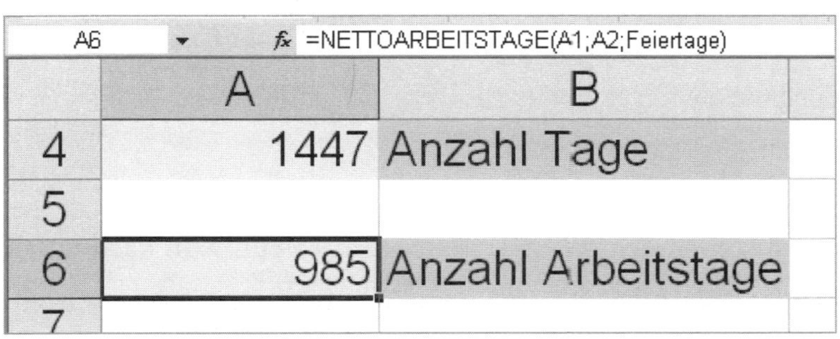

A6 =NETTOARBEITSTAGE(A1;A2;Feiertage)

	A	B
4	1447	Anzahl Tage
5		
6	985	Anzahl Arbeitstage

Bild 1.9: Die Anzahl der Arbeitstage zwischen zwei Daten ohne Wochenenden und ohne Feiertage

Wenn Sie die Funktion NETTOARBEITSTAGE nicht im Funktionsassistenten finden, dann wählen Sie *Extras/Add-Ins* und klicken den Haken *Analyse-Funktionen* an.

1.3 Stundennachweis mit erhöhtem Lohn für samstags

Kategorie: Arbeit & Rente

Dateiname: MEIN STUNDENNACHWEIS.XLS

Schwierigkeitsgrad: ❋❋❋

	A	B	C
1	Stundenlohn Werktags	15,00 €	
2	Stundenlohn Samstag	18,00 €	
3	Monat	Januar	
4	Jahr	2007	
5			
6	Gesamtsumme	1.455,00 €	
7			
8	Datum	Anwesenh. in Stunden	Vergütung
9	01.01.2007	4	60,00 €
10	02.01.2007	3	45,00 €
11	03.01.2007	1	15,00 €
12	04.01.2007		- €
13	05.01.2007		- €
14	06.01.2007	1	18,00 €
15	**07.01.2007**		- €
16	08.01.2007		- €

Bild 1.10: Das Protokoll Ihrer Arbeitsstunden

Sie arbeiten als Aushilfe in einem Betrieb. Jetzt möchten Sie für sich festhalten, wie viel Euro Sie im Monat verdient haben.

In der Spalte B geben Sie Ihre Arbeitsstunden ein. An den fünf Tagen der Arbeitswoche erhalten Sie 15 Euro pro Stunde. Am Samstag erhalten Sie 18 Euro pro Stunde.

Zu Beginn geben Sie in die Zelle A9 den Ersten des Monats ein und ziehen das Datum jetzt am Ausfüllkästchen nach unten. Durch diese Eingabe werden die Zellen B3 und B4 automatisch mit Werten gefüllt.

Die Vergütung

1. Markieren Sie die Zelle C9 und geben Sie die folgende Funktion ein:

```
=WENN(WOCHENTAG(A9;2)=6;B9*$B$2;B9*$B$1)
```

Wenn das Datum in der Zelle A9 ein Samstag ist, werden die Arbeitsstunden mit dem Inhalt der Zelle B2 multipliziert, ansonsten mit dem Inhalt der Zelle B1. Weil Sie diese Funktion nach unten kopieren, müssen Sie die Zellen B1 und B2 durch Drücken von [F4] festmachen.

C9 fx =WENN(WOCHENTAG(A9;2)=6;B9*$B$2;B9*$B$1)

	A	B	C	D
7				
8	Datum	Anwesenh. in Stunden	Vergütung	
9	01.01.2007	4	60,00 €	
10	02.01.2007	3	45,00 €	

Bild 1.11: Die Prüfung, ob die Aushilfe an einem Samstag gearbeitet hat

2. Kopieren Sie die Funktion nach unten.

Die automatische Formatierung des Sonntags

Jetzt sollen die Sonntage in dieser Liste farbig hervorgehoben werden. Dazu setzen Sie die bedingte Formatierung ein. Wenn der Wochentag ="7", also ein Sonntag ist, dann soll der Zellhintergrund gelb eingefärbt werden.

1 Markieren Sie die Zelle A9 und wählen Sie *Format/Bedingte Formatierung*.

2 Wählen Sie im ersten Listenfeld den Eintrag *Formel ist*.

3 Geben Sie die folgende Funktion ein: `=WENN(WOCHENTAG(A9;2)=7;1;0)`.

3 Klicken Sie auf die Schaltfläche *Format* und wählen Sie auf dem Register *Muster* die gewünschte Farbe aus.

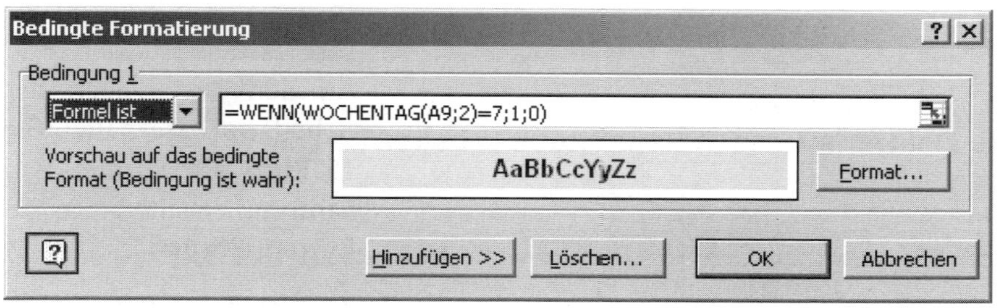

Bild 1.12: Der Sonntag wird durch die bedingte Formatierung farbig hervorgehoben.

4 Bestätigen Sie beide Fenster mit *OK*.

5 Klicken Sie nun auf die Schaltfläche *Format übertragen* und markieren Sie die anderen Datumszellen in der Spalte.

Die Gesamtsumme

Im letzten Schritt möchten Sie jetzt noch die Gesamtsumme Ihres monatlichen Lohns bilden.

1 Markieren Sie die Zelle B6 und klicken Sie auf die Schaltfläche *AutoSumme* [Σ].

2 Markieren Sie jetzt alle Zellen der Spalte C, die den täglichen Lohn enthalten.

`=SUMME(C9:C39)`

3 Bestätigen Sie durch Drücken von [Eingabe].

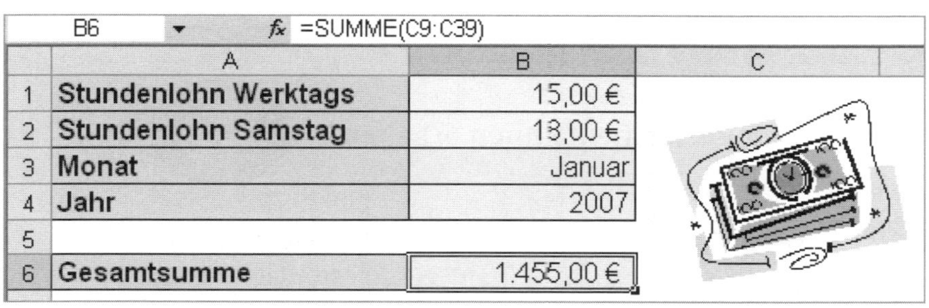

Bild 1.13: Die Gesamtsumme für den Monat

1.4 Überstunden: Bis wie viel Uhr muss ich heute noch arbeiten?

Kategorie: Arbeit & Rente

Dateiname: SOLL STUNDEN ARBEITEN.XLS

Schwierigkeitsgrad: ❋❋

Sagen wir, Sie möchten jeden Tag wissen, bis wie viel Uhr Sie noch arbeiten müssen. Sie haben Ihre Sollarbeitsstunden und Ihren Arbeitsbeginn in den Spalten B und C eingetragen. In der Spalte D errechnet Excel, bis wann Sie arbeiten müssen.

In der Spalte E geben Sie ein, wann Sie gegangen sind. Dann können in der Spalte F die Überminuten berechnet werden.

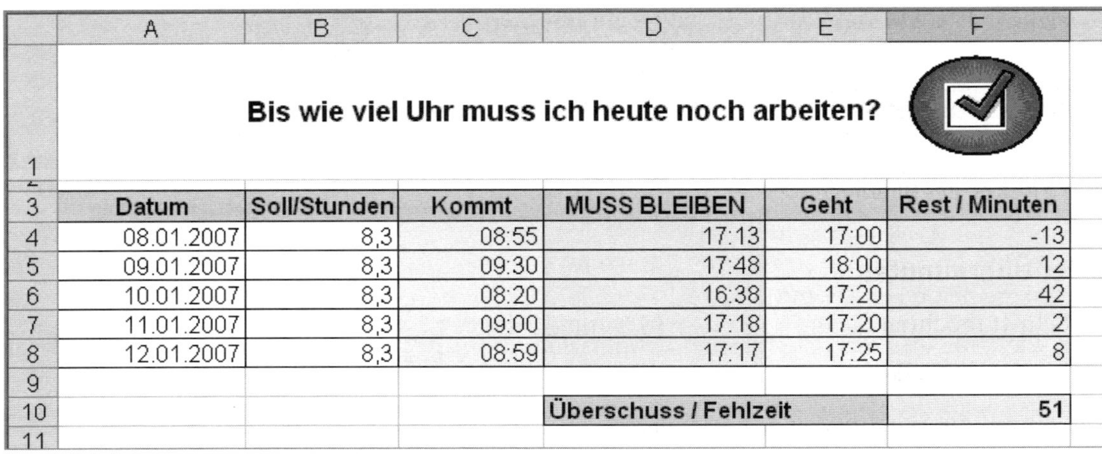

	A	B	C	D	E	F
1	Bis wie viel Uhr muss ich heute noch arbeiten?					
3	Datum	Soll/Stunden	Kommt	MUSS BLEIBEN	Geht	Rest / Minuten
4	08.01.2007	8,3	08:55	17:13	17:00	-13
5	09.01.2007	8,3	09:30	17:48	18:00	12
6	10.01.2007	8,3	08:20	16:38	17:20	42
7	11.01.2007	8,3	09:00	17:18	17:20	2
8	12.01.2007	8,3	08:59	17:17	17:25	8
9						
10				Überschuss / Fehlzeit		51
11						

Bild 1.14: Bis wann muss ich heute arbeiten?

Muss bleiben

1. Markieren Sie die Zelle D4 und geben Sie den folgenden Rechenschritt ein:

```
=C4+B4/24
```

2. Kopieren Sie die Funktion nach unten.

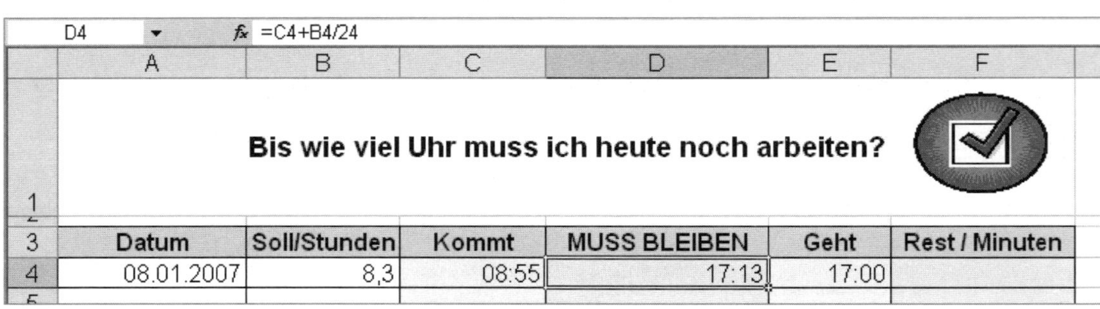

D4 =C4+B4/24

	A	B	C	D	E	F
1	Bis wie viel Uhr muss ich heute noch arbeiten?					
3	Datum	Soll/Stunden	Kommt	MUSS BLEIBEN	Geht	Rest / Minuten
4	08.01.2007	8,3	08:55	17:13	17:00	

Bild 1.15: Der Rechenschritt zum Berechnen des Feierabends

Überminuten

1. Markieren Sie die Zelle F4 und geben Sie den folgenden Rechenschritt ein:
   `=WENN(E4="";"-";(E4-D4)*24*60)`

Wenn die Zelle links daneben leer ist, soll ein Strich geschrieben werden. Ansonsten wird die Geht-Zeit von der Kommt-Zeit abgezogen und das Ergebnis mit 24 und dann mit 60 multipliziert.

Dadurch erhalten Sie die Differenz in Minuten.

2. Kopieren Sie die Funktion nach unten.

F4 =WENN(E4="";"-";(E4-D4)*24*60)

	A	B	C	D	E	F
1		Bis wie viel Uhr muss ich heute noch arbeiten?				
3	Datum	Soll/Stunden	Kommt	MUSS BLEIBEN	Geht	Rest / Minuten
4	08.01.2007	8,3	08:55	17:13	17:00	-13
5						

Bild 1.16: Die Anzahl der Überminuten

Summe der Überminuten

Im letzten Schritt möchten Sie die Summe der Minuten bilden.

1. Markieren Sie die Zelle F10.
2. Klicken Sie auf die Schaltfläche *AutoSumme* [Σ].
3. Kontrollieren Sie, ob alle Zellen markiert sind.
   `=SUMME(F4:F9)`
4. Drücken Sie [Eingabe].

F10 =SUMME(F4:F9)

	A	B	C	D	E	F
1		Bis wie viel Uhr muss ich heute noch arbeiten?				
3	Datum	Soll/Stunden	Kommt	MUSS BLEIBEN	Geht	Rest / Minuten
4	08.01.2007	8,3	08:55	17:13	17:00	-13
5	09.01.2007	8,3	09:30	17:48	18:00	12
6	10.01.2007	8,3	08:20	16:38	17:20	42
7	11.01.2007	8,3	09:00	17:18	17:20	2
8	12.01.2007	8,3	08:59	17:17	17:25	8
9						
10				Überschuss / Fehlzeit		51

Bild 1.17: Die Summe der Überminuten

In dieser Woche haben Sie 51 Überminuten erarbeitet.

2 Adressen

2.1 Adressen weltweit suchen und mit Google Earth anzeigen

Kategorie: Adressen

Dateiname: ADRESSEN_FREUNDE_BEKANNTE.XLS

Schwierigkeitsgrad: ❋

Eine Adressliste ist heute nicht nur eine einfache Liste. Mit ein wenig Wissen und einem Zugang zum Internet wird diese Liste zu einer virtuellen Weltreise.

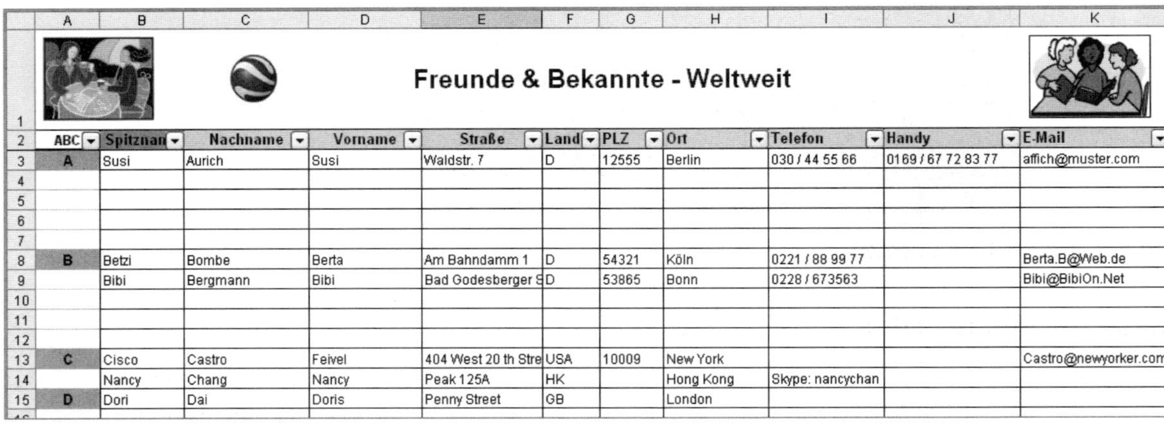

	A	B	C	D	E	F	G	H	I	J	K
1					Freunde & Bekannte - Weltweit						
2	ABC	Spitznan	Nachname	Vorname	Straße	Land	PLZ	Ort	Telefon	Handy	E-Mail
3	A	Susi	Aurich	Susi	Waldstr. 7	D	12555	Berlin	030 / 44 55 66	0169 / 67 72 83 77	affich@muster.com
4											
5											
6											
7											
8	B	Betzi	Bombe	Berta	Am Bahndamm 1	D	54321	Köln	0221 / 88 99 77		Berta.B@Web.de
9		Bibi	Bergmann	Bibi	Bad Godesberger S	D	53865	Bonn	0228 / 673563		Bibi@BibiOn.Net
10											
11											
12											
13	C	Cisco	Castro	Feivel	404 West 20 th Stre	USA	10009	New York			Castro@newyorker.com
14		Nancy	Chang	Nancy	Peak 125A	HK		Hong Kong	Skype: nancychan		
15	D	Dori	Dai	Doris	Penny Street	GB		London			

Bild 2.1: Die Adressliste sieht harmlos aus.

Beschreibung

In dieser einfachen Liste können Sie die Namen und Adressen Ihrer Freunde, die vielleicht über die ganze Welt verteilt sind, erfassen und suchen.

Wenn Sie auf die abgebildete Kugel über der Liste klicken, gelangen Sie auf die Downloadseite von Google Earth. Wenn Sie sich die Umgebung online anschauen möchten, installieren Sie die Software zu Google Earth.

Nach der Installation und dem Start von Google Earth wird die Weltkugel vom Weltraum aus gezeigt. Kopieren Sie den Namen des Landes, beispielsweise *Hong Kong*, in das Suchfeld und klicken Sie auf die Lupe. Sie fliegen förmlich dorthin.

Mit dem Mausrad oder der Zoomleiste rechts in der Karte können Sie näher heranzoomen.

Sind mehr Detailangaben in der Google-Datenbank hinterlegt, können Sie auch genauer nach einer Adresse suchen, und wenn es die Auflösung der Satellitenaufnahme zulässt, auch noch das Haus sehen.

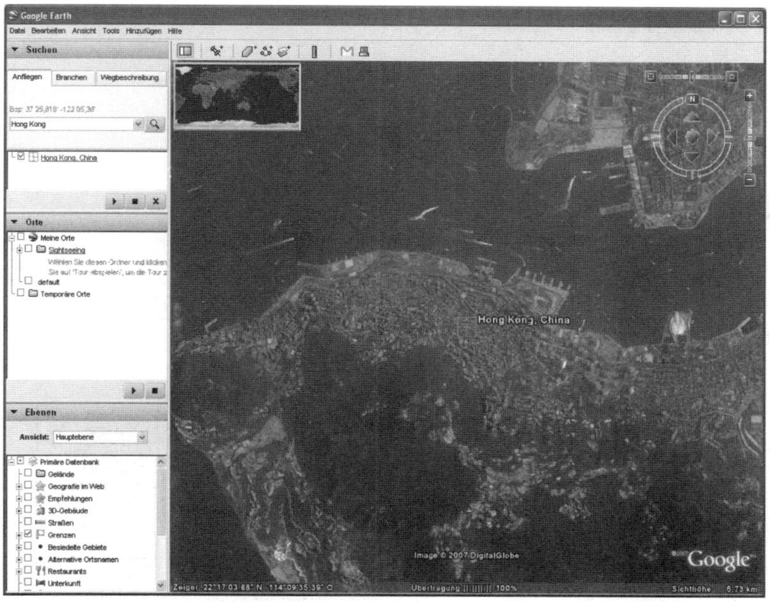

Nehmen wir an, dass Ihr Bekannter am Peak mit einer Aussicht auf Hong Kong wohnt. Über das Mausrad können Sie weiter in die Karte hineinzoomen und rechts oben in der Luftaufnahme die Perspektive einstellen.

Bild 2.2: Die Welt mit Google Earth

Markante Punkte in der Landschaft anzeigen

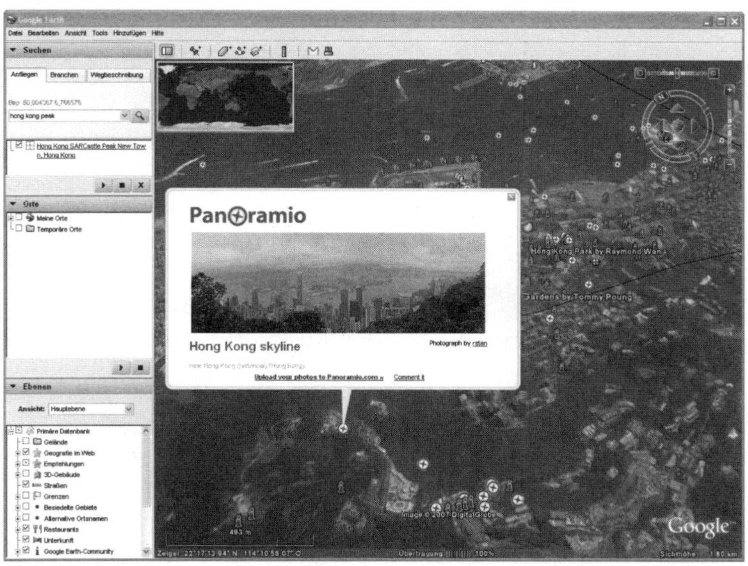

Über die Optionen links unten in der Liste *Ebene* lassen sich markante Punkte oder auch Bilder anzeigen, die von anderen Benutzern zur Verfügung gestellt wurden. So wie es die Abbildung zeigt, könnte Ihnen ein Bekannter seinen Ausblick auf die Stadt zeigen.

Probieren Sie es doch selbst einmal aus.

Bild 2.3: Markante Punkte mit einem Bild, das von einem anderen Benutzer eingestellt wurde

Hinweis
Für die Installation der Software und die Suche mit Google benötigen Sie eine Verbindung zum Internet.

2.2 Adressliste: Suchen mit Spezialfilter

Kategorie: Adressen

Dateiname: ADRESSEN MIT SPEZIALFILTER.XLS

Schwierigkeitsgrad: ❋

Sie haben eine Liste mit Adressen, aus der Sie sich immer nur bestimmte Adressen anzeigen lassen möchten. Stellen Sie sich vor, Sie möchten sich alle Adressen aus Bonn, Neuss und Düsseldorf gleichzeitig anzeigen lassen. Der AutoFilter kann nur die Adressen von zwei unterschiedlichen Orten anzeigen.

Die folgende Abbildung zeigt eine kleine Beispieladressliste:

	A	B	C	D	E	F	G	H	I	J
1	**Adressen und Mail Adressen**									
2										
3										
4	**Name**	**Vorname**	**Straße**	**PLZ**	**Ort**	**Land**	**Telefon**	**E-Mail1**	**E-Mail2**	**Web**
5	**Aurich**	Susi	Waldstr. 4	12345	Berlin	Deutschland	030 / 123 23 45	muster@t-online.de		
6	**Mueller**	Gisela	Moorweg 44	13509	Berlin	Deutschland		Mueller@t-online.de	Gisela@aol.de	
7	**Weidmann**	Guenter	Hauptstr. 1	40221	Düsseldorf	Deutschland				
8	**Schulz**	Gustav	Tivolistr. 1	22453	Hamburg	Deutschland		Gustav@test.de		
9	**Imhof**	Bernhard	Gaertnerstr. 9	40221	Düsseldorf	Deutschland		Imhof@web.de	Bernd@freemail.de	
10	**Bach**	Veronika	Schadowstr. 42	40213	Düsseldorf	Deutschland				
11	**Gruber**	Otto	Mozartstr. 29	40667	Meerbusch	Deutschland				

Bild 2.4: Die Beispieladressliste für die folgenden Übungen

Den Spezialfilter einrichten

Jetzt möchten Sie sich alle Adressen aus *Düsseldorf*, *Neuss* und *Bonn* gleichzeitig anzeigen lassen.

1. Fügen Sie ein paar Zeilen über der Liste ein.
2. Kopieren Sie die Überschriften der Liste aus der Zeile 9 in den oberen Bereich, z. B. in die Zeile 3.
3. Erfassen Sie in der richtigen Spalte die Daten, die Sie suchen.

Weil Sie die Kriterien untereinander eingegeben haben, wertet Excel diese als ODER.

Für dieses Beispiel bedeutet dies: Zeige alle Adressen an, die in der Spalte *Ort* entweder das Wort *Düsseldorf* ODER *Neuss* ODER *Bonn* haben.

	A	B	C	D	E	F	G	H	I	J
1	**Adressen und Mail Adressen**									
2										
3	**Name**	**Vorname**	**Straße**	**PLZ**	**Ort**	**Land**	**Telefon**	**E-Mail1**	**E-Mail2**	**Web**
4					Düsseldorf					
5					Neuss					
6					Bonn					
7										
8										
9	**Name**	**Vorname**	**Straße**	**PLZ**	**Ort**	**Land**	**Telefon**	**E-Mail1**	**E-Mail2**	**Web**

Bild 2.5: Der Kriterienbereich für den Spezialfilter

4. Wählen Sie jetzt die Befehlsfolge *Daten/Filter/Spezialfilter*.

5 Im Feld *Listenbereich* muss die ganze Adressliste, inklusive Überschriften, markiert werden. Für unser Beispiel klicken Sie dafür in die Zelle A9 und markieren die gesamte Tabelle bis J90.

6 Der *Kriterienbereich* sind die Zellen, inklusive Überschrift, im oberen Suchbereich, in denen Sie die Suchbegriffe eingegeben haben. Ziehen Sie auch hier mit der Maus über die gewünschten Zellen.

Für das Feld *Kriterienbereich* ist es wichtig, dass Sie immer alle Spalten und die Zeilen, die beschrieben sind, markieren. Wenn Sie für das obere Beispiel die Zellen A3 bis J7 markieren würden, würde Excel Ihnen alle Adressen anzeigen. Wenn Sie die Zellen A3 bis J5 markieren würden, würde Excel Ihnen alle Adressen aus Düsseldorf und Neuss anzeigen.

Wenn die Ergebnisliste an einer anderen Stelle auf dem Blatt gezeigt werden soll, aktivieren Sie die zweite Option *An eine andere Stelle kopieren*. Dann wird das Feld *Kopieren nach* aktiv und Sie müssen die Zelle angeben, ab der die Liste gezeigt werden soll.

Bild 2.6: Das Dialogfenster zum Spezialfilter

7 Bestätigen Sie mit *OK*.

Jetzt werden alle Adressen ausgeblendet, die nicht den oben eingegebenen Kriterien entsprechen.

8 Um wieder alle Adressen zu sehen, wählen Sie die Befehlsfolge *Daten/Filter/Alle anzeigen*.

Mehrere Kriterien

Die Kriterien, die nebeneinander stehen, müssen alle zutreffen, Excel wertet diese Eingabe als UND.

Im nächsten Beispiel muss in der Spalte *Ort* nicht nur *Berlin* stehen, sondern in *E-Mail1* muss auch am Ende des Eintrags *t-online.de* stehen. Nur dann wird die Adresse angezeigt.

	A	B	C	D	E	F	G	H	I	
3	Name	Vorname	Straße	PLZ	Ort	Land	Telefon	E-Mail1	E-Mail2	W
4					Berlin			*t-online.de		
5										
6										
7										
8										
9	Name	Vorname	Straße	PLZ	Ort	Land	Telefon	E-Mail1	E-Mail2	W
10	**Aurich**	Susi	Waldstr. 4	12345	Berlin	Deutschland	030 / 123 23 45	muster@t-online.de		
11	**Mueller**	Gisela	Moorweg 44	13509	Berlin	Deutschland		Mueller@t-online.de	Gisela@aol.de	

Bild 2.7: Alle Adressen aus Berlin, die bei T-Online ihre erste Mailadresse haben

2.3 Alter über das Geburtsdatum ermitteln

Kategorie: Adressen

Dateiname: ALTER ERMITTELN.XLS

Schwierigkeitsgrad: ❄❄❄❄

	A	B	C	D	E
1	**Geburtstagsliste**				
2					
3	Vorname	Nachname	Geburtstag	Alter	Rund?
4	Susi	Sorglos	08.01.1961	46	
5	Harry	Hirsch	26.02.1963	44	
6	Johanna	Freitag	24.08.1976	30	Rund
7	Fritz	Dirschedel	22.03.1986	21	
8	Gisela	Mueller	10.10.1949	57	

Bild 2.8: Das genaue Alter der Freunde

Sie wollen aus dem Geburtsdatum das Alter Ihrer Freunde ermitteln. Außerdem wollen Sie sich anzeigen lassen, ob Ihr Freund einen »runden« Geburtstag feiert.

Die Abbildung zeigt das gewünschte Ergebnis.

Die Funktionen der Kategorie Datum

In der folgenden Funktion werden u. a. vier Funktionen aus der Kategorie *Datum* benötigt:

- HEUTE(): Zeigt immer das aktuelle Datum an.
- TAG(): Findet den Tag in einem Datum und zeigt die Zahl an.
- MONAT(): Findet den Monat in einem Datum und zeigt die Zahl an.
- JAHR(): Findet das Jahr in einem Datum und zeigt die Zahl an.

Das Alter aus dem Geburtsdatum ermitteln

Markieren Sie die Zelle D4 und geben Sie die folgende Funktion ein:

```
=WENN(ODER(MONAT(C4)<MONAT(HEUTE());UND(TAG(C4)<=TAG(HEUTE());MONAT(C4)=MONAT
(HEUTE())));JAHR(HEUTE())-JAHR(C4);JAHR(HEUTE())-JAHR(C4)-1)
```

Der erste Teil der Funktion

```
=WENN(ODER(MONAT(C4)<MONAT(HEUTE());UND(TAG(C4)<=TAG(HEUTE());MONAT(C4)
=MONAT(HEUTE())))
```

prüft, ob der Monat bzw. Monat und Tag vor dem aktuellen Datum sind, dann hat bzw. hatte die Person bereits in diesem Jahr Geburtstag.

Wenn die Person Geburtstag hat bzw. hatte, dann greift der zweite Teil der Funktion: `JAHR(HEUTE())-JAHR(C4)`

Vom aktuellen Jahr wird das Geburtsjahr abgezogen.

Sollte die Person noch keinen Geburtstag gefeiert haben, dann kommt der dritte Teil der Funktion zum Zuge: `JAHR(HEUTE())-JAHR(C4)-1`.

Vom aktuellen Jahr wird das Geburtsjahr abgezogen und noch ein weiteres. Kopieren Sie die Funktion nach unten:

```
D4  =WENN(ODER(MONAT(C4)<MONAT(HEUTE());UND(TAG(C4)<=TAG(HEUTE());MONAT(C4)=MONAT(HEUTE())));
JAHR(HEUTE())-JAHR(C4);JAHR(HEUTE())-JAHR(C4)-1)
```

	A	B	C	D	E
1	**Geburtstagsliste**				
2					
3	Vorname	Nachname	Geburtstag	Alter	Rund?
4	Susi	Sorglos	08.01.1961	46	
5	Harry	Hirsch	26.02.1963	44	
6	Johanna	Freitag	24.08.1976	30	Rund

Bild 2.9: Das genaue Alter der Freunde

Ist es ein runder Geburtstag?

1. Markieren Sie die Zelle E4 und geben Sie die folgende Funktion ein:

```
=WENN(ODER(RECHTS(D4;1)="5";RECHTS(D4;1)="0");"Rund";"")
```

Der erste Teil der Funktion `WENN(ODER(RECHTS(D4;1)="5";RECHTS(D4;1)="0")` prüft, ob die letzte Ziffer in der Zelle mit dem Alter eine 5 oder eine 0 ist.

Der letzte Teil der Funktion `"Rund";"")` zeigt den Text *Rund*, wenn eine der beiden Bedingungen von oben zutrifft. Wenn keine der Bedingungen zutrifft, dann wird nichts geschrieben.

2. Kopieren Sie die Funktion nach unten:

```
E6  =WENN(ODER(RECHTS(D6;1)="5";RECHTS(D6;1)="0");"Rund";"")
```

	A	B	C	D	E	F	G
1	**Geburtstagsliste**						
2							
3	Vorname	Nachname	Geburtstag	Alter	Rund?		
4	Susi	Sorglos	08.01.1961	46			
5	Harry	Hirsch	26.02.1963	44			
6	Johanna	Freitag	24.08.1976	30	Rund		
7	Fritz	Dirschedel	22.03.1986	21			
8	Gisela	Mueller	10.10.1949	57			
9	Guenter	Weidmann	26.03.1963	44			

Bild 2.10: Wird ein runder Geburtstag gefeiert oder nicht?

Nur die Personen sehen, die einen runden Geburtstag feiern

Setzen Sie dazu den AutoFilter ein.

1. Wählen Sie *Daten/Filter/AutoFilter.*

2. Klappen Sie an der Zelle *Rund* den Listenpfeil auf und wählen Sie den Eintrag *Rund* aus.

	A	B	C	D	E
1	**Geburtstagsliste**				
2					
3	Vorname	Nachnan	Geburtstag	Alter	Rund?
6	Johanna	Freitag	24.08.1976	30	Rund
15	Peter	Adams	04.12.1981	25	Rund
18	Frank	Gruen	27.01.1972	35	Rund
19	Gerda	Uhlmann	17.08.1972	35	Rund
20	Karl	Haberer	22.02.1982	25	Rund
21	Manfred	Meyer	12.02.1957	50	Rund
28	Klaus	Viersen	14.06.1982	25	Rund
32					

Bild 2.11: Diese Personen feiern in diesem Jahr einen runden Geburtstag.

3. Wenn Sie sich wieder alle Namen anzeigen lassen möchten, wählen Sie *Daten/Filter/Alle anzeigen.*

2.4 Geburtstag: Wer feiert im nächsten Monat?

Kategorie: Adressen

Dateiname: WER FEIERT IM NÄCHSTEN MONAT.XLS

Schwierigkeitsgrad: ❋❋

	A	B	C	D	E	F
1	**Wer feiert in welchem Monat Geburtstag?**					
2						
3	Vorname	**Nachname**	Geburtstag	Monat		
4	Susi	**Sorglos**	21.01.1963	Januar		
5	Harry	**Hirsch**	26.02.1963	Februar		
6	Gisela	**Mueller**	10.10.1949	Oktober		
7	Guenter	**Weidmann**	26.03.1963	März		
8	Gustav	**Schulz**	20.02.1963	Februar		

Bild 2.12: Die Geburtstagsliste, mit der die folgenden Beispiele durchgeführt werden.

Sie haben eine Geburtstagsliste Ihrer Freunde. Das reicht Ihnen aber nicht. Excel soll Ihnen anzeigen, wer im nächsten Monat Geburtstag feiert, damit Sie rechtzeitig ein Geschenk besorgen können. Dazu müssen Sie aus dem Geburtsdatum den Monat in einer separaten Spalte extrahieren. Im nächsten Schritt können Sie dann mit dem AutoFilter den gewünschten Monat auswählen, sodass Sie nur die Personen sehen, die im gewählten Monat Geburtstag haben.

Den Monat finden

Im ersten Schritt wollen wir aus dem Datum in der Spalte C den Monat herausfinden.

1. Markieren Sie die Zelle D4 und geben Sie die folgende Funktion ein: `=Monat(C4)`.
2. Drücken Sie `Eingabe` und markieren Sie diese Zelle erneut.
3. Wählen Sie *Format/Zellen*, aktivieren Sie das Register *Zahlen* und die Kategorie *Benutzerdefiniert*. Geben Sie ins Feld *Typ* das folgende Muster für die Anzeige des Monatsnamens ein: `MMMM`.
4. Drücken Sie `Eingabe`.

D4 fx =MONAT(C4)

	A	B	C	D	E	F
1	**Wer feiert in welchem Monat Geburtstag?**					
2						
3	Vorname	**Nachname**	Geburtstag	Monat		
4	Susi	**Sorglos**	21.01.1963	Januar		
5	Harry	**Hirsch**	26.02.1963			
6	Gisela	**Mueller**	10.10.1949			
7	Guenter	**Weidmann**	26.03.1963			

Bild 2.13: Der Geburtsmonat wird angezeigt.

5. Kopieren Sie die Funktion nach unten.

Wer hat im Februar Geburtstag?

Um sich nur die Freunde anzeigen zu lassen, die beispielsweise im Februar Geburtstag haben, benötigen Sie den *AutoFilter*.

1. Markieren Sie die Zeile, an der Sie den AutoFilter sehen möchten.
2. Wählen Sie *Daten/Filter/AutoFilter.*
3. Klappen Sie an der Zelle *Monat* den Listenpfeil auf und wählen Sie den *Februar* aus.

	A	B	C	D	E	F
1	**Wer feiert in welchem Monat Geburtstag?**					
2						
3	Vorname	**Nachname**	Geburtstag	Monat		
5	Harry	**Hirsch**	26.02.1963	Februar		
8	Gustav	**Schulz**	20.02.1963	Februar		
20	Karl	**Haberer**	22.02.1982	Februar		
21	Manfred	**Meyer**	12.02.1957	Februar		
32						

Bild 2.14: Alle Freunde, die im Februar Geburtstag feiern

Alle Zeilen anzeigen

Wenn Sie sich wieder alle Namen anzeigen lassen möchten, haben Sie zwei Möglichkeiten:

- Wählen Sie im Menü *Daten* die Befehlsfolge *Filter/Alle Anzeigen.*

oder

- Klappen Sie an der Zelle *Monat* den Listenpfeil auf und wählen Sie den Eintrag *Alle* aus.

Alle Personen zeigen, die im Februar oder März Geburtstag feiern

Wenn Sie nur die Personen sehen möchten, die in den nächsten beiden Monaten Geburtstag haben, dann nutzen Sie den *Benutzerdefinierten AutoFilter,* den Sie auch im Listenpfeil finden.

Wählen Sie im zweiten Listenfeld den *Februar* aus. Aktivieren Sie das Feld *Oder.* Wählen Sie im unteren Teil am ersten Feld den Eintrag *entspricht* und danach im letzten Feld den *März* aus.

	A	B	C	D	E	F
1	**Wer feiert in welchem Monat Geburtstag?**					
2						
3	Vorname	**Nachname**	Geburtstag	Monat		
5	Harry	**Hirsch**	26.02.1963	Februar		
7	Guenter	**Weidmann**	26.03.1963	März		
8	Gustav	**Schulz**	20.02.1963	Februar		
9	Bernhard	**Imhof**	05.03.1979	März		
12	Hans	**Dietrichs**	31.03.1970	März		
15	Gisela	**Faltmann**	19.03.1974	März		
17	Fritz	**Dirschedel**	22.03.1986	März		

Bild 2.15: Diese Personen feiern in den nächsten zwei Monaten Geburtstag.

AutoFilter entfernen

Sie können den AutoFilter jederzeit wieder entfernen.

Um den AutoFilter wieder zu entfernen, wählen Sie erneut *Daten/Filter/AutoFilter.*

3 Auto

3.1 Autokauf: Kostenvergleich beim Neukauf

Kategorie: Auto

Dateiname: AUTOKAUF KOSTENVERGLEICH.XLS

Schwierigkeitsgrad: ❋

Stellen Sie sich vor, Sie möchten ein neues Auto kaufen. In einer Liste erfassen Sie neben dem Listenpreis auch die Kosten der Sonderausstattung. So können Sie die Summe bilden und erkennen, welche Kosten auf Sie zukommen.

Kostenvergleich beim Kauf eines Neuwagens			
		Auto 1	Auto 2
			Sport
KFZ-Listenpreis		30.100,00 €	35.200,00 €
Zusatzausstattung	Airbag Beifahrer	5.000,00 €	250,00 €
	Airbag Fahrer		
	Airbag Seite		
	Airbags Kopf-Schulter vorn und hinten	255,00 €	
	Alarmanlage	800,00 €	600,00 €
	Alu-Räder	300,00 €	
	Aschenbecher und Zigarettenanzünder in der Mittelkonsol	10,00 €	
	Außenspiegel beheizt u. von innen elektrisch einstellbar	110,00 €	110,00 €
	Außentemperaturanzeige		
	Automatik-Getriebe	1.000,00 €	1.250,00 €
	Automatische Stabilitäts-Control+Traktion (ASC+T)		
	Bordcomputer	315,00 €	290,00 €
	Bremsleuchte, dritte	110,00 €	115,00 €
	Drehzahlmesser		55,00 €
	ESP (inkl. Bordcomputer)	655,00 €	
	Fensterheber elektrisch	300,00 €	300,00 €
	Frontscheibe, beheizbar	210,00 €	
	Heckscheibenheizung		
	Holzkonsole	390,00 €	460,00 €
	Klimaanlage	1.350,00 €	2.250,00 €
	Kopfstützen Wagenfond	150,00 €	180,00 €
	Lederlenkrad	90,00 €	
	Ledersitze	3.400,00 €	2.800,00 €
	Metalliclackierung	800,00 €	750,00 €
	Mikrofilter		
	Mobiltelefon-Vorbereitung mit Bluetooth®	300,00 €	300,00 €
	Nebelscheinwerfer		
	Nebelschlussleuchten		
	Niveauregulierung		
	Radio		
	Reserverad, vollwertig		
	Scheibenantenne	130,00 €	100,00 €
	Scheibenwischer mit Regensensor	285,00 €	
	Schiebe-/Hubdach aus getöntem Sicherheitsglas	545,00 €	
	Servolenkung		
	Sitzheizung Fahrer und Beifahrer	330,00 €	350,00 €
	Stoßstange und Außenspiegel in Wagenfarbe lackiert		
	Tempomat	300,00 €	315,00 €
	Wärmeschutzverglasung grün rundum	250,00 €	255,00 €
	Warndreieck und Verbandskasten	35,00 €	
	Wegfahrsicherung		
	Zentralverriegelung mit Fernbedienung	500,00 €	
	Zentralverriegelung mit Gepäckraumfernentriegelung	370,00 €	
	Zweiter Fahrzeugschlüssel mit FB	50,00 €	
Endgültiger Preis		48.440,00 €	

Bild 3.1: In der letzten Zeile wird dann die zu erwartende Kaufsumme des Autos gezeigt.

Die Summen

1. Markieren Sie die Zelle C52 und klicken Sie auf die Schaltfläche *AutoSumme* [Σ].
2. Kontrollieren Sie die Zellen und bestätigen Sie durch Drücken von [Eingabe]: `=SUMME(C5:C50)`

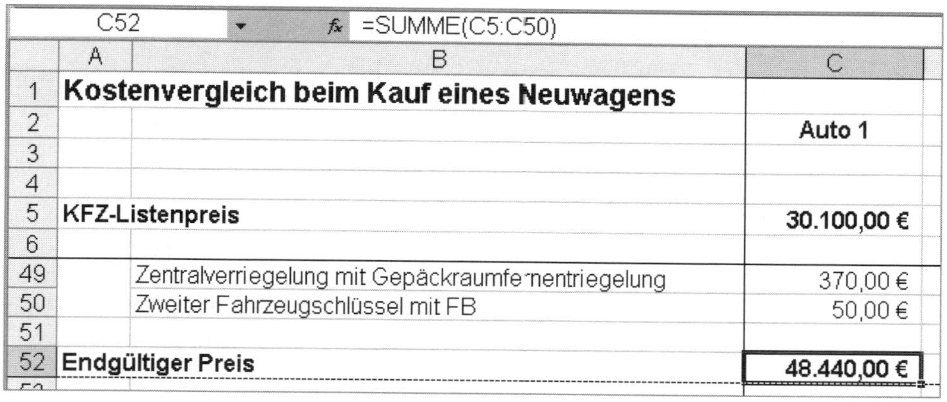

Bild 3.2: Die Endsumme

3. Kopieren Sie die Funktion nach rechts.

Die Liste drucken

Wenn Sie die Liste drucken, dann erstreckt sich diese über zwei Seiten. Auf der zweiten Seite erkennen Sie allerdings nicht, zu welcher Überschrift der Preis gehört.

Wenn die Überschriften auf jeder Seite wiederholt werden sollen, dann müssen Sie die folgenden Schritte durchführen:

1. Wählen Sie *Datei/Seite einrichten* und aktivieren Sie das Register *Tabelle.*
2. Klicken Sie ins Feld *Wiederholungsspalten links* und markieren Sie die Spalten auf dem Tabellenblatt, die auf jeder Seite beim Drucken wiederholt werden sollen.

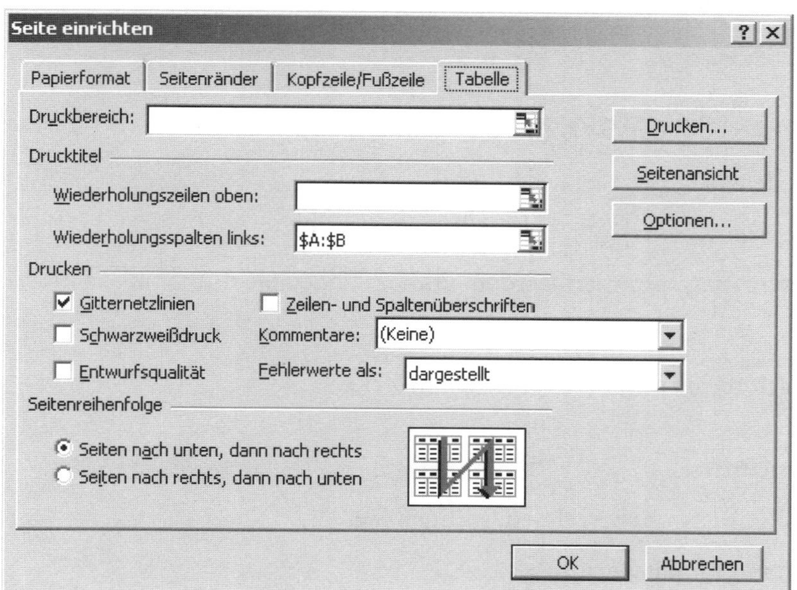

Bild 3.3: Im Fenster *Seite einrichten* bestimmen Sie, welche Spalten auf jeder Seite gedruckt werden.

3.2 Autokosten übersichtlich darstellen

Kategorie: Auto

Dateiname: AUTOKOSTEN PRO MONAT.XLS

Schwierigkeitsgrad: ❋❋

	A	B	C	D
1	**Monatliche Fahrzeugkosten**			
2		Januar	Februar	März
3	km-Stand Monatsbeginn	35.800	39.450	41.331
4				
5	Benzin	85,00 €	80,00 €	76,00 €
6	sonst. Betriebsstoffe	2,00 €	- €	5,00 €
7	Pflege	7,00 €	15,00 €	7,00 €
8	Reparatur	- €	200,00 €	- €
9				
10	Knöllchen	15,00 €	- €	- €
11	Parken	23,00 €	35,00 €	21,00 €
12	Steuer	8,00 €	8,00 €	8,00 €
13				
14	Summe	140,00 €	338,00 €	117,00 €
15				
16	km-Stand Monatsende	39.450	41.331	42.501
17				
18	gefahrene km	3.650	1.881	1.170

Bild 3.4: Die monatlichen Kosten eines Autos berechnen

Es ist sicher sinnvoll, einmal die Kosten, die Ihr Auto verursacht, in einer Tabelle festzuhalten. Dabei sollen die Kosten pro Monat aufgelistet werden.

Zu Beginn erfassen Sie für jede Kostenart eine eigene Zeile. Wenn Ihnen in der folgenden Liste eine Zeile fehlt, dann erweitern Sie die Liste. Führen Sie dazu einen Rechtsklick auf der Zeilennummer durch, über der Sie eine Zeile einfügen möchten. Wählen Sie im Kontextmenü den Befehl *Zellen einfügen.*

Geben Sie zu Beginn den Anfangskilometerstand in der Zelle B3 ein. Dann geben Sie alle Kosten in die entsprechenden Zellen ein. Am Ende des Monats geben Sie den aktuellen Kilometerstand ein.

Die Summen

Die monatlichen Summen in der Zeile 14 bilden Sie mit den folgenden Schritten:

1. Setzen Sie den Cursor in die Zelle B14.
2. Klicken Sie auf die Schaltfläche *AutoSumme* [Σ].
3. Stellen Sie sicher, dass alle Kostenzellen summiert werden, und bestätigen Sie mit [Eingabe]:

   `=SUMME(B5:B13)`
4. Kopieren Sie diese Funktion nach rechts unter die restlichen Monate.

Die gefahrenen Kilometer ermitteln

1. Um die monatlich gefahrenen Kilometer zu berechnen, rechnen Sie:
2. km-Stand Monatsende – km-Stand Monatsbeginn: `=B16-B3`.

Den Kilometerstand automatisch übernehmen

Ab dem Monat Februar kann der Anfangskilometerstand in der Zeile 3 automatisch übernommen werden. Der Anfangskilometerstand ist der Kilometerendstand vom Vormonat.

1. Setzen Sie den Cursor in die Zelle C3.
2. Tippen Sie ein Gleichheitszeichen ein und klicken Sie auf die Zelle B16:
   `=B16`
3. Bestätigen Sie mit `Eingabe` und kopieren Sie die Funktion nach rechts.

Die Gesamtsummen zum Jahresende

In der Spalte N können Sie pro Kostenart eine Gesamtsumme bilden.

1. Blättern Sie zur Spalte N und setzen Sie den Cursor in die Zelle N5.
2. Klicken Sie auf die Schaltfläche *AutoSumme* und kontrollieren Sie, ob die Zellen aller 12 Monate für die Kostenart *Benzin* markiert sind.
3. Drücken Sie die `Eingabe`-Taste und kopieren Sie die Funktion nach unten.

N18 =SUMME(B18:M18)

	A	M	N
2		Dezember	Gesamt
3	km-Stand Monatsbeginn		
5	Benzin		241,00 €
6	sonst. Betriebsstoffe		7,00 €
7	Pflege		29,00 €
8	Reparatur		200,00 €
9			- €
10	Knöllchen		15,00 €
11	Parken		79,00 €
12	Steuer		24,00 €
14	Summe		595,00 €
16	km-Stand Monatsende		
18	gefahrene km		6.701
19			

Bild 3.5: Die aktuelle Gesamtsumme der gefahrenen Kilometer

Die Spalte A im Auge behalten

Wenn Sie in Ihrer Tabelle nach rechts blättern, verlieren Sie zu Beginn die Spalte A mit den Kostennamen aus dem Auge. Wenn Sie diese Informationen im Auge behalten möchten, wie es die obere Abbildung zeigt, dann führen Sie die folgenden Schritte durch:

1. Markieren Sie die Zelle B1.
2. Wählen Sie im Menü *Fenster* den Befehl *Fixieren.*

Um die Fixierung wieder aufzuheben, wählen Sie die Befehlsfolge *Fenster/Fixierung aufheben.*

3.3 Bezinverbrauch berechnen

Kategorie: Auto

Dateiname: BENZINVERBRAUCH1.XLS

Schwierigkeitsgrad: ❋❋

Benzinverbrauch

Durchschnittlicher Benzinverbrauch (Liter/100km)

Getankt bei km Stand	gefahrene km	getankte Liter	Verbrauch auf 100 km
3719			
3987	268	25,2	9,40 Liter
4441	454	33,2	7,31 Liter
5042	601	34,2	5,69 Liter
5601	559	35,2	6,30 Liter
6105	504	36,2	7,18 Liter
6433	328	26,2	7,99 Liter
Gesamt:	2714	190,2	7,01 Liter

Bild 3.6: Die Tabelle zum Benzinverbrauch

In diesem Beispiel sehen Sie, wie Sie den Benzinverbrauch Ihres Autos mit Excel kontrollieren.

Sie geben lediglich den Tachostand und die getankten Liter in die gelben Zellen ein. Den Rest, also die gefahrenen Kilometer und den Verbrauch auf 100 Kilometer, berechnet Excel für Sie.

Die gefahrenen Kilometer ermitteln

Um die gefahrenen Kilometer zu ermitteln, setzen Sie den Cursor in die gewünschte Zelle.

Die gefahrenen Kilometer errechnen sich aus der Differenz zwischen aktuellem Tachostand und altem Tachostand. Geben Sie also die folgende Funktion ein: `=A10-A9`.

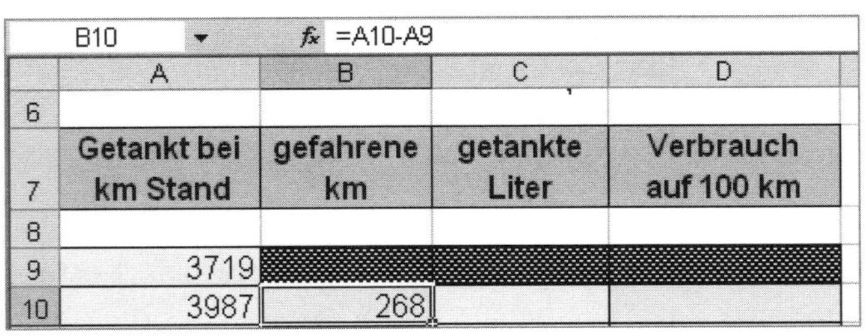

B10 fx =A10-A9

Getankt bei km Stand	gefahrene km	getankte Liter	Verbrauch auf 100 km
3719			
3987	268		

Bild 3.7: Der erste Rechenschritt ermittelt die gefahrenen Kilometer zwischen zwei Tankstopps.

Wenn Sie jetzt `Eingabe` drücken, dann werden die gefahrenen Kilometer errechnet.

Den Verbrauch auf 100 Kilometer ermitteln

Der Benzinverbrauch errechnet sich aus den getankten Litern, geteilt durch die gefahrenen Kilometer. Jetzt haben Sie den Verbrauch auf einen Kilometer. Da wir den Verbrauch auf 100 Kilometer ermitteln möchten, müssen Sie das Ganze mit 100 multiplizieren.

1. Geben Sie in der gewünschten Zelle die folgende Formel ein: `=C10/B10*100`

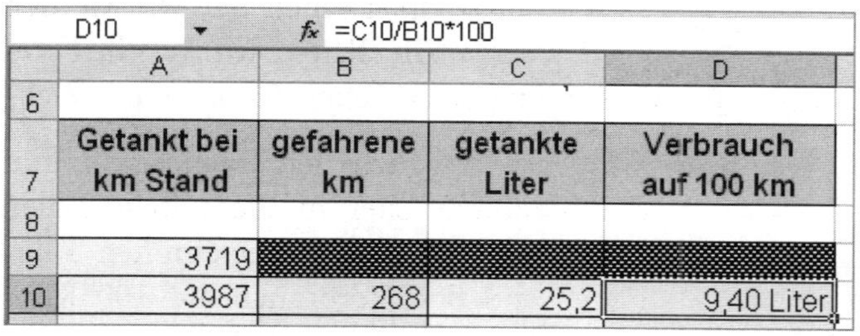

Bild 3.8: Der Verbrauch auf 100 Kilometer

Wenn Sie jetzt [Eingabe] drücken, wird der Verbrauch auf 100 Kilometer ermittelt.

In der Zeile 18 steht in den Zellen B18 und C18 die Gesamtsumme der gefahrenen Kilometer und der getankten Liter. In der Zelle D18 wird jetzt der durchschnittliche Verbrauch auf 100 Kilometer ermittelt.

2. Markieren Sie die Zelle D18 und geben Sie den folgenden Rechenschritt ein: `=C18/B18*100`.

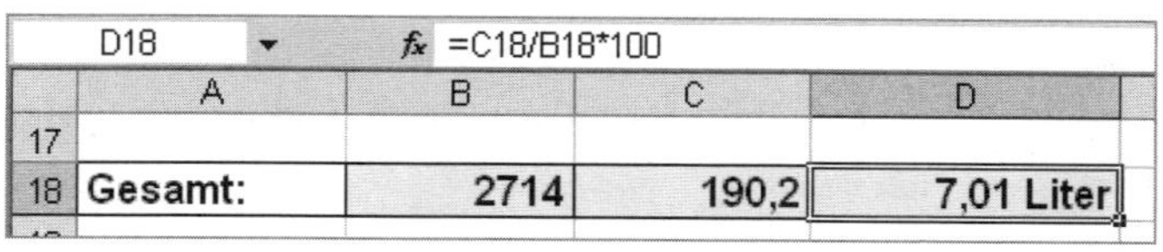

Bild 3.9: Die Gesamtsummen und der durchschnittliche Verbrauch auf 100 Kilometer

Weitere Zeilen einfügen

Um diese Tabelle einzusetzen, füllen Sie die gelben Felder aus und kopieren die Formeln aus den grünen Zellen nach unten.

Wenn Sie weitere Zeilen in dieser Tabelle benötigen, klicken Sie mit der rechten Maustaste vor eine leere Zeile und wählen den Befehl *Zellen einfügen*. Achten Sie dabei darauf, dass der Rechtsklick vor einer gestalteten Zelle erfolgt. Denn damit erhalten Sie alle Formatierungen auch in der neuen Zeile aufrecht.

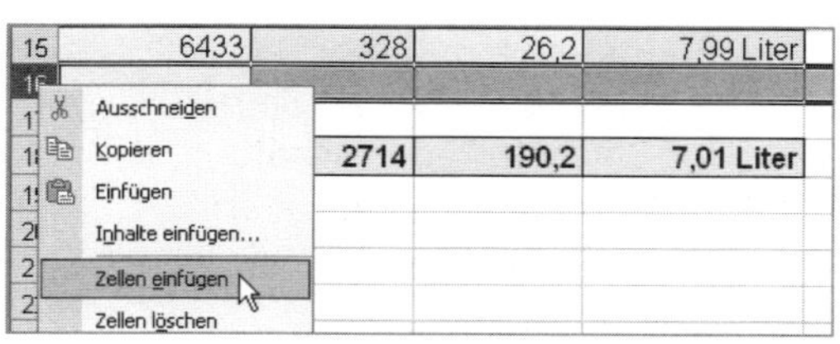

Bild 3.10: Die Tabelle bei Bedarf erweitern

In die leere Zeile können Sie nun Ihre Daten eingeben und die Formeln von oben kopieren.

3.4 Fahrtenbuch führen

Kategorie: Auto

Dateiname: FAHRTENBUCH1.XLS

Schwierigkeitsgrad: ❋❋

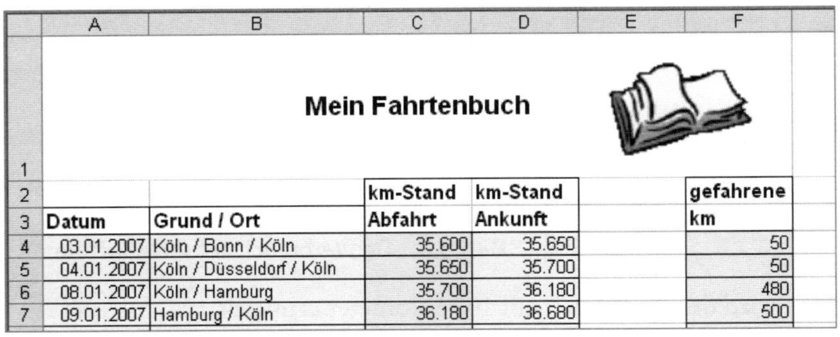

	A	B	C	D	E	F
1		Mein Fahrtenbuch				
2			km-Stand	km-Stand		gefahrene
3	Datum	Grund / Ort	Abfahrt	Ankunft		km
4	03.01.2007	Köln / Bonn / Köln	35.600	35.650		50
5	04.01.2007	Köln / Düsseldorf / Köln	35.650	35.700		50
6	08.01.2007	Köln / Hamburg	35.700	36.180		480
7	09.01.2007	Hamburg / Köln	36.180	36.680		500

Bild 3.11: Die Tabelle errechnet die gefahrenen Kilometer.

In diesem Beispiel werden Sie sehen, wie Sie Ihre gefahrenen Kilometer berechnen können. Sie müssen nur das Datum in der Spalte A, das Ziel bzw. den Grund der Fahrt in der Spalte B und den Kilometerstand bei Ihrer Ankunft in der Spalte D eintippen.

In der Spalte C holt sich Excel automatisch den »alten« Kilometerstand. In der Spalte F werden die gefahrenen Kilometer berechnet.

Den Kilometerstand automatisch holen

Der Kilometerstand bei Abfahrt muss zu Beginn in der Zelle C4 eingegeben werden. Geben Sie später den Tachostand bei Ankunft ein.

Bei der nächsten Fahrt in der Zeile 5 ist der *km-Stand Ankunft* gleich dem *km-Stand Abfahrt*. Sie könnten jetzt in der Zelle C5 den »alten« Stand abtippen, oder Sie übernehmen diesen automatisch.

1. Setzen Sie den Cursor in Zelle C5 und geben Sie die folgende Funktion ein: `=D4`.

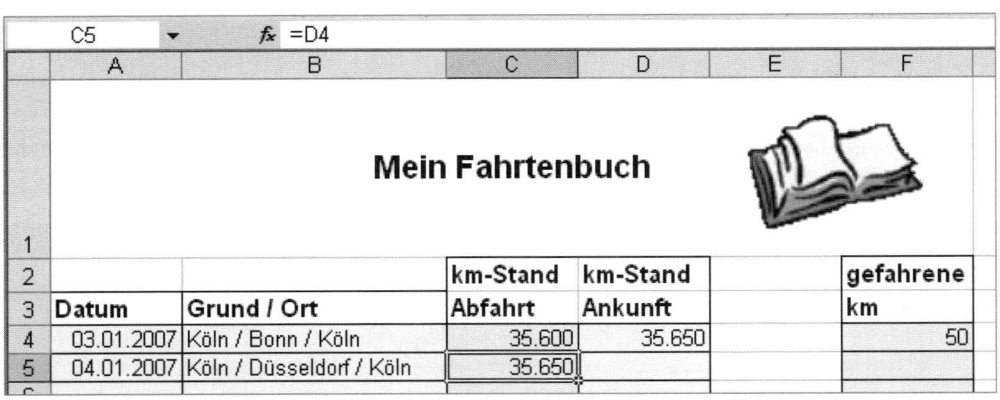

	A	B	C	D	E	F
1		Mein Fahrtenbuch				
2			km-Stand	km-Stand		gefahrene
3	Datum	Grund / Ort	Abfahrt	Ankunft		km
4	03.01.2007	Köln / Bonn / Köln	35.600	35.650		50
5	04.01.2007	Köln / Düsseldorf / Köln	35.650			

Bild 3.12: Der Kilometerstand wird vom Vortag automatisch übernommen.

2. Drücken Sie zur Bestätigung die `Eingabe`-Taste. Kopieren Sie die Funktion am Ausfüllkästchen so weit nach unten, wie Sie möchten.

Mit dieser Funktion übernehmen Sie den Inhalt von der Zelle mit dem *km-Stand Ankunft* in die aktuelle Zelle.

Die gefahrenen Kilometer ermitteln

In diesem Schritt möchten Sie berechnen, wie viele Kilometer zwischen der Abfahrt und der Ankunft liegen.

1. Setzen Sie den Cursor in die Zelle F4 und geben Sie die folgende Funktion ein:

   `=D4-C4`

2. Drücken Sie zur Bestätigung die [Eingabe]-Taste. Kopieren Sie die Funktion am Ausfüllkästchen so weit nach unten, wie Sie möchten.

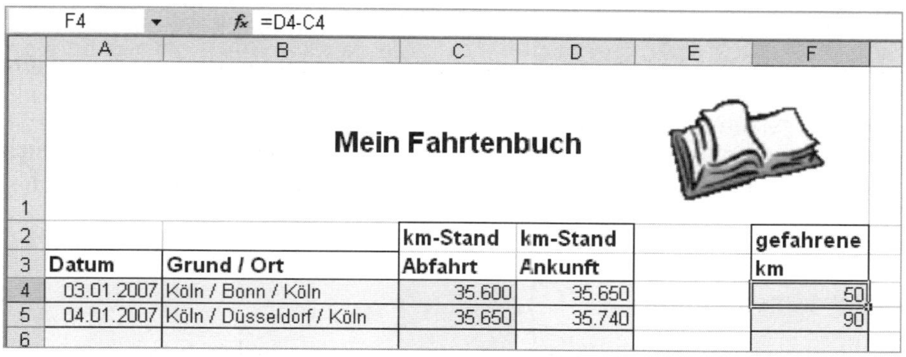

Bild 3.13: Die gefahrenen Kilometer

Die Summe der gefahrenen Kilometer

Auf Wunsch können Sie weiter unten in dieser Tabelle noch die gesamten gefahrenen Kilometer berechnen.

1. Setzen Sie dazu den Cursor in die unterste Zelle.
2. Klicken Sie auf die Schaltfläche *AutoSumme* [Σ].
3. Stellen Sie sicher, dass alle Zellen mit den gefahrenen Kilometern markiert sind und drücken Sie zur Bestätigung auf die [Eingabe]-Taste.

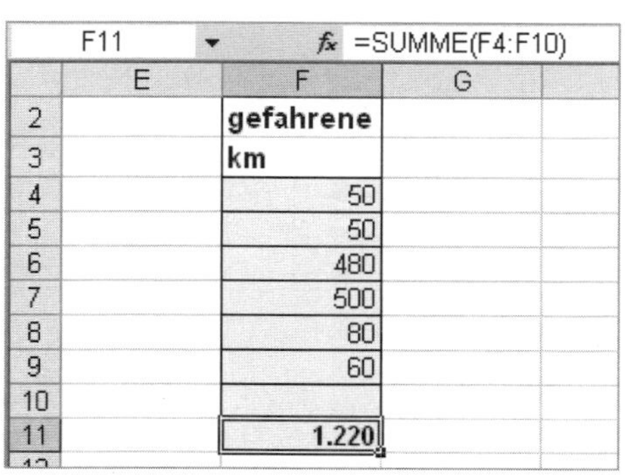

Bild 3.14: Die Gesamtsumme der gefahrenen Kilometer

3.5 PKW-Kosten in der Übersicht

Kategorie: Auto

Dateiname: PKWKOSTEN.XLS

Schwierigkeitsgrad: ❋

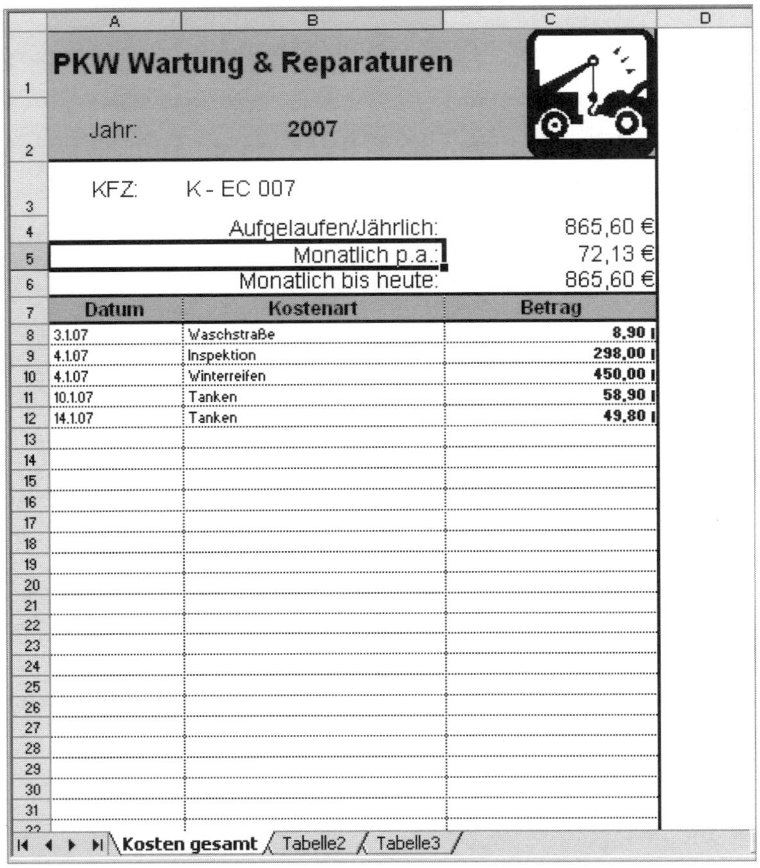

PKW Wartung & Reparaturen

Jahr: 2007

KFZ: K - EC 007

Aufgelaufen/Jährlich:	865,60 €
Monatlich p.a.:	72,13 €
Monatlich bis heute:	865,60 €

Datum	Kostenart	Betrag
3.1.07	Waschstraße	8,90
4.1.07	Inspektion	298,00
4.1.07	Winterreifen	450,00
10.1.07	Tanken	58,90
14.1.07	Tanken	49,80

Kosten gesamt / Tabelle2 / Tabelle3

Bild 3.16: So behalten Sie die Kosten für Ihr Auto im Blick.

Wissen Sie eigentlich, was Ihr Auto kostet? Wie hoch sind die laufenden Kosten wie Inspektionen, Tankfüllungen und Reparaturen, zu denen Ihr Vehikel Sie regelmäßig nötigt?

Mit dieser Excel-Tabelle behalten Sie den Überblick über diese Kosten.

Beschreibung

Legen Sie in einer neuen Datei in der 7. Zeile die Überschriften für die Auflistung der Kosten fest.

Die Zeilen 1 bis 6 werden Sie zur Gestaltung des Tabellenkopfes und für die Berechungen später noch brauchen. Natürlich können Sie auch noch mehr als unsere drei vorgeschlagenen Spalten anlegen. Allein für die Kostenbetrachtung reichen diese jedoch aus.

Datumseingaben

1. Markieren Sie die Spalte A und öffnen Sie mit der Tastenkombination STRG+1 den Dialog *Zellen formatieren.*

2. Klicken Sie im Register *Zahlen* auf die Kategorie *Datum* und wählen Sie aus dem rechten Fenster eine Darstellung für das Datum aus. Damit haben Sie bereits für alle Zellen dieser Spalte die Darstellung des Datums definiert.

Wenn Sie nun Belege des aktuellen Jahres in Ihre Tabelle eintragen möchten, brauchen Sie nur noch den *Tag*, einen *Punkt* und den *Monat* einzugeben beispielsweise *3.1* für den 3. Januar 2007, und das komplette Datum wird in dem ausgewählten Format angezeigt. Geben Sie aber keinen Punkt mehr hinter dem Monat ein!

Kosteneingaben

Um die Eingabe der Kosten möglichst komfortabel zu gestalten, markieren Sie nun die Spalte C und klicken in der *Format*-Symbolleiste auf das €-Symbol:

Bild 3.17: Währungsformate einfach in der *Format-Symbolleiste* einstellen

Alle Zahlen in dieser Spalte werden fortan mit zwei Dezimalstellen und dem €-Zeichen angezeigt.

Berechnungen

In der Zelle C4 möchten Sie nun alle Ausgaben addieren. Damit auch zukünftige Ausgaben automatisch mit in die Berechnung aufgenommen werden, sollten Sie für die Addition der Kosten die SUMME-Funktion nutzen.

Bild 3.18: Schaltfläche *AutoSumme* in der Standardsymbolleiste

1. Markieren Sie die Zelle C4 und klicken Sie in der Standardsymbolleiste auf das Symbol *AutoSumme*.

Da weder Zellen über und links neben der Zelle C4 Zahlen enthalten, schreibt Excel die »leere« Summenfunktion in die Zelle C4 und Ihr Mauszeiger steht innerhalb der Klammern, sodass Sie sofort den Zellbereich markieren können, den Sie addieren wollen.

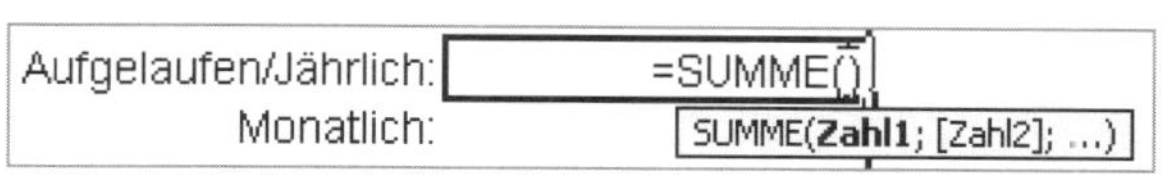

Bild 3.19: »Leere« Summenfunktion: Jetzt müssen Sie nur noch die Zellen markieren, die addiert werden sollen.

2. Markieren Sie den Bereich C8:C48 und bestätigen Sie mit *OK*. In der Zelle C4 steht nun die Formel `=SUMME(C8:C48)`.

Damit in der Zelle C5 die Kosten pro Monat angezeigt werden, teilen Sie hier die Gesamtkosten durch 12 Monate. Tippen Sie die Formel `=C4/12` in die Zelle C5 und bestätigen Sie mit *OK*.

Möchten Sie die durchschnittlichen Kosten nur bis zum aktuellen Monat berechnen, muss Excel noch wissen, in welchem Monat des Jahres Sie sich gerade befinden. Hierzu dienen zwei Funktionen:
`=Heute()` ermittelt das aktuelle Datum.
`=Monat(Zahl)` ermittelt aus einem Datum den Monat als Zahl.

Verschachteln Sie diese beiden Funktionen, erhalten Sie die Zahl des aktuellen Monats. Mit der Formel `=C4/MONAT(HEUTE())` rechnen Sie so die monatlichen Kosten bis zum aktuellen Monat aus.

4 Finanzen

4.1 Darlehen berechnen

Kategorie: Finanzen

Dateiname: DARLEHENSBERECHNUNG.XLS

Schwierigkeitsgrad: ❋❋❋

	A	B	C
1	**Wie hoch dürfen die Kosten der Immobilie sein?**		
2			
3			
4			
5	Nettogehalt 1	2.150,00 €	
6	Nettogehalt 2	1.500,00 €	
7	Kindergeld	350,00 €	
8	weitere Einkünfte	100,00 €	
9			
10	Gesamteinkommen	4.100,00 €	
11			
12	maximal mögliche Rückzahlung	800,00 €	19,5%
13			
14	fester Darlehenszins	4,50%	
15	Darlehenslaufzeit	20	
16	Tilgungsraten pro Jahr	12	
17			
18	Kreditsumme	191.135,02 €	
19			

Bild 4.1: Das Rechenblatt für die Hochrechnung

Bevor man ein Haus kauft, sollte man über die Finanzierung nachdenken, es sei denn, Sie haben im Lotto gewonnen. Diese Excel-Datei dient zur Information, welche Kreditsumme Sie in dem gewählten Zeitraum bezahlen werden. Dieses Beispiel dient lediglich zu Ihrer Orientierung.

Beschreibung

Die Excel-Arbeitsmappe geht davon aus, dass Sie in den Zellen B5 bis B8 Ihre monatlichen Einkünfte eintragen. Falls Sie weitere oder weniger Arten an Einkünften haben, passen Sie die Datei entsprechend durch Hinzufügen oder Entfernen von Zeilen an. Neben zwei Gehältern haben wir in diesem Beispiel noch Kindergeld und einen weiteren Betrag, beispielsweise durch die Großeltern, eingetragen.

Die erste Formel befindet sich in der Zelle B10. Dort wird über die SUMME-Funktion das Gesamteinkommen berechnet.

```
=SUMME(B5:B8)
```

In die Zelle B12 geben Sie den Betrag ein, den Sie von dem verfügbaren Betrag als Rückzahlung leisten möchten bzw. können. Rechts daneben wird dieser Anteil in Prozent ausgewiesen.

```
=B12/B10
```

Die Banken und Sparkassen weisen ihre Konditionen für Baufinanzierungen abhängig von der Darlehenslaufzeit an. Unsere fiktive Bausparkasse bietet Ihre Kredite für 4,5% an. Die Laufzeit soll in diesem Fall 20 Jahre betragen. Für die Berechnung benötigt Excel die Anzahl der Zahlungen pro Jahr. Daher ist in der Zelle B16 der Wert 12 eingetragen. Die entscheidende Funktion zur Berechnung des Gesamtwerts wird in der Zelle B18 berechnet. Sie lautet: `=BW(B14/B16*100;B15*B16;-B12;;0)`.

Die Excel-Funktion BW (Barwert) ermittelt dabei aus den Parametern die Gesamtsumme des Kredits.

Für die Funktion BW benötigen Sie fünf Parameter: `=BW(Zins; Zzr; Rmz; Zw; F)`.

In dem oben angegeben Beispiel sind es:

- Zins: Zinssatz pro Periode
  B14/B16 * 100 entspricht 4,5% geteilt durch 12 mal 100. Dies ist der Zinswert je Monat.
- Zzr: Anzahl Zahlungszeiträume
  B15 * B16 sind 12 * 20 Monate, also der Zahlungszeitraum 240 Monate.
- Rmz: Betrag der regelmäßigen Zahlung
  Der negative Wert in der Zelle B12, also -800 Euro. Wenn eine Zahlung vorgenommen wird, ist der Betrag negativ anzugeben.
- Zw: Zukünftiger Wert bzw. der Endwert
  Der Endwert ist unbekannt, daher wird dieser Parameter nicht angegeben.
- F: Zeitpunkt der Zahlung
  Bei diesem Parameter ist 0 angegeben. Dies bedeutet, dass die Zahlung jeweils am Ende des Monats erfolgt. Wird die Zahlung am Anfang des Monats fällig, stellen Sie den Parameter auf 1.

Beitrag über die Zielwertsuche zurückrechnen

Sie können die Berechnung auch in die umgekehrte Richtung durchführen. Wenn Sie bei gleich bleibendem Zinssatz und Zeitraum den Betrag der monatlichen Zahlung berechnen möchten, können Sie die Zielwertsuche einsetzen.

1. Starten Sie den Befehl *Extras/Zielwertsuche*.
2. Geben Sie als Zielzelle B18 ein, der Zielwert ist die gewünschte Kredithöhe.

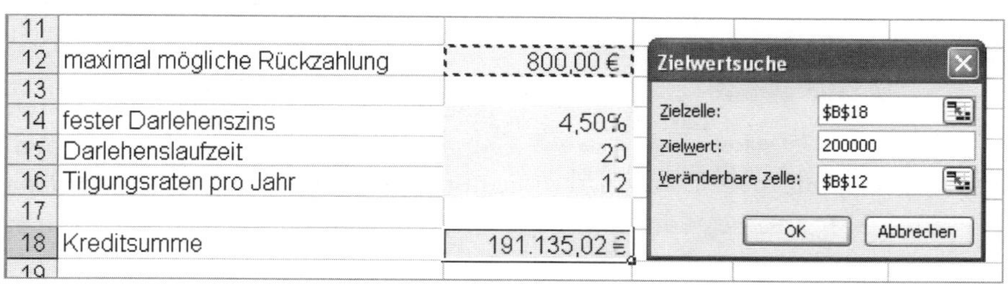

Bild 4.2: Den Zahlbetrag über die Zielwertsuche zurückrechnen

3. Geben Sie als veränderbare Zelle B12 ein. Dies ist die Höhe der Rückzahlung, die Sie zuvor manuell vorgegeben haben.
4. Excel zeigt Ihnen als Ergebnis der Zielwertsuche 837,10 Euro. Mit *OK* übernehmen Sie das Ergebnis in die Zelle B12.

4.2 eBay-Auktionen überwachen

Kategorie: Finanzen

Dateiname: MEINE_EBAY_AUKTIONEN.XLS

Schwierigkeitsgrad: ❋❋

Wer das Internet kennt und auch über das Internet kauft und verkauft, kennt die Online-Auktionen bei eBay. Wenn Sie als Verkäufer bei eBay auftreten, sollten Sie auch nach einigen Auktionen den Überblick behalten.

	A	B	C	D	E	F	G	H	I	J	K	L	M	N	O	P	Q
1	Meine ebay Auktionen																
2	Artikel			Auktionsdaten					Versand		Käuferdaten		Versand				
3			Durchschn. Ø				Durchschn. Ø								Gewinn		
4			1,00 €				5,65 €								#####		
5	ebay-Nummer	Beschreibung	Startpreis	Startdatum	Laufzeit der Auktion	Ende der Auktion	Preis	Verk. j/n	Art	Kosten	Name	Adresse	Gesamt-betrag	ebay-Gebühren	Gewinn	Zahlungs-eingang	Versand
6	1234567890	Strickwolle grün 10 Rollen	1,00 €	06.01.07	3	09.01.07	2,51 €	ja	Brief	2,55 €	Herr Meinzer	Koblenzer Str. 2 53123 Bonn	5,06 €	0,41 €	4,65 €	Ja	Ja
7	1234567891	Schuhe neu Größe 43. Kroko-Imitat	1,00 €	07.01.07	5	12.01.07		nein	Postpaket				0,00 €	0,35 €	-0,35 €		
8	1234567892	Motorroller Miniatur	1,00 €	08.01.07	5	13.01.07	8,22 €	ja	Päckchen	4,00 €	Frau Annette Weber	Postweg 7 60863 Frankfurt	12,22 €	0,52 €	11,70 €		
9	1234567893	2 Euro Münze Sonderprägung	1,00 €	09.01.07	5	14.01.07	6,21 €	ja	Brief	2,00 €			8,21 €	0,48 €	7,73 €		
10	1234567894	Buch: Erfolgreich mit ebay	1,00 €	10.01.07	5	15.01.07		nein					0,00 €	0,35 €	-0,35 €		

Bild 4.3: In dieser Excel-Datei behalten Sie den Überblick über die eBay-Auktionen.

Beschreibung

Die vorliegende Excel-Datei zeigt Ihnen übersichtlich die eingestellten Auktionen und die nachfolgende Abwicklung der Auktion. Haben Sie einen Käufer für den Artikel, folgt danach die Vorbereitung des Versands mit den zugehörigen Käuferdaten und dem Zahlbetrag, den der Käufer bezahlen muss.

Wenn Sie in der Liste weiter nach unten blättern, verschwindet irgendwann einmal die Überschrift. Um dies zu vermeiden, können Sie die Kopfzeilen fixieren, indem Sie den Cursor in die Zelle A6 setzen und den Befehl *Fenster/Fenster fixieren* starten.

Auktionsdaten eingeben

5	ebay-Nummer	Beschreibung	Startpreis	Startdatum	Laufzeit der Auktion	Ende der Auktion
10	1234567894	Buch: Erfolgreich mit ebay	1,00 €	10.01.07	5	15.01.07
11	1234567895	Digitalkamera Casio Excellence 200D	1,00 €	11.01.07	7	=D11+E11

Bild 4.4: Das Ende der Auktion lässt sich über das Startdatum und die Dauer der Auktion berechnen.

Nachdem Sie über die eBay-Seiten eine neue Auktion erfasst haben, gibt das Auktionshaus Ihnen eine Artikelnummer. Geben Sie in den Spalten von links nach rechts die eBay-Auktionsnummer, die Artikelbeschreibung, den Startpreis, das Startdatum und die Dauer der Auktion ein.

Das Ende der Auktion kann Excel für Sie berechnen. In der Spalte F, hier ist es die Zelle F11, ist dafür die Formel `=D11+E11` enthalten.

Die eBay-Auktion war erfolgreich

War die Auktion erfolgreich, geben Sie in der Spalte G den Endbetrag und in Spalte H den Text *ja* ein. Über diesen Eintrag lässt sich später eine besondere Formatierung aufbauen.

Den Versand vorbereiten

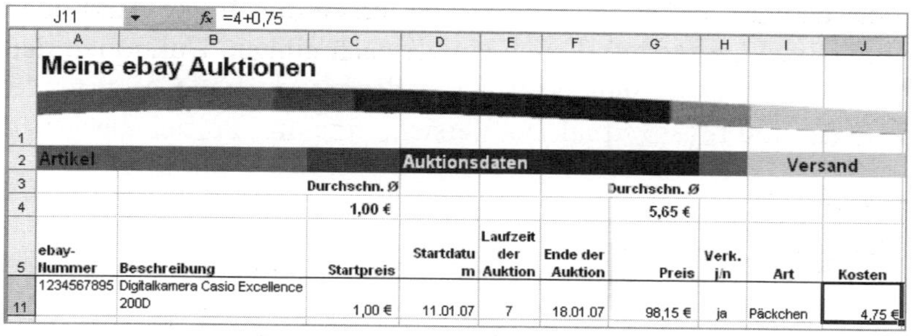

Bild 4.5: Excel zeigt das Ergebnis der Berechnung an.

Um den Versand des Artikels nach dem Zahlungseingang vorzubereiten, können Sie sich in den Spalten I und J die Art und die entstehenden Kosten eintragen. Wenn Sie die Kosten für die Verpackung und den Versand in eine Zelle eingeben möchten, können Sie auch manuell eine Formel eingeben. Wenn beispielsweise das Porto für ein Päckchen 4 Euro und das Verpackungsmaterial hochgerechnet 75 Cent beträgt, können Sie diese Excel-Funktion eingeben:

`=4+0,75.`

Excel zeigt dann in der Zelle nur das Ergebnis an. Der Vorteil bei dieser Art der Eingabe ist jedoch, dass Sie später die einzelnen Beträge sehen können, wenn Sie den Cursor in die Zelle setzen. Geben Sie in den Spalten K und L den Namen und die Adresse des Käufers ein. Um in einer Zelle einen Zeilenumbruch einzugeben, drücken Sie am Ende einer Zeile die Tastenkombination `Alt`+`Eingabe`.

Die Zahlung überwachen

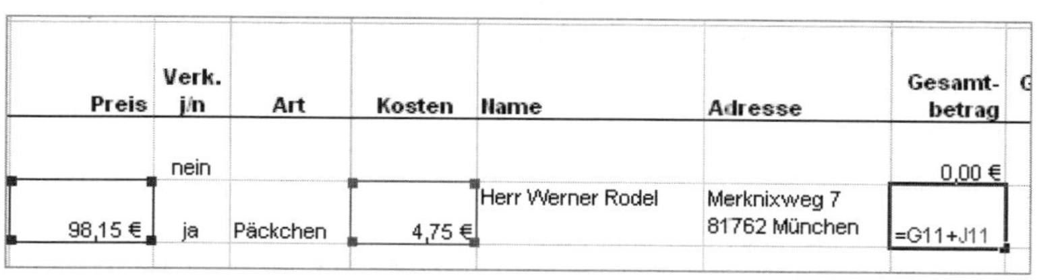

Bild 4.6: Der Gesamtbetrag, den der Käufer bezahlt

Um den Zahlungseingang zu überwachen, addieren Sie die Versandkosten, die meist der Käufer trägt und bezahlt, und den Auktionspreis über die Funktion `G11+J11`.

In der Spalte N können Sie den Gewinn berechnen, indem Sie den Gesamtbetrag um die eBay-Gebühren und die Versandkosten über die Formel `=M11-N11-J11` mindern. Geht der Betrag auf Ihrem Konto ein, können Sie den Statuswert in der Spalte P *Zahlungseingang* auf *Ja* setzen und den verschickten Artikel analog in der Spalte Q protokollieren.

Wenn Sie einige eBay-Auktionen durchgeführt und abgewickelt haben, können Sie mit dem *Auto-Filter* die Listenanzeige eingrenzen. Zur Analyse Ihrer eBay-Auktionen werden in der Beispieldatei in den Zellen C4 und G4 die Mittelwerte zum Startpreis und zu den Endpreisen der Auktion sowie in O4 ihr bisheriger Gesamtertrag mit den eBay-Auktionen berechnet. Die Formeln sind so vorbereitet, dass Sie Auktionen bis Zeile 1000 eingeben können.

4.3 Einbruchs-Schadensaufstellung

Kategorie: Finanzen

Dateiname: SCHADENSAUFSTELLUNG_EINBRUCH.XLS

Schwierigkeitsgrad: ❋

Ein Wohnungseinbruch ist eine sehr ärgerliche Sache. Neben den unguten Gefühlen, die einen noch Wochen und Monate begleiten, hat man viel Lauferei und auch einiges zu erledigen. Unter anderem benötigt die Polizei wie auch die Versicherung eine genaue Aufstellung der gestohlenen Gegenstände. Diese Liste sollte möglichst detailliert sein und muss zeitnah bei Versicherung und Polizei abgegeben werden.

Ist trotz aller Vorsicht bei Ihnen eingebrochen worden, können Sie nach dem Beispiel der folgenden Excel-Liste schnell eine genaue Aufstellung der gestohlenen Gegenstände für Polizei und Versicherung erstellen. Natürlich hoffen wir, dass Sie diese Liste niemals benötigen!

Beiblatt zur Schadensmeldung vom Einbruchdiebstahl XX.XX.XX   Versicherungsnummer: 123456789   IHR NAME und IHRE ADRESSE EINFÜGEN

Pos.	Gegenstand	Beschreibung	Wo befand sich Gegenstand / bzw. weitere Bemerkungen	Anlage		Anschaffungs-preis	Anschaffungs-datum
1	Notebook inkl. Tasche und Zubehör	Multimedia Entertainment PC mit Windows XP MD 5400 mit Intel Pentium 4 40 GB Festplatte 256 MB Arbeitsspeicher inkl. DVD-Player/CD-Brenner **Serien-Nummer:PN 12919479 1384**	Im Büro Prospekt mit detaillierter Beschreibung, Original-Verpackung und Garantiekarte liegen vor und können bei Bedarf nachgereicht werden	Anlage1: Rechnung sowie Kassenbon *Preis inkl. MwSt.*	*inkl. MwSt.*	1.679,00 €	21.10.2003
2	Navigationssystem inkl. Ladestation /Docking-Station	Mobiles Pocket PC Navigationssystem MD 12345 MSN 3000 2696 64 MB onboard & 256 MMC Speicherkarte	Im Bür auf dem Schreibtisch an der Docking-Station Originalverpackung liegt vor	Anlage 2: Kassenbon		379,00 €	11.11.2004
3	Schreibtisch-Container	abschließbarer Container unter Schreibtisch beschädigt	wurde gewaltsam geöffnet, Schliessmechanismus defekt, kann nicht mehr abgeschlossen werden				vor 1995
4	Bargeld	500,00 €	im Arbeitszimmer in oberster Schublade vom Schreibtisch-Container			500,00 €	
5	Perlenkette	kurze Perlenkette, mit ganz glattem, perlenartigen Goldverschluß; Kette kann mittels Armband (Pos. 6) verlängert werden	im Badezimmer auf der Ablage	Anlage 3: Kassenbon für beides zusammen		599,00 €	14.05.2001
6	Perlenarmband	Perlenarmband passend zur Kette (Pos. 5), gleicher Verschluss	auf der Ablage im Badezimmer				
7	Perlen-Ohrstecker	hochwertige Ohrstecker, im Urlaub (Hongkong) gekauft	auf der Ablage im Badezimmer		ca.	250,00 €	Jan 95
10	Perlen-Ohrstecker	Perlen-Ohrstecker mit Goldeinfassung	im Kleiderschrank, Erbstück von Oma	Anlage 4: Foto	ca.	300,00 €	vor 1995
12	Armreif	Gold-Armreif	im Kleiderschrank, Erbstück von Oma		ca.	250,00 €	???
13							
14							
15							

Wir behalten uns vor, Beschreibungen bzw. weitere Angaben nachzureichen, da bis zum heutigen Zeitpunkt evtl. nicht alle fehlenden Gegenstände bemerkt wurden, sowie Änderungen zu vorhandenen Angaben vorzunehmen.

Schaden-Nummer X-XX-XXXXX   1 / 1   Polizeiliches Aktenzeichen: AZ XXX XXX XXX XXX

Bild 4.7: Die Tabelle mit der Schadensaufstellung nach einem Einbruch

Kopf- und Fußzeilen für die Liste anpassen

Da auf allen Seiten der Aufstellung das polizeiliche Aktenzeichen wie auch die Versicherungsnummer etc. stehen sollen, richten Sie zuerst die Kopf- und Fußzeilen ein.

1. Wählen Sie *Ansicht/Kopf- und Fußzeile* und wählen Sie die Schaltfläche *Benutzerdefinierte Kopfzeile.*

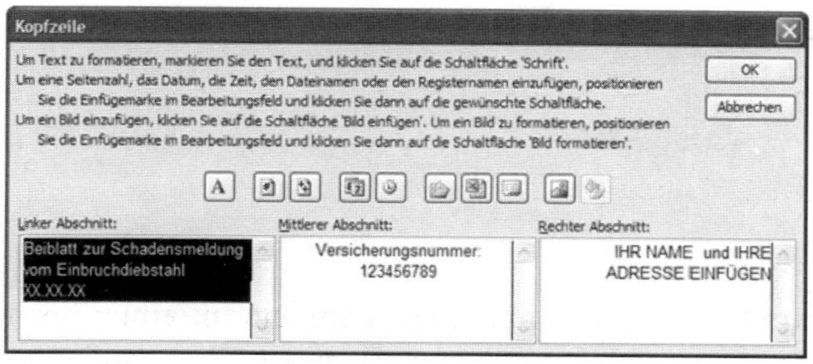

Bild 4.8: Abb. 2: Die benutzerdefinierte Kopfzeile wird beim Drucken auf jeder Seite oben wiederholt.

2. Passen Sie alle Abschnitte mit Ihren Daten an und bestätigen Sie mit *OK*.
3. Wählen Sie anschließend die Schaltfläche *Benutzerdefinierte Fußzeile*.

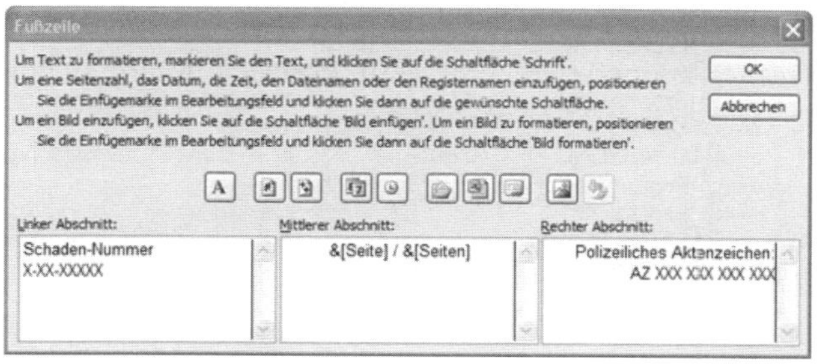

Bild 4.9: Die benutzerdefinierte Fußzeile wird beim Drucken auf jeder Seite unten wiederholt.

4. Passen Sie auch hier wieder alle Abschnitte mit Ihren Daten an und bestätigen Sie erneut mit *OK*.
5. Über die Schaltfläche *Seitenansicht* können Sie das Ergebnis kontrollieren.

Texteingaben

1. Markieren Sie zuerst unsere Beispieldaten im Bereich A2:H10 und entfernen Sie diese über die Taste `Entf`.
2. Füllen Sie anschießend die Liste mit Ihren Daten.
3. Möchten Sie innerhalb einer Zelle einen mehrzeiligen Text hinterlegen, d. h. einen Zeilenumbruch erzielen, drücken Sie einfach die Tastenkombination `Alt` und `Eingabe`.

Weitere Zeilen einfügen

Benötigen Sie mehr als 15 Positionen für Ihre Aufstellung, dann fügen Sie weitere Zeilen ein.

1. Markieren Sie den Zeilenkopf, z. B. der Zeile 10.
2. Drücken Sie – gegebenenfalls mehrfach – die Tastenkombination `Strg` und `+`, entsprechend viele Zeilen werden oberhalb der markierten Zeile eingefügt.

Damit diese neuen Zeilen auch eine korrekte Positionsnummer erhalten, ziehen Sie am Ausfüllkästchen der ersten Positionsnummer und ändern es gegebenenfalls über den Smarttag sodass die Positionen nicht kopiert, sondern als Datenreihe ausgefüllt werden.

4.4 Einkaufscheck: Wer war wann wo einkaufen?

Kategorie: Finanzen

Dateiname: HAUSHALTSBUCH.XLS

Schwierigkeitsgrad: ❋❋

Mit dieser Liste können Sie Ihre Finanzen im Haushalt unproblematisch im Blick behalten und über den AutoFilter sowie über Teilergebnisse Auswertungen abrufen wie zum Beispiel: »Wer war wann wo einkaufen?« oder »Wer hat wie viel ausgegeben?« und vieles mehr.

	A	B	C	D	E	F
1	Ausgabenkontrolle der Familie Müller					
2	Datum	Wer war einkaufen?	Wo	Artikel	Kategorie	Preis
3	01.06.2006	Mutter	Aldi	Eßwaren	Lebensmittel	87,99 €
4	01.06.2006	Vater	Kiosk	Zigaretten	Genußmittel	47,50 €
5	02.06.2006	Mariechen	Kiosk	Zeitung	Unterhaltung	5,60 €
6	03.06.2006	Klausi	Radioladen	CD	Unterhaltung	37,80 €
7	06.06.2006	Klausi	Buchhandel	Buch	Unterhaltung	39,90 €
8	06.06.2006	Vater	Tankstelle	Benzin	Fahrzeugkosten	87,60 €
9	07.06.2006	Mutter	Aldi	gemischt	Lebensmittel	89,90 €
10	07.06.2006	Mutter	Kaisers	gemischt	Lebensmittel	55,60 €
11	08.06.2006	Vater	Fröhlich	Getränke	Genußmittel	80,99 €
12	08.06.2006	Vater	Tankstelle	Benzin	Fahrzeugkosten	87,99 €
13	10.06.2006	Vater	Restaurant	Essen	Freizeit	100,20 €

Bild 4.10: Die Beispieltabelle *Ausgaben*

Beschreibung der Arbeitsmappe

Die Mappe besteht aus zwei Tabellenblättern. Das erste Tabellenblatt enthält die Liste aus Bild 1, das zweite Tabellenblatt dient als Hilfstabelle. Hier sind in den Spalten A, C und E Listeneinträge für eine spätere Auswahlliste über Gültigkeitsprüfung hinterlegt und mit Bereichsnamen versehen. Diese Listen können von Ihnen auf Ihre Bedürfnisse hin angepasst werden.

Listen sortieren

Klicken Sie auf eine Zelle in der Spalte, nach der Sie sortieren möchten. Klicken Sie anschließend auf die Schaltfläche *Absteigend sortieren* oder *Aufsteigend sortieren* in der Standardsymbolleiste.

1. Möchten Sie nach mehr als einem Kriterium sortieren, dann müssen Sie mit dem Dialog *Sortieren* arbeiten.
2. Wählen Sie den Menüpunkt *Daten/Sortieren.*
3. Wählen Sie im ersten Feld über den Listenpfeil, wonach Sie zuerst sortieren möchten. In unserem Beispiel nach der Spalte *Wer war einkaufen?*
4. Wählen Sie im zweiten Feld, wonach Sie anschließend sortieren möchten. Hier sortieren wir nach der Spalte *Wo.*
5. Kontrollieren Sie noch die Option *Datenbereich enthält Überschrift bzw. keine Überschrift.*

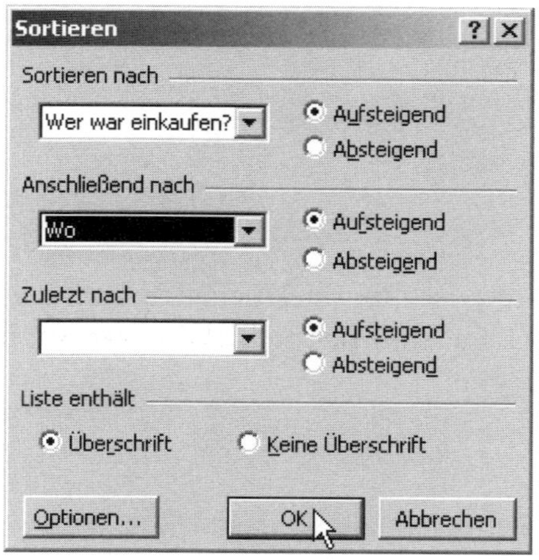

Bild 4.11: Sortieren nach zwei Suchkriterien

Die folgende Liste zeigt die Sortierung. Zuerst sind alle Personen zusammengefasst und dann, wo sie gekauft haben.

	A	B	C	D	E	F
1	Ausgabenkontrolle der Familie Müller					
2	Datum	Wer war einkaufen?	Wo	Artikel	Kategorie	Preis
3	06.06.2006	Klausi	Buchhandel	Buch	Unterhaltung	39,90 €
4	06.07.2006	Klausi	Buchhandel	Buch	Unterhaltung	24,90 €
5	16.06.2006	Klausi	Fröhlich	Getränke	Genußmittel	45,50 €
6	17.06.2006	Klausi	Kino	Kinobesuch	Unterhaltung	50,60 €
7	12.06.2006	Klausi	Kiosk	Zigaretten	Genußmittel	47,50 €
8	12.07.2006	Klausi	Kiosk	Zigaretten	Genußmittel	47,50 €
9	03.06.2006	Klausi	Radioladen	CD	Unterhaltung	37,80 €
10	03.07.2006	Klausi	Radioladen	CD	Unterhaltung	40,00 €
11	19.06.2006	Klausi	Tankstelle	Benzin	Fahrzeugkosten	85,70 €
12	16.06.2006	Mariechen	Kaisers	gemischt	Lebensmittel	85,90 €
13	02.06.2006	Mariechen	Kiosk	Zeitung	Unterhaltung	5,60 €
14	03.07.2006	Mariechen	Kiosk	Zeitung	Unterhaltung	10,50 €
15	12.06.2006	Mariechen	Radioladen	CD	Unterhaltung	60,55 €
16	01.06.2006	Mutter	Aldi	Eßwaren	Lebensmittel	87,99 €
17	07.06.2006	Mutter	Aldi	gemischt	Lebensmittel	89,90 €
18	16.06.2006	Mutter	Aldi	gemischt	Lebensmittel	65,40 €
19	01.07.2006	Mutter	Aldi	Eßwaren	Lebensmittel	87,99 €
20	07.07.2006	Mutter	Aldi	gemischt	Lebensmittel	110,03 €

Bild 4.12: Die sortierte Liste

Teilergebnisse

Mit Hilfe von Teilergebnissen bietet Excel die Möglichkeit, sortierte Tabellen automatisch zu gliedern und Summen zu bilden. Wir haben unsere Tabelle zuvor sortiert nach der Spalte »Wer war einkaufen«.

1. Wählen Sie *Daten/Teilergebnisse.*
2. Wählen Sie im Listenfeld *Gruppieren nach* die Spalte, die Sie zuvor sortiert haben und nach der Sie gruppieren möchten, also in unserem Beispiel nach der Spalte *Wer war einkaufen*?
3. Bestimmen Sie im Listenfeld *Unter Verwendung von,* welche Funktion hier angewendet wird, in unserem Beispiel SUMME.
4. Legen Sie durch Aktivieren der entsprechenden Kontrollkästchen die Spalten fest, deren Zellen berechnet werden sollen, in diesem Beispiel die Spalte *Preis.*

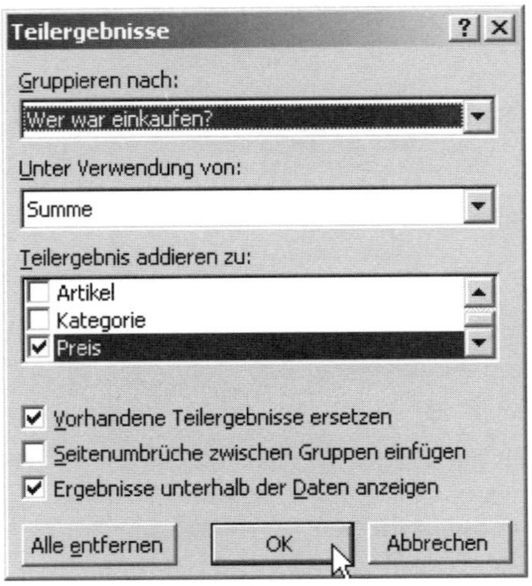

Bild 4.13: Das Dialogfenster *Teilergebnis*

Die Daten der Liste sind nun zusammengefasst. Links neben der Spalte A haben Sie die Gliederungsebenen, über die Sie die Daten ein- bzw. ausblenden können.

	A	B	C	D	E	F
1	Ausgabenkontrolle der Familie Müller					
2	Datum	Wer war einkaufen?	Wo	Artikel	Kategorie	Preis
3	06.06.2006	Klausi	Buchhandel	Buch	Unterhaltung	39,90 €
4	06.07.2006	Klausi	Buchhandel	Buch	Unterhaltung	24,90 €
5	16.06.2006	Klausi	Fröhlich	Getränke	Genußmittel	45,50 €
6	17.06.2006	Klausi	Kino	Kinobesuch	Unterhaltung	50,60 €
7	12.06.2006	Klausi	Kiosk	Zigaretten	Genußmittel	47,50 €
8	12.07.2006	Klausi	Kiosk	Zigaretten	Genußmittel	47,50 €
9	03.06.2006	Klausi	Radioladen	CD	Unterhaltung	37,80 €
10	03.07.2006	Klausi	Radioladen	CD	Unterhaltung	40,00 €
11	19.06.2006	Klausi	Tankstelle	Benzin	Fahrzeugkosten	85,70 €
12		**Klausi Summe**				419,40 €
13	16.06.2006	Mariechen	Kaisers	gemischt	Lebensmittel	85,90 €
14	02.06.2006	Mariechen	Kiosk	Zeitung	Unterhaltung	5,60 €
15	03.07.2006	Mariechen	Kiosk	Zeitung	Unterhaltung	10,50 €
16	12.06.2006	Mariechen	Radioladen	CD	Unterhaltung	60,55 €
17		**Mariechen Summe**				162,55 €
18	01.06.2006	Mutter	Aldi	Eßwaren	Lebensmittel	87,99 €
19	07.06.2006	Mutter	Aldi	gemischt	Lebensmittel	89,90 €
20	16.06.2006	Mutter	Aldi	gemischt	Lebensmittel	65,40 €
21	01.07.2006	Mutter	Aldi	Eßwaren	Lebensmittel	87,99 €
22	07.07.2006	Mutter	Aldi	gemischt	Lebensmittel	110,03 €
23	07.06.2006	Mutter	Kaisers	gemischt	Lebensmittel	55,60 €
24	12.06.2006	Mutter	Kaisers	gemischt	Lebensmittel	115,99 €
25	07.07.2006	Mutter	Kaisers	gemischt	Lebensmittel	86,50 €
26	12.07.2006	Mutter	Kaisers	gemischt	Lebensmittel	89,90 €
27	14.06.2006	Mutter	Werkstatt	Inspektion	Fahrzeugkosten	395,50 €
28		**Mutter Summe**				1.184,80 €

Bild 4.14: Unsere Liste mit den gruppierten Teilergebnissen nach der Spalte *Wer war einkaufen?*

Über *Daten/Teilergebnisse* und die Schaltfläche *Alle entfernen* können Teilergebnisse und Gliederungen wieder ausgeschaltet werden.

Wenn Sie jetzt auf ein Minus-Symbol klicken, dann wird diese Ebene ausgeblendet und nur die zugehörige Summe wird angezeigt.

Schneller geht's über die kleinen Zahlensymbole  am oberen Rand der Gliederungsleiste. Mit einem Klick auf die 1 wird alles ausgeblendet. Über die 2 werden alle Summen angezeigt und über die 3 wird wieder alles angezeigt.

Bild 4.15: Die Ergebnisse können ausgeblendet werden.

Die Teilergebnisse kopieren

Wenn Sie das oben gezeigte Ergebnis kopieren und an einer anderen Stelle wieder einfügen, dann wird die ganze Tabelle eingefügt. Wenn Sie nur die gezeigten Zellen einfügen möchten, dann benötigen Sie eine spezielle Schaltfläche.

1. Wählen Sie *Extras/Anpassen*, aktivieren Sie das Register *Befehle* und markieren Sie die Kategorie *Bearbeiten*.

2. Suchen Sie die Schaltfläche *Sichtbare Zellen markieren* und ziehen Sie sie nach oben in eine Symbolleiste neben einen bestehenden Schalter.

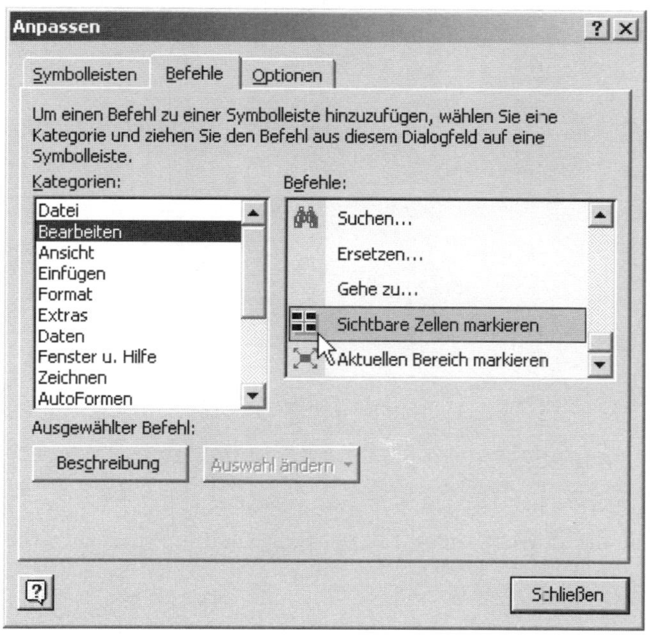

Bild 4.16: Eine weitere Schaltfläche einfügen

3. Markieren Sie jetzt die Zellen, die Sie kopieren möchten. Klicken Sie auf die Schaltfläche *Sichtbare Zellen markieren*. Wählen Sie nun den Befehl *Kopieren* und fügen Sie den Inhalt der Zwischenablage an der gewünschten Stelle ein.

4.5 Fondssparplan

Kategorie: Finanzen

Dateiname: FONDSPARPLAN.XLS

Schwierigkeitsgrad: ❋❋

Sie haben einen Fondssparplan und möchten ihn verfolgen? Die Wertentwicklung Ihres Depots ist abhängig vom jeweiligen Kaufkurs und einem Ausgabeaufschlag beim Kauf des Wertpapiers.

	A	B	C	D	E	F	G
1	**Fondsparplan**						
3	Wertpapiername	XYZ EURO SHORT TERM BOND					
4	WKN	9331234					
5	Ausgabeaufschlag	2,50%					
6	Reduziert	Ja					
7	S&P Stars	***					
8	Fund Rating	AAA					
10	Aktueller Kurs	30,50 €					
11	Anzahl Anteile	123,446					
12	Wert des Depots	3.765,11 €					
13	Entwicklung	4,59%					
14							
15			Summe			Summe	
16			3.600,00 €			123,446	
17	Kaufdatum	Wertpapiername	Sparbetrag	Kurs	Preis + Aufschlag	Anteile	Anteile kumliert
18	01.01.2001	XYZ EURO SHORT TERM BOND	50,00 €	27,10 €	27,78 €	1,800	1,800
19	01.02.2001	XYZ EURO SHORT TERM BOND	50,00 €	27,30 €	27,98 €	1,787	3,587
20	01.03.2001	XYZ EURO SHORT TERM BOND	50,00 €	27,05 €	27,73 €	1,803	5,390
21	01.04.2001	XYZ EURO SHORT TERM BOND	50,00 €	26,50 €	27,16 €	1,841	7,231
22	01.05.2001	XYZ EURO SHORT TERM BOND	50,00 €	27,10 €	27,78 €	1,800	9,031
23	01.06.2001	XYZ EURO SHORT TERM BOND	50,00 €	27,43 €	28,12 €	1,778	10,809
24	01.07.2001	XYZ EURO SHORT TERM BOND	50,00 €	27,68 €	28,37 €	1,762	12,572
25	01.08.2001	XYZ EURO SHORT TERM BOND	50,00 €	28,01 €	28,71 €	1,742	14,313
26	01.09.2001	XYZ EURO SHORT TERM BOND	50,00 €	28,30 €	29,01 €	1,724	16,037
27	01.10.2001	XYZ EURO SHORT TERM BOND	50,00 €	28,35 €	29,06 €	1,721	17,758
28	01.11.2001	XYZ EURO SHORT TERM BOND	50,00 €	28,46 €	29,17 €	1,714	19,472
29	01.12.2001	XYZ EURO SHORT TERM BOND	50,00 €	28,57 €	29,28 €	1,707	21,179
30	01.01.2002	XYZ EURO SHORT TERM BOND	50,00 €	28,39 €	29,10 €	1,718	22,897
31	01.02.2002	XYZ EURO SHORT TERM BOND	50,00 €	28,10 €	28,80 €	1,736	24,633
32	01.03.2002	XYZ EURO SHORT TERM BOND	50,00 €	28,20 €	28,91 €	1,730	26,363
33	01.04.2002	XYZ EURO SHORT TERM BOND	50,00 €	27,51 €	28,20 €	1,773	28,136
34	01.05.2002	XYZ EURO SHORT TERM BOND	50,00 €	27,20 €	27,88 €	1,793	29,930
35	01.06.2002	XYZ EURO SHORT TERM BOND	50,00 €	26,75 €	27,42 €	1,824	31,753
36	01.07.2002	XYZ EURO SHORT TERM BOND	50,00 €	27,10 €	27,78 €	1,800	33,553
37	01.08.2002	XYZ EURO SHORT TERM BOND	50,00 €	27,50 €	28,19 €	1,774	35,327
38	01.09.2002	XYZ EURO SHORT TERM BOND	50,00 €	27,89 €	28,59 €	1,749	37,076

Bild 4.17: Die Übersicht des Fondssparplans

Beschreibung

In den Zellen B3 bis B8 geben Sie die Grundinformationen zum Fonds ein, der gekauft wurde. Ab Zeile 17 geben Sie die Wertpapierkäufe ein. In der Spalte D geben Sie den Kurs ein, zu dem das Papier gekauft wurde. In der Spalte E wird der Ausgabeaufschlag hinzuaddiert.

Da Sie jeden Monat einen bestimmten Betrag in diesem Fonds anlegen, ergibt sich daraus eine bestimmte Menge, die Sie von diesem Fonds kaufen. Der Wert Ihres Depots berechnet sich später aus der kumulierten Anzahl der Anteile und dem aktuellen Wertpapierkurs.

10	**Aktueller Kurs**	30,50 €	
11	**Anzahl Anteile**	123,446	=F16
12	**Wert des Depots**	3.765,11 €	=B11*B10
13	**Entwicklung**	4,89%	=(B12-C16)/C16

Bild 4.18: Die Formeln, die den Wert und die Entwicklung Ihres Depots beschreiben

Den aktuellen Kurs geben Sie in die Zelle B10 ein. Die Summe der Anteile wird in der Zelle B11 über eine Formel angezeigt. Der Wert Ihres Depots wird dann in B12 angezeigt. Wie viel Ihr Depot an Wert gewonnen hat, zeigt die berechnete Zelle B13.

Der Betrag, den Sie im Laufe der Sparzeit angezahlt haben, wird in C16 addiert: `=SUMME(C18:C137)`.

Die Gesamtzahl der Anteile wird aus der Zelle F16 berechnet. Dies lässt sich in Excel über eine einfache Summenfunktion berechnen: `=SUMME(F18:F137)`.

Die Tabelle ist für 10 Jahre, also 120 Monate vorbereitet. Falls Sie über einen längeren Zeitraum planen möchten, erweitern Sie die Summenformel entsprechend.

Diagramm zur Wertentwicklung

In der Datei finden Sie darüber hinaus auf einem weiteren Arbeitsblatt ein Diagramm, das die Kursentwicklung des Wertpapiers anzeigt.

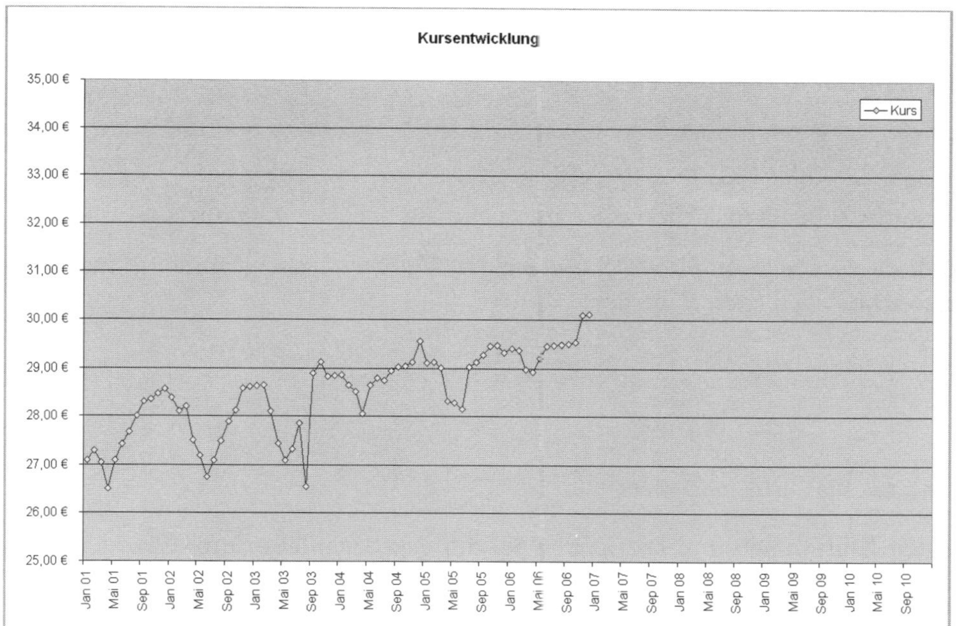

Bild 4.19: Ein Diagramm zum Wertpapier zeigt die Entwicklung.

Für Ihren eigenen Fondssparplan können Sie die Blätter *Fondssparplan* und das zugehörige Diagrammblatt *Kursentwicklung* verwenden.

4.6 Quartalsmäßiger Finanzüberblick eines Haushalts

Kategorie: Finanzen

Dateiname: FINANZÜBERSICHT_PRIVAT.XLS

Schwierigkeitsgrad: ❋❋

Die Arbeitsmappe besteht insgesamt aus 5 Tabellen. Für jedes Quartal gibt es ein Tabellenblatt, in dem Sie Ihre privaten Einnahmen und Ausgaben übersichtlich eintragen können. Auf dem letzten Tabellenblatt erhalten Sie aus den Daten der vier Tabellenblätter eine Gesamtübersicht.

	A	B	C	D	E	F
1	Private Finanzübersicht					
2						
3		Januar	Februar	März	Summe	Mittel
4						
5	Gehalt	€ 2.900,00	€ 2.900,00	€ 2.900,00	€ 8.700,00	€ 2.900,00
6	sonst. Einkünfte	€ 800,00	€ 1.400,00	€ 1.550,00	€ 3.750,00	€ 1.250,00
7						
8	Einnahmen	€ 3.700,00	€ 4.300,00	€ 4.450,00	€ 12.450,00	€ 4.150,00
9	Miete	€ 780,00	€ 780,00	€ 780,00	€ 2.340,00	€ 780,00
10	Haushalt	€ 900,00	€ 800,00	€ 850,00	€ 2.550,00	€ 850,00
11	Auto	€ 500,00	€ 500,00	€ 500,00	€ 1.500,00	€ 500,00
12	Sonstiges	€ 500,00	€ 600,00	€ 1.200,00	€ 2.300,00	€ 766,67
13						
14	Ausgaben	€ 2.680,00	€ 2.680,00	€ 3.330,00	€ 8.690,00	€ 2.896,67
15						
16	Überschuss	€ 1.020,00	€ 1.620,00	€ 1.120,00	€ 3.760,00	€ 1.253,33

Bild 4.20: Die Tabelle zum ersten Quartal des Finanzüberblicks

Gesamtsummen berechnen und kopieren

Um die Gesamtzahlen der einzelnen Monatseinnahmen wie auch Ausgaben zu berechnen, nutzen Sie die Summenformel.

1. Setzen Sie den Cursor in Zelle B8 und klicken Sie auf die Schaltfläche *AutoSumme* [Σ].
2. Excel setzt automatisch die Funktion SUMME in die aktive Zelle und schlägt Ihnen mittels eines Laufrahmens vor, welche Zellen addiert werden:

€ 2.900,00
€ 800,00
=SUMME(B5:B7)
SUMME(Zahl1; [Zahl2]; ...)

Bild 4.21: Die Summenfunktion

3. Kontrollieren Sie den Laufrahmen und korrigieren Sie ihn gegebenenfalls durch Markieren des richtigen Bereichs mit der Maus.
4. Wenn die Zellen, die addiert werden sollen, korrekt vom Laufrahmen umgeben sind, drücken Sie zur Bestätigung die Taste [Eingabe].

Kopieren Sie die Summenformel nach rechts bis zur Zelle F8.

Summe und Mittelwert der Monate berechnen

Auf gleiche Art und Weise wie oben beschrieben haben wir in Spalte E die Summe der Monate Januar bis März berechnet.

In Spalte F soll nun der Mittelwert dieser Monate berechnet werden. Wir haben einfach die Summe aus der Spalte E durch die Anzahl der Monate (3) geteilt. Die Formel lautet: `=E5/3`.

Alternativ geht natürlich auch die Funktion `MITTELWERT`: `=MITTELWERT(B5:D5)`.

Überschuss berechnen

Der Überschuss berechnet sich aus der Differenz von Einnahmen und Ausgaben.

1. Geben Sie in Zelle B16 folgende Formel ein: `=B8-B14`
2. Kopieren Sie diese bis zur Zelle D16.

Summe und Mittelwert des Überschusses berechnen Sie wie oben beschrieben.

Bedingte Formatierung für den Überschuss

Für die Zeile mit den Überschusswerten haben wir auf allen Tabellenblättern jeweils über *Format/Bedingte Formatierung* hinterlegt, dass die Schriftfarbe auf Rot wechselt, sobald der Wert kleiner oder gleich 0 ist.

Bild 4.22: Die bedingte Formatierung zeigt automatisch an, wenn der Wert kleiner oder gleich 0 ist.

Verknüpfung zur Tabelle Gesamt

1. Positionieren Sie in der Tabelle *Gesamtübersicht* den Cursor in die Zelle B4. Hier sollen die Gesamteinnahmen aus dem Tabellenblatt *1. Quartal* übernommen werden.
2. Geben Sie ein [=] ein.
3. Aktivieren Sie das Tabellenblatt-Register *1. Quartal* und markieren Sie dort die Zelle E8 mit der Gesamtsumme aller Einnahmen.
4. Bestätigen Sie die Eingabe mit [Eingabe].
5. In Zelle D3 steht nun die Formel:
   `='1.Quartal'!E8`
6. Wiederholen Sie diesen Vorgang für die anderen Verknüpfungen.

4.7 Vermögensverwaltung: Aktien im Blick

Kategorie: Finanzen

Dateiname: AKTIENKAUF.XLS

Schwierigkeitsgrad: ❋❋

In diesem Beispiel gehen wir davon aus, dass wir 50.000 € in Aktien anlegen. Um die Aktienkurse ständig kontrollieren zu können, haben wir folgende Tabelle erstellt.

	A	B	C	D	E	F	G	H
3	Aktie	Kauf-Kurs	Anzahl	EURO-Wert	Anteil in Prozent	Kurs aktuell	EURO-Wert	Empfehlung
4								
5	123-Aktie	200,00 €	25	5.000,00 €	10%	220,00 €	5.500,00 €	verkaufen
6	LARA	530,00 €	12	6.360,00 €	13%	569,00 €	6.828,00 €	verkaufen
7	ASBF	288,00 €	20	5.760,00 €	12%	198,00 €	3.960,00 €	halten
8	Spanische Bank	217,00 €	15	3.255,00 €	7%	269,00 €	4.035,00 €	verkaufen
9	CADA	708,00 €	15	10.620,00 €	21%	998,00 €	14.970,00 €	verkaufen
10	HOFRING	523,00 €	25	13.075,00 €	26%	445,00 €	11.125,00 €	halten
11	Bärig AG	561,00 €	10	5.610,00 €	11%	699,00 €	6.990,00 €	verkaufen
12	DUX	320,00 €	1	320,00 €	1%	325,00 €	325,00 €	halten
13								
14	Summe			50.000,00 €	100%		53.733,00 €	

Bild 4.23: Die Beispieltabelle *Aktienüberblick*

Beschreibung

In Spalte A, B und C tragen wir die erworbenen Aktien sowie den Kauf-Kurs und die Anzahl ein. In Spalte F müssen wir in Zukunft regelmäßig die aktuellen Kurse einpflegen.

Der Euro-Wert, der Anteil in Prozent sowie der neue Euro-Wert und die Kaufempfehlung werden von Excel automatisch berechnet.

Berechnung der Euro-Werte

Der Euro-Wert Ihrer Aktien berechnet sich aus der Anzahl der Aktien multipliziert mit dem Kaufkurs. Geben Sie also in Zelle D5 die Formel `=C5*B5` ein und kopieren Sie diese Formel bis zur Zelle D12.

In Zelle D14 berechnen Sie mittels der SUMME-Funktion die Gesamtsumme der Spalte D (Gesamt-Eurowert):

1. Setzen Sie den Cursor in Zelle D14 und klicken Sie auf die Schaltfläche *AutoSumme* [Σ].
2. Excel setzt automatisch die Funktion *Summe* in die aktive Zelle und schlägt Ihnen mittels eines Laufrahmens vor, welche Zahlen addiert werden.
3. Kontrollieren Sie den Laufrahmen und korrigieren Sie ihn gegebenenfalls durch Markieren des richtigen Bereichs mit der Maus.
4. Wenn die Zellen, die addiert werden sollen, korrekt vom Laufrahmen umgeben sind, drücken Sie zur Bestätigung die Taste [Eingabe].

Für die Euro-Werte in Spalte G gehen Sie nach Eintragen der aktuellen Kurse in Spalte F analog vor. Zuerst multiplizieren Sie die Anzahl mit dem aktuellen Kurs und im Anschluss bilden Sie die Gesamtsumme des aktuellen Euro-Wertes.

Prozentualen Anteil der Aktien pro Unternehmen berechnen

Der prozentuale Anteil der Aktie pro Unternehmen berechnet sich aus der Division des Euro-Wertes durch den gesamten Euro-Wert. Geben Sie in Zelle E5 folgende Formel ein: `=D5/$D$14`.

Das Ergebnis einer Division wird standardmäßig als Dezimalzahl ausgegeben. Formatieren Sie die Dezimalzahl durch den Schalter *Prozentformat* in der Symbolleiste *Format* in eine Prozentzahl um und kopieren Sie die Formel nach unten bis zur Zelle E12.

Empfehlung über WENN-Funktion und bedingte Formatierung

Wenn der aktuelle Euro-Wert (Spalte F) einer Aktie gegenüber dem Wert zum Zeitpunkt des Kaufs (Spalte B) um mindestens 5% gestiegen ist, dann soll der Text »verkaufen«, ansonsten der Text »halten« angezeigt werden. Damit diese Empfehlung noch deutlicher wird, soll »verkaufen« in der Schriftfarbe Rot, »halten« in der Schriftfarbe Grün angezeigt werden.

1. Starten Sie über den Funktions-Assistenten die WENN-Funktion.

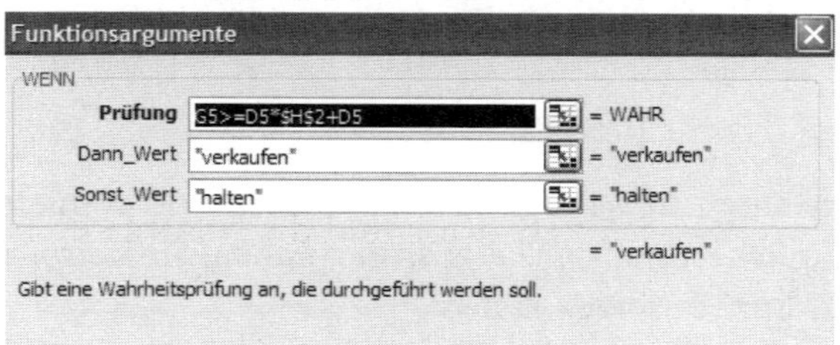

Bild 4.24: Der Funktionsassistent für die WENN-Funktion

2. In der Prüfung fragen wir, ob der Wert in G5 (neuer Euro-Wert) 5% größer oder gleich D5 (d. h. Euro-Wert zum Zeitpunkt des Kaufens) ist. Den Wert 5% haben wir in die Zelle H2 geschrieben. Geben Sie daher im Feld *Prüfung* folgende Formel ein:
   `G5>=D5*$H$2+D5`
3. Im Feld *Dann_Wert* geben Sie »verkaufen« ein.
4. Im Feld *Sonst_Wert* geben Sie »halten« ein.
5. *OK* beendet den Funktions-Assistenten.

Die unterschiedlichen Farben bestimmen Sie über den Menüpunkt *Format/Bedingte Formatierung:*

1. Markieren Sie die Zellen H5:H12.
2. Aktivieren Sie *Format/Bedingte Formatierung.*
3. Geben Sie als *Bedingung 1* folgenden Wert ein: Zellwert ist gleich ="verkaufen" und legen Sie über den Schalter *Format* die gewünschte Formatierung fest.
4. Klicken Sie auf die Schaltfläche *Hinzufügen*, um die Bedingung 2 zu erhalten.

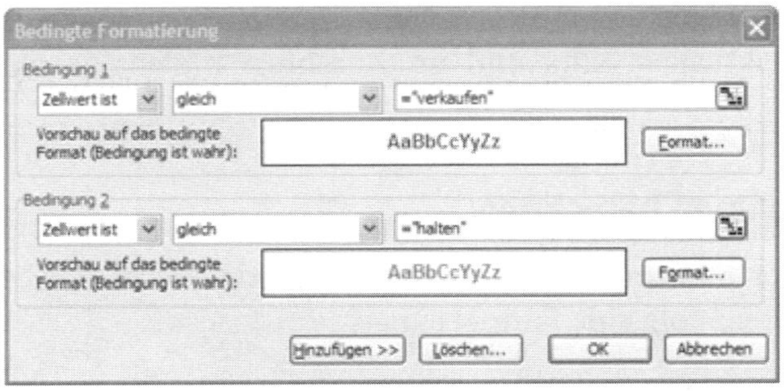

Bild 4.25: Die Bedingungen für die unterschiedlichen Formatierungen

5. Geben Sie als *Bedingung 2* folgenden Wert ein: Zellwert ist gleich ="halten" und legen Sie über den Schalter *Format* die gewünschte Formatierung fest.
6. Bestätigen Sie die bedingte Formatierung mit *OK*.

Ein Diagramm über den Kursverlauf

Möchten Sie den Unterschied zwischen *Kauf-Kurs* und *Kurs aktuell* visualisieren, bietet sich dafür ein Diagramm an.

1. Markieren Sie den Bereich der Tabelle, der als Diagramm dargestellt werden soll, inklusive Spalten- und Zeilenüberschriften. In unserem Diagramm markieren Sie die Zellbereiche A3;A5:A12; B3;B5:B12;F3;F5:F12 mit gedrückter Strg-Taste.
2. Wählen Sie *Einfügen/Diagramm* oder klicken Sie auf das entsprechende Symbol.
3. Wählen Sie im Schritt 1 von 4 des Diagrammassistenten den Diagrammtyp *Balken* und wählen Sie einen Diagrammuntertyp aus. Über die Schaltfläche *Schaltfläche gedrückt halten für Beispiel* können Sie sich bereits eine Vorschau auf das Diagramm anzeigen lassen.
4. Bestätigen Sie mit *Weiter*.

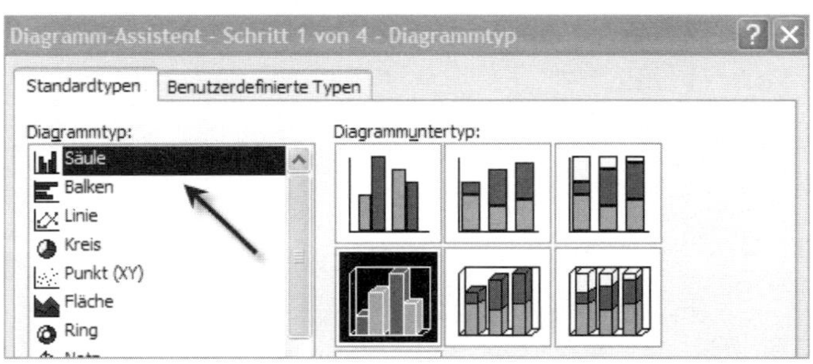

Bild 4.26: Schritt 1 von 4 des Diagrammassistenten

5. Im Schritt 2 von 4 des Diagrammassistenten können Sie mithilfe des Optionsfeldes *Zeilen* bzw. *Spalten* festlegen, ob die Daten zeilen- oder spaltenweise im Diagramm dargestellt werden sollen. Lassen Sie die Option *Spalten* stehen.
6. Bestätigen Sie mit *Weiter*.
7. Im Schritt 3 von 4 des Diagrammassistenten können Sie Diagrammoptionen wie Titel sowie Rubriken- und Größenachsenbeschriftung eingeben. Geben Sie hier den Titel *Meine Aktien im Blick* ein.

8. Bestätigen Sie mit *Weiter.*

9. Im Schritt 4 von 4 des Diagrammassistenten legen Sie fest, wo Sie das Diagramm platzieren möchten, z. B. als Objekt innerhalb der Tabelle oder als eigenständiges Diagrammblatt, zum Beispiel mit dem Säulendiagramm.

10. Die Schaltfläche *Fertig stellen* schließt die Diagrammerstellung ab.

Diagramm bearbeiten

Es gibt vielfältige Möglichkeiten, Diagramme zu bearbeiten. Ein einfacher Weg für den Anfang ist der über die Symbolleiste *Diagramm.*

Bild 4.27: Diagramm-Symbolleiste

Das erste Feld in der Symbolleiste *Diagramm* zeigt Ihnen immer, welchen Teil des Diagramms Sie zurzeit markiert haben. Das Symbol direkt rechts daneben bietet Ihnen dann die Möglichkeit, das markierte Diagrammobjekt (in unserem Beispiel die Datenreihe "Kurs aktuell") zu gestalten, d. h. zu formatieren.

Es öffnet sich eine Dialogbox *Datenreihen formatieren* mit mehreren Registerkarten. Hier können Sie die Beschriftung, Farbe (Muster) und vieles mehr verändern.

Diagrammtyp ändern

Möchten Sie den Diagrammtyp ändern, wählen Sie *Diagramm/Diagrammtyp* und einen anderen Diagrammtyp/Diagrammuntertyp, z. B. das Liniendiagramm.

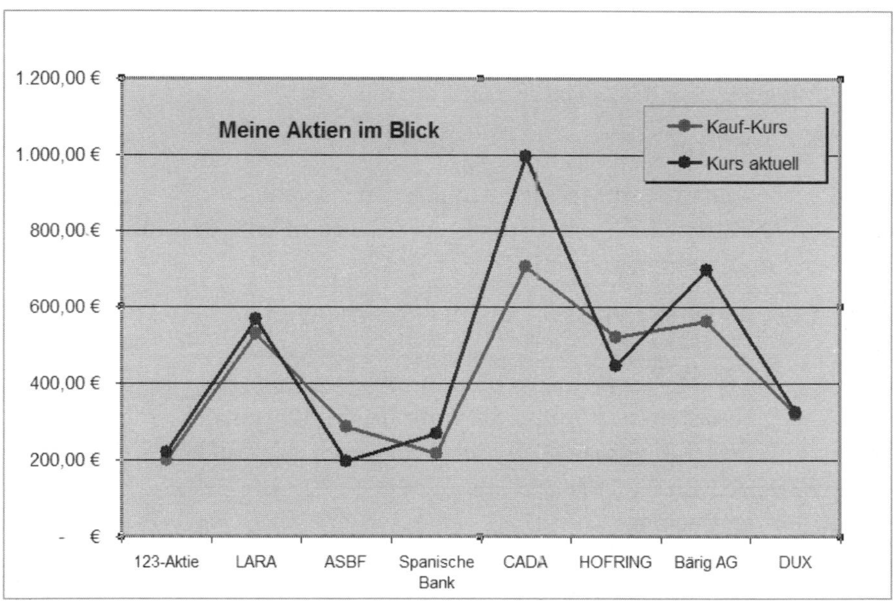

Bild 4.28: Hier zeigt das Liniendiagramm die Kursentwicklung

4.8 Versicherungen: Beiträge berechnen

Kategorie: Finanzen

Dateiname: VERSICHERUNG.XLS

Schwierigkeitsgrad: ❋❋❋

Sie möchten die regelmäßigen Beiträge, die Sie Ihren Versicherungen zahlen, in einer Tabelle erfassen. Dabei möchten Sie wissen, was Sie jede Versicherung pro Monat kostet. Einige Beiträge werden jährlich, andere halbjährlich, wieder andere vierteljährlich und einige monatlich vom Konto abgebucht.

In der Tabelle müssen Sie die Beiträge je nach Abbuchungszeitraum erfassen.

Die folgende Tabelle zeigt ein Beispiel:

Versicherungsliste

	V-Schein Nr.	Jährlich	Halbjährlich	Vierteljährlich	Monatlich	Monat	Jahr
Leben 1	78 85 11	5.000,00 €				416,67 €	5.000,00 €
Leben 2	123 456 789		3.500,00 €			583,33 €	7.000,00 €
KFZ 1	22 55 88	650,00 €				54,17 €	650,00 €
KFZ 2	12 23 34 45			150,00 €		50,00 €	600,00 €
Hausrat	123456	180,00 €				15,00 €	180,00 €
Kranken	159951				310,00 €	310,00 €	3.720,00 €
Haftpflicht	8888 8888	85,00 €				7,08 €	85,00 €
					Mtl. Kosten	1.436,25 €	
						Jhrl. Kosten	17.235,00 €

Bild 4.29: Die Beispieltabelle für die Versicherungskosten

① Markieren Sie die Zelle G4 und geben Sie die folgende Funktion ein.

```
=WENN(C4<>"";C4/12;WENN(D4<>"";D4/6;WENN(E4<>"";E4/3;F4)))
```

In Worten: Wenn die Zelle C4 nicht leer ist, dann teile den Inhalt von C4 durch 12. Wenn D4 nicht leer ist, dann teile den Inhalt von D4 durch 6. Wenn E4 nicht leer ist, dann teile den Inhalt von E4 durch 3. Wenn alle drei Zellen leer sind, nehme den Inhalt von F4.

② Drücken Sie die [Eingabe]-Taste und kopieren Sie diese Funktion nach unten.

G6 =WENN(C6<>"";C6/12;WENN(D6<>"";D6/6;WENN(E6<>"";E6/3;F6)))

	V-Schein Nr.	Jährlich	Halbjährlich	Vierteljährlich	Monatlich	Monat	Jahr
Leben 1	78 85 11	5.000,00 €				416,67 €	5.000,00 €

Bild 4.30: Die monatlichen Kosten pro Versicherung

Die jährlichen Kosten pro Versicherung

In diesem Rechenschritt möchten Sie errechnen, wie viel Sie jeder Versicherung im Jahr bezahlen. Dazu müssen Sie den monatlichen Beitrag nur mit 12 multiplizieren.

1. Setzen Sie den Cursor in Zelle H4 und geben Sie den folgenden Rechenschritt ein:
   `=G4*12`
2. Bestätigen Sie durch Drücken der [Eingabe]-Taste und kopieren Sie diese Funktion nach unten.

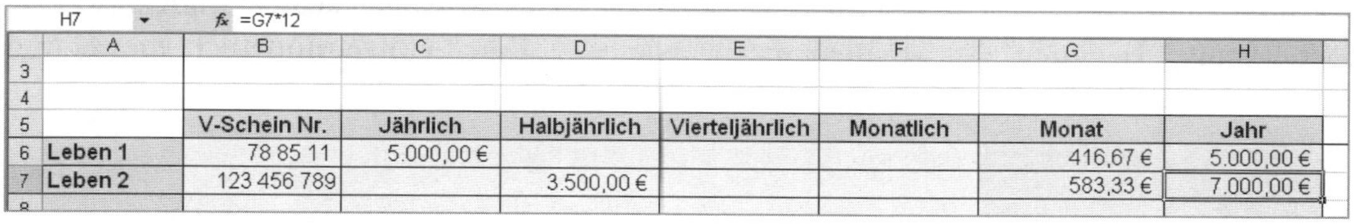

H7 | fx =G7*12

	A	B	C	D	E	F	G	H
3								
4								
5		V-Schein Nr.	Jährlich	Halbjährlich	Vierteljährlich	Monatlich	Monat	Jahr
6	Leben 1	78 85 11	5.000,00 €				416,67 €	5.000,00 €
7	Leben 2	123 456 789		3.500,00 €			583,33 €	7.000,00 €

Bild 4.31: Die Umrechnung auf ein Jahr

Die monatlichen und die jährlichen Versicherungskosten

Bilden Sie in der Zelle G12 noch die Gesamtsumme der monatlichen Kosten und in Zelle H14 die Jahressumme aller Versicherungen.

1. Markieren Sie die Zelle G12 und klicken Sie auf die Schaltfläche *AutoSumme* [Σ].
2. Kontrollieren Sie, ob alle Zellen mit den monatlichen Kosten markiert sind.
   `=SUMME(G4:G11)`
3. Drücken Sie [Eingabe] zur Bestätigung.

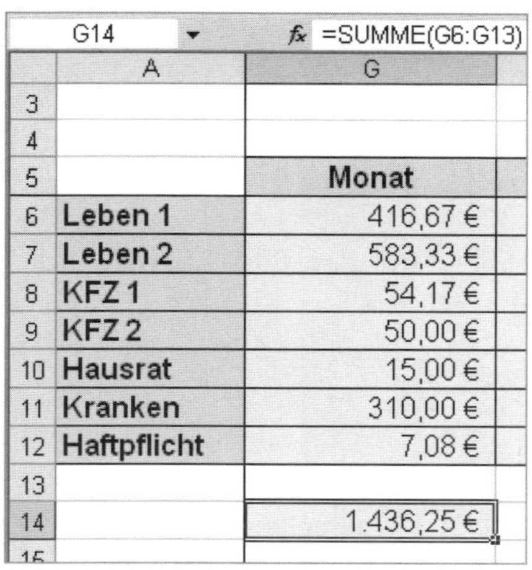

G14 | fx =SUMME(G6:G13)

	A	G
3		
4		
5		Monat
6	Leben 1	416,67 €
7	Leben 2	583,33 €
8	KFZ 1	54,17 €
9	KFZ 2	50,00 €
10	Hausrat	15,00 €
11	Kranken	310,00 €
12	Haftpflicht	7,08 €
13		
14		1.436,25 €

Bild 4.32: Die Summe der Versicherungsbeiträge pro Monat

Führen Sie die Schritte für die jährlichen Kosten auch durch.

Die Liste der Versicherungen erweitern

1. Wenn Sie weitere Versicherungen einfügen möchten, klicken Sie mit der rechten Maustaste auf die Zeilennummer, vor der Sie eine neue Zeile einfügen möchten.
2. Wählen Sie den Befehl *Zellen einfügen.*

4.9 Währungsumrechner

Kategorie: Finanzen

Dateiname: WÄHRUNGEN UMRECHNEN.XLS

Schwierigkeitsgrad: ❋❋❋❋

Mit dieser Datei basteln Sie sich einen ganz individuellen Währungsumrechner. Später geben Sie nur den gewünschten Euro-Betrag ein und er wird gleichzeitig in alle eingegebenen Fremdwährungen umgerechnet (Spalte J), oder Sie schauen nach, wie viel Euro ein bestimmter Betrag der Fremdwährung wert ist (Spalte L).

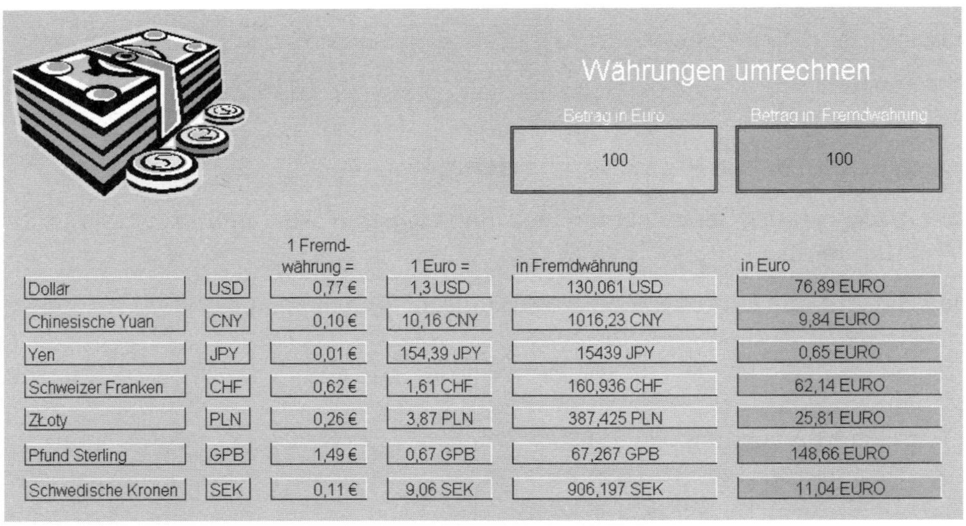

Bild 4.33: Währungsumrechner mit variablen Sorten

Beschreibung: Tabelle Aktuelle Tageskurse

Die Datei besteht aus zwei Tabellen. Erstellen Sie zunächst die Tabelle mit den Basisdaten und den aktuellen Tageskursen, auf die im Blatt *Umrechnen* verwiesen wird.

	A	B	C	D	E	F
1	Währung	Dollar	Chinesische Yuan	Yen	Schweizer Franken	ZLoty
2	Tageskurs 1 € =	1,30061	10,1623	154,39	1,60936	3,87425
3	1 Fremdwährung = ? €	0,76886999	0,098402921	0,006477103	0,621365015	0,25811447
4	Währungsabkürzung	USD	CNY	JPY	CHF	PLN

Bild 4.34: Tabelle der aktuellen Tageskurse

In dieser Tabelle brauchen Sie für jede Währung vier Zeilen. Tragen Sie in die oberste Zeile die Währung ein. Dieser Wert wird später in die Umrechnen-Tabelle übernommen. Darunter tragen Sie die aktuellen Tageskurse ein. Um auch von der Fremdwährung in Euro umrechnen zu können, teilen Sie in der zweiten Zeile den Wert 1 durch den aktuellen Tageskurs. Geben Sie hierzu in die Zelle B3 die Formel `=1/B1` ein und kopieren Sie diese weiter nach rechts bis zur letzten Währungsspalte. In der vierten Zeile geben Sie jetzt noch die übliche Abkürzung der Währung ein, auch auf diese werden wir später verweisen.

Tabelle umrechnen

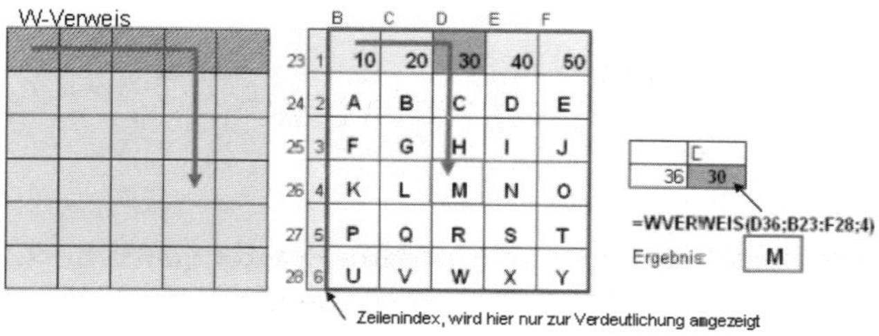

Bild 4.35: So funktioniert die WVERWEIS-Funktion

Am Beispiel der Zeile 9 unserer Beispieldatei werden nun die Formeln erläutert. In der Spalte B sollen die Überschriften aus der Tabelle *aktuelle Tageskurse* übernommen werden. Klicken Sie dazu in die Zelle B9, geben Sie ein Gleichheitszeiten = ein und klicken Sie dann auf die Zelle der Zeile 1 in der Tabelle *aktuelle Tageskurse,* die in dieser Zeile bearbeitet werden soll, und drücken Sie danach die [Eingabe]-Taste. In der Zelle B9 steht nun `='aktuelle Tageskurse'!B1`.

Jetzt soll in der Spalte D zu jeder Währung die richtige Abkürzung übernommen werden, in Spalte F der Umrechnungswert von Fremdwährung in Euro und in Spalte H der aktuelle Tageskurs. Für alle drei Aufgaben setzen wir die WVERWEIS-Funktion ein. Die WVERWEIS-Funktion durchsucht die erste Zeile einer Matrix nach einem Suchkriterium und durchläuft die Spalte, in der das Suchkriterium gefunden wurde, so weit nach unten, wie Sie mit dem Zeilenindex angeben.

Starten Sie in Zelle D9 die WVERWEIS-Funktion über *Einfügen/Funktion* Kategorie *Matrix.*

1. Ihr Cursor blinkt im Feld *Suchkriterium.* Geben Sie hier die Zelle B9 ein und drücken Sie so oft [F4], bis der gemischte Bezug $B9 in dem Feld steht. Damit sorgen Sie dafür, dass Sie die Formel weiter nach rechts kopieren können und trotzdem der Bezug auf Spalte B bleibt. Kopieren Sie die Formel nach unten, wird der Bezug an die neue Zeile angepasst.
2. Im Feld *Matrix* geben Sie nun den Bereich B1:N4 auf dem Tabellenblatt *aktuelle Tageskurse* an und setzen diesen mit [F4] fest. In den noch leeren Spalten I bis N können Sie später weitere Währungen eingeben, ohne die Formeln ändern zu müssen.
3. Im Feld *Zeilenindex* geben Sie die 4 ein, weil die Währungsabkürzung in der vierten Zeile der Matrix steht.
4. Im Feld *Bereich_Verweis* geben Sie FALSCH ein, damit eine genaue Übereinstimmung mit dem Suchkriterium eingehalten wird. Die Formel in Zelle D9 sieht nun wie folgt aus:
   `=WVERWEIS($B9;'aktuelle Tageskurse'!$B$1:$N$4;4;FALSCH)`
5. Kopieren Sie die Formel in die Zelle F9 und ändern Sie den Spaltenindex hier auf 3.
6. Kopieren Sie die Formel auch in die Zelle H9, aber betten Sie hier die Formel in die RUNDEN-Funktion ein und verketten Sie mit &" "D9 noch die Währungsabkürzung mit dem Ergebnis der WVERWEIS-Funktion. Die Formel in H9 lautet dann wie folgt:
   `=RUNDEN(WVERWEIS($B9;'aktuelle Tageskurse'!$B$1:$N$3;2;FALSCH);2)&" "&D9`

In der Zelle J9 multiplizieren Sie das Ergebnis von WVERWEIS mit dem Wert in Zelle J4, jedoch nur, wenn J4 nicht leer ist, und verketten auch dieses Ergebnis mit D9. `=WENN($J$4="";"";WVERWEIS($B9;'aktuelle Tageskurse'!$B$1:$N$3;2;FALSCH))*$J$4&" "&D9`

Die Formel in L9 ist analog aufgebaut und lautet: `=WENN($L$4="";"";WVERWEIS($B9;'aktuelle Tageskurse'!$B$1:$N$4;3;FALSCH))*$L$4`. Kopieren Sie nun die komplette Zeile 9 so oft nach unten, bis Sie für jede Währung Ihrer Tabelle *Aktuelle Tageskurse* eine Zeile haben. Dann verknüpfen Sie in der Spalte B nur noch die Bezüge mit der richtigen Währung in der Tabelle *aktuelle Tageskurse* und Sie können Excel umrechnen lassen.

4.10 Zinsen bei einmaliger Zahlung

Kategorie: Finanzen

Dateiname: ZINSEN_EINMALZAHLUNG.XLS

Schwierigkeitsgrad: ❋❋

In dieser Datei wird mittels einer Excel-Funktion der Ertrag zu einer einmaligen Zahlung berechnet.

Zinseszinstabelle

Die einmalige Kapitalanlage **2.500,00 €**

Zinssatz	2,0%	2,5%	3,0%	3,5%	4,0%	4,5%	5,0%	5,5%
Betrag in Jahren								
1	2.550,00 €	2.562,50 €	2.575,00 €	2.587,50 €	2.600,00 €	2.612,50 €	2.625,00 €	2.637,50 €
2	2.601,00 €	2.626,56 €	2.652,25 €	2.678,06 €	2.704,00 €	2.730,06 €	2.756,25 €	2.782,56 €
3	2.653,02 €	2.692,23 €	2.731,82 €	2.771,79 €	2.812,16 €	2.852,92 €	2.894,06 €	2.935,60 €
4	2.706,08 €	2.759,53 €	2.813,77 €	2.868,81 €	2.924,65 €	2.981,30 €	3.038,77 €	3.097,06 €
5	2.760,20 €	2.828,52 €	2.898,19 €	2.969,22 €	3.041,63 €	3.115,45 €	3.190,70 €	3.267,40 €
6	2.815,41 €	2.899,23 €	2.985,13 €	3.073,14 €	3.163,30 €	3.255,65 €	3.350,24 €	3.447,11 €
7	2.871,71 €	2.971,71 €	3.074,68 €	3.180,70 €	3.289,83 €	3.402,15 €	3.517,75 €	3.636,70 €
8	2.929,15 €	3.046,01 €	3.166,93 €	3.292,02 €	3.421,42 €	3.555,25 €	3.693,64 €	3.836,72 €
9	2.987,73 €	3.122,16 €	3.261,93 €	3.407,24 €	3.558,28 €	3.715,24 €	3.878,32 €	4.047,74 €
10	3.047,49 €	3.200,21 €	3.359,79 €	3.526,50 €	3.700,61 €	3.882,42 €	4.072,24 €	4.270,36 €
11	3.108,44 €	3.280,22 €	3.460,58 €	3.649,92 €	3.848,64 €	4.057,13 €	4.275,85 €	4.505,23 €
12	3.170,60 €	3.362,22 €	3.564,40 €	3.777,67 €	4.002,58 €	4.239,70 €	4.489,64 €	4.753,02 €

Bild 4.36: Die Erträge für die angegebenen Jahre und unterschiedlichen Zinssätze pro Jahr

Beschreibung

Wenn Sie für verschiedene Angebote bezogen auf den Zinssatz und die Laufzeit den Betrag berechnen möchten, können Sie diese Excel-Datei verwenden.

Für die Berechnung von Zins und Zinseszins können Sie verschiedene Parameter anpassen.

In der Zelle D5 geben Sie den Betrag ein, den Sie anlegen möchten. In der Spalte A ab Zelle A9 können Sie die Anzahl der Jahre erfassen, die die Kapitalanlage auf der Bank liegen soll. Die Konditionen, zu denen Sie den Betrag anlegen können, variieren Sie in der Zeile 7 (B7 bis I7).

Die Formel zur Berechnung des Endbetrags

In der Datei finden Sie ein leeres Arbeitsblatt, anhand dessen Sie die Erstellung der Excel-Funktion ausprobieren können. Setzen Sie den Cursor in die Zelle B9.

1. Für das erste Jahr erhalten Sie zu Ihrem eingezahlten Betrag 2,0% an Zins hinzu. Sie berechnen den Endbetrag nach einem Jahr über die Funktion:

```
=$D$5+$D$5*B7
```

Die Zelle D5 wird über die Dollar-Zeichen festgehalten, damit Sie die Formel für die anderen Zinssätze nach rechts kopieren können.

2 Für das zweite Jahr in der Zelle B10 wird über die Formel:

```
=B9+B9*B$7
```

der zuvor berechnete Endwert für das erste Jahr genommen und der neue Zinsbetrag für das zweite Jahr berechnet.

Diese Formel kann nun für alle Folgejahre nach unten kopiert werden.

3 Wenn an der rechten unteren Zellecke das schlanke Plus-Symbol angezeigt wird, ziehen Sie an diesem Symbol bei gedrückter Maustaste die Formel nach unten.

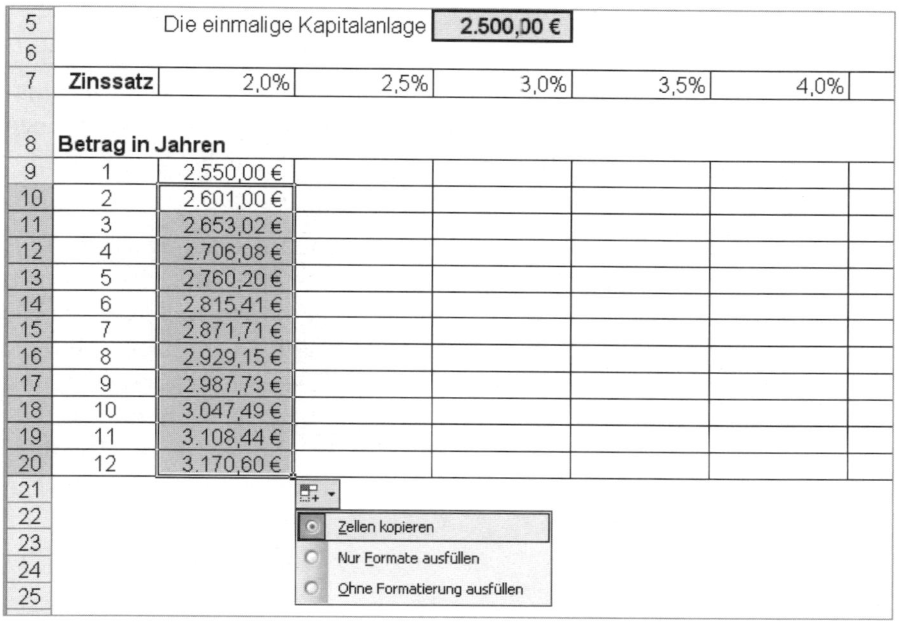

5		Die einmalige Kapitalanlage	2.500,00 €			
6						
7	Zinssatz	2,0%	2,5%	3,0%	3,5%	4,0%
8	Betrag in Jahren					
9	1	2.550,00 €				
10	2	2.601,00 €				
11	3	2.653,02 €				
12	4	2.706,08 €				
13	5	2.760,20 €				
14	6	2.815,41 €				
15	7	2.871,71 €				
16	8	2.929,15 €				
17	9	2.987,73 €				
18	10	3.047,49 €				
19	11	3.108,44 €				
20	12	3.170,60 €				
21						
22						
23						
24						
25						

Bild 4.37: Formel für den Zinseszins ab dem 2. Jahr

4 Wenn Sie die Maus loslassen, bietet Excel an dem abgebildeten Symbol mehrere Möglichkeiten an. In diesem Fall wählen Sie die Option *Zellen kopieren.*

Nach 12 Jahren werden aus 2.500 Euro genau 3.170,60 Euro, wenn Ihnen die Bank jedes Jahr 2% Zins zusagt.

Die Formel für die anderen Zinssätze nach rechts kopieren

Die Funktion in der Spalte B ist nun so vorbereitet, dass sie auch für die anderen Zinssätze in den Spalten C bis I gelten. Dies wird über das geschickte Setzen der $-Zeichen erreicht.

Markieren Sie dazu den Zellbereich B9 bis B20. Ziehen Sie diesen Bereich am Ausfüllkästchen nach rechts bis zur Spalte I.

Fertig ist die Zinseszinstabelle. Falls Sie Ihre Anlage mehr als 12 Jahre beiseitelegen, kopieren Sie den Bereich A20 bis I20 über das Ausfüllkästchen nach unten.

5 Gesundheit

5.1 Astrologie: In welchem Sternzeichen bin ich geboren?

Kategorie: Gesundheit

Dateiname: TIERKREISZEICHEN_KLASSISCH.XLS

Schwierigkeitsgrad: ❋ ❋ ❋

	A	B	C	D	E
1	Tierkreiszeichen				
2	2007				
3		vom		bis	
4	Wassermann	21.01.07	Sonntag	19.02.07	Montag
5	Fische	20.02.07	Dienstag	20.03.07	Dienstag
6	Widder	21.03.07	Mittwoch	20.04.07	Freitag
7	Stier	21.04.07	Samstag	20.05.07	Sonntag
8	Zwilling	21.05.07	Montag	21.06.07	Donnerstag
9	Krebs	22.06.07	Freitag	22.07.07	Sonntag
10	Löwe	23.07.07	Montag	23.08.07	Donnerstag
11	Jungfrau	24.08.07	Freitag	23.09.07	Sonntag
12	Waage	24.09.07	Montag	23.10.07	Dienstag
13	Skorpion	24.10.07	Mittwoch	22.11.07	Donnerstag
14	Schütze	23.11.07	Freitag	21.12.07	Freitag
15	Steinbock	22.12.07	Samstag	20.01.08	Sonntag
16					
17	Datum:	21.07.07			
18	Das gesuchte Tierkreiszeichen ist Krebs				

Bild 5.1: Die Tabelle Tierkreiszeichen

Diese Excel-Mappe besteht aus zwei Tabellen. In der ersten Tabelle mit dem Registernamen *Tierkreiszeichen* erhalten Sie eine Übersicht der 12 Sternzeichen und die aktuelle Information, welches Sternzeichen zum gesuchten Datum gilt.

Die zweite Tabelle enthält eine Auflistung aller Tage im Jahr mit Bezug zum Sternzeichen. Diese Tabelle dient als Infotabelle für die Tabelle *Tierkreiszeichen.* Über die Funktion SVERWEIS werden die Detailinformationen zum aktuellen Sternzeichen angezeigt.

Beschreibung

Geben Sie in die Zelle B17, das Datum ein, dessen Tierkreiszeichen Sie suchen. Daraufhin wird in der Zelle A2 das gesuchte Jahr angezeigt. Die Funktion `=JAHR(B17)` zeigt jetzt das aktuell gesuchte Jahr. Die Zellen der Zeilen 4 bis 15 bauen sich daraufhin automatisch auf.

Die Zeilen 4 bis 15 listen alle 12 Sternzeichen auf. Die Anfangs- und Enddaten der einzelnen Sternzeichen werden jeweils über die Funktion DATUM mittels der Information aus der Zelle A2 zusammengesetzt.

So steht in Zelle B4 für das Sternzeichen des Wassermanns (dieses Sternzeichen liegt zum Beispiel immer im Zeitraum vom 21.1. bis 19.02. eines Jahres) als Anfangsdatum `=DATUM($A$2;1;21)`

und in D4 als Enddatum `=DATUM($A$2;2;19)`

Die Formatierung der Anfangs- wie auch Enddaten im Bereich B4:B15 und D4:D15 ist über *Format/Zellen* als Datum nach dem Muster TT.MM.JJ abgelegt.

Der Bereich C4:C15 wie auch E4:E15 unterscheidet sich von den Spalten B und D nur durch die Formatierung. Hier ist über *Format/Zellen* ein benutzerdefiniertes Zahlenformat nach dem Muster `TTTT` hinterlegt und somit wird der Tag in Worten ausgegeben.

Über den SVERWEIS wird in C18 das aktuelle Sternzeichen aus dem Register *Liste der Sternzeichen* gefunden.

Funktion SVERWEIS hinterlegen

1. Setzen Sie den Cursor in die Zelle C18 und starten Sie die SVERWEIS-Funktion.
2. Das *Suchkriterium* steht in der Zelle B17.
3. Als *Matrix* geben Sie die Zellen A3:C367 auf dem Register *Liste der Sternzeichen* an.
4. Der *Spaltenindex* ist die Nummer der Spalte, deren Inhalt Sie sehen möchten. Da die deutsche Bezeichnung des Sternbildes in der zweiten Spalte steht, geben Sie die 2 ein.
5. Für die eindeutige Suche geben Sie als letzten Parameter bei *Bereich_Verweis* den Wert FALSCH ein.

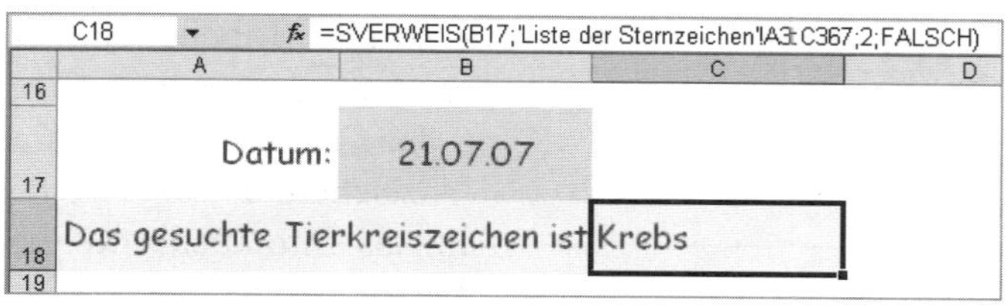

Bild 5.2: Die SVERWEIS-Funktion sucht aus der Liste der Sternzeichen stets das Sternzeichen des aktuellen Tages.

Die Tabelle Liste der Tierkreiszeichen

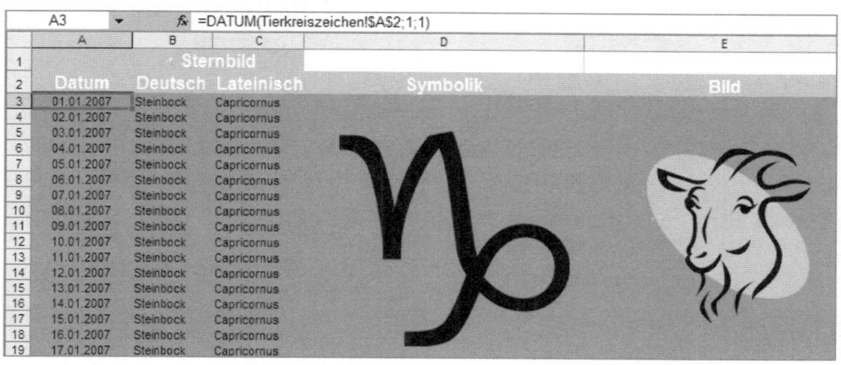

Bild 5.3: Ausschnitt aus dem Tabellenblatt *Liste der Sternzeichen*

In dieser Liste werden alle Tage des gewünschten Jahres vom 01.01. bis 31.12. eines Jahres mit Zuordnung der deutschen und lateinischen Bezeichnung des Sternbildes aufgelistet.

In Zelle A3 wird das erste Datum über die Funktion DATUM mittels der Information aus dem Register *Tierkreiszeichen* der Zelle A2 zusammengesetzt. In Zelle A4 ist eine Formel hinterlegt, mit der aus dem Datum der Vorgängerzelle die Zahl 1 addiert wird:

```
=DATUM(Tierkreiszeichen!$A$2;MONAT(A3);TAG(A3))+1
```

Diese Formel wurde bis zur Zelle A367 nach unten kopiert.

5.2 Blutdruckkontrolle mit Diagramm

Kategorie: Gesundheit

Dateiname: BLUTDRUCKKONTROLLE MIT DIAGRAMM.XLS

Schwierigkeitsgrad: ❋❋

In dieser Tabelle können Sie für eine Woche täglich drei Messwerte eintragen und in einem kleinen Diagramm die Entwicklung im Laufe der Woche veranschaulichen.

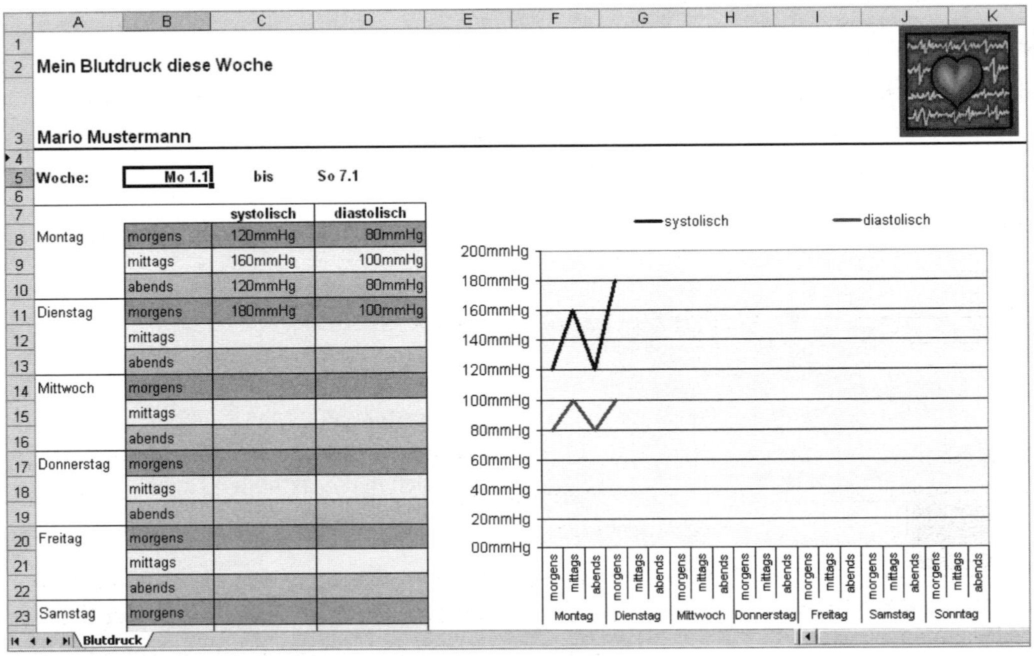

Bild 5.4: Blutdrucküberwachung mit Excel

Tabelle

Gestalten Sie den Tabellenkopf nach Ihren Vorstellungen mit Ihrem Namen, einer Überschrift und Angaben über den Messzeitraum.

Festlegung des Messzeitraums

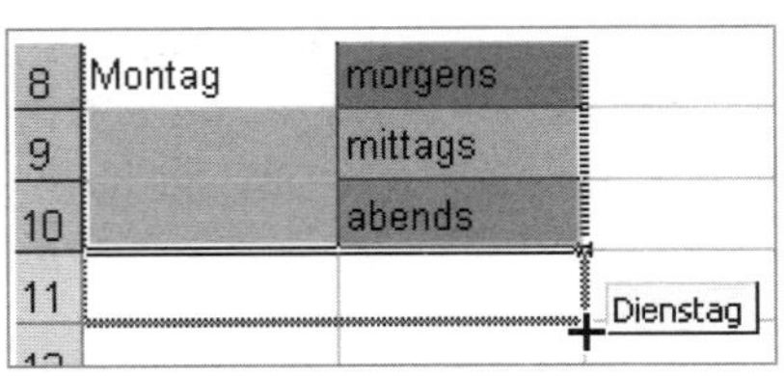

Bild 5.5: Über das Ausfüllkästchen können Sie die ganze Woche mit den Daten ausfüllen lassen.

Schreiben Sie in eine Zelle das Datum des ersten Tages der Messungen und geben Sie in der Zelle, die den letzten Tag der Messungen enthalten soll, die Formel `=Anfangsdatum +6`. In unserem Beispiel steht der erste Messtag in Zelle B5 und in der Zelle D5 steht die Formel `=B5+6`.

Für die Tabelle benötigen Sie pro Messung am Tag eine Zeile und vier Spalten. Geben Sie in die erste Spalte den Wochentag und in die Spalte rechts daneben die geplanten Messzeitpunkte für den ersten Tag ein. Markieren Sie nun die Zellen aus beiden Spalten und ziehen Sie am Ausfüllkästchen bis zum Ende der Woche.

Benutzerdefiniertes Zahlenformat

Damit die Werte in den beiden Spalten in der richtigen Einheit angezeigt werden, können Sie ein benutzerdefiniertes Zahlenformat definieren.

1. Markieren Sie alle Zellen, in denen Messwerte eingetragen werden sollen, und öffnen Sie über [Strg]+[1] den Dialog *Zellen formatieren ...*
2. Wählen Sie im Register *Zahlen* die Kategorie *Benutzerdefiniert.*
3. Geben Sie im Feld *Typ* eine Null ein, da Sie den Blutdruck nur als ganze Zahl ohne Dezimalstellen sehen wollen, und geben Sie dahinter ein Leerzeichen und in Anführungszeichen die gewünschte Anzeige an, hier »mmHg« für Millimeter Quecksilbersäule.

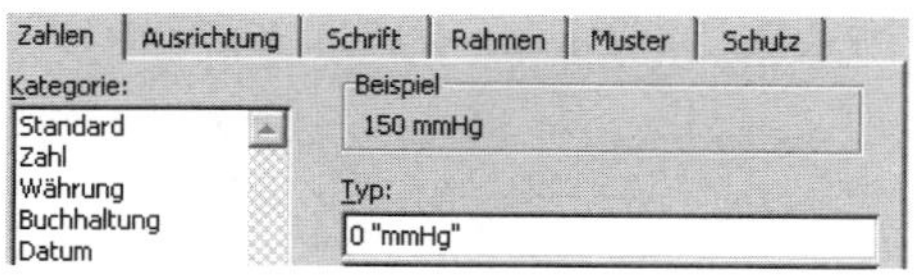

Bild 5.6: Benutzerdefinierte Zahlenformate

Diagramm

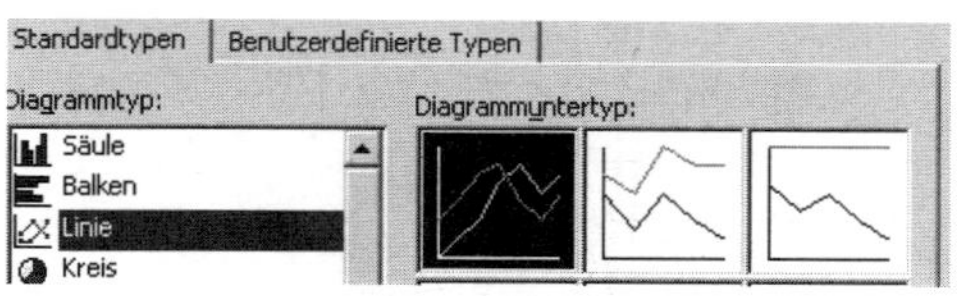

Bild 5.7: Auswahl des Diagrammtyps im ersten Schritt des Diagrammassistenten

Markieren Sie die Zellen A7:D28 und starten Sie in der *Format*-Symbolleiste über die Schaltfläche den Diagrammassistenten.

Wählen Sie im ersten von vier Schritten den Diagrammtyp *Linie* und den ersten Diagrammuntertyp aus. Beenden Sie den Diagrammassistenten, indem Sie auf die Schaltfläche *Fertig stellen* klicken.

Blenden Sie über *Ansicht/Symbolleisten* die *Diagramm*-Symbolleiste ein.

Diese wird immer dann aktiv, wenn Sie das Diagramm markiert haben. Im ersten Listenfeld finden Sie alle im Diagramm enthaltenen Objekte. Um die Darstellung eines Objekts zu ändern, wählen Sie es hier aus und klicken auf die Schaltfläche rechts neben dem Listenfeld:

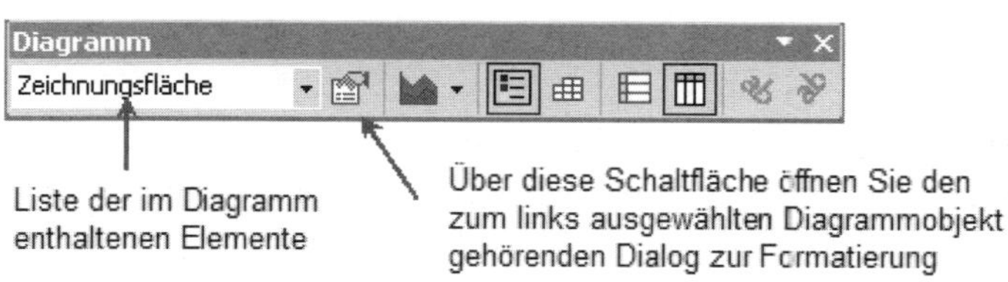

Bild 5.8: Über die *Diagramm*-Symbolleiste können Sie alle Elemente des Diagramms gestalten.

Tragen Sie zum Test einige Werte in Ihre Blutdruckkontrolltabelle ein und betrachten Sie den Linienverlauf im Diagramm.

5.3 BMI (Body-Mass-Index) ermitteln

Kategorie: Gesundheit

Dateiname: BMI ERMITTELN.XLS

Schwierigkeitsgrad: ❋❋

	A	B	C
1			
2	**Ermittlung des Body-Mass-Index**		
3			
4	Datum:	09.12.2006	
5			
6	Größe in Meter	1,68	
7			
8	Gewicht	72,00	
9			
10	BMI	26	
11			
12	Bewertung	leichtes Übergewicht	
13			
14			
15	Von	Bis	Bewertung
16	0	15	kritisches Untergewicht
17	16	19	Untergewicht
18	20	24	Normalgewicht
19	25	29	leichtes Übergewicht
20	30	34	mäßiges Übergewicht
21	35	39	deutliches Übergewicht
22	40	80	starkes Übergewicht

Bild 5.9: Die Berechnung zum BMI und die Bewertung

Der Body-Mass-Index gibt an, ob Sie Übergewicht haben oder nicht. Beachten Sie dabei, dass dieser Index nicht für Schwangere und Bodybuilder gilt.

Die Formel zur Berechnung des BMI lautet:

`BMI = Gewicht/Körpergröße²`

Eine andere Möglichkeit, das Quadrat (^{2}) einer Zahl zu ermitteln, ist das Multiplizieren der Zahl mit sich selbst.

`BMI = Gewicht/Körpergröße * Körpergröße`

In die Zelle B6 wird die Körpergröße in Metern und in die Zelle B8 wird das Gewicht eingetragen. Die Abbildung zeigt das Ergebnis.

Den BMI genau ermitteln

Mit dem folgenden Rechenschritt können Sie den BMI auf mehrere Nachkommastellen genau ermitteln.

Setzen Sie den Cursor in die Zelle B10 und geben Sie den folgenden Rechenschritt ein:

```
=B8/(B6^2)
```

alternativ können Sie auch eingeben:

```
=B8/(B6*B6)
```

B10 | fx =B8/(B6^2)

	A	B
5		
6	Größe in Meter	1,68
7		
8	Gewicht	72,00
9		
10	BMI	25,51020408
11		

Bild 5.10: Der genaue BMI

Nachdem Sie [Eingabe] gedrückt haben, wird der BMI auf mehrere Nachkommastellen berechnet.

Den BMI gerundet ermitteln

B10 | =RUNDEN(B8/(B6^2);0)

	A	B	C
5			
6	Größe in Meter	1,68	
7			
8	Gewicht	72,00	
9			
10	BMI	26	

Bild 5.11: Der gerundete BMI

Wenn Sie den BMI lieber gerundet ausrechnen möchten, dann geben Sie die folgende Funktion ein:

```
=RUNDEN(B8/(B6^2);0)
```

Das Ergebnis des Rechenschritts wird jetzt ohne Nachkommastellen ermittelt.

Die Bewertung

Jetzt möchten Sie, dass Excel das Ergebnis in Zelle B10 nimmt und Ihnen die zugehörige Bewertung anzeigt.

Geben Sie in der Zelle B12 die folgende Funktion ein:

```
=SVERWEIS(B10;A16:C22;3)
```

Der BMI aus Zelle B10 soll in der Matrix A16 bis C22 gesucht werden. Der Inhalt der dritten Spalte soll dann angezeigt werden.

B12 | =SVERWEIS(B10;A16:C22;3)

	A	B	C
9			
10	BMI	26	
11			
12	Bewertung	leichtes Übergewicht	
13			
14			
15	Von	Bis	Bewertung
16	0	15	kritisches Untergewicht
17	16	19	Untergewicht
18	20	24	Normalgewicht
19	25	29	leichtes Übergewicht
20	30	34	mäßiges Übergewicht
21	35	39	deutliches Übergewicht
22	40	80	starkes Übergewicht

Bild 5.12: Die Bewertung des ermittelten BMI

5.4 Besser essen: Protokoll über die tägliche Nahrungsaufnahme

Kategorie: Gesundheit

Dateiname: DIÄTPLAN.XLS

Schwierigkeitsgrad: ❋

Sie möchten die Lebensmittel und deren Kalorien erfassen, die Sie im Laufe einer Woche essen.

Die folgende Tabelle zeigt eine Mustertabelle, in die Sie Ihre Daten eingeben können. In der Zeile 21 wird die Summe der Kalorien pro Tag gebildet. Diese Tabelle können Sie beliebig erweitern, also weitere Zeilen einfügen. Wenn Sie weitere Tabellenblätter benötigen, können Sie das gezeigte Blatt jederzeit kopieren.

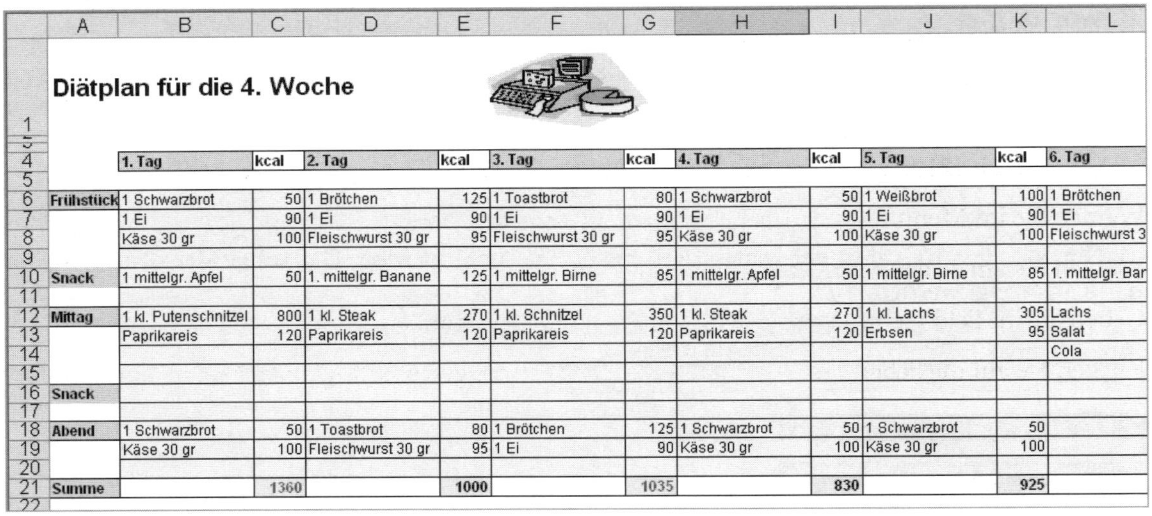

Diätplan für die 4. Woche

	A	B	C	D	E	F	G	H	I	J	K	L
4		1. Tag	kcal	2. Tag	kcal	3. Tag	kcal	4. Tag	kcal	5. Tag	kcal	6. Tag
5												
6	Frühstück	1 Schwarzbrot	50	1 Brötchen	125	1 Toastbrot	80	1 Schwarzbrot	50	1 Weißbrot	100	1 Brötchen
7		1 Ei	90	1 Ei	90	1 Ei	90	1 Ei	90	1 Ei	90	1 Ei
8		Käse 30 gr	100	Fleischwurst 30 gr	95	Fleischwurst 30 gr	95	Käse 30 gr	100	Käse 30 gr	100	Fleischwurst 3
9												
10	Snack	1 mittelgr. Apfel	50	1. mittelgr. Banane	125	1 mittelgr. Birne	85	1 mittelgr. Apfel	50	1 mittelgr. Birne	85	1. mittelgr. Bar
11												
12	Mittag	1 kl. Putenschnitzel	800	1 kl. Steak	270	1 kl. Schnitzel	350	1 kl. Steak	270	1 kl. Lachs	305	Lachs
13		Paprikareis	120	Paprikareis	120	Paprikareis	120	Paprikareis	120	Erbsen	95	Salat
14												Cola
15												
16	Snack											
17												
18	Abend	1 Schwarzbrot	50	1 Toastbrot	80	1 Brötchen	125	1 Schwarzbrot	50	1 Schwarzbrot	50	
19		Käse 30 gr	100	Fleischwurst 30 gr	95	1 Ei	90	Käse 30 gr	100	Käse 30 gr	100	
20												
21	Summe		1360		1000		1035		830		925	
22												

Bild 5.13: Das Muster eines Diätplans

Die Summe der täglichen Kalorien

Der folgende Arbeitsschritt summiert die täglich aufgenommene Kalorienzahl.

1. Setzen Sie den Cursor in die Zelle C21.
2. Klicken Sie auf die Schaltfläche *AutoSumme* [Σ].
3. Stellen Sie sicher, dass alle Zellen mit Kalorien markiert werden.
4. Drücken Sie auf die [Eingabe]-Taste.

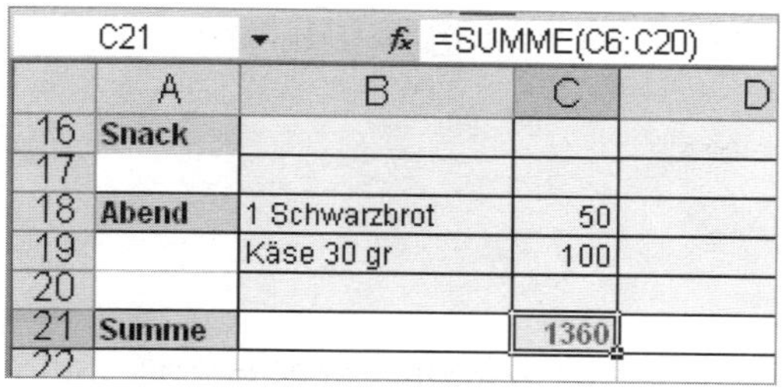

Bild 5.14: Die Summe der täglichen Kalorienaufnahme

5. Kopieren Sie die Funktion nach rechts in die anderen Tage.

Die Kalorienzahl bewerten

Angenommen, Sie haben sich vorgenommen, maximal 1000 Kalorien am Tag aufzunehmen. Wenn Sie 1000 oder mehr Kalorien zu sich genommen haben, dann soll die Kalorienzahl rot eingefärbt werden.

Dies machen Sie mit der *Bedingten Formatierung.*

1. Markieren Sie die Zellen, die Sie prüfen möchten. Im vorliegenden Beispiel sind es die Zellen C21, E21, G21, I21, K21, M21 und O21. Halten Sie dabei die Taste `Strg` gedrückt.
2. Wählen Sie im Menü *Format* den Befehl *Bedingte Formatierung.*
3. Wählen Sie am zweiten Listenfeld den Eintrag *größer als.*
4. Geben Sie im Feld rechts daneben Ihre maximale Kalorienzahl ein.
5. Klicken Sie auf die Schaltfläche *Format* und stellen Sie die gewünschte Formatierung ein.

Bild 5.15: Die Formate für Zahlen größer als 1000

6. Bestätigen Sie mit *OK.*

Die Tabelle bearbeiten und erweitern

Wenn Sie weiter nach rechts blättern, können Sie die Überschriften in Spalte A nicht mehr sehen. Um den Ausschnitt festzustellen, tun Sie Folgendes:

1. Markieren Sie die Zelle B5 und wählen Sie die Befehlsfolge *Fenster/Fenster fixieren.*
2. Um weitere Zeilen einzufügen, klicken Sie mit der rechten Maustaste auf die Zeilennummer, vor der Sie eine neue Zeile einfügen möchten. Wählen Sie im Kontextmenü den Befehl *Zellen einfügen.*
3. Ein Blatt kopieren Sie mit einem Rechtsklick auf den Registernamen und dem Befehl *Verschieben/ kopieren.*

5.5 Gewichtskontrolle: wöchentlich

Kategorie: Gesundheit

Dateiname: GEWICHTSKONTROLLE WÖCHENTLICH.XLS

Schwierigkeitsgrad: ❋❋

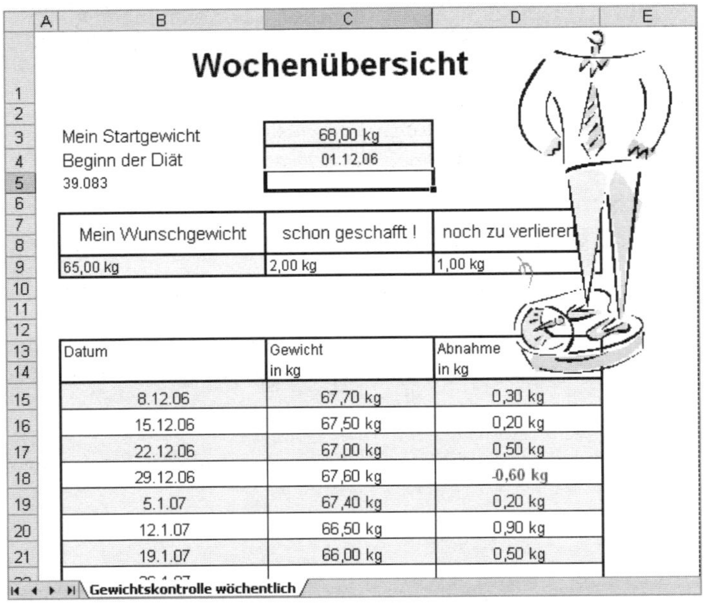

Bild 5.16: Wöchentliche Erfolgskontrolle auf Ihrem Weg zum Wunschgewicht

Was sagt Ihr Spiegel? Wenn Ihr Spiegelbild Ihre volle Zustimmung findet, ist dieses Beispiel einfach nichts für Sie. Blättern Sie weiter und widmen Sie sich anderen Tabellen.

Sie sind noch hier? Na, dann nutzen Sie die Beispieldatei, die Ihnen im wöchentlichen Abstand Ihre Etappenerfolge auf dem Weg zu Ihrem Wunschgewicht aufzeigt, dabei kleine Rückschläge kennzeichnet und bereits verlorene Pfunde addiert.

Zu Beginn braucht Excel drei Informationen von Ihnen: Wie viel wiegen Sie, wie viel möchten Sie wiegen, und wann soll es losgehen?

In unserer Beispieldatei werden diese Werte in den Zellen C3, C4 und B9 eingetragen. Excel nennt Ihnen nun in der Spalte B ab Zeile 15 die nächsten Termine auf der Waage. Sobald Sie in der Spalte C Ihr jeweiliges Gewicht eingetragen haben, wird der Rest automatisch berechnet.

Aufbau der Tabelle

Im oberen Teil der Tabelle legen Sie bitte drei Zellen für die Ausgangsdaten und Ihr Wunschgewicht fest. Definieren Sie zusätzlich zwei Zellen, in denen Sie Ihren jeweils aktuellen Stand berechnen wollen. Hierfür haben wir die Zellen C9 und D9 ausgewählt.

Darunter legen Sie nun bitte drei Spalten an, die Sie mit *Datum*, *Gewicht* und *Abnahme* überschreiben.

Während Sie in die Gewichtsspalte später Woche für Woche die Wahrheiten Ihrer Waage eintragen, geben Sie nun in die beiden anderen Zellen die Formeln zur Berechnung des Datums und des Gewichtsverlustes der jeweiligen Woche ein.

Datumsintervall wöchentlich

Für Excel ist jeder Tag eine Zahl. Beginnend mit dem 1.1.1900 = 1, zählt Excel für jeden weiteren Tag den Wert 1 hinzu. So ist beispielsweise der 1.1.2007 für Excel der Wert 39083. Sie können daher mit dem Datum auch rechnen. Wenn Sie also zum Startdatum 7 Tage addieren, erhalten Sie als Ergebnis das Datum des gleichen Tages in der nächsten Woche.

Da diese Formel aber erst ein Ergebnis zeigen soll, wenn Sie in die Zelle C4 auch ein Startdatum eingetragen haben, wird die Formel zur Berechnung des nächsten Wiegetermins in eine WENN-Funktion eingebettet.

1. Starten Sie über *Einfügen/Funktion* oder über das Symbol *fx* den Funktionsassistenten und wählen Sie aus der Kategorie *Logik* die WENN-Funktion aus. Ihr Cursor blinkt im Feld *Prüfung*.

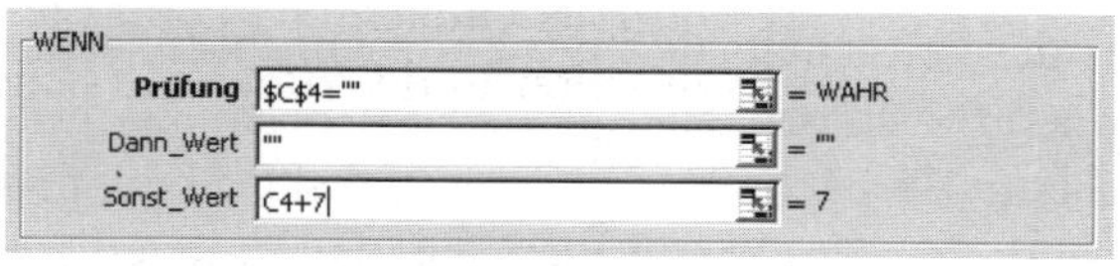

Bild 5.17: Funktionsargumente der WENN-Funktion zur Berechnung der regelmäßigen Verabredungen mit Ihrer Waage

2. Überprüfen Sie im Feld *Prüfung* mit der Formel `C4=""` ob die Zelle C4 leer ist. Setzen Sie den Bezug auf die Zelle C4 mit [F4] fest, damit auch beim Kopieren der Formel nach unten weiterhin C4 überprüft wird.
3. Geben Sie im Feld *Dann_Wert* zwei Anführungszeichen ein, damit in diesem Fall nichts in die Zelle geschrieben wird.
4. Im Feld *Sonst_Wert* tragen Sie nun die Formel `C4+7` ein, womit Sie zum Ausgangsdatum 7 Tage, also eine Woche addieren.

In der Zelle B15 steht nun die Formel: `=WENN($C$4="";"";C4+7)`

Da ab der zweiten Woche nicht mehr zum Startdatum 7 Tage addiert werden müssen, sondern zum Datum der vorherigen Woche, kopieren Sie diese Formel über das Ausfüllkästchen nur eine Zeile nach unten und ändern im *Sonst_Wert* den Eintrag ab.

Die Formel in Zelle B16 sieht nach der Änderung wie folgt aus: `=WENN($C$4="";"";B15+7)`.

Diese Formel können Sie nun weiter nach unten kopieren.

Abnahme pro Woche berechnen

Auch in dieser Spalte wird die Berechnung der Abnahme in eine WENN-Funktion eingebunden. Nur wenn Sie in die Spalte C ein Gewicht eingetragen haben, wird dies vom Anfangsgewicht bzw. dem Gewicht der vergangenen Woche abgezogen.

Die Formel in Zelle D15 lautet: `=WENN(C15="";"";C3-C15)` und die Formel in der Zelle D16, die Sie weiter nach unten kopieren können, lautet: `=WENN(C16="";"";C15-C16)`.

Status quo

In der Zelle C9 berechnen Sie mit der Formel `=SUMME(D15:D44)` Ihren bisherigen Erfolg, Ihre Gesamtabnahme, und mit der Formel `=C3-E9-C9` in der Zelle D9 errechnen Sie, was Sie noch vom Wunschgewicht trennt.

5.6 Gewichtskontrolle: Weight Watchers-Punkte berechnen

Kategorie: Gesundheit

Dateiname: WEIGHT WATCHERS PUNKTERECHNER.XLS

Schwierigkeitsgrad: ❋❋

Das Konzept des Weight Watchers-Ernährungsprogramms besteht darin, jedem Lebensmittel einen Punktwert zuzuweisen, der aus den Kalorien und dem Fettgehalt der Lebensmittel berechnet wird.

Mit Hilfe dieser Excel-Datei können Sie durch Eingabe des Fettgehalts und der Kalorienzahl für jedes Lebensmittel die genaue Punktzahl ermitteln. So können Sie sofort sehen, dass zum Beispiel schon ein Löffel (10 g) der beliebten Nussnugatcreme, die laut Verpackung 514 kcal und 30 g Fett pro 100 Gramm enthält, schon mehr als 1 Punkt Ihrer persönlichen Punktzahl ausmacht.

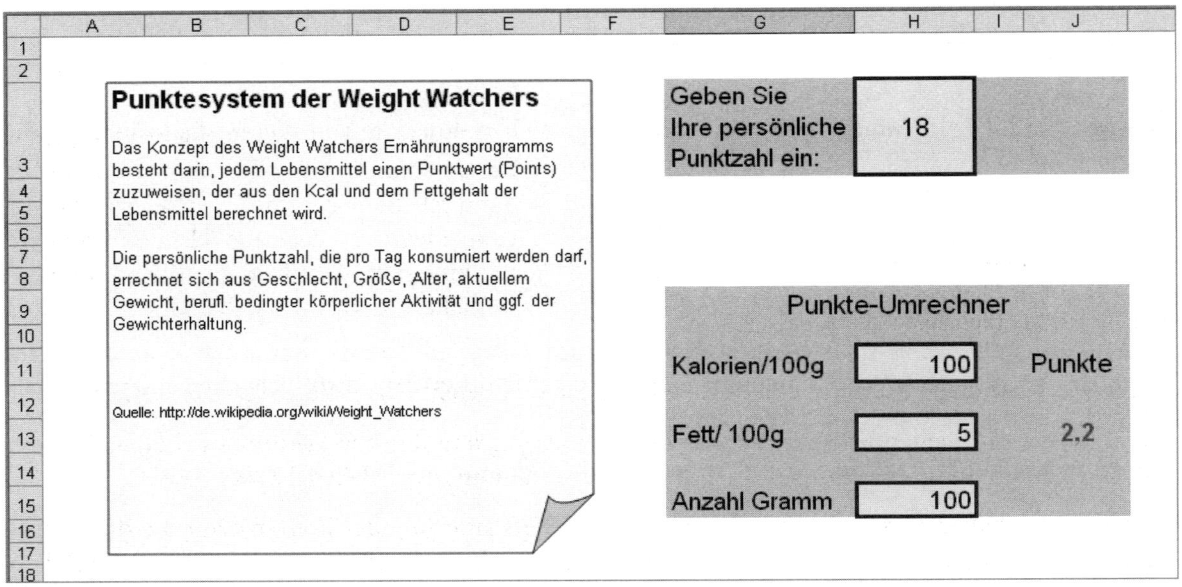

Bild 5.18: Die Tabelle zur Punkteberechnung

Beschreibung

In den gelben Eingabefeldern (H3, H11, H13 und H15) machen Sie Ihre Eingaben. Im Feld J13 werden die Punkte ausgegeben. Solange die Schriftfarbe Grün ist, befinden Sie sich noch im »grünen Bereich«. Wechselt die Schriftfarbe auf Rot, haben Sie die persönliche Punktzahl überschritten.

Die Formel zur Umrechnung

Die genaue Formel zur Berechnung der Punkte lautet:

```
(Fettgehalt x 0,11) + (Kcal x 0,0165) = Punkte
```

Es existiert noch eine einfachere Methode, die allerdings nicht ganz so genau ist:

```
(fett/9) + (kcal/60) = Punkte
```

Wir haben in unserem Beispiel die genaue Formel hinterlegt.

Geben Sie in die gewünschte Zelle, in unserem Beispiel in die Zelle J13, folgende Formel ein: `=(H13*0,11+H11*0,0165)*H15/100`.

In H13 steht der eingegebene Fettgehalt pro 100 g. Dieser wird laut Formel mit 0,11 multipliziert. In H11 stehen die Kalorien pro 100 g und diese werden laut Formel mit 0,0165 multipliziert. Da wir aber nicht immer gleich 100 g von allen Lebensmitteln konsumieren, haben wir in der Zelle H15 die Möglichkeit geboten, die exakt konsumierte Grammzahl einzugeben. Daher muss nun das Ergebnis der Formel noch mit dem Wert aus H15 multipliziert und durch 100 geteilt werden.

Bedingte Formatierung für die Punktezahl

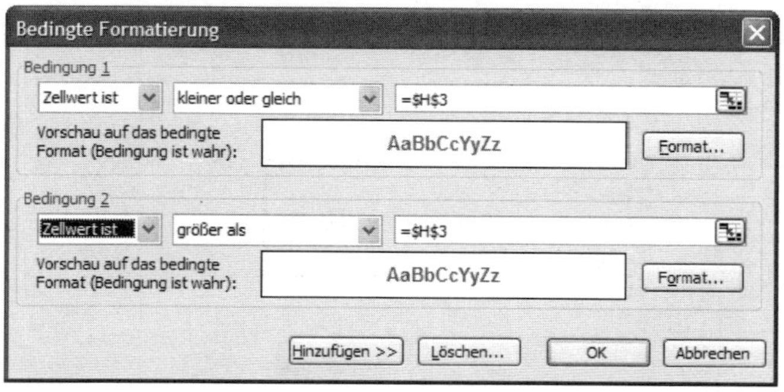

Bild 5.19: Die bedingte Formatierung zeigt an, ob Sie bereits über Ihrer täglichen Punktezahl liegen.

Damit die Schriftfarbe sofort vor Augen führt, ob man mit der Punktezahl im grünen Bereich ist, haben wir im Ergebnisfeld J13 eine bedingte Formatierung hinterlegt. Die *Bedingung 1* prüft, ob der errechnete Punktwert kleiner oder gleich der persönlichen Punktzahl im Feld H3 ist, dann ist die Schriftfarbe Grün. Die *Bedingung 2* legt fest, dass sobald der errechnete Punktwert größer als die eingegebene persönliche Punktzahl ist, die Schriftfarbe Rot ist.

1. Markieren Sie die gewünschte Zelle und wählen Sie den Befehl *Format/Bedingte Formatierung.*
2. Wählen Sie im zweiten Feld den Eintrag *kleiner oder gleich* und geben Sie in das Feld daneben die Zelladresse an, in der die persönliche Punktzahl steht, in unserem Beispiel $H$3.
3. Über den Schalter *Format* bestimmen Sie, wie die Formatierung der Zelle(n), auf die die Bedingung zutrifft, aussehen soll. In unserem Fall ist die Schriftfarbe Grün. Zur Gestaltung der Zellen stehen in der Dialogbox *Zellen formatieren* drei Register zur Verfügung. Mit dem Register *Schrift* ändern Sie die *Farbe*, den *Schriftschnitt* und die *Schriftattribute* wie Fettdruck und Unterstreichung. Mit dem Register *Rahmen* ziehen Sie Linien und Rahmen und mit dem Register *Muster* können Sie den Zellhintergrund einfärben.
4. Bestätigen Sie mit *OK* und kehren Sie zurück zur Dialogbox *Bedingte Formatierung.*
5. Öffnen Sie über den Schalter *Hinzufügen* die Möglichkeit, eine *Bedingung 2* zu hinterlegen. wählen Sie im zweiten Feld den Eintrag *größer als* und geben Sie in das Feld daneben die Zelladresse an, in der die persönliche Punktzahl steht, wieder $H$3.
6. Über den Schalter *Format* bestimmen Sie, wie die Formatierung der Zelle(n), auf die die Bedingung zutrifft, aussehen soll. In diesem Fall ist die Schriftfarbe Rot.
7. Bestätigen Sie mit *OK.*

5.7 Kalorienaufnahme: Monatsprotokoll

Kategorie: Gesundheit

Dateiname: KALORIENZÄHLEN PRO MONAT.XLS

Schwierigkeitsgrad: ❋❋

Pro Mahlzeit möchten Sie protokollieren, wie viele Kalorien Sie zu sich genommen haben.

Die Abbildung zeigt ein Beispiel.

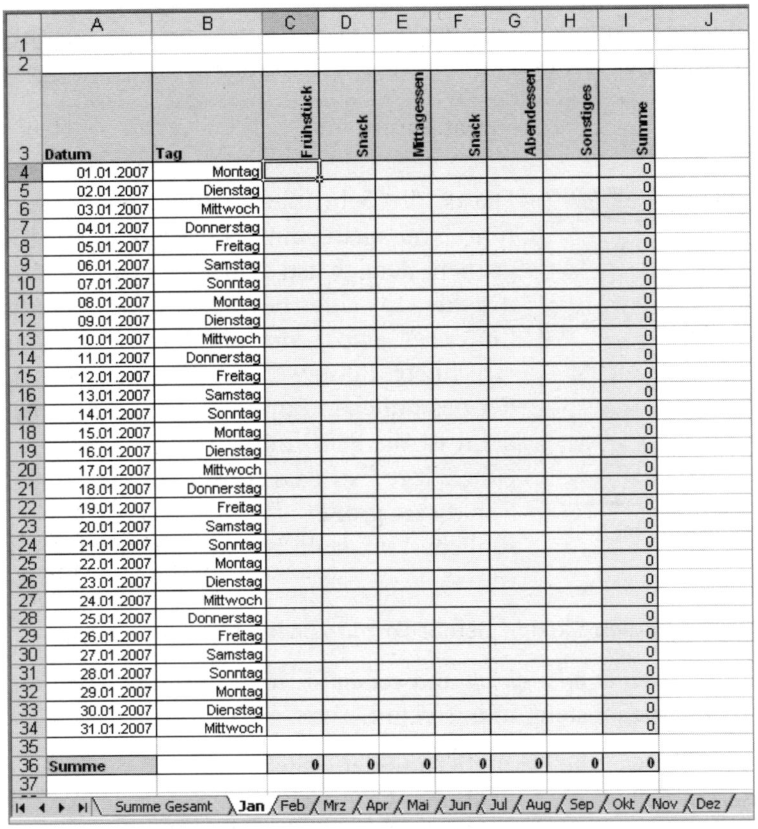

	A	B	C	D	E	F	G	H	I	J
1										
2										
3	Datum	Tag	Frühstück	Snack	Mittagessen	Snack	Abendessen	Sonstiges	Summe	
4	01.01.2007	Montag							0	
5	02.01.2007	Dienstag							0	
6	03.01.2007	Mittwoch							0	
7	04.01.2007	Donnerstag							0	
8	05.01.2007	Freitag							0	
9	06.01.2007	Samstag							0	
10	07.01.2007	Sonntag							0	
11	08.01.2007	Montag							0	
12	09.01.2007	Dienstag							0	
13	10.01.2007	Mittwoch							0	
14	11.01.2007	Donnerstag							0	
15	12.01.2007	Freitag							0	
16	13.01.2007	Samstag							0	
17	14.01.2007	Sonntag							0	
18	15.01.2007	Montag							0	
19	16.01.2007	Dienstag							0	
20	17.01.2007	Mittwoch							0	
21	18.01.2007	Donnerstag							0	
22	19.01.2007	Freitag							0	
23	20.01.2007	Samstag							0	
24	21.01.2007	Sonntag							0	
25	22.01.2007	Montag							0	
26	23.01.2007	Dienstag							0	
27	24.01.2007	Mittwoch							0	
28	25.01.2007	Donnerstag							0	
29	26.01.2007	Freitag							0	
30	27.01.2007	Samstag							0	
31	28.01.2007	Sonntag							0	
32	29.01.2007	Montag							0	
33	30.01.2007	Dienstag							0	
34	31.01.2007	Mittwoch							0	
35										
36	Summe		0	0	0	0	0	0	0	
37										

Bild 5.20: Die Liste, in die die Kalorien eingegeben werden

Den Wochentag für den Januar ermitteln

Um sich den Namen des Wochentags in der Spalte B anzeigen zu lassen, holen Sie sich zu Beginn das Datum aus der Zelle daneben.

1. Markieren Sie die Zelle B4 und geben Sie den folgenden Rechenschritt ein: `=A4`.
2. Markieren Sie B4 erneut und wählen Sie *Format/Zellen*. Aktiveren Sie das Register *Zahlen* und die Kategorie *Benutzerdefiniert*. Geben Sie ins Feld *Typ* das folgende Muster ein: `TTTT`.

Die Summen für den Januar bilden

Um die Summe für jede Mahlzeit bzw. pro Tag zu ermitteln, führen Sie die folgenden Schritte durch:

1. Markieren Sie die Zelle C36.

2. Klicken Sie auf die Schaltfläche *AutoSumme* [Σ].
3. Stellen Sie sicher, dass alle Zellen mit Kalorien markiert werden.
4. Drücken Sie auf die [Eingabe]-Taste. Kopieren Sie die Funktion nach unten.
5. Markieren Sie jetzt die Zelle I4 und führen Sie die oben beschriebenen Schritte durch.

Das Januarblatt kopieren

1. Jetzt haben Sie das Blatt für den ersten Monat fertig. Dieses müssen Sie nur kopieren und den ersten Tag des Monats eingeben und nach unten ziehen.
2. Klicken Sie mit der rechten Maustaste auf den Registerblattnamen und wählen Sie den Befehl *Verschieben/kopieren.*
3. Aktivieren Sie den Haken *Kopieren* und bestätigen Sie mit *OK.*
4. Ändern Sie den Namen des neues Blatts, indem Sie einen Doppelklick auf dem Namen durchführen. Geben Sie den neuen Namen, beispielsweise *Feb*, ein und bestätigen Sie mit [Eingabe].
5. Geben Sie in der Zelle A4 jetzt den 01.02.2007 ein und ziehen Sie so weit wie nötig nach unten.
6. Löschen Sie gegebenenfalls nicht benötigte Zeilen.

Die durchschnittliche Kalorienaufnahme pro Monat

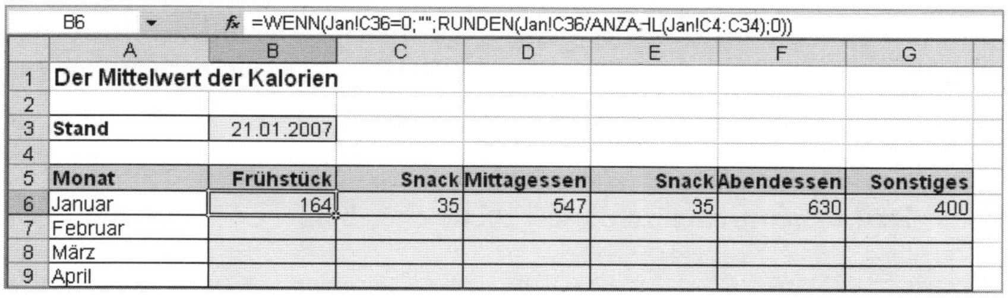

B6 | =WENN(Jan!C36=0;"";RUNDEN(Jan!C36/ANZAHL(Jan!C4:C34);0))

	A	B	C	D	E	F	G
1	Der Mittelwert der Kalorien						
2							
3	Stand	21.01.2007					
4							
5	Monat	Frühstück	Snack	Mittagessen	Snack	Abendessen	Sonstiges
6	Januar	164	35	547	35	630	400
7	Februar						
8	März						
9	April						

Bild 5.21: Die monatlichen Mittelwerte auf einem speziellen Registerblatt

Wenn Sie jetzt die durchschnittlichen Kalorien pro Mahlzeit und pro Monat ermitteln möchten, benötigen Sie ein neues Tabellenblatt.

1. Setzen Sie den Cursor in die Zelle B6 und geben Sie den folgenden Rechenschritt ein:
   `=WENN(Jan!C36=0;"";RUNDEN(Jan!C36/ANZAHL(Jan!C4:C34);0))`

Wenn die Zelle C36, mit der Gesamtsumme vom Frühstück, auf dem Tabellenblatt Jan leer ist, dann schreibe nichts in die Zelle: `=WENN(Jan!C36=0;"";`

Ansonsten teile die Gesamtsumme vom Januar durch die Anzahl der beschriebenen Zellen auf dem Tabellenblatt Jan: `Jan!C36/ANZAHL(Jan!C4:C34).`

Da das Ergebnis zu viele Nachkommastellen haben könnte, wird die Funktion RUNDEN drum herum geschrieben.

2. Kopieren Sie diesen Rechenschritt nach rechts.

Führen Sie diesen Rechenschritt auch für die anderen Monate durch.

5.8 Kalorienverbrauch bei diversen Tätigkeiten

Kategorie: Gesundheit

Dateiname: KALORIENVERBRAUCH.XLS

Schwierigkeitsgrad: ❋ ❋ ❋

Kalorienverbrauch

	A	B	C	D	E	F	G
4	Datum	Art	Kal. Verbrauch je Minute	Start	Ende	Trainings Minuten	Kal. Verbrauch
5	01.01.2007	Schwimmen	11	10:30	11:15	45	495
6	02.01.2007	Radeln	15	11:30	12:00	30	450
7	03.01.2007	Laufen	15	09:30	10:45	75	1125
8	04.01.2007	Schwimmen	11	10:00	11:00	60	660

Bild 5.22: Trainingszeiten für verschiedene Sportarten und Energieverbrauch

Da Sie regelmäßig Sport treiben, möchten Sie wissen, wie viele Kalorien Sie dabei verbraucht haben. Auf dem Tabellenblatt *Verbrauch* finden Sie eine kleine Auflistung von Sportarten und deren Kalorienverbrauch pro Minute.

Auf dem Tabellenblatt *Kalorienverbrauch* geben Sie in der Spalte B die Sportart ein. Aus den Start- und Endzeiten in Spalte D und E werden die Minuten in der Spalte F berechnet. Der Kalorienverbrauch errechnet sich aus der Spalte C multipliziert mit der Spalte F. Die Abbildung zeigt ein Beispiel.

Die Liste der Sportarten

Auf dem Tabellenblatt *Verbrauch* finden Sie eine Liste der gängigsten Sportarten und deren durchschnittlichen Kalorienverbrauch pro Minute. Diese Liste können Sie jederzeit erweitern bzw. verändern.

Sie müssen nicht nur Sportarten erfassen, Sie können auch andere Tätigkeiten, wie beispielsweise Treppensteigen, Hausarbeiten oder Däumchendrehen in diese Tabelle eingeben.

	A	B
1	**Sportarten**	ca. kcal pro min
2	Badminton	6
3	Basketball	10
4	Bergwandern	9
5	Bodybuilding	12
6	Fußball spielen	10
7	Gymnastik	6
8	Inline-Skaten	15

Kalorienverbrauch / **Verbrauch**

Bild 5.23: Die durchschnittlichen verbrauchten Kalorien pro Minute

Der Verbrauch

Über die Funktion SVERWEIS können Sie sich über die Sportart in der Spalte B den Verbrauch auf dem gleichnamigen Register holen.

1. Setzen Sie den Cursor in die Zelle C5 und geben Sie die folgende Funktion ein:

```
=SVERWEIS(B5;Verbrauch!$A$1:$B$22;2)
```

Da Sie die Funktion gleich nach unten kopieren, machen Sie die Zellen A1 bis B22 durch Drücken von [F4] fest.

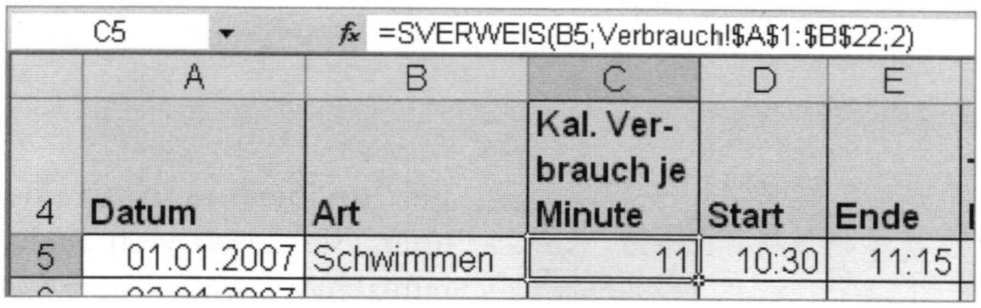

C5 =SVERWEIS(B5;Verbrauch!$A$1:$B$22;2)

	A	B	C	D	E
4	Datum	Art	Kal. Verbrauch je Minute	Start	Ende
5	01.01.2007	Schwimmen	11	10:30	11:15

Bild 5.24: Die Anzahl der verbrauchten Kalorien für das Schwimmen

2. Kopieren Sie die Funktion nach unten.
3. Geben Sie nun in den Spalten D und E die Start- und die Endzeit Ihres Trainings ein.

Jetzt möchten Sie die Trainingsminuten berechnen.

4. Markieren Sie die Zelle F5 und geben Sie die folgende Funktion ein:

```
=(E5-D5)*24*60
```

Durch das Multiplizieren mit 24 machen Sie aus dem Ergebnis eine Dezimalzahl, die die Differenz in Stunden anzeigt. Da wir die Minuten brauchen, multiplizieren Sie das Ergebnis mit 60.

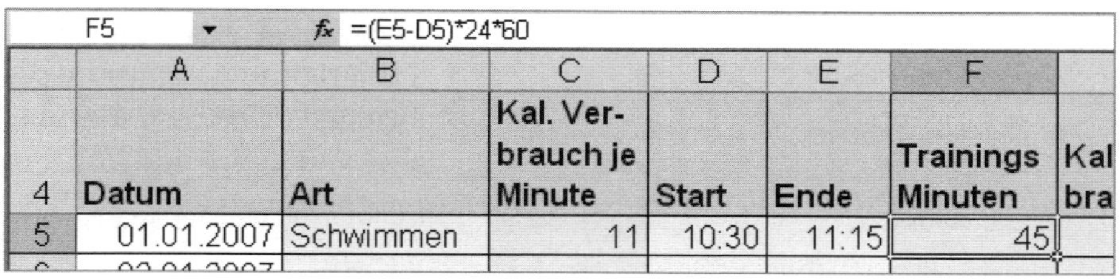

F5 =(E5-D5)*24*60

	A	B	C	D	E	F
4	Datum	Art	Kal. Verbrauch je Minute	Start	Ende	Trainings Minuten
5	01.01.2007	Schwimmen	11	10:30	11:15	45

Bild 5.25: Die Dauer der Tätigkeit

5. Kopieren Sie die Funktion nach unten.

Im letzten Schritt müssen Sie nur noch die verbrauchten Kalorien berechnen.

6. Markieren Sie Zelle G5 und geben Sie den folgenden Rechenschritt ein:

```
=C5*F5
```

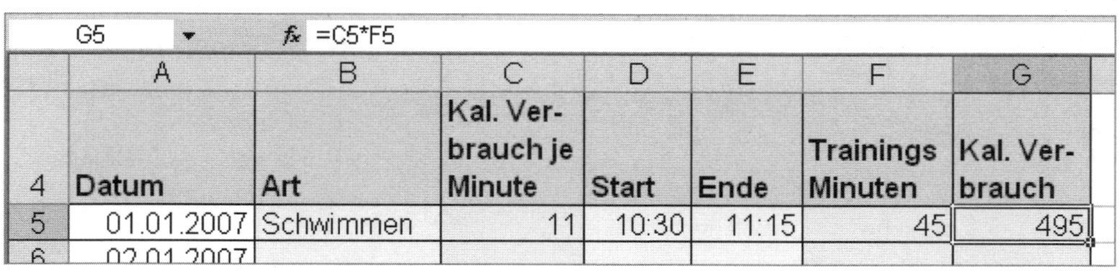

G5 =C5*F5

	A	B	C	D	E	F	G
4	Datum	Art	Kal. Verbrauch je Minute	Start	Ende	Trainings Minuten	Kal. Verbrauch
5	01.01.2007	Schwimmen	11	10:30	11:15	45	495
6	02.01.2007						

Bild 5.26: Der exakte Kalorienverbrauch

7. Kopieren Sie diese Funktion nach unten.

5.9 Laborwerte vergleichen

Kategorie: Gesundheit

Dateiname: LABORWERTE.XLS

Schwierigkeitsgrad: ❋ ❋

Name **Omchen**

Geburtsdatum 13.07.1910 *Alter* 96 Jahre

Geschlecht weiblich

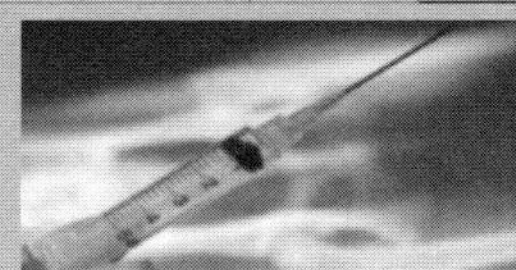

Legende | zu niedrig | ok | zu hoch

Werte	Einheit	Normbereich min	max	Datum 1	Datum 2	Datum 3	Datum 4	Datum 5
BSG	MM	6,0	11,0					
LEUKO	TSD/µl	4,0	10,0					
ERY	Mill./µl	3,8	5,2					
HB	g/dl	12,0	16,0					
HK	l/l	0,35	0,47					
MCV	fl	83,0	97,0					
MCH	pg	27,0	34,0					
MCHC	g/dl	32,0	36,0					
THROMBO	TSD./µl	150,0	450,0					
Neutro%	%	50,0	70,0					
LYM%	%	25,0	50,0					
MONO%	%	2,0	8,0					
EOS%	%	0,0	4,0					
BASO%	%	0,0	2,0					

Bild 5.20: Kumulierte Laborwerte in einer Tabelle

Möchten Sie Ihre Laborwerte über einen längeren Zeitraum vergleichen und so eine eigene Historie aufbauen, dann können Sie diese Tabelle dafür nutzen.

Die Tabelle besteht aus zwei Blättern. Im Blatt *Kumulierte Laborwerte* tragen Sie in den Spalten E bis I Datum und Werte Ihrer Untersuchung ein, wobei insbesondere das Geschlecht wichtig ist, da für einige Laborwerte geschlechtsspezifische Unterschiede bei den unteren und oberen Grenzwerten bestehen. Diese Grenzwerte für erwachsene Frauen und Männer sind im Blatt *Normwerte* aufgelistet.

Laborwerte		**Männlich**		**Weiblich**	
Kurzbez.	*Test*	*Min*	*Max*	*Min*	*Max*
a1A-Tryp	Alpha-1-Antitrypsin	90	200	90	200
ALB-QUOT	Albumin Quotient L/S		5		13
ALBUMIN	ALBUMIN	3755	5370	3755	5370
ALK	Alkohol mg/dl		95		95
ALK.	Alkohol		0,8		0,8
ALPHA-1	Alpha-1-Globulin	1,4	3	1,4	3
ALPHA-2	Alpha-2-Globulin	7	11	7	11
AmylaseP	Amylase	13	53	13	53
ANCA-MPO	Myeloperoxidase AK		20		20
ANCA-PR3	Serin-Proteinase-3 AK		20		20
Anti-HBs	Anti-HBs IgG	10	1000	10	1000

Kumulierte Laborwerte | **Normwerte**

Bild 5.21: Obere und untere Grenzwerte der Laborwerte für erwachsene Männer und Frauen

In diesem Zusammenhang: herzlichen Dank, lieber Achim, für die Bereitstellung der Daten!!

Beschreibung

In den Spalten C und D werden mit der SVERWEIS-Funktion je nach Geschlecht die Normwerte für Frauen oder Männer aus dem zweiten Tabellenblatt übernommen. Die von Ihnen eingetragenen

Werte in den Spalten E bis I werden über eine bedingte Formatierung farbig hinterlegt, wenn sie außerhalb des Normbereiches liegen.

Geschlecht und Alter

Für die bequeme Auswahl des Geschlechts in Zelle B5 haben wir über *Daten/Gültigkeit* auf dem Register *Einstellung* eine Liste mit den Einträgen *männlich; weiblich* ins Feld *Quelle* hinterlegt. Das Alter hat in dieser Tabelle nur informativen Charakter, der Wert wird nicht weiter benötigt, Sie können ihn daher auch weglassen oder wie wir mit der DATEDIF-Funktion aus der Differenz vom Geburtsdatum zum aktuellen Datum in Jahren ausgeben lassen. Die Formel in Zelle E3 lautet: `=DATEDIF(B3;HEUTE();"Y")`.

Zuordnung Normwerte

In der Spalte A wurden alle Laborwerte mit der Kurzbezeichnung eingegeben. In der Spalte C wird nun für jeden Wert in Spalte A über die SVERWEIS-Funktion aus der Tabelle *Normwerte* der untere Grenzwert übernommen. Da die Werte für Männer in der 3. Spalte und die für Frauen in der 5. Spalte der *Matrix* stehen, wird im Feld *Spaltenindex* mit der WENN-Funktion überprüft, ob der Eintrag in B5 = *männlich* ist, dann wird die *Spaltenindex* 3, sonst 5 eingetragen. Im Feld *Bereichs_Verweis* tragen Sie FALSCH ein, damit nur bei genauer Übereinstimmung mit dem Suchkriterium Daten übernommen werden. Entsprechend geben Sie in Zelle C11 folgende Formel ein:

```
=SVERWEIS($A11;Normwerte!$A$3:$F$116;WENN($B$5="männlich";3;5);FALSCH)
```

Kopieren Sie die Formel in die Zelle D11 und korrigieren Sie die Spaltenindexangaben auf 4 und 6, sodass nun in Zelle D11 nun folgende Formel steht.

```
=SVERWEIS($A11;Normwerte!$A$3:$F$116;WENN($B$5="männlich";4;6);FALSCH)
```

Bedingte Formatierung

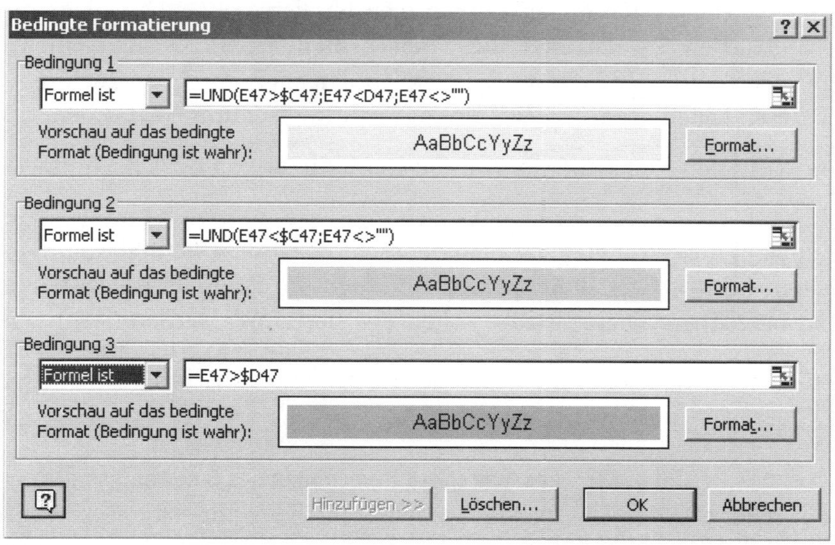

Damit abweichende Werte gleich hervorgehoben werden, legen Sie für die Zelle E11 über *Format/Bedingte Formatierung* folgende Bedingungen fest und übertragen anschließend das Format auf den gesamten Bereich von E11 bis I133.

5.10 Private Krankenkasse abrechnen

Kategorie: Gesundheit

Dateiname: ABRECHNUNG KRANKENKASSE.XLS

Schwierigkeitsgrad: ❋❋❋

Krankenkassenabrechnung - Behandlungen

	Anzahl Rechnungen	Kosten gesamt	Erstattet gesamt	nicht Erstattet
Gesamt	3	1.385,44 €	101,74 €	- €
Versicherte Person 1	1	101,74 €	101,74 €	- €
Versicherte Person 2	0	0,00 €	0,00 €	- €
Versicherte Person 3	0	0,00 €	0,00 €	- €
Versicherte Person 4	2	1.283,70 €	0,00 €	- €
Versicherte Person 5	0	0,00 €	0,00 €	- €

Datum	Arzt	Patient	Rech. Nr.	Wert	Überw. am	Erst. Datum	Abw.Erst.
03.05.06	Dr. Summeringer	Versicherte Person 1	18757	101,74 €	20.06.06	30.11.06	
01.07.06	Dr. med. Gesund	Versicherte Person 4	1042/ 05	498,70 €	03.01.07		
23.12.06	Dr. Graderzahn	Versicherte Person 4	1001/09	785,00 €	04.01.07		

Arztrechnungen | Rezepte-Verschreibungen

Bild 5.27: Arztrechnungen und Erstattungsbeträge

Für Privatpatienten ist der Gang zum Arzt nicht einfach mit dem Kärtchen der Krankenkasse erledigt. Sie erhalten Rechnungen, müssen diese erst einmal bezahlen und dann bei Ihrer Krankenkasse einreichen, um sie ganz oder teilweise erstattet zu bekommen. Wenn nun Ihre ganze Familie privat versichert ist, so kann die Verwaltung der Rechnungen und Erstattungen schnell unübersichtlich werden. In diesem Beispiel stellen wir Ihnen deshalb eine Tabelle vor, in der Sie die Rechnungen und die jeweils erstatteten Beträge eingeben können. Sowohl für Personen als auch für erstattete bzw. nicht erstattete Beträge werden Summen pro Person und für die gesamte Familie gebildet. Die beiden Tabellenblätter haben den gleichen Aufbau, sind nur thematisch einmal auf Rezepte und einmal auf Behandlungen ausgelegt.

Beschreibung

Reservieren Sie im oberen Teil der Tabelle je nach Anzahl der versicherten Personen einige Zeilen für die Berechnung der Summen und geben Sie darunter die Überschriften für die Spalten ein. In unserem Beispiel gehen wir davon aus, dass der Erstattungsbetrag in den meisten Fällen auch dem Rechnungsbetrag entspricht. In diesen Fällen brauchen Sie nur das Erstattungsdatum einzugeben.

- In die Spalte H tragen Sie nur dann den Erstattungsbetrag ein, wenn dieser von dem Rechnungsbetrag abweicht.

Damit Sie im Kopf der Tabelle sowohl die erstatteten als auch die nicht erstatteten Beträge summieren können, werden in den Spalten I und J zwei »Hilfsspalten« angelegt, um die Erstattungsbeträge und nicht erstatteten Beträge zu berechnen. Diese Beträge sollen erst berechnet werden, wenn ein Erstattungsdatum eingetragen wurde.

Erst. Datum	Abw.Erst.	Differenz	erstatteter Betrag
30.11.06		- €	101,74 €
02.01.07	450,00 €	48,70 €	450,00 €
		- €	- €

Bild 5.28: Hilfsspalten zur Berechnung des Erstattungsbetrags

In Spalte J soll, sobald in Spalte G ein Datum eingetragen ist, der Erstattungsbetrag stehen. Mit der ISTLEER-Funktion überprüfen Sie, ob eine Zelle leer ist. Mit der WENN-Funktion können Sie überprüfen, ob Zellen bestimmte Bedingungen erfüllen, und in Abhängigkeit vom Prüfungsergebnis unterschiedliche weitere Vorgehensweisen festlegen.

- Mit einer Kombination beider Funktionen wird nun in der Spalte J erst überprüft, ob die Zelle mit dem Erstattungsdatum leer ist.
- Führt diese Prüfung zu dem Ergebnis WAHR, wird in die Zelle eine Null geschrieben.
- Führt die Prüfung zum Ergebnis FALSCH (d. h. es gibt schon einen Datumseintrag), wird weiter geprüft, ob die Zelle mit dem abweichenden Erstattungsbetrag leer ist (d. h., der volle Rechnungsbetrag wurde auch erstattet).
- Führt die zweite Prüfung zu dem Ergebnis WAHR, wird der Rechnungsbetrag in die Zelle übernommen.
- Führt die zweite Prüfung zu dem Ergebnis FALSCH, wird der abweichende Erstattungsbetrag in die Zelle übernommen.

Die Formel für die Zelle J12 sieht nun wie folgt aus:
`=WENN(ISTLEER(G12);0;WENN(ISTLEER(H12);E12;H12))`

- In der Spalte I wird basierend auf dem Ergebnis der Spalte J nun ebenfalls erst überprüft, ob die Zelle mit dem Erstattungsdatum leer ist.
- Führt diese Prüfung zu dem Ergebnis WAHR, wird in die Zelle eine Null geschrieben. Führt die Prüfung zum Ergebnis FALSCH, wird vom Rechnungsbetrag der erstattete Betrag abgezogen und so die Differenz berechnet.

Die Formel in Zelle I12 lautet entsprechend: `=WENN(ISTLEER(G12);0;E12-J12)`.

Summen im Tabellenkopf

Die Gesamtsummen erhalten Sie über die SUMME-Funktion. Die Menge der Rechnungen können Sie mit der ANZAHL-Funktion ermitteln, die alle Zellen zählt, die Zahlen enthalten. Um die Summe pro versicherter Person zu ermitteln, greifen wir auf die Funktionen ZÄHLENWENN und SUMMEWENN zurück. Es werden Werte in einem Bereich nur dann gezählt oder addiert, wenn sie einem bestimmten Kriterium entsprechen. Die ZÄHLENWENN-Funktion benötigt dafür zwei Argumente, den Bereich, in dem gezählt werden soll, und das Kriterium, welches gezählt werden soll.

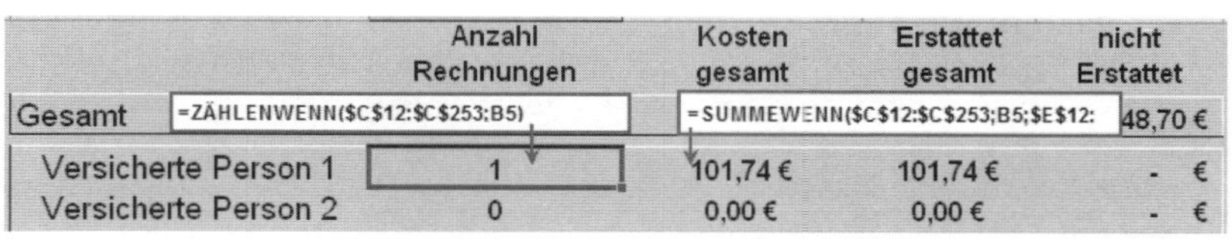

Bild 5.29: Die Funktionen ZÄHLENWENN und SUMMEWENN ermöglichen die Auswertung pro versicherter Person.

Die SUMMEWENN-Funktion braucht zusätzlich noch die Information, wo die Werte stehen, die addiert werden sollen. Gehen wir davon aus, dass Sie in den Zellen B5 bis B8 die Namen der Versicherten sehen und diese Namen auch in der Spalte *Patient* wieder eingetragen werden, so lautet die Funktion in Zelle C5: `=ZÄHLENWENN($C$12:$C$253;B5)` und in Zelle D5: `=SUMMEWENN($C$12:$C$253;B5;$E$12:$E$253)`. In den Spalten E und F müssen Sie nun den Bereich Summe auf die Spalten J und I ändern.

5.11 Sport: Laufprotokoll

Kategorie: Gesundheit

Dateiname: LAUFKONTROLLE.XLS

Schwierigkeitsgrad: ❋❋

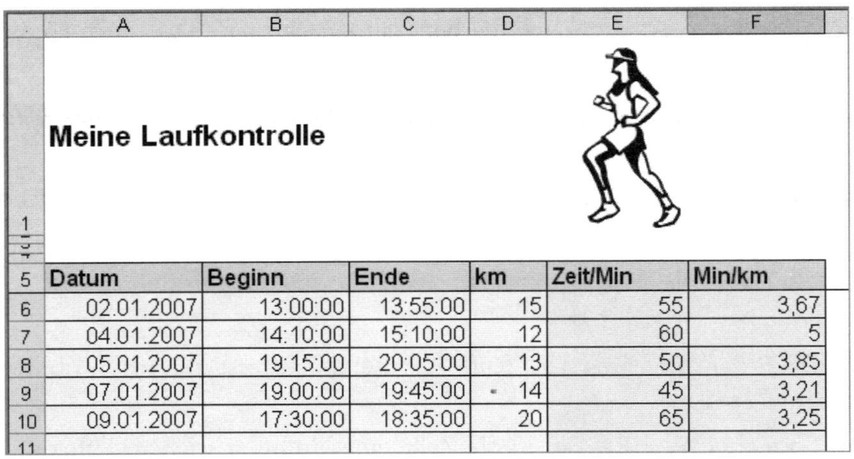

Meine Laufkontrolle

Datum	Beginn	Ende	km	Zeit/Min	Min/km
02.01.2007	13:00:00	13:55:00	15	55	3,67
04.01.2007	14:10:00	15:10:00	12	60	5
05.01.2007	19:15:00	20:05:00	13	50	3,85
07.01.2007	19:00:00	19:45:00	14	45	3,21
09.01.2007	17:30:00	18:35:00	20	65	3,25

Bild 5.30: Die Kontrolle der Zeiten

Sie laufen jeden Tag einige Kilometer und möchten jetzt Buch darüber führen, wie lange Sie gelaufen sind, wie weit und wie schnell. Die vorliegende Tabelle errechnet aus der Start- und der Endzeit die Laufzeit und aus den gelaufenen Kilometern die Zeit, die Sie pro Kilometer gebraucht haben.

Die reine Laufzeit

Im ersten Schritt soll die Zeit, die Sie gelaufen sind, in der Spalte E berechnet werden.

Sie können sich das Ergebnis als Uhrzeit anzeigen lassen. Dann geben Sie den Rechenschritt `=C6-B6` ein. Wenn Sie das Ergebnis lieber als Dezimalzahl sehen möchten, also anstatt 00:55:00 eher 55, dann müssen Sie den folgenden Rechenschritt eingeben. Eventuell müssen Sie den Zellen noch mit *Format/Zellen* das Standardzahlenformat zuweisen.

1. Markieren Sie die Zelle E6 und geben Sie den folgenden Rechenschritt ein:

   `=(C6-B6)*24*60`

2. Kopieren Sie diesen Rechenschritt nach unten.

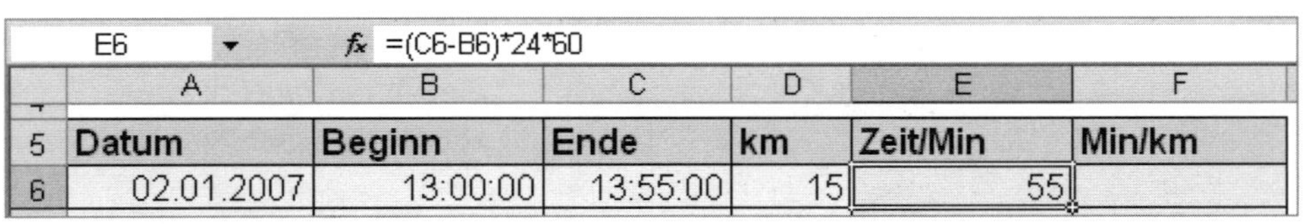

E6 =(C6-B6)*24*60

Datum	Beginn	Ende	km	Zeit/Min	Min/km
02.01.2007	13:00:00	13:55:00	15	55	

Bild 5.31: Die Laufzeit

Die Zeit pro Kilometer

Im nächsten Schritt möchten Sie wissen, wie lange Sie pro Kilometer gebraucht haben.

1. Markieren Sie die Zelle F6 und geben Sie die folgende Funktion ein:

   `=WENN(D6="";"";=E6/D6)`

2 Kopieren Sie diese Funktion nach unten.

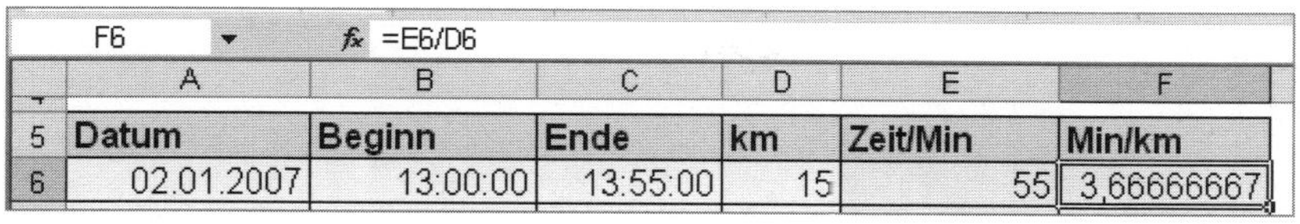

F6 =E6/D6

	A	B	C	D	E	F
5	Datum	Beginn	Ende	km	Zeit/Min	Min/km
6	02.01.2007	13:00:00	13:55:00	15	55	3,66666667

Bild 5.32: Die Zeit pro Kilometer

Wenn Sie auch hier lieber als Ergebnis Dezimalzahlen wünschen, dann geben Sie in die Zelle F6 die folgende Funktion ein: `=WENN(D6="";"";E6/D6)`.

Das Ergebnis für den ersten Lauf zeigt allerdings eine Dezimalzahl mit zu vielen Nachkommastellen 3,66666666666666.

Deshalb sollten Sie den Rechenschritt in die Funktion RUNDEN packen.

`=WENN(E6="";"";RUNDEN(E6/D6;2))`

Das Ergebnis ist jetzt lesbarer: 3,67.

Im ersten Lauf wurden pro Kilometer also 3,67 Minuten benötigt.

Die Auswertung

In der letzten Zeile haben wir die Anzahl der Läufe, die gelaufenen Kilometer, die benötigte Zeit und die durchschnittliche Zeit, die Sie für alle Läufe benötigt haben.

- Um die Anzahl der Läufe zu zählen, markieren Sie die Zelle B21 und geben die folgende Funktion ein: `=ANZAHL2(A6:A20)`.
- Um die gelaufenen Kilometer zu addieren, markieren Sie die Zelle D21 und bilden mit der Funktion *AutoSumme* die Summe. Kopieren Sie diese Funktion nach rechts für die gelaufene Zeit.
- Um die durchschnittliche Dauer, die Sie pro Kilometer gelaufen sind, zu ermitteln, markieren Sie die Zelle F21 und geben den folgenden Rechenschritt ein: `=RUNDEN(E21/D21;2)`.

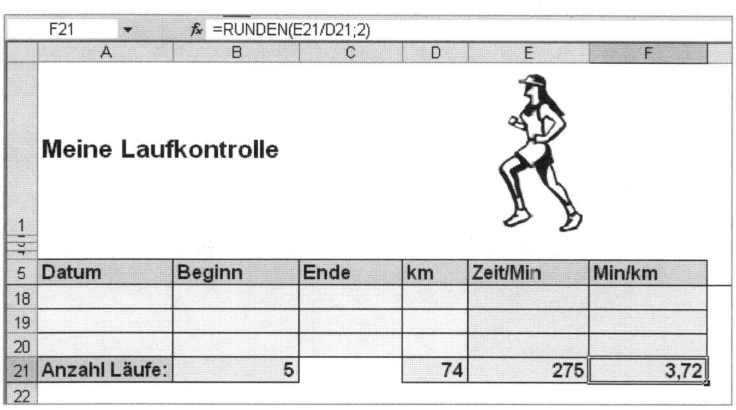

F21 =RUNDEN(E21/D21;2)

	A	B	C	D	E	F
1	Meine Laufkontrolle					
5	Datum	Beginn	Ende	km	Zeit/Min	Min/km
18						
19						
20						
21	Anzahl Läufe:	5		74	275	3,72
22						

Bild 5.33: Die Auswertung der Läufe

5.12 Sport: Training protokollieren und bewerten

Kategorie: Gesundheit

Dateiname: KONDITION.XLS

Schwierigkeitsgrad: ❋❋❋

Sie treiben regelmäßig Sport und erfassen neben der Sportart und der Dauer auch die Herzfrequenz am Ende Ihres Trainings.

Diese Tabelle gibt Aufschluss darüber, an welchen Tagen Ihr Training optimal und an welchen Tagen es nicht so gut war.

	A	B	C	D	E	F	G	H
1	**Konditionstraining**							
2								
3	Mein optimaler Traingspuls:		140					
4								
5	Datum	Art	Start	Ende	Dauer	Herzfrequenz	Bewertung	Notiz
6	01.01.2006	Schwimmen	10:30	11:15	00:45	150	ACHTUNG	
7	02.01.2006	Radeln	11:30	13:30	02:00	136	Sehr gut	
8	03.01.2006	Laufen	12:30	14:30	02:00	160	ACHTUNG	Habe es bewusst übertrieben
9	04.01.2006	Schwimmen	13:30	15:30	02:00	139	Sehr gut	
10	05.01.2006	Wandern	09:30	11:00	01:30	121	Sehr gut	
11	06.01.2006							

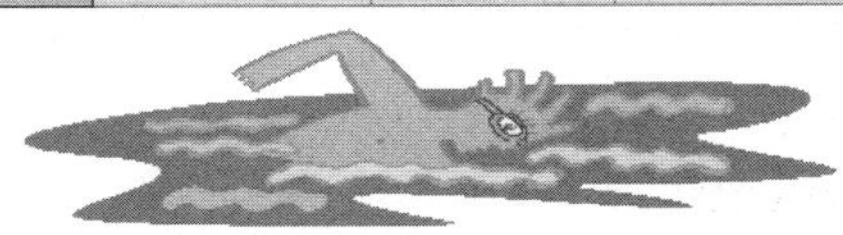

Bild 5.34: Die Konditionsliste gibt Auskunft über den Puls.

In den Spalten C und D geben Sie die Start- und die Endzeit ein. Eine Uhrzeit wird in Excel immer mit einem Doppelpunkt eingegeben, z. B. 12:30.

Die Trainingsdauer berechnen

Im ersten Schritt möchten Sie die Dauer Ihres Trainings berechnen.

1. Markieren Sie die Zelle E6 und geben Sie den folgenden Rechenschritt ein:
   `=D6-C6`

Sollte das Ergebnis nicht so aussehen wie in der folgenden Abbildung, wählen Sie *Format/Zellen*. Aktivieren Sie das Register *Zahlen* und die Kategorie *Uhrzeit*.

2. Kopieren Sie den Rechenschritt nach unten.

E6 ▾ fx =D6-C6

	B	C	D	E
4				
5	Art	Start	Ende	Dauer
6	Schwimmen	10:30	11:15	00:45
7	Radeln	11:30	13:30	02:00
8	Laufen	12:30	14:30	02:00
9	Schwimmen	13:30	15:30	02:00
10	Wandern	09:30	11:00	01:30

Bild 5.35: Die Dauer des Trainings ermitteln

Die Herzfrequenz bewerten

In der Spalte F geben Sie Ihre durchschnittliche Herzfrequenz während des Trainings ein. In der Spalte G möchten Sie diese automatisch von Excel bewerten lassen. Die Bewertung geht von Ihrem persönlichen Trainingspuls aus. Dieser errechnet sich aus der folgenden Faustregel:

180 minus Lebensalter

Wenn Sie also 43 Jahre alt sind, dann ist Ihr persönlicher Trainingspuls 137. Für dieses Beispiel haben wir den Trainingspuls auf 140 aufgerundet. Diese Grenze sollte nicht überschritten werden. Diese Angabe gilt für gesunde Personen. Bitte beachten Sie, dass die Autoren keine Sportmediziner sind und die Angaben hier nur Circa-Werte sind.

In diesem Beispiel gehen wir von einem optimalen Trainingspuls von 140 aus.

1. Geben Sie Ihren optimalen Trainingspuls in die Zelle C3 ein.
2. Um die Berechnung für die Bewertung einzugeben, markieren Sie die Zelle G6 und geben die folgende Funktion ein:

```
=WENN(F6>$C$3;"ACHTUNG";"Sehr gut")
```

Wenn die Herzfrequenz nach dem Training größer ist als die in der Zelle C3, dann ist sie zu hoch und Excel schreibt das Wort *ACHTUNG*. Ansonsten ist alles im grünen Bereich und Excel schreibt die Begriffe *Sehr gut*. Da die Funktion nach unten kopiert werden soll, muss die Zelle C3 durch Drücken der Taste [F4] festgestellt werden.

3. Kopieren Sie die Funktion nach unten.

Jetzt erkennen Sie, an welchen Tagen Sie es beim Training übertrieben haben.

Grenzen setzen

Die obere Auswertung ist Ihnen vielleicht zu ungenau. Sie möchten, dass Excel Ihre Herzfrequenz noch genauer bewertet.

Unter 120	Zu lasch
Zwischen 120 und 140	OK
Über 140	ACHTUNG

Die Funktion muss dann folgendermaßen aussehen:

```
=WENN(F6<120;"Zu lasch!";WENN(UND(F6>=120;F6<=140);"OK";"ACHTUNG"))
```

Im ersten Teil der Funktion prüft Excel, ob die Herzfrequenz unter 120 liegt, und schreibt dann *Zu lasch*. Die zweite WENN-Funktion prüft einen Zwischenraum, deshalb wird die UND-Funktion benötigt.

Wenn F6 kleiner oder gleich 120 und F6 größer oder gleich 140, dann befinden Sie sich im optimalen Bereich und Excel schreibt *OK* in die Zelle. In allen anderen Fällen ist die Herzfrequenz zu hoch und das Wort ACHTUNG erscheint in der Zelle G6.

6 Haushalt

6.1 Aufgabenverteilung im Haushalt

Kategorie: Haushalt

Dateiname: AUFGABENLISTE.XLS

Schwierigkeitsgrad: ❋❋

Das bisschen Haushalt ist doch kein Problem ... trällerte im letzten Jahrhundert eine weise Frau. In diesem Jahrhundert wissen die Frauen, nur eine gut dokumentierte Organisation lässt den Haushalt wie am Schnürchen laufen.

Die vorliegende Tabelle soll allen Personen in der Familie helfen, sich an ihre Pflichten zu erinnern.

	A	B	C	D	E	F	G	H
1	Das bisschen Haushalt ist doch kein Problem...							
2	... wenn sich alle daran beteiligen!!!!							
3	KW	von	bis	Spülen/ Spülmaschine ausräumen	Wäsche auf- und abhängen	Müll raus- bringen / Mülltonne reinigen	Altpapier und Leergut entsorgen	Tisch decken und abräumen
4	1	Mo 01.01	So 07.01	Mama Martha	Papa Heinz	Kind 1	Kind 2	Oma Hulda
5	2	Mo 08.01	So 14.01	Papa Heinz	Kind Tina	Kind Toni	Oma Hulda	Mama Martha
6	3	Mo 15.01	So 21.01	Kind Tina	Kind Toni	Oma Hulda	Mama Martha	Papa Heinz
7	4	Mo 22.01	So 28.01	Kind Toni	Oma Hulda	Mama Martha	Papa Heinz	Kind Tina
8	5	Mo 29.01	So 04.02	Oma Hulda	Mama Martha	Papa Heinz	Kind Tina	Kind Toni
9	6	Mo 05.02	So 11.02	Mama Martha	Papa Heinz	Kind 1	Kind 2	Oma Hulda
10	7	Mo 12.02	So 18.02	Papa Heinz	Kind Tina	Kind Toni	Oma Hulda	Mama Martha

Bild 6.1: Der Haushaltsplan für eine Familie

Das Datum bis zum Jahresende auffüllen

1. Geben Sie in der Zelle B4 den 01.01 des gewünschten Jahres ein.
2. Für die spezielle Formatierung des Datums markieren Sie die Zelle B4 und wählen *Format/Zellen*. Aktivieren Sie das Register *Zahlen* und die Kategorie *Benutzerdefiniert*. Geben Sie ins Feld *Typ* den folgenden Code ein: `TTT TT.MM`.
3. Markieren Sie die Zelle B5 und geben Sie dort den folgenden Rechenschritt ein: `=B4+7`.
4. Kopieren Sie diese Funktion bis zum Jahresende nach unten.

B5 fx =B4+7

	A	B	C	D	E	F	G	H
4	1	Mo 01.01	So 07.01	Mama Martha	Papa Heinz	Kind 1	Kind 2	Oma Hulda
5	2	Mo 08.01	So 14.01	Papa Heinz	Kind Tina	Kind Toni	Oma Hulda	Mama Martha

Bild 6.2: Das Datum wochenweise berechnen

Da wir in diesem Beispiel auch das Ende der Wochen angeben möchten, führen Sie die folgenden Schritte durch:

1. Markieren Sie die Zelle C4 und geben Sie den folgenden Rechenschritt ein: `=B4+6`.
2. Kopieren Sie diese Funktion bis zum Jahresende nach unten.

C4 | =B4+6

	A	B	C	D	E	F	G	H
4	1	Mo 01.01	So 07.01	Mama Martha	Papa Heinz	Kind 1	Kind 2	Oma Hulda
5	2	Mo 08.01	So 14.01	Papa Heinz	Kind Tina	Kind Toni	Oma Hulda	Mama Martha

Bild 6.3: Die Woche automatisch ermitteln

Die Kalenderwoche berechnen

Die Funktion KALENDERWOCHE ermittelt, wie der Name schon sagt, die Nummer der Woche des markierten Datums. Diese Funktion ist ein Add-In. Das bedeutet, dass Sie über *Extras/Add-Ins* den Haken *Analyse-Funktionen* aktivieren müssen, wenn Sie mit dieser Funktion arbeiten möchten.

1. Markieren Sie die Zelle A4 und geben Sie die folgende Funktion ein: `=KALENDERWOCHE(B4)`.
2. Kopieren Sie den Rechenschritt nach unten.

A4 | =KALENDERWOCHE(B4)

	A	B	C	D	E	F	G	H
4	1	Mo 01.01	So 07.01	Mama Martha	Papa Heinz	Kind 1	Kind 2	Oma Hulda
5	2	Mo 08.01	So 14.01	Papa Heinz	Kind Tina	Kind Toni	Oma Hulda	Mama Martha
6	3	Mo 15.01	So 21.01	Kind Tina	Kind Toni	Oma Hulda	Mama Martha	Papa Heinz

Bild 6.4: Die Kalenderwoche berechnen

Die Namen der Familienmitglieder kopieren

Es wäre jetzt viel Arbeit, die Namen der im Haushalt lebenden Personen 5-mal nebeneinander und 52-mal untereinander zu schreiben. Deshalb stellen wir Ihnen jetzt eine zeitsparende Variante vor.

1. Geben Sie die Namen in der gewünschten Reihenfolge neben- und untereinander jeweils einmal ein.
2. Markieren Sie die Namen.
3. Zeigen Sie jetzt mit der Maus auf das Ausfüllkästchen rechts unten an der Markierung. Wenn Ihr Mauszeiger zu einem schlanken Plus wechselt, dann führen Sie einen Doppelklick durch.

	A	B	C	D	E	F	G	H	I
1	Das bisschen Haushalt ist doch kein Problem... .								
2				... wenn sich alle daran beteiligen!!!!					
3	KW	von	bis	Spülen/ Spülmaschine ausräumen	Wäsche auf- und abhängen	Müll raus- bringen / Mülltonne reinigen	Altpapier und Leergut entsorgen	Tisch decken und abräumen	
4	1	Mo 01.01	So 07.01	Mama Martha	Papa Heinz	Kind 1	Kind 2	Oma Hulda	
5	2	Mo 08.01	So 14.01	Papa Heinz	Kind Tina	Kind Toni	Oma Hulda	Mama Martha	
6	3	Mo 15.01	So 21.01	Kind Tina	Kind Toni	Oma Hulda	Mama Martha	Papa Heinz	
7	4	Mo 22.01	So 28.01	Kind Toni	Oma Hulda	Mama Martha	Papa Heinz	Kind Tina	
8	5	Mo 29.01	So 04.02	Oma Hulda	Mama Martha	Papa Heinz	Kind Tina	Kind Toni	
9	6	Mo 05.02	So 11.02						
10	7	Mo 12.02	So 18.02						
11	8	Mo 19.02	So 25.02						
12	9	Mo 26.02	So 04.03						
13	10	Mo 05.03	So 11.03						
14	11	Mo 12.03	So 18.03						
15	12	Mo 19.03	So 25.03						
16	13	Mo 26.03	So 01.04						
17	14	Mo 02.04	So 08.04						Kind Toni
18	15	Mo 09.04	So 15.04						+
19	16	Mo 16.04	So 22.04						

Bild 6.5: Die Namen der Personen nach unten kopieren

6.2 Ausgaben pro Kalenderwoche protokollieren

Kategorie: Haushalt

Dateiname: PRIVATE AUSGABEN.XLS

Schwierigkeitsgrad: ❄❄

Sie möchten Ihre Ausgaben jeden Tag protokollieren und sie dabei nach den verschiedenen Kategorien zusammenfassen. Wie viel haben Sie für Lebensmittel, für Körperpflege usw. ausgegeben?

Die folgende Abbildung zeigt die Mustertabelle.

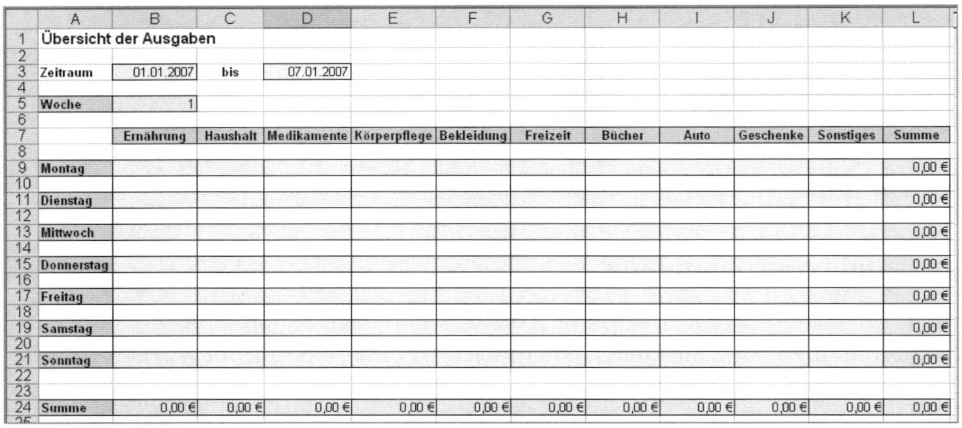

	A	B	C	D	E	F	G	H	I	J	K	L
1	Übersicht der Ausgaben											
2												
3	Zeitraum	01.01.2007	bis	07.01.2007								
4												
5	Woche	1										
6												
7		Ernährung	Haushalt	Medikamente	Körperpflege	Bekleidung	Freizeit	Bücher	Auto	Geschenke	Sonstiges	Summe
8												
9	Montag											0,00 €
10												
11	Dienstag											0,00 €
12												
13	Mittwoch											0,00 €
14												
15	Donnerstag											0,00 €
16												
17	Freitag											0,00 €
18												
19	Samstag											0,00 €
20												
21	Sonntag											0,00 €
22												
23												
24	Summe	0,00 €	0,00 €	0,00 €	0,00 €	0,00 €	0,00 €	0,00 €	0,00 €	0,00 €	0,00 €	0,00 €

Bild 6.6: Die Mustertabelle der Ausgabenverwaltung

Die Kalenderwoche ermitteln

In der Zelle B5 soll Excel Ihnen automatisch die Nummer der aktuellen Woche berechnen.

Markieren Sie die Zelle B5 und geben Sie die folgende Funktion ein: `=KALENDERWOCHE(B3)`.

Wenn Sie in der Zelle B3 ein anderes Datum eingeben, ändert sich die Nummer in der Zelle B5. Sollten Sie die Funktion KALENDERWOCHE nicht finden, wählen Sie *Extras/Add-Ins* und aktivieren den Haken *Analyse-Funktionen.*

Die Summen bilden

In der Zeile 24 und in der Spalte L werden die Summen der Kategorien und der Tage gebildet.

1. Markieren Sie die Zelle B24.
2. Klicken Sie auf die Schaltfläche *AutoSumme* [Σ].
3. Stellen Sie sicher, dass alle Zellen mit den Ausgaben markiert werden.
4. Drücken Sie auf die [Eingabe]-Taste. `=SUMME(B9:B23)`.
5. Kopieren Sie die Funktion nach rechts, bis einschließlich zur Spalte K.
6. Summieren Sie in der Zelle L9 den Bereich B9:K9 und kopieren Sie diese Funktion nach unten.

Die Tabelle fixieren

Wenn Sie jetzt nur die Wochentage und die Summen sehen möchten, müssen Sie Ihre Tabelle fixieren.

1. Markieren Sie die Zelle B8.
2. Wählen Sie die Befehlsfolge *Fenster/Fenster fixieren.*

	A	L	
1	Übersicht		
2			
3	Zeitraum		
4			
5	Woche		
6			
7		Summe	
8			
9	Montag	375,00 €	
10			
11	Dienstag	147,00 €	
12			
13	Mittwoch	73,00 €	
14			
15	Donnerstag	60,00 €	
16			
17	Freitag	65,00 €	
18			
19	Samstag	20,00 €	
20			
21	Sonntag	0,00 €	
22			
23			
24	Summe	740,00 €	
25			

Bild 6.7: Die erste Spalte und die ersten sieben Zeilen sind fixiert.

Jetzt können Sie in der Tabelle blättern. Die ersten sieben Zeilen und die erste Spalte bleiben dabei immer im Blick.

In der Abbildung sehen Sie, wie gewünscht, nur die Wochentage und die Summen.

Um die Fixierung wieder zu entfernen, wählen Sie die Befehlsfolge *Fenster/Fixierung aufheben.*

Die Tabelle erweitern bzw. reduzieren

Wenn Sie Spalten hinzufügen oder entfernen möchten, führen Sie die folgenden Schritte durch:

- Um eine Spalte hinzuzufügen, klicken Sie mit der rechten Maustaste auf den Spaltenbuchstaben über der Spalte, vor der Sie eine neue Spalte einfügen möchten, und wählen im Kontextmenü den Befehl *Zellen einfügen.*
- Um eine Spalte zu entfernen, klicken Sie mit der rechten Maustaste auf den gewünschten Spaltenbuchstaben und wählen im Kontextmenü den Befehl *Zellen löschen.*

6.3 Einnahmen und Ausgaben im privaten Haushalt

Kategorie: Haushalt

Dateiname: EINNAHMEN-AUSGABEN PRIVATHAUSHALT PRO MONAT.XLS

Schwierigkeitsgrad: ❋

In diesem Beispiel geht es nicht um ein detailliertes Haushaltsbuch, in dem jede Ausgabe auf den Cent genau dokumentiert ist, sondern eher um einen groben Überblick, bei dem Sie Ihre Einnahmen und Ausgaben wenigstens teilweise zu gröberen Kategorien zusammenfassen.

Es wird pro Monat ein Tabellenblatt verwendet und in einer Übersicht werden die Summen der einzelnen Blätter verknüpft.

	A	B	C	D
1	Januar			
2				
3	*Und was bleibt?*			*36,00 €*
4				
5	*Einnahmen*		*Ausgaben*	
6	*Gehalt*	1.800,00 €	*Miete*	*550,00 €*
7	*Zinsen*	*25,00 €*	*Versicherungen*	*150,00 €*
8	*Renten*	- €	*Sparverträge*	*50,00 €*
9	*Mieteinnahmen*	- €	*Vereinsbeiträge*	*30,00 €*
10	*Unterhalt*	- €	*Strom/Wasser*	*45,00 €*
11	*Kindergeld*	*154,00 €*	*Telefon*	*50,00 €*
12	*Nebenjobs*	*400,00 €*	*Lebensmittel*	*500,00 €*
13			*Haushalt*	*80,00 €*
14			*Kleidung*	*120,00 €*
15			*Auto*	*150,00 €*
16			*Kinder*	*100,00 €*
17			*Freizeitspaß*	*100,00 €*
18			*Urlaub*	- €
19			*Geschenke*	*68,00 €*
20			*Möbel*	- €
21			*Reparaturen*	*250,00 €*
22	*Sonstiges*		*Sonstiges*	*100,00 €*
23	*Summe*	*2.379,00 €*	*Summe*	*2.343,00 €*

Jahresüberblick / Januar / Februar / März / April / Mai / Juni / Juli

Bild 6.8: Private Einnahmen und Ausgaben pro Monat

Beschreibung

Standardmäßig öffnet Excel eine neue Mappe mit drei Tabellenblättern. Sie können jedoch über *Extras/Optionen* auf dem Register *Allgemein* die *Anzahl der Blätter in neuer Arbeitsmappe* verändern, um z. B. für jeden Monat direkt ein leeres Blatt zu bekommen.

Öffnen Sie eine neue Mappe, nachdem Sie den Eintrag verändert haben, und Sie erhalten in der neuen Mappe die eingestellte Anzahl Tabellenblätter.

Wenn Sie mit einer neuen Mappe beginnen wollen, empfiehlt es sich, den Aufbau der Tabelle gleich in allen Blättern der Datei parallel aufzubauen.

Klicken Sie mit der rechten Maustaste auf die Registerlasche eines Tabellenblatts und wählen Sie im Kontextmenü den Befehl *Alle Blätter auswählen.*

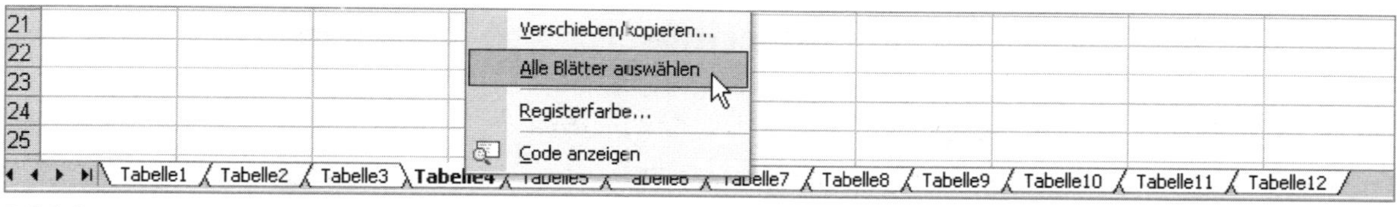

Bild 6.9: Alle markierten Tabellenblätter sind zu einer Gruppe zusammengefasst. Sie arbeiten nun in allen Blättern gleichzeitig.

Jetzt können Sie nach Belieben Ihre Einnahmequellen und die Kategorien für Ihre Ausgaben aufbauen und gestalten, und das Schöne ist, es wird in allen 12 Tabellen gleichzeitig geschehen. Wenn Sie nur eine Auswahl von Tabellenblättern gruppieren wollen, so markieren Sie diese mit gedrückter `Strg`-Taste und verfahren weiter wie oben beschrieben.

Nehmen wir einmal an, Sie orientieren sich an unserer Beispieldatei: In diesem Fall würden Sie später die Einnahmen in den Zellbereich B6:B22 eingeben und die Ausgaben in den Zellbereich D6:D22.

1. Markieren nun die Zelle B23, klicken Sie auf das Symbol *Autosumme* in der Standardsymbolleiste und ziehen Sie dann mit gedrückter linker Maustaste über die Zellen, die Sie addieren wollen, also B6:B22. Bestätigen Sie ihre Eingabe mit `Eingabe`. Kopieren Sie die Formel mit `Strg`+`C`, klicken Sie in die Zelle D23 und fügen Sie die kopierte Formel hier mit `Strg`+`V` ein.
2. Markieren Sie die Zellen A1 bis D1 und verbinden Sie diese zu einer Zelle über das Symbol *Verbinden und zentrieren* in der *Format*-Symbolleiste.
3. Verbinden Sie darunter noch die Zellen A3 und B3 sowie die Zellen C3 und D3.
4. Um zu sehen, was letztendlich am Monatsende noch übrig ist, geben Sie in die Zelle C3 die Formel `=B23-D23` ein.
5. Wenn Sie mit der Gestaltung Ihrer Einnahmen-Ausgaben-Übersicht für die Monate zufrieden sind, heben Sie die Gruppierung der Tabellenblätter wieder auf, indem Sie mit einem Rechtsklick auf eine Registerlasche das Kontextmenü öffnen und darin den Befehl *Gruppierung aufheben* auswählen. Ändern Sie nun in den einzelnen Blättern die Überschriften und nennen Sie die Tabellenblätter um.

Jahresübersicht

Übernehmen Sie die Daten aus den Monatsblättern, indem Sie in der jeweiligen Zelle auf der Jahresübersicht ein = eintippen und dann in das Tabellenblatt des jeweiligen Monats wechseln und dort die Zelle anklicken, deren Inhalt auf der Übersicht angezeigt werden soll. Anschließend bestätigen Sie mit `Eingabe`.

So steht dann beispielsweise in der Zelle B6 folgender Eintrag:

```
=Januar!B23
```

und in der Zelle daneben

```
=Januar!D23
```

Die Summen über alle Monate fügen Sie wieder über das Symbol *AutoSumme* ein.

6.4 Renovierungskosten überwachen

Kategorie: Haushalt

Dateiname: RENOVIERUNGSKOSTEN ÜBERWACHEN.XLS

Schwierigkeitsgrad: ❋❋

	A	B	C	D	E	F
1	Renovierungskosten					
2						
3	Raum:	Esszimmer				
4						
5	geplante Kosten:	500,00 €				
6						
7	tatsächliche Kosten:	365,50 €				
8						
9	Abweichung	134,50 €	Prima, geplante Kosten eingehalten			
10						
11						
12						
13	Bezeichnung	gekauft bei	Menge	Einheit	Einzelpreis	Gesamt
14	Tapeten	Obo	15	Rollen	8,50 €	127,50 €
15	Kleister	Bauheim	5	Pakete	10,00 €	50,00 €
16	Pinsel	Könner	4	St.	4,00 €	16,00 €
17	Farbrollen	Obo	2	St.	6,00 €	12,00 €
18	Abkleber	Bauheim	2	Rollen	3,00 €	6,00 €
19	Abdeckplane	Obo	50	Meter	2,00 €	100,00 €
20	Farbe weiß	Könner	3	Eimer	8,00 €	24,00 €
21	Tapetenmesser	Obo	2	St.	2,50 €	5,00 €
22	Tapeziertisch	Bauheim	1	St.	25,00 €	25,00 €
23						
24					Gesamt brutto:	365,50 €
25						

Bild 6.10: Die Beispieltabelle, um die Renovierungskosten im Blick zu halten

Sie möchten Ihr Zimmer renovieren und die Ausgaben protokollieren. Sie möchten wissen: »Was hat mich jeder Posten gekostet und was hat das alles zusammen gekostet?«

Außerdem haben Sie sich ein Budget gesetzt und wollen wissen, wie hoch die Differenz zwischen den geplanten und den tatsächlichen Kosten ist.

Die Ergebnisse

Nachdem Sie die gekauften Mengen und die Beträge eingegeben haben, möchten Sie in der Spalte F das Produkt der Spalten C und E bilden.

1. Markieren Sie die Zelle F14 und geben Sie den folgenden Rechenschritt ein: `=C14*E14`.

F24 = SUMME(F14:F23)

	A	B	C	D	E	F
12						
13	Bezeichnung	gekauft bei	Menge	Einheit	Einzelpreis	Gesamt
14	Tapeten	Obo	15	Rollen	8,50 €	127,50 €
15	Kleister	Bauheim	5	Pakete	10,00 €	50,00 €
16	Pinsel	Könner	4	St.	4,00 €	16,00 €
17	Farbrollen	Obo	2	St.	6,00 €	12,00 €
18	Abkleber	Bauheim	2	Rollen	3,00 €	6,00 €
19	Abdeckplane	Obo	50	Meter	2,00 €	100,00 €
20	Farbe weiß	Könner	3	Eimer	8,00 €	24,00 €
21	Tapetenmesser	Obo	2	St.	2,50 €	5,00 €
22	Tapeziertisch	Bauheim	1	St.	25,00 €	25,00 €
23						
24					Gesamt brutto:	365,50 €
25						

Bild 6.11: Die Kosten pro Artikel und die Gesamtkosten

2. Kopieren Sie diesen Rechenschritt nach unten.
3. Um jetzt noch die Gesamtsumme der Ausgaben zu ermitteln, markieren Sie die Zelle F24.
4. Klicken Sie auf die Schaltfläche *AutoSumme* [Σ].

5. Stellen Sie sicher, dass alle Zellen mit den Ausgaben markiert werden.
6. Drücken Sie auf die `Eingabe`-Taste.

Die Abweichung

1. In der Zelle B5 haben Sie zu Beginn die geplanten Kosten eingetragen. Die tatsächlichen Kosten haben Sie sich in der Zelle B7 über die folgende Funktion geholt: `=F24`.
2. Markieren Sie jetzt die Zelle B9 und geben Sie den folgenden Rechenschritt ein: `=B5-B7`.

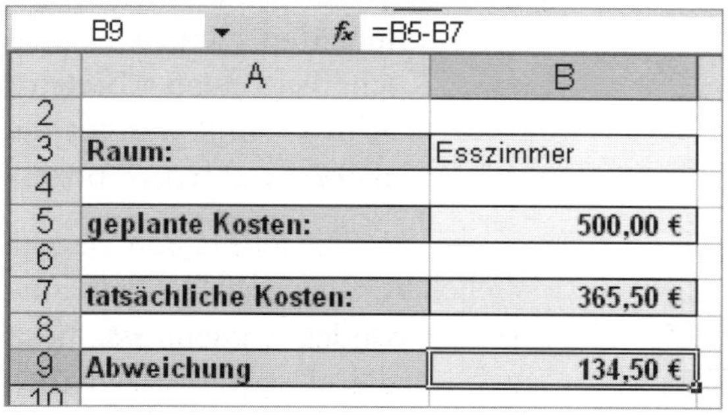

Bild 6.12: Die Abweichung zwischen geplanten und tatsächlichen Kosten

Die Jubelzelle

1. Wenn Sie Ihr Budget nicht überschritten haben, dann wollen Sie in der Zelle C9 gelobt werden. Sollten die tatsächlichen Kosten die geplanten Kosten überschritten haben, dann wollen Sie auch einen Hinweis sehen.
2. Markieren Sie die Zelle C9 und geben Sie die folgende Funktion ein:

   `=WENN(B9>=0;"Prima, geplante Kosten eingehalten";"Schade, zu viel bezahlt")`

Wenn B9 größer oder gleich 0, dann ist das Budget nicht überschritten und der Text *Prima, geplante Kosten eingehalten* soll angezeigt werden. Wenn nicht, also wenn die Ausgaben zu hoch waren, soll der Text *Schade, zu viel bezahlt* angezeigt werden,

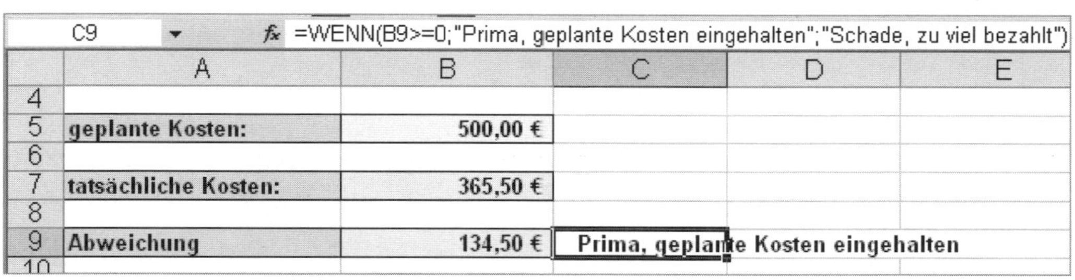

Bild 6.13: Das Lob bei eingehaltenem Budget

Die Zelle C9 zeigt zurzeit ein Lob, da die Ausgaben weit unter den geplanten Kosten liegen.

6.5 Rezepte: Verwaltung

Kategorie: Haushalt

Dateiname: REZEPTVORLAGE.XLS

Schwierigkeitsgrad: ❋

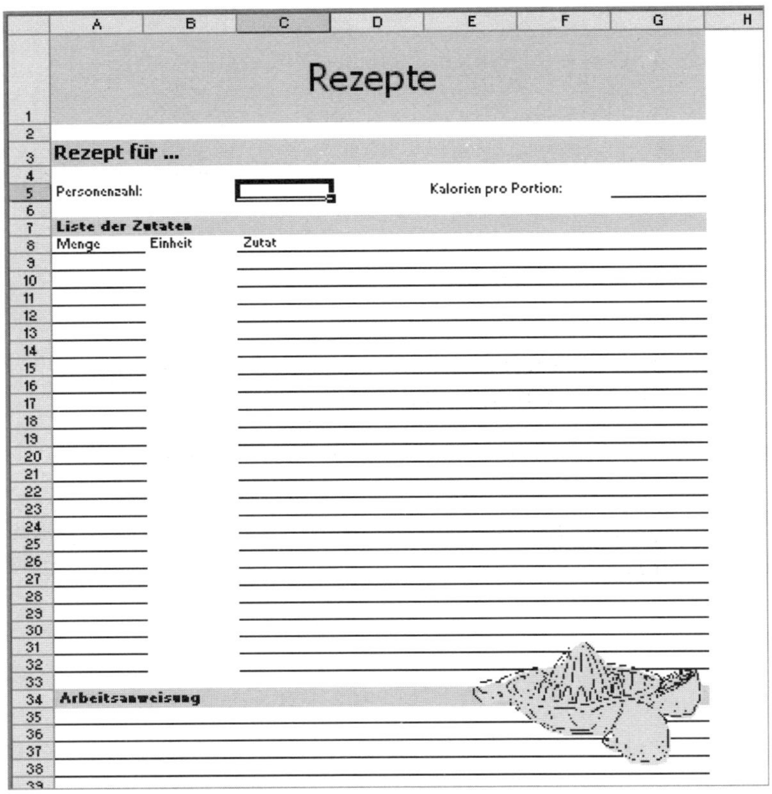

Bild 6.14: Excel-Formular für Ihre Rezeptsammlung in der Seitenansicht

Haben Sie auch eine kleine Sammlung von Rezepten, die aus unterschiedlich großen Zeitungsausschnitten und einigen Kopien von Kochanleitungen besteht? Alles auf einem Stapel … oder in einem Karton, fürchterlich unsortiert …?

Vielleicht tauschen Sie den Karton gegen einen kleinen Ordner aus und nutzen diese Excel-Tabelle wie ein Formular, um Ihre Rezepte einheitlich gestaltet aufzuschreiben und auszudrucken. Zwei weitere Vorteile dieser Vorgehensweise: Alle Ihre Rezepte haben ein einheitliches Layout und Sie können Rezeptgruppen einheitliche Farben zuweisen (Salate grün, Desserts rot etc.). Sollten dann Ihre Lieblingsrezepte schon deutliche Spuren aus der Küche aufweisen, drucken Sie sie einfach noch einmal aus.

Beschreibung

In dieser Tabelle wird nicht gerechnet. Sie können Sie »leer« ausdrucken und Ihre Rezepte handschriftlich eintragen, oder direkt am PC ausfüllen und abspeichern, um sie vielleicht auch später noch für die beste Freundin auszudrucken.

In einigen Zeilen, wie beispielsweise in der Überschrift, brauchen Sie weniger Zellen als in anderen. Hier können Sie über die *Format*-Symbolleiste die Zellen verbinden.

1. Markieren Sie die Zellen A1 bis G1 und klicken Sie auf das Symbol [⇹].
2. Auf die gleiche Weise können Sie auch die Zellen in den Zwischenüberschriften verbinden. In unserem Beispiel haben wir für diese Zellen nach dem Verbinden die Textausrichtung über die gleichnamige Schaltfläche [≡] auf linksbündig gestellt.

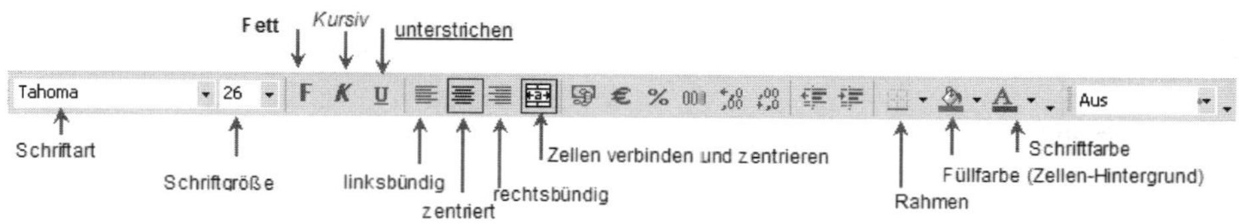

Bild 6.15: In der *Format*-Symbolleiste finden Sie die wichtigsten Befehle zur Zellformatierung.

Rahmen und Hintergrundfarbe

Neben den Schaltflächen für *Rahmen*, *Füllfarbe* und *Schriftfarben* finden Sie kleine Listenpfeile. Klicken Sie auf diese Listenpfeile, um eine Auswahl verschiedener Muster oder Farben zu bekommen:

Weitere Einstellungen zu Rahmen und Hintergrundfarben finden Sie über *Format/Zellen* auf den Registerkarten *Rahmen* und *Muster*.

Farblich unterschiedene Vorlagen für Rezeptkategorien

Wenn Sie die Tabelle fertig gestaltet haben und nun für Rezepte verschiedener Kategorien Vorlagen mit unterschiedlichen Farben gestalten möchten, so können Sie dieses Blatt einfach kopieren und in dem neu angelegtem Blatt die Füllfarben und die Überschrift ändern.

1. Mit einem Rechtsklick auf die Registerlasche öffnen Sie das Kontextmenü und wählen dort den Befehl *Verschieben/Kopieren*.
2. Aktivieren Sie die Option *Kopie erstellen*, wählen Sie im Feld *Einfügen vor:* den Eintrag *(ans Ende stellen)* und verlassen Sie den Dialog über *OK*.

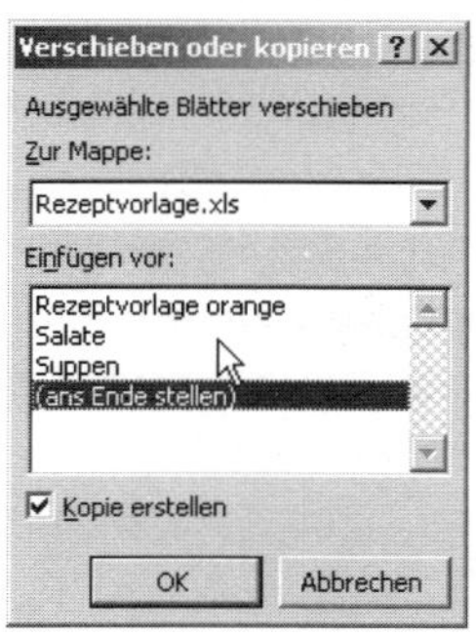

Bild 6.16: Sie können Tabellenblätter über das Kontextmenü des jeweiligen Tabellenblatts kopieren oder verschieben.

Für das neue eingefügte Tabellenblatt können Sie mit einem Doppelklick auf die Registerlasche einen neuen Namen eingeben und dann in diesem Blatt einfach die Hintergrundfarben und die Überschrift ändern.

Wenn Sie die Datei als Mustervorlage abspeichern, wird Ihnen diese Datei später über *Datei/Neu* als Vorlage für eine neue Excel-Datei angeboten.

Sie wählen hierfür lediglich über *Datei/Speichern unter* im Feld *Typ* den Eintrag *Mustervorlage* aus und vergeben einen Namen für Ihre Rezeptvorlage.

Viel Spaß beim Sammeln und Kochen!

6.6 Rezepte: Umrechnungstabelle nach Personenzahl

Kategorie: Haushalt

Dateiname: REZEPTE UMRECHNEN.XLS

Schwierigkeitsgrad: ❋❋

Sie kochen gern und am liebsten für Ihre Familie und viele Gäste? Aber es ist Ihnen lästig, die Angaben in Ihren Lieblingsrezepten immer wieder auf die gerade aktuelle Personenzahl umzurechnen?

Das haben wir uns gedacht und möchten Ihnen deshalb in diesem Beispiel eine komfortable Umrechnungstabelle vorstellen.

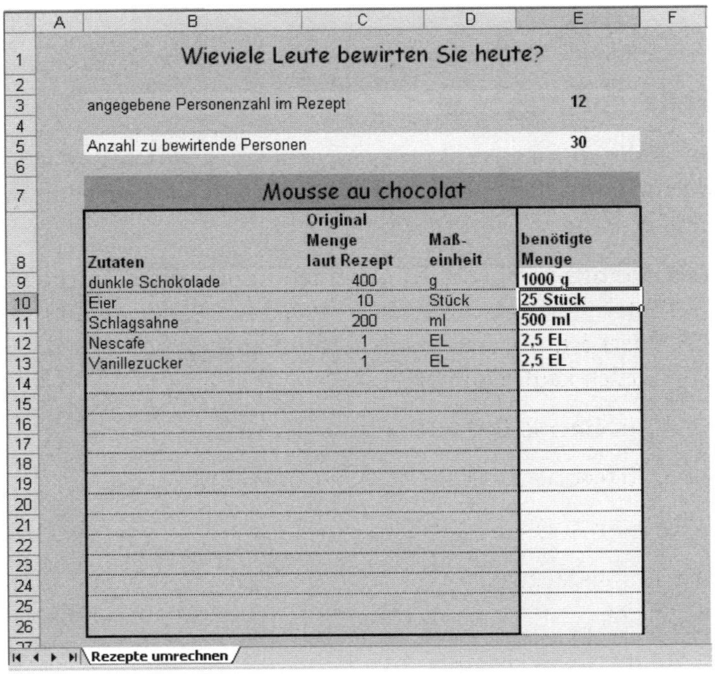

Wieviele Leute bewirten Sie heute?

angegebene Personenzahl im Rezept	12
Anzahl zu bewirtende Personen	30

Mousse au chocolat

Zutaten	Original Menge laut Rezept	Maß-einheit	benötigte Menge
dunkle Schokolade	400	g	1000 g
Eier	10	Stück	25 Stück
Schlagsahne	200	ml	500 ml
Nescafe	1	EL	2,5 EL
Vanillezucker	1	EL	2,5 EL

Rezepte umrechnen

Bild 6.17: Mit dieser Tabelle können Sie die Mengenangaben aus Rezepten auf jede beliebige Personenzahl umrechnen.

Beschreibung

Für die Umrechnung benötigen Sie pro Zutat 4 Spalten:

- Die erste Spalte füllen Sie mit dem beschreibenden Text.
- In die zweite tragen Sie die Mengenangaben laut Rezept als Zahl ein und getrennt davon geben Sie in einer dritten Spalte die Maßeinheit ein.
- In der vierten Spalte bauen wir gleich die Formel für die Umrechnung auf.

Neben diesen Angaben legen Sie bitte in einer Zelle fest, für wie viele Personen die Angaben im Rezept ausgelegt sind. Diese Information ist in unserer Beispieldatei in die Zelle E3 eingetragen.

Die letzte Konstante, die wir noch benötigen, ist die Anzahl der Personen, die Sie »bekochen« wollen. Diese Information ist in unserer Beispieldatei in die Zelle E5 eingetragen.

Zur Berechnung der richtigen Menge teilen Sie nun die Zutat durch die Personenanzahl laut Rezept und multiplizieren den Wert mit der gewünschten Personenanzahl.

Die Formel würde in der Zelle E9 dann lauten: `=C9/E3*E5`

Diese Berechnung führt aber eventuell zu sehr vielen Dezimalstellen und gibt auch in Zeilen, in denen Sie noch gar keine Zutat eingegeben haben, eine Null aus und wird auch ohne Maßeinheit angezeigt. Da wir aber max. 2 Dezimalstellen und zusätzlich die Maßeinheit aus der Spalte D mit ausgegeben haben wollen und dies auch nur in Zeilen, in denen Sie bereits Zutaten eingegeben haben, wird die Formel noch etwas erweitert.

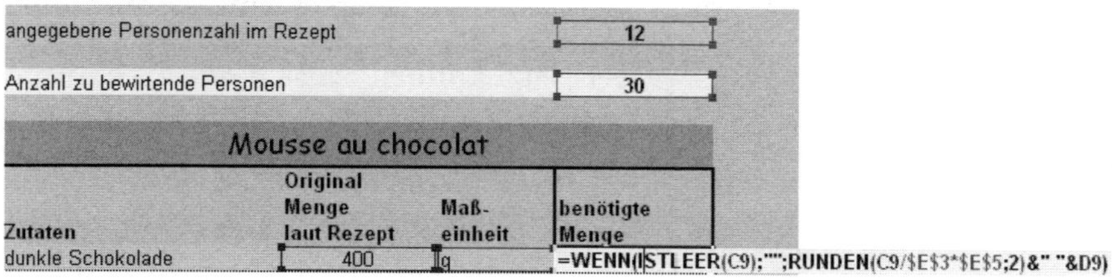

Bild 6.18: Die Formel zur Berechnung der richtigen Menge

Im Einzelnen benötigen Sie die Funktionen WENN, ISTLEER, RUNDEN und für die Verkettung von Zellinhalten das kaufmännische Und »&«.

Mit der WENN-Funktion können Sie eine Bedingung überprüfen und in Abhängigkeit von dem Ergebnis dieser Prüfung unterschiedliche weitere Vorgehensweisen festlegen. Mit der ISTLEER-Funktion können Sie prüfen, ob die Zelle C9 leer ist. Mit der RUNDEN-Funktion können Sie den errechneten Wert auf eine bestimmte Anzahl Stellen kaufmännisch runden.

Mit dem »&« können Sie Texte und Zellinhalte in einer Zelle hintereinander schreiben.

1. Starten Sie über *Einfügen/Funktion* aus der Kategorie *Logik* die WENN-Funktion.
2. Geben Sie im Feld *Prüfung* die Formel `Istleer(C9)` ein.
3. Im Feld *Dann_Wert* tragen Sie zwei Anführungszeichen ("") direkt hintereinander ein, damit die Zelle im Fall, dass C9 leer ist, ebenso leer bleibt.
4. Im Feld *Sonst_Wert* geben Sie nun zunächst die RUNDEN-Funktion mit der eingebundenen Berechnung ein und dahinter erst ein &-Zeichen, in Anführungszeichen ein Leerzeichen und dahinter wieder ein &-Zeichen und D9. Der Eintrag im Feld *Sonst_Wert* sieht jetzt wie folgt aus: `RUNDEN(C9/$E$3*$E$5;2)&" "&D9`.
5. Bestätigen Sie die Formeleingabe mit *OK*.

In der Zelle E9 steht nun folgende Formel:
`=WENN(ISTLEER(C9);"";RUNDEN(C9/$E$3*$E$5;2)&""&D9)`.

Kopieren Sie diese Formel bis zur Zeile 26 bzw. bis ans Ende Ihrer Zutatenliste.

Um die Angaben für Ihre Lieblingsrezepte zu speichern, speichern Sie die noch leere und nur mit Formeln versehene Datei über *Datei/Speichern unter* als *Excel-Mustervorlage* ab. Jetzt steht Ihnen diese Datei als Vorlage im Menü *Datei/Neu* jederzeit für neue Rezepte zur Verfügung.

6.7 Terminplaner für die ganze Familie

Kategorie: Haushalt

Dateiname: FAMILIENPLANER.XLS

Schwierigkeitsgrad: ❋

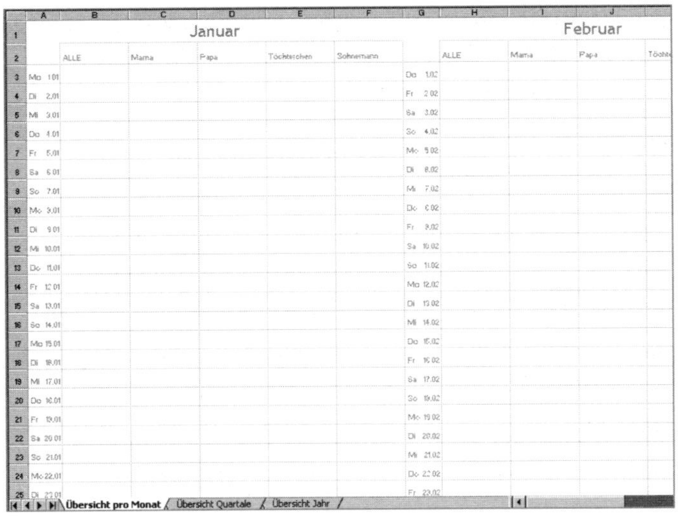

Bild 6.19: Gestalten Sie Ihren eigenen Familienplaner in Excel.

Es gibt sie mittlerweile fast überall zu kaufen, die Familienplaner für jedes Jahr. Aber sind hier genug Spalten für Ihre Familie, oder bleibt immer eine Spalte leer? Jetzt können Sie sich mit Excel Ihren eigenen Familienplaner basteln und ihn ganz genau an Ihre Bedürfnisse anpassen.

In dieser Datei sind alle Monate auf einem Tabellenblatt angeordnet, jeweils 6 Monate nebeneinander und 2 Monate untereinander. Die Namen bzw. Überschriften brauchen Sie nur im Januar zu pflegen, da in den anderen Monaten diese Werte übernommen werden.

Beschreibung

Da diese Datei weitestgehend ohne Formeln auskommt, ist der Aufbau der Tabelle ein bisschen Bastelarbeit. Wir beginnen mit dem ersten Monat und kopieren diesen anschließend einmal nach unten und dann beide Monate noch fünfmal nach rechts. Anschließend brauchen wir nur noch die Daten der jeweiligen Monate anpassen und schon passt alles – und zwar genau auf Ihre Familie zugeschnitten!

Die Datumsspalte

1. Tippen Sie `1.1` in die Zelle A3 ein und bestätigen Sie mit [Eingabe]. Es wird in der Zelle jetzt `01. Jan` angezeigt, weil Excel Ihre Eingabe als Datumseingabe verstanden hat und den 1.1. des laufenden Jahres mit einem vordefinierten Format in die Zelle eingetragen hat.

2. Markieren Sie die Zelle A3, öffnen Sie mit der Tastenkombination [Strg]+[1] den Dialog *Zellen formatieren* und wechseln Sie dort in das Register *Zahlen.*

3. In der Kategorie *benutzerdefiniertes Zahlenformat* ist nun im Feld *Typ* der Eintrag *TT. MMM* sichtbar, der dafür sorgt, dass Sie den Tag als zweistellige Zahl und den Monat als abgekürzten Monatsnamen sehen. Ändern Sie diesen Eintrag wie folgt ab:
   `TTT* T.MM` (nach dem * folgt ein Leerzeichen!) und bestätigen Sie mit [Eingabe].
   Jetzt wird vor dem Tag als Zahl der Tag noch einmal mit seiner Wochentagsabkürzung angezeigt. Außerdem wird dieser Teil linksbündig und der Zahlenteil rechtsbündig in die Zelle geschrieben.

4. Ziehen Sie nun über das Ausfüllkästchen das Datum bis zum Monatsende weiter nach unten und lassen Sie die Maus dann los.

Bild 6.20: Kopieren Sie einfach über das Ausfüllkästchen das Datum bis zum Monatsende.

Die Namensspalten

1. Wie viele Spalten soll Ihr Kalender haben? In diesem Beispiel gehen wir von 5 Spalten aus. Geben Sie in die Zellen B2 bis F2 die Überschriften (z. B. die Namen) ein.
2. Markieren Sie anschließend die Spalten B bis F und ziehen Sie an der Trennlinie zwischen zwei Spaltenköpfen die Breite der Spalten ungefähr auf den Wert 15. Dann passen alle noch auf ein Blatt. Für die Datumsspalte haben wir eine Breite von 7,14 gewählt.

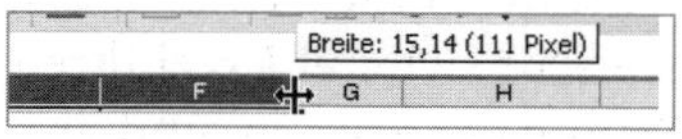

Bild 6.21: Sie können die Breite der Spalten einfach mit der Maus verändern.

3. Geben Sie in die Zelle A1 die Formel `=A3` ein. So übernehmen Sie den ersten Tag des Monats in diese Zelle.
4. Markieren Sie nun die Zellen A1 bis F1 und öffnen Sie mit `Strg`+`1` den Dialog *Zellen formatieren.* Stellen Sie im Register *Zahlen* das *Benutzerdefinierte Zahlenformat* MMMM ein und aktivieren Sie im Register *Ausrichtung* die Option *Zellen verbinden.*

Formatieren Sie den ersten Monat mit Rahmenlinien, Farben und Schrift, wie es Ihnen gefällt. Alle anderen Monate werden hieraus kopiert, daher lohnt es sich, diese Einstellungen jetzt vorzunehmen.

Den zweiten Monat erstellen

1. Markieren Sie die Zellen A1 bis F35 und kopieren Sie diese mit `Strg`+`C`. Klicken Sie in die Zelle A36 und fügen Sie mit `Strg`+`V` die kopierten Zellen hier ein.

Ändern Sie nun die Einträge in der Überschriftenzeile wie folgt ab:

2. Geben Sie in der Zelle B37 die Formel `=$B$2` ein. Damit übernehmen Sie den Eintrag aus der Zelle B2 in die Zelle B37. Die $-Zeichen sorgen dafür, dass der Bezug zur Zelle B2 auch bestehen bleibt, wenn Sie die Formel in eine andere Zelle kopieren. Analog hierzu geben Sie in die Zelle C37 den Ausdruck `=$C$2` ein, in die Zelle D37 den Ausdruck `=$D$2` und so weiter und so fort, bis alle Überschriften aus dem Januar auch hier zu sehen sind.

Die weiteren Monate erstellen

1. Kopieren Sie mit `Strg`+`C` die Spalten A bis F und fügen Sie diese in der Spalte G wieder ein.
2. Nun kopieren Sie bitte noch die Zellen B37 bis F37 mit `Strg`+`C` (die Zellen mit den Bezügen auf die Überschriften im Januar). Klicken Sie in die Zelle H2 und fügen Sie die kopierten Zellen hier mit `Strg`+`V` ein.
3. Die Spalten G bis L kopieren Sie jetzt noch dreimal nebeneinander.
4. Damit aber auch die Daten stimmen, geben Sie jeweils im ersten Tag eines Monats das richtige Datum ein und ziehen wie oben beschrieben dieses Datum bis zum Monatsende nach unten.
   Kontrollieren Sie über die Seitenansicht das Ergebnis Ihrer Arbeit. Eventuell müssen Sie die Seitenränder etwas verändern oder in der Seitenumbruchvorschau die gestrichelten blauen Linien, die die Seitenumbrüche darstellen, etwas verschieben.

6.8 Zeitmanagement im Haushalt mit Prioritäten

Kategorie: Haushalt

Dateiname: ZEITMANAGEMENT.XLS

Schwierigkeitsgrad: ❋❋

	A	B	C	D	E	F
1	Tagesplan	25.01.2007				
2	Sie nehmen sich zuviel vor!					
3	Tätigkeit	Zeit-aufwand	Priorität			
4	Verplante Zeit	9,25	A	B	C	D
5	Bügeln	02:00		x		
6	Einkaufen	01:30	x			
7	Kochen	01:00	x			
8	Kinder vom Sport abholen	01:00	x			
9	Waschen	00:45			x	
10	Oma besuchen	03:00				
11						
12						

Bild 6.22: Tagesplan mit Prioritäten und Warnhinweis

Wundern Sie sich oft abends, wo der Tag geblieben ist? Sie haben nicht alles erledigt, was Sie sich vorgenommen haben … vielleicht war es aber auch einfach ein wenig zu viel für einen Tag. In dieser Datei haben wir einen kleinen Tagesplan, der Sie bereits bei Ihrer Planung warnt, wenn das Programm wieder einmal viel zu voll wird.

Beschreibung

Legen Sie in einer neuen Datei 6 Spalten für Ihren Tagesplan an. Ziehen Sie die erste Spalte breiter, da Sie hier Platz für die Beschreibung der geplanten Tätigkeiten brauchen.

In der Spalte B geben Sie den geschätzten Zeitaufwand in Stunden und Minuten ein.

Hierbei beachten Sie bitte, dass Zeitangaben immer mit einem Doppelpunkt eingegeben werden müssen. Um eine halbe Stunde einzutragen, tippen Sie 0:30 ein, wenn Sie eine ganze Stunde eintragen wollen, reicht die Eingabe der Stundenzahl mit einem Doppelpunkt.

Im Kopf der Tabelle werden die Zellen B1 bis F1 über die Schaltfläche *Verbinden und zentrieren* zu einer Zelle verbunden. Damit hier immer das aktuelle Datum angezeigt wird, geben Sie die HEUTE-Funktion ein. Diese Formel braucht keine Argumente.

1. Tippen Sie die Formel `=Heute()` in die Zelle B1 und bestätigen Sie Ihre Eingabe mit [Eingabe].

In der Zelle B4 wird der Zeitaufwand Ihrer einzelnen Tätigkeiten addiert.

2. Markieren Sie die Zelle B4 und klicken Sie auf die Schaltfläche *AutoSumme* Σ in der Standardsymbolleiste.
3. In der Zelle wird jetzt die noch leere SUMME-Funktion eingetragen: `=SUMME()` und Ihr Cursor blinkt innerhalb der Klammern.

4 Markieren Sie nun die Zellen B5:B21, um diesen Bereich in die SUMME-Funktion einzufügen. In der Zelle B4 steht nun folgende Formel: `=SUMME(B5:B21)`.

5 Damit wir mit dieser Zahl, die zurzeit noch als Uhrzeit dargestellt wird, einfacher weiterrechnen können, wandeln Sie diese Uhrzeit in eine Dezimalzahl um, indem Sie hinter die Summenformel *24 schreiben und mit [Eingabe] bestätigen.

6 Die Uhrzeit eines Tages wird von Excel als Wert zwischen 0 und 1 verarbeitet. 8:00 Uhr zum Beispiel ist für Excel der Wert 0,3333333333, um daraus den Zahlenwert 8 zu bekommen, wird die Uhrzeit mit 24 (Stunden pro Tag) multipliziert.

7 In B4 steht also nun die Formel `=SUMME(B5:B21)*24`.

8 In der Zelle B2 haben wir eine mehrfach verschachtelte WENN-Funktion eingefügt, die Ihre verplante Zeit »kommentiert«. In unserer Beispieldatei sind dabei folgende Bedingungen hinterlegt:

```
=WENN(B4<6;"Sie haben noch Kapazitäten frei…";WENN(B4<9;"Genug verplante Zeit für heute…";WENN(B4<=12;"Sie nehmen sich zuviel vor!";WENN(B4>12;"Wie wollen Sie das schaffen?";""))))
```

- Bei einem Zeitaufwand unter 6 Stunden erscheint die Meldung: »Sie haben noch Kapazitäten frei …«.
- Bei einem Gesamtzeitaufwand zwischen 6 und 9 Stunden erscheint folgende Meldung: »Genug verplante Zeit für heute …«.
- Bei einem Gesamtzeitaufwand zwischen 9 und 12 Stunden wird der Text; »Sie nehmen sich zu viel vor!« ausgegeben.
- Bei einem Zeitaufwand von mehr als 12 Stunden erhalten Sie die Meldung »Wie wollen Sie das schaffen?«.

9 Markieren Sie die Zelle B2 und starten Sie über die Schaltfläche *fx* aus der Kategorie *Logik* die WENN-Funktion.

10 Geben Sie im Feld *Prüfung* Ihre erste Bedingung ein, z. B: `B4<6`.

11 Mit der [TAB]-Taste springen Sie in das Feld *Dann_Wert*. Tippen Sie hier den gewünschten Text ein, z. B. »Sie haben noch Kapazitäten frei«.

12 Mit der [TAB]-Taste springen Sie in das Feld *Sonst_Wert*. Hier starten Sie wieder die WENN-Funktion. Klicken Sie dafür auf den kleinen Listenpfeil neben dem Feld ganz links in der Bearbeitungsleiste.

13 Geben Sie die nächste Bedingung ein, z. B. B4 < 9.

14 Mit der [TAB]-Taste springen Sie in das Feld *Dann_Wert*. Tippen Sie hier den gewünschten Text ein, z. B. »Genug verplante Zeit für heute«.

15 Mit der [TAB]-Taste springen Sie in das Feld *Sonst_Wert*. Hier starten Sie wieder die WENN-Funktion und geben die nächste Bedingung ein, z. B. B4 < =12.

16 Im Feld *Dann-Wert* geben Sie auch hier einen Text ein und springen wieder mit der [TAB]-Taste ins Feld *Sonst_Wert*.

17 Hier starten Sie ein letztes Mal die WENN-Funktion und geben als Bedingung B4>12 ein und im *Dann_Wert* den gewünschten Text.

18 Im *Sonst_Wert* tragen Sie nun zwei Anführungszeichen ein.

19 Verlassen Sie den Funktions-Assistenten mit *OK*.

7 Kids & Co.

7.1 Addieren im Zahlenraum bis 100

Kategorie: Kids & Co.

Dateiname: ADDIEREN_IM_ZAHLENRAUM_BIS 100.XLS

Schwierigkeitsgrad: ❋❋

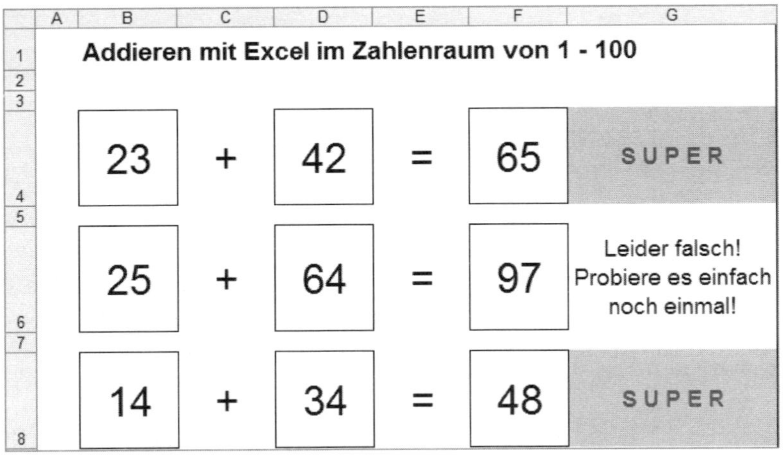

Bild 7.1: Das Übungsblatt zum Addieren

Ihr Kind tut sich schwer mit dem Rechnen? Vielleicht findet es mehr Spaß beim Üben, wenn es kleine Trainingseinheiten am PC lösen darf?

Beschreibung

In dieser Excel-Mappe sind 8 Additionsaufgaben im Zahlenraum bis 100 hinterlegt. In Spalte G soll die Lösung der Addition eingetragen werden, sofort erscheint die Erfolgskontrolle. Ist die Eingabe fehlerhaft, wird man aufgefordert, es noch einmal zu probieren.

Über Blattschutz wird geregelt, dass nur die Eingabezellen ausgewählt werden können. Sobald das Aufgabenblatt gelöst ist, sollte man als Elternteil die Ergebnisse entfernen, den Blattschutz kurzzeitig aufheben, in die Spalten B und D neue Zahlen eingeben, den Blattschutz wieder aktivieren und schon geht es in die nächste Runde!

Die Formel für die Lösung

Die zugrunde liegenden Formeln für die Additionen sind im Tabellenblatt in Spalte O versteckt (Schriftfarbe Weiß).

Die Formel in Zeile 4 für die Zelle F4 steht in Zelle O4 und lautet: `=B4+D4`.

Spalten ausblenden

Damit die Formeln und somit auch die Ergebnisse nicht so schnell entdeckt werden, haben wir zur Sicherheit einige der rechts liegenden Spalten neben dem Übungsblatt ausgeblendet.

1. Markieren Sie die Spaltenköpfe der Spalten, die Sie ausblenden möchten (zum Beispiel von H bis P).

2 Klicken Sie mit der rechten Maustaste auf die markierten Spalten.

3 Wählen Sie aus dem Kontextmenü den Punkt *Ausblenden.*

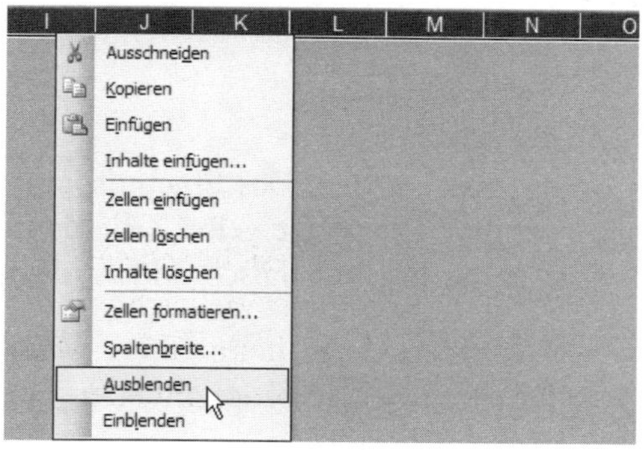

Bild 7.2: Das Kontextmenü, um Spalten auszublenden

Die Erfolgskontrolle bzw. -meldung

In Zelle G4 wird über eine WENN-Funktion geprüft, ob die Ergebniszelle (F4) leer ist, dann soll sie leer bleiben. Ist bereits ein Eintrag eingegeben, so soll geprüft werden, ob der Wert gleich dem Ergebnis in unserer »versteckten« Spalte O ist. Ist der Wert identisch, wird die Meldung »S U P E R« ausgegeben, ansonsten »Leider falsch! Probiere es einfach noch einmal!«

Die Formel sieht wie folgt aus: `=WENN(F4="";"";WENN(O4=F4;"S U P E R";"Leider falsch! Probiere es einfach noch einmal!"))`.

Bedingte Formatierung

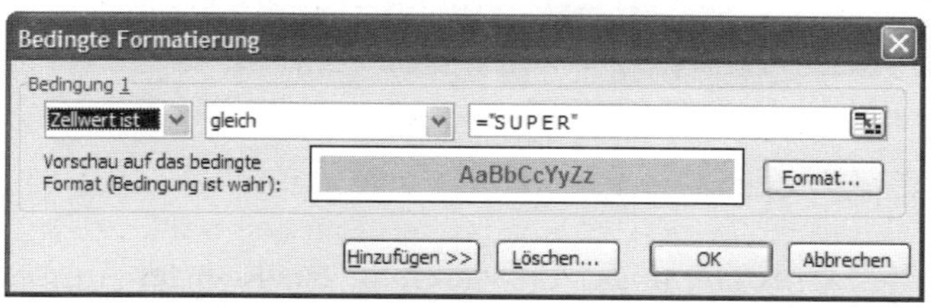

Bild 7.3: Bedingte Formatierung für die Erfolgsmeldung

Für die Zelle G4 haben wir über *Format/ Bedingte Formatierung* hinterlegt, dass die Schriftfarbe auf Rot und die Hintergrundfarbe auf Blau wechselt, wenn der Zellwert gleich »S U P E R« ist.

Diese Formel haben wir nach unten in die restlichen Zellen der Erfolgsmeldung kopiert.

Blattschutz an- und ausschalten

Damit Ihr Kind bei der kleinen Trainingseinheit am PC tatsächlich nur die Ergebniszellen (Spalte F) auswählen kann und nicht auf »Entdeckungsreise« nach der Lösung sucht, haben wir über *Format/ Zellen/*Registerkarte *Schutz* alle Zellen bis auf die Ergebniszellen gesperrt. Das Sperren von Zellen ist nur wirksam, wenn auch das Arbeitsblatt geschützt ist. Über *Extras/Schutz/Blatt schützen* haben wir festgelegt, dass nur die nicht gesperrten Zellen ausgewählt werden können.

Bei jeder Aktualisierung des Arbeitsblatts müssen Sie kurzzeitig über *Extras/Schutz/Blattschutz aufheben* den Schutz aufheben und anschließend wieder aktivieren.

7.2 Addieren lernen am Computer

Kategorie: Kids & Co.

Dateiname: HAUSNUMMERN.XLS

Schwierigkeitsgrad: ❋

Im vorliegenden Spiel muss für jedes Haus die Addition im Kopf gelöst werden. Das Ergebnis kann dann in die gelbe Zelle unter dem jeweiligen Haus eingetragen werden. Wenn die gelbe Zelle dann grün wird, ist das Ergebnis richtig. Wenn die gelbe Zelle rot wird, ist das Ergebnis falsch und es muss neu gerechnet werden.

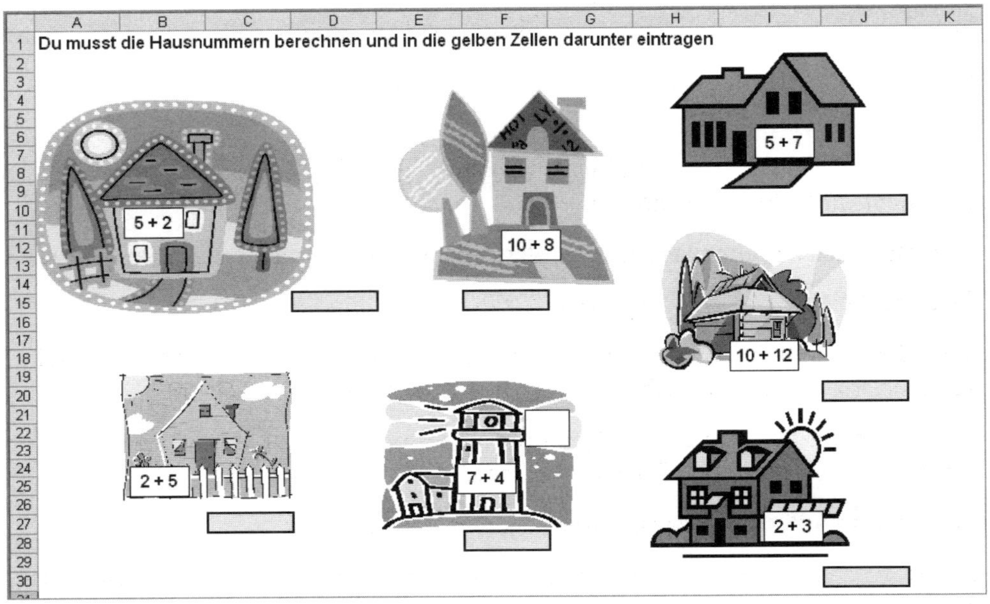

Bild 7.4: Die Hausnummern berechnen und eintippen

Um die Gitternetzlinien zu entfernen, wählen Sie *Extras/Optionen*. Aktivieren Sie das Register *Ansicht* und deaktivieren Sie den Haken *Gitternetzlinien*.

Textfelder in ein ClipArt einfügen

Die Rechenschritte wurden mit einem Textfeld in die Clips eingefügt. Wir gehen in diesem Beispiel davon aus, dass Sie bereits einige Bilder auf dem Tabellenblatt haben.

1. Wenn Sie am unteren Bildschirmrand nicht die Symbolleiste *Zeichnen* sehen, wählen Sie *Ansicht/ Symbolleisten/Zeichnen*.
2. Klicken Sie auf die Schaltfläche *Textfeld* und ziehen Sie auf dem Clip mit gedrückter linker Maustaste das Textfeld in der gewünschten Größe auf.
3. Geben Sie den ersten Rechenschritt ein. Um die Ausrichtung des Textes im Textfeld zu ändern, klicken Sie mit der rechten Maustaste auf den schraffierten Rand und wählen den Befehl *Textfeld formatieren*.

4. Stellen Sie auf dem Register *Ausrichtung* auf den Feldern *Horizontal* und *Vertikal* den Eintrag *Zentrieren* ein.

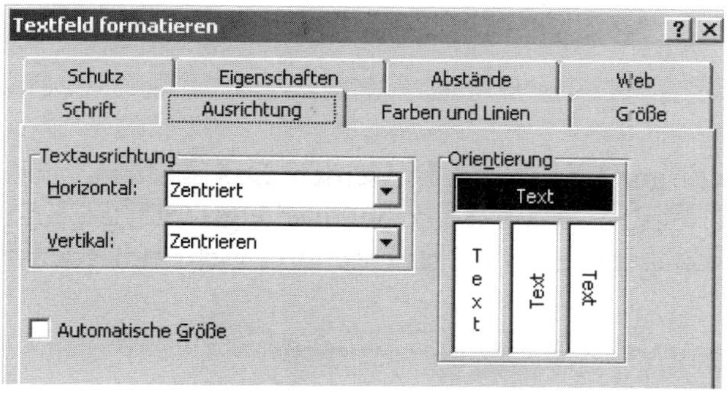

Bild 7.5: Ein Textfeld gestalten

5. Auf Wunsch können Sie auf dem Register *Farben und Linien* die Hintergrundfarbe und die Rahmenstärke ändern.

Sollte das Textfeld plötzlich verschwunden sein, klicken Sie mit der rechten Maustaste auf den Clip und wählen den Befehl *Reihenfolge/In den Hintergrund.*

Jetzt müssen Sie nur noch die Zellen bestimmen, in die das Ergebnis eingetragen werden soll.

6. Markieren Sie die erste Zelle und wählen Sie *Format/Bedingte Formatierung.*
7. Stellen Sie die erste Bedingung und das erste Format ein, wie es die folgende Abbildung zeigt. Diese Bedingung brauchen wir, um die gelbe Hintergrundfarbe zu Beginn zu zeigen.
8. Klicken Sie dann auf die Schaltfläche *Hinzufügen* und fügen Sie die zweite Bedingung und das zweite Format ein. Dabei müssen Sie das Ergebnis wissen.
9. Verfahren Sie mit der dritten Bedingung genauso und klicken Sie auf *OK.*
10. Diese Schritte müssen Sie für jede Zelle einzeln machen, da pro Haus immer unterschiedliche Ergebnisse ermittelt werden.

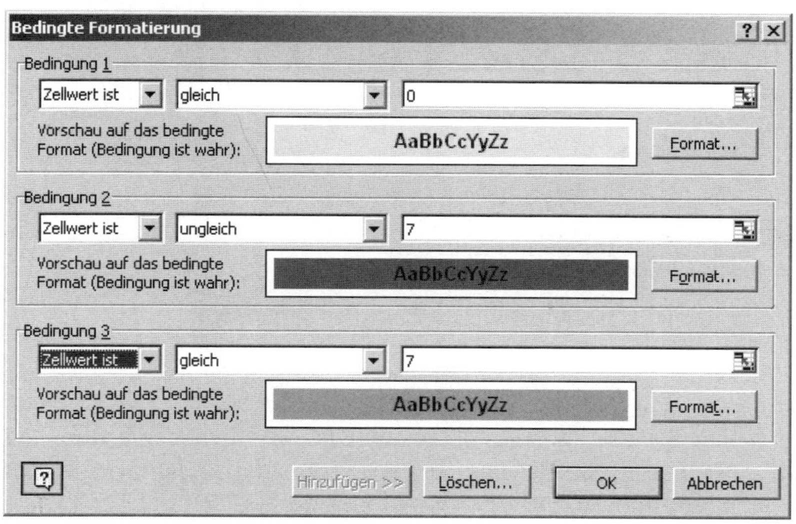

Bild 7.6: Die Farben für die Ergebnisfelder

7.3 Bilder zählen

Kategorie: Kids & Co.

Dateiname: BILDER ZÄHLEN.XLS

Schwierigkeitsgrad: ❋

Im vorliegenden Spiel müssen die Elemente im Kreis gezählt werden. Das Ergebnis kann dann in die gelbe Zelle unter dem jeweiligen Kreis eingetragen werden. Wenn die gelbe Zelle dann grün wird, ist das Ergebnis richtig. Wenn die gelbe Zelle rot wird, ist das Ergebnis falsch und es muss neu gezählt werden.

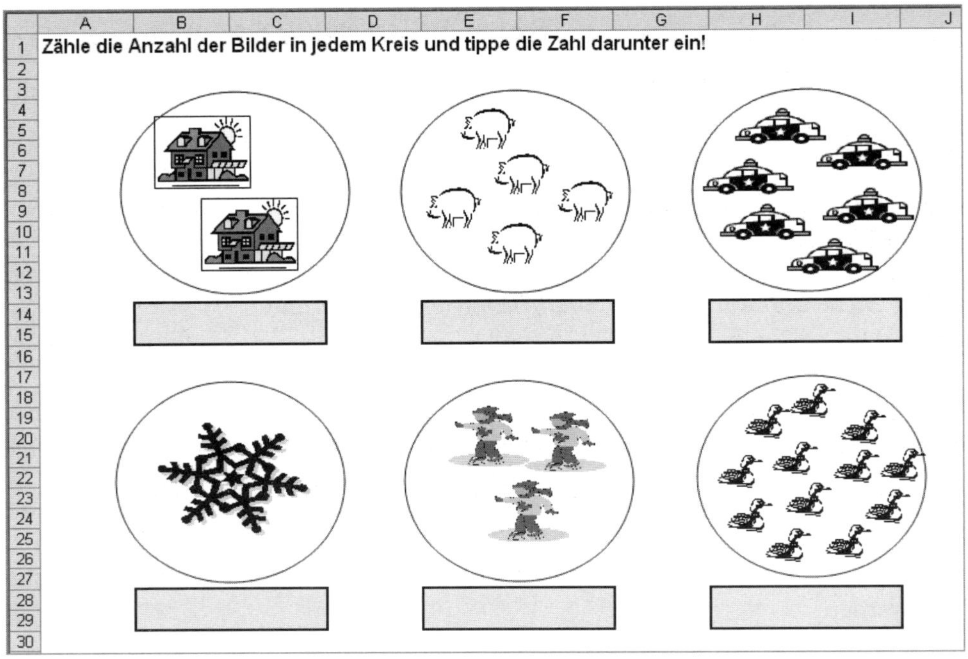

Bild 7.7: Ich lerne heute das Zählen mit meinem Computer

Um die Gitternetzlinien zu entfernen, wählen Sie *Extras/Optionen*. Aktivieren Sie das Register *Ansicht* und deaktivieren Sie den Haken *Gitternetzlinien*.

Einen Kreis zeichnen

Wir gehen in diesem Beispiel davon aus, dass Sie verschiedene Clips bereits auf dem Blatt haben. Sie möchten jetzt die Kreise zeichnen und die Clips dort reinziehen.

1. Wenn Sie am unteren Bildschirmrand nicht die Symbolleiste *Zeichnen* sehen, wählen Sie *Ansicht/Symbolleisten/Zeichnen*.
2. Klicken Sie auf die Schaltfläche *Ellipse*. Bewegen Sie den Mauszeiger an die Stelle, an der Sie den Kreis aufziehen möchten, und halten Sie die `Umschalt`-Taste gedrückt. Ziehen Sie nun den Kreis bis zur gewünschten Größe auf. Lassen Sie erst die `Umschalt`-Taste und dann die Maustaste los.

Wenn Sie ohne die [Umschalt]-Taste gezogen hätten, wäre es eine Ellipse und kein Kreis geworden.

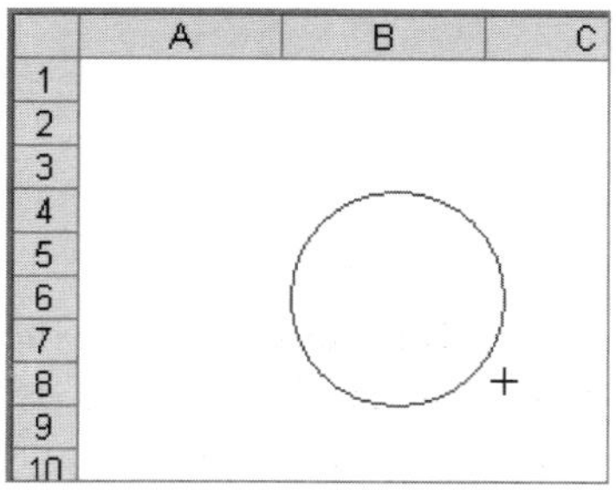

Bild 7.8: Einen Kreis mit gedrückter [Umschalt]-Taste zeichnen

3. Ziehen Sie jetzt die Clips in den Kreis und verändern Sie wenn nötig die Größe.

Sollte der Clip plötzlich verschwunden sein, klicken Sie mit der rechten Maustaste auf den Kreis und wählen den Befehl *Reihenfolge/In den Hintergrund.*

Die bedingte Formatierung

Jetzt müssen Sie nur noch die Zellen bestimmen, in die das Ergebnis eingetragen werden soll. Dann müssen Sie den Inhalt der Elemente des ersten Kreises zählen.

1. Markieren Sie die erste Zelle und wählen Sie *Format/Bedingte Formatierung.*
2. Stellen Sie die erste Bedingung ein. Wenn der Inhalt der markierten Zelle 0 ist, dann soll nichts passieren, außer dass die Zelle gelb wird.
3. Klicken Sie dann auf die Schaltfläche *Hinzufügen* und fügen Sie die zweite Bedingung hinzu. Wenn der Inhalt der markierten Zelle 2 ist, soll der Hintergrund grün werden.
4. Klicken Sie erneut auf die Schaltfläche *Hinzufügen.* Wenn der Inhalt ungleich 2 ist, dann ist die Eingabe falsch. Dann soll der Zellhintergrund rot gestaltet werden.
5. Diese Schritte müssen Sie für jede Zelle einzeln durchführen, da pro Kreis immer unterschiedlich viele Elemente gezählt werden.

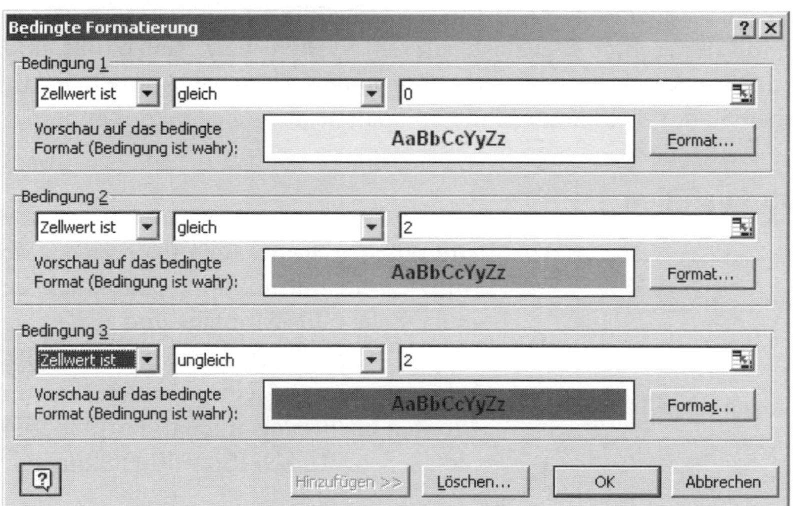

Bild 7.9: Die Farben für die Ergebnisfelder

7.4 Stundenplan zum Ausmalen

Kategorie: Kids & Co.

Dateiname: STUNDENPLAN_ZUM_AUSMALEN.XLS

Schwierigkeitsgrad: ❋

Das ist der Excel-Stundenplan zum Ausfüllen, Ausdrucken und Ausmalen.

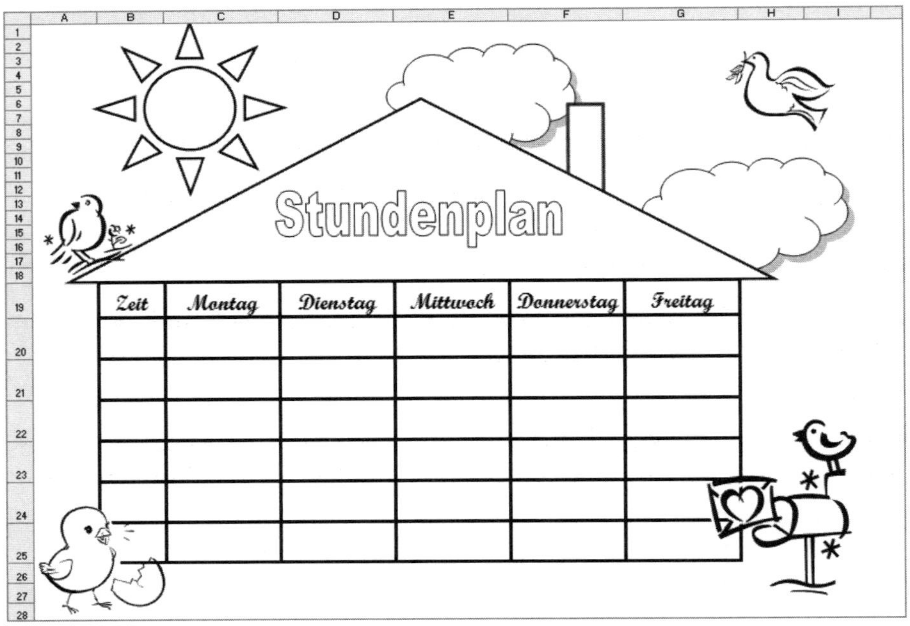

Bild 7.10: Die Stundenplan-Tabelle zum Ausmalen

Spalten und Zeilen der Tabelle anpassen

Richten Sie zuerst die Spaltenbreite und Zeilenhöhe nach Ihren Vorstellungen ein. Zum Anpassen der Spalten bzw. Zeilen klicken Sie mit der rechten Maustaste auf den Spalten- bzw. Zeilenkopf, und wählen Sie aus dem Kontextmenü den Punkt *Spaltenbreite* bzw. *Zeilenhöhe.* Alternativ können Sie die gewünschte Größe auch durch Ziehen an der Begrenzungslinie im Spalten- bzw. Zeilenkopf ändern.

Schnelle Texteingabe über AutoAusfüllen

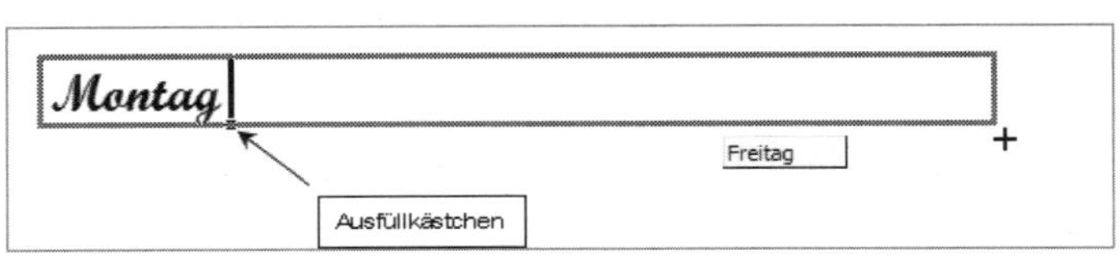

Bild 7.11: Die Zellen mit den Wochentagen schnell ausfüllen

Die Wochentage in Zeile 19 erzeugen Sie mit der Ausfüllfunktion. Schreiben Sie in die Zelle C19 »Montag« und ziehen Sie am Ausfüllkästchen bis zur Zelle G19. Somit haben Sie eine Datenreihe von Montag bis Freitag erzeugt. Formatieren Sie die Schrift nach Ihren Vorstellungen.

Layout des Stundenplans

Markieren Sie den Eingabebereich des Stundenplans, in unserem Beispiel von B19:G25, und setzen Sie über *Format/Zellen/*Registerkarte *Rahmen* außen und innen Rahmenlinien.

Somit ist das Grundgerüst des »Stundenplans zum Ausmalen« bereits fertig und jetzt geht es an die Ausgestaltung. Dafür schalten Sie über *Ansicht/Symbolleiste/Zeichnen* die Symbolleiste *Zeichnen* ein.

Die Zeichnen-Symbolleiste

Bild 7.12: Die Symbolleiste *Zeichnen* enthält alle Objekte, um den Stundenpan auszuschmücken.

1. Wählen Sie über *Autoformen/Standardformen* zum Beispiel das gleichschenklige Dreieck aus. Durch Ziehen mit der Maus »malen« Sie das Dreieck und verschieben es anschließend so, dass es sozusagen als Dach oberhalb des Eingabebereichs des Stundenplans sitzt.
2. Für den Kamin wählen Sie das Rechteck und ziehen es oberhalb des Daches. Damit der Kamin optisch hinter dem Dach verschwindet, wählen Sie in der Symbolleiste *Zeichnen* den Befehl *Zeichnen/Reihenfolge/In den Hintergrund.*
3. Über die Schaltfläche *WordArt* in der Symbolleiste *Zeichnen* fügen Sie eine schöne Schmuckschrift für den Text »Stundenplan« ein und positionieren anschließend dieses WordArt-Objekt mitten auf das Dach.

ClipArts einfügen

Die restlichen Grafiken auf dem »Ausmal-Stundenplan« sind weitestgehend ClipArts aus der ClipArt-Gallery.

1. Wählen Sie *Einfügen/Grafik/ClipArt.*
2. Geben Sie in das Feld *Suchen nach* des Aufgabenbereichs *ClipArt* einen Begriff oder einen Ausdruck ein, der den gesuchten Clip beschreibt, oder geben Sie den Dateinamen des Clips ganz oder teilweise ein.
3. Um die Suche auf eine bestimmte Clipsammlung oder auf einen bestimmten Dateityp zu beschränken, klicken Sie im Feld *Suchen in* auf den Pfeil, wählen die zu durchsuchenden Sammlungen aus bzw. klicken im Feld *Ergebnisse* auf den Pfeil und wählen die gesuchten Dateitypen aus.
4. *OK* startet die Suche in der ClipArt-Gallery.

Damit die ClipArts ausgemalt werden können, sollten Sie sie über die Schaltfläche *Farbe* auf der *Grafik*-Symbolleiste auf die Farbe *Schwarzweiß* setzen.

7.5 Tiere zählen und das Ergebnis am Computer eingeben

Kategorie: Kids & Co.

Dateiname: TIERE ZÄHLEN2.XLS

Schwierigkeitsgrad: ❋

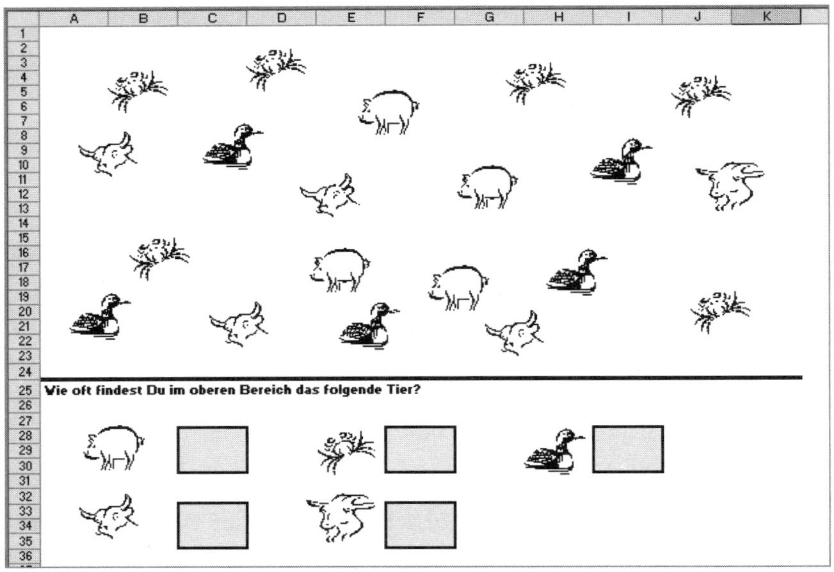

Bild 7.13: Die Anzahl der Tiere zählen

Im vorliegenden Spiel müssen gleiche Bilder gezählt werden. Das Ergebnis kann dann in die gelbe Zelle neben dem gezählten Bild eingetragen werden. Wenn die gelbe Zelle grün wird, dann ist das Ergebnis richtig. Wenn die gelbe Zelle rot wird, ist das Ergebnis falsch und es muss neu gezählt werden.

Um die Gitternetzlinien zu entfernen, wählen Sie *Extras/ Optionen.* Aktivieren Sie das Register *Ansicht* und deaktivieren Sie den Haken *Gitternetzlinien.*

Die Zellen, in denen gleich die gezählten Ergebnisse eingetragen werden, haben eine gelbe Hintergrundfarbe erhalten.

Clips einfügen

Um die ClipArts einzufügen, führen Sie die folgenden Schritte durch:

1. Wählen Sie im Menü *Einfügen* den Befehl *Grafik/ClipArt.*
2. Klicken Sie im rechten Aufgabenbereich auf den Link *Clips Online.*

Sie gelangen auf die Microsoft-Webseiten.

3. Geben Sie links oben im Feld *ClipArt* den Begriff *Tiere* ein und klicken Sie auf die Schaltfläche *Suchen.*

Bild 7.14: In den Clips nach Tieren suchen

4. Blättern Sie durch die vielen Seiten, die Ihnen jetzt angeboten werden.

5 Wenn Sie ein Tier gefunden haben, das Ihnen gefällt, klicken Sie auf das Symbol *Kopieren.*

Bild 7.15: Das Schwein auswählen

6 Wechseln Sie jetzt auf das Excel-Blatt und wählen Sie den Befehl *Einfügen.*

Die Größe der Clips verändern

Nach dem Einfügen des Clips auf dem Tabellenblatt ist es für diese Aufgabe zu groß.

1 Verändern Sie jetzt die Größe des Clips, indem Sie es einmal anklicken. Zeigen Sie mit der Maus auf die untere rechte Ecke. Wenn der Mauszeiger zu einem kleinen schwarzen Doppelpfeil wird, können Sie durch Ziehen die Größe des Clips verändern.

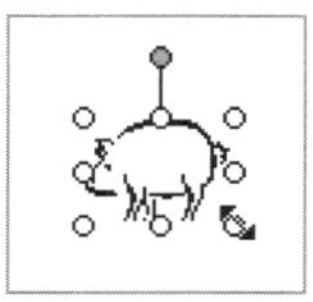

Bild 7.16: Das Schwein verkleinern

2 Wenn die gewünschte Größe erreicht ist, kopieren Sie den Clip erneut und fügen ihn es jetzt so oft ein, wie Sie wünschen.

Die bedingte Formatierung

Im nächsten Schritt müssen Sie mit Hilfe der bedingten Formatierung prüfen, ob der eingegebene Inhalt mit der tatsächlichen Anzahl übereinstimmt.

1 Markieren Sie die erste Eingabezelle und wählen Sie *Format/Bedingte Formatierung.*

2 Geben Sie die Zahl des Tieres ein und wählen Sie eine Formatierung.

Bild 7.17: Das bedingte Format für die Prüfung der Eingabe

3 Bestätigen Sie mit *OK* und führen Sie diese Schritte für alle anderen Zellen durch.

7.6 Tier-Sudoku für Kids

Kategorie: Kids & Co.

Dateiname: SUDOKU FÜR KINDER.XLS

Schwierigkeitsgrad: ❋

Das vorliegende Spiel kennen Sie bestimmt mit Zahlen. Hier wurde es für Kinder etwas abgewandelt. In einer Zeile bzw. einer Spalte darf jedes Tier nur einmal vorkommen.

Rechts neben der Tabelle sind die Tiere zu finden, die im Gitter fehlen. Ziel ist es, jedes Tier vom rechten Rand ins Gitter zu ziehen.

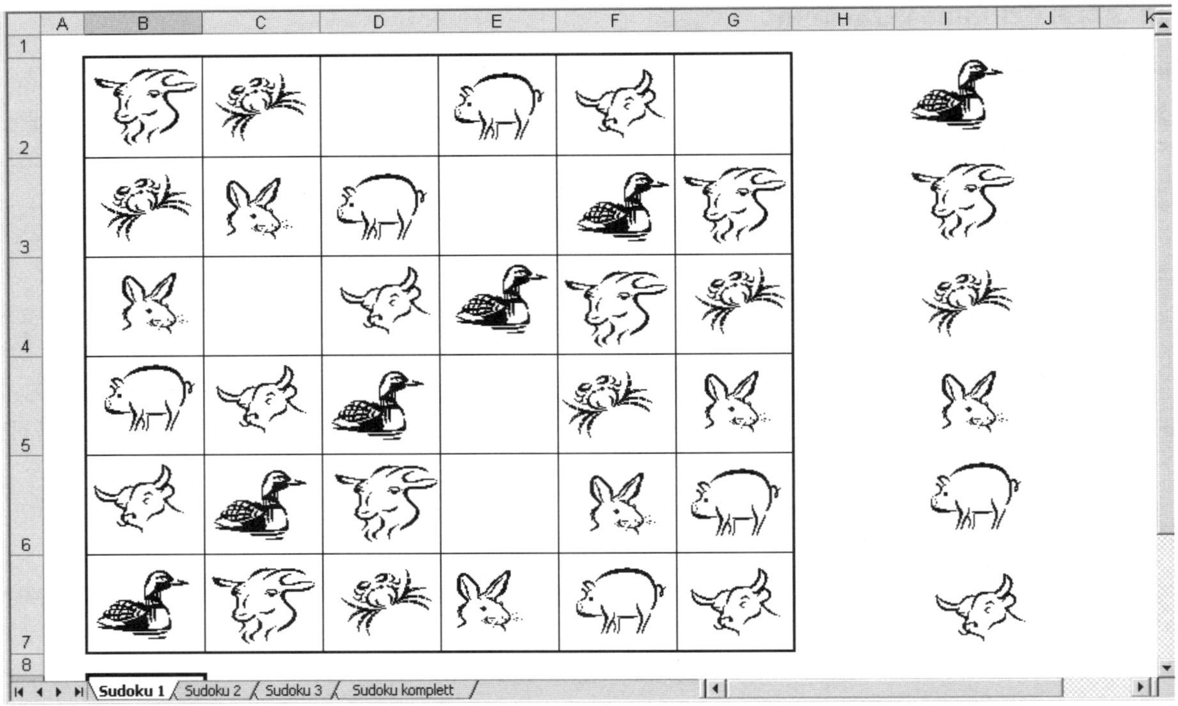

Bild 7.18: Ein Sudoku-Spiel für Kinder

Die Anleitung für Eltern, immer neue Sudokus zu generieren

Auf dem Blatt *Sudoku komplett* finden Sie ein ganzes Sudoku, das Sie auseinandernehmen können. Im ersten Schritt müssen Sie das Blatt kopieren, dann die Reihenfolge der Tiere im Gitter verändern und danach einige Tiere rausziehen.

1. Um das Blatt zu kopieren, klicken Sie mit der rechten Maustaste auf den Blattnamen *Sudoku komplett.*
2. Wählen Sie den Befehl *Verschieben/kopieren* und aktivieren Sie den Haken *Kopieren.*

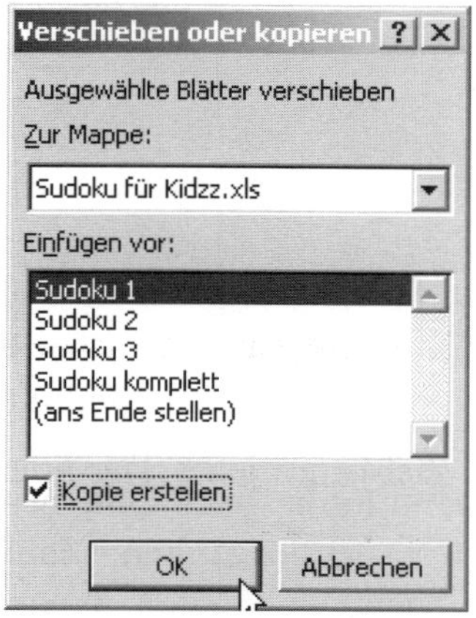

Bild 7.19: Ein Tabellenblatt kopieren

3. Bestätigen Sie mit *OK*.

Damit das Spiel auf Dauer anspruchsvoller wird, sollten Sie die Reihenfolge der Tiere im Gitter verändern. Dies geht am besten, indem Sie die Tiere spalten- oder zeilenweise verschieben.

1. Markieren Sie die Tiere einer Spalte, indem Sie das erste markieren, die `Strg`-Taste festhalten und dann die anderen Tiere der Spalte anklicken.
2. Verschieben Sie die Tiere jetzt nach rechts außen.
3. Markieren Sie jetzt die Tiere einer anderen Spalte und ziehen diese Tiere in die leere Spalte.
4. Führen Sie diese Schritte so lange durch, bis der gewünschte Grad der Mischung erreicht ist. Verschieben Sie als letzten Schritt die Tiere, die Sie zuerst nach rechts verschoben haben in die leere Spalte.

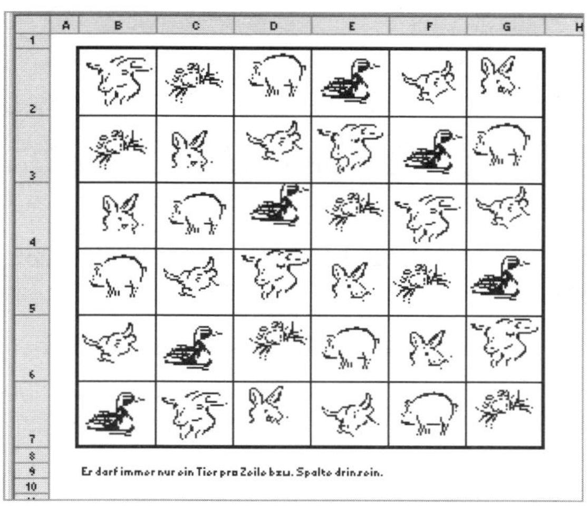

Bild 7.20: Die neue Mischung des Sudokus

5. Im letzten Schritt ziehen Sie jetzt die Tiere aus dem Gitter, die später wieder eingesetzt werden sollen.

Je mehr Tiere Sie entfernen, desto schwerer wird das Rätsel.

7.7 Zahlen zählen – gar nicht mal so einfach

Kategorie: Kids & Co.

Dateiname: ZAHLEN ZÄHLEN.XLS

Schwierigkeitsgrad: ❋

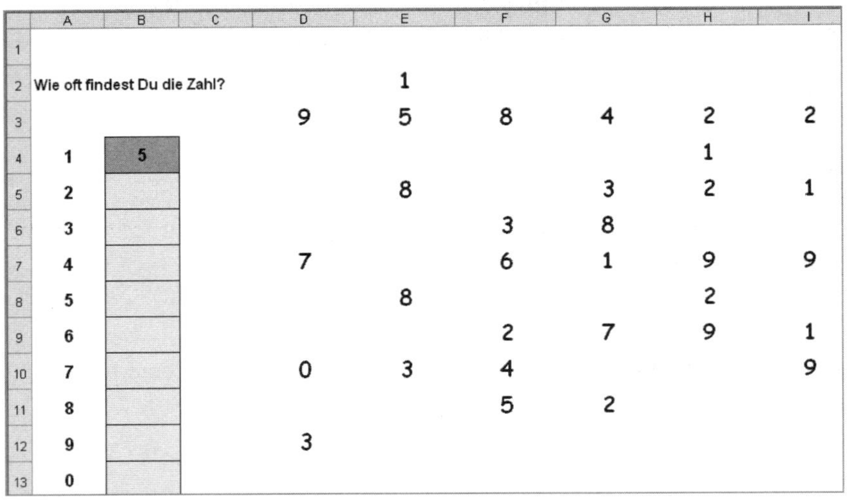

Bild 7.21: Ich zähle die Zahlen auf dem Blatt.

Im vorliegenden Spiel müssen die Zahlen gezählt werden. Das Ergebnis kann dann in die gelbe Zelle neben der gezählten Zahl eingetragen werden. Wenn die gelbe Zelle dann grün wird, dann ist das Ergebnis richtig. Wenn sich nach Eingabe einer Zahl die Hintergrundfarbe nicht ändert, ist das Ergebnis falsch und es muss neu gezählt werden.

Das Blatt mit Zahlen füllen

Zuerst muss das Blatt im Bereich von D2 bis I13 mit Zahlen gefüllt werden. Dabei ist es egal, ob jede Zelle gefüllt wurde oder nur ein paar Zellen. Damit die Zellen später besser lesbar sind, haben wir sie mit einer großen Schriftgröße gestaltet.

1. Markieren Sie den Zellenbereich D2 bis I13.
2. Wählen Sie im Feld *Schriftgrad* den Eintrag 18. Damit haben Sie eine gut lesbare Schriftgröße gewählt.
3. Klicken Sie anschließend auf die Schaltfläche *Zentrieren*, damit die Zahlen in der Mitte jeder Zelle stehen.
4. Wenn Sie es wünschen, können Sie noch eine andere Schriftart wählen. In diesem Beispiel haben wir uns für die Schriftart *Comic Sans MS* entschieden.

Die Anzahl der Zahlen zählen

Für die Prüfung in der Spalte B müssen Sie die korrekte Anzahl jeder Zahl auf dem Blatt ermitteln. Dies könnten Sie zum einen durch einfaches Zählen erreichen, zu anderen könnten Sie aber auch Excel zählen lassen.

1. Markieren Sie die Zelle C4 und geben Sie die folgende Funktion ein:
   `=ZÄHLENWENN($D$2:$I$13;A4)`

2. Sie fordern Excel auf, im angegebenen Zellbereich alle Zellen zu zählen, die dem Inhalt der Zelle A4 entsprechen.

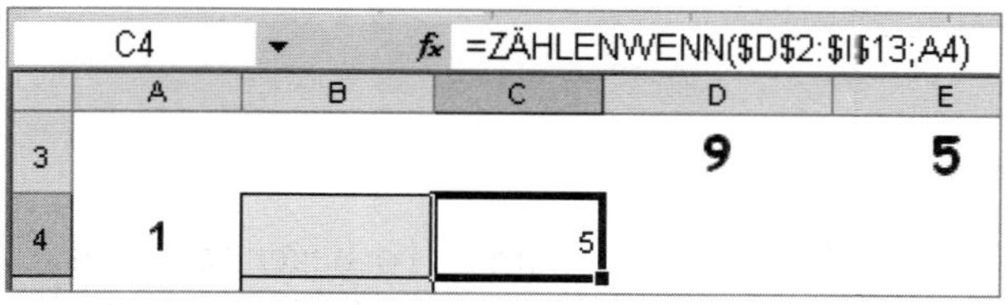

Bild 7.22: Die Funktion ZÄHLENWENN nimmt Ihnen das Zählen ab.

3. Kopieren Sie die Funktion nach unten.

Die bedingte Formatierung

Im nächsten Schritt müssen Sie mit Hilfe der bedingten Formatierung prüfen, ob der eingegebene Inhalt der Zelle B4 mit dem der Zelle C4 übereinstimmt.

1. Markieren Sie die Zelle B4 und wählen Sie *Format/Bedingte Formatierung.*
2. Stellen Sie die Bedingung und das Format ein.

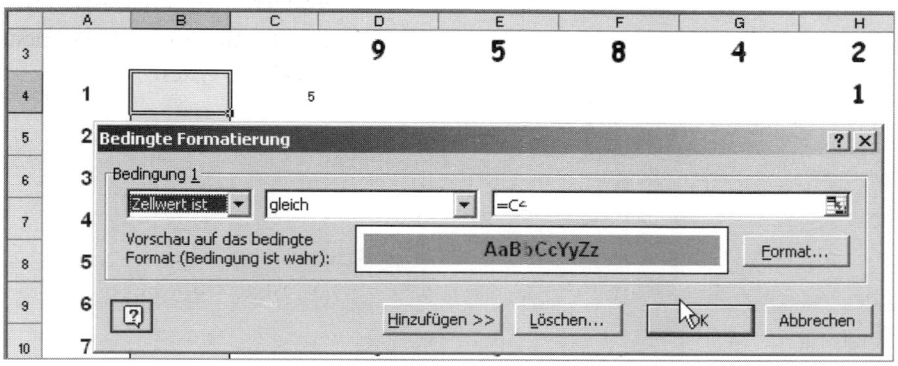

Bild 7.23: Das bedingte Format für die Prüfung der Eingabe

3. Bestätigen Sie mit *OK* und kopieren Sie dieses Format mit Hilfe der Schaltfläche *Format übertragen* auf die unteren 9 Zellen.

Den Inhalt der Spalte unsichtbar machen

Zurzeit kann jeder noch den Inhalt der Spalte C sehen. Damit wäre der Lerneffekt gleich Null. Deshalb müssen Sie entweder den Inhalt der Spalte C unsichtbar machen oder Sie blenden die Spalte C komplett aus.

- Um die Zahlen in der Spalte C unsichtbar zu machen, markieren Sie die 10 Zellen mit der Funktion ZÄHLENWENN und weisen ihnen die Schriftfarbe Weiß zu.
- Um die Spalte auszublenden, klicken Sie mit der rechten Maustaste auf den Spaltentitel C und wählen den Befehl *Ausblenden.*

Um die Spalte wieder einzublenden, markieren Sie die Spalte B bis D und wählen mit einem Rechtsklick den Befehl *Einblenden.*

8 Papeterie

8.1 Bastelkalender: Hochformat

Kategorie: Papeterie

Dateiname: BASTELKALENDER HOCH.XLS

Schwierigkeitsgrad: ❋❋

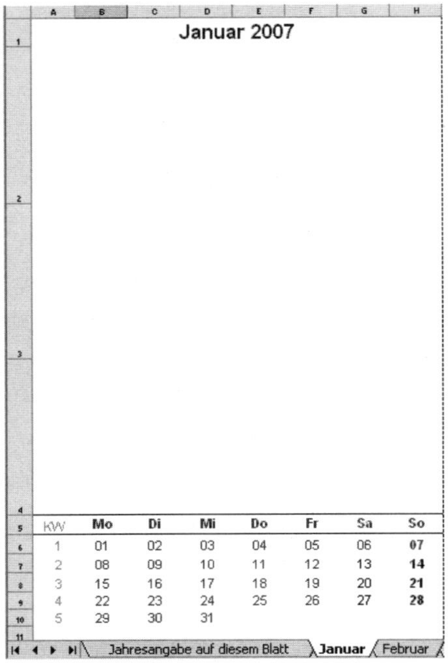

Bild 8.1: Das erste Tabellenblatt für den Monat Januar

Möchten Sie für das nächste Jahr Ihren eigenen Kalender mit Fotos oder Zeichnungen Ihrer Kinder basteln und dabei auch Schrift und Darstellung des Kalendariums selbst bestimmen, so können Sie dies mit dieser Beispieldatei sofort in die Tat umsetzen.

Die 12 Blätter dieser Datei enthalten alle Monate eines Jahres.

Die eingesetzte Funktion KALENDERWOCHE ist ein Add-In. Sie aktivieren es über *Extras/Add-Ins*, setzen den Haken bei *Analyse-Funktionen* und bestätigen mit *OK*.

Aufbau der Tabelle

Wenn Sie den Aufbau der Kalenderblätter für alle Monate gleichzeitig machen möchten, können Sie mit gedrückter `Strg`-Taste die Registerlaschen anklicken und damit die Blätter zu einer Gruppe zusammenfassen. Alles, was Sie dann in einem Blatt eingeben oder einstellen, wird auch in allen anderen gruppierten Blättern passieren.

Monatsüberschrift

In der Zelle A1 wird auf jedem Blatt das Datum des ersten Tages des Monats eingegeben und mit dem Datumsformat MMMM JJJJ dargestellt. Wählen Sie im Kontextmenü den Befehl *Zellen formatieren* und wechseln Sie ins Register *Zahlen*. In der Kategorie *Benutzerdefiniert* geben Sie im Feld *Typ* die Platzhalter für Monat und Jahr ein: MMMM JJJJ.

Das Kalendarium am unteren Blattrand

In dem Beispiel *Bastelkalender im Querformat* ist eine recht aufwendige automatische Berechnung des Kalenders beschrieben. Sie können gern auch diese übernehmen. Hier möchten wir Ihnen einen einfacheren Weg vorstellen, der dafür etwas mehr Handarbeit erfordert.

1. Tragen Sie in die Zeile 5 beginnend in Spalte B die Abkürzungen der Wochentage ein.
2. Markieren Sie dann in Zeile 6 die Zelle unter dem Wochentag, an dem der Monat beginnt, und geben Sie hier die Formel =A1 ein.

Für den Februar 2007, der an einem Donnerstag beginnt, würden Sie demnach in der Zelle E6 die Formel `=A1` eintippen.

3. Formatieren Sie die Zelle über *Format/Zellen/Zahlen/Benutzerdefiniert* mit dem Datumsformat TT.

In allen weiteren Tagen des Monats geben Sie nun als Formel jeweils die Addition vom Vortag + 1 ein.

4. In die Zelle E7 tragen Sie die Formel =E6+1 ein. Kopieren Sie diese Formel bis zur Spalte H.
5. In der zweiten bis vierten Zeile des Kalenders können Sie jeweils zum Vortag den Wert 1 hinzuaddieren. In der Zelle B8 steht somit die Formel =H7+1 und in der Zelle C8 = B8+1. Kopieren Sie nun zunächst die Formel aus Zelle C8 nach rechts bis zur Zelle H8.
6. Markieren Sie anschließend den Bereich von B8:H8 und kopieren Sie die Formeln nach unten. Tage des folgenden Monats löschen Sie in der letzten Zeile mit der `Entf`-Taste.

	B	C	D	E	F	G	H
5	Mo	Di	Mi	Do	Fr	Sa	So
6				=A1	=E6+1	=F6+1	**=G6+1**
7	=H6+1	=B7+1	=C7+1	=D7+1	=E7+1	=F7+1	**=G7+1**
8	=H7+1	=B8+1	=C8+1	=D8+1	=E8+1	=F8+1	**=G8+1**
9	=H8+1	=B9+1	=C9+1	=D9+1	=E9+1	=F9+1	**=G9+1**
10	=H9+1	=B10+1	=C10+1				
11							

Bild 8.2: Diese Formeln tragen die richtigen Tage in das Kalendarium für Februar 2007 ein.

Kalenderwoche

	A
5	KW
6	=KALENDERWOCHE(A1;2)
7	=WENN(ANZAHL(B7:H7)>0;A6+1;"")
8	=WENN(ANZAHL(B8:H8)>0;A7+1;"")
9	=WENN(ANZAHL(B9:H9)>0;A8+1;"")
10	=WENN(ANZAHL(B10:H10)>0;A9+1;"")

Bild 8.3: Formeln in Spalte A zur Ermittlung der KW

In der ersten Spalte ermitteln Sie mit der Funktion KALENDERWOCHE jeweils in der ersten Zeile die aktuelle Kalenderwoche aus dem Datum des ersten Tages des Monats.

Die Formel in A6 lautet: =KALENDERWOCHE(A1;2). Der zweite Parameter gibt an, dass die Woche mit einem Montag beginnen soll.

In den Zellen unter A6 prüfen Sie nun vorab mit der WENN-Funktion, ob die Anzahl der Werte in der jeweiligen Woche größer als null sind, und addieren dann zur Vorwoche den Wert 1 hinzu, sonst soll diese Zelle leer bleiben. Die Formel in A7 lautet: `=WENN(ANZAHL(B7:H7)>0;A6+1;"")`.

Diese Formel können Sie nun weiter nach unten kopieren.

8.2 Bastelkalender: Querformat

Kategorie: Papeterie

Dateiname: BASTELKALENDER QUER.XLS

Schwierigkeitsgrad: ❄❄❄❄

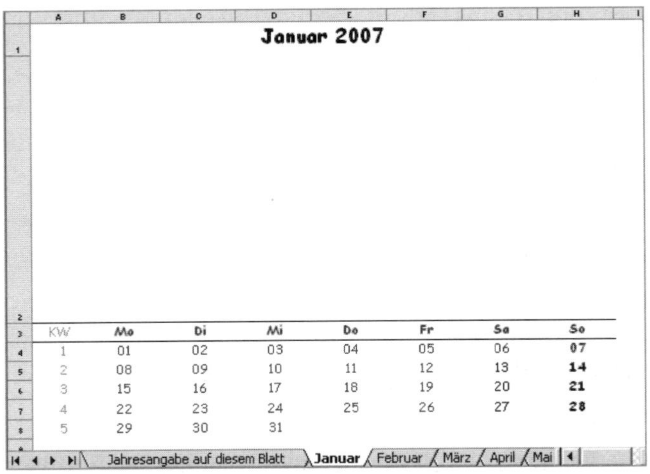

Bild 8.4: Ihr selbst gestalteter Bastelkalender kann durch eine einzige Eingabe auf jedes Jahr aktualisiert werden.

Möchten Sie für das nächste Jahr Ihren eigenen Kalender mit Fotos oder Zeichnungen Ihrer Kinder basteln und dabei auch Schrift und Darstellung des Kalendariums selbst bestimmen, so können Sie dies mit dieser Beispieldatei sofort in die Tat umsetzen.

Die Datei besteht aus 13 Tabellenblättern. Auf dem ersten Tabellenblatt können Sie eingeben, für welches Jahr Sie den Kalender haben möchten. Die anderen 12 Blätter enthalten die Monate des Jahres.

Aufbau der Tabelle

Wenn Sie den Aufbau der Kalenderblätter für alle Monate gleich machen möchten, können Sie mit gedrückter `Strg`-Taste die Registerlaschen der Tabellenblätter anklicken und damit die Blätter zu einer Gruppe zusammenfassen. Alles, was Sie dann in einem Blatt eingeben oder einstellen, wird auch in allen anderen gruppierten Blättern passieren.

Stellen Sie zunächst über *Datei/Seite einrichten* das Papierformat auf *Querformat.*

Monatsüberschrift

In der Zelle A1 wird auf jedem Blatt das Datum des ersten Tages des Monats mit der DATUM-Funktion zusammengesetzt und mit dem Datumsformat MMMM dargestellt. Diese Funktion setzt aus drei separaten Angaben (Jahr; Monat; Tag) das Datum zusammen.

Die Jahreszahl wird für den gesamten Kalender auf dem Blatt *Jahresangabe auf diesem Blatt* in Zelle C3 eingestellt.

Auf dem Kalenderblatt für Januar steht dann in Zelle A1 die Formel:

```
=DATUM('Jahresangabe auf diesem Blatt'!C3;1;1)
```

Auf den weiteren Blättern ersetzen Sie die Monatsangabe, das 2. Argument dieser Funktion durch den Zahlenwert des jeweiligen Monats: 2=Februar, 3=März etc.

Der Kalender

Das Kalendarium beginnt in der Zeile 3 mit den Abkürzungen der Wochentage. Geben Sie in die Zellen B3 bis H3 die Zahlenwerte der Wochentage 2, 3, 4, 5, 6, 7, 1 ein und geben Sie den Zellen B3:H3 das Datumsformat TTT. Excel ordnet jedem Wochentag einen Zahlenwert von 1 bis 7 zu, wobei standardmäßig Sonntag = 1 und Samstag = 7 ist. In Zelle B4 (unterhalb von Mo) prüfen wir mit Hilfe der WENN-Funktion und der WOCHENTAG-Funktion, ob der 1. Tag des aktuellen Monats, der in der Zelle A1 steht, ein Montag ist, d. h. der Wert des Wochentages identisch ist mit dem Wert der Zelle über B4. Die Funktion WOCHENTAG wandelt eine fortlaufende Zahl in einen Wochentag um. Der Tag wird standardmäßig als ganze Zahl ausgegeben, die einen Wert von 1 (Sonntag) bis 7 (Samstag) annehmen kann.

- Ist die Prüfung WAHR, dann soll in Zelle B4 das Datum aus A1 hier übernommen und im Datumsformat TT, d. h. 01 angezeigt werden.
- Ist die Prüfung FALSCH, dann soll die Zelle leer bleiben. Die Formel in Zelle B4 lautet somit: `=WENN(WOCHENTAG($A$1)=B3;$A$1;"")`

In der Nachbarzelle C4 (unterhalb von Di) prüfen wir zuerst gleichzeitig mit der UND-Funktion, ob die Zelle B4 noch leer ist und ob der Wochentag von A1 dem Wert aus C3 entspricht.

- Ist diese Prüfung WAHR, dann soll in Zelle C4 das Datum aus A1 übernommen werden.
- Ist diese Prüfung FALSCH, wird überprüft, ob B4 leer ist. Ist diese Prüfung WAHR, soll auch C4 leer bleiben.
- Ist diese Prüfung FALSCH, soll zum Wert aus B4 eine 1 addiert, d. h. in Zelle C4 würde dann der 2. Tag des aktuellen Monats, ebenfalls im Datumsformat TT, d. h. 02 stehen. Die Formel in der Zelle C4 lautet: `=WENN(UND(B4="";WOCHENTAG($A$1)=C3);$A$1;WENN(B4="";"";B4+1))`.
- Diese Formel können Sie nun bis zur Zelle H4 kopieren.

In der zweiten bis vierten Zeile des Kalenders können Sie jeweils zum Vortag den Wert 1 hinzuaddieren. In der Zelle B5 steht somit die Formel `=H4+1`. und in der Zelle B6 = `B5+1`. Kopieren Sie zunächst die Formel aus B5 bis zur Zelle H5. Da alle Monate mindestens 28 Tage haben, markieren Sie den Bereich von B5:H5 und kopieren die Formeln bis in die Zeile 7 nach unten.

- In der letzten Woche eines Monats prüfen Sie für jeden Tag mit der TAG-Funktion, die den Wert des Tages (1-31) aus einem Datum ausgibt, ob der Vortag +1 dem Wert 1 entspricht, d. h. der erste Tag des nächsten Monats wäre. Wenn diese Prüfung WAHR ist, dann soll die Zelle leer bleiben, sonst soll zum Vortag der Wert 1 addiert werden. In Zelle B8 steht somit die Formel: `=WENN(TAG(H7+1)=1;"";H7+1)`.

Ab dem 2. Tag der Woche stellen Sie der eben beschriebenen Prüfung noch die Prüfung voran, ob die Zelle links der aktuellen Zelle bereits leer ist. Die Formel in C8 lautet entsprechend: `=WENN(B8="";"";WENN(TAG(B8+1)=1;"";B8+1))`.

In der ersten Spalte ermitteln Sie mit der Funktion KALENDERWOCHE jeweils in der ersten Zeile die aktuelle Kalenderwoche aus dem Datum des ersten Tages des Monats. Die Formel in A4 lautet: `=KALENDERWOCHE(A1;2)`. Der zweite Parameter gibt an, dass die Woche mit einem Montag beginnen soll. In den Zellen unter A4 prüfen Sie nun, ob die Anzahl der Werte in der jeweiligen Woche größer als null sind, und addieren dann zur Vorwoche den Wert 1 hinzu, sonst soll diese Zelle leer bleiben. Die Formel in A5 lautet: `=WENN(ANZAHL(B5:H5)>0;A4+1;"")`.

8.3 Bestellformular zum Ausdrucken

Kategorie: Papeterie

Dateiname: BESTELLFORMULAR.XLS

Schwierigkeitsgrad: ❋

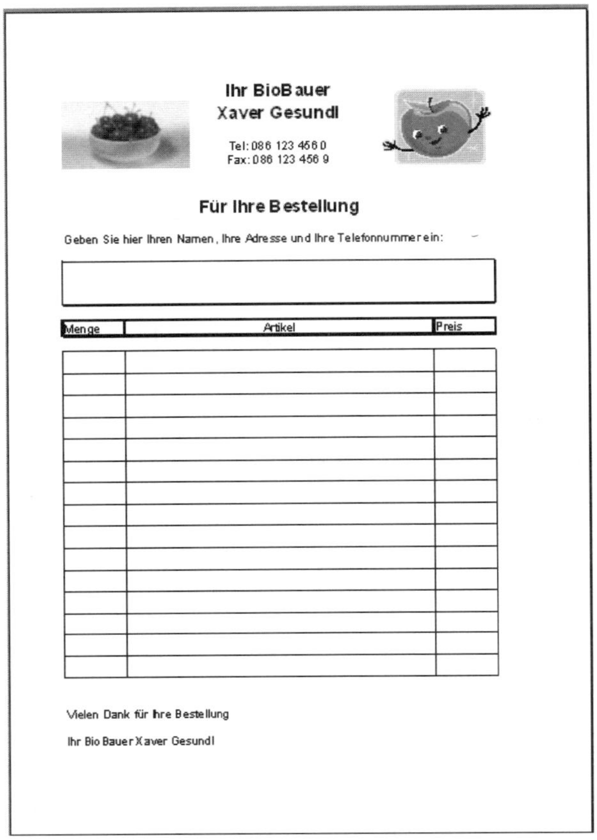
Ihr BioBauer
Xaver Gesundl
Tel: 086 123 456 0
Fax: 086 123 456 9
Für Ihre Bestellung
Geben Sie hier Ihren Namen, Ihre Adresse und Ihre Telefonnummer ein:

Menge	Artikel	Preis

Vielen Dank für Ihre Bestellung
Ihr Bio Bauer Xaver Gesundl

Bild 8.5: Ein Bestellformular zum Ausdrucken

Ziel dieser Übung ist es, ein Bestellformular zu erstellen, wie es die folgende Abbildung zeigt. Diese Seite können Sie drucken und an Ihre Kunden verteilen.

Zu Beginn sollten Sie die Mitte des Blatts ermitteln, damit der erste Text zentriert steht.

1. Wählen Sie *Datei/Seite einrichten* und schließen Sie das Fenster direkt wieder.

Jetzt sehen Sie gestrichelte Linien, die den Seitenwechsel auf die nächste DIN-A4-Seite ankündigen. Innerhalb dieser Grenzen können Sie das Formular erstellen.

2. Markieren Sie die Zelle D1 und geben Sie den ersten Text ein. Bestätigen Sie Ihre Eingabe und markieren Sie die Zelle erneut.
3. Klicken Sie jetzt auf die Schaltfläche *Zentrieren*. Vergrößern Sie den Text nach Wunsch und weisen Sie ihm auch noch das Attribut *Fett* zu.
4. Für die anderen Texte verfahren Sie ebenso.

Die Rahmenlinien

In den Zeilen 12 bis 14 erkennen Sie einen großen Eingabebereich, dieser wurde mit einer starken Rahmenlinie erzielt.

1. Markieren Sie die Zellen A12 bis G14.
2. Öffnen Sie an der Schaltfläche *Rahmen* das Listenfeld.
3. Klicken Sie auf die Schaltfläche *Dicke Rahmenlinie.*

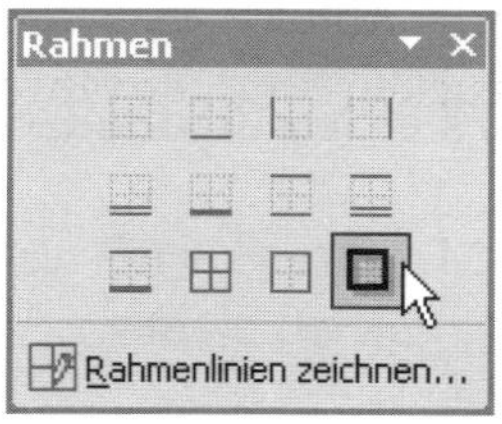

Bild 8.6: Die Rahmenlinien zeichnen

Der Eingabebereich für die einzelnen Artikel besteht aus drei Spalten. Die Zellen der Spalten B bis F wurden je Zeile vereinigt, das heißt zu einer großen Zelle verbunden.

1. Markieren Sie die Zellen B16 bis F16.
2. Klicken Sie auf die Schaltfläche *Zusammenführen und zentrieren.*
3. Lassen Sie die große Zelle jetzt markiert, klicken Sie auf die Schaltfläche *Format übertragen* und weisen Sie den 15 Zeilen darunter auch das Format der großen Zelle zu.
4. Markieren Sie die Zeilen mit der großen Zelle. Wählen Sie *Format/Zeilen/Höhe.* Geben Sie das Maß 23 ein.

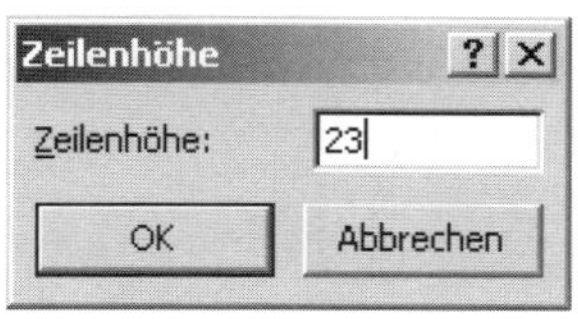

Bild 8.7: Einstellungen zur Zeilenhöhe

5. Markieren Sie jetzt noch einmal alle Zellen, um die Sie jetzt eine einfache Rahmenlinie ziehen möchten.
6. Öffnen Sie an der Schaltfläche *Rahmen* das Listenfeld und klicken Sie auf die Schaltfläche *Alle Rahmenlinien.*

Die Clips

1. Um ein ClipArt einzufügen, wählen Sie *Einfügen/Grafik/ClipArt.*
2. Klicken Sie im unteren Aufgabenbereich auf den Link *Clips Online* und suchen Sie sich auf den Seiten von Microsoft die gewünschten Clips aus.

Den Ausdruck anpassen

Damit das Formular gleich auf der Mitte der Seite gedruckt wird, müssen Sie zwei Optionen setzen.

1. Wählen Sie im Menü *Datei* den Befehl *Seite einrichten.*
2. Aktivieren Sie auf dem Register *Seitenränder* die beiden Optionen *Horizontal* und *Vertikal.*

8.4 CD-Einleger gestalten

Kategorie: Papeterie

Dateiname: CD_EINLEGER.XLS

Schwierigkeitsgrad: ❋

In dieser Arbeitsmappe haben wir 4 Beispiele hinterlegt, wie Sie mit Excel Einleger für Ihre CDs oder DVDs gestalten können.

Anschließend ausdrucken, ausschneiden, in der Mitte falten und einfach in die Standardhüllen (Jewel-Case oder Slim-Case) der CDs bzw. DVDs einlegen.

Bild 8.8: Die Tabelle für den Audio CD-Einleger

Spalten der Tabelle anpassen

1. Richten Sie zuerst die Spaltenbreite für den Einleger ein.
2. Zum Anpassen der Spalten bzw. Zeilen klicken Sie mit der rechten Maustaste auf den Spalten- bzw. Zeilenkopf und wählen aus dem Kontextmenü den Punkt *Spaltenbreite* bzw. *Zeilenhöhe.*

Schnelle Nummerierung mit der Ausfüllfunktion

1. Geben Sie die erste Zahl für die Nummerierung ein, formatieren Sie diese nach Ihren Vorstellungen und ziehen Sie anschließend am Ausfüllkästchen.
2. Über das Smarttag *Auto-Ausfülloptionen* können Sie festlegen, dass die Zellen nicht kopiert, sondern als Datenreihe automatisch ausgefüllt werden.

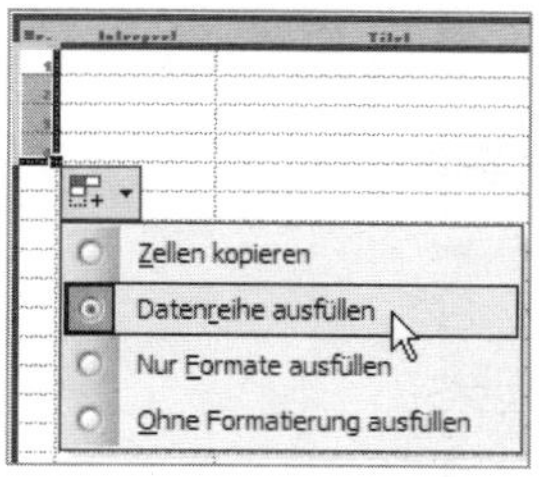

Bild 8.9: Die Smarttag Auto-Ausfülloptionen: Datenreihe ausfüllen erspart Ihnen das Eintippen von Zahlenreihen.

Texteingabe und Formatierung

Geben Sie die Texte (z. B. die Überschriftenzeile) in die gewünschten Zellen ein und formatieren Sie sie anschließend nach Ihren Vorstellungen.

Rahmen und Linien

Über *Format/Zellen/*Registerkarte *Rahmen* bzw. *Muster* finden Sie vielfältige Möglichkeiten, Ihre Tabelle mit unterschiedlichen Rahmen und Hintergrundmustern zu gestalten.

WordArt-Objekte einfügen

Schalten Sie über *Ansicht/Symbolleiste/Zeichnen* die Symbolleiste *Zeichnen* ein.

Bild 8.10: Die Symbolleiste *Zeichnen* bietet alle Zeichnen-Objekte an.

Wählen Sie über die Schaltfläche *WordArt* eine schöne Schmuckschrift für den Text Ihrer CD aus und positionieren Sie diesen anschließend an die gewünschte Stelle.

ClipArts einfügen und bearbeiten

Über *Einfügen/Grafik/ClipArts* können Sie kleine Grafiken in Ihr Excel-Blatt einfügen.

Über die Symbolleiste *Grafik* kann das ClipArts noch individuell formatiert werden.

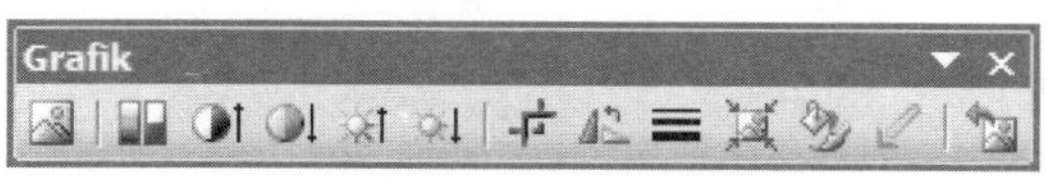

Bild 8.11: Über die Symbolleiste *Grafik* kann ein ClipArt verändert werden.

Grafiken können mit der Maus einfach verschoben oder auch in der Größe verändert werden. Achten Sie dabei auf die unterschiedlichen Mauszeiger. Je nachdem, wo Sie die Maus positioniert haben, verändert sich der Mauszeiger und damit auch die Aktion.

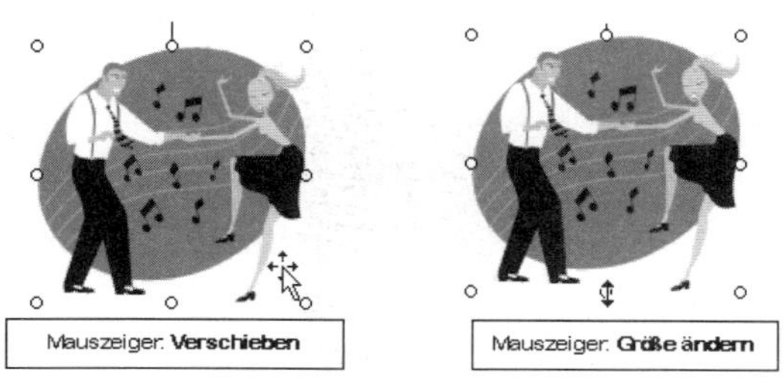

Bild 8.12: Unterschiedliche Mauszeiger für das Bearbeiten der Grafik

8.5 Gutscheine zum Drucken

Kategorie: Papeterie

Dateiname: GUTSCHEINE.XLS

Schwierigkeitsgrad: ❋

Bild 8.13: Gutscheine im Querformat zum Drucken und Verteilen an die Kunden

In dieser Excel-Arbeitsmappe finden Sie in zwei Tabellen Beispiele für Gutscheine, die Sie an Ihre Kunden verteilen können.

Die Gutscheine können unproblematisch angepasst, d. h. mit eigenen Daten gefüllt werden.

Beschreibung

Sobald im ersten Gutschein oben links Daten eingegeben wurden, werden die Textinhalte automatisch auf alle anderen Gutscheine übertragen.

Werden die Gutscheine eventuell noch individuell formatiert, können Formatierungen schnell und zügig mit dem Pinsel (*Format übertragen*) manuell auf die anderen Gutscheine übertragen werden.

Spalten und Zeilen der Tabelle anpassen

Bei der Erstellung dieser Excel-Tabelle wurden im ersten Schritt Spaltenbreite und Zeilenhöhe eingerichtet.

Zum Anpassen der Spalten bzw. Zeilen klicken Sie mit der rechten Maustaste auf den Spalten- bzw. Zeilenkopf und wählen aus dem Kontextmenü den Punkt *Spaltenbreite* bzw. *Zeilenhöhe.*

Alternativ können Sie die gewünschte Größe auch durch Ziehen an der Begrenzungslinie im Spalten- bzw. Zeilenkopf ändern.

Ersten Gutschein erstellen und formatieren

Im nächsten Schritt wurden die Inhalte in den ersten Gutschein eingetragen und nach eigenen Vorstellungen formatiert. Über *Einfügen/Grafik* wurde eine geeignete Grafik für den Gutschein gesucht, eingefügt und platziert. Diese Grafik muss später mit Kopieren & Einfügen manuell auf alle restlichen Gutscheine kopiert werden.

Verbindung zu den restlichen Gutscheinen erstellen

Damit Sie auf einem Blatt gleich mehrere Gutscheine ausdrucken können, ohne sie immer erneut eingeben zu müssen, wird nun Zelle für Zelle im zweiten Gutschein über eine absolute Adressierung eine Verbindung zum ersten Gutschein erstellt.

1. Auf dem ersten Gutschein geben Sie in den Zellen A2, A3 und A4 den gewünschten Text ein.
2. Für den zweiten Gutschein hinterlegen Sie nun in G2 folgende Formel: `=$A$2`. Auf gleiche Art und Weise geben Sie für die Zelle G3 die Formel: `=$A$3` und für die Zelle G4 die Formel `=$A$4` ein.
3. Anschließend markieren Sie auf dem zweiten Gutschein den kompletten Textbereich von G2:G4.
4. Wählen Sie über das Kontextmenü den Befehl *Kopieren* oder alternativ [STRG]+[C].
   Der Laufrahmen um diesen Bereich signalisiert Ihnen den Kopiervorgang.
5. Markieren Sie die Zelle A7 auf dem dritten Gutschein und fügen Sie den Inhalt des Zwischenspeichers über das Kontextmenü und den Befehl *Einfügen* oder [STRG]+[V] ein.
6. Wiederholen Sie diesen Vorgang für die restlichen Gutscheine.

Formate übertragen

Entscheiden Sie sich, Formatierungen auf dem ersten Gutschein zu ändern, müssen diese geänderten Formatierungen mit dem Pinsel (*Format übertragen*) manuell auf die anderen Gutscheine übertragen werden. Hierfür markieren Sie nach der Gestaltung des ersten Gutscheins den Bereich A2 bis A4 und klicken doppelt auf das Symbol *Format übertragen* und markieren anschließend alle anderen Gutscheine.

Gutschein hoch

Bild 8.14: Gutscheine im Hochformat

Auf gleiche Art und Weise ist in der zweiten Tabelle der Arbeitsmappe der Gutschein im Hochformat erstellt. Auch diesen Gutschein können Sie unproblematisch anpassen und mit eigenen Daten füllen.

8.6 Linien- und Rechenpapier

Kategorie: Papeterie

Dateiname: LINIEN_UND_RECHENPAPIER.XLS

Schwierigkeitsgrad: ❋

Ihnen geht das Schreibpapier aus. Was tun? Machen Sie sich doch einfach mit Excel schnell Rechen- oder auch Linienpapier. Ganz individuell sogar mit Ihrem Namen.

Bild 8.15: Das Ziel: eine Tabelle mit Linienpapier erstellen

Spalten und Zeilen der Tabelle anpassen

1. Richten Sie zuerst die Spaltenbreite und Zeilenhöhe nach Ihren Vorstellungen ein.
2. Zum Anpassen der Spalten bzw. Zeilen klicken Sie mit der rechten Maustaste auf den Spalten- bzw. Zeilenkopf und wählen aus dem Kontextmenü den Punkt *Spaltenbreite* bzw. *Zeilenhöhe.*
3. Bei *Spaltenbreite* geben Sie die Anzahl der Zeichen ein, die in einer Zelle mit der Standardschrift angezeigt werden können, bzw. geben für die Zeilenhöhe die Anzahl der gewünschten Punkte (Maßeinheit für die Schrift) ein.
4. Alternativ können Sie die gewünschte Größe auch durch Ziehen an der Begrenzungslinie im Spalten- bzw. Zeilenkopf ändern.

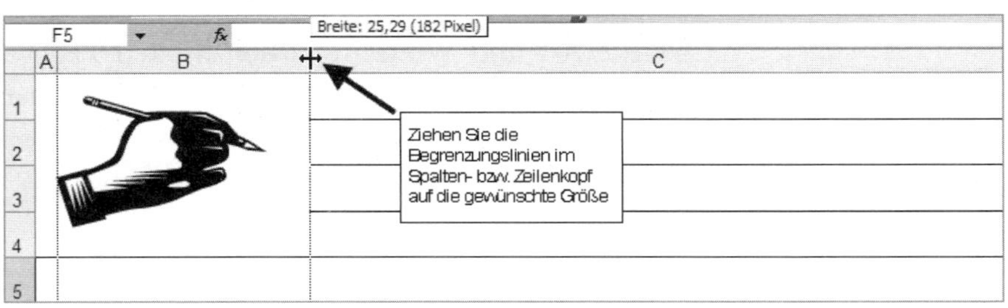

Bild 8.16: Die Spaltenbreite ändern

Automatische Formatierung der Linien für die Zeilen

Alle Zeilen mit gerader Zeilennummer erhalten keine Linien, alle Zeilennummern mit ungerader Zeilennummer erhalten oben und unten eine Rahmenlinie. Dies lösen wir mit der bedingten Formatierung. Innerhalb der *Bedingten Formatierung* prüfen wir einerseits über die Funktion ZEILE die aktuelle Zeilennummer (z. B. Zeile 1) und andererseits mittels der Funktion REST, ob die Division durch 2 bei der aktuellen Zeile einen Restwert von 1 ergibt. Ist das der Fall, handelt es sich um eine ungerade Zeilennummer und wir legen eine besondere Formatierung fest.

1. Markieren Sie den gewünschten Bereich (in unserem Beispiel A1:C29).
2. Wählen Sie *Format/Bedingte Formatierung.*
3. Geben Sie als *Bedingung 1* folgende Funktion ein: `=REST(ZEILE();2)=1`.
4. Aktivieren Sie den Schalter *Format* und wählen Sie die Registerkarte *Rahmen.*
   Wählen Sie hier im Vorschaufenster *Rahmen* eine *Linie oben* und eine *Linie unten* aus.

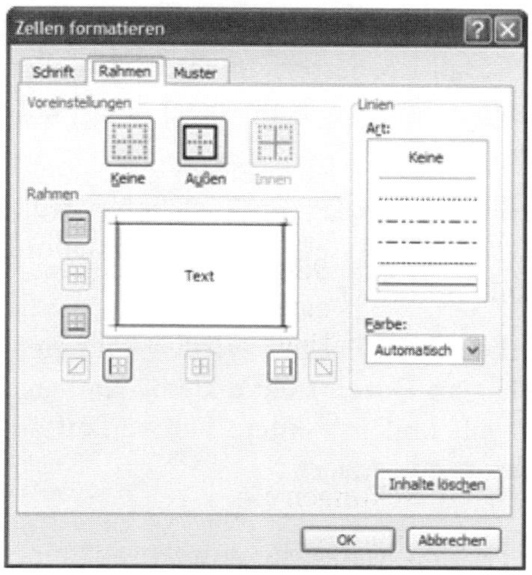

Bild 8.17: Die Linien für das Linienpapier zeichnen

5. *OK* schließt diesen Vorgang ab und führt Sie zurück zur Dialogbox *Bedingte Formatierung.*
6. Beenden Sie den Dialog *Bedingte Formatierung* mit *OK.* Anschließend haben alle ungeraden Zeilen des markierten Bereichs die gewählte Formatierung, d. h. eine Rahmenlinie oben und unten.

Rechenpapier

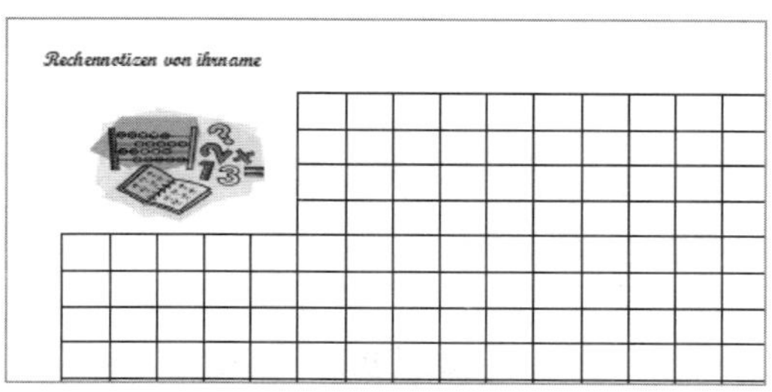

Bild 8.18: Eine Tabelle mit Rechenpapier

Die Erstellung des Rechenpapiers geht noch einfacher, da wir ohne bedingte Formatierung arbeiten können. Wir markieren den gewünschten Bereich und fügen direkt alle Rahmenlinien über die Schaltfläche *Rahmen* in der Symbolleiste *Format* ein.

Extras

Über *Einfügen/Grafik/ClipArts* sowie über Einfügen einer *Kopfzeile* kann das Schreibpapier noch individuell gestaltet werden.

8.7 Namensschilder drucken

Kategorie: Papeterie

Dateiname: NAMENSSCHILDER.XLS

Schwierigkeitsgrad: ❋

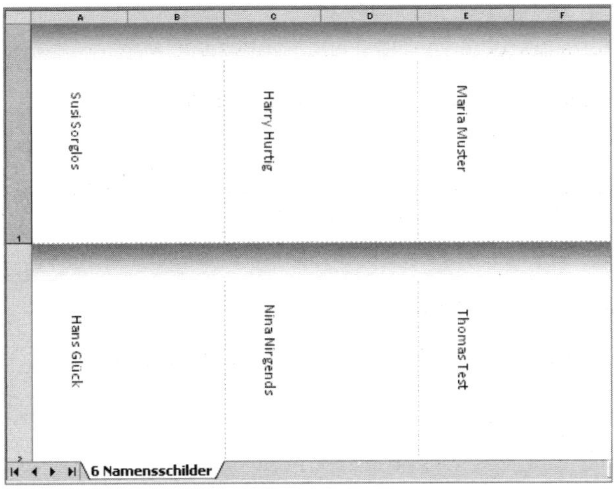

Bild 8.19: Sechs Namensschilder mit Farbverlauf in Excel erstellt

Es gibt viele Anlässe, zu denen Sie Namensschilder gut gebrauchen können. Ob es sich um Seminare, Tagungen oder Konferenzen im geschäftlichen Bereich handelt, oder ob Sie die Sitzordnung für eine größere Familienfeier nicht dem Zufall überlassen möchten – in allen Fällen können Ihnen Namensschilder gute Dienste erweisen.

Aufgrund der vorgegebenen »Kästchen«-Struktur eignet sich Excel sehr gut zur Erstellung solcher Namensschilder.

In dem vorliegenden Beispiel werden auf einem DIN-A4-Blatt im Querformat 6 kleine Namensschilder erstellt und mit einem Farbverlauf am linken Kartenrand verziert.

Beschreibung

1 Stellen Sie zunächst in einer neuen Datei über *Datei/Seite einrichten* im Register *Papierformat* das Querformat ein. Wechseln Sie auf das Register *Seitenränder* und stellen Sie für alle Seitenränder 1 cm ein.

Für die Namensschilder brauchen Sie 6 Spalten mit gleicher Breite und 2 gleich hohe Zeilen.

2 Markieren Sie die Spalten A bis F und ziehen Sie an der Trennlinie zwischen dem Spaltenkopf F und E mit gedrückter Maustaste die Breite für alle Spalten auf. Damit alle Schilder auf eine Seite passen, sollte der Wert nicht größer als 22 sein.

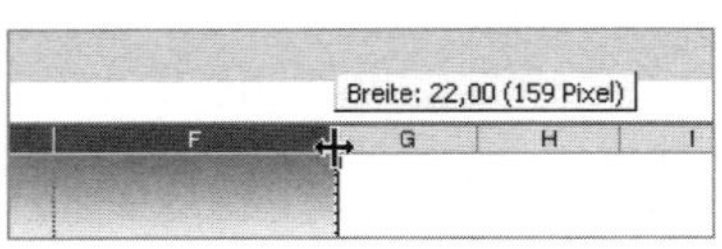

Bild 8.20: So können Sie Spalten mit der Maus schmaler oder breiter ziehen.

Entsprechend können Sie nun die Zeilenhöhe für die ersten beiden Zeilen vergrößern.

Markieren Sie beide Zeilen und ziehen Sie am unteren Rand des Zeilenkopfes der zweiten Zeile mit gedrückter Maus nach unten.

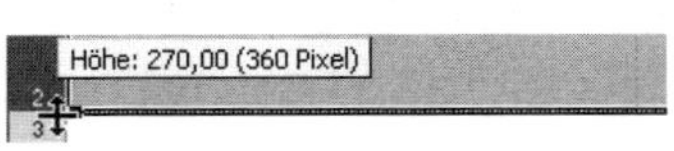

Bild 8.21: So können Sie die Zeilenhöhe mit der Maus verändern.

Achten Sie darauf, dass noch beide Zeilen auf einer Seite angezeigt werden. In der Beispieldatei wird eine Zeilenhöhe von 270 verwendet.

Format und Textausrichtung

Jeweils zwei Zellen nebeneinander ergeben ein Namensschild. Sie schneiden die Schilder aus und falten sie einmal parallel zur längeren Seite.

1. Die Beschriftung in der Excel-Tabelle muss daher senkrecht in den Zellen angezeigt werden.
2. Markieren Sie die Spalten A, C und D und öffnen Sie über die Tastenkombination [Strg]+[1] den Dialog *Zellen formatieren.*
3. Stellen Sie auf dem Register *Ausrichtung* die *horizontale* und *vertikale* Textausrichtung auf *zentriert* und geben Sie im Bereich *Orientierung* im Feld *Grad* den Wert -90 ein.

Namensschilder mit einem Farbverlauf am linken Rand verzieren

Noch kann Excel keine Farbverläufe in Zellen anzeigen, darum greifen Sie hierzu auf die *AutoFormen* zurück.

1. Blenden Sie über Menü *Ansicht/Symbolleisten* die *Zeichnen*-Symbolleiste ein.
2. Aktivieren Sie darin das *Rechteck,* klicken Sie in die linke obere Ecke der Zelle A1 und ziehen Sie mit gedrückter Maus das Rechteck bis zum rechten Rand der Spalte G so weit nach unten, wie Sie möchten. Jedoch sollte das Rechteck die Namen nicht überlagern!
3. Stellen Sie nun über die Schaltfläche *Linienfarbe* in der *Zeichnen*-Symbolleiste *keine Linie* ein und wählen Sie über die Schalfläche *Füllfarbe* den Befehl *Fülleffekte.* Dort wählen Sie im Register *Graduell* einen *horizontalen* Farbverlauf (oben dunkler als unten) aus.

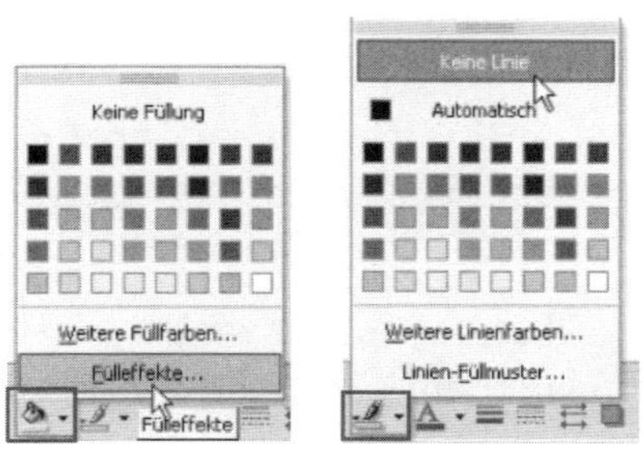

Bild 8.22: Füllfarbe und Linienfarbe können über die *Zeichnen*-Symbolleiste eingestellt werden.

Duplizieren Sie das fertig gestaltete Rechteck über die Tastenkombination [Strg]+[D] einmal und platzieren Sie es an den oberen Rand der zweiten Zeile.

Tragen Sie nun die Namen jeweils in die Spalten A, C und D ein.

Damit Sie die Kärtchen besser ausschneiden können, versehen Sie vielleicht die jeweils zusammengehörenden Zellen noch mit einem ganz dünnen hellen *Rahmen außen,* den Sie im Register *Rahmen* des Dialogs *Zellen formatieren* finden.

8.8 Ordnerrücken breit

Kategorie: Papeterie

Dateiname: ORDNERRÜCKEN-BREIT.XLS

Schwierigkeitsgrad: ❋

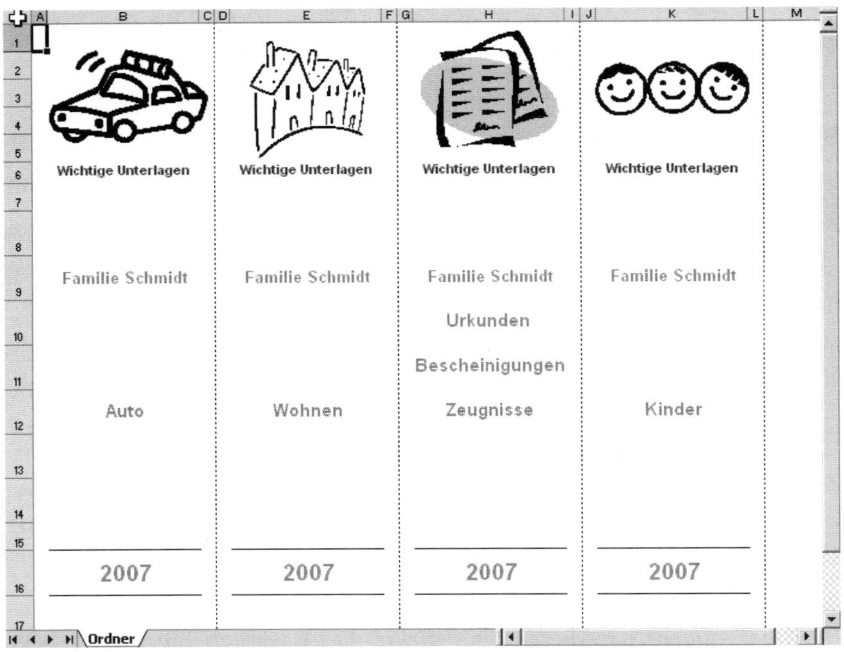

Bild 8.23: Vier Ordnerrücken für breite Aktenordner in Excel erstellen.

Wenn Sie Ihre eigenen Aktenrücken erstellen möchten, können Sie dafür auch Excel nutzen. In diesem Beispiel werden auf einem DIN-A4-Blatt im Querformat vier Ordnerrücken für breite Aktenordner nebeneinander erstellt.

Beschreibung

Stellen Sie zunächst in einer neuen Datei über *Datei/Seite einrichten* im Register *Papierformat* das Querformat ein. Wechseln Sie auf das Register *Seitenränder,* und stellen Sie für alle Seitenränder 1 cm ein.

Da in Excel nicht so einfach ein rechter Einzug für die Zellen einstellbar ist, nutzen wir in diesem Beispiel pro Ordnerrücken links und rechts je eine schmale, leere Spalte, um einen gleichmäßigen Abstand zur Schneidekante zu bekommen.

1. Markieren Sie die mit gedrückter `Strg`-Taste die Spalten A, C, D, F, G, I, J und L, öffnen Sie über *Format/Spalte* den Dialog *Breite* und stellen Sie den *Wert* 2 ein.
2. Stellen Sie anschließend für die Spalten B, E, H und K die *Spaltenbreite* 25 ein.
3. Die Zeilenhöhe gestalten Sie später je nach Inhalt der Zellen und Textgröße unterschiedlich.
4. Markieren Sie nun den Bereich A1 bis C17 und wechseln Sie *über Format/Zellen* im Dialog *Zellen formatieren* auf das Register *Rahmen.* Wählen Sie eine fein gestrichelte Linie als Muster und klicken Sie im Bereich *Rahmen* auf die beiden äußeren vertikalen Rahmenlinien. Damit haben Sie die Begrenzung zwischen den einzelnen Ordnerrücken gekennzeichnet.

Beschriftungen an zweiten und weitere Ordnerrücken übergeben

Bild 8.24: Funktionsargumente der WENN-Funktion zur Übernahme der Texte des ersten Ordnerrückens auf die weiteren

Im vorliegenden Beispiel soll ein Teil der Beschriftung auf allen Ordnerrücken identisch sein. Damit Sie den Text nicht mehrfach tippen müssen und auch Änderungen am Text automatisch auf allen Labeln aktualisiert werden, können Sie ab dem zweiten Ordnerrücken die WENN-Funktion einsetzen. Beginnen Sie in der Zelle E6, um in den oberen Zeilen noch Platz für eine Grafik zu haben. Starten Sie die WENN-Funktion über *Einfügen/Funktionen/*Kategorie *Logik*.

1. Im Feld *Prüfung* geben Sie ein `$B6<>""`, was bedeutet, dass Excel überprüft, ob der Inhalt der Zelle B6 nicht leer ist.
2. Im Feld *Dann_Wert* geben Sie `$B6` ein, womit Sie festlegen, dass der nicht leere Inhalt von B6 in diese Zelle übernommen wird.
3. Im Feld *Sonst_Wert* geben Sie "" ein, womit Sie festlegen, dass diese Zelle leer bleiben soll, wenn die Prüfung zu dem Ergebnis FALSCH führt (B6 also leer ist).

Das $-Zeichen vor der Spalte bewirkt, dass auch beim Kopieren der Formel der Bezug zur Spalte B bestehen bleibt. Diese Formel können Sie nun einerseits weiter nach unten kopieren, aber auch auf alle anderen Ordnerrücken.

Es wird jeweils der Eintrag der Zelle in derselben Zeile vom ersten Ordnerrücken übergeben, jedoch nur, wenn dieser auch mit Inhalt gefüllt ist. Natürlich können Sie bei individueller Beschriftung auf einzelnen Ordnerrücken diese Formel einfach überschreiben!

4. Gestalten Sie nun Ihren ersten Ordnerrücken nach Ihren Vorstellungen.
5. Wenn Sie Ihren ersten Ordnerrücken fertig gestaltet haben, markieren Sie die Spalten A bis C und klicken auf das Symbol *Format übertragen* . Anschließend ziehen Sie mit gedrückter Maustaste über die Spalten D bis Q, die damit das gleiche Format bekommen.

ClipArts einfügen

Möchten Sie Ihre Ordner wie in der Beispieldatei mit kleinen ClipArts oder Grafiken versehen, so wählen Sie über *Einfügen/Grafik* den Befehl *ClipArt* oder klicken in der *Zeichnen*-Symbolleiste auf das Symbol .

Je nach Programmversion öffnet sich nun entweder der Aufgabenbereich *ClipArt einfügen* oder ein Dialog. In jedem Fall können Sie nun ein ClipArt aussuchen und einfügen. Um das ClipArt zu verschieben oder seine Größe zu ändern, fahren Sie mit der Maus über die Grafik, bis Sie als Mauszeiger den Vierfach-Pfeil bekommen, und markieren Sie dann mit einem Mausklick. Sie können jetzt über das Kontextmenü der Grafik die Standardeinstellungen verändern. Um Position und Größe der Grafik losgelöst von der Excel-Zellstruktur festlegen zu können, öffnen Sie über das Kontextmenü den Dialog *Grafik formatieren* und aktivieren auf dem Register *Eigenschaften* die Option *von Zellposition- und Größe unabhängig*.

8.9 Ordnerrücken schmal

Kategorie: Papeterie

Dateiname: ORDNER SCHMAL.XLS

Schwierigkeitsgrad: ❋

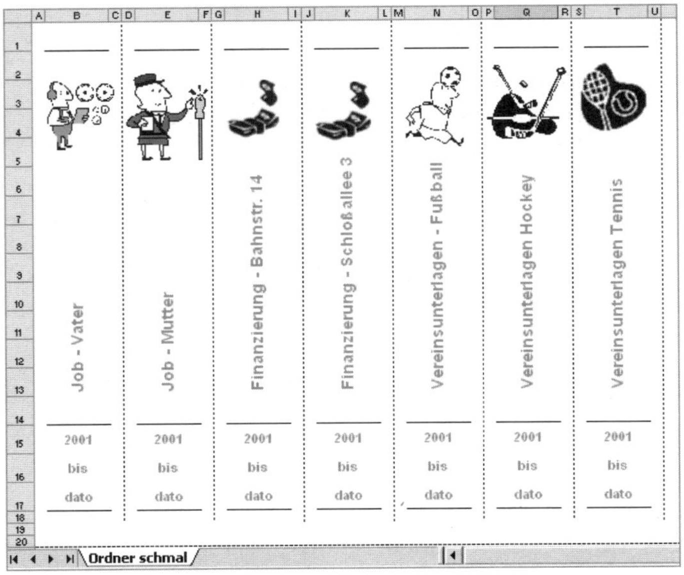

Bild 8.25: Sieben Ordnerrücken für schmale Aktenordner in Excel erstellen

Wenn Sie Ihre eigenen Aktenrücken erstellen möchten, können Sie dafür auch Excel nutzen. In diesem Beispiel werden auf einem DIN-A4-Blatt im Querformat sieben Ordnerrücken nebeneinander erstellt.

Beschreibung

Stellen Sie zunächst in einer neuen Datei über *Datei/Seite einrichten* im Register *Papierformat* das Querformat ein. Wechseln Sie auf das Register *Seitenrände,* und stellen Sie für alle Seitenränder 1 cm ein.

Da in Excel nicht so einfach ein rechter Einzug für die Zellen einstellbar ist, nutzen wir in diesem Beispiel einfach pro Ordnerrücken links und rechts zwei schmale, leere Spalten, sozusagen als gleichmäßigen Abstand zur Kante.

1. Markieren Sie mit gedrückter Strg-Taste die Spalten A, C, D, F, G, I, J, M, O, P, S und U, öffnen Sie über *Format/Spalte* den Dialog *Breite* und stellen Sie als *Wert* 2 ein.

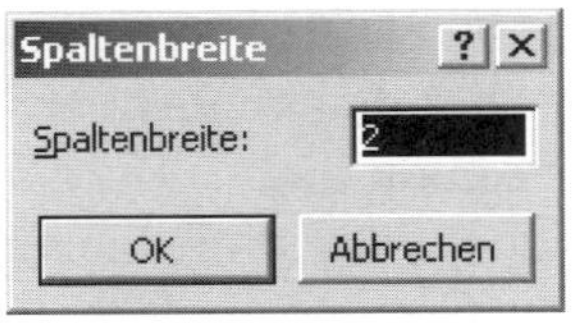

Bild 8.26: Den Dialog *Spaltenbreite* finden Sie im Menü *Format Spalte.*

2. Stellen Sie anschließend für die Spalten B, E, H, K, N, Q und T die *Spaltenbreite* 12 ein.

3. Markieren Sie jetzt die Zeilen 1 bis 17, öffnen Sie mit einem Rechtsklick das Kontextmenü und wählen Sie den Befehl *Zeilenhöhe.* Stellen Sie den *Wert* 30 ein.

4. Markieren Sie nun den Bereich A1 bis C17 und wechseln Sie über *Format/Zellen* im Dialog *Zellen formatieren* auf das Register *Rahmen*. Wählen Sie eine feine gestrichelte Linie als Muster und klicken Sie im Bereich *Rahmen* auf die beiden äußeren vertikalen Rahmenlinien. Damit haben Sie die Begrenzung zwischen den einzelnen Ordnerrücken gekennzeichnet.

Beschriftung

Im vorliegenden Beispiel soll die Beschriftung vertikal ausgerichtet werden.

1. Markieren Sie die Zellen B2 bis B13 und klicken Sie in der *Format*-Symbolleiste auf das Symbol *Verbinden und zentrieren*. Über die Tastenkombination `Strg`+`1` öffnen Sie anschließend den Dialog *Zellen formatieren* und stellen auf dem Register *Ausrichtung* im Bereich *Orientierung* im Feld *Grad* als *Wert 90* ein.

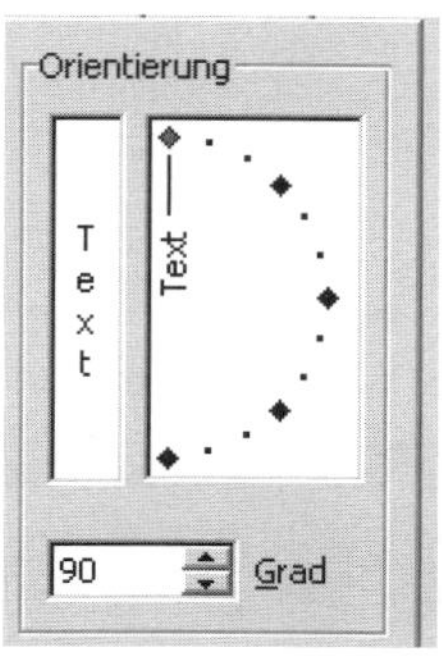

Bild 8.27: Über die Orientierung auf dem Register *Ausrichtung* im Dialog *Zellen formatieren* können Sie Text senkrecht in Zellen schreiben.

2. Wenn Sie Ihren ersten Ordnerrücken fertig gestaltet haben, markieren Sie die Spalten A bis C und klicken auf das Symbol *Format übertragen*. Anschließend ziehen Sie mit gedrückter Maustaste über die Spalten D bis Q, damit diese das gleiche Format bekommen.

ClipArts einfügen

Möchten Sie Ihre Ordner mit kleinen ClipArts oder Grafiken versehen, so wählen Sie über *Einfügen/Grafik* den Befehl *ClipArt* oder klicken in der *Zeichnen*-Symbolleiste auf das Symbol. Nun können Sie ein ClipArt aussuchen und einfügen. Um die Grafik zu bearbeiten, fahren Sie mit der Maus über die Grafik, bis Sie als Mauszeiger den Vierfach-Pfeil. Jetzt können Sie die Grafik anklicken und bearbeiten.

Texte automatisch auf alle Rücken übernehmen

Um wie in der Beispieldatei die Zeitangaben in den Zellen B15 bis B17 auf die anderen Ordnerrücken zu übernehmen, geben Sie in die Zelle E15 folgende Formel ein: `=WENN($B15<>"";$B15;"")`.

Das $-Zeichen vor der Spalte bewirkt, dass auch beim Kopieren der Formel der Bezug zur Spalte B bestehen bleibt. Diese Formel können Sie nun einerseits weiter nach unten kopieren in die Zellen E16 bis E17, aber auch auf alle anderen Ordnerrücken.

Es wird jeweils der Eintrag der Zelle in derselben Zeile vom ersten Ordnerrücken übergeben, jedoch nur, wenn dieser auch mit Inhalt gefüllt ist.

8.10 Registermappen beschriften

Kategorie: Papeterie

Dateiname: REGISTERMAPPEN BESCHRIFTUNGEN.XLS

Schwierigkeitsgrad: ❋

Sie nutzen privat oder beruflich Hängeregistermappen und möchten diese schön und einheitlich beschriften.

Beim Kauf der Mappen erhalten Sie meistens kleine Pappkärtchen, die Sie handschriftlich beschriften können. Wenn Ihnen dies jedoch nicht so zusagt, dann erstellen Sie sich doch einfach eine Excel-Tabelle und gestalten hier Ihre eigenen Schildchen für die Registermappen.

	A	B	C
1	Versicherungen	Versicherungen	Versicherungen
2	Krankenkasse	Haftpflicht	Rechtsschutz
3	Versicherungen	Versicherungen	Versicherungen
4	Hausrat	Unfall	Rente
5	Haushalt	Haushalt	Haushalt
6	Telefon - Handy - Internet	Strom -Wasser - Gas	Private Kaufbelege
7	Büro	Büro	Büro
8	Rechnungen 2007	Auftrags- bestätigungen 2007	Schriftverkehr Finanzamt
9	Präsentations-Material	Übungs-Aufgaben	Teilnehmerunterlagen
10	Excel 2007 Grundlagen	Excel 2007 Grundlagen	Excel 2007 Grundlagen
11	Präsentations-Material	Übungs-Aufgaben	Teilnehmerunterlagen
12	Excel 2007 Weiterführung	Excel 2007 Weiterführung	Excel 2007 Weiterführung

Registermappenbeschriftungen / Umrechnung Zellgröße in cm

Bild 8.28: Registermappen-Beschriftungen mit Excel erstellen

Ihre Excel-Kärtchen sollten natürlich die gleiche Größe bekommen. Leider sind die Angaben zur Zeilenhöhe und Spaltenbreite in Excel nicht in Zentimetern, und darin besteht nun die einzige Schwierigkeit, die Sie überwinden müssen.

Exakte Größe der Beschriftungskärtchen in Zentimetern festlegen

Die Wertangaben in Excel müssen Sie in Zentimeter umrechnen. Da diese Werte je nach eingesetztem Drucker variieren, kann kein allgemein gültiger Faktor für die Umrechnung vorgegeben werden. Sie finden in der Datei auf dem Tabellenblatt *Umrechnung Zellgröße in cm* das Berechnungsschema für die Umrechnung.

Um den für Ihren Drucker gültigen Faktor zu bestimmen, drucken Sie eine umrahmte Zelle und messen diese mit einem Lineal ab. Geben Sie die Höhe in die Zelle A5 und die in Excel eingestellte Zeilenhöhe in B5 ein. Die Funktionen zur Berechnung des Faktors in den Zellen C5 und C11 lauten: `=A5/B5` bzw. `=A11/B11`.

Um die gewünschte Zeilenhöhe bei vorgegebener Höhe in cm auszurechnen, verwenden Sie die Umkehrfunktion in der Zelle B6: `=A6/C5`.

Analog dazu berechnen Sie auch die Spaltenbreite in der Zelle B12: `=A12/C11`.

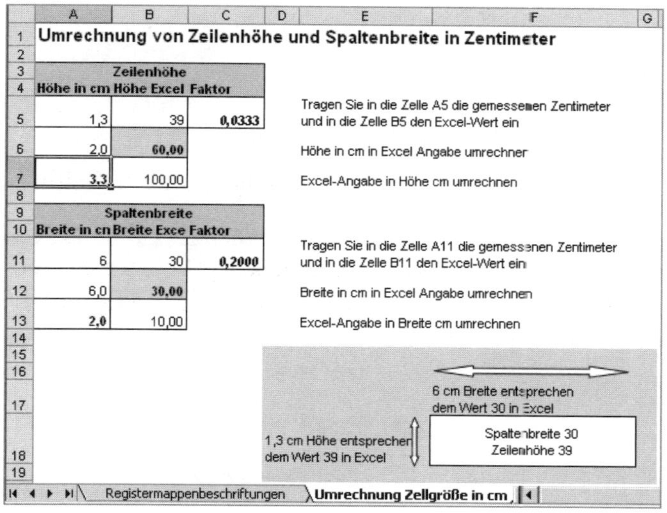

Bild 8.29: Berechnungsschema, um Excel-Werte in cm und cm in Excel-Werte für die Zellgröße umzurechnen

Zeilenhöhe und Spaltenbreite anpassen

Mit den berechneten Angaben können Sie die Zeilenhöhe einstellen.

Markieren Sie dazu die Zeilennummer und stellen Sie über den Befehl *Zeilenhöhe* im Kontextmenü die berechnete Höhe ein. Führen Sie diese Schritte für die Spaltenbreite analog durch.

Gestaltung der Kärtchen

Für die Registermappen-Kärtchen wird häufig eine Größe von 2 * 6 cm benötigt. In unserer Hardwareumgebung wurde für die Zeilenhöhe von 2 cm der Wert 60 ermittelt.

Eine Idee zur Gestaltung Ihrer Kärtchen besteht nun darin, die Gesamthöhe auf 2 Zeilen aufzuteilen, um z. B. in einer Zeile mit farbigem Hintergrund die Kategorie oder übergeordnete Thematik zu beschreiben und darunter in größerer Schrift und ohne Hintergrundfarbe den Inhalt der jeweiligen Mappe aufzuführen.

Im vorliegenden Beispiel wurde die Zeilenhöhe 20 für die obere und die Höhe 40 für die untere Zeile eines Kärtchens definiert.

Um das Ausschneiden der Kärtchen zu erleichtern, wurden hier die jeweils zusammengehörigen Zellen noch mit einem dünnen gestrichelten grauen Rahmen versehen. Diese Einstellungen nehmen Sie im Menü *Format/Zellen* auf dem Register *Rahmen* vor. Markieren Sie zuvor die Zellen einer Karte, stellen Sie das gewünschte Rahmenmuster ein und übertragen Sie anschließend das Format auf die anderen Kärtchen. Bevor Sie Ihre neuen Registermappen ausdrucken, kontrollieren Sie diese in der Seitenansicht. Eventuell müssen Sie noch über die Schaltfläche *Layout* im Register *Seitenränder* die Voreinstellungen etwas reduzieren, damit alles auf ein Blatt passt.

9 Sammeln & Sortieren

9.1 Buch-Archiv

Kategorie: Sammeln & Sortieren

Dateiname: BUCH_ARCHIV.XLS

Schwierigkeitsgrad: ❋

Anhand dieser Excel-Liste zeigen wir Ihnen, wie Sie die Tabellenkalkulation Excel als kleine Datenbank zur Verwaltung und Archivierung Ihrer Bücher nutzen können.

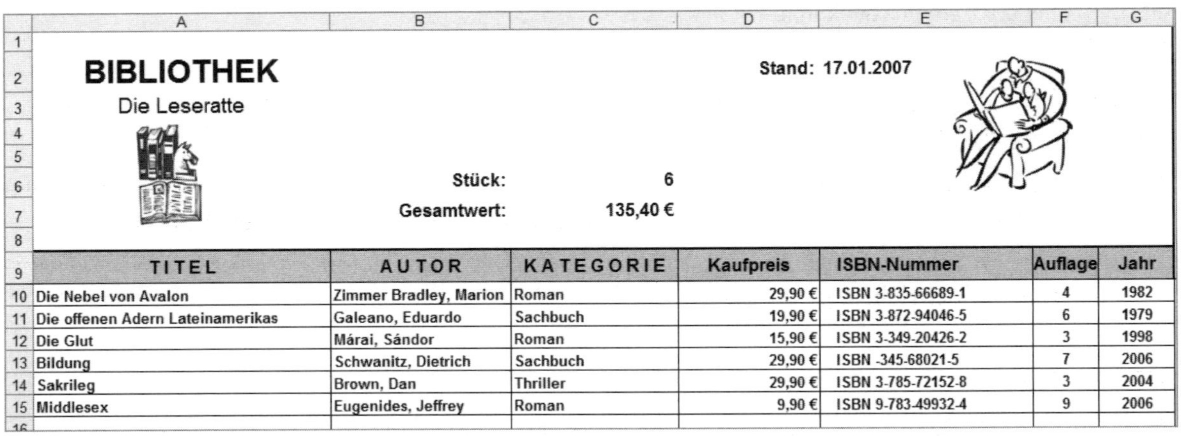

BIBLIOTHEK

Die Leseratte

Stand: 17.01.2007

Stück: 6

Gesamtwert: 135,40 €

TITEL	AUTOR	KATEGORIE	Kaufpreis	ISBN-Nummer	Auflage	Jahr
Die Nebel von Avalon	Zimmer Bradley, Marion	Roman	29,90 €	ISBN 3-835-66689-1	4	1982
Die offenen Adern Lateinamerikas	Galeano, Eduardo	Sachbuch	19,90 €	ISBN 3-872-94046-5	6	1979
Die Glut	Márai, Sándor	Roman	15,90 €	ISBN 3-349-20426-2	3	1998
Bildung	Schwanitz, Dietrich	Sachbuch	29,90 €	ISBN -345-68021-5	7	2006
Sakrileg	Brown, Dan	Thriller	29,90 €	ISBN 3-785-72152-8	3	2004
Middlesex	Eugenides, Jeffrey	Roman	9,90 €	ISBN 9-783-49932-4	9	2006

Bild 9.1: Mit der Tabelle *Buch-Archiv* lassen sich alle Bücher verwalten.

Alternative Dateneingabe über Datenmaske

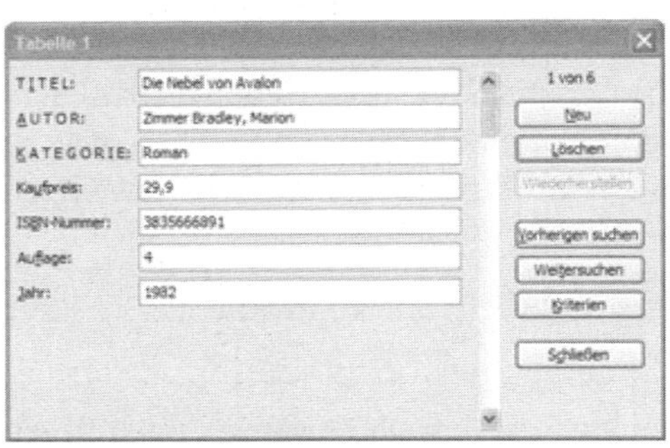

Bild 9.2: Die Datenmaske bietet eine bequeme Möglichkeit, Daten einzugeben.

Diese Excel-Tabelle ist als strukturierte Liste aufgebaut, d. h., alle Spalten der Liste sind mit einer Spaltenüberschrift versehen. Dadurch bietet Ihnen Excel neben der normalen Dateneingabe und -pflege über die Liste auch die bequeme Möglichkeit, die Informationen einer Zeile über eine Datenmaske anzusehen bzw. einzugeben.

Klicken Sie dafür auf eine Zelle innerhalb der Liste und wählen Sie *Daten/Maske.*

Wählen Sie den Schalter *Neu,* erhalten Sie eine leere Maske. Geben Sie hier die Daten ein. Mit der [Tab]-Taste bewegen Sie sich von Feld zu Feld. [Eingabe] beendet die Eingaben des aktuellen Datensatzes und führt Sie zum nächsten neuen Datensatz. Der Schalter *Schließen* beendet die alternative Dateieingabe über die Datenmaske und führt Sie zur Excel-Liste zurück. Hier können Sie nun sehen, dass Ihre Eingaben automatisch in die Liste eingetragen wurden.

Datensätze mit der Datenmaske suchen

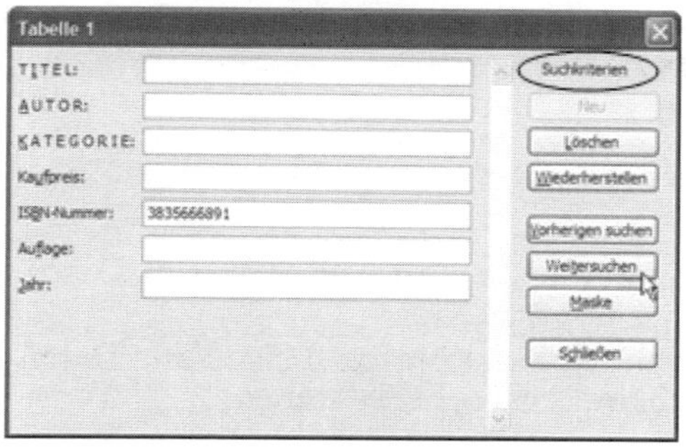

Bild 9.3: Über die Datenmaske können Sie auch suchen.

Stellen Sie sich vor, Sie haben zum Beispiel nur die ISBN-Nummer und möchten schnell herausfinden, um welches Buch es sich handelt. Das können Sie wunderbar mit der Datenmaske.

1. Klicken Sie in der Datenmaske auf die Schaltfläche *Kriterien.* Die Suchmaske erkennen Sie an der Bezeichnung *Suchkriterien* und den leeren Eingabefeldern.
2. Tragen Sie in einem oder mehreren Eingabefeldern Suchbegriffe für die Datenfelder ein, nach denen Sie suchen möchten (zum Beispiel im Feld ISBN-Nummer die gesuchte Nummer).
3. Starten Sie die Suche durch die Schaltfläche *Vorherigen Suchen* (Suchrichtung aufwärts) bzw. *Weitersuchen* (Suchrichtung abwärts).

Filterfunktionen

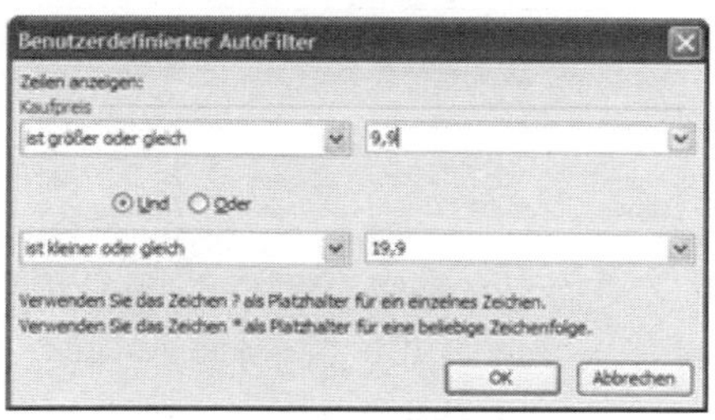

Bild 9.4: Der benutzerdefinierte AutoFilter zeigt alle Bücher zwischen 9,90 und 19,90 Euro.

Eine weitere einfache und komfortable Art, diese Liste auszuwerten, ist der AutoFilter. Positionieren Sie den Cursor in eine beliebige Zelle innerhalb der Liste und wählen Sie *Daten/ Filter/AutoFilter.* Als Ergebnis erhalten Sie in der Überschriftenzeile in jeder Zelle einen Listenpfeil. Um die Listenpfeile und damit den AutoFilter wieder zu entfernen, wählen Sie diese Befehlsfolge erneut.

Wenn Sie einen der Listenpfeile anklicken, können Sie eine Auswahl treffen, indem Sie auf den gewünschten Eintrag klicken (zum Beispiel auf *Roman*). Sie können auf diesem Filterergebnis weiter filtern oder schalten dieses Ergebnis wieder aus, indem Sie am Listenpfeil den Eintrag *Alle* wählen. Möchten Sie detailliertere Abfragen starten, zum Beispiel wie viele Bücher Sie in der Preisklasse zwischen 9,90 € und 19,90 € im Bestand haben, wählen Sie den benutzerdefinierten AutoFilter.

Gesamtwert und Gesamtstückzahl der Bücher ermitteln

In der Zelle C7 ermitteln wir über die Funktion SUMME den Gesamtwert all unserer aufgelisteten Bücher. Die Formel sieht wie folgt aus: `=SUMME(D10:D1493)`. Über die Funktion ANZAHL2 prüfen wir, wie viele Bücher wir insgesamt in der Liste haben. Die Funktion ANZAHL2 benutzt man, wenn man wissen möchte, wie viele Zellen zu einem Bereich Daten (und zwar Text oder Zahlenwerte) enthalten. Die Funktion in C6 sieht daher wie folgt aus: `=ANZAHL2(A10:A1493)`.

9.2 Bücher-Datenbank

Kategorie: Sammeln & Sortieren

Dateiname: MEINEBÜCHER.XLS

Schwierigkeitsgrad: ❋❋

Mit dieser Liste können Sie Informationen zu Ihren Büchern in einfacher Art und Weise als Datenbank festhalten und über Filterfunktionen auch auswerten. Zum Beispiel:

- Habe ich ein Buch von Paulo Coelho, und, wenn ja, in welchem Regal sollte es stehen?
- Welche Bücher sind zurzeit verliehen?

und vieles mehr.

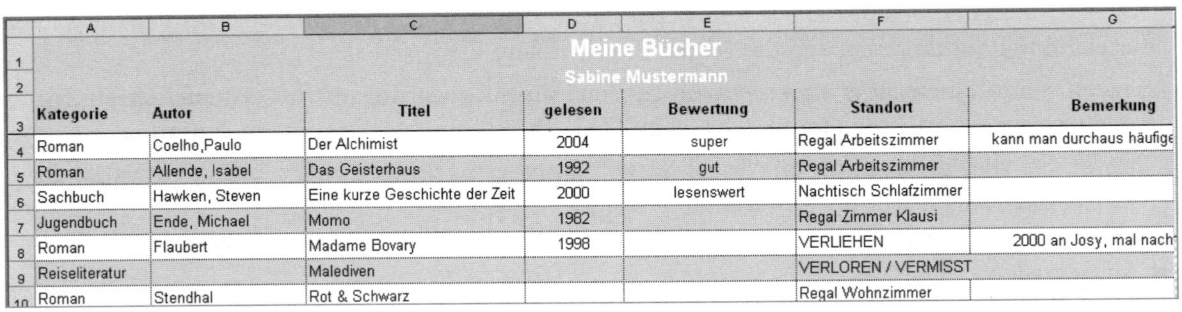

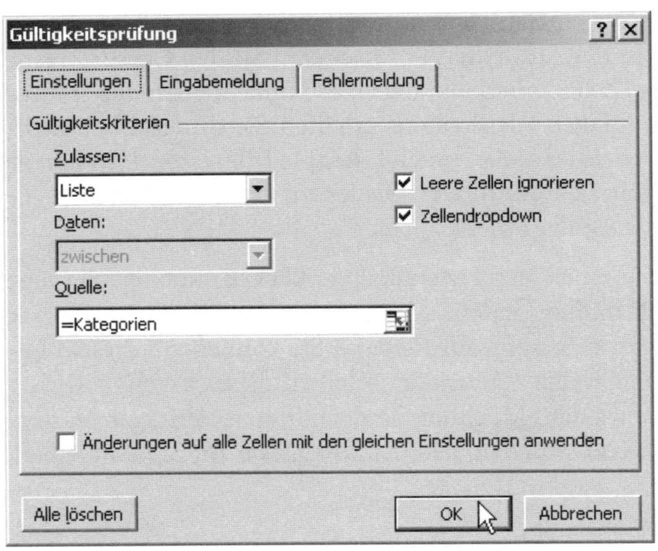

Bild 9.5: Die Tabelle *Bücherliste* enthält alle Ihre Bücher.

Beschreibung der Arbeitsmappe

Die Mappe besteht aus zwei Tabellenblättern. Das erste Tabellenblatt enthält die obige Liste, das zweite Tabellenblatt dient als Hilfstabelle. Hier sind in den Spalten A und C Listeneinträge für eine spätere Auswahlliste über Gültigkeitsprüfung hinterlegt und mit Bereichsnamen versehen. Diese Listen können von Ihnen auf Ihre Bedürfnisse hin angepasst werden.

Gültigkeitsprüfung

Damit die Eingaben schnell und unproblematisch erfolgen können, ist in den Spalten A und F jeweils eine Gültigkeitsprüfung hinterlegt:

1. Markieren Sie den gewünschten Bereich, für den eine Gültigkeit hinterlegt werden soll, z. B. den Bereich A4:A65 (Kategorie).
2. Wählen Sie *Daten/Gültigkeit/* Register *Einstellungen.*
3. Wählen Sie im Feld *Zulassen* über den Listenpfeil den Eintrag *Liste.*
4. Im Feld *Quelle* geben Sie den Bereichsnamen der zuvor erstellten Auswahlliste in der Hilfstabelle ein, in unserem Beispiel *=Kategorien.*

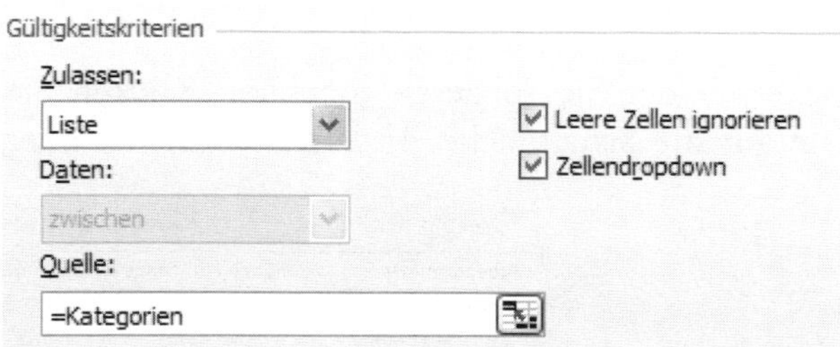

Bild 9.6: Die Kriterien für die Gültigkeitsprüfung

Nun können in den entsprechenden Zellen der Bücherliste die Einträge einfach über ein Listenfeld ausgewählt werden.

Bedingte Formatierung

Damit Zeilen der Tabelle abwechselnd farbig bzw. weiß sind, wir aber nicht Zeile für Zeile manuell mit der Füllfarbe arbeiten müssen, haben wir für den Bereich A4:G65 über eine bedingte Formatierung die Farben festgelegt.

Alle Zeilen mit gerader Zeilennummer bleiben weiß, alle Zeilennummern mit ungerader Zeilennummer erhalten die Füllfarbe Blau.

Innerhalb der bedingten Formatierung prüfen wir einerseits über die Funktion ZEILE die aktuelle Zeilennummer (z. B. Zeile 4) und andererseits mittels der Funktion REST, ob die Division durch 2 bei der aktuellen Zeile einen Restwert von 1 ergibt. Ist das der Fall, handelt es sich um eine ungerade Zeilennummer, und wir legen eine besondere Formatierung fest.

1. Markieren Sie alle gewünschten Zeilen und wählen Sie *Format/Bedingte Formatierung.* Geben Sie als *Bedingung 1* folgende Funktion ein:

   ```
   =REST(ZEILE();2)=1
   ```

2. Wählen Sie über den Schalter *Format* eine Formatierung Ihrer Wahl.

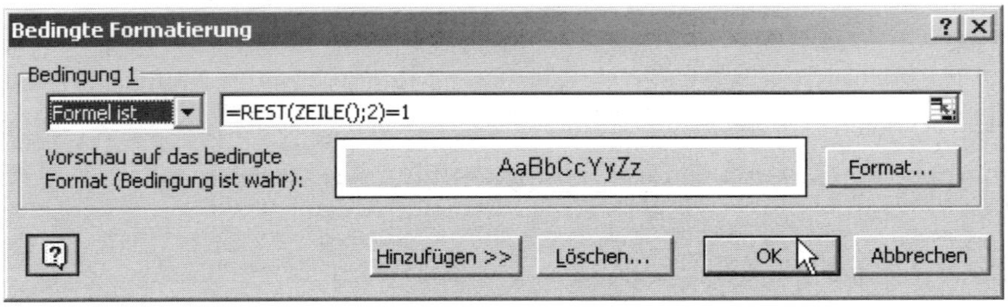

Bild 9.7: Die bedingte Formatierung erzeugt liniertes Papier.

Anschließend sollten alle ungeraden Zeilen des markierten Bereichs die gewählte Formatierung haben.

Listen sortieren

Klicken Sie auf eine Zelle in der Spalte, nach der Sie sortieren möchten. Klicken Sie anschließend in der Standardsymbolleiste auf die Schaltfläche *Absteigend sortieren* oder *Aufsteigend sortieren.*

Filterfunktionen in der Liste

Eine einfache und komfortable Art, eine Liste auszuwerten, ist der AutoFilter.

1. Markieren Sie die gesamte Liste inkl. Überschrift (A3:G65) und wählen Sie *Daten/Filter/AutoFilter.* Als Ergebnis erhalten Sie in der 3. Zeile in jeder Zelle einen Listenpfeil.
2. Um die Listenpfeile und damit den AutoFilter wieder zu entfernen, wählen Sie diese Befehlsfolge erneut.
3. Wenn Sie einen der Listenpfeile anklicken, können Sie eine Auswahl treffen, indem Sie auf den gewünschten Eintrag klicken. Im folgenden Beispiel wollen wir nur die Bücher sehen, die im Regal im Arbeitszimmer stehen.

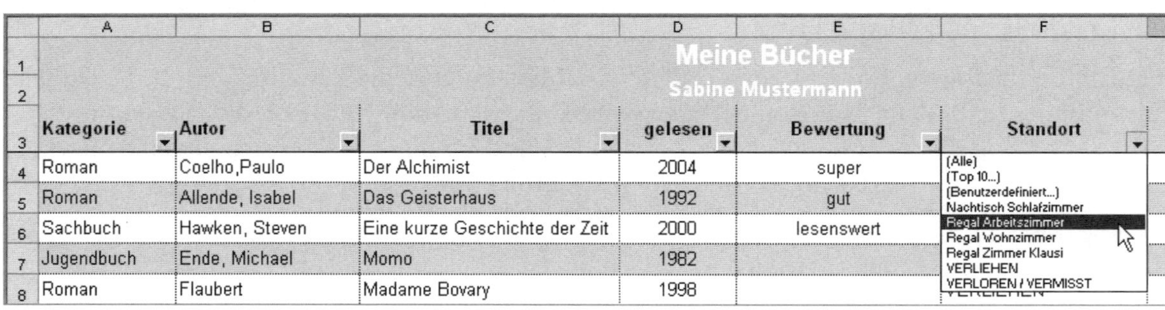

Bild 9.8: Der AutoFilter zeigt alle Bücher, die im Regal im Arbeitszimmer stehen.

Als Ergebnis sehen Sie jetzt alle Zeilen, die im Feld *Standort* den Eintrag *Regal Arbeitszimmer* haben. Die restlichen Zeilen werden ausgeblendet. Als Hinweis, dass Sie nicht alle Zeilen der Tabelle sehen, werden die Zeilennummern am linken Tabellenrand blau eingefärbt. Außerdem wird der Listenpfeil auch blau gefärbt, damit Sie erkennen, dass nach dieser Spalte gefiltert wird. In der Statusleiste wird angezeigt, wie viele Treffer gefunden wurden.

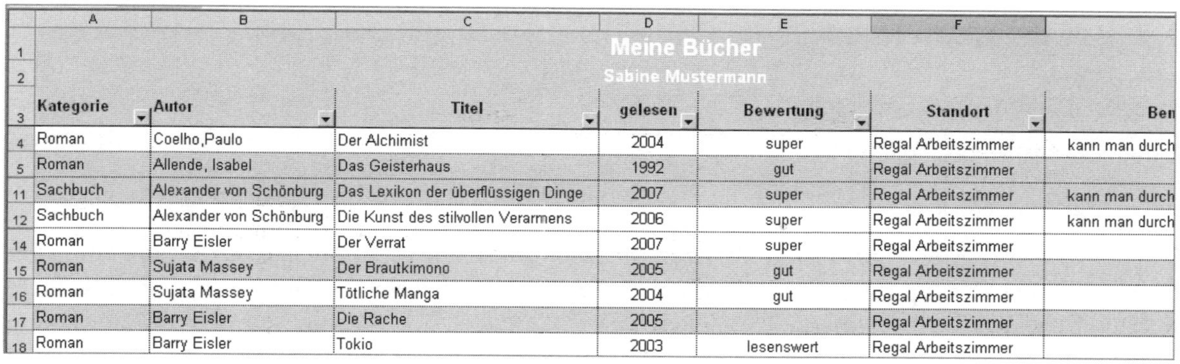

	Kategorie	Autor	Titel	gelesen	Bewertung	Standort	Ben
4	Roman	Coelho,Paulo	Der Alchimist	2004	super	Regal Arbeitszimmer	kann man durch
5	Roman	Allende, Isabel	Das Geisterhaus	1992	gut	Regal Arbeitszimmer	
11	Sachbuch	Alexander von Schönburg	Das Lexikon der überflüssigen Dinge	2007	super	Regal Arbeitszimmer	kann man durch
12	Sachbuch	Alexander von Schönburg	Die Kunst des stilvollen Verarmens	2006	super	Regal Arbeitszimmer	kann man durch
14	Roman	Barry Eisler	Der Verrat	2007	super	Regal Arbeitszimmer	
15	Roman	Sujata Massey	Der Brautkimono	2005	gut	Regal Arbeitszimmer	
16	Roman	Sujata Massey	Tötliche Manga	2004	gut	Regal Arbeitszimmer	
17	Roman	Barry Eisler	Die Rache	2005		Regal Arbeitszimmer	
18	Roman	Barry Eisler	Tokio	2003	lesenswert	Regal Arbeitszimmer	

Bild 9.9: Nur die Bücher aus dem Regal im Arbeitszimmer

Überschriften fixieren

Wenn Ihre Bücherliste umfangreicher wird, kann es sinnvoll sein, die Überschriftenzeile am Bildschirm zu fixieren. Beim Bewegen in der Tabelle bleibt diese dann dauerhaft eingeblendet. Markieren Sie dazu die Zelle direkt unter bzw. rechts neben der zu fixierenden Überschrift und wählen Sie *Fenster/Fenster fixieren.* Die Fixierung wird durch Linien gekennzeichnet.

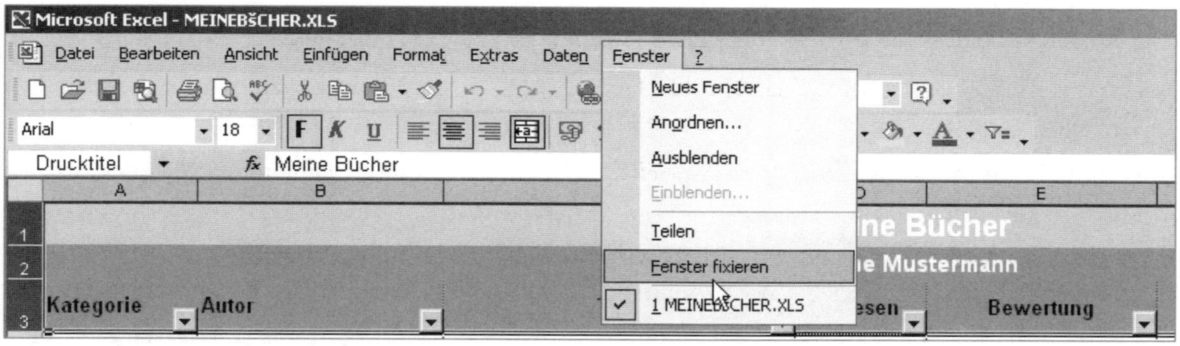

Bild 9.10: Die ersten drei Zeilen werden in diesem Beispiel fixiert.

Über *Fenster/Fixierung aufheben* kann die Fixierung wieder entfernt werden.

9.3 CDs archivieren

Kategorie: Sammeln & Sortieren

Dateiname: CD_ARCHIV.XLS

Schwierigkeitsgrad: ❋❋

Möchten Sie Ihre Musik auf CD archivieren, nutzen Sie diese Excel-Liste. Nach Eingabe von Titel, Interpret, Song und Spielzeit wird automatisch ermittelt, wie viele CDs und Songs Sie insgesamt archiviert haben.

Der AutoFilter für diese Liste ist bereits gesetzt und somit können Sie über Anklicken eines Listenpfeils diese CD-Liste einfach filtern und auswerten.

	A	B	C	D	E
1	CD-Archiv				
2			CDs	4 CDs	
3			Anzahl aller Songs	13 Songs	
4					
5			Spielzeit (Min.) insgesamt	40,83 Min.	
6					
7					
8					Länge
9	Nr	CD	Interpret	Songs	Minute
10	1	Slow-Mix 2006 Volume 6	Roger Cicero	Zieh die Schuh aus	0,14 Min.
11	1		Roger Cicero	Kompromisse	0,14 Min.
12	1		Michael Bublé	Fever	4,36 Min.
13	1		Roger Cicero	Kein Mann für eine Frau	2,46 Min.
14	2	Lunas Rosas	Rosana	furia de color	0,13 Min.
15	2		Rosana	el talismán	0,15 Min.
16	3	Mensch	Herbert Grönemeyer	Mensch	2,40 Min.
17	3		Herbert Grönemeyer	Neuland	8,11 Min.
18	3		Herbert Grönemeyer	Der Weg	5,27 Min.
19	4	Slow-Mix 2005 Volume 5	Renee Olstead	Summertime	4,13 Min.
20	4		George Michael	Desafinidao	3,21 Min.
21	4		Sting	When we dance	6,02 Min.
22	4		Simply Red	Holdung back the Years	4,32 Min.
23	4				

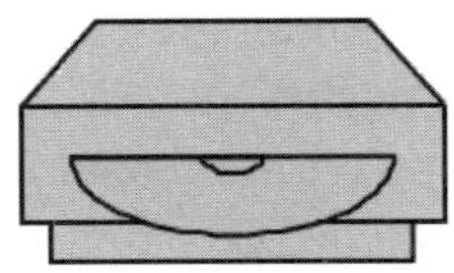

Bild 9.11: Ein CD-Archiv zum Erfassen aller CDs

Beschreibung der Arbeitsmappe

Die laufende Nummer für Ihre CD (Spalte A) vergibt Excel automatisch, nachdem Sie in Spalte B einen neuen CD-Titel eingegeben haben. Die Zellen in Spalte B bis E sind Eingabezellen und in den Zellen D2:D5 stehen Formeln, sodass die Anzahl der CDs und der Songs sowie die Gesamtspieldauer in Minuten automatisch berechnet werden.

Die Wenn-Funktion in Spalte A

In Spalte A soll immer dann automatisch eine neue laufende Nummer vergeben werden, sobald wir in Spalte B einen neuen CD-Titel eingegeben. Deshalb prüfen wir mit einer WENN-Funktion, ob die entsprechende Zelle der Spalte B nicht leer ist. Wenn dies der Fall ist, soll die Nummer der Vorgängerzeile in Spalte A um 1 addiert werden, ansonsten soll weiterhin der gleiche Wert wie in der Vorgängerzeile genommen werden. Die Funktion sieht daher wie folgt aus: `=WENN(B11<>"";(A10+1);A10)` und kann nach unten kopiert werden.

Die Funktion ANZAHL2

Über die Funktion ANZAHL2 prüfen wir, wie viele CDs bzw. Songs wir insgesamt haben. Die Funktion ANZAHL2 benutzt man, wenn man wissen möchte, wie viele Zellen zu einem Bereich Daten (Text oder Zahlenwerte) enthalten.

In D2 soll geprüft werden, wie viele CDs wir insgesamt im Archiv haben. Die Funktion in D2 sieht daher wie folgt aus: `=ANZAHL2(B10:B148)`.

In D3 soll geprüft werden, wie viele Songs wir insgesamt archiviert haben. Die Funktion in D3 sieht daher wie folgt aus: `=ANZAHL2(D10:D148)`.

Benutzerdefiniertes Zahlenformat für Einzahl und Mehrzahl

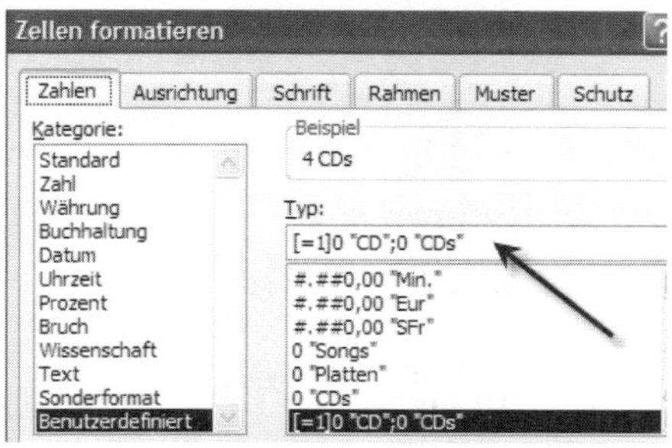

Bild 9.12: Das benutzerdefiniertes Zahlenformat für Einzahl und Mehrzahl

Für die Zellen D2 und D3 haben wir über *Format/Zellen/Register Zahlen* ein benutzerdefiniertes Format in der Form *0 »CDs«* bzw. *0 »Songs«* hinterlegt. Damit nun bei einem Song oder bei einer CD in der Zelle nicht »1 Songs« bzw. »1 CDs«, sondern grammatikalisch korrekt »1 CD« bzw. »1 Song« steht, haben wir eine Prüfung innerhalb des benutzerdefinierten Formats eingebaut.

1. Markieren Sie die gewünschte Zelle (D2).
2. Wählen Sie *Format/Zellen/Register Zahlen.*
3. Wählen Sie die Kategorie *Benutzerdefiniert.*
4. Geben Sie im Feld *Typ* ein: *[=1]0 "CD";0 "CDs".*

   Zu Lesen ist dieses Format wie folgt:
   In der eckigen Klammer *[ ]* steht die WENN-Bedingung; der Inhalt der eckigen Klammer enthält die Prüfung, hier im Beispiel "Ist der Wert der aktuellen Zelle = 1?"

   Nach der eckigen Klammer kommt der DANN-Zweig,
   d. h. Format 0 (ganzzahlig) CD bzw. *0 "CD".*

   Nach dem nächsten Semikolon kommt der SONST-Zweig,
   d. h. Format 0 (ganzzahlig) CDs bzw. *0 "CDs".*

Nun wird in der Zelle D2 Einzahl und Mehrzahl abhängig vom Zellinhalt immer korrekt wiedergegeben. Das gleiche Format haben wir ebenso in Zelle D3 für Song und Songs hinterlegt.

Spielzeit aller Songs in Minuten berechnen

Über die Summenfunktion ermitteln wir in Zelle D5, wie lang die Spielzeit aller Songs in Minuten ist. Die Funktion in E5 sieht daher wie folgt aus:

```
=SUMME(E10:E148)
```

Damit das Ergebnis in Minutenformat ausgegeben wird, wurde über *Format/Zellen/*Register *Zahlen* ein benutzerdefiniertes Format in der Form *0,00 "Min."* hinterlegt.

9.4 DVD-Verleihliste

Kategorie: Sammeln & Sortieren

Dateiname: DVD_VERLEIH.XLS

Schwierigkeitsgrad: ❋❋

Ärgern Sie sich auch immer, wenn Sie eine DVD anschauen möchten und sie nicht da ist. Wo ist sie nur? Wem habe ich sie geliehen?

Halten Sie doch einfach mit dieser Excel-Liste fest, welche DVD Sie wann wem geliehen haben.

DVD-Verleih

Titel	Genre	Hauptdarstellerin	Hauptdarsteller	Anzahl Scheiben	Verliehen an	Verliehen am	Zurück am	Anzahl Tage
Der Schuh des Manitu	Komödie	Marie Bäumer	Michael Bully Herbig	2	Andrea	07.04.2006	02.05.2006	25
Die fabelhafte Welt de Amélie	Unterhaltung	Audrey Tautou	Mathieu Kassovitz	1	Margot	13.08.2006	18.11.2006	97
Sex and the City, Staffel 2	Fernseh-Serie			3	Andrea	12.09.2006		noch verliehen
Findet Nemo	Walt Disney			2	Walter	28.12.2006	07.01.2007	10
Shakespeare in Love	Komödie	Gwyneth Paltrow	Joseph Fiennes	1	Nicolas	31.12.2006		noch verliehen
Matrix	ScienceFiction		Keanu Reeves	1	Susi	02.01.2007		noch verliehen

Bild 9.13: Die Tabelle *DVD-Verleih* protokolliert, wer welche DVD von Ihnen hat.

Beschreibung der Arbeitsmappe

Die Mappe besteht aus 2 Tabellenblättern. Das erste Tabellenblatt enthält die oben aufgeführte Liste, das zweite Tabellenblatt dient als Hilfstabelle. Hier sind in der Spalte A Listeneinträge für eine spätere Auswahlliste über Gültigkeitsprüfung hinterlegt und mit dem Bereichsnamen *Genre* versehen. Diese Liste kann von Ihnen auf Ihre Bedürfnisse hin angepasst werden.

Bedingte Formatierung

Damit unsere Tabelle übersichtlich ist und die Zeilen abwechselnd farbig eingefärbt werden, haben wir für den Bereich A7:I100 über eine bedingte Formatierung die Farben festgelegt.

Alle Zeilen mit ungerader Zeilennummer bleiben weiß, alle Zeilennummern mit ungerader Zeilennummer erhalten eine Füllfarbe.

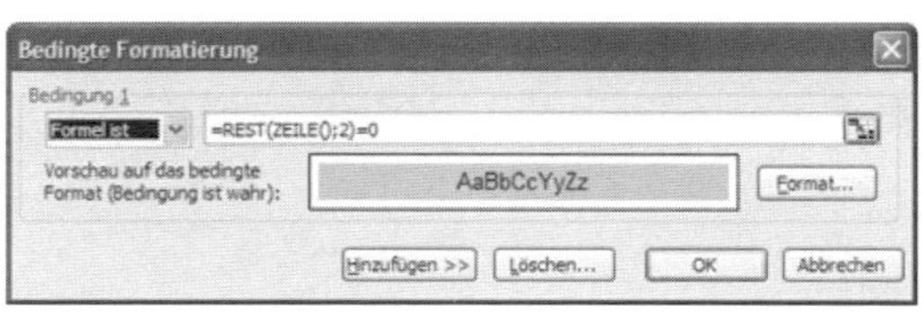

Bild 9.14: Die bedingte Formatierung erzeugt eine geänderte Hintergrundfarbe.

Innerhalb der bedingten Formatierung prüfen wir einerseits über die Funktion ZEILE die aktuelle Zeilennummer (z. B. Zeile 7) und andererseits mittels der Funktion REST, ob die Division durch 2 bei der aktuellen Zeile einen Restwert von 0 ergibt. Ist das der Fall, handelt es sich um eine gerade Zeilennummer und wir legen eine besondere Formatierung fest.

Markieren Sie den gewünschten Bereich und wählen Sie *Format/Bedingte Formatierung*. Geben Sie als *Bedingung 1* folgende Funktion ein: `=REST(ZEILE();2)=0` und wählen Sie über den Schalter *Format* eine Formatierung Ihrer Wahl.

Anschließend haben alle geraden Zeilen des markierten Bereichs die gewählte Formatierung.

Auswahlliste für Genre hinterlegen

In Spalte B kann komfortabel über eine kleine Auswahlliste das passende Genre der verliehenen DVD ausgewählt werden. Dafür haben wir zuerst auf dem zweiten Tabellenblatt in Spalte A einige Genres aufgeführt und für diesen Zellbereich (A2:A20) über *Einfügen/Namen/Definieren* einen Bereichsnamen (»Genre«) vergeben. In Spalte B der Tabelle *DVD-Verleih* ist anschließend für den Bereich B7:B100 eine Gültigkeitsprüfung hinterlegt. Eine ausführliche Beschreibung der Gültigkeitsprüfung finden Sie unter anderem im Kapitel 9.5 »Bücher-Datenbank«.

Die Anzahl der Tage berechnen

Die Anzahl der Tage in Spalte I errechnet sich aus der Differenz vom Rückgabedatum zum Ausleihdatum. Da die Formel erst dann sichtbar sein soll, wenn in Spalte G ein neues Ausleihdatum steht, prüfen wir in einem ersten Schritt, ob die Zelle G7 leer ist. Ist dies der Fall, soll nichts in die Zelle geschrieben werden. Ist die Zelle G7 jedoch nicht leer, wird in einem zweiten Schritt geprüft, ob die Zelle H7 (Rückgabedatum) noch leer ist. Ist diese Zelle noch leer, soll »noch verliehen« in die Zelle geschrieben werden. Ist die Zelle jedoch nicht mehr leer, soll die Differenz vom Rückgabedatum zum Ausleihdatum berechnet werden.

Geben Sie die Formel in Zelle I7 wie folgt ein:

```
=WENN(ISTLEER(G7);"";WENN(ISTLEER(H7);"noch verliehen";H7-G7))
```

Die Formatierung der kompletten Spalte I ist auf *Standard* gesetzt, damit die Differenz zweier Datumseingaben in Ganzzahlen ausgegeben wird.

Filterfunktionen in der Liste

Eine einfache und komfortable Art, die Liste auszuwerten, ist der AutoFilter.

1. Stellen Sie den Cursor in die Überschrift der Liste und wählen Sie *Daten/Filter/AutoFilter*. Als Ergebnis erhalten Sie in jeder Zelle der Überschrift einen Listenpfeil.
2. Um die Listenpfeile und damit den AutoFilter wieder zu entfernen, wählen Sie diese Befehlsfolge erneut.
3. Wenn Sie einen der Listenpfeile anklicken, können Sie eine Auswahl treffen, indem Sie auf den gewünschten Eintrag klicken. Im folgenden Beispiel wollen wir nur die noch verliehenen DVDs sehen.

6	Titel	Genre	Hauptdarsteller	Hauptdarsteller	Anzahl Scheib	Verliehen an	Verliehen a	Zurück am	Anzahl Ta
9	Sex and the City, Staffel 2	Fernseh-Serie			3	Andrea	12.09.2006		noch verliehen
11	Shakespeare in Love	Komödie	Gwyneth Paltrow	Joseph Fiennes	1	Nicolas	31.12.2006		noch verliehen
12	Matrix	ScienceFiction		Keanu Reeves	1	Susi	02.01.2007		noch verliehen

Bild 9.15: Der AutoFilter zeigt nur die noch verliehenen DVDs an.

Als Ergebnis sehen Sie jetzt alle Zeilen, die im Feld *Anzahl Tage* den Eintrag *noch verliehen* haben. Die restlichen Zeilen werden ausgeblendet. Als Hinweis, dass Sie nicht alle Zeilen der Tabelle sehen, werden die Zeilennummern am linken Tabellenrand blau eingefärbt. Außerdem wird der Listenpfeil auch blau gefärbt, damit Sie erkennen, dass nach dieser Spalte gefiltert wird. In der Statusleiste wird angezeigt, wie viele Treffer gefunden wurden.

9.5 Schallplatten-Verzeichnis

Kategorie: Sammeln & Sortieren

Dateiname: SCHALLPLATTEN_ARCHIV.XLS

Schwierigkeitsgrad: ❋ ❋

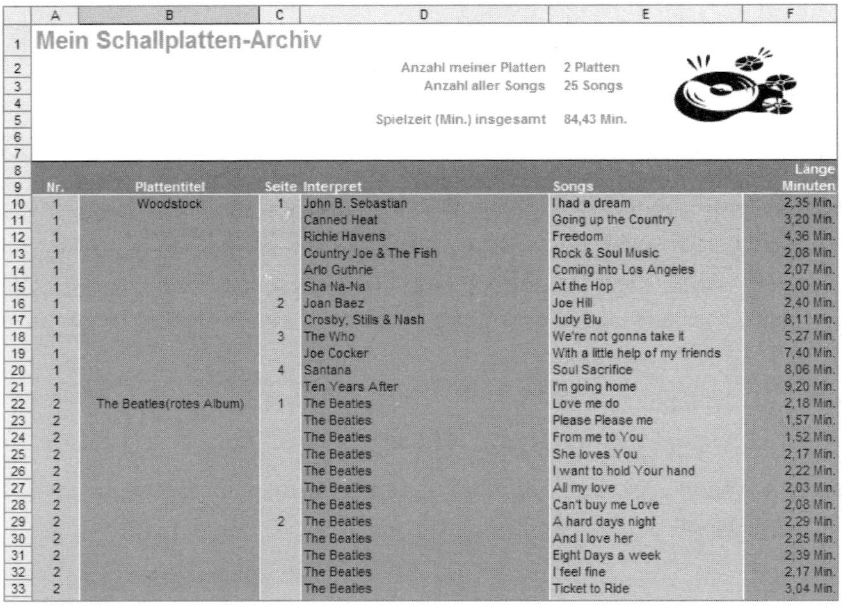

	A	B	C	D	E	F
1	Mein Schallplatten-Archiv					
2				Anzahl meiner Platten	2 Platten	
3				Anzahl aller Songs	25 Songs	
4						
5				Spielzeit (Min.) insgesamt	84,43 Min.	
6						
7						
8						Länge
9	Nr.	Plattentitel	Seite	Interpret	Songs	Minuten
10	1	Woodstock	1	John B. Sebastian	I had a dream	2,35 Min.
11	1			Canned Heat	Going up the Country	3,20 Min.
12	1			Richie Havens	Freedom	4,36 Min.
13	1			Country Joe & The Fish	Rock & Soul Music	2,08 Min.
14	1			Arlo Guthrie	Coming into Los Angeles	2,07 Min.
15	1			Sha Na-Na	At the Hop	2,00 Min.
16	1		2	Joan Baez	Joe Hill	2,40 Min.
17	1			Crosby, Stills & Nash	Judy Blu	8,11 Min.
18	1		3	The Who	We're not gonna take it	5,27 Min.
19	1			Joe Cocker	With a little help of my friends	7,40 Min.
20	1		4	Santana	Soul Sacrifice	8,06 Min.
21	1			Ten Years After	I'm going home	9,20 Min.
22	2	The Beatles(rotes Album)	1	The Beatles	Love me do	2,18 Min.
23	2			The Beatles	Please Please me	1,57 Min.
24	2			The Beatles	From me to You	1,52 Min.
25	2			The Beatles	She loves You	2,17 Min.
26	2			The Beatles	I want to hold Your hand	2,22 Min.
27	2			The Beatles	All my love	2,03 Min.
28	2			The Beatles	Can't buy me Love	2,08 Min.
29	2		2	The Beatles	A hard days night	2,29 Min.
30	2			The Beatles	And I love her	2,25 Min.
31	2			The Beatles	Eight Days a week	2,39 Min.
32	2			The Beatles	I feel fine	2,17 Min.
33	2			The Beatles	Ticket to Ride	3,04 Min.

Bild 9.16: Die Tabelle für Ihr Schallplatten-Archiv

So selbstverständlich wie das Einlegen einer CD heutzutage ist, kann man sich kaum noch vorstellen, wie vor einigen Jahren noch das Handling mit den Schallplatten war.

Schallplatten, diese runden, meist schwarzen Scheiben, auf denen Töne analog aufgezeichnet sind und die üblicherweise nach circa 20 Minuten umgedreht werden mussten, da sowohl auf der Vorder- als auch auf der Rückseite Musik aufgezeichnet war: Es gibt sie immer noch, Anhänger und Sammler dieser guten alten Vinylscheiben! Mit dieser Excel-Liste können nun Informationen zu den Platten in einfacher Art und Weise festgehalten und über Filterfunktionen auch schnell ausgewertet werden.

Beschreibung der Arbeitsmappe

Die laufende Nummer für Ihre Musikmedien (Spalte A) vergibt Excel automatisch, nachdem Sie in Spalte B einen neuen Plattentitel eingegeben haben. Die Zellen in Spalte B bis F sind Eingabezellen und in den Zellen E2:F5 stehen Formeln, sodass die Anzahl der Platten und der Songs sowie die Gesamtspieldauer in Minuten automatisch berechnet wird.

Die Wenn-Funktion in Spalte A

In Spalte A soll immer automatisch eine neue laufende Nummer vergeben werden, sobald wir in Spalte B ein neuer Plattentitel eingegeben wurde. Deshalb prüfen wir mit einer WENN-Funktion, ob die entsprechende Zelle der Spalte B nicht leer ist. Wenn dies der Fall ist, soll die Nummer der Vorgängerzeile in Spalte A um 1 addiert werden, ansonsten soll weiterhin der gleiche Wert wie in der Vorgängerzeile genommen werden.

Die Funktion sieht daher wie folgt aus: `=WENN(B11<>"";(A10+1);A10)` und kann nach unten kopiert werden.

Die Funktion ANZAHL2

Über die Funktion ANZAHL2 prüfen wir, wie viele Platten bzw. Songs wir insgesamt haben. Die Funktion ANZAHL2 benutzt man, wenn man wissen möchte, wie viele Zellen zu einem Bereich Daten (Text oder Zahlenwerte) enthalten.

In E2 soll geprüft werden, wie viele Platten wir insgesamt im Archiv haben. Die Funktion in E2 sieht daher wie folgt aus: `=ANZAHL2(B10:B57)`.

In E3 soll geprüft werden, wie viele Songs wir insgesamt archiviert haben. Die Funktion in E3 sieht daher wie folgt aus: `=ANZAHL2(E10:E57)`.

Spielzeit aller Songs in Minuten berechnen

Über die Summenfunktion ermitteln wir in Zelle E5, wie lang die Spielzeit aller Songs in Minuten ist. Die Funktion in E5 sieht daher wie folgt aus: `=SUMME(F10:F57)`.

Damit das Ergebnis in Minutenformat ausgegeben wird, wurde über *Format/Zellen/*Register *Zahlen* ein benutzerdefiniertes Format in der Form *0,00 "Min."* hinterlegt.

Filterfunktionen in der Liste

8						Länge
9	Nr	Plattentitel	Sei	Interpret	Songs	Minut
22	2	The Beatles(rotes Album)	1	The Beatles	Love me do	2,18 Min.
23	2			The Beatles	Please Please me	1,57 Min.
24	2			The Beatles	From me to You	1,52 Min.
25	2			The Beatles	She loves You	2,17 Min.
26	2			The Beatles	I want to hold Your hand	2,22 Min.
27	2			The Beatles	All my love	2,03 Min.
28	2			The Beatles	Can't buy me Love	2,08 Min.
29	2		2	The Beatles	A hard days night	2,29 Min.
30	2			The Beatles	And I love her	2,25 Min.
31	2			The Beatles	Eight Days a week	2,39 Min.
32	2			The Beatles	I feel fine	2,17 Min.
33	2			The Beatles	Ticket to Ride	3,04 Min.
34	2			The Beatles	Yesterday	2,02 Min.

Bild 9.17: Der AutoFilter mit der Auswahl *The Beatles*

Eine einfache und komfortable Art, die Liste auszuwerten, ist der AutoFilter.

Stellen Sie den Cursor in die Überschrift der Liste und wählen Sie *Daten/Filter/ AutoFilter.* Als Ergebnis erhalten Sie in der neunten Zeile in jeder Zelle einen Listenpfeil. Um die Listenpfeile und damit den AutoFilter wieder zu entfernen, wählen Sie diese Befehlsfolge erneut.

Wenn Sie einen der Listenpfeile anklicken, können Sie eine Auswahl treffen, indem Sie auf den gewünschten Eintrag klicken. Im folgenden Beispiel wollen wir nur die Songs der Beatles sehen.

Als Ergebnis sehen Sie jetzt alle Zeilen, die im Feld *Interpret* den Eintrag *The Beatles* haben. Die restlichen Zeilen werden ausgeblendet. Als Hinweis, dass Sie nicht alle Zeilen der Tabelle sehen, werden die Zeilennummern am linken Tabellenrand blau eingefärbt. Außerdem wird der Listenpfeil auch blau gefärbt, damit Sie erkennen, dass nach dieser Spalte gefiltert wird. In der Statusleiste wird angezeigt, wie viele Treffer gefunden wurden.

Sie können jetzt auf diesem Filterergebnis weiterfiltern oder Sie schalten dieses Ergebnis wieder aus, indem Sie am Listenpfeil den Eintrag *(Alle)* wählen.

9.6 Übersicht der Zeitungsabos (Ausgaben)

Kategorie: Sammeln & Sortieren

Dateiname: ÜBERSICHT_ZEITUNGSABOS.XLS

Schwierigkeitsgrad: ❋❋❋

	A	B	C	D	E	F	G	H
1		Zeitungs - Abonnements						
2			Abbuchungen				Gesamtkosten	
3		Titel	monatlich	vierteljährlich	halbjährlich	jährlich	Monat	Jahr
4	1.	Der Surfer			56,00 €		9,33 €	112,00 €
5	2.	Manager heute	26,00 €				26,00 €	312,00 €
6	3.	Campus			96,80 €		16,13 €	193,60 €
7	4.	Maritim		46,00 €			15,33 €	184,00 €
8	5.	Schule aktuell				36,00 €	3,00 €	36,00 €
9	6.	Kiddy				18,00 €	1,50 €	18,00 €
10	7.							
11	8.							
12	9.							
13	10.							

Bild 9.18: Die Tabelle mit den Zeitungsabonnements

Sie haben einige Zeitschriften und Zeitungen im Abonnement. Wie leicht verliert man da den Überblick über die Kosten, die im Jahr bzw. monatlich auf einen zukommen?

Mit dieser kleinen Aufstellung haben Sie alle Abos und auch die Kostenseite voll im Blick.

Beschreibung

In den Spalten B bis F machen Sie Ihre Eingaben. In Spalte G werden unabhängig davon, wie die einzelnen Zeitungsabonnements abgebucht werden, die monatlichen Kosten ausgerechnet, und in Spalte H die jährlichen Kosten für jedes einzelne Abonnement.

Die Formel für die monatlichen Kosten

Für die monatlichen Kosten in Spalte G wird nun Spalte für Spalte geprüft nach dem Schema:

- Steht ein Wert größer als 1 in Spalte C (Abbuchen monatlich), dann tragen Sie diesen Wert in Spalte G ein.
- Steht ein Wert größer als 1 in Spalte D (Abbuchen vierteljährlich), dann nehmen Sie diesen Wert und teilen ihn durch 3.
- Steht ein Wert größer als 1 in Spalte E (Abbuchen halbjährlich), dann nehmen Sie diesen Wert und teilen ihn durch 6.
- Steht ein Wert größer als 1 in Spalte F (Abbuchen jährlich), dann nehmen Sie diesen Wert und teilen ihn durch 12.
- In allen anderen Fällen bleibt Spalte G leer.

Die Formel für Zelle G4 sieht wie folgt aus:

```
=WENN(C4>1;C4;WENN(D4>1;D4/3;WENN(E4>1;E4/6;WENN(F4>1;F4/12;""))))
```

Kopieren Sie diese Formel nach unten bis zur Zelle G33.

Die Formel für die jährlichen Kosten

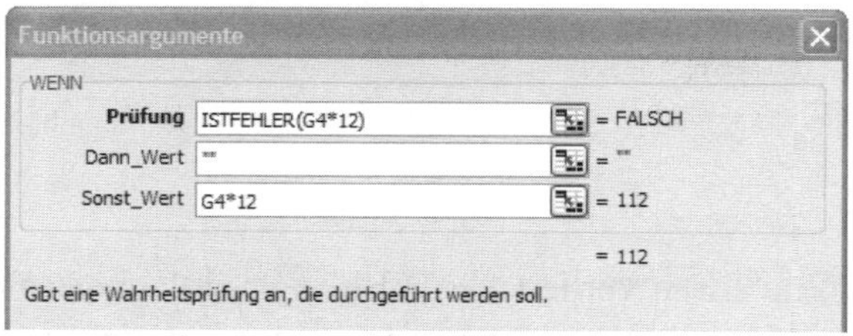

Bild 9.19: Die Funktion ISTFEHLER innerhalb der WENN-Funktion

In der Spalte H berechnen Sie die jährlichen Kosten. Dafür müssen Sie eigentlich nur die monatlichen Kosten aus Spalte G mit 12 multiplizieren. Da Sie die Formel nach unten kopieren möchten und bei einer Multiplikation mit einer leeren Zelle eine Fehlermeldung vom Typ #WERT erscheint, prüfen Sie zunächst mit der Funktion ISTFEHLER, ob die Multiplikation einen Fehlerwert ergibt.

- Im Feld *Prüfung* der WENN-Funktion prüfen Sie mit dem Eintrag ISTFEHLER(G4*12), ob die Multiplikation der Zelle G4 mit dem Wert 12 einen Fehlerwert ergibt.
- Ist das der Fall, dann soll die Zelle leer bleiben. Also tragen Sie im Feld *Dann_Wert* zwei Anführungszeichen direkt hintereinander ein.
- Ist das nicht der Fall, dann soll die Zelle G4 mit 12 multipliziert werden. Also tragen Sie im Feld *Sonst_Wert* G4 * 12 ein.

Die Formel in Zelle H4 sieht nun wie folgt aus: `=WENN(ISTFEHLER(G4*12);"";G4*12)`.

Kopieren Sie diese Formel nach unten bis zur Zelle H33.

Bedingte Formatierung

Damit unsere Tabelle übersichtlich ist und die Zeilen abwechselnd bunt eingefärbt werden, haben wir für den Bereich A4:F33 über eine bedingte Formatierung die Farben festgelegt.

Alle Zeilen mit gerader Zeilennummer bleiben weiß, alle Zeilennummern mit ungerader Zeilennummer erhalten eine Füllfarbe.

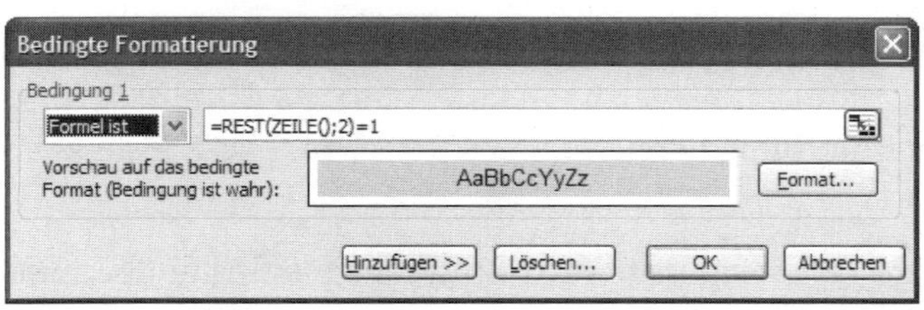

Bild 9.20: Die bedingte Formatierung erzeugt einen geänderte Hintergrundfarbe

Innerhalb der bedingten Formatierung prüfen wir einerseits über die Funktion ZEILE die aktuelle Zeilennummer (z. B. Zeile 3) und andererseits mittels der Funktion REST, ob die Division durch 2 bei der aktuellen Zeile einen Restwert von 1 ergibt. Ist das der Fall, handelt es sich um eine ungerade Zeilennummer und wir legen eine besondere Formatierung fest. Markieren Sie den gewünschten Bereich und wählen Sie *Format/Bedingte Formatierung.* Geben Sie als *Bedingung 1* folgende Funktion ein: `=REST(ZEILE();2)=1` und wählen Sie über den Schalter *Format* eine Formatierung Ihrer Wahl.

Anschließend haben alle ungeraden Zeilen des markierten Bereichs die gewählte Formatierung.

9.7 Verleihliste für alle Fälle

Kategorie: Sammeln & Sortieren

Dateiname: VERLEIHLISTE.XLS

Schwierigkeitsgrad: ❋❋❋

Mit dieser Liste können Sie einerseits Informationen zu Ihren verliehenen Sachen in einfacher Art und Weise festhalten und andererseits über AutoFilterfunktionen auch auswerten. Zum Beispiel:

- Wie viele CDs von uns sind zurzeit verliehen?
- Morgen besuche ich Josy. Hat sie vielleicht noch Sachen von uns, die sie noch nicht zurückgegeben hat?

und vieles mehr.

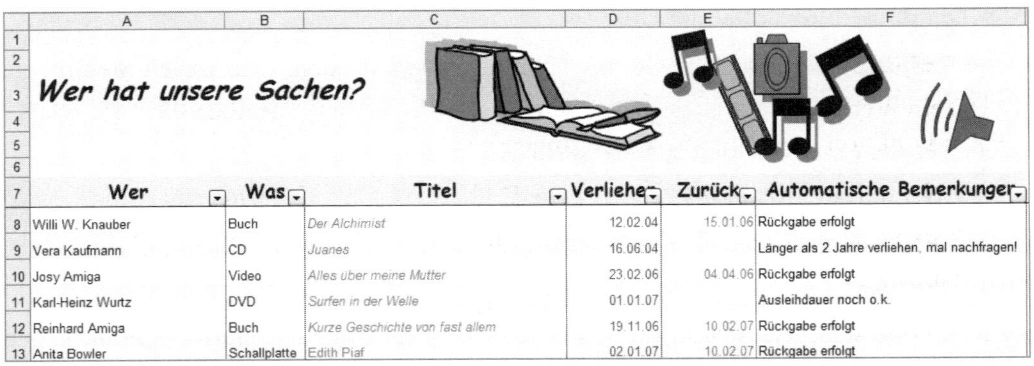

Wer hat unsere Sachen?

	Wer	Was	Titel	Verliehe	Zurück	Automatische Bemerkunger
8	Willi W. Knauber	Buch	*Der Alchimist*	12.02.04	15.01.06	Rückgabe erfolgt
9	Vera Kaufmann	CD	*Juanes*	16.06.04		Länger als 2 Jahre verliehen, mal nachfragen!
10	Josy Amiga	Video	*Alles über meine Mutter*	23.02.06	04.04.06	Rückgabe erfolgt
11	Karl-Heinz Wurtz	DVD	*Surfen in der Welle*	01.01.07		Ausleihdauer noch o.k.
12	Reinhard Amiga	Buch	*Kurze Geschichte von fast allem*	19.11.06	10.02.07	Rückgabe erfolgt
13	Anita Bowler	Schallplatte	Edith Piaf	02.01.07	10.02.07	Rückgabe erfolgt

Bild 9.21: Die Tabelle *Verleihliste* zeigt Ihnen, wer welche Dinge von Ihnen hat.

Beschreibung der Arbeitsmappe

Die Mappe besteht aus zwei Tabellenblättern. Das erste Tabellenblatt enthält die obige Liste, das zweite Tabellenblatt dient als Hilfstabelle. Hier sind in der Spalte A Listeneinträge für eine spätere Auswahlliste über Gültigkeitsprüfung hinterlegt und mit Bereichsnamen versehen. Diese Liste kann von Ihnen auf Ihre Bedürfnisse hin angepasst werden.

Da wir unsere Sachen ungern länger als 2 Jahre verleihen, haben wir in der letzten Spalte über eine verschachtelte WENN-Funktion automatische Bemerkungen hinterlegt.

Gültigkeitsprüfung

In der Spalte B ist in den Zellen B8:B200 über *Daten/Gültigkeit* Register *Einstellungen* folgende Gültigkeitsprüfung hinterlegt:

- Im Feld *Zulassen* ist über einen Listenpfeil der Eintrag *Liste* ausgewählt.
- Im Feld *Quelle* wurde der Bereichsname der zuvor erstellten Auswahlliste in der Hilfstabelle eingegeben, in unserem Beispiel `=was`.

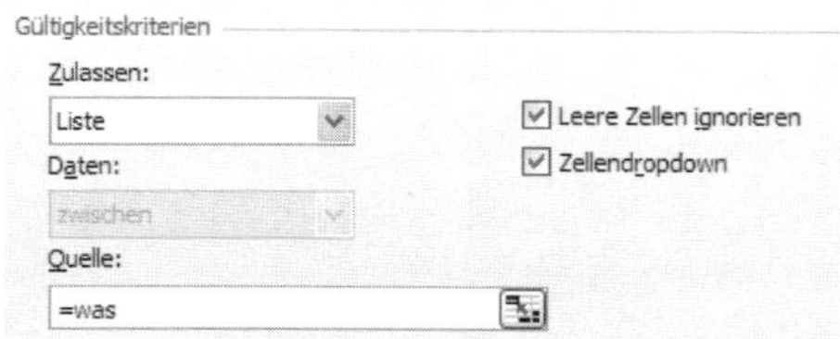

Bild 9.22: Die Gültigkeitskriterien für die Auswahlliste auf dem Registerblatt *Einstellungen*

Nun können in den Zellen der Spalte B die Einträge, was verliehen wurde, einfach und komfortabel über eine Auswahlliste ausgewählt werden. Des Weiteren wurde in der Spalte D über eine Gültigkeitsprüfung hinterlegt, dass das Verleihdatum kleiner oder gleich dem heutigen Datum sein soll, und in Spalte E, dass das Rückgabedatum größer als das Verleihdatum sein soll. Falscheingaben werden mit entsprechenden Fehlermeldungen quittiert.

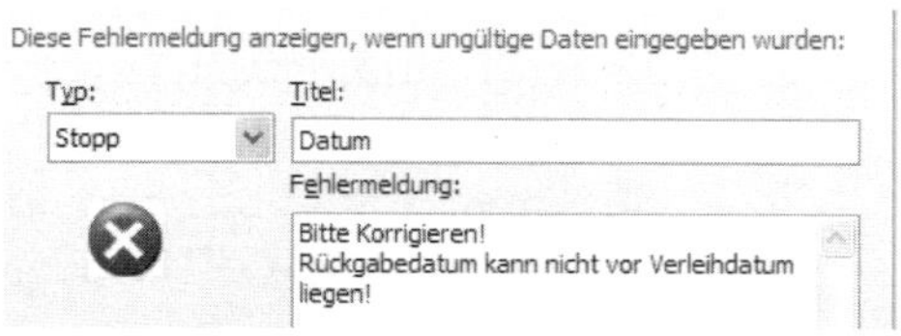

Bild 9.23: Die Fehlermeldung innerhalb der Gültigkeitsprüfung

Automatische Bemerkungen

Sobald in Spalte D ein Verleihdatum eingegeben wird, werden in Spalte F über eine mehrfach geschachtelte WENN-Funktion automatisch Bemerkungen hinterlegt:

- In der ersten WENN-Funktion wird geprüft, ob Spalte D überhaupt ein *Verleihdatum* enthält.
- In der nächsten WENN-Funktion wird dann geprüft, ob Spalte E schon ein *Rückgabedatum* hat, wenn ja, erscheint die Meldung »Rückgabe erfolgt«.
- Ist das Feld *Rückgabedatum* jedoch noch leer, wird über eine weitere WENN-Funktion und die Funktion DATEDIF geprüft, ob die Differenz zwischen dem Verleihdatum und dem aktuellen Datum größer oder gleich 2 Jahre ist, dann erscheint die Meldung »Länger als 2 Jahre verliehen, mal nachfragen!«. Ansonsten erscheint die Meldung: »Ausleihdauer noch o.k.«.
  Die Funktion DATEDIF ermittelt die Differenz zwischen zwei Datumsangaben. Mithilfe des Arguments *Einheit* können Sie festlegen, in welchen Zeiteingaben die Differenz ausgegeben werden soll: »Y« steht für vollständige Jahre, »M« für vollständige Monate und »D« für Anzahl der Tage.

Geben Sie in Zelle F8 die Funktion wie folgt ein: `=WENN(D8="";"";WENN(E8="";WENN(DATEDIF(D8;HEUTE();"Y")>=2;"Länger als 2 Jahre verliehen, mal nachfragen!";"Ausleihdauer noch o.k.");"Rückgabe erfolgt"))` und kopieren Sie diese Formel nach unten bis zur Zelle F200.

AutoFilter

Der AutoFilter ist bereits gesetzt. Wenn Sie einen der Listenpfeile in der siebten Zeile anklicken, können Sie eine Auswahl treffen, indem Sie auf den gewünschten Eintrag klicken. Als Ergebnis sehen Sie jetzt eine gefilterte Liste. Die restlichen Zeilen werden zurzeit einfach ausgeblendet. Als Hinweis, dass Sie nicht alle Zeilen der Tabelle sehen, werden die Zeilennummern am linken Tabellenrand blau eingefärbt. Außerdem wird der Listenpfeil blau gefärbt, damit Sie erkennen, dass nach dieser Spalte gefiltert wird. In der Statusleiste wird angezeigt, wie viele Treffer gefunden wurden. Sie können jetzt auf diesem Filterergebnis weiter filtern oder Sie schalten dieses Ergebnis wieder aus, indem Sie am Listenpfeil den Eintrag *(Alle)* wählen.

9.8 Verzeichnis für CDs, Videos und DVDs

Kategorie: Sammeln & Sortieren

Dateiname: CD_UND_DVD_ARCHIV.XLS

Schwierigkeitsgrad: ❋ ❋

	A	B	C	D	E	F
1	Archiv				Anzahl CDs	3
2	Musik CD's / DVD's / Videos				Anzahl DVDs	2
3					Anzahl Videos	1
4					Anzahl Insgesamt:	6
5						
6					Spielzeit (Min.) insgesamt	115,61 Min.
7						
8						Länge
9	Nr.	Medium	Titel	Songs	Interpret	Minuten
10	1	CD	Yeah!	Yeh! Yeh	Matt Bianco	2,56 Min.
11	1			Fly by night	Matt Bianco	6,10 Min.
12	1			Half a minute	Matt Bianco	3,15 Min.
13	1			Indigo	Matt Bianco	4,29 Min.
14	2	CD	Latino Hits	Un, dos, tres Maria	Ricky Martin	4,36 Min.
15	2			Party Time	Gloria Estefan	4,36 Min.
16	2			Bamboleo	Gipsy Kings	3,23 Min.
17	3	DVD	Mix 2002	Whenever whereever	Shakira	3,18 Min.
18	3			Come along	Titiyo	3,43 Min.
19	3			Moi...Lolita	Alizé	3,18 Min.

Bild 9.24: Die Tabelle *Musik-Archiv*

Mit dieser Liste können Sie Ihre Musik auf CD, DVD und Video archivieren.

Es wird automatisch ermittelt, wie viele Minuten Musik Sie insgesamt besitzen und wie viele CDs, DVDs oder Videos Sie archiviert haben.

Beschreibung der Arbeitsmappe

Die laufende Nummer für Ihre Musikmedien (Spalte A) vergibt Excel automatisch, nachdem Sie in Spalte B über eine Auswahlliste gewählt haben, um welches Medium es sich hier handelt. Die Zellen in Spalte B bis F sind Eingabezellen, in den Zellen F1:F6 stehen Formeln, sodass die Anzahl für die einzelnen Medien automatisch berechnet wird.

Gültigkeitsprüfung

In Spalte B ist für die Zellen eine Gültigkeitsprüfung hinterlegt, sodass hier komfortabel aus einer Auswahlliste die Medien ausgewählt werden können.

1. Markieren Sie die gewünschten Zellen (in unserem Beispiel B10:B57).
2. Wählen Sie *Daten/Gültigkeit/* Register *Einstellungen.*

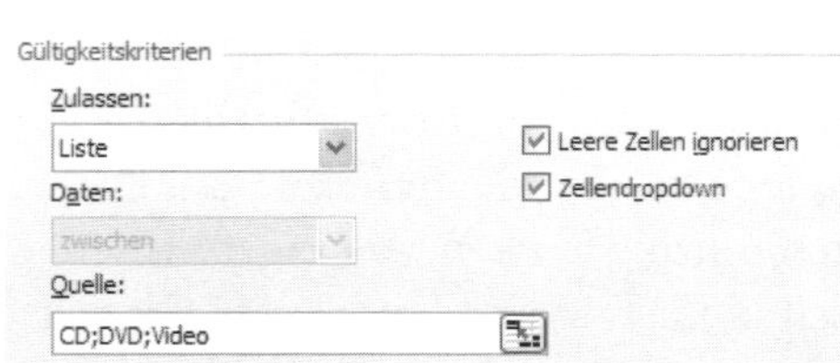

Bild 9.25: Die Gültigkeitskriterien für die Auswahlliste

3. Im Feld *Zulassen* wählen Sie über den Pfeil den Eintrag *Liste* aus.
4. Im Feld *Quelle* hinterlegen Sie durch Semikolon getrennt die drei Elemente der Auswahlliste (in unserem Beispiel »CD;DVD;Video«).

5 *OK* schließt diesen Vorgang ab.

Nun können diese Einträge in den entsprechenden Zellen über den Listenpfeil einfach ausgewählt werden.

Die WENN-Funktion in Spalte A

In Spalte A soll immer automatisch eine neue laufende Nummer vergeben werden, sobald wir in Spalte B ein neues Medium ausgewählt haben. Deshalb prüfen wir mit einer WENN-Funktion, ob die entsprechende Zelle der Spalte B nicht leer ist. Wenn dies der Fall ist, soll die Nummer der Vorgängerzeile in Spalte A um 1 addiert werden, ansonsten soll weiterhin der gleiche Wert wie in der Vorgängerzeile genommen werden. Die Funktion sieht daher wie folgt aus: `=WENN(B11<>"";(A10+1);A10)` und kann nach unten kopiert werden.

Die Funktion ZÄHLENWENN

In den Zellen F1:F3 prüfen wir über die Funktion ZÄHLENWENN, wie oft der Eintrag »CD« im Bereich B10:B57 vorkommt.

- *Bereich* ist der Zellbereich, von dem Sie wissen möchten, wie viele seiner Zellen einen Inhalt haben, der mit den Suchkriterien übereinstimmt. Wir geben hier den Zellbereich absolut in der Form B10:B57 ein, dann können wir die Funktion später kopieren und anpassen.
- *Suchkriterien* bestimmen, welche Zellen gezählt werden. In unserem Beispiel geben wir hier »CD« ein.

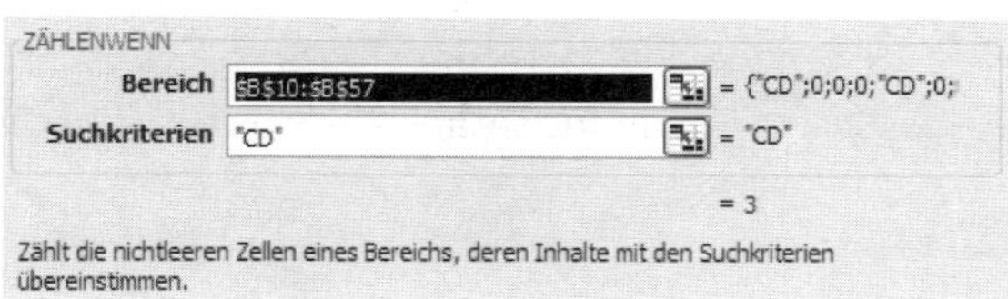

Bild 9.26: Die Funktion ZÄHLENWENN zeigt die Anzahl der CDs.

Wir kopieren die Formel bis zur Zelle F3 nach unten und passen sie wie folgt an:

```
=ZÄHLENWENN($B$10:$B$57;"DVD")
=ZÄHLENWENN($B$10:$B$57;"Video")
```

Die Funktion ANZAHL2

Über die Funktion ANZAHL2 prüfen wir, wie viele Medien wir insgesamt haben. Die Funktion ANZAHL2 benutzt man, wenn man wissen möchte, wie viele Zellen zu einem Bereich Daten (Text oder Zahlenwerte) enthalten. Die Funktion in F4 sieht wie folgt aus: `=ANZAHL2(B10:B57)`.

10 Schule

10.1 Auswertung von Klausuren, Klassenarbeiten und Tests

Kategorie: Schule

Dateiname: KLAUSURAUSWERTUNG.XLS

Schwierigkeitsgrad: ❋❋❋

	A	B	C	D	E	F	G	H
1	Klausurauswertung - Testauswertung							
2								
3	Klasse		Jahrgangsstufe			Datum		
4	Klausurthema							
5								
6	Notenspiegel	sehr gut	gut	befriedigend	ausreichend	mangelhaft	ungenügend	
7		1	4	10	2	1	1	
8								
9		maximale Punkte für Teilbaufgaben				Punkte	Punkte	Note
10	Maximale	1. Aufgabe	2. Aufgabe	3. Aufgabe	4. Aufgabe	gesamt	in %	
11	Punktzahl	13	13	13	11	50	100%	sehr gut
12	Name							
13	Schüler 1	5,0	11,0	8,0	11,0	35,0	70%	befriedigend
14	Schüler 2	10,0	8,0	12,0	10,0	40,0	80%	befriedigend
15	Schüler 3	12,0	13,0	12,5	11,0	48,5	97%	sehr gut
16	Schüler 4	9,0	13,0	12,0	11,0	45,0	90%	gut
17	Schüler 5	12,5	4,0	6,0	11,0	33,5	67%	befriedigend
18	Schüler 6	2,0	9,0	8,0	4,0	23,0	46%	mangelhaft
19	Schüler 7	10,0	10,0	8,0	11,0	39,0	78%	befriedigend
20	Schüler 8	12,0	10,0	8,0	10,0	40,0	80%	befriedigend
21	Schüler 9	12,0	10,0	8,0	11,0	41,0	82%	gut
22	Schüler 10	13,0	10,0	10,0	10,0	43,0	86%	gut
23	Schüler 11	12,0	5,0	9,0	11,0	37,0	74%	befriedigend
24	Schüler 12	8,0	10,0	13,0	11,0	42,0	84%	gut
25	Schüler 13	13,0	8,0	8,0	9,0	38,0	76%	befriedigend

Bild 10.22: Klausurauswertung mit Notenspiegel

Die Korrektur von Klassenarbeiten und Tests ist schon sehr arbeitsintensiv. Lassen Sie sich bei der Notenberechnung und Auswertung der Punkte ein wenig von Excel helfen.

Mit der vorliegenden Datei können Sie anhand der erreichten Punktzahlen für Teilaufgaben die Gesamtpunktzahl, den prozentualen Anteil an der maximal erreichbaren Punktzahl sowie die Benotung errechnen.

Zusätzlich können Sie auch gleich einen Notenspiegel erstellen.

Formeln zur Klausurauswertung

Zunächst geben Sie in den Zellen B11 bis E11 die maximale Punktzahl für die Teilaufgaben ein. Wenn Sie mehr als 4 Teilaufgaben haben, markieren Sie die Zellen E9 bis E31 und fügen über die Tastenkombination `Strg`+`+` weitere Zellen ein.

1. Um die Gesamtpunktzahl zu errechnen, geben Sie in der Zelle F11 die SUMME-Funktion ein: `=Summe(B11:E11)`.

2. Den prozentualen Anteil an der maximal erreichbaren Punktzahl ermitteln Sie, indem Sie die erreichten Punkte durch die maximalen Punkte teilen. Geben Sie hierfür in die Zelle G11 folgende Formel ein: `=F11/$F$11`. Die Dollarzeichen im zweiten Zellbezug erhalten Sie, indem Sie nach der Eingabe des Zellbezugs `F4` drücken. Hiermit setzen Sie die Zelle fest, damit später beim Kopieren der Formel der Bezug auf die Zelle F11 nicht verändert wird. Formatieren Sie die Zelle als Prozent, indem Sie auf das Prozentsymbol in der *Format*-Symbolleiste klicken.

3. Für die Zuordnung der richtigen Note zur erreichten Punktzahl verwenden Sie die SVERWEIS-Funktion. Hierfür benötigen Sie aber zuerst eine Tabelle, in der Sie die jeweils unteren Grenzwerte für die Noten festlegen. Erstellen Sie im Tabellenblatt *Bewertungsspiegel* die entsprechende

Tabelle. In unserem Beispiel haben wir eine sehr differenzierte Aufteilung erstellt, die Ihnen die Möglichkeit gibt, die Note als Text oder als Zahl mit einer Nachkommastelle ausgeben zu lassen:

4. Die SVERWEIS-Funktion sucht die erreichte Prozentzahl in der ersten Spalte des Bewertungsspiegels und gibt Ihnen je nach Angabe die Note als Zahl (aus der Spalte 2) oder als Text (aus der Spalte 3) wieder.

5. Geben Sie in die Zelle H11 über den Funktionsassistenten die SVERWEIS-Funktion ein: `G11` ist hier das *Suchkriterium*. `Bewertungsspiegel!$A$4:$C$27` ist die *Matrix*. Der *Spaltenindex* ist hier die 3, d.h. die Note als Text, die in der 3. Spalte der Matrix steht, wird ausgegeben. Soll die Zahl ausgegeben werden, tragen Sie statt der 3 die 2 ein.

6. Jetzt können Sie die drei Funktionen in den Zellen F11 bis H11 markieren und über das Ausfüllkästchen bis zur Zeile des letzten Schülers kopieren. Formatieren Sie die Zellen nach Ihren Wünschen und löschen Sie die Formeln in der Zeile 12.

	A	B	C	D
1	Bewertungsspiegel			
2				
3	Bis	Note		
4	0,0%	6,0	ungenügend	
5	20,0%	5,4	mangelhaft	
6	26,0%	5,2	mangelhaft	
7	32,0%	5,0	mangelhaft	
8	38,0%	4,8	mangelhaft	
9	44,0%	4,6	mangelhaft	
10	50,0%	4,4	ausreichend	
11	54,0%	4,2	ausreichend	
12	57,0%	4,0	ausreichend	
13	61,0%	3,8	ausreichend	
14	64,0%	3,6	ausreichend	
15	67,0%	3,4	befriedigend	
16	70,0%	3,2	befriedigend	
17	73,0%	2,8	befriedigend	
18	76,0%	3,0	befriedigend	
19	78,0%	2,6	befriedigend	
20	81,0%	2,4	gut	
21	83,0%	2,2	gut	
22	86,0%	2,0	gut	
23	88,0%	1,8	gut	
24	90,0%	1,6	gut	
25	92,0%	1,4	sehr gut	
26	94,0%	1,2	sehr gut	
27	96,0%	1,0	sehr gut	

Bild 10.23: Der Bewertungsspiegel zur Zuordnung der Noten zur erreichten Punktzahl

	B	C	D	E	F	G	H	I	J	K
12										
13	5,0	11,0	8,0	11,0	35,0	70%	=SVERWEIS(G13;Bewertungsspiegel!$A$4:$C$27;3)			
14	10,0	8,0	12,0	10,0	40,0	80%	befriedigend			
15	12,0	13,0	12,5	11,0	48,5	97%	sehr gut			

Bild 10.24: Mit der SVERWEIS-Funktion ordnen Sie der erreichten Punktzahl die Benotung laut Bewertungsspiegel zu.

Berechnung des Notenspiegels

Der Notenspiegel zeigt Ihnen, wie oft eine Note vergeben wurde.

B7 =ZÄHLENWENN($H$13:$H$31;B6)

	A	B	C	D	E	F	G
6	Notenspiegel	sehr gut	gut	befriedigend	ausreichend	mangelhaft	ungenügend
7		1	4	10	2	1	1

Bild 10.25: Der Notenspiegel dieser Klausur

Über die Funktion ZÄHLENWENN können Sie zählen lassen, wie oft ein bestimmter Eintrag in einem Zellbereich vorkommt. Diese Funktion nutzen wir sechsmal, um für jede Note die Anzahl zu ermitteln. Schreiben Sie in die Zellen B6 bis G6 die Noten. Dabei ist eine exakte Übereinstimmung der Schreibweise mit den Einträgen in Spalte H zwingend erforderlich, da wir diese Einträge als Vergleichskriterium in der ZÄHLENWENN-Funktion nutzen.

1. Geben Sie in die Zelle B7 folgende Funktion ein: `=ZÄHLENWENN($H$13:$H$31;B6)`.

2. Kopieren Sie die Funktion über das Ausfüllkästchen weiter nach rechts bis zur Spalte G.

10.2 Bundesjugendspiele

Kategorie: Schule

Dateiname: WETTKAMPFSLISTE.XLS

Schwierigkeitsgrad: ❋❋

In diesem Beispiel wird eine Art Laufzettel entwickelt, den Sie jedem Teilnehmer an einem sportlichem Mehrkampf, wie beispielsweise den Bundesjugendspielen, mit auf den Weg geben oder auch gleich am PC ausfüllen können.

	A	B	C	D	E	F	G
1	Sportfest der Gesamtschule Musterstadt				Teilnehmer-Nr.		100
2	Name		Fitter		Geb-Datum	15.9.94	
3	Vorname		Julia		Alter	12	
4	Klasse		7 d		Geschlecht	weiblich	
5							
6	Disziplin		1. Versuch	2. Versuch	3. Versuch	Ergebnis	Punkte
7	Laufen						
8	x	50 m				0	
9		75 m				0	
10		100 m				0	
11		800 m				0	
12		2000 m				0	
13		3000 m				0	
14	Springen						
15		Hochsprung				0	
16	x	Weitsprung				0	
17	Werfen						
18		Kugelstoß				0	
19		Schleuderball				0	
20	x	200-g-Ballwurf				0	
21		80-g-Schlagballwurf				0	
22				Deine Gesamtpunktzahl			

Wettkampfsliste Teilnehmerkarte

Bild 10.26: Die Wettkampfliste

Beschreibung

Bauen Sie zunächst das Raster für Ihre Wettkampfliste auf und stellen Sie dabei im oberen Teil einen Tabellenkopf für die Angaben zum Teilnehmer auf.

Für die Bewertung der Leistungen werden je nach Alter und Geschlecht oft unterschiedliche Maßstäbe angelegt, darum sollten diese Angaben hier nicht fehlen.

Das Alter können Sie mit der DATEDIF-Funktion anhand des Geburtstags und des aktuellen Datums berechnen.

Diese Funktion ermittelt die Differenz zwischen einem Anfangs- und einem Enddatum. Mithilfe des dritten Parameters der Funktion können Sie festgelegen, in welcher Einheit die Differenz ausgegeben werden soll: »Y« steht für vollständige Jahre, »M« für vollständige Monate und »D« für Anzahl der Tage.

Sie werden die DATEDIF-Funktion leider nicht über den Funktionsassistenten finden und müssen sie daher manuell eingeben.

1. Setzen Sie den Cursor in die Zelle F3 und geben Sie folgende Formel ein:
`=DATEDIF(F2;HEUTE();"Y")`

Als erstes Argument haben Sie mit F2 die Zelle eingegeben, die das Geburtsdatum enthält, also das Anfangsdatum. Als zweites Argument nutzen Sie die Funktion *HEUTE()*, die Ihnen das aktuelle Datum liefert, und als drittes Argument haben Sie mit »Y« festgelegt, dass Sie die Differenz zwischen beiden Daten in Jahren sehen möchten.

2. Damit in der Zelle F4 das Geschlecht des Teilnehmers über eine Auswahlliste ausgewählt werden kann, legen Sie über *Daten/Gültigkeit* im Register *Einstellungen* fest, dass hier nur Einträge aus einer *Liste* zugelassen sind, und tragen im Feld *Quelle* mit einem Semikolon getrennt die möglichen Einträge ein.

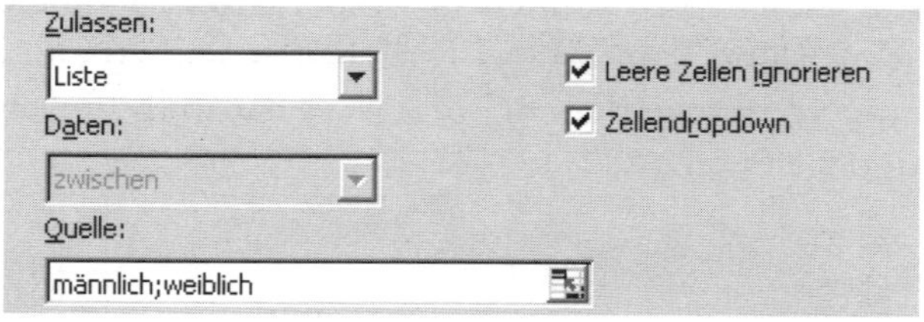

Bild 10.27: Gültigkeitskriterien

3. Im unteren Teil der Tabelle legen Sie nun für jede Disziplin Ihres Wettkampfes eine Zeile an und für jeden erlaubten Versuch eine Spalte, in der das Ergebnis pro Versuch eingetragen werden kann.

In die Wertung soll aus den drei Versuchen natürlich nur der Beste übernommen werden. Da dies bei manchen Disziplinen der kleinste Wert und bei anderen Disziplinen der höchste Wert ist, müssen Sie je nach Disziplin entweder die MAX-Funktion auswählen, die aus einem Zellbereich den maximalen Wert ermittelt, oder die MIN-Funktion, die den minimalen Wert zurückgibt.

4. Klicken Sie in die Zelle F8 und geben Sie – da beim Laufen die kleinste Zeitangabe die beste ist – die MIN-Funktion ein:

   `=MIN(C8:E8).`

5. Diese können Sie nun in alle anderen Zellen kopieren, in denen auch jeweils der Versuch mit dem kleinsten Wert als Ergebnis übernommen werden soll.

6. Geben Sie in der Zelle F15 die folgende Formel ein: `=MAX(C15:E15)`, um hier den Versuch mit dem höchsten Wert zu übernehmen, und kopieren Sie diese Formel in alle andern Ergebniszellen, die ebenfalls den höchsten Wert übernehmen sollen.

7. In die Spalte G tragen Sie nun die Punkte ein, die dem jeweiligen Ergebnis zugeordnet sind, und addieren diese in der Zelle G22 über die SUMME-Funktion: `=SUMME(G7:G21)`.

8. Die Datei ist so aufgebaut, dass immer zwei Listen auf einem DIN-A4-Blatt ausgedruckt werden. Kopieren Sie deshalb nun die Zeilen 1 bis 22, indem Sie mit gedrückter linker Maustaste über die Zeilennummern fahren und anschließend [Strg]+[C] drücken.

9. Positionieren Sie den Cursor in Zelle A24 und fügen Sie mit [Strg]+[V] die kopierten Zeilen hier ein.

10. Wenn Sie eine fortlaufende Nummer für die Wettkampfslisten benötigen, ersetzen Sie den Wert in Zelle G 24 mit der Formel `=G1+1`. Nun kopieren Sie die Zeilen 23 bis 45 so oft Sie möchten untereinander.

10.3 Elternliste für Schule und Kindergarten

Kategorie: Schule

Dateiname: ELTERNLISTE.XLS

Schwierigkeitsgrad: ❋❋

Mit dieser Liste können in Kindergärten, Schulen und ähnlichen Einrichtungen Daten der Kinder schnell und komfortabel festgehalten und zu einem späteren Zeitpunkt über Filterfunktionen auch ausgewertet werden. Beispiel: Wer hat im Mai Geburtstag? oder Wie heißt der Vater von Paulchen? und vieles mehr.

Bild 10.1: Die Tabelle *Elternliste* zeigt die Adressen und weitere Informationen aller Kindergartenkinder.

Das Alter der Kinder berechnen

Das momentane Alter der Kinder lässt sich in Excel mit der Funktion DATEDIF berechnen. Diese Funktion ermittelt die Differenz zwischen zwei Datumsangaben. Mithilfe des Arguments *Einheit* können Sie festlegen, in welchen Zeiteingaben die Differenz ausgegeben werden soll: »Y« steht für vollständige Jahre, »M« für vollständige Monate und »D« für Anzahl der Tage.

Die Funktion DATEDIF muss manuell eingegeben werden. In unserem Beispiel prüfen wir zuerst über eine WENN-Funktion, ob die Spalte *Geburtsdatum* einen Eintrag enthält. Erst dann errechnen wir über die DATEDIF-Funktion mit dem Parameter »Y« die Differenz zwischen dem Geburtsdatum und dem heutigen Datum. Geben Sie daher in Zelle D4 folgende Funktion ein: `=WENN(ISTLEER(C4);"";DATEDIF(C4;HEUTE();"Y"))` und kopieren Sie diese Formel nach unten.

Geburtsmonat ausgeben

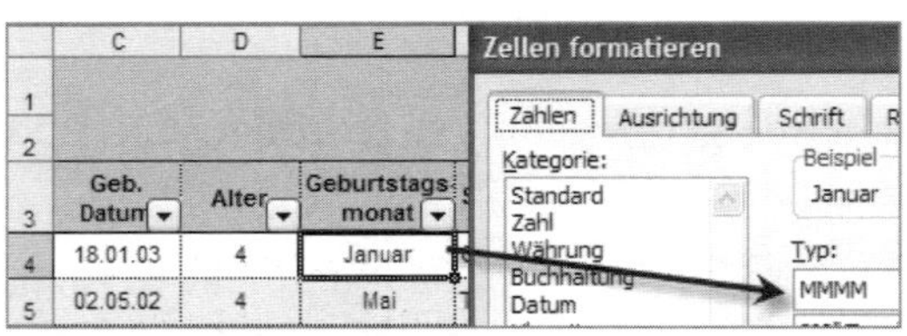

Bild 10.2: Das benutzerdefinierte Zahlenformat zeigt nicht das Datum, sondern nur den ausgeschriebenen Monat.

Damit wir in Zukunft schnell filtern können, wer zum Beispiel im Monat Mai Geburtstag hat, geben wir in Spalte E den Geburtsmonat aus. Dafür greifen wir einfach auf Spalte C, den Geburtstag, zurück und geben in Zelle E4 ein: `=C4`. Anschließend sorgen wir mittels Formatierung dafür, dass dieses Datum als Monat in der Form MMMM ausgegeben wird.

AutoFilterfunktionen in der Liste

Eine einfache und komfortable Art, unsere Liste auszuwerten, ist der AutoFilter. Um den AutoFilter einzuschalten, wählen Sie *Daten/Filter/AutoFilter.* Als Ergebnis erhalten Sie in der ersten Zeile in jeder Zelle einen Listenpfeil. Um die Listenpfeile und damit den AutoFilter wieder zu entfernen, wählen Sie diese Befehlsfolge erneut. Wenn Sie einen der Listenpfeile anklicken, können Sie eine Auswahl treffen, indem Sie auf den gewünschten Eintrag klicken. Im folgenden Beispiel wollen wir nur die Kinder sehen, die im Mai Geburtstag haben.

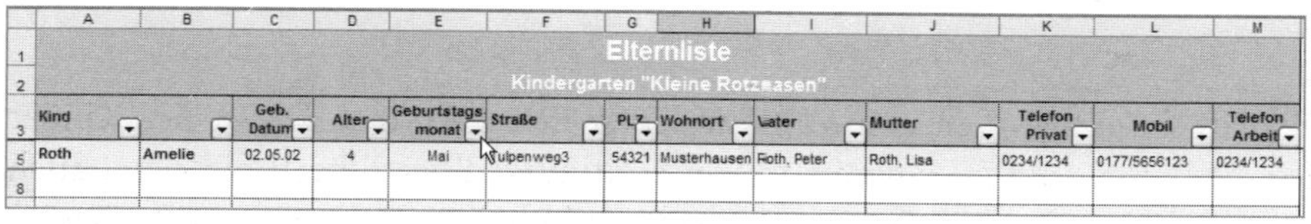

Bild 10.3: Der gewählte AutoFilter zeigt nur die Geburtstagskinder aus dem Monat Mai.

Als Ergebnis sehen Sie jetzt alle Zeilen, die im Feld *Geburtstag Mai* stehen haben. Die restlichen Zeilen werden zurzeit einfach ausgeblendet. Als Hinweis, dass Sie nicht alle Zeilen der Tabelle sehen, werden die Zeilennummern am linken Tabellenrand blau eingefärbt. Außerdem wird der Listenpfeil auch blau gefärbt, damit Sie erkennen, dass nach dieser Spalte gefiltert wird. In der Statusleiste wird angezeigt, wie viele Treffer gefunden wurden.

Der benutzerdefinierte Filter

Stellen Sie sich vor, Sie möchten für alle Kinder, die im Juni oder Juli Geburtstag haben, am ersten Tag nach den Sommerferien eine besondere Aktion veranstalten. Immer wenn wir Daten nach zwei Suchkriterien innerhalb einer Spalte filtern möchten, benötigen wir den benutzerdefinierten Filter.

1. Wählen Sie in der Spalte *Geburtstagsmonat* am Listenpfeil den Eintrag *Benutzerdefinierter Filter.*
2. Geben Sie den ersten Suchparameter in das entsprechende Feld ein:
   Geburtsmonat entspricht *Juni.*
3. Da es sich hier um eine Oder-Verknüpfung handelt, aktivieren Sie die Option *ODER.*
   Bei einer Oder-Verknüpfung muss nur eine der beiden Bedingungen wahr sein. Bei einer Und-Verknüpfung müssen beide Bedingungen wahr sein (und dass eine Person im Juni und im Juli gleichzeitig Geburtstag hat, kann ja nicht vorkommen).
4. Geben Sie den zweiten Suchparameter in das entsprechende Feld ein:
   Geburtsmonat entspricht *Juli.*
5. Bestätigen Sie mit *OK.*

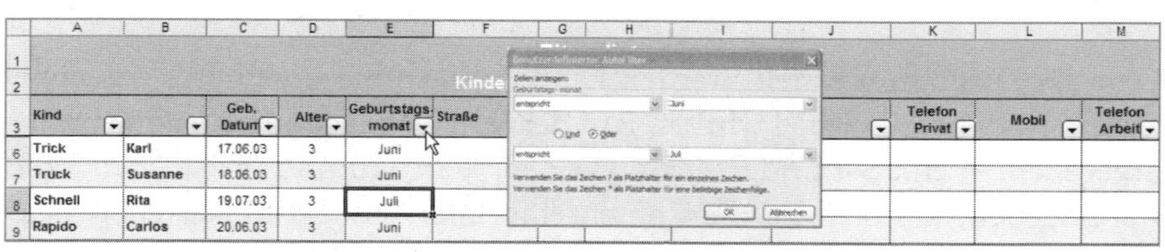

Bild 10.4: Der benutzerdefinierte Filter zeigt alle Geburtstagskinder aus den Monaten Juni bzw. Juli.

Jetzt werden alle Kinder, die im Juni bzw. im Juli Geburtstag haben, aufgelistet. Die Zeilennummern am linken Tabellenrand sind wieder blau eingefärbt. Außerdem wird der Listenpfeil wieder blau gefärbt, nachdem Sie gefiltert haben, und in der Statusleiste wird die Trefferanzahl gezeigt.

Sie können jetzt auf diesem Filterergebnis weiter filtern oder Sie schalten dieses Ergebnis wieder aus, indem Sie am Listenpfeil den Eintrag *(Alle)* wählen.

10.4 Geometrie: eine Gerade zeichnen

Kategorie: Schule

Dateiname: MATHEMATIK_FUNKTION_DARSTELLEN.XLS

Schwierigkeitsgrad: ❋❋

Excel kann auch für Schüler und natürlich die Eltern ein wichtiges Werkzeug sein, um mathematische Inhalte darzustellen.

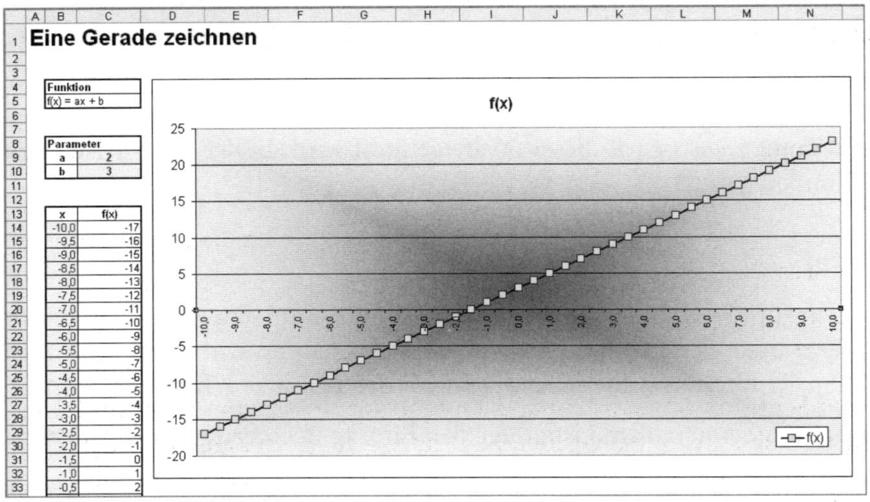

Bild 10.5: Eine Gerade mit einem Diagramm zeichnen

Beschreibung

In der vorliegenden Excel-Datei tragen Sie die Parameter zu der Funktion einer Geraden in zwei Zellen ein. Die Parameter *a* und *b* für die angegebene Funktion `f(x) = ax + b` werden in den Zellen C9 und C10 eingegeben. Sie werden später zur Berechnung herangezogen. Über die Berechnung der Ergebnisse für einen vorgegebenen Wertebereich zeigt Excel das Diagramm automatisch an.

So wird die Datei erstellt

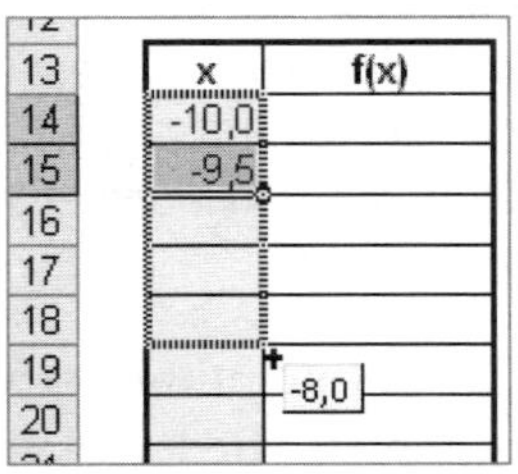

Bild 10.6: Zahlenreihe automatisch fortführen

Bevor ein Diagramm erstellt werden kann, müssen die Ergebnisse berechnet werden. In diesem Beispiel wird ab B14 der Wertebereich für die Berechnung vorgegeben. Wenn Sie in der Zelle B13 den Wert -10 und in B14 den Wert -9,5 eingeben, können Sie die Zahlenreihe über das Ausfüllkästchen nach unten ziehen.

Je mehr x-Werte Sie vorgeben, umso mehr Funktionswerte können Sie für das Diagramm berechnen. In unserem Beispiel haben wir einen Wertebereich von -10 bis 10 in 0,5er-Schritten in den Zellen B14 bis B54.

Um in der Zelle C14 das erste Ergebnis zu berechnen, geben Sie die Formeln laut der beschriebenen Formel in C5 ein: `=$C$9 * B14 + $C$10`.

In der Zelle $C$9 ist der Parameter *a* eingegeben. Dieser Wert wird über die $-Zeichen festgehalten.

Sie erhalten die Dollarzeichen, wenn Sie während der Eingabe von C9 die Funktionstaste [F4] drücken. Diese Funktionstaste liefert vier unterschiedliche Arten der Zelladressierung.

C9	Zeile und Spalte wandern beim Kopieren automatisch mit.
$C$9	Zeile und Spalte verändern sich beim Kopieren nicht.
$C9	Spalte verändert sich beim Kopieren nicht, die Zeilennummer wandert mit.
C$9	Spalte verändert sich beim Kopieren nicht, die Spaltenangabe wandert mit.

Dies ist wichtig, damit die Formel nach unten kopiert werden kann. Die Zelle C9 soll dabei nicht automatisch mitwandern. Der Parameter wird mit dem Wert *x* in B14 multipliziert und zu diesem Ergebnis der Parameter *b* in $C$10 addiert. Auch diesen Wert halten Sie mit dem Dollarzeichen fest.

So erstellen Sie das Diagramm

Um das Diagramm zu erstellen, markieren Sie die Zellen, die im Diagramm gezeigt werden sollen. Die Punkte für das Diagramm befinden sich im Zellbereich C13 bis C54. Starten Sie den Diagramm-assistenten und legen Sie im Schritt 2 folgende Angaben fest.

```
Werte: =Funktion!$C$14:$C$54
Rubrikenachse: =Funktion!$B$14:$B$54
```

Vervollständigen Sie in den vier Schritten des Assistenten die Angaben zum Diagramm. Bevor Sie das Diagramm erstellen, legen Sie fest, ob es in einem eigenen Blatt oder neben den Zahlen auf dem Blatt erstellt werden soll. Sobald das Diagramm angezeigt wird, können Sie die einzelnen Elemente des Diagramms über die Befehle des Kontextmenüs mit der rechten Maustaste bearbeiten.

Die Sinusfunktion

In der Datei befindet sich auch ein weiteres Arbeitsblatt mit der Darstellung der Sinusfunktion.

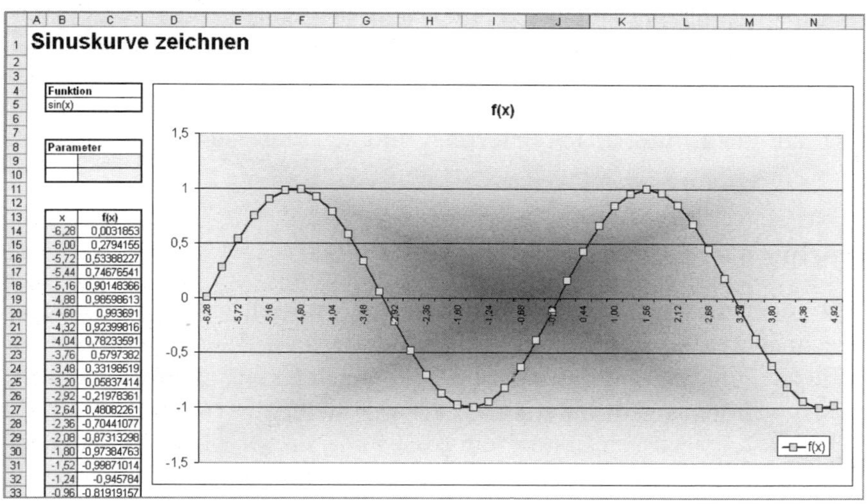

Bild 10.7: Die Sinuskurve als Diagramm in Excel

10.5 Klassenarbeitsübersicht

Kategorie: Schule

Dateiname: KLASSENARBEITS-UEBERSICHT.XLS

Schwierigkeitsgrad: ❋❋

Übersicht Klassenarbeiten

Datum 27. Januar 2007

Gesamtdurchschnitt 2,75

Heike Stange

Schuljahr 2006 / 2007

Klassenarbeiten

Fächer	I	II	III	IV	V	VI	VII	VIII	IX	X	Durchschnitt	Anmerkung
Deutsch	2	4									3,00	
Mathematik	1	2									1,50	
Spanisch	3										3,00	
Englisch	2	5									3,50	
Latein	4	3									3,50	
Französisch	2	2									2,00	
Biologie	1										1,00	
Geschichte	4										4,00	
Erdkunde	1										1,00	
Musik	5										5,00	

Bild 10.8: Die Tabelle *Übersicht Klassenarbeiten*

Mit dieser Liste können Sie als Lehrer für jeden Schüler pro Schuljahr eine Übersicht aller Klassenarbeiten in den unterschiedlichen Fächern erstellen. Die Durchschnittsnote pro Fach wie auch der Gesamtdurchschnitt werden automatisch berechnet.

Die Liste ist gleichermaßen für den Schüler selbst als auch für Eltern sinnvoll, wenn man einen guten Überblick über die Noten in allen Fächern behalten möchte.

Beschreibung

In Zelle D4 geben Sie den Namen der Schülerin bzw. des Schülers ein und in Zelle H5 das aktuelle Schuljahr. Das Datum wird automatisch über die Funktion HEUTE ausgegeben.

Im Zellbereich B9:B31 können Sie die Fächer auflisten und dann im Laufe des Schuljahres für insgesamt maximal zehn Klassenarbeiten pro Fach die jeweilige Note eintragen. Sobald die erste Note eingetragen ist, wird der Durchschnitt für dieses Fach berechnet und auch der Gesamtdurchschnitt ausgegeben.

Durchschnitt pro Fach berechnen

In unserem Beispiel wird in M9 der Durchschnitt der Klassenarbeiten im Fach Deutsch berechnet. Da der Durchschnitt erst berechnet werden soll, sobald auch mindestens ein Wert vorhanden ist, prüfen wir zuerst mit einer WENN-Funktion, ob der Wert im Zellbereich C9 bis L9 größer null ist, dann soll der Mittelwert berechnet werden, ansonsten soll die Zelle leer bleiben.

Geben Sie in Zelle M9 folgende Formeln ein:

```
=WENN(SUMME(C9:L9)>0;MITTELWERT(C9:L9);"")
```

Kopieren Sie diese Formel für alle Fächer über das Ausfüllkästchen nach unten bis zur Zelle M31.

Gesamtdurchschnitt berechnen

Der Gesamtdurchschnitt berechnet sich aus dem Mittelwert aller Durchschnittsnoten in Spalte M. Da auch dieser Durchschnitt erst berechnet werden soll, sobald auch mindestens ein Wert vorhanden ist, prüfen wir wieder zuerst mit einer WENN-Funktion, ob der Wert im Zellbereich M9 bis M31 größer null ist, dann soll der Mittelwert berechnet werden, ansonsten soll die Zelle leer bleiben.

Geben Sie daher in Zelle B7 folgende Formeln ein:
`=WENN(SUMME(M9:M31)>0;MITTELWERT(M9:M31);"")`.

Umgang mit Tabellenblättern

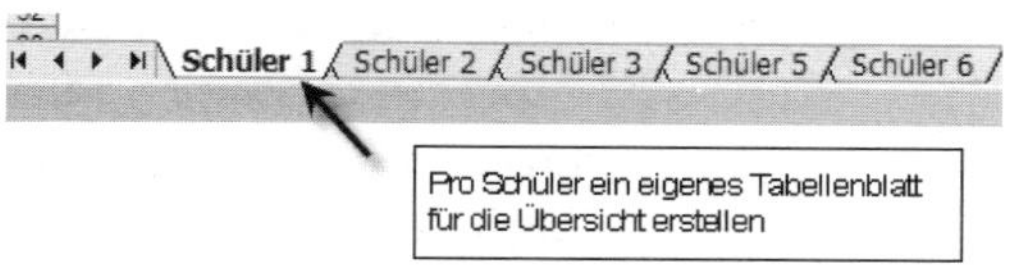

Bild 10.9: Für jeden Schüler ein eigenes Tabellenblatt

Für den Lehrer kann es in dieser Arbeitsmappe durchaus sinnvoll sein, für die gesamte Klasse pro Schüler ein eigenes Tabellenblatt zu haben. Daher sollte am besten das erste leere Tabellenblatt entsprechend der Schülerzahl kopiert werden.

1. Klicken Sie mit der rechten Maustaste auf ein Registerblatt und wählen Sie den Befehl *Verschieben/Kopieren.*
2. Bestimmen Sie, an welcher Stelle das neue Blatt eingefügt werden soll.
3. Aktivieren Sie die Option *Kopie erstellen*, ansonsten wird das Blatt verschoben.
4. Bestätigen Sie mit *OK.*

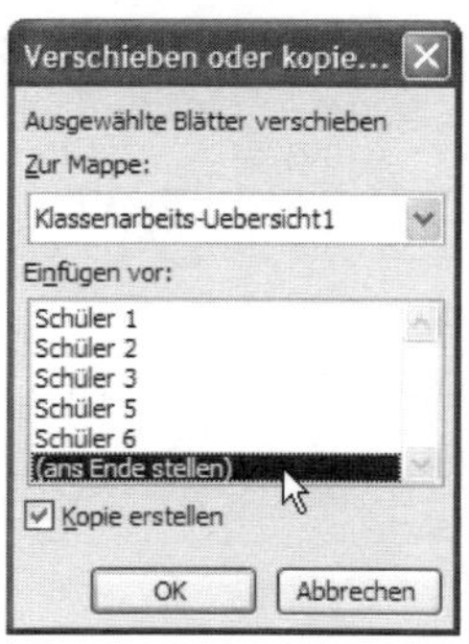

Bild 10.10: Ein Tabellenblatt kopieren

Blätter umbenennen

Ein Tabellenblatt umzubenennen geht recht schnell.

1. Doppelklicken Sie auf den Namen.
2. Geben Sie den neuen Namen ein, z. B. den Vor- und Nachnamen eines Schülers, und drücken Sie `Eingabe`.

10.6 Klausurberechnung

Kategorie: Schule

Dateiname: KLAUSURBERECHNUNG.XLS

Schwierigkeitsgrad: ❋❋

Excel ist ein Werkzeug, um Prüfungsergebnisse über Formeln zu berechnen. Wenn Sie nach einer Klausur wissen möchten, wie der Notenspiegel aussieht, können Sie diese kleine Datei einsetzen.

Klausur Französisch I

	Aufgabe							
Name	**1**	**2**	**3**	**4**	**5**	**6**	**Gesamt**	**Note**
Ahl, Werner	14	14	17	0	15	12	72	2,7
Bietze, Jacqueline	17	18	19	15	15	0	84	2,0
Coestabel, Natali	17	18	17	0	17	15	84	2,0
Doren, Karsten	13	3	17	17	19	0	69	2,7
Hirnberg, Benjamin	19	0	16	16	19	20	90	1,3
Hopp, Birte	11	14	0	13	15	11	64	3,0
Jung, Matthias	18	12	13	11	16	9	79	2,0
Mohr, Patrick	10	13	13	0	12	7	55	3,7
Mollstein, Knut	0	17	18	19	15	15	84	2,0
Moncell, Corinna	15	17	18	17	0	17	84	2,0
Müller, Thomas	14	16	0	13	13	9	65	3,0
Olesko, Jenny	14	20	16	16	0	20	86	1,7
Omsen, Heiko								Nicht teilgenommen
Panther, Ulrike	8	14	14	20	14	10	80	2,0
Peters, Ralf	14	16	9	12	13	11	75	2,3
Petrovis, Martin	19	16	0	13	13	19	80	2,0
Sigmund, Heiko	10	14	18	0	14	9	65	3,0
Sollmann, Alexander	16	0	13	13	19	20	81	2,0
Sonncik, Drazenko	14	16	18	0	15	17	80	2,0
Ullmann, Annette	19	19	16	0	13	13	80	2,0
van Husten, René	16	16	0	10	14	20	76	2,3
Wolle, Anna	14	20	14	10	0	14	72	2,7
Wunstmann, Katrin	12	16	0	13	13	19	73	2,3
Ziller, Thomas	16	0	13	13	19	19	80	2,0
Durchschnitt	**13,9**	**13,4**	**12,1**	**10,5**	**13,2**	**13,3**	**76,4**	**2,3**

Bild 10.11: Klausurergebnisse

Beschreibung

Bei dieser Excel-Datei geben Sie die Schüler und die Punkte zu den einzelnen Aufgaben ein. In einem vorgegebenen Bereich legen Sie die Noten zu den Punkten fest.

Die anschließenden Auswertungen und das Diagramm werden automatisch durch die hinterlegten Funktionen berechnet.

Gesamtpunkte und Mittelwerte

1. Zuerst geben Sie in der Spalte B die Namen der Klausurteilnehmer ein. Die Klausur in diesem Beispiel aus sechs Teilaufgaben, zu denen Sie die Punkte in den Spalten C bis H erfassen.
2. In der Spalte I wird über eine Summenfunktion die Gesamtsumme berechnet. Für die Zeile 6 ist diese folgende Funktion: `=SUMME(C6:H6)`.
3. In Zeile 31 werden die Mittelwerte je Aufgabe und Gesamtpunkte berechnet. Für die Aufgabe 1 ist es die Funktion: `=MITTELWERT(C6:C29)`.

Notenberechnung

Für die Ermittlung der Klausurnote wird die SVERWEIS-Funktion verwendet.

Im Zellbereich B35 bis E46 sind die Punkteintervalle und die zugehörigen Noten hinterlegt.

Punkte	bis	von	Note
Punkte 0 bis 45	45,00	0,00	5,0
Punkte 45 bis 53	53,00	45,00	4,0
Punkte 53 bis 57	57,00	53,00	3,7
Punkte 57 bis 61	61,00	57,00	3,3
Punkte 61 bis 69	69,00	61,00	3,0
Punkte 69 bis 73	73,00	69,00	2,7
Punkte 73 bis 77	77,00	73,00	2,3
Punkte 77 bis 85	85,00	77,00	2,0
Punkte 85 bis 89	89,00	85,00	1,7
Punkte 89 bis 93	93,00	89,00	1,3
Punkte 93 bis 100	100,00	93,00	1,0

Bild 10.12: Punkte und Noten

Für den ersten Teilnehmer lautet die Notenbestimmung: `=SVERWEIS(I6;$D$36:$E$46;2;WAHR)`.

Mit der in Zelle I6 enthaltenen Gesamtpunktezahl wird in der Punkteliste $D$36:$E$46 die Punktezahl gesucht. Die Spaltennummer 2 liefert die zugehörige Note.

Entscheidend in der Funktion ist der vierte Parameter WAHR. Mit dieser Option führt die SVERWEIS-Funktion eine Intervallsuche durch. Für den ersten Schüler *Werner Ahl* mit 72 Punkten wird die Zeile 41 gefunden, da die höhere Punktezahl von 73 Punkten noch nicht erreicht ist.

Beachten Sie, dass die Auflistung der Punkteliste aufsteigend sortiert sein muss.

Für Schüler, die erkrankt sind und nicht an der Klausur teilnehmen konnten, geben Sie in der Spalte J den Text *Nicht teilgenommen* ein.

Notenspiegel

Der Notenspiegel für die Klausur wird auf dem Arbeitsblatt *Klausur* angezeigt. Über die ZÄHLENWENN-Funktion wird die Anzahl der Schüler mit dieser Note ermittelt. Für die Note 2 ist es die folgende Funktion: `=ZÄHLENWENN(Punkte!$J$6:$J$29;Klausur!D11)`.

Am schnellsten erstellen Sie zum Notenspiegel ein Diagramm, indem Sie den Bereich D6 bis E19 markieren und die Taste F11 drücken, wobei es auf einem neuen Arbeitsblatt erstellt wird. Sie können jedoch auch den Diagrammassistenten einsetzen.

Bearbeiten Sie das Diagramm, indem Sie mit der rechten Maustaste auf die Diagrammelemente klicken und die Befehle zur Formatierung aufrufen.

Notenspiegel

Klausur Französisch I

Punkte	Note	Häufigkeit	Prozent
≥ 93,00	1,0	0	0,0%
≥ 89,00	1,3	1	4,2%
≥ 85,00	1,7	1	4,2%
≥ 77,00	2,0	11	45,8%
≥ 73,00	2,3	3	12,5%
≥ 69,00	2,7	3	12,5%
≥ 61,00	3,0	3	12,5%
≥ 57,00	3,3	0	0,0%
≥ 53,00	3,7	1	4,2%
≥ 45,00	4,0	0	0,0%
< 45,00	5,0	0	0,0%
	Nicht teilgenommen	1	4,2%
	Schüler	24	100,0%

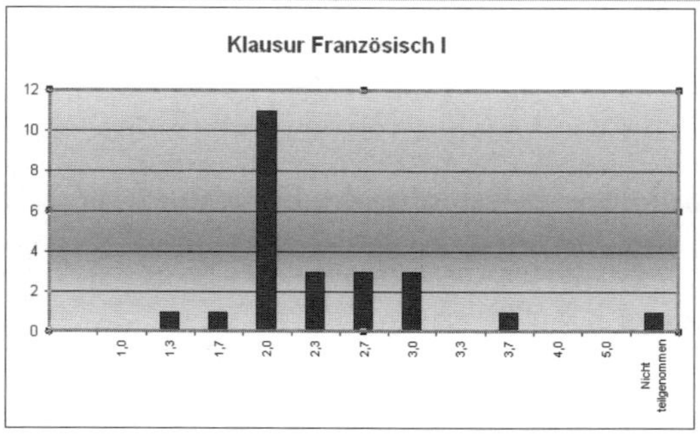

Bild 10.13: Der Notenspiegel

10.7 Notenspiegel der Klasse pro Schulhalbjahr

Kategorie: Schule

Dateiname: NOTENSPIEGEL_DER_KLASSE.XLS

Schwierigkeitsgrad: ❋ ❋

Mit dieser Liste können Sie als Fachlehrer für Ihre Klasse (mit maximal 35 SchülerInnen) pro Schulhalbjahr das Datum und die Note der Klassenarbeit für jeden Schüler festhalten.

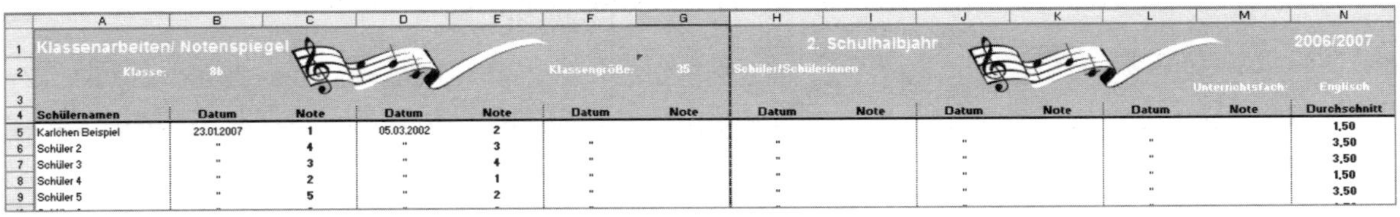

Bild 10.14: Die Tabelle *Notenspiegel*

Beschreibung

Im oberen grauen Teil geben Sie die Klasse, das Schulhalbjahr und Ihr Unterrichtsfach ein.

Ob es sich um das 1. oder 2. Halbjahr handelt, kann komfortabel über eine Auswahlliste ausgewählt werden. In Spalte A haben Sie Platz für maximal 35 Schülernamen. Abhängig von den eingegebenen Namen wird im oberen Teil in Zelle G2 über die Funktion ANZAHL2 die Klassengröße ausgegeben.

In Zeile 5 geben Sie jeweils das Datum der Klassenarbeit ein. Da in der Regel alle Arbeiten an einem Tag geschrieben werden, sind die darunterliegenden Zellen bereits mit »Gänsefüßchen« gefüllt. Sollte eine Schülerin oder ein Schüler eine Klassenarbeit nachschreiben müssen, geben Sie einfach in die Spalte *Datum* das entsprechende »Nachschreibedatum« ein.

Nach Auswertung der Klassenarbeiten geben Sie in die Spalte *Note* das Ergebnis der Arbeit für jeden Schüler ein. In Zeile 40 wird der Klassendurchschnitt pro Arbeit berechnet und in der letzten Spalte wird der Durchschnitt aller Klassenarbeiten pro Schüler berechnet.

Klassengröße über ANZAHL2 bestimmen

Um die Klassengröße zu bestimmen, wählen wir die statistische Funktion ANZAHL2. Diese Funktion zählt alle nicht leeren Zellen eines Bereichs, egal ob Zahlen oder Text enthalten sind.

1. Markieren Sie die Zelle, die die Anzahl ausgeben soll. In unserem Beispiel die Zelle G2.
2. Starten Sie mit dem Funktions-Assistenten die Funktion ANZAHL2.

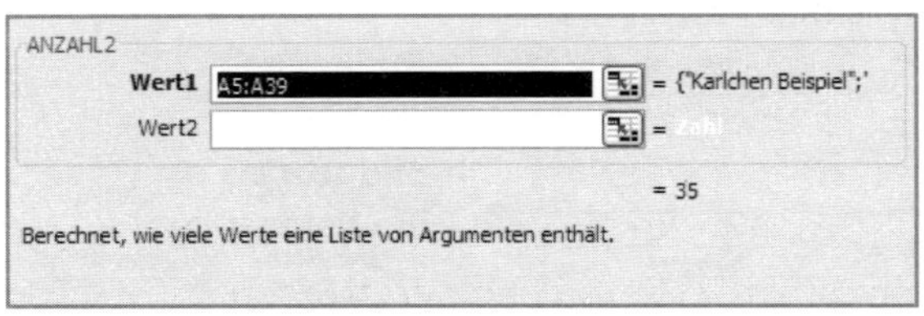

Bild 10.15: Die Funktion ANZAHL2 zählt alle Schüler einer Klasse.

3. Im Feld *Wert1* geben Sie den Zellbereich an, dessen Anzahl berechnet werden soll. In unserem Beispiel ist es der Bereich A5:A39.
4. Bestätigen Sie mit *OK*.

Gültigkeit für die Noten

Damit für die Noten nur Zahlen von 1 bis 6 eingegeben werden können, haben wir im Zellbereich der Note eine Gültigkeit hinterlegt.

1. Markieren Sie die Bereiche, in denen Sie später die Noten eingeben möchten.
2. Wählen Sie *Daten/Gültigkeit.*
3. Auf der Registerkarte *Einstellungen* wählen Sie im Feld *Zulassen* aus, was in die Zelle eingetragen werden darf. In unserem Beispiel eine *Ganze Zahl.*
4. Im Feld *Daten* wählen Sie über den Listenpfeil *zwischen.*
5. Im Feld *Minimum* geben Sie den kleinsten möglichen Wert ein, in unserem Beispiel den Wert 1.
6. Im Feld *Maximum* geben Sie den größten möglichen Wert ein, in unserem Beispiel den Wert 6.
5. Bestätigen Sie mit *OK.*

Klassendurchschnitt berechnen

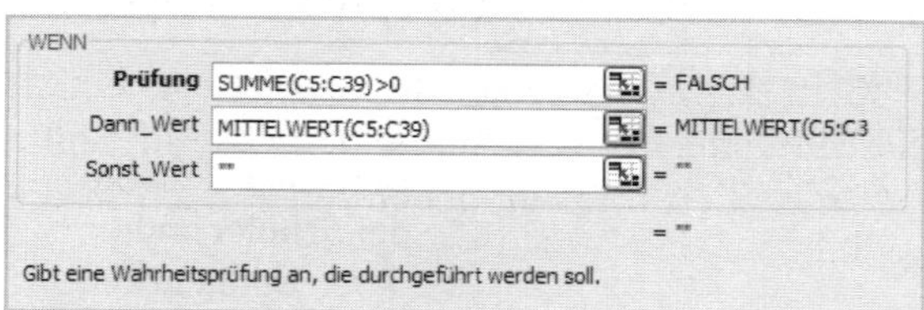

Bild 10.16: Die WENN-Funktion mit der Funktion MITTELWERT zeigt den Klassendurchschnitt.

In unserem Beispiel wird in Zelle C40 der Klassendurchschnitt berechnet. Da der Durchschnitt erst berechnet werden soll, sobald auch mindestens ein Wert vorhanden ist, prüfen wir zuerst mit einer WENN-Funktion, ob der Wert im Zellbereich C5 bis C39 größer null ist, dann soll der Mittelwert berechnet werden, ansonsten soll die Zelle leer bleiben. Dafür setzen wir zwei Anführungszeichen direkt hintereinander. Geben Sie in Zelle C40 folgende Formel ein: `=WENN(SUMME(C5:C39)>0;MITTELWERT(C5:C39);"")`. Diese Formel kann nach rechts kopiert werden.

Durchschnittsnote der Schüler berechnen

In Spalte N wird pro Schüler der Durchschnitt aller geschriebenen Arbeiten berechnet. Da der Durchschnitt erst berechnet werden soll, sobald mindestens ein Wert vorhanden ist, prüfen wir zuerst mit einer WENN-Funktion, ob die Summe aller Klassenarbeiten größer null ist, dann soll der Mittelwert berechnet werden, ansonsten soll die Zelle leer bleiben.

- Geben Sie in Zelle N5 folgende Formel ein:
```
=WENN(SUMME(C5;E5;G5;I5;K5;M5)>0;
MITTELWERT(C5;E5;G5;I5;K5;M5);"")
```

Diese Formel kann über das Ausfüllkästchen nach unten bis zur Zelle N39 kopiert werden.

10.8 Notenspiegel einer Klasse für einen Test

Kategorie: Schule

Dateiname: NOTENSPIEGEL.XLS

Schwierigkeitsgrad: ❋❋❋❋

In diesem Beispiel möchten Sie einen Notenspiegel für eine Schulkasse erstellen. Sie haben die Note von jedem Schüler und möchten wissen, wie viele Schüler die Note 1, wie viele die Note 2 haben usw.

Außerdem wollen Sie die Gesamtanzahl der Schüler der Klasse, die am Test teilgenommen und nicht teilgenommen haben, ermitteln.

	A	B	C	D	E
1	**Notenspiegel der Klasse 8A**				
2					
3	Schüler	Note		Note	Anzahl Schüler
4	Claudio	4		1	6
5	Ulrich	5		2	12
6	Imke	-		3	7
7	Jack	2		4	4
8	Norbert	3		5	5
9	Jasmin	2		6	1
10	Hans	2			
11	Wilhelm	-		Anzahl Schüler	37
12	Li	3		Anzahl Schüler beim Test	35
13	Wally	3		Anzahl fehlender Schüler	2
14	Gustav	3			
15	Simone	1			
16	Hans	1			
17	[illegible]	4			

Bild 10.17: Die Beispieltabelle der Schüler und deren Noten in den Spalten A und B

Der Notenspiegel

Um den Notenspiegel zu erstellen, brauchen Sie zu Beginn alle Noten in einer Liste untereinander. Diese stehen in den Zellen E4 bis E9.

1. Markieren Sie jetzt die Zellen E4 bis E9. Für die Funktion HÄUFIGKEIT müssen zu Beginn alle Zellen, in denen gleich ein Ergebnis stehen soll, markiert werden.
2. Fügen Sie nun die folgende Funktion ohne die geschweiften Klammern ein und bestätigen Sie durch gleichzeitiges Drücken der Taste [Strg]+[Umschalt]+[Eingabe].

```
{=HÄUFIGKEIT(B4:B40;D4:D9)}
```

Durch das Drücken der drei oben erwähnten Tasten ist aus der Funktion eine Matrixfunktion geworden. Sie erkennen dies an den geschweiften Klammern.

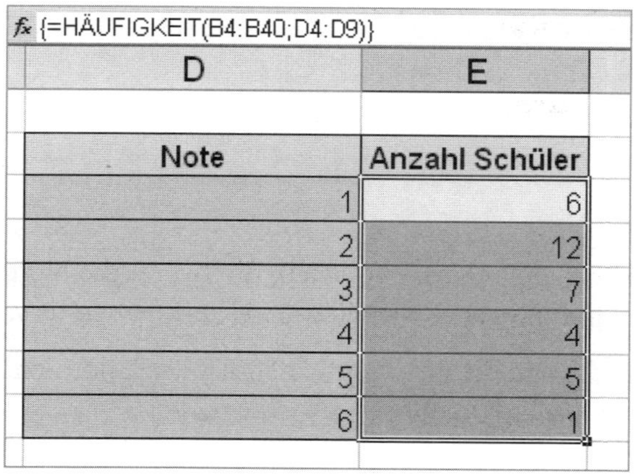

{=HÄUFIGKEIT(B4:B40;D4:D9)}

Note	Anzahl Schüler
1	6
2	12
3	7
4	4
5	5
6	1

Bild 10.18: Die Matrixfunktion rechnet mit einem Schritt in mehreren Zellen.

Wenn Sie Änderungen an der Funktion machen möchten, müssen Sie alle Zellen markieren, die Sie beim Erstellen der Funktion zu Beginn markiert haben. Jetzt können Sie Änderungen vornehmen. Nach der Änderung müssen Sie wieder `Strg`+`Umschalt`+`Eingabe` drücken.

Wenn Sie versuchen, eine Matrixfunktion zu ändern, ohne alle Zellen zu markieren, erscheint ein Hinweis.

Die Anzahl der Schüler

Um die Anzahl der Schüler der Klasse zu ermitteln, nutzen Sie die Funktion ANZAHL2. Diese Funktion zählt alle Zellen, in denen ein Inhalt steht, unabhängig ob Text oder Zahl. In diesem Beispiel lassen wir die Spalte mit den Namen zählen, weil dort immer etwas steht.

```
=ANZAHL2(A4:A40)
```

Um die Anzahl der Schüler zu zählen, die am Test teilgenommen haben, nutzen Sie die Funktion ANZAHL. Diese Funktion zählt nur die Zellen, die Zahlen enthalten. In diesem Beispiel lassen wir die Zellen mit den Noten zählen.

```
=ANZAHL(B4:B40)
```

Um die Schüler zu zählen, die nicht am Test teilgenommen haben, müssen Sie den Strich zählen. Dazu nutzen Sie die Funktion ZÄHLENWENN. Es sollen in der Spalte B die Zellen gezählt werden, die den Strich ("-") enthalten.

```
=ZÄHLENWENN(B4:B40;"-")
```

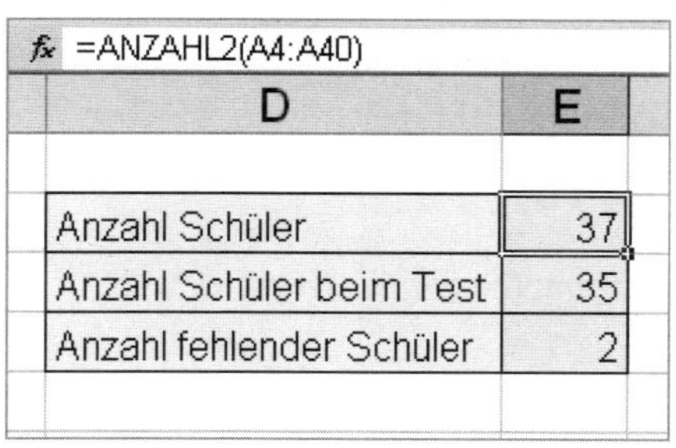

=ANZAHL2(A4:A40)

Anzahl Schüler	37
Anzahl Schüler beim Test	35
Anzahl fehlender Schüler	2

Bild 10.19: Die Funktionen ANZAHL, ANZAHL2 und ANZAHLLEEREZELLEN

10.9 Römische Zahlen in Dezimalzahlen umwandeln

Kategorie: Schule

Dateiname: RÖMISCHE ZAHLEN.XLS

Schwierigkeitsgrad: ❋❋❋

Nicht nur in der Schule ist es manchmal notwendig zu wissen, welche arabische Ziffern sich hinter der ein oder anderen Buchstabenfolge genannt, römische Zahlen, verbirgt. Bis zur Zahl 10 ist dies bestimmt noch alles einfach, bis 100 vielleicht auch, aber dann?

Wir stellen Ihnen in diesem Beispiel vor, wie Sie alle Zahlen zwischen 1 und 3999 sowohl in die eine als auch in die andere Richtung umwandeln können.

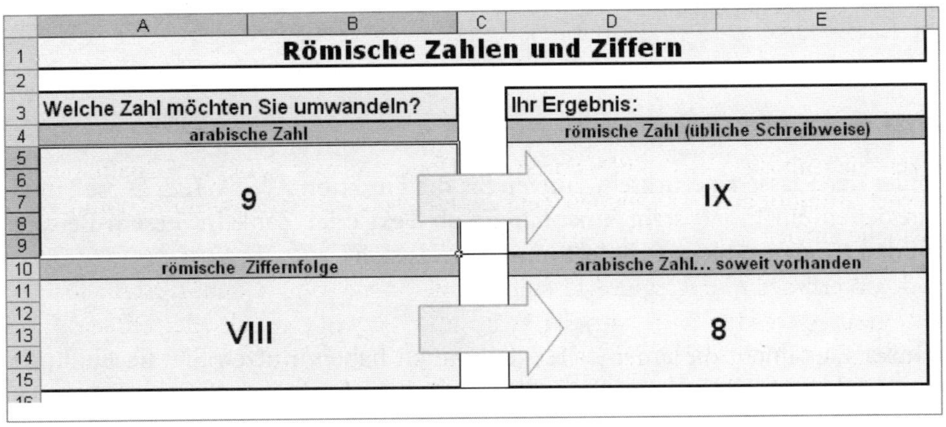

Bild 10.28: Hier können Sie arabische Ziffern in römische Zahlen umwandeln, und umgekehrt.

Im oberen Teil der Tabelle können Sie in den hellgrünen Zellen auf der linken Seite eintragen, was Sie umwandeln möchten, und auf der rechten Seite in den großen gelben Zellen erhalten Sie Ihr Ergebnis.

Arabische Ziffern in römische Zahlenfolge umwandeln

Für diesen ersten Teil bietet Excel eine Funktion an. Öffnen Sie über *Einfügen/ Funktion* den Funktionsassistenten und Sie finden in der Kategorie *Mathematik & Trigonometrie* die Funktion RÖMISCH. Wählen Sie diese aus und bestätigen Sie mit *OK*.

Bild 10.29: Die Funktionsargumente der Funktion RÖMISCH

Im Feld *Zahl* geben Sie die Zelle an, die Sie umwandeln möchten, dies ist in unserem Beispiel die Zelle A5.

Im Feld *Typ* kann eine Zahl von 1 bis 4 eingegeben werden, die den Typ, d. h. die Schreibweise der römischen Zahl, festlegt. Die Schreibweise der römischen Zahlen reicht von klassisch bis vereinfacht, wobei die Zeichenfolge kürzer wird, je höher der eingetragene Typ ist. Das Feld kann auch leer bleiben, in diesem Fall wird die klassische Schreibweise genutzt.

Römische Zahlen in arabische Ziffern umwandeln

Leider gibt es keine Umkehrfunktion zu RÖMISCH, daher gestaltet sich dieser Teil ein wenig komplizierter.

In einem zweiten Tabellenblatt nutzen wir die RÖMISCH-Funktion wie oben beschrieben, um zu allen Zahlen im Bereich von 1-3999 die klassische römische Zahlenfolge zu ermitteln.

	A	B	C
1	Römisch	Arabisch	
2	I	1	
3	II	2	
4	III	3	
5	IV	4	
6	V	5	
7	VI	6	
8	VII	7	
9	VIII	8	

Bild 10.30: Hilfstabelle zur Umwandlung klassischer römischer Zahlen in arabische Ziffern

1. Geben Sie in die Spalte B die arabischen Ziffern von 1 bis 3999 ein. Am einfachsten erledigen Sie dies, indem Sie in die Zelle B2 eine 1 und darunter in B3 eine 2 tippen, dann beide Zellen markieren und über das Ausfüllkästchen die Liste bis zur Zeile 4000 ausfüllen lassen.
2. Geben Sie in die Zelle A2 die Formel `=RÖMISCH(B2)` ein und kopieren Sie diese mit einem Doppelklick auf das Ausfüllkästchen ebenfalls bis zur Zeile 4000.
3. Wechseln Sie jetzt wieder auf das Tabellenblatt *Römische Zahlen.*
4. In der Zelle D11 nutzen Sie nun die SVERWEIS-Funktion. Diese sucht in der ersten Spalte einer Tabelle nach einem Wert und gibt aus der gleichen Zeile einen Wert aus einer von Ihnen angegebenen Spalte dieser Tabelle zurück.

In unserem Beispiel soll der Wert, der in der Zelle A11 steht, in der ersten Spalte der Hilfstabelle auf dem zweiten Tabellenblatt gesucht werden und dann der Wert aus der zweiten Spalte der Hilfstabelle als Ergebnis angezeigt werden. Die Funktion in der Zelle D11 sähe jetzt so aus:
`SVERWEIS(A11;Hilfstabelle!$A$2:$B$4000;2;FALSCH)`.

Sollten aber in der Zelle A11 Ziffernfolgen eingegeben werden, die nicht in der Hilfstabelle vorkommen, würde der SVERWEIS zu der Fehlermeldung #NV führen.

Wir möchten stattdessen lieber die Meldung *leider nicht bekannt* angezeigt bekommen und brauchen deshalb zusätzlich die ISTNV-Funktion, um zu prüfen, ob der SVERWEIS zu dieser Fehlermeldung führt, und die WENN-Funktion, die nur dann den SVERWEIS ausführt, wenn der Fehler nicht auftritt.

1. Starten Sie die WENN-Funktion und geben Sie im Feld *Prüfung* folgende Formel ein:

   ```
   ISTNV(SVERWEIS(A11;Hilfstabelle!$A$2:$B$4000;2;FALSCH)
   ```

2. Im Feld *Dann_Wert* geben Sie den gewünschten Text ein: *leider nicht bekannt ...*
3. Im Feld *Sonst_Wert* geben Sie die SVERWEIS-Funktion noch einmal ein:
   `SVERWEIS(A11;Hilfstabelle!$A$2:$B$4000;2;FALSCH)`.

In der Zelle D11 steht nun folgende Formel:

```
=WENN(ISTNV(SVERWEIS(A11;Hilfstabelle!$A$2:$B$4000;2;FALSCH));"leider nicht
bekannt...";
SVERWEIS(A11;Hilfstabelle!$A$2:$B$4000;2;FALSCH))
```

10.10 Stundenplan mit farblicher Kennzeichnung

Kategorie: Schule

Dateiname: STUNDENPLAN MIT FARBLICHER KENNZEICHNUNG.XLS

Schwierigkeitsgrad: ❋❋❋

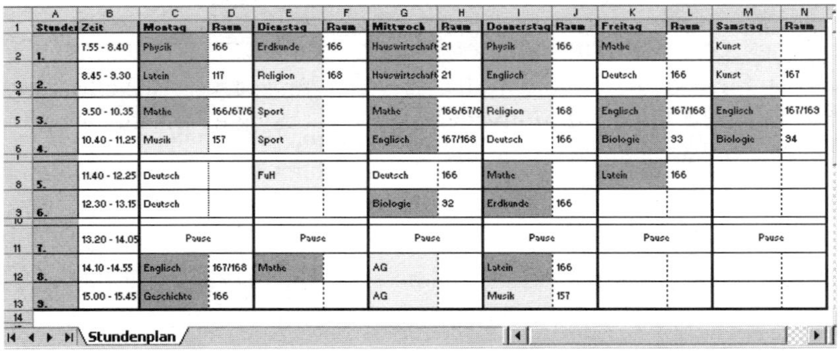

Bild 10.31: Stundenplan mit Raumzuordnung und bedingter Formatierung

In diesem Beispiel haben wir einen Stundenplan für maximal neun Stunden täglichen Unterricht von montags bis samstags, mit einer Spalte für die Raumzuordnung zu jeder Stunde und einer Zeitspalte.

Die Zellfarben werden über eine bedingte Formatierung vergeben.

Beschreibung

In einer neuen Datei geben Sie zunächst die Überschriften für die ersten beiden Spalten *Stunden* und *Zeit* und dann für *Montag* und *Raum* ein. Anschließend markieren Sie die Zellen C1 und D1 und ziehen diese über das Ausfüllkästchen in der rechten unteren Ecke der Markierung bis zum letzten Wochentag Ihrer Schulwoche.

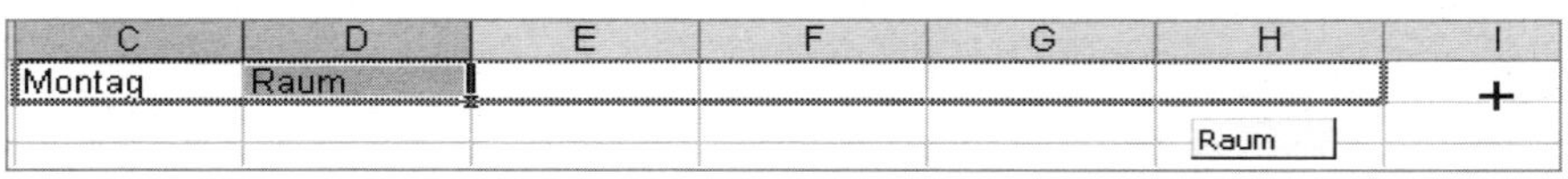

Bild 10.32: Über das Ausfüllkästchen können auch unterschiedliche Inhalte kopiert und Datenlisten ausgefüllt werden.

Zur Nummerierung der Schulstunden schreiben Sie in die Zelle A2 1. und ziehen auch hier am Ausfüllkästchen weiter nach unten bis zur letzten Stunde. Die schmalen Zeilen zwischen den Doppelstunden-Blöcken können Sie später einfügen. Klicken Sie dazu auf die Zeilennummer der Zeile, über der Sie eine neue Zeile einfügen wollen, und betätigen Sie die Tastenkombination [Strg]+[+].

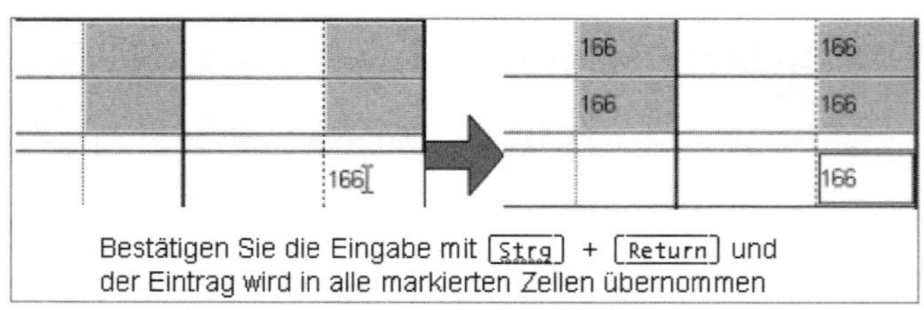

Bild 10.33: Eingabe identischer Daten in mehreren markierten Zellen gleichzeitig mit [Strg]+[Return] bestätigen

Bei der Eingabe der Daten können Sie sich die Arbeit etwas erleichtern, indem Sie alle Zellen, in denen der gleiche Eintrag stehen soll, zuerst mit gedrückter [Strg]-Taste markieren, dann in die zuletzt markierte Zelle (ohne vorherigen weiteren Mausklick!) den Text schreiben und die Eingabe mit [Strg]+[Eingabe] bestätigen.

Farbliche Kennzeichnung von schriftlichen und mündlichen Fächern

Für die farbliche Unterscheidung der Fächer nutzen Sie die bedingte Formatierung.

Legen Sie maximal drei verschiedene Kriterien für die Fächer fest und ordnen Sie in einer Liste jedem Fach eines dieser Kriterien zu. In unserem Beispiel haben wir die nebenstehende Liste etwas weiter unten auf dem gleichen Tabellenblatt angelegt. Für die bedingte Formatierung darf die Liste nicht auf anderen Blättern stehen.

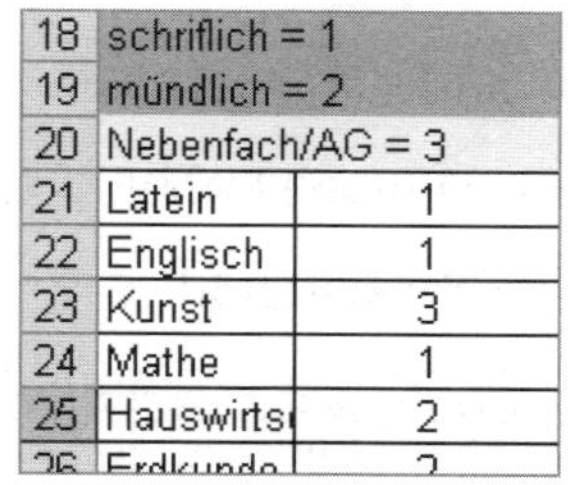

18	schriflich = 1	
19	mündlich = 2	
20	Nebenfach/AG = 3	
21	Latein	1
22	Englisch	1
23	Kunst	3
24	Mathe	1
25	Hauswirts	2

Bild 10.34: Fächerliste für bedingte Formatierung

1. Markieren Sie jetzt die Zelle C2 und starten Sie im Menü *Format* den Befehl *Bedingte Formatierung.*

2. Wählen Sie im ersten Feld den Eintrag *Formel ist* und geben Sie im Feld dahinter folgende Formel ein: `=SVERWEIS(C2;$A$21:$B$48;2;FALSCH)=1`.

Die SVERWEIS-Funktion sucht in diesem Fall den Eintrag der aktuellen Zelle `C2` in der ersten Spalte des angegebenen Bereichs von `$A$21` bis `$B$48` (Liste der Fächer mit Kriterium) und gibt als Ergebnis das Kriterium aus, welches Sie in der Spalte `2` des Bereichs eingetragen haben, aber nur dann, wenn eine eindeutige Übereinstimmung gefunden wurde. Die Notwendigkeit der Übereinstimmung wird über den *Bereichs-Verweis*-Parameter FALSCH festgelegt. Mit dem Ausdruck =1 hinter dem SVERWEIS legen Sie fest, dass der gefundene Wert =1 sein muss, damit das Format ausgelöst wird.

3. Über die Schaltfläche *Format* können Sie nun im Register *Muster* eine Hintergrundfarbe auswählen. Bestätigen Sie mit *OK.*

4. Klicken Sie auf die Schaltfläche *Hinzufügen,* um eine weitere Bedingung einzugeben.

5. Kopieren Sie die Formel aus der ersten Bedingung in die zweite und ändern Sie das `=1` in `=2`. Legen Sie die Farbe für diese Bedingung fest.

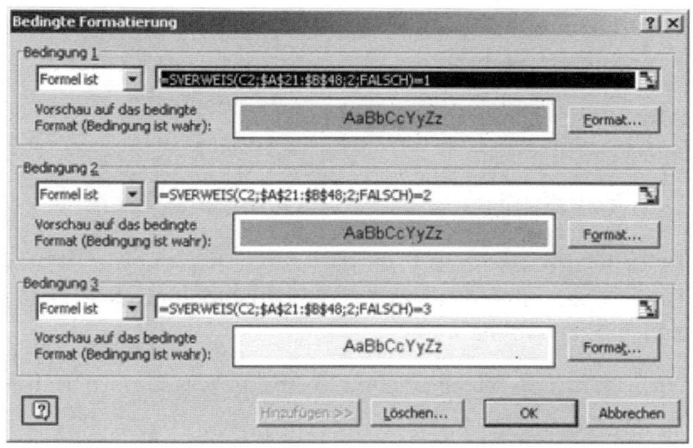

6. Wiederholen Sie die letzten Schritte noch für die dritte Bedingung. Ersetzen Sie =1 durch =3 und wählen Sie auch für diese Bedingung eine Hintergrundfarbe.

7. Übertragen Sie das Format dieser Zelle auf alle anderen Zellen, indem Sie die Zelle C2 markieren und auf das Symbol *Format übertragen* in der *Format*-Symbolleiste doppelklicken. Nun klicken Sie alle Zellen an, die das gleiche Format bekommen sollen. Beenden Sie das Übertragen des Formats mit `ESC`.

Damit beim Ausdruck des Stundenplans nicht auch die Liste der Fächer mit gedruckt wird, markieren Sie abschließend den ganzen Stundenplan – in unserem Beispiel den Zellbereich von A1 bis N13 – und wählen Sie im Menü *Datei/Druckbereich* den Befehl *Druckbereich festlegen.*

10.11 Vokabeltest Latein

Kategorie: Schule

Dateiname: VOKABELTEST.XLS

Schwierigkeitsgrad: ❋❋

Ist Ihr Kind ein Computerfreak? Tut es nichts mehr ohne den Rechner? Mit dem vorliegenden Vokabeltest gibt es jetzt keine Ausreden mehr.

In der Spalte C wird die deutsche Übersetzung des Begriffs aus der Spalte A geschrieben. Die Spalte B mit den Übersetzungen ist ausgeblendet. In der Spalte D wird sofort der Erfolg bzw. der Misserfolg gemeldet.

In den Spalten E und F kann sich Ihr Kind die Lösungen anzeigen lassen.

	A	C	D	E	F
1	**Vokabeltest für Latein Lektion 1**				
2		**Gib hier bitte deine Übersetzung e**	**Richtig oder falsch?**	**Lösen?**	**die richtige Lösung**
3	amphitheatrum	Amphitheater	**JA!!!**		
4	basilica	Kirche	**leider nein, versuch es nochmal**	**Ja**	Markthalle, Gerichtshalle
5	curia	Rasthaus	**leider nein, versuch es nochmal**	**Ja**	Rathaus, Kurie
6	templum	Tempel	**JA!!!**		
7	forum		?		

Bild 10.35: Ein Vokabeltest in Excel

Den Vokabeltest selber zusammensetzen

Blenden Sie als ersten Schritt jetzt die Spalte B ein. Dazu markieren Sie die Spaltentitel A bis C. Klicken Sie dann mit der rechten Maustaste in die Markierung und wählen Sie den Befehl *Einblenden.*

1. Markieren Sie die Zelle D3 und geben Sie die folgende Funktion ein:

```
=WENN(ISTLEER(C3);"?";WENN(C3=B3;"JA!!!";"leider nein, versuch es nochmal"))
```

Wenn C3 leer ist, dann wird ein Fragezeichen in die Zelle D3 geschrieben. Wenn der Inhalt von C3 gleich dem Inhalt von B3 ist, dann ist die Eingabe richtig und es wird der Text *JA!!!* geschrieben. Ansonsten ist die Eingabe falsch und es wird der Text *leider nein, versuch es noch mal* geschrieben.

2. Kopieren Sie die Funktion nach unten.

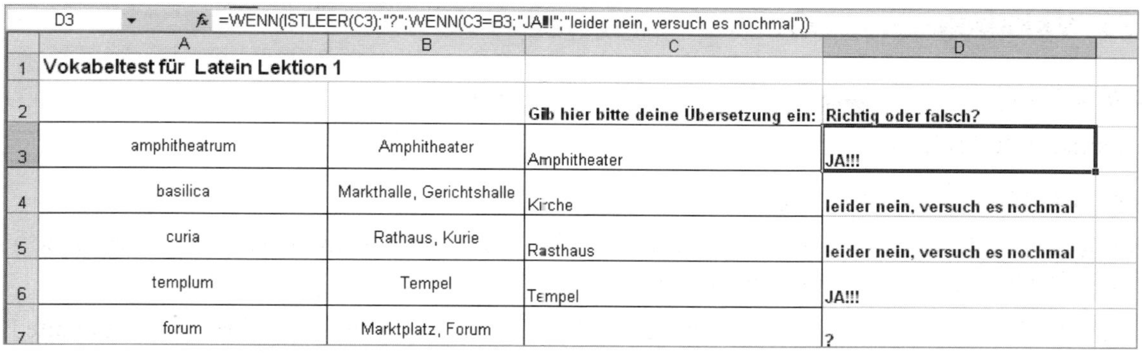

Bild 10.36: Die Prüfung, ob die Eingabe richtig ist

Damit der Lerneffekt noch besser ist, kann sich Ihr Kind die Lösung in der Spalte F anzeigen lassen. Dazu muss es in der Spalte E die Auswahl *Ja* treffen.

3. Um einen Auswahlpfeil an die Zelle E3 zu legen, markieren Sie diese Zelle und wählen *Daten/ Gültigkeit.*
4. Aktivieren Sie im Feld *Zulassen* den Eintrag *Liste* und geben Sie im Feld *Quelle* die Wörter *Ja;Nein* ein.
5. Kopieren Sie die Einstellung nach unten.
6. Geben Sie nun in die Zelle F3 die folgende Funktion ein:

```
=WENN(E3="ja";B3;"")
```

7. Kopieren Sie auch diese Funktion nach unten.

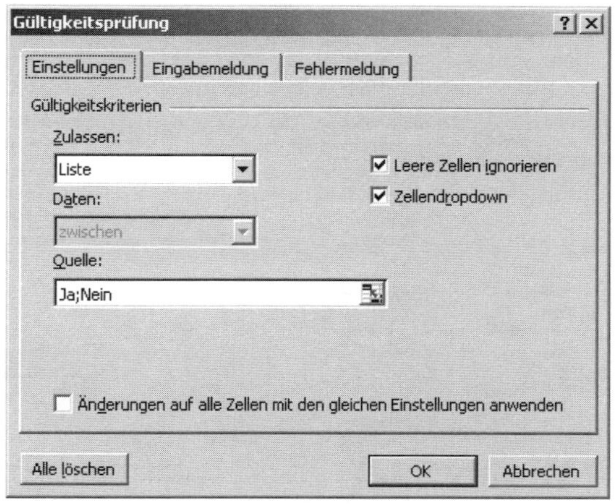

Bild 10.37: Die Gültigkeitsprüfung fügt die Auswahl *Ja* bzw. *Nein* in die Zellen ein.

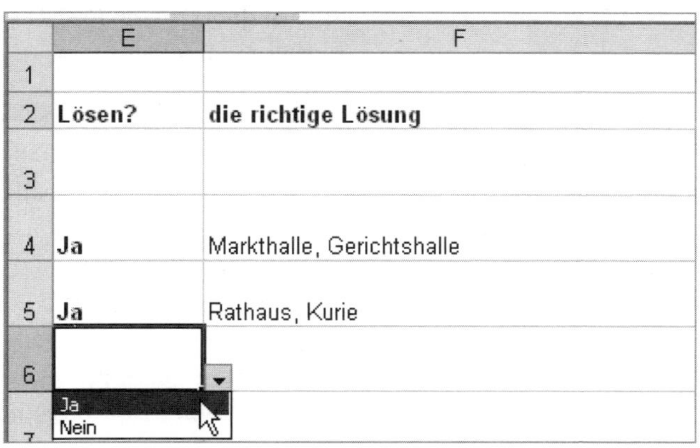

Bild 10.38: Die Auswahl, ob die Lösung gezeigt werden soll oder nicht

Im letzten Schritt müssen Sie nur noch die Spalte B ausblenden.

8. Klicken Sie dazu mit der rechten Maustaste auf den Spaltentitel B und wählen Sie den Befehl *Ausblenden.*

10.12 Vokabeln mehrsprachig nachschlagen

Kategorie: Schule

Dateiname: VOKABELN_MEHRSPRACHIG.XLS

Schwierigkeitsgrad: ❋❋❋❋

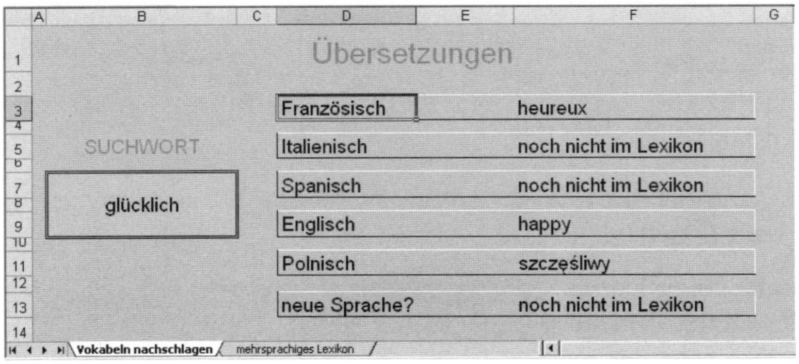

Bild 10.39: Hier können Sie Vokabeln gleichzeitig in mehreren Sprachen nachschlagen.

Mit dieser Datei können Sie sich Ihr eigenes multilinguales Nachschlagewerk aufbauen.

Die Datei besteht aus zwei Tabellen, von denen eine die Funktionalität zum Nachschlagen und die zweite die Liste der Vokabeln in allen Sprachen enthält.

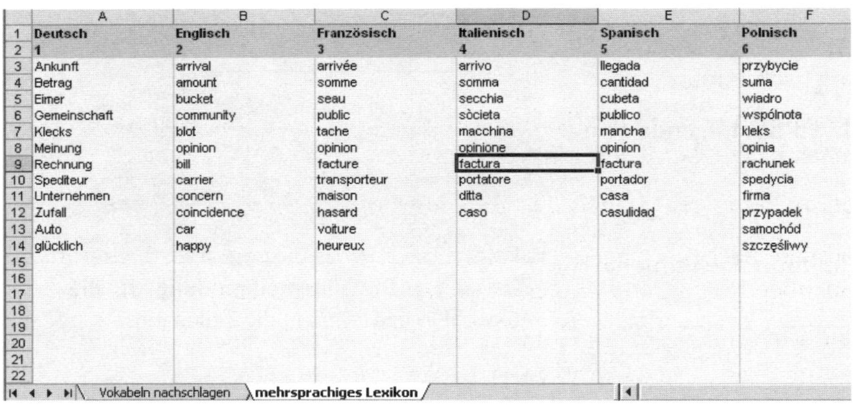

	A	B	C	D	E	F
1	**Deutsch**	**Englisch**	**Französisch**	**Italienisch**	**Spanisch**	**Polnisch**
2	**1**	**2**	**3**	**4**	**5**	**6**
3	Ankunft	arrival	arrivée	arrivo	llegada	przybycie
4	Betrag	amount	somme	somma	cantidad	suma
5	Eimer	bucket	seau	secchia	cubeta	wiadro
6	Gemeinschaft	community	public	sòcieta	publico	wspólnota
7	Klecks	blot	tache	macchina	mancha	kleks
8	Meinung	opinion	opinion	opinione	opiníon	opinia
9	Rechnung	bill	facture	factura	factura	rachunek
10	Spediteur	carrier	transporteur	portatore	portador	spedycia
11	Unternehmen	concern	maison	ditta	casa	firma
12	Zufall	coincidence	hasard	caso	casulidad	przypadek
13	Auto	car	voiture			samochód
14	glücklich	happy	heureux			szczęśliwy
15						
16						
17						
18						
19						
20						
21						
22						

Vokabeln nachschlagen / mehrsprachiges Lexikon

Bild 10.40: Liste der verfügbaren Sprachen und Vokabeln

Die Anzahl der Sprachen ist hierbei nahezu beliebig. Sie legen in einer zweiten Tabelle eine Liste an, wie in nachstehender Abbildung gezeigt, und können dann im oben abgebildeten Tabellenblatt auf diese Sprachen zugreifen.

Beschreibung

Legen Sie zunächst Ihr »mehrsprachiges Lexikon« an. Für jede Sprache benötigen Sie eine Spalte. Die Sprache, in der Sie die Suchbegriffe eingeben möchten, muss dabei in der ersten Spalte der Tabelle stehen. Geben Sie in die erste Zeile die Sprache ein und in die Zeile darunter geben, Sie beginnend mit der Spalte mit Ihrer »Nachschlagesprache« die fortlaufende Nummerierung der Spalten ein.

- Tippen Sie hierfür in die Zelle A2 eine 1 und in die Zelle B2 eine 2. Markieren Sie beide Zellen und ziehen Sie diese am Ausfüllkästchen bis zur letzten Spalte Ihrer Tabelle.

Nun können Sie die Vokabeln erfassen.

Formeleingabe

Im Tabellenblatt *Vokabeln nachschlagen* werden nun die beiden Funktionen SVERWEIS und WVERWEIS genutzt, um aus der Liste der Vokabeln für den eingegebenen Suchbegriff die jeweils richtige Übersetzung zu suchen. Das Prinzip beider Funktionen ist gleich, jedoch unterscheiden sie sich in der Richtung, in der ein Bereich durchsucht wird.

Das S im SVERWEIS steht für SENKRECHT und das W im WVERWEIS für WAAGERECHT.

Während der SVERWEIS auf der Suche nach einem Suchbegriff die erste Spalte eines Tabellenbereiches (Matrix) von oben nach unten durchläuft und in der Zeile stehen bleibt, in der der Begriff gefunden wurde, durchsucht der WVERWEIS die erste Zeile einer Matrix und bleibt in der Spalte stehen, in der er fündig wurde.

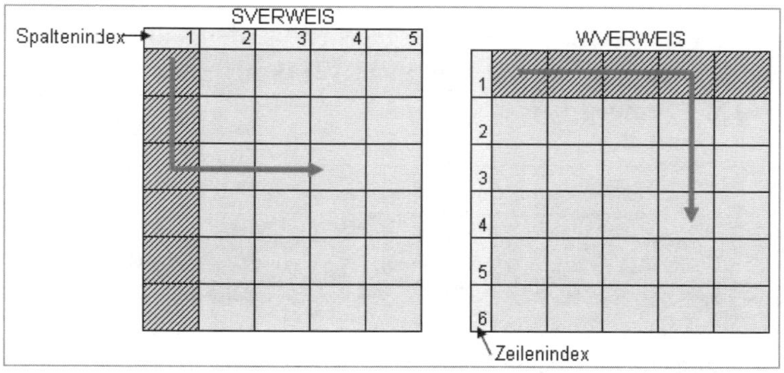

Bild 10.41: Suchweise der Funktionen SVERWEIS und WVERWEIS

Der SVERWEIS geht in der Zeile mit dem gefundenen Suchbegriff so weit nach rechts, wie Sie im Spaltenindex angeben. Der Spaltenindex ist die Nummer der Spalte innerhalb der Matrix.

Der WVERWEIS geht in der Spalte, in welcher der Suchbegriff gefunden wurde, so weit nach unten, wie Sie im Zeilenindex angegeben haben. Beide Funktionen benötigen folgende Parameter:

- *Suchkriterium*: Der Wert, der in der ersten Spalte/Zeile gesucht werden soll.
- *Matrix*: Der Bereich, in dem alle nachzuschlagenden Informationen enthalten sind. Dabei ist die Zeile bzw. Spalte, die den Suchbegriff enthält, zwingend die erste Zeile/ bzw. Spalte der Matrix.
- *Zeilenindex:* Gibt an, in der wievielten Zeile der Matrix das Ergebnis der Suche steht, also aus welcher Zeile der Wert übernommen werden soll.
- *Spaltenindex:* Gibt an, in der wievielten Spalte der Matrix das Ergebnis der Suche steht, also aus welcher Spalte der Wert übernommen werden soll.
- *Bereichs_Verweis*: Dieses Kriterium ist optional, muss also nicht unbedingt angegeben werden. Standardmäßig muss die Matrix aufsteigend sortiert sein. Wenn dann keine hundertprozentige Übereinstimmung zwischen Suchbegriff und Einträgen in der ersten Zeile oder Spalte gefunden wird, übernimmt Excel den nächstkleineren Wert aus der Matrix. Nur wenn Sie dies nicht wollen, d. h. wenn es notwendig ist, dass eine exakte Übereinstimmung zutreffen muss, geben Sie im *Bereichs_Verweis* FALSCH ein.

Da wir in unserem Beispiel für einen Suchbegriff gleich mehrere Sprachen nachschlagen wollen und die einzelnen Sprachen in unterschiedlichen Spalten stehen, werden wir beide Funktionen brauchen.

Mit dem SVERWEIS wird der nachzuschlagende Begriff, das Suchkriterium, welches in der Zelle B7 auf dem Blatt *Vokabeln nachschlagen* steht, in der Spalte A des Tabellenblatts *mehrsprachiges Lexikon* gesucht.

Die *Matrix* ist die gesamte Tabelle von Spalte A bis G und für den Spaltenindex setzen wir nun den WVERWEIS ein.

Das Suchkriterium für den WVERWEIS ist die Sprache, die in der Spalte D auf dem Tabellenblatt *Vokabeln nachschlagen* steht. Dieses Suchkriterium wird nun in der ersten Zeile der Matrix auf dem Tabellenblatt *mehrsprachiges Lexikon* gesucht. Die Matrix für den WVERWEIS besteht nur aus zwei Zeilen. In der zweiten Zeile steht die Nummer der Spalte, in der die jeweilige Sprache zu finden ist. Diese Information wird im SVERWEIS als *Spaltenindex* benötigt.

Da nur dann eine Vokabel ausgegeben werden soll, wenn eine 100%ige Übereinstimmung gefunden wird, wird sowohl für den SVERWEIS als auch für den WVERWEIS im Feld *Bereichs_Verweis* FALSCH eingegeben.

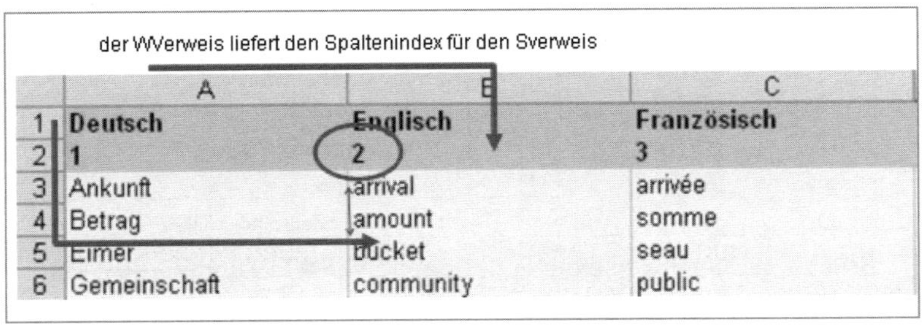

Bild 10.42: Zusammenspiel der Funktionen SVERWEIS und WVerweis auf der Suche nach der richtigen Vokabel

Nehmen wir an, Sie hätten in der Zelle D3 die gewünschte Sprache stehen und wollten in der Zelle F3 die Übersetzung des Begriffs aus B7 in diese Sprache bekommen, dann sähe die Formel in F3 folgendermaßen aus:

```
=SVERWEIS($B$7;'mehrsprachiges Lexikon'!$A:$G; WVERWEIS(D3;'mehrsprachiges
Lexikon'!$A$1:$G$2;2;FALSCH);FALSCH)
```

Sie können die Formel eintippen oder über den Formel-Assistenten eingeben.

Bild 10.43: Funktionsargumente SVERWEIS mit WVERWEIS für den Spaltenindex

Leider würde diese Funktion sehr häufig zu der Fehlermeldung #NV führen. Jedes Mal, wenn ein Begriff in die Zelle B7 eingegeben wird, der nicht in der Liste der Vokabeln enthalten ist, und ebenso wenn eine Übersetzung in einer Sprache fehlt, also die Zelle, in der die Übersetzung erwartet wird, leer ist, würde statt einem Ergebnis diese Fehlermeldung erscheinen, die besagt, dass der gesuchte Wert nicht verfügbar ist. Da dies nicht so schön ist, werden wir nun den Fehler mit weiteren Funktionen abfangen.

Wir können mit der ISTNV-Funktion überprüfen, ob unser SVERWEIS zu dieser Fehlermeldung führt.

Dies allein hilft aber noch nicht, da wir so als Ergebnis immer nur WAHR oder FALSCH angezeigt bekämen. Außerdem wollen wir in Abhängigkeit zum Ergebnis der ISTNV-Funktion anders vorgehen. Ist das Ergebnis WAHR, soll in die Zelle geschrieben werden *Leider nicht im Lexikon*, anderenfalls soll noch geprüft werden, ob die Zelle, in der die Übersetzung des Suchbegriffs steht, leer ist, weil das ebenfalls zu dem Fehler führen würde. Nur wenn auch die zweite Prüfung nicht zu dem Ergebnis WAHR führt, soll der SVERWEIS durchgeführt werden. Wir benötigen hierfür die WENN-Funktion, die wir gleich 2-fach verschachteln. Markieren Sie die Zelle F3 und starten Sie die WENN-Funktion. Ihr Cursor steht im Feld *Prüfung*.

1. Starten Sie direkt von hier aus über Klick auf den Auswahlpfeil links oben in der *Bearbeitungsleiste* die Funktion ISTNV.
2. Sollte die gewünschte Funktion nicht aufgelistet werden, öffnen Sie über *Weitere Funktionen* den Funktions-Assistenten und wählen hier aus der Kategorie *Information* die ISTNV-Funktion.

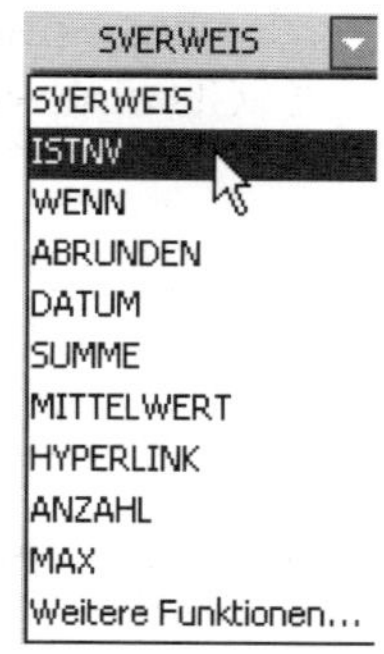

3. Wählen Sie nun genauso in der ISTNV-Funktion die SVERWEIS-Funktion aus.
4. Geben Sie im Feld *Suchkriterium* B7 ein und setzen Sie den Bezug mit [F4] fest. Als *Matrix* markieren Sie die Spalten A:G auf dem Blatt *mehrsprachiges Lexikon* und setzen diese ebenfalls mit [F4] fest.
5. Im Feld *Spaltenindex* wählen Sie nun die Funktion WVERWEIS aus und geben als *Suchkriterium* D3 ein. Als *Matrix* markieren Sie den Bereich A1:G2 auf dem Blatt *mehrsprachiges Lexikon* und setzen diesen ebenfalls mit [F4] fest. Der *Spaltenindex* ist die 2 und im *Bereichs-Verweis* geben Sie FALSCH ein.
6. Nun kommen Sie mit einem Klick auf das Funktionskennwort WENN in der *Bearbeitungsleiste* wieder zurück in die WENN-Funktion.
7. Im *Dann-Feld* geben Sie nun den Text *noch nicht im Lexikon* ein.
8. Im *Sonst-Feld* starten Sie erneut eine WENN-Funktion.
9. Kopieren Sie in der Bearbeitungsleiste den SVERWEIS und fügen Sie ihn in das Feld *Prüfung* ein. Geben Sie hinter der schließenden Klammer ="" ein. In diesem Feld steht nun:

   ```
   SVERWEIS($B$7;'mehrsprachiges Lexikon'!$A:$G;WVERWEIS (D3;'mehrsprachiges
   Lexikon'!$A$1:$G$2;2;FALSCH);FALSCH)= ""
   ```

10. Im *Dann*-Feld geben Sie nun wieder den Text *noch nicht im Lexikon* ein.
11. In das *Sonst*-Feld kopieren Sie noch einmal den SVERWEIS.

FERTIG! Die Formel ist mittlerweile ziemlich lang, kann aber nun so, wie sie ist, in alle anderen Zeilen kopiert werden:

```
=WENN(ISTNV(SVERWEIS($B$7;'mehrsprachiges Lexikon'! $A:$G ;
WVERWEIS(D3;'mehrsprachiges Lexikon'!$A$1:$G$2;2;FALSCH); FALSCH));"noch nicht
im Lexikon"; WENN(SVERWEIS($B$7;'mehrsprachiges Lexikon'!$A:$G;
WVERWEIS(D3;'mehrsprachiges Lexikon'!$A$1:$G$2;2;FALSCH); FALSCH)="";"noch nicht
im Lexikon";SVERWEIS($B$7; 'mehrsprachiges Lexikon'!$A:$G;
WVERWEIS(D3;'mehrsprachiges Lexikon'!$A$1:$G$2;2;FALSCH);FALSCH)))
```

11 Schwarzes Brett

11.1 Aushang mit Abreißschnipseln

Kategorie: Schwarzes Brett

Dateiname: KÜHLSCHRANK ZU VERKAUFEN.XLS

Schwierigkeitsgrad: ❋

Ziel dieser Übung ist es, einen Aushang im Querformat zu erstellen, wie es die folgende Abbildung zeigt.

Bild 11.1: Ein Aushang zum Verkauf eines Kühlschranks

Zellen verbinden

1. Nehmen Sie sich eine neue leere Mappe und wählen Sie den Befehl *Datei/Seiten einrichten*.
2. Stellen Sie die Option *Querformat* ein und bestätigen Sie mit *OK*.

Jetzt erkennen Sie an den gestrichelten Linien, wo die Seite endet.

3. Markieren Sie die Zellen von A4 runter bis A9 und bis zum rechten Ende der Seite.
4. Wählen Sie *Format/Zellen* und aktivieren Sie das Register *Ausrichtung*.
5. Stellen Sie in den beiden Feldern *Horizontal* und *Vertikal* den Eintrag *Zentriert* ein.

6. Aktivieren Sie den Haken *Zellen verbinden.*

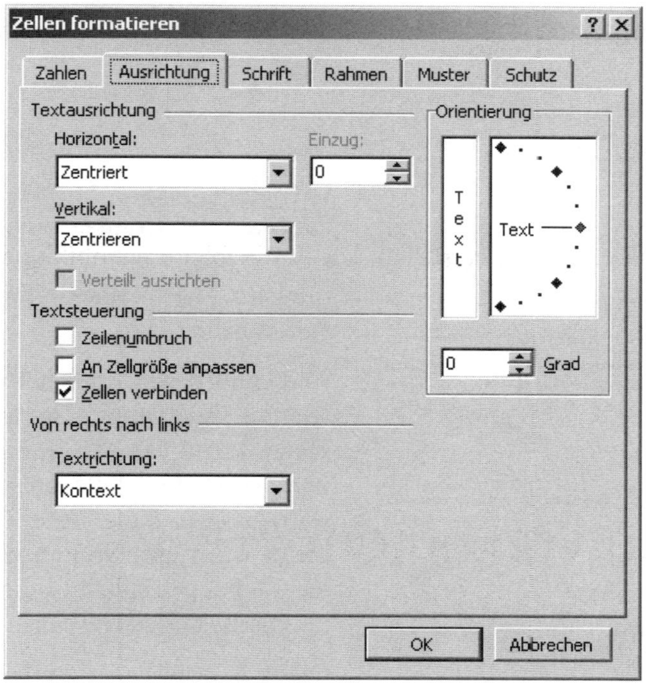

Bild 11.2: Aus mehreren Zellen eine große Zelle machen

7. Bestätigen Sie mit *OK.*

Tippen Sie jetzt den ersten Text ein und gestalten Sie ihn entsprechend Ihren Wünschen. Führen Sie diese Schritte für die nächsten beiden Textblöcke auch durch.

Zellen verbinden und Text drehen

1. Markieren Sie die Zellen von A26 bis ans untere Ende der Seite.
2. Wählen Sie *Format/Zellen* und aktivieren Sie das Register *Ausrichtung.*
3. Stellen Sie im Feld *Horizontal* den Eintrag *Zentriert* und im Feld *Vertikal* den Eintrag *Unten* ein.
4. Aktivieren Sie den Haken *Zellen verbinden.*
5. Stellen Sie *90 Grad* im gleichnamigen Feld ein. Bestätigen Sie mit *OK.*
6. Geben Sie den Text ein, markieren und kopieren Sie ihn. Fügen Sie ihn an den Stellen rechts daneben ein.

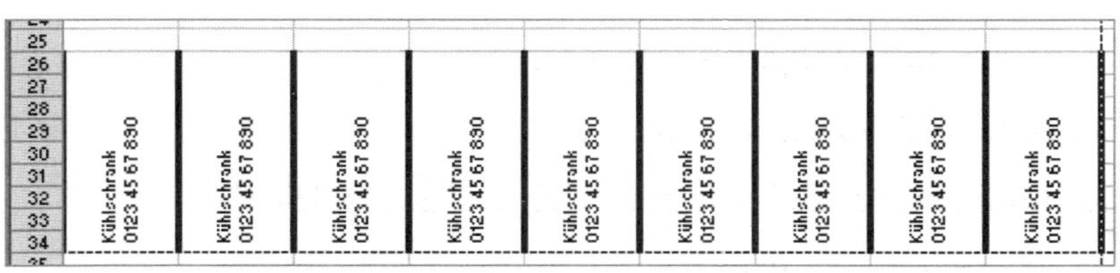

Bild 11.3: Die Schnipsel zum Abreißen

11.2 Menüplan Kantine

Kategorie: Schwarzes Brett

Dateiname: MENÜPLAN.XLS

Schwierigkeitsgrad: ❋

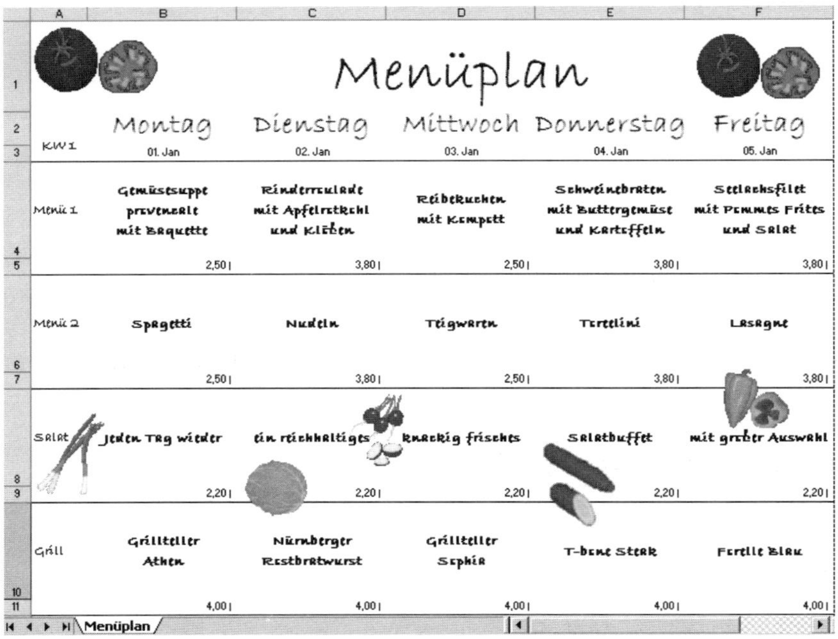

Bild 11.4: Ein klassischer Menüplan

Ob Schule, Mensa, Firmenkantine oder Krankenhaus, sie werden überall gebraucht: Menüpläne für jede Woche.

In diesem Beispiel möchten wir mit Ihnen einen klassischen Menüplan aufstellen und gestalten. Rechnen werden Sie in dieser Tabelle nicht, wir nutzen von Excel hier hauptsächlich die praktische Gitterstruktur.

Dieses Beispiel erfordert das Add-In *Analyse-Funktion*, das Sie über *Extras/Add-Ins* aktivieren.

Beschreibung

1. In einer neuen Datei wählen Sie zunächst den Befehl *Seite einrichten* und klicken im Register *Papierformat* die Orientierung *Querformat* an.
2. Stellen Sie auf dem Register *Seitenränder* für alle Seitenränder 1 cm ein und bestätigen Sie diese Einstellungen mit *OK*.

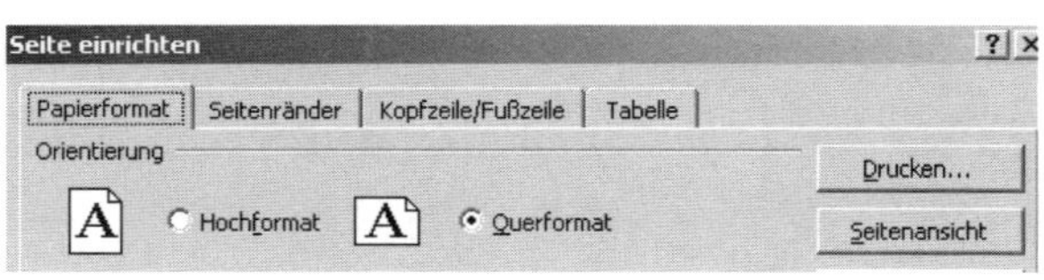

Bild 11.5: Über das Menü *Datei* erreichen Sie den Befehl *Seite einrichten,* um z. B. das Papierformat zu ändern.

3. Für einen Menüplan von montags bis freitags brauchen Sie sechs Spalten und je nach Anzahl der Gerichte oder Angebote eine unterschiedliche Anzahl Zeilen. Markieren Sie die Spalten B bis F für die Wochentage und ziehen Sie an der Trennlinie zwischen zwei Spaltenköpfen die Breite der Spalten ungefähr auf den Wert 23.
4. Für die Spalte A haben wir eine Breite von 7,14 gewählt. Vergrößern Sie auf die gleiche Art die *Zeilenhöhe* für die Zeilen, in die Sie später die Gerichte eintragen möchten.

5. Markieren Sie die Zellen für die Gerichte und öffnen Sie über *Format/Zellen* das Register *Ausrichtung*.

6. Stellen Sie hier die *horizontale* und *vertikale Textausrichtung* auf *zentriert* und aktivieren Sie im Bereich *Textsteuerung* die Option *Zeilenumbruch*.

Bei der Eingabe der Texte können Sie mit der Tastenkombination `ALT`+`Eingabe` auch einen festen Zeilenumbruch in die Zelle einfügen.

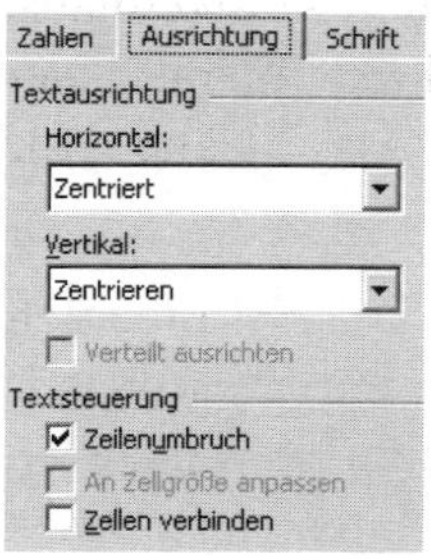

Bild 11.6: Feinheiten der Textausrichtung stellen Sie im Dialog *Zellen formatieren* auf der Registerkarte *Ausrichtung* ein.

7. Formatieren Sie die Zellen für die Preise über die *Format*-Symbolleiste als *Währung* und *rechtsbündig*.

Bild 11.7: Textausrichtung und Währungsformat über die *Format*-Symbolleiste

Datum und Kalenderwoche

1. Geben Sie das Datum des Montags in die Zelle B3 ein.

2. In die Zelle C3 tippen Sie die Formel: `=B3 +1`. Dadurch erhalten Sie das Datum des nächsten Tages.

3. Kopieren Sie diese Formel über das Ausfüllkästchen nach rechts bis in die Zelle F3.

4. Geben Sie in die Zelle B2 die Formel `=B3` ein und übernehmen Sie damit das Datum aus B3 hierhin.

5. Über *Format/Zellen* im Register *Zahlen* in der Kategorie *benutzerdefiniertes Zahlenformat* tragen Sie im Feld *Typ* `TTTT` ein. Damit wird das Datum als Wochentag dargestellt.

Mit der Funktion KALENDERWOCHE können Sie aus dem Datum die Nummer der aktuellen Kalenderwoche ermitteln lassen.

6. Geben Sie in der Zelle A2 die Funktion `=KALENDERWOCHE(B3;2)` ein.

Der zweite Parameter dieser Funktion legt fest, dass eine Woche an einem Montag beginnt.

Sie können über das Menü *Einfügen/Grafik* nun noch Bilder oder ClipArts zur Verzierung in Ihren Menüplan einfügen.

11.3 Wochen- und Putzpläne

Kategorie: Schwarzes Brett

Dateiname: PUTZPLAN.XLS

Schwierigkeitsgrad: ❋❋

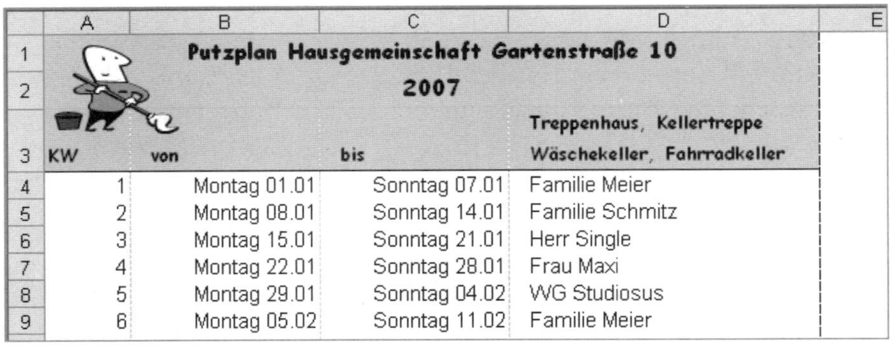

	A	B	C	D	E
1		Putzplan Hausgemeinschaft Gartenstraße 10			
2		2007			
3	KW	von	bis	Treppenhaus, Kellertreppe Wäschekeller, Fahrradkeller	
4	1	Montag 01.01	Sonntag 07.01	Familie Meier	
5	2	Montag 08.01	Sonntag 14.01	Familie Schmitz	
6	3	Montag 15.01	Sonntag 21.01	Herr Single	
7	4	Montag 22.01	Sonntag 28.01	Frau Maxi	
8	5	Montag 29.01	Sonntag 04.02	WG Studiosus	
9	6	Montag 05.02	Sonntag 11.02	Familie Meier	

Bild 11.8: Ein Beispiel für einen Putzplan

Damit das leidige Thema in einer Hausgemeinschaft, wer wann was putzt, aufhört, stellen wir Ihnen hier ein Beispiel für einen Putzplan vor.

In der Spalte A wird die Kalenderwoche berechnet. In den Spalten B und C werden die Daten automatisch aus der Jahresangabe 2007 in der Zeile 2 ermittelt. Die Namen der Putzparteien werden einmal eingegeben und anschließend in einem Schwung nach unten kopiert.

Die Daten automatisch berechnen

Die gesamte Datumsberechnung basiert auf der Eingabe des Jahres in der Zelle A2.

1. Nachdem Sie das gewünschte Jahr eingegeben haben, markieren Sie die Zelle B4 und geben die folgende Funktion ein:
   `=DATUM($A$2;1;1)`

Die Funktion DATUM besteht aus drei Parametern. Der erste Parameter ist das Jahr, der zweite ist der Monat und der dritte ist der Tag. Da wir nur das Jahr haben, geben Sie für diesen Parameter die Zelle A2 ein. Da der Putzplan am ersten Tag des Jahres beginnt, geben Sie für den Monat und für den Tag jeweils eine 1 ein. Nach Drücken der `Eingabe`-Taste erscheint jetzt der 01.01.2007.

2. Für die spezielle Formatierung des Datums markieren Sie die Zelle B4 und wählen *Format/Zellen*. Aktivieren Sie das Register *Zahlen* und die Kategorie *Benutzerdefiniert*. Geben Sie ins Feld *Typ* den folgenden Code ein:
   `TTTT TT.MM`

In den Zellen darunter möchten Sie jetzt immer sieben Tage hinzuaddieren.

3. Markieren Sie die Zelle B5 und geben Sie den folgenden Rechenschritt ein:
   `=B4+7`
4. Kopieren Sie den Rechenschritt nach unten.

5. Um jetzt das Datum in der Spalte B zu ermitteln, markieren Sie die Zelle C4 und geben den folgenden Rechenschritt ein:
   `=B4+6`

6. Kopieren Sie auch diese Formel mit einem Doppelklick auf das Ausfüllkästchen nach unten.

Die Kalenderwoche berechnen

Die Funktion KALENDERWOCHE ermittelt, wie der Name schon sagt, die Nummer der Woche des markierten Datums. Diese Funktion ist ein Add-In. Das bedeutet, dass Sie über *Extras/Add-Ins* die *Analyse-Funktionen* aktivieren müssen, wenn Sie mit dieser Funktion arbeiten möchten.

1. Markieren Sie die Zelle A4 und geben Sie die folgende Funktion ein:
   `=KALENDERWOCHE(B4)`

2. Kopieren Sie den Rechenschritt nach unten.

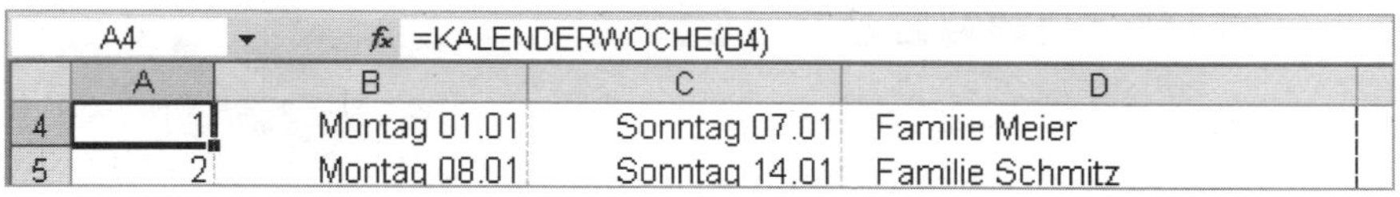

	A	B	C	D
4	1	Montag 01.01	Sonntag 07.01	Familie Meier
5	2	Montag 08.01	Sonntag 14.01	Familie Schmitz

Bild 11.9: Die Funktion KALENDERWOCHE ermittelt die Nummer der Woche.

Die Namen der Familien kopieren

Es wäre jetzt ziemlich viel Arbeit, die Namen der Personen 52-mal untereinander zu schreiben. Deshalb stellen wir Ihnen jetzt eine zeitsparende Variante vor.

1. Geben Sie die Namen in der gewünschten Reihenfolge einmal untereinander ein.

2. Markieren Sie die alle Zellen mit Namen.

3. Zeigen Sie jetzt mit der Maus auf das Ausfüllkästchen rechts unten an der Markierung. Wenn Ihr Mauszeiger zu einem schlanken Plus wechselt, dann führen Sie einen Doppelklick durch.

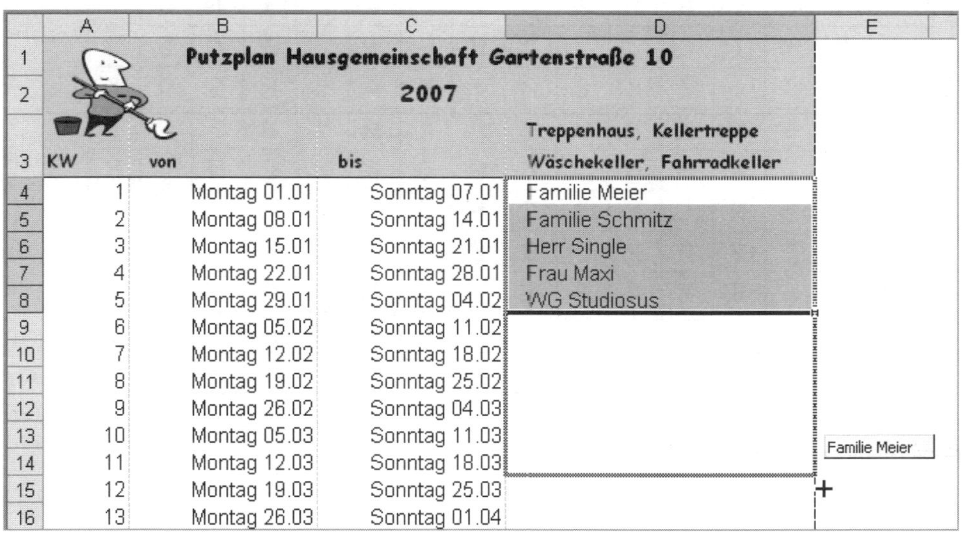

	A	B	C	D	E
3	KW	von	bis	Treppenhaus, Kellertreppe Wäschekeller, Fahrradkeller	
4	1	Montag 01.01	Sonntag 07.01	Familie Meier	
5	2	Montag 08.01	Sonntag 14.01	Familie Schmitz	
6	3	Montag 15.01	Sonntag 21.01	Herr Single	
7	4	Montag 22.01	Sonntag 28.01	Frau Maxi	
8	5	Montag 29.01	Sonntag 04.02	WG Studiosus	
9	6	Montag 05.02	Sonntag 11.02		
10	7	Montag 12.02	Sonntag 18.02		
11	8	Montag 19.02	Sonntag 25.02		
12	9	Montag 26.02	Sonntag 04.03		
13	10	Montag 05.03	Sonntag 11.03		
14	11	Montag 12.03	Sonntag 18.03		
15	12	Montag 19.03	Sonntag 25.03		
16	13	Montag 26.03	Sonntag 01.04		

Bild 11.10: Die Namen werden jetzt per Doppelklick nach unten kopiert.

12 Spiel, Sport & Hobby

12.1 Buchstabenrätsel selbst gemacht

Kategorie: Spiel, Sport & Hobby

Dateiname: BUCHSTABENSALAT.XLS

Schwierigkeitsgrad: ❋❋

Solche Buchstabenrätsel finden Sie in Rätselzeitschriften oder auch im Fernsehen. In einem solchen Rätsel sind in einem rechteckigen Feld waagerecht oder senkrecht Wörter versteckt. Die Suche wird dabei erschwert, da die gesuchten Wörter im vollständig gefüllten Raster versteckt sind.

Q	Q	F	L	B	K	Z	C	Y	E	U	W	W	A	N	D	F	A	I
F	R	E	Q	P	T	O	Y	O	T	A	M	W	A	Z	E	R	W	L
B	U	F	S	Y	V	Q	T	S	H	N	P	H	O	L	I	D	J	L
N	O	O	E	Q	Z	N	T	M	L	H	F	N	P	I	M	V	K	X
I	K	R	Y	F	E	R	R	A	R	I	P	W	C	I	U	O	C	H
R	I	D	E	D	G	D	S	C	J	K	O	T	B	Y	S	L	C	W
L	X	Z	F	E	O	Z	W	E	Y	T	R	F	E	E	L	K	S	S
D	M	H	T	V	T	U	X	I	F	J	S	Y	A	O	X	S	G	U
F	G	L	I	O	C	Y	A	E	D	S	C	F	V	R	J	W	F	Z
B	T	U	A	U	D	I	L	Q	Y	A	H	Q	I	Z	W	A	D	U
Z	C	Z	W	Y	Q	I	Z	K	B	B	E	R	M	B	R	G	Q	K
H	I	N	S	T	G	H	N	B	J	M	F	X	M	Y	N	E	X	I
H	T	M	Q	Y	I	N	B	U	T	U	G	C	B	R	B	N	A	H
K	R	Q	A	M	E	R	C	E	D	E	S	U	G	V	N	Z	H	L
E	O	G	I	L	L	V	H	P	Q	Q	B	J	U	R	P	B	Q	J
X	E	U	K	S	G	U	H	B	P	B	E	U	T	D	D	I	T	I
Q	N	J	P	T	D	K	N	Z	Q	R	E	N	A	U	L	T	F	D
G	E	F	M	S	P	C	Y	O	A	C	N	K	S	W	O	K	X	C

Bild 12.1: Das fertige Rätsel mit 10 versteckten Automarken

Beschreibung

Die Excel-Datei ist dafür gedacht, ein neues Rätsel zu erstellen und die restlichen leeren Zellen über eine Zufallsfunktion mit Buchstaben zwischen A und Z aufzufüllen. Sie könnten die leeren Zellen natürlich manuell ausfüllen. Aber warum mühselig eingeben, wenn Excel dies für Sie erledigen kann?

In dieser Datei finden Sie eine Lösung mit Hilfe zweier Excel-Funktionen. Beachten Sie, dass Sie für den Einsatz der Funktion WAHL das Add-In *Analyse Funktionen* aktivieren müssen.

Rätsel ausfüllen

Um ein neues Rätsel zu erstellen, öffnen Sie die Datei und schalten auf das Arbeitsblatt *Rätsel_leer*. Für das folgende Spiel sollen im Rätselfeld 10 unterschiedliche Tiernamen versteckt werden. Geben Sie in das leere Rätsel die Tiernamen buchstabenweise in die Zellen ein. Nachdem Sie die gewünschten Tiere eingegeben haben, sollen nun die restlichen Leerzellen gefüllt werden.

Bild 12.2: Diese zehn Tiere werden gleich in einem Buchstabensalat »versteckt«.

Buchstaben zufällig auswählen

Zur zufälligen Auswahl der Buchstaben werden zwei Funktionen ineinander verschachtelt.

Die Funktion ZUFALLSBEREICH liefert dabei eine Zahl zwischen 1 und 26. Mit diesem Ergebnis wird über die Funktion WAHL aus der Folge von Buchstaben A bis Z ein Buchstabe ausgewählt.

```
=WAHL( ZUFALLSBEREICH(1;26); "A";"B";"C";"D";"E";"F";"G";"H";"I";"J";"K";
"L";"M";"N";"O";"P";"Q";"R";"S";"T";"U";"V";"W";"X";"Y";"Z")
```

Der erste Parameter in der Funktion WAHL ist das Ergebnis der Funktion ZUFALLSBEREICH(1;26). Diese liefert eine Zufallszahl zwischen 1 und 26.

In den restlichen 26 Parametern werden die 26 Buchstaben angegeben. Eine Sortierung der Buchstaben ist nicht zwingend notwendig.

Es ist nicht zwingend notwendig, alle Buchstaben des Alphabets zu verwenden. Sie können die Funktionen aneinander anpassen. Für 10 Zufallszahlen können Sie die Auswahl der Buchstaben in der WAHL-Funktion auch verkleinern.

Leere Zellen markieren

Die oben beschriebene Formel finden Sie in der Zelle B28. Kopieren Sie diese Formel in die Zwischenablage.

Um genau die verbleibenden leeren Zellen zu selektieren, markieren Sie den Bereich B6 bis T23 und rufen den Befehl *Bearbeiten/GeheZu* auf. Wählen Sie im Dialogfenster die Option *Leerzellen.*

Bestätigen Sie mit *OK.*

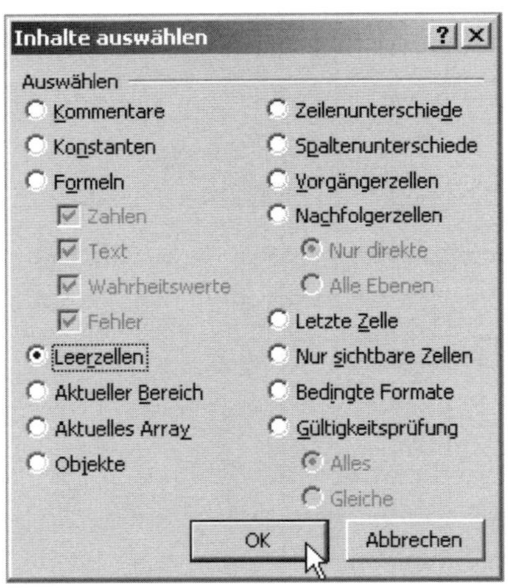

Bild 12.3: Die Wörter sind eingegeben und die leeren Zellen sind markiert.

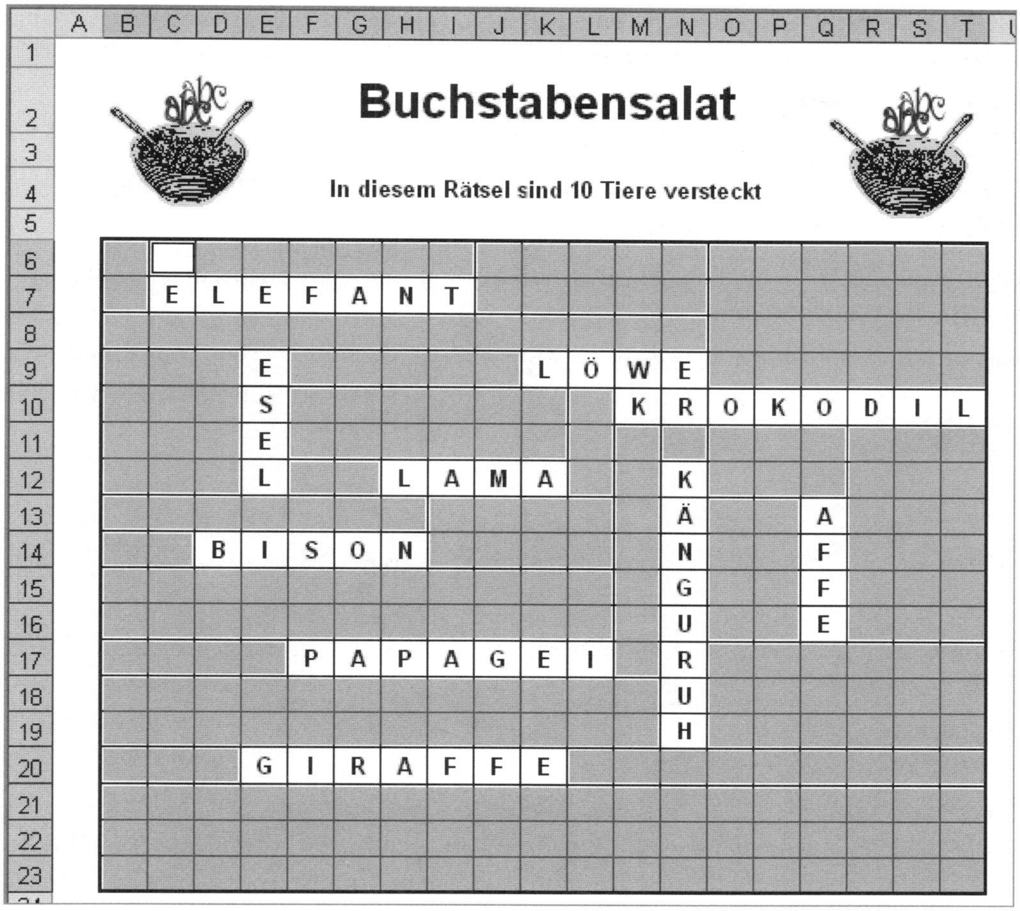

Bild 12.4: Jetzt sind nur die leeren Zellen markiert.

Fügen Sie die Formeln aus der Zwischenablage in die leeren Zellen ein. Fertig ist Ihr neues Buchstabenrätsel. Bei jedem Neuberechnen denkt sich Excel neue Buchstaben über die Formel aus.

Zellen mit Formeln markieren

Um die Buchstaben-Füller zu markieren und wieder zu entfernen, markieren Sie den Zellbereich B6:T23 und setzen die Option *Formeln* im Dialogfenster *Bearbeiten/GeheZu/Inhalte auswählen.* Wenn Sie die Formelfelder löschen, erhalten Sie die Lösung des Worträtsels.

Das Rätsel fixieren

Sie können Rätsel fixieren, indem Sie die Formeln durch Werte ersetzen.

Um die Formeln durch die Buchstabenwerte zu ersetzen, markieren Sie die Zellen des Buchstabenrätsels. Starten Sie den Befehl *Kopieren* und führen Sie anschließend den Befehl *Werte* an der *Einfügen*-Schaltfläche aus.

12.2 Countdown: Wie lange noch bis zur Hochzeit?

Kategorie: Spiel, Sport & Hobby

Dateiname: COUNTDOWN.XLS

Schwierigkeitsgrad: ❋ ❋ ❋ ❋

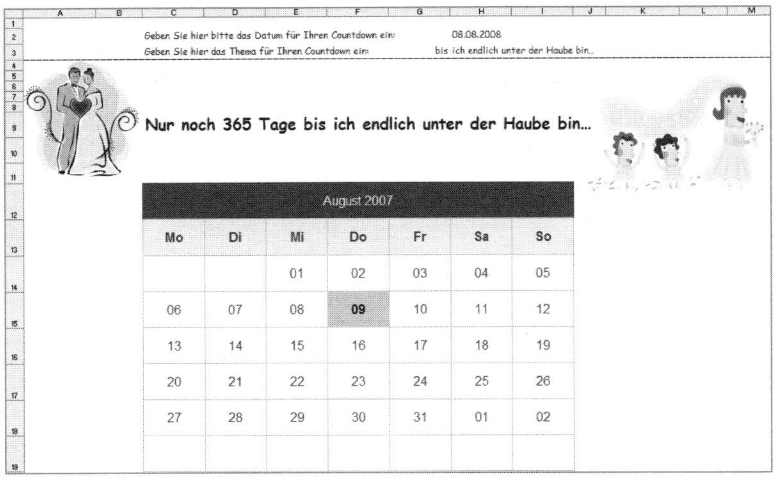

Bild 12.5: Tabelle Countdown

Mit dieser kleinen Spielerei, bei der die restlichen Tage bis zum Hochzeitstermin am 08.08.2008 gezählt werden, möchten wir einige Datumsfunktionen veranschaulichen.

Beschreibung

Diese Excel-Tabelle berechnet ausgehend vom aktuellen Datum stets die Anzahl der Tage bis zu einem bestimmten Datum, welches Sie in Zelle H2 hinterlegt haben. In unserer ersten Beispieltabelle geht es um das geplante Hochzeitsdatum am 08.08.2008. Des Weiteren zeigt der mittlere Teil der Tabelle stets vom aktuellen Monat eine kleine Kalenderübersicht. Der aktuelle Tag wird dabei über bedingte Formatierung farblich besonders hervorgehoben. Dieser Kalender ist natürlich unabhängig vom Countdown auch ohne Weiteres für andere Fälle sehr schön einzusetzen.

Die Tage bis zum Termin berechen

In Zelle A1 haben wir das aktuelle Datum über die Funktion HEUTE in kleiner Schrift, Schriftfarbe Weiß. In Zelle H2 erfragen wir das Datum für den Countdown und in Zelle H3 das Thema des Countdowns (Hochzeit, Urlaub, Rente oder was auch immer Ihnen einfällt). Mithilfe der beiden Datumszellen (A1 und H2) und der Funktion DATEDIF können wir nun berechnen, wie viele Tage es noch bis zum Countdown-Termin sind.

Funktion DATEDIF

Die Funktion DATEDIF ermittelt die Differenz zwischen zwei Datumsangaben. Mithilfe des Arguments *Einheit* können Sie festlegen, in welchen Zeiteingaben die Differenz ausgegeben werden soll: »Y« steht für vollständige Jahre, »M« für vollständige Monate und »D« für Anzahl der Tage. Die Funktion DATEDIF muss manuell eingegeben werden. In unserem Beispiel prüfen wir die Differenz zwischen dem aktuellen Tag (A1) und dem eingegebenen Datum in Zelle H2. Der Teil der Funktion lautet: `= DATEDIF`

`($A$1;$H$2;"D")`. Da wir in Zelle C9 mit dem Ergebnis noch Text verketten möchten, geben wir in C9 die Funktion jedoch wie folgt ein: `="Nur noch "&DATEDIF($A$1;$H$2;"D")&" Tage bis " & H3`.

Der Kalender

In Zelle C12 steht wieder über der Funktion HEUTE das aktuelle Datum, jedoch als MMMM JJ formatiert. Somit steht in C12 für den 09.08.2007 nun August 2007.

- In Zelle C14 (unterhalb von Mo) prüfen wir mithilfe der WENN-Funktion und der WOCHENTAG-Funktion, ob der Erste des aktuellen Monats ein Montag, d. h. der Wert gleich 2 ist. Die Funktion WOCHENTAG wandelt eine fortlaufende Zahl in einen Wochentag um. Der Tag wird standardmäßig als ganze Zahl ausgegeben, die einen Wert von 1 (Sonntag) bis 7 (Samstag) annehmen kann.
- Ist die Prüfung WAHR, dann soll in Zelle C14 der Erste des aktuellen Monats im Datumsformat TT, d. h. 01. geschrieben werden.
- Ist die Prüfung nicht WAHR, dann soll die Zelle leer bleiben.

Die Formel in Zelle C14 lautet somit: `=WENN(WOCHENTAG(DATUM(JAHR(C12);MONAT(C12);1);1)=2;DATUM(JAHR(C12);MONAT(C12);1);"")`

- In der Nachbarzelle D14 (unterhalb von Di) prüfen wir zuerst, ob die Zelle C14 noch leer ist (also kein Montag ist).
- Ist die Zelle C14 nicht leer, dann wird auf den Wert aus C14 1 addiert, d.h. in Zelle C14 steht der Zweite des aktuellen Monats, ebenfalls im Datumsformat TT, d. h. 02.
- Ist die Zelle C14 jedoch leer, dann prüfen wir wie oben beschrieben, ob der Erste des aktuellen Monats ein Dienstag, d. h. der Wert gleich 3 ist.
- Ist diese Prüfung WAHR, dann soll in Zelle D14 (unterhalb von Di) der Erste des aktuellen Monats im Datumsformat TT, d. h. 01. geschrieben werden.
- Ist die Prüfung nicht WAHR, dann soll die Zelle leer bleiben.

Die Formel in Zelle D14 lautet somit: `=WENN(C14="";WENN(WOCHENTAG(DATUM((JAHR(C12));MONAT(C12);1);1)=3;DATUM((JAHR(C12));MONAT(C12);1);"");C14+1)`

Auf gleiche Art und Weise wie in Zelle D14 sind die restlichen Formeln der Zeile 14 aufgebaut. Ab der zweiten Zeile des Kalenders kann dann jeweils eine 1 auf den Vorgängertag addiert werden, in Zelle C15 lautet z. B. die Formel dann ganz einfach: `=I14+1`.

Über *Bedingte Formatierung* wird für den gesamten Kalender (C14:I19) geprüft, ob die aktuelle Zelle mit dem aktuellen Datum identisch ist, sie erhält dann eine besondere Formatierung. So lautet beispielsweise für Zelle C14 die *Bedingung 1* im Feld *Formel ist* `=C14=HEUTE()`.

Weitere Tabellen in der Arbeitsmappe

In der Arbeitsmappe finden Sie noch ein weiteres Beispiel für einen Countdown bis zum nächsten Surfurlaub sowie einen »leeren« Countdown. Hier müssen Sie dann gegebenenfalls noch mit passenden ClipArts kreativ werden.

12.3 Einarmiger Bandit

Kategorie: Spiel, Sport & Hobby

Dateiname: EINARMIGER BANDIT.XLS

Schwierigkeitsgrad: ❋❋

In dieser Datei finden Sie ein Spiel, das mit einfachen Excel-Funktionen funktioniert.

Bild 12.6:
Der einarmige Bandit in Excel

Beschreibung

In den Zellen C9, D9 und E9 werden die Spielfelder über eine Zufallsfunktion berechnet, wenn Excel die Neuberechnung durchführt.

Die Neuberechnung von Formeln in einer Excel-Datei wird über die Funktionstaste F9 gestartet.

Die Zelle C9 beinhaltet folgende Funktion: `=WAHL(ZUFALLSBEREICH(1;10);"***";"AAA";"ccc";"xxx";"PPP";"YYY";"bbb";"111";",,,";"!!!")`.

In der Funktion sind zwei verschiedene Excel-Funktionen verschachtelt.

Die Formel `ZUFALLSBEREICH(1;10)` liefert als Ergebnis eine Zahl zwischen 1 und 10.

Die Funktion `WAHL` verwendet dieses Ergebnis, um einen der folgenden Parameter anzusprechen.

```
1 = "***" 2 = "AAA" 3 = "ccc" 4 = "xxx" 5 = "PPP"
5 = "YYY" 6 = "bbb" 7 = "111" 8 = ",,," 9 = "!!!"
```

Die Zellen C9 bis E9 sind in der Schriftart *Webdings* formatiert, sodass statt der Buchstaben die Symbole angezeigt werden.

Diese Formel ist auch in den anderen beiden Spielfeldern anwendbar.

Den Gewinn anzeigen

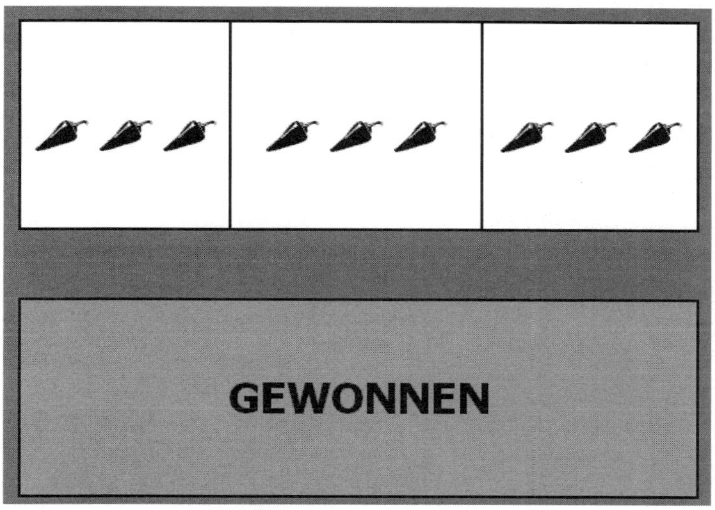

Bild 12.7: Dreimal Peperoni ist ein Gewinn.

Sie haben gewonnen, wenn in allen drei Feldern die gleichen Symbole angezeigt werden.

In der Zelle C13 befindet sich die folgende WENN-Funktion `=WENN(UND(C9=D9;D9=E9);"GEWONNEN";"KEIN GEWINN")`.

Die Bedingung prüft über die `UND`-Funktion `UND(C9=D9;D9=E9)`, ob der Wert in der Zelle C9 gleich der Zelle D9 und D9 gleich E9 ist.

Ist dies der Fall, wird der Text GEWONNEN bzw. KEIN GEWINN angezeigt, wenn die Bedingung nicht zutrifft.

Zellen farbig anzeigen

Die Spielfelder C9 bis E9 werden über die bedingte Formatierung in verschiedenen Farben angezeigt.

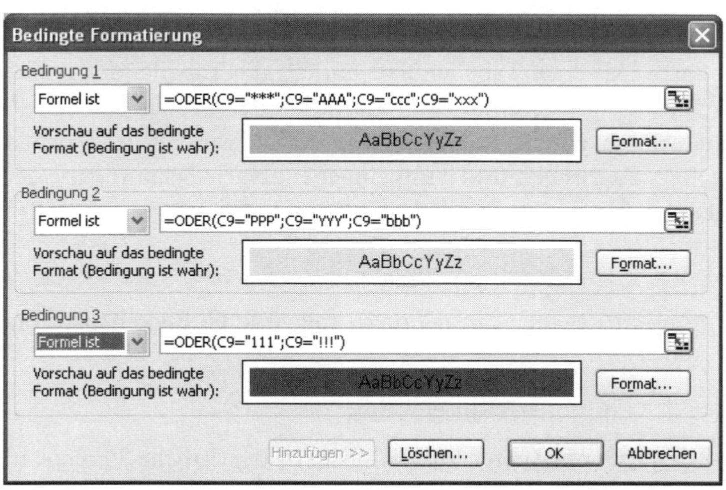

Bild 12.8: Die Spielfelder werden über die *Bedingte Formatierung* eingefärbt.

12.4 Fußball-Tippgemeinschaft

Kategorie: Spiel, Sport & Hobby

Dateiname: BUNDESLIGA-TIPPSPIEL.XLS/BUNDESLIGA-TIPPSPIEL.XLT

Schwierigkeitsgrad: ❋❋❋❋

Wie wär's mit einer kleinen Tipprunde im Kollegen-, Verwandten oder Freundeskreis? Mit dieser Excel-Vorlage können Sie jederzeit und ohne großen Aufwand Spiele tippen.

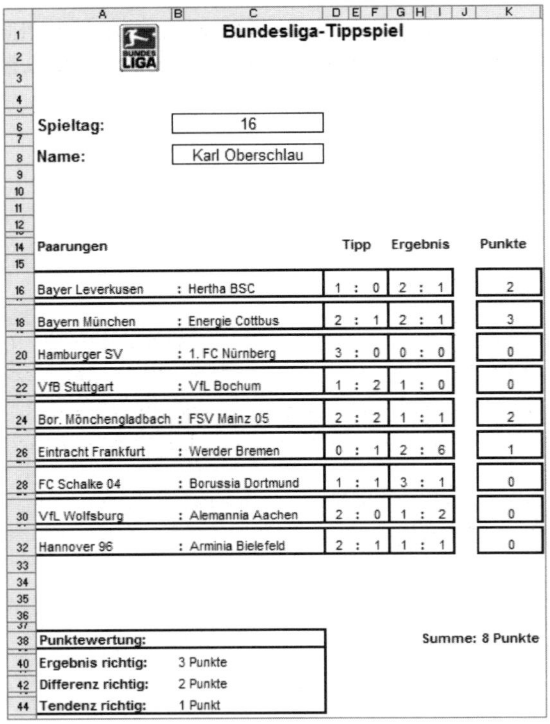

Bundesliga-Tippspiel

Spieltag: 16

Name: Karl Oberschlau

Paarungen		Tipp	Ergebnis	Punkte
Bayer Leverkusen	: Hertha BSC	1 : 0	2 : 1	2
Bayern München	: Energie Cottbus	2 : 1	2 : 1	3
Hamburger SV	: 1. FC Nürnberg	3 : 0	0 : 0	0
VfB Stuttgart	: VfL Bochum	1 : 2	1 : 0	0
Bor. Mönchengladbach	: FSV Mainz 05	2 : 2	1 : 1	2
Eintracht Frankfurt	: Werder Bremen	0 : 1	2 : 6	1
FC Schalke 04	: Borussia Dortmund	1 : 1	3 : 1	0
VfL Wolfsburg	: Alemannia Aachen	2 : 0	1 : 2	0
Hannover 96	: Arminia Bielefeld	2 : 1	1 : 1	0

Summe: 8 Punkte

Punktewertung:	
Ergebnis richtig:	3 Punkte
Differenz richtig:	2 Punkte
Tendenz richtig:	1 Punkt

Bild 12.9: Die Tabelle für Ihr Bundesliga-Tippspiel

Beschreibung der Arbeitsmappe

Die Mappe besteht aus zwei Tabellenblättern. Das erste Tabellenblatt enthält die Tabelle, das zweite Tabellenblatt enthält eine Auflistung der Bundesliga-Vereine. Beim Ausfüllen der Tabelle können so die Paarungen des neuen Spieltages bequem über eine Auswahlliste ausgewählt werden: im Vorfeld des Spiels einfach Name des Tippers, Spieltag, Paarungen und Tipp eingeben. Nach Bekanntgabe der Ergebnisse dann die Ergebnisse nachtragen – sofort wertet Excel alle Tipps aus.

Gültigkeitsprüfung

Im Bereich *Paarungen* ist über *Daten/Gültigkeit/*Register *Einstellungen* folgende Gültigkeitsprüfung hinterlegt:

- Im Feld *Zulassen* ist über den Listenpfeil der Eintrag *Liste* ausgewählt.
- Im Feld *Quelle* wird der Bereichsname der zuvor erstellten Auswahlliste in der Tabelle *Vereine*, in unserem Beispiel *=Bundesliga*, eingegeben.

Die mehrfach verschachtelte WENN-Funktion für das Ergebnis

Es gibt insgesamt drei Punktewertungen:

3 Punkte gibt es, wenn das Ergebnis richtig ist.
2 Punkte gibt es, wenn die Differenz richtig ist.
1 Punkt gibt es, wenn die Tendenz richtig ist.

- Mit der ersten WENN-ODER-Funktion wird geprüft, ob bereits ein Tipp abgegeben wurde, d. h., ob in den Feldern für den Tipp (D16 und F16) bereits Eingaben gemacht wurden. Der Teil der Funktion ist : `(ODER(D16<>"";F16<>"")`.
- Ist ein Tipp abgegeben worden, wird in einer zweiten WENN-UND-Funktion geprüft, ob die Anzahl der gefallenen Tore für beide Mannschaften gleich der getippten Anzahl der gefallenen Tore ist. Der Teil der Funktion ist : `(UND(D16=G16;F16=I16)`.
- Wurde das Ergebnis richtig getippt, ergibt dies 3 Punkte.
- Ist der Ergebnistipp nicht richtig, wird in einer dritten WENN-Funktion geprüft, ob denn die Tordifferenz zwischen den Tipps und den Ergebnissen identisch ist.
  Der Teil der Funktion ist : `D16-F16=G16-I16`.
- Wurde die Tordifferenz korrekt getippt, ergibt dies 2 Punkte.
- Wird auch die Tordifferenz nicht getroffen, wird in einer vierten WENN-ODER-UND-Funktion geprüft, ob wenigstens die Tendenz richtig war. Das heißt, ob beim Tipp der Sieger bzw. der Verlierer des Spiels oder das Unentschieden korrekt vorausgesagt wurde. Dazu wird jeweils die Anzahl der getippten Tore mit der Anzahl der geschossenen Tore verglichen. Der Teil der Funktion ist: `(ODER(UND(D16<F16;G16<I16);UND(D16>F16; G16>I16))`.
- Wird diese Tendenz richtig getippt, ergibt dies 1 Punkt.
- In allen anderen Fällen gibt es 0 Punkte.
- Die komplette Funktion in K16 sieht nun wie folgt aus:

```
=WENN(ODER(D16<>"";F16<>"");WENN(UND(D16=G16;F16=I16);3;WENN
(D16-F16=G16-I16;2;WENN(ODER(UND(D16<F16;G16<I16);UND(D16>F16;
G16>I16));1;0)));0)
```

Diese Formel kann auf die anderen Paarungen nach unten kopiert werden.

Summe aller Punkte

In Zelle K38 wird über eine SUMME-Funktion die Summe aller Punkte berechnet. Die Formel sieht wie folgt aus: `=SUMME(K14:K32)`.

Arbeitsmappe als Mustervorlage abspeichern

Möchten Sie dieses Tipp-Formular als Mustervorlage abspeichern, löschen Sie alle Eingabedaten und wählen *Datei/Speichern unter* und hier im Listenfeld *Dateityp* den Eintrag *Mustervorlage*. Die Vorlage erhält dadurch automatisch die Dateierweiterung .xlt (z. B. Bundesliga-Tippspiel.xlt).

Über *Datei/Neu* und Auswahl dieser Vorlage kann nun das Tipp-Formular immer wieder neu ausgefüllt werden.

12.5 Kniffel-Druckvorlage

Kategorie: Spiel, Sport & Hobby

Dateiname: KNIFFEL DRUCKVORLAGE.XLS

Schwierigkeitsgrad: ❋

In diesem Beispiel erstellen Sie Druckvorlagen für das Würfelspiel »Kniffel«.

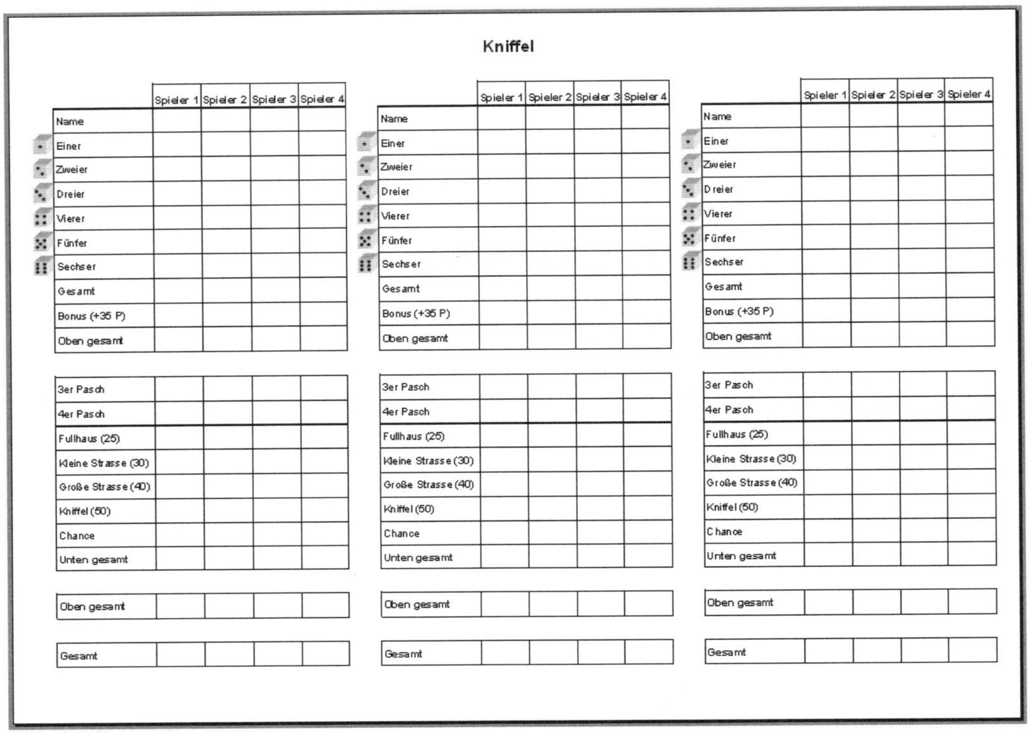
Kniffel

	Spieler 1	Spieler 2	Spieler 3	Spieler 4
Name				
Einer				
Zweier				
Dreier				
Vierer				
Fünfer				
Sechser				
Gesamt				
Bonus (+35 P)				
Oben gesamt				
3er Pasch				
4er Pasch				
Fullhaus (25)				
Kleine Strasse (30)				
Große Strasse (40)				
Kniffel (50)				
Chance				
Unten gesamt				
Oben gesamt				
Gesamt				

	Spieler 1	Spieler 2	Spieler 3	Spieler 4
Name				
Einer				
Zweier				
Dreier				
Vierer				
Fünfer				
Sechser				
Gesamt				
Bonus (+35 P)				
Oben gesamt				
3er Pasch				
4er Pasch				
Fullhaus (25)				
Kleine Strasse (30)				
Große Strasse (40)				
Kniffel (50)				
Chance				
Unten gesamt				
Oben gesamt				
Gesamt				

	Spieler 1	Spieler 2	Spieler 3	Spieler 4
Name				
Einer				
Zweier				
Dreier				
Vierer				
Fünfer				
Sechser				
Gesamt				
Bonus (+35 P)				
Oben gesamt				
3er Pasch				
4er Pasch				
Fullhaus (25)				
Kleine Strasse (30)				
Große Strasse (40)				
Kniffel (50)				
Chance				
Unten gesamt				
Oben gesamt				
Gesamt				

Bild 12.10: Das Ergebnis ist eine Druckvorlage für das Würfelspiel »Kniffel«.

Die Würfel-Symbole erstellen

Wenn Sie eine Tabelle mit einem AutoForm-Element verzieren möchten, dann benötigen Sie zu Beginn die Symbolleiste *Zeichnen*.

1. Wählen Sie die Befehlsfolge *Ansicht/Symbolleisten/Zeichnen*.

Bild 12.11: Die Symbolleiste *Zeichnen*

2. Klicken Sie auf die Schaltfläche *Rechteck* □ und ziehen Sie mit gedrückter `Umschalt`-Taste ein Quadrat auf.

Die `Umschalt`-Taste stellt sicher, dass Sie ein Quadrat erhalten.

3. Vergrößern bzw. verkleinern Sie das Quadrat nach Ihren Wünschen.

4. Um jetzt einen 3D-Effekt zu erhalten, markieren Sie das Quadrat. Klicken Sie auf die Schaltfläche *3D-Art* und wählen Sie das erste Objekt aus.

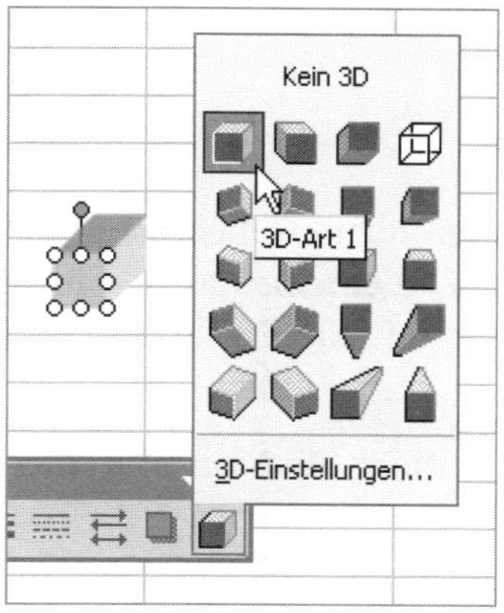

Bild 12.12: Die Optionen für die 3D-Formen

5. Um die 3D-Optik zu verkürzen, markieren Sie das Objekt, klicken auf die Schaltfläche *Tiefe* und geben im Feld *Benutzerdefiniert* den Wert 20 ein.

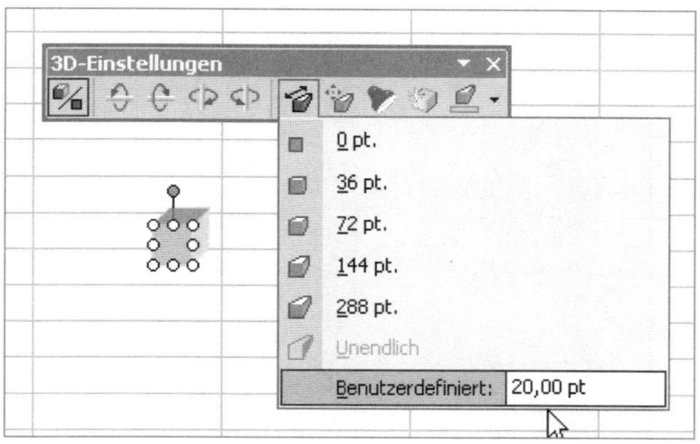

Bild 12.13: Die Tiefe des Würfels einstellen

Die Punkte auf dem Würfel erhalten Sie, indem Sie mit gedrückter `Umschalt`-Taste eine *Ellipse* aufziehen. Verändern Sie die Größe und füllen Sie den Punkt mit der Schaltfläche *Füllfarbe* auf. Kopieren Sie jetzt die Punkte und fügen Sie sie auf einem Würfel ein.

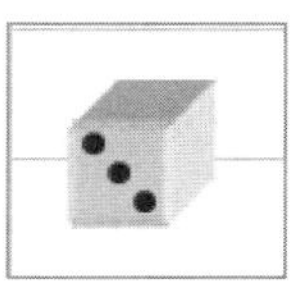

Bild 12.14: Der fertige Würfel

Jetzt müssen Sie die ganze Vorlage markieren und kopieren und nebeneinander auf dem Tabellenblatt einfügen, sodass Sie die Vorlage drei Mal auf dem Blatt haben.

6. Bevor Sie drucken, wählen Sie *Datei/Seite einrichten* und stellen die Option *Querformat* ein.

7. Im Bereich *Skalierung* stellen Sie die Option *Anpassen* ein. Damit stellen Sie sicher, dass die Tabellen nur auf einer DIN-A4-Seite gedruckt wird.

12.6 Rechnen lernen

Kategorie: Spiel, Sport & Hobby

Dateiname: RECHNEN_LERNEN_MIT_EXCEL.XLS

Schwierigkeitsgrad: ❋

Mit der vorliegenden Tabelle können Sie oder Ihre Kinder das Kopfrechnen üben. Geben Sie in die Zellen B4 und D4 eine Zahl ein. Dann berechnen Sie diese Zahlen im Kopf. Wenn Sie das Bild über der entsprechenden Zelle wegziehen, können Sie sehen, ob das von Ihnen ermittelte Ergebnis richtig ist.

In der vorliegenden Datei sind je zwei Zeilen für die Addition, Multiplikation, Division und Subtraktion vorgesehen.

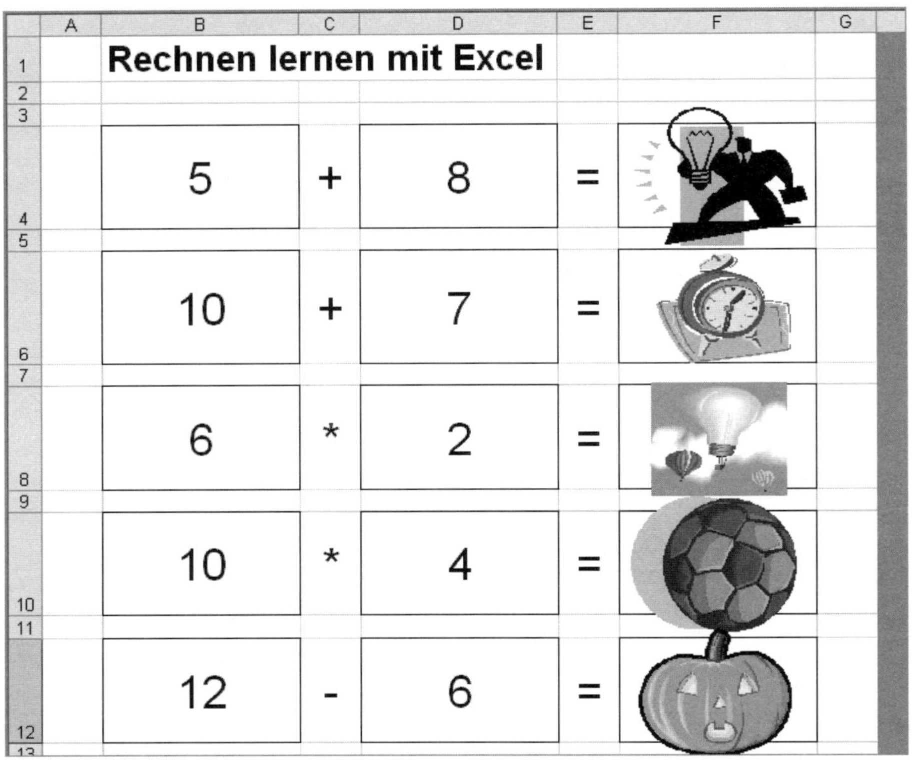

Bild 12.44: Ein Blatt, um rechnen zu lernen

Zuerst wollen wir das Blatt so gestalten, wie es die vorherige Abbildung zeigt. Die Zeilenhöhe und die Spaltenbreite sollen zuerst angepasst werden, dabei müssen Sie nicht unsere Vorgaben übernehmen, sondern Sie können eigene Breiten und Höhen definieren.

1. Markieren Sie die Spalte B, wählen Sie *Format/Spalte/Breite* und stellen Sie als Breite 20 ein. Das bedeutet, in die Zellen der Spalte B passen ungefähr 20 Zeichen der gewählten Schriftgröße.
2. Lassen Sie die Spalte B markiert und doppelklicken Sie auf die Schaltfläche *Format übertragen.* Klicken Sie jetzt auf die Spaltentitel D & F.
3. Die Spalten A, C E und G haben die Breite 6. Weisen Sie ihnen diese Breite zu.

4. Markieren Sie die Zeile 4, wählen Sie *Format/Zeile/Höhe* und stellen Sie 60 ein.
5. Lassen Sie die Zeile 4 markiert und doppelklicken Sie auf die Schaltfläche *Format übertragen.* Klicken Sie jetzt auf die Zeilentitel 6, 8, 10, 12, 14.
6. Die Zeilen 2, 3, 5, 7, 9, 11 und 13 haben die Höhe 12. Weisen Sie ihnen diese Höhe zu.
7. Jetzt möchten Sie um die Zellen, in die gleich die Zahlen eingetippt werden, einem dicken Rahmen ziehen.
8. Markieren Sie die erste Zelle, öffnen Sie das Listenfeld an der Schaltfläche *Rahmen* und wählen Sie den Eintrag *Dicke Rahmenlinie.* Führen Sie diese Schritte für alle Zellen durch.

Bild 12.45: Einen Rahmen um die markierten Zellen ziehen

Jetzt werden die Rechenschritte eingegeben.

9. Die folgende Abbildung zeigt ein Muster. Füllen Sie die Zellen mit den Werten und geben Sie in der Zelle F14 den Rechenschritt ein.

   =B4+B5

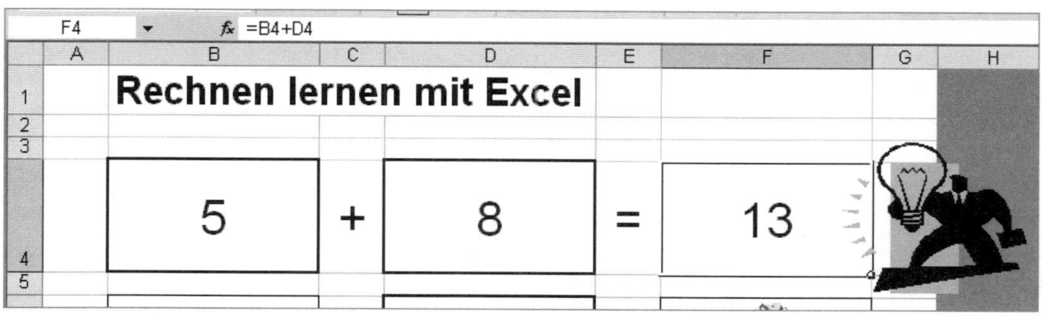

Bild 12.46: Ein ClipArt über das Ergebnis ziehen, um es zu verdecken

Jetzt soll über die Lösungszelle ein ClipArt gelegt werden.

10. Wählen Sie *Einfügen/Grafik/ClipArt.* Klicken Sie im Aufgabenbereich auf die Schaltfläche *Suchen* und wählen Sie ein ClipArt aus.
11. Ziehen Sie das gewünschte Clip auf Ihr Blatt und passen Sie die Größe an.

12.7 Siegerliste: Ermitteln der Plätze 1, 2 und 3 bei einem Laufwettbewerb

Kategorie: Spiel, Sport & Hobby

Dateiname: 100_METERLAUF.XLS

Schwierigkeitsgrad: ❋❋❋❋

Sie möchten wissen, wie der Name der schnellsten Läuferin und der zweitschnellsten Läuferin lautet, usw.

Dieses Beispiel können Sie auch ändern, z. B. für einen Schwimmwettkampf. Sie können diese Tabelle also für alle Werte nehmen, bei denen Sie die Beschreibung für den kleinsten, den zweitkleinsten usw. suchen.

Olympische Spiele 2007 in Pusemuckel

111 Meter / Frauen

Startnummer	Vorname	Name	Zeit/Sekunden
1.	Tussi	Tunfisch	11,12
2.	Helga	Himmel	10,75
3.	Anna	Abels	11,18
4.	Berta	Bosnik	11,19
5.	Camila	Cäsar	11,20
6.	Zenzi	Zaster	11,21
7.	Luise	Laster	11,13
8.	Eva	Ebertz	11,29

Platz	1	Himmel
Platz	2	Tunfisch
Platz	3	Laster

Bild 12.15: Das gewünschte Ergebnis

Die Nachnamen der besten Läuferinnen

Die folgende Funktion findet den Nachnamen der besten Läuferin:

```
=INDEX($C$7:$C$14;VERGLEICH(KKLEINSTE($D$7:$D$14;B17);$D$7:$D$14;0);1)
```

Wir nehmen jetzt diese Funktionen auseinander:

Der Teil

```
KKLEINSTE($D$7:$D$14;B17)
```

durchsucht die Zahlen der Spalte D nach dem kleinsten Wert. In diesem Beispiel kommt die Funktion auf das Ergebnis 10,75.

Im Teil

```
VERGLEICH(KKLEINSTE($D$7:$D$14;B17);$D$7:$D$14;0)
```

steht eigentlich jetzt das Folgende:

```
VERGLEICH(10,75;$D$7:$D$14;0)
```

VERGLEICH findet die Zeilennummer, in der der Wert steht, der von KKLEINSTE gefunden wird. In diesem Beispiel ist es die Nummer 2.

Also steht jetzt das Folgende in der INDEX-Funktion:

```
=INDEX($C$7:$C$14;2;1)
```

In den Zellen C7 bis C14 steht in der zweiten Zelle der Nachname »Himmel«.

C17 =INDEX($C$7:$C$14;VERGLEICH(KKLEINSTE($D$7:$D$14;B17);$D$7:$D$14;0);1)

	A	B	C	D	E	F	G	H
4								
5								
6	**Startnummer**	**Vorname**	**Name**	**Zeit/Sekunden**				
7	1.	Tussi	Tunfisch	11,12				
8	2.	Helga	Himmel	10,75				
9	3.	Anna	Abels	11,18				
10	4.	Berta	Bosnik	11,19				
11	5.	Camila	Cäsar	11,20				
12	6.	Zenzi	Zaster	11,21				
13	7.	Luise	Laster	11,13				
14	8.	Eva	Ebertz	11,29				
15								
16								
17	**Platz**	**1**	**Himmel**					
18	**Platz**	**2**	**Tunfisch**					
19	**Platz**	**3**	**Laster**					
20								

Bild 12.16: Die Namen der drei besten Läuferinnen

Nachdem Sie die Funktion nach unten kopiert haben, sehen Sie auch die Namen der zweit- und der drittbesten Läuferin.

12.8 Siegerliste: Ermitteln der Plätze 1, 2 und 3 beim Weitsprung

Kategorie: Spiel, Sport & Hobby

Dateiname: WEITSPRUNG.XLS

Schwierigkeitsgrad: ❋❋❋❋

Sie sind Sportfan und möchten wissen, wie der Name des besten Weitspringers ist, des zweitbesten Weitspringers ist usw.

Dieses Beispiel können Sie natürlich auch für den Hochsprung oder andere Sportarten abändern, wo immer der größte, zweitgrößte usw. Wert gesucht wird.

	A	B	C	D	E
1	**Olympische Spiele 2007 in Pusemuckel**				
2					
3	**Weitsprung der Männer**				
4					
5					
6	**Startnummer**	**Vorname**	**Name**	**Weite in Meter**	
7	1.	Adam	Biber	10,75	
8	2.	Chris	Dackel	11,12	
9	3.	Erwin	Frings	11,18	
10	4.	Gerhard	Huberts	11,19	
11	5.	Isidor	Jagel	11,20	
12	6.	Konrad	Leise	11,21	
13	7.	Manni	Nebel	8,90	
14	8.	Otto	Qualle	11,29	
15					
16					
17	**Platz**	**1**	**Qualle**		
18	**Platz**	**2**	**Leise**		
19	**Platz**	**3**	**Jagel**		
20					

Bild 12.17: Die Zieltabelle mit den Nachnamen der besten Weitspringer

Die Nachnamen des besten Weitspringers

Die folgenden Funktionen finden den Nachnamen des besten Weitspringers:

```
=INDEX($C$7:$C$14;VERGLEICH(KGRÖSSTE($D$7:$D$14;B17);$D$7:$D$14;0);1)
```

Wir nehmen jetzt diese Funktionen auseinander:

Der Teil

```
KGRÖSSTE($D$7:$D$14;B17)
```

durchsucht die Zahlen der Spalte D nach dem größten Wert. In diesem Beispiel kommt die Funktion auf das Ergebnis 11,29.

Im Teil

```
VERGLEICH(KGRÖSSTE($D$7:$D$14;B17);$D$7:$D$14;0)
```

steht eigentlich jetzt das Folgende:

```
VERGLEICH(11,29;$D$7:$D$14;0)
```

VERGLEICH findet die Zeilennummer, in der der Wert steht, der von KGRÖSSTE gefunden wird. In diesem Beispiel ist es die Nummer 8.

Also steht jetzt das Folgende in der INDEX-Funktion:

```
=INDEX($C$7:$C$14;8;1)
```

In den Zellen C7 bis C14 steht in der achten Zelle der Nachname »Qualle«.

C17 fx =INDEX($C$7:$C$14;VERGLEICH(KGRÖSSTE($D$7:$D$14;B17);$D$7:$D$14;0);1)

	A	B	C	D	E	F	G	H
4								
5								
6	**Startnummer**	**Vorname**	**Name**	**Weite in Meter**				
7	1.	Adam	Biber	10,75				
8	2.	Chris	Dackel	11,12				
9	3.	Erwin	Frings	11,18				
10	4.	Gerhard	Huberts	11,19				
11	5.	Isidor	Jagel	11,20				
12	6.	Konrad	Leise	11,21				
13	7.	Manni	Nebel	8,90				
14	8.	Otto	Qualle	11,29				
15								
16								
17	**Platz**	**1**	**Qualle**					
18	**Platz**	**2**	**Leise**					
19	**Platz**	**3**	**Jagel**					

Bild 12.18: Die Ergebnisse

Nachdem Sie die Funktion nach unten kopiert haben, sehen Sie jetzt die Nachnamen der besten Springer.

12.9 Schiffe versenken – mit Excel die Vorlagen erstellen

Kategorie: Spiel, Sport & Hobby

Dateiname: SCHIFFE VERSENKEN.XLS

Schwierigkeitsgrad: ❋

Schiffe versenken, das klassische Strategie-Spiel für langweilige Schulstunden ...

Können Sie sich noch erinnern, wann Sie es das letzte Mal gespielt haben?

Mit dieser Tabelle brauchen Sie kein kariertes Papier mehr, Sie können direkt am Rechner spielen, wenn Sie Ihrem Gegner die Datei ebenfalls zur Verfügung stellen, oder aber Sie platzieren am Rechner Ihre Flotten und drucken sich die Spielfelder einfach aus.

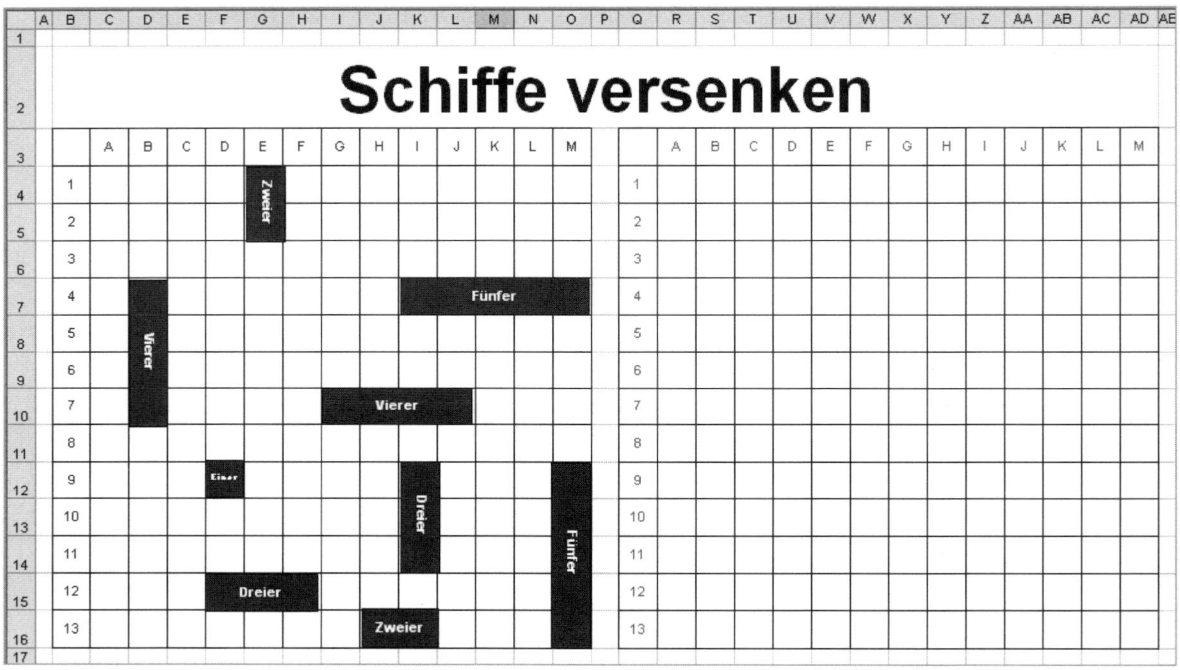

Bild 12.19: Schiffe versenken mit Excel

Beschreibung

Der Aufbau der Tabelle besteht aus 2 Bereichen, den »Meeren« und den »Schiffen«. Zum einen brauchen Sie zwei Meere, das eigene und das gegnerische Meer, und natürlich Ihre Flotte.

Damit die Schiffe später auch exakt in die Felder Ihres Spielfeldes passen, erstellen Sie zunächst das kleine quadratische Schlauchboot und passen dann die Spaltenbreite und Zeilenhöhe an dessen Maße an.

So bauen Sie die Schiffe

Die Werft, in der Sie Ihre Schiffe bauen, ist die *Zeichnen*-Symbolleiste und Ihre Flotte besteht aus Rechtecken mit unterschiedlicher Länge und Höhe.

Bild 12.20: Die *Zeichnen*-Symbolleiste: Ihre Werft zum Aufbau Ihrer Flotte

1. Blenden Sie diese über *Menü/Ansicht/Symbolleisten* ein.
2. Aktivieren Sie das *Rechteck* in *der Zeichnen*-Symbolleiste und fügen Sie mit gedrückter [Umschalt]-Taste ein kleines Quadrat an beliebiger Stelle Ihrer Tabelle ein.
3. Öffnen Sie mit einem Rechtsklick auf das Quadrat dessen *Kontextmenü* und wählen Sie darin den Befehl *AutoForm formatieren.*
4. Stellen Sie im Register *Größe* für die *Höhe* und die *Breite* jeweils 1 cm ein und aktivieren Sie im Register *Eigenschaften* die Option *Von Zellposition und -größe unabhängig.*

Ihr Schlauchboot ist fertig!

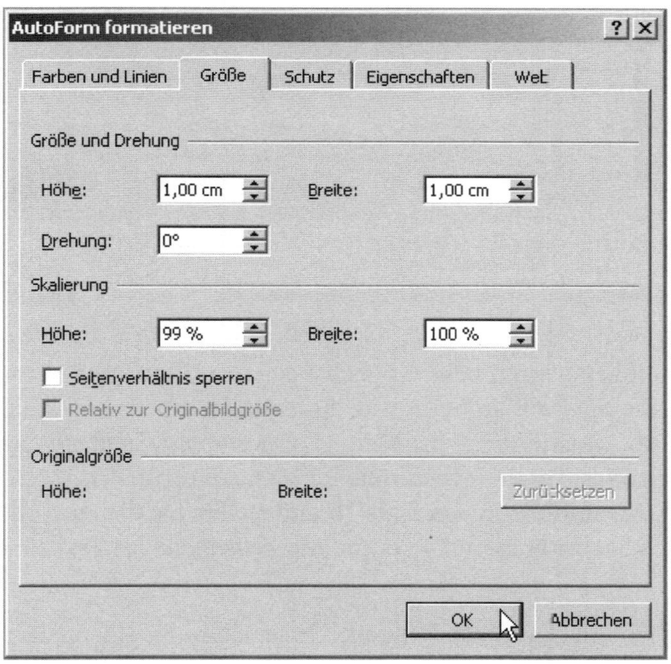

Bild 12.21: Die Einstellungen der Größe des Schiffes

Aber was wollen Sie schon mit nur einem Schlauchboot anfangen? Mit der Tastenkombination [STRG]+[D] können Sie das markierte Objekt duplizieren. Wiederholen Sie die Tastenkombination so lange, bis Ihre Flotte vollzählig ist. Anschließend ändern Sie für jedes Schiff, wie unter Punkt 3 und 4 beschrieben, die Größe. Die Größe unserer Beispielflotte entnehmen Sie der Abbildung.

Ihre Flotte		
Anzahl	Höhe	Breite (Länge)
1 Schlauchboot	1 cm	1 cm
2 U-Boot	1 cm	2 cm
	2 cm	1 cm
2 Kreutzer	1 cm	3 cm
	3 cm	1 cm
2 Zerstörer	1 cm	4 cm
	4 cm	1 cm
2 Schlachtschiff	1 cm	5 cm
	5 cm	1 cm

Bild 12.22: Die Anzahl und die Größe der Schiffe

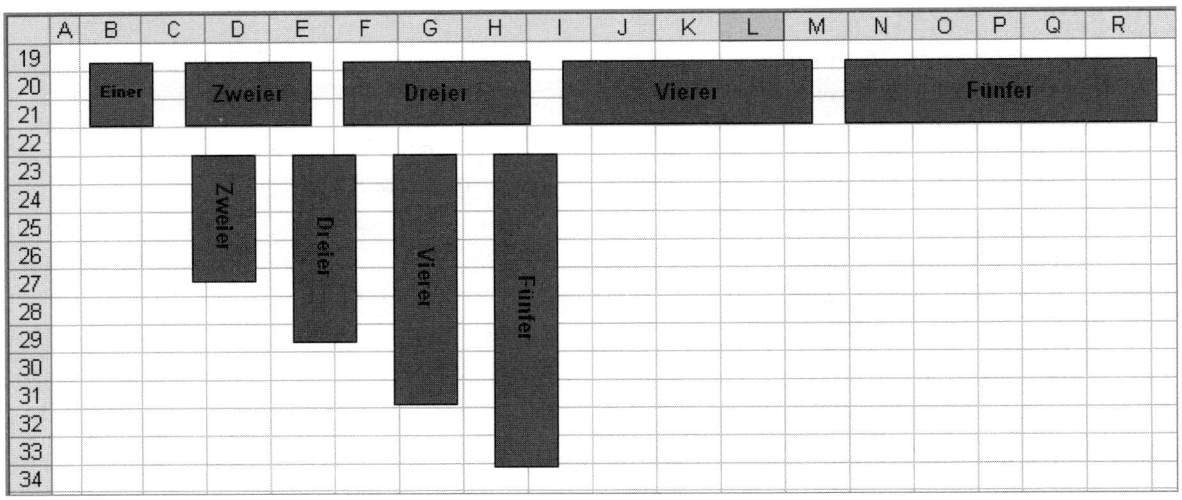

Bild 12.23: Ihre Flotte auf dem Tabellenblatt

Gestaltung der Meere

Jetzt schieben Sie das kleine Quadrat mit der linken oberen Ecke möglichst genau auf die linke obere Ecke der Zelle B3 und ziehen anschließend die Spalte B so breit und die Zeile 3 so hoch, dass die Zellenränder mit der Größe des Quadrates übereinstimmen. Im Menü *Format/Spalte/Spaltenbreite* können Sie den Wert ablesen. Schauen Sie den Wert für die Zeilenhöhe im Menü*/Format/Zeile* nach. Markieren Sie anschließend die Spalten B bis AD und die Zeilen 3 bis 16 und stellen Sie die entsprechenden Werte ein. In unserem Beispiel ist die *Spaltenbreite* auf 4,86 und die *Zeilenhöhe* auf 28,5 eingestellt.

1. Versehen Sie die beiden Meere mit Rahmenlinien um jede Zelle und beschriften Sie die Spalten mit den Buchstaben und die Zeilen mit Nummern.

2. Jetzt kann es losgehen! In das eigene Meer schieben Sie, ohne dass Ihr Gegner dies sieht, *Ihre Flotte* ein.

Fahren Sie mit der Maus über das Schiff, bis Ihr Mauszeiger die Form eines Vierfach-Pfeils annimmt, dann können Sie mit gedrückter Maus das Schiff verschieben.

Bild 12.24: Die Schiffe platzieren

▲ Spielregeln und Verlauf

Zur Platzierung der Schiffe gibt es verschiedene Regeln. Sehr häufig sind folgende:

- Die Schiffe dürfen nicht aneinander stoßen und dürfen auch nicht über Eck gebaut sein oder Ausbuchtungen besitzen.
- Die Schiffe dürfen auch am Rand liegen.

Derjenige, der *am Schuss* ist, gibt eine Koordinate an, wohin er zu feuern gedenkt, zum Beispiel C3. Der andere sieht auf seinen Plan und gibt an, ob der Schuss ins Wasser ging oder ob ein Schiff getroffen wurde, und teilt dies auch mit! Entweder wird IMMER abwechselnd gefeuert oder man darf so lange feuern, bis man ein Schiff getroffen hat. Die gelandeten Treffer und auch die Fehlschüsse zeichnet man selbstverständlich in dem zweiten, gegnerischen Meer ein. Ein Schiff gilt im Normalfall dann als versenkt, wenn alle Felder des Schiffes einen Treffer erlitten haben. Auch das Sinken wird vom Gegner gemeldet (»*Treffer – Versenkt*«). Wer zuerst alle Schiffe versenkt hat, ist der Sieger.

Quelle: *http://de.wikipedia.org*

Kennzeichnung von Treffern und Fehlschüssen

Im jeweils gegnerischen Meer ist als Schriftart *Windings* eingestellt. Geben Sie in Zellen mit Treffern [Umschalt]+[m] ein und der Treffer wird mit einer Bombe markiert. Schüsse ins Leere kennzeichnen Sie durch Betätigen der Leertaste in der entsprechenden Zelle. Für alle Zellen im Bereich Q3 bis AD16 ist als bedingte Formatierung definiert, dass die Zelle türkis eingefärbt wird, wenn sie ein Leerzeichen enthalten.

Viel Spaß!

12.10 Sudoku-Formular zum Drucken

Kategorie: Spiel, Sport & Hobby

Dateiname: SUDOKU FORMULAR.XLS

Schwierigkeitsgrad: ❋

Sudoku, das beliebte Zahlenrätsel aus Japan, hat in kurzer Zeit die Welt begeistert.

Das Sudoku-Zahlenspiel besteht aus neun Feldern mit Ziffern zwischen 1 und 9, also insgesamt 81 Feldern. Diese Felder müssen so ausgefüllt werden, dass in jeder Zeile und Spalte und in den Quadranten jede Ziffer nur einmal auftaucht. Wenn das gesamte Raster leer wäre, könnten Sie die Zahlenreihe jeweils um eine Ziffer versetzt aufbauen.

Sudoku-Rätsel finden Sie heutzutage in vielen Tageszeitungen oder Wochenmagazinen. Die Rätsel sind so vorbereitet, dass einige Stellen bereits gefüllt sind. Je weniger Zellen gefüllt sind, umso schwieriger ist das Sudoku.

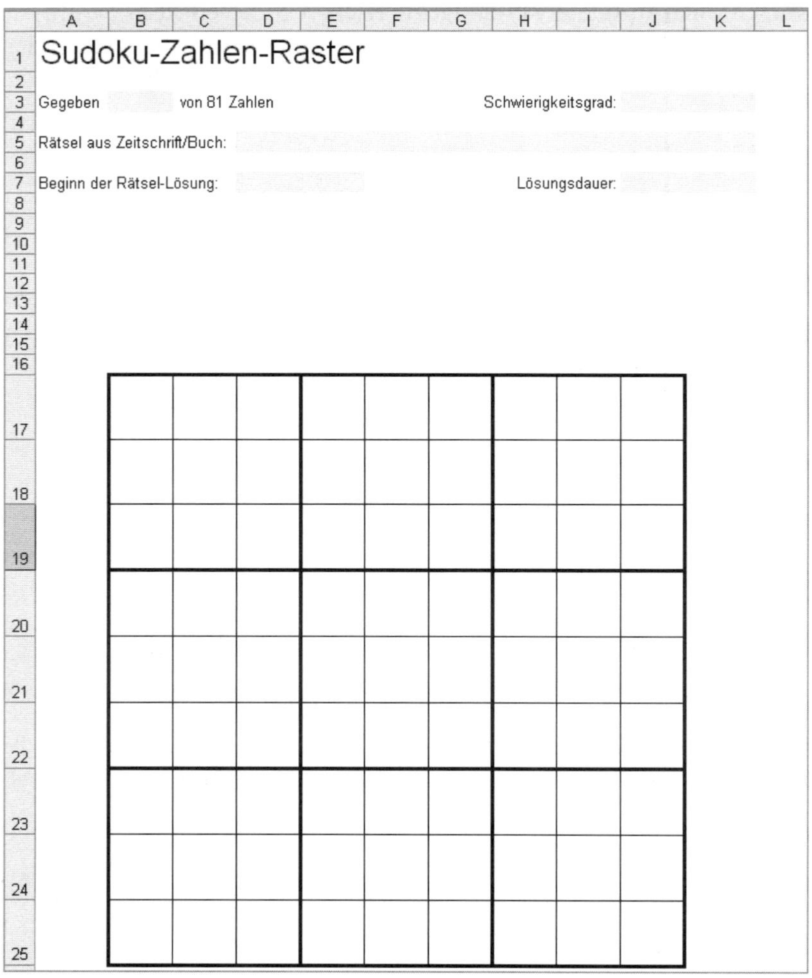

Bild 12.25:
Das leere Sudoku-Formular

Beschreibung

Sudoku ist beliebt, weil Sie an jedem Ort und zu jeder Zeit rätseln können. Häufig sind die Rätsel in Zeitschriften sehr klein abgedruckt. Diese Excel-Datei ist für den Ausdruck auf A4 vorbereitet, sodass man das Formular vergrößert drucken kann. Um welchen Faktor Sie den Ausdruck vergrößern, können Sie über den Befehl *Seite einrichten* festlegen.

Rätsel lösen

Eine komplette Lösungshilfe können und wollen wir an dieser Stelle nicht geben. Eine kleine Hilfe für den Einstieg ist die Prüfung auf Ziffern, die sich über das Ausschlussverfahren von Zeilen ergeben. In dem Beispiel, das Sie auf dem Arbeitsblatt *Sudoku_Beispiel1* finden, ergibt sich die Ziffer auch im mittleren Quadranten über die beiden anderen gefüllten Zellen.

2					7	8		
	1					9		7
	7		5	3		6		
3			1	**8**	6			5
8								2
5			7		4			**8**
		5		7	9		3	
7		6					4	
		9	2					

Bild 12.26: Eine Methode zur Lösung des Sudoku-Rätsels

Wenn Sie Spaß an dem Zahlenrätsel finden, sollten Sie es nicht versäumen, sich das Sudoku-Riesenbuch vom Franzis-Verlag zuzulegen. Auf über 600 Seiten finden Sie alle Formen und Schwierigkeitsgrade zu diesem interessanten Zahlenrätsel.

12.11 Urkunde aufgrund sportlicher Leistungen

Kategorie: Spiel, Sport & Hobby

Dateiname: URKUNDE_SPORT.XLS

Schwierigkeitsgrad: ❋

Bild 12.27: Die Tabelle *Urkunde für sportliche Höchstleistungen*

Alles, was mit Gestaltung und Layout zu tun hat, macht man normalerweise gerne mit Grafik- oder auch Präsentationsprogrammen wie zum Beispiel Paint oder PowerPoint.

Aber auch mit Excel sind Urkunden, Ehrenurkunden, Diplome und Zertifikate für Sport, Verein, Firma und Freizeit ohne Weiteres möglich. In dieser Arbeitsmappe haben wir zwei Urkunden-Beispiele für sportliche Leistungen hinterlegt.

Spalten und Zeilen der Tabelle anpassen

Richten Sie zuerst die Spaltenbreite und Zeilenhöhe nach Ihren Vorstellungen ein.

Zum Anpassen der Spalten bzw. Zeilen klicken Sie mit der rechten Maustaste auf den Spalten- bzw. Zeilenkopf und wählen aus dem Kontextmenü den Punkt *Spaltenbreite* bzw. *Zeilenhöhe.*

Bei *Spaltenbreite* geben Sie die Anzahl der Zeichen ein, die in einer Zelle mit der Standardschrift angezeigt werden können, bzw. geben für die Zeilenhöhe die Anzahl der gewünschten Punkte (Maßeinhalt für die Schrift) ein.

Alternativ können Sie die gewünschte Größe auch durch Ziehen an der Begrenzungslinie im Spalten- bzw. Zeilenkopf ändern.

Texteingabe und Zellen formatieren

Geben Sie die Texte in die gewünschten Zellen ein und formatieren Sie sie nach Ihren Vorstellungen.

Die grundlegenden Formatierungen sind über die Symbolleiste *Format* zu erzielen.

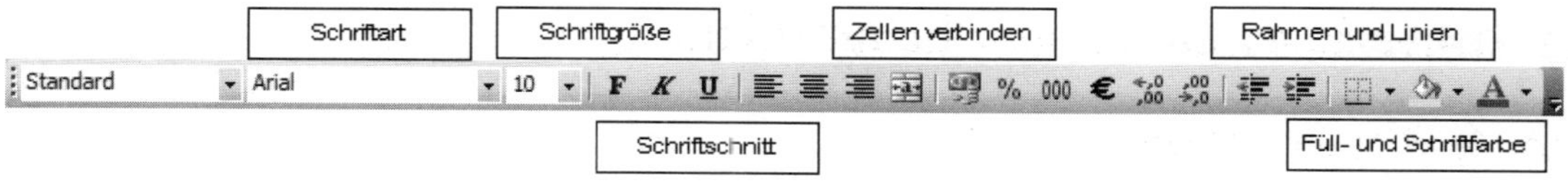

Bild 12.28: Über die Symbolleiste *Format* können die markierten Zellen gestaltet werden.

Über *Format/Zellen formatieren* haben Sie noch weitere Möglichkeiten, die Zellen zu gestalten.

Zellen verbinden und zentrieren

Damit die Texte innerhalb des inneren Rahmens unserer Regatta-Urkunde immer schön mittig stehen, haben wir mit der Funktion *Zellen verbinden und zentrieren* aus der Symbolleiste *Format* gearbeitet. So steht zum Beispiel der Text »Surfer« in Zelle D17. Anschließend haben wir den Zellbereich D17:I17 markiert und über *Zellen verbinden und ausrichten*den Text innerhalb der markierten Zellen mittig gesetzt.

Mit den Folgezeilen in der Urkunde sind wir ebenso vorgegangen.

Aktuelles Datum einfügen

In den Zellen, in denen stets automatisch das aktuelle Datum eingefügt werden soll, haben wir die Funktion HEUTE genutzt.

Geben Sie in die Zelle D29 wie auch F36 folgende Funktion ein: `=HEUTE()`.

ClipArts einfügen und formatieren

Mit kleinen Grafiken und ClipArts können Sie Ihre Urkunden noch grafisch aufpeppen.

1. Wählen Sie *Einfügen/Grafik/ClipArt.*
2. Geben Sie in das Feld *Suchen nach* des Aufgabenbereichs *ClipArt* einen Begriff oder einen Ausdruck ein, der den gesuchten Clip beschreibt, oder geben Sie den Dateinamen des Clips ganz oder teilweise ein.
3. Um die Suche auf eine bestimmte Clipsammlung oder auf einen bestimmten Dateityp zu beschränken, klicken Sie im Feld *Suchen* auf den Pfeil und wählen die zu durchsuchenden Sammlungen aus bzw. klicken im Feld *Ergebnisse* auf den Pfeil und wählen die gesuchten Dateitypen aus.
4. *OK* startet die Suche in der ClipArt-Gallery.
5. Ein Mausklick auf eines der aufgelisteten ClipArts fügt das gewählte Bild in Ihre Excel-Tabelle ein und automatisch erscheint auch die Symbolleiste *Grafik*, mit der die Grafik individuell bearbeitet werden kann.

Bild 12.29: Über die Symbolleiste *Grafik* kann ein ClipArt verändert werden.

12.12 Wettlauf auswerten

Kategorie: Spiel, Sport & Hobby

Dateiname: GOLD SILBER BRONZE.XLS

Schwierigkeitsgrad: ❋❋

Sie organisieren ein Sportfest und erfassen die Zeiten der Läuferinnen. Jetzt möchten Sie wissen, wie schnell die beste Läuferin ist, wie viele Läuferinnen an den Start gingen und wie viele ankamen?

Wenn Sie sich die Nachnamen der drei besten Läuferinnen anzeigen lassen möchten, sehen Sie in der Datei *100_Meterlauf.xls* nach.

	A	B	C	D	E	F	G	H	I
1	**Olympische Spiele 2007 in Pusemuckel**								
2									
3	**111 Meter der Frauen**								
4									
5									
6	**Startnummer**	**Vorname**	**Name**	**Zeit/Sekunden**					
7	1.	Tussi	Tunfisch	10,76					
8	2.	Helga	Himmel	11,12			**Gold**	10,75	=MIN(D7:D14)
9	3.	Anna	Abels	11,18			**Silber**	10,76	=KKLEINSTE(D7:D14;2)
10	4.	Berta	Bosnik	11,19			**Bronze**	11,12	=KKLEINSTE(D7:D14;3)
11	5.	Camila	Cäsar	11,20					
12	6.	Zenzi	Zaster						
13	7.	Luise	Laster	10,75					
14	8.	Eva	Ebertz	11,29					
15									
16									
17	**Durchschnittliche Zeit:**		11,07						
18	**Beste Zeit:**		10,75						
19	**Schlechteste Zeit:**		11,29						
20	**Zahl der Läuferinnen:**		8						
21	**Ins Ziel gekommen:**		7						
22	**Nicht ins Ziel gekommen**		1						
23									

Bild 12.30: Die Auswertung des Laufs

Informationen zu den Läuferinnen

Als Erstes möchten Sie wissen, wie schnell die Läuferinnen durchschnittlich gelaufen sind. Dazu setzen Sie die Funktion MITTELWERT ein:

1. Markieren Sie die Zelle C17 und geben Sie die folgende Funktion ein:
   `=MITTELWERT(D7:D14)`

Jetzt möchten Sie wissen, wie schnell die beste Läuferin ist.

2. Markieren Sie die Zelle C18 und geben Sie die folgende Funktion ein:
   `=MIN(D7:D14)`

Jetzt möchten Sie wissen, wie langsam die schlechteste Läuferin ist.

3. Markieren Sie die Zelle C19 und geben Sie die folgende Funktion ein:
   `=MAX(D7:D14)`

Im nächsten Schritt lassen Sie sich die Anzahl der Läuferinnen anzeigen.

4. Markieren Sie die Zelle C20 und geben Sie die folgende Funktion ein:
   `=ANZAHL2(C7:C14)`

Da nicht alle Läuferinnen ins Ziel gekommen sind, wollen Sie jetzt wissen, wie viele angekommen sind.

5. Markieren Sie die Zelle C21 und geben Sie die folgende Funktion ein:
   `=ANZAHL(D7:D14)`

Zur Vollständigkeit wollen Sie jetzt noch wissen, wie viele Personen nicht ins Ziel gekommen sind.

6. Markieren Sie die Zelle C22 und geben Sie die folgende Funktion ein:
   `=ANZAHLLEEREZELLEN(D7:D14)`

16			
17	**Durchschnittliche Zeit:**	11,07	=MITTELWERT(D7:D14)
18	**Beste Zeit:**	10,75	=MIN(D7:D14)
19	**Schlechteste Zeit:**	11,29	=MAX(D7:D14)
20	**Zahl der Läuferinnen:**	8	=ANZAHL2(C7:C14)
21	**Ins Ziel gekommen:**	7	=ANZAHL(D7:D14)
22	**Nicht ins Ziel gekommen**	0	=ANZAHLLEEREZELLEN(D7:D14)
23			

Bild 12.31: Die statistischen Funktionen

Gold, Silber, Bronze

Im letzten Schritt möchten Sie wissen, wie schnell die Beste, die Zweite und die Dritte gelaufen ist.

Um die beste Läuferin zu ermitteln, setzen Sie die Funktion MIN ein.

`=MIN(D7:D14)`

Um die zweit- bzw. die drittbeste Läuferin zu ermitteln, setzen Sie die Funktion KKLEINSTE ein.

`=KKLEINSTE(D7:D14;2)`

Im ersten Teil der Funktion geben Sie die Zellen ein, die durchsucht werden sollen. Die 2 gibt an, dass der zweitkleinste Wert gefunden werden soll.

`=KKLEINSTE(D7:D14;3)`

G	H	I
Gold	10,75	=MIN(D7:D14)
Silber	10,76	=KKLEINSTE(D7:D14;2)
Bronze	11,12	=KKLEINSTE(D7:D14;3)

Bild 12.32: Die Zeiten der drei besten Läuferinnen

13 Urlaub

13.1 Dollar-Check: Was ist er noch wert?

Kategorie: Urlaub

Dateiname: GELDWECHSEL.XLS

Schwierigkeitsgrad: ❋❋

Mithilfe dieser Excel-Datei können Sie durch Eingabe des aktuellen Tageskurses eine kleine Übersicht für den Geldwechselkurs US-Dollar und Euro erhalten.

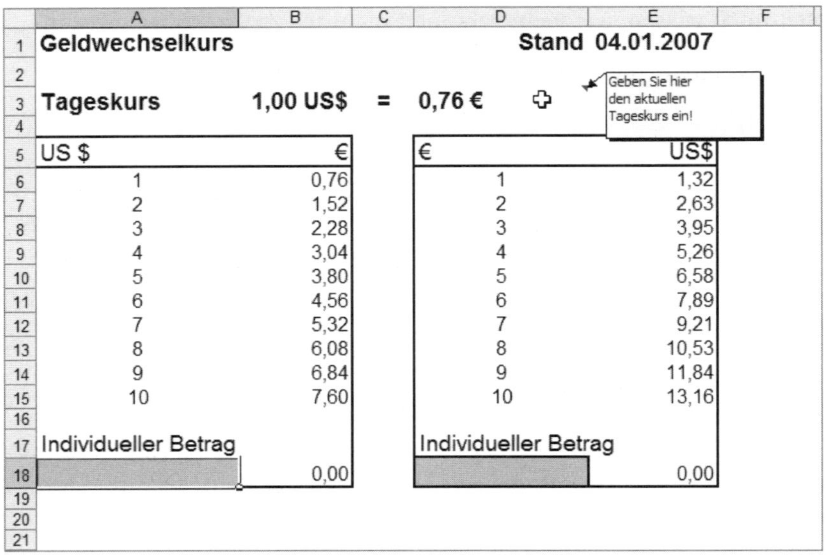

	A	B	C	D	E	F
1	Geldwechselkurs			Stand	04.01.2007	
2						
3	Tageskurs	1,00 US$	=	0,76 €		
4						
5	US $	€		€	US$	
6	1	0,76		1	1,32	
7	2	1,52		2	2,63	
8	3	2,28		3	3,95	
9	4	3,04		4	5,26	
10	5	3,80		5	6,58	
11	6	4,56		6	7,89	
12	7	5,32		7	9,21	
13	8	6,08		8	10,53	
14	9	6,84		9	11,84	
15	10	7,60		10	13,16	
16						
17	Individueller Betrag			Individueller Betrag		
18		0,00			0,00	
19						
20						
21						

Bild 13.1: Die Tabelle zum Geldwechselkurs

Beschreibung

Damit die Tabelle tagesaktuell ist, müssen Sie in D3 den aktuellen Tageskurs eingeben. Excel liefert Ihnen dann in den Zeilen 6 bis 15 eine kleine Übersicht des Wechselkurses. In den Zellen A18 und D18 (grau) haben Sie zusätzlich die Möglichkeit, individuelle Eingaben zu machen und berechnen zu lassen.

Die Formeln zur Umrechnung

In B6 hinterlegen Sie, wie viel Euro 1 US-Dollar entspricht, d. h., Sie müssen den US-Dollar-Wert aus Zelle A6 mit dem Tageskurs aus Zelle D3 multiplizieren. Damit Sie die Formel später nach unten kopieren können, setzen Sie den Tageskurs über [F4] absolut und geben die Formel wie folgt ein: `=A6*$D$3`.

1. Kopieren Sie diese Formel bis zur Zelle A15.
2. In E6 hinterlegen Sie, wie viel US-Dollar 1 Euro entspricht, d. h., Sie müssen den Euro-Wert aus Zelle D6 durch den aktuellen Tageskurs aus Zelle D3 teilen. Damit Sie auch diese Formel später

wieder nach unten kopieren können, setzen Sie den Tageskurs über [F4] absolut und geben die Formel wie folgt ein: =D6/$D$3.

3. Kopieren Sie diese Formel bis zur Zelle D15.

Individuelle Beträge berechnen

In B18 berechnen Sie den Euro-Wert für einen individuell eingegebenen US-Dollar-Betrag. Geben Sie folgende Formel ein: =A18*$D$3.

In D18 berechnen Sie den US-Dollar-Wert für einen individuell eingegebenen Euro-Betrag. Geben Sie folgende Formel ein: =D18/$D$3.

Kommentar für eine Zelle eingeben

In dieser Arbeitsmappe ist die Zelle D2 mit einem Kommentar versehen, sofort zu erkennen an dem kleinen (roten) Indikatordreieck in der rechten oberen Ecke der Zelle. Wenn Sie den Mauszeiger über eine Zelle mit Indikatorecke bewegen, wird der zugehörige Kommentar angezeigt.

Ein Kommentar ist eine Anmerkung, die Sie zu einer Zelle hinzufügen. Kommentare sind z. B. nützlich, wenn Sie sich daran erinnern möchten, wie eine komplexe Formel funktioniert, oder wenn Sie anderen Benutzern ein Feedback oder – wie hier in unserem Beispiel – eine Ausfüllhilfe geben möchten. Kommentare werden standardmäßig nicht mit ausgedruckt.

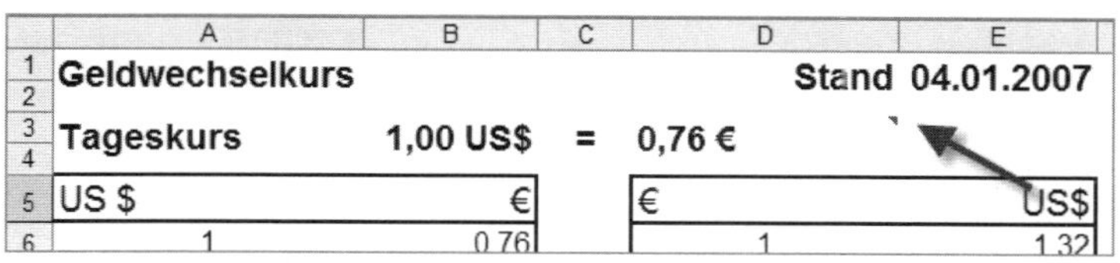

Bild 13.2: Das kleine Indikatordreieck eines Kommentars

1. Markieren Sie die Zelle, die Sie kommentieren möchten.
2. Wählen Sie *Einfügen/Kommentar.*
3. Es öffnet sich ein kleines Kommentar-Textfeld mit Ihrem Benutzernamen. Hier können Sie Ihren Kommentar zur Zelle eintippen.

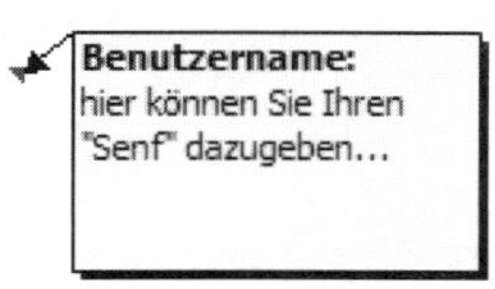

Bild 13.3: Ein Kommentarfeld können Sie an jeder Zelle anzeigen lassen.

Über *Ansicht/Kommentare* können Sie Kommentare auch ständig anzeigen.

Über die Symbolleiste *Überarbeiten* können Sie mittels der Symbole *Vorheriger Kommentar* und *Nächster Kommentar* von einem zu anderen Kommentar in der Arbeitsmappe springen.

Hinweis: Selbstverständlich ist die Tabelle *Geldwechselkurs* auch für andere Währungen leicht abzuändern.

13.2 Reisecheck: Checkliste zum Ausfüllen

Kategorie: Urlaub

Dateiname: CHECKLISTE_REISE.XLS

Schwierigkeitsgrad: ❋

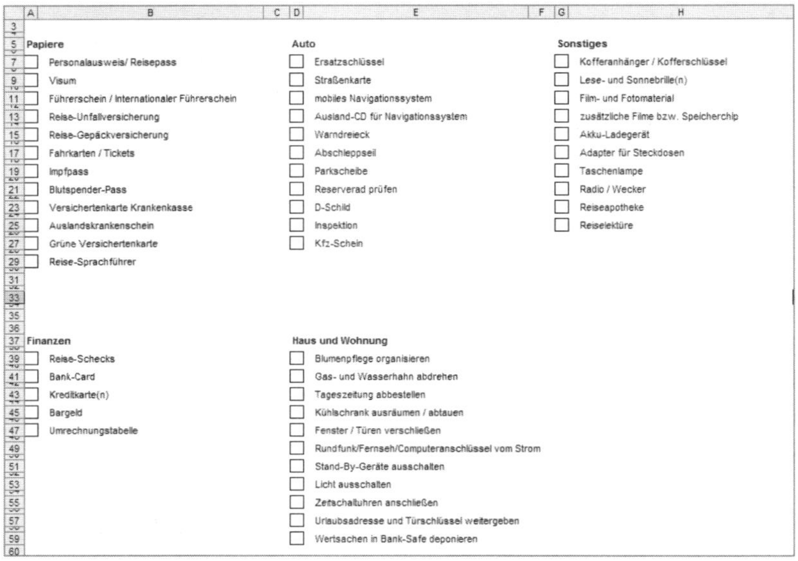

Bild 13.4: Eine Checkliste zum Abhaken von Vorgängen

Spätestens auf dem Weg zum Flughafen beginnt es im Kopf des Urlaubers zu rattern: Habe ich auch nichts vergessen? Doch dann ist es meist zu spät. Eine Checkliste sorgt schon vorher für Übersicht und einen stressfreien Urlaubsbeginn.

Gestalten Sie Ihre Checkliste mit Excel. Die folgende Liste erhebt keinerlei Anspruch auf Vollständigkeit, sie ist als Anregung gedacht und sollte von Ihnen auf Ihre eigenen Bedürfnisse angepasst und gepflegt werden.

Spalten und Zeilen der Tabelle anpassen

Richten Sie zuerst die Spaltenbreite und Zeilenhöhe nach Ihren Vorstellungen ein.

Zum Anpassen der Spalten bzw. Zeilen klicken Sie mit der rechten Maustaste auf den Spalten- bzw. Zeilenkopf und wählen aus dem Kontextmenü den Punkt *Spaltenbreite* bzw. *Zeilenhöhe.*

In unserem Beispiel haben wir die Zeilen und Spalten, die uns später als Checkboxen dienen, in Spaltenbreite 2 und Zeilenhöhe 12,75 formatiert.

Schnelle Formatierung durch Format übertragen

1. Markieren Sie die Spalten- bzw. Zeilenköpfe der Spalte und Zeile, die bereits formatiert ist und deren Format Sie übertragen möchten.
2. Doppelklicken Sie in der Symbolleiste *Format* auf die Schaltfläche *Format übertragen.*
3. Markieren Sie nun nacheinander die Spalten- bzw. Zeilenköpfe, denen Sie das gleiche Format zuweisen möchten.
4. Um den Vorgang abzuschließen, klicken Sie die Schaltfläche *Format übertragen* erneut an oder drücken die Taste [Esc].

Texteingabe und Zellen formatieren

Geben Sie nun die Texte der Checkliste in die gewünschten Zellen ein und formatieren Sie anschließend die Tabelle nach Ihren Vorstellungen.

Die grundlegenden Formatierungen sind über die Symbolleiste *Format* zu erzielen.

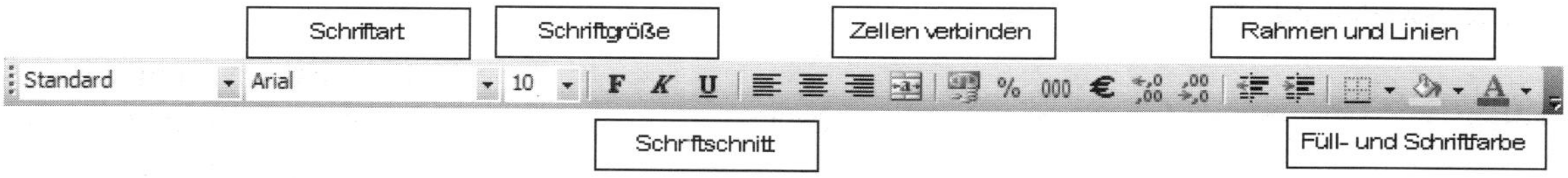

Bild 13.5: Über die Symbolleiste *Format* können die markierten Zellen gestaltet werden.

Checkboxen zeichnen

1. Markieren Sie eine Zelle, die Ihnen als Checkbox dienen soll (z. B. A7).
2. Wählen Sie in der Symbolleiste *Format* den Listenpfeil neben der Schaltfläche *Rahmenlinien.*

Bild 13.6: Die Auswahlmöglichkeiten für Rahmenlinien in der Symbolleiste *Format*

3. Wählen Sie *Dicke Rahmenlinien.*
4. Übertagen Sie die Formatierung mit dem Pinsel *Format übertragen* auf andere Zellen.

Tabelle Reiseapotheke

Die zweite Tabelle *Reiseapotheke* ist nach dem gleichen Schema aufgebaut wie die *Checkliste Allgemein.*

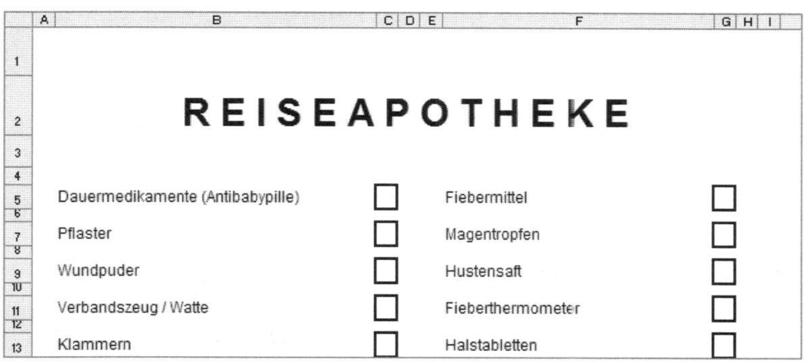

Bild 13.7: Die Tabelle *Reiseapotheke*

13.3 Reisecheck: Was muss ich in den Koffer packen?

Kategorie: Urlaub

Dateiname: KOFFERLISTE.XLS

Schwierigkeitsgrad: ❋

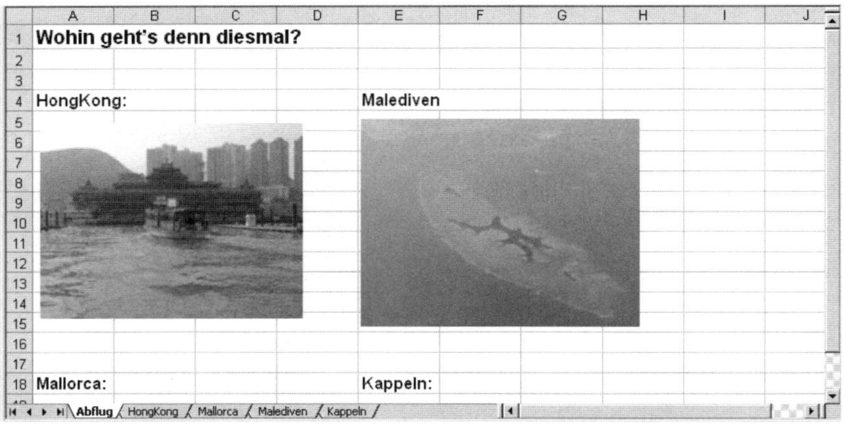

Bild 13.8: Mit einem Klick auf ein Foto wird das entsprechende Tabellenblatt gezeigt.

Sie fliegen immer zu denselben Reiseziele. Sie haben die Erfahrung gemacht, was alles in den Koffer muss, an was Sie vorher denken müssen und was Sie wem gegebenenfalls als Andenken mitbringen. Dieses Wissen haben Sie pro Reiseziel auf jeweils einem separaten Excel-Tabellenblatt erfasst.

In der vorliegenden Tabelle erkennen Sie vier Reiseziele auf den Registerblättern. Wenn Sie jetzt auf eines der Fotos klicken, dann wird sofort das gewünschte Tabellenblatt angezeigt.

Auf jedem Foto liegt unsichtbar ein Hyperlink.

Wenn Sie mit dieser Übung beginnen, müssen Sie eine Mappe mit mindestens zwei Tabellenblättern haben.

Ein Foto einfügen

Die Fotos können in allen gängigen Dateiformaten wie gif, tif, jpg, bmp vorliegen.

1. Wählen Sie im Menü *Einfügen* die Befehlsfolge *Grafik/Datei.*
2. Aktivieren Sie im Fenster *Grafik einfügen* das gewünschte Laufwerk und den Ordner.
3. Markieren Sie die gesuchte Datei und bestätigen Sie mit *Öffnen.*

Den Hyperlink auf ein Foto legen

Nachdem Sie das Foto eingefügt und die Größe und die Position angepasst haben, können Sie nun einen Hyperlink dahinter legen.

1. Klicken Sie mit der rechten Maustaste auf das Foto und wählen Sie den Befehl *Hyperlink.*
2. Markieren Sie im Bereich *Link zu:* die Option *Aktuelles Dokument.* Dann werden im rechten Bereich alle Tabellenblätter angezeigt.

3 Markieren Sie das gewünschte Tabellenblatt und bestätigen Sie mit *OK.*

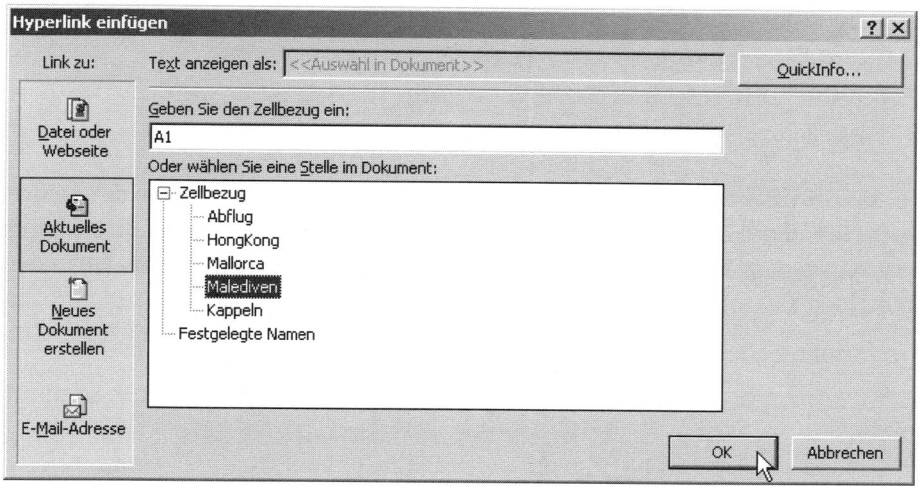

Bild 13.9: Einen Hyperlink einfügen

Sie erkennen den Erfolg Ihrer Arbeit, wenn die Maus auf dem Foto jetzt zu einer Hand wird. Mit einem Klick kommen Sie jetzt auf das gewünschte Tabellenblatt.

Einen Hyperlink auf einen Text

Auf den anderen Tabellenblättern hätten Sie gerne einen Text, über den Sie zurück auf das erste Blatt springen können. Die folgende Abbildung zeigt das Beispiel: Wenn Sie auf den Text in der Zelle A1 klicken, wird sofort wieder das erste Tabellenblatt angezeigt.

1 Markieren Sie die Zelle, in der Sie den Hyperlink sehen möchten.

2 Wählen Sie *Einfügen/Hyperlink.*

3 Geben Sie im ersten Feld *Text anzeigen als* den Text ein, der gleich in der Zelle erscheinen soll. In diesem Beispiel ist es der Text *Zurück zu Abflug.*

4 Markieren Sie im Bereich *Link zu:* die Option *Aktuelles Dokument.*

5 Markieren Sie das gewünschte Tabellenblatt und bestätigen Sie mit *OK.*

Bild 13.10: Per Hyperlink wieder zurück zum ersten Blatt

Jetzt gelangen Sie mit einem Mausklick wieder zurück auf das erste Blatt.

13.4 Reisecheck: Welcher Reiseanbieter ist der günstigste?

Kategorie: Urlaub

Dateiname: HOTELPREISE VERGLEICH.XLS

Schwierigkeitsgrad: ❋❋

Sie wollen 14 Tage verreisen und haben sich für ein Urlaubsziel entschieden. Jetzt geht der lästige Preisvergleich los. Der erste Anbieter bietet sieben Nächte und Verlängerung an, beim zweiten gibt es einen Komplettpreis, beim dritten müssen Sie sich alles selbst zusammensuchen. Dann hat jeder noch den ein oder anderen Nachlass, und schon verliert man den Überblick.

Die vorliegende Tabelle soll Ihnen helfen, den Überblick über die Reisepreise zu behalten.

	A	B	C	D	E
1	**Vergleich der Hotels**				
2					
3	**Hotel**	Hilton Hua Hin			
4	**Tage**	14			
5	**Zeitraum**	Mai 07			
6	**Verpflegung**	Frühstück			
7					
8		**Anbieter 1**	**Anbieter 2**	**Anbieter 3**	**Anbieter 4**
9	**Flug**			500,00 €	
10					
11	**7 Nächte**	969,00 €			
12	**14 Nächte**		1.350,00 €		
13	**Fühstück**			35,00 €	
14					
15	**Verän. Nacht**	50,00 €		45,00 €	
16	**Anz. Verl. Nacht**	7		14	
17					
18	**Transfer**			100,00 €	
19					
20	**Kosten**	1.319,00 €	1.350,00 €	1.265,00 €	0,00 €
21					
22	**Frühbucher**	-80,00 €			
23	**sonst. Rabatte**	-100,00 €	-120,00 €		
24					
25	**KOSTEN**	**1.139,00 €**	**1.230,00 €**	**1.265,00 €**	

Bild 13.11: In dieser Tabelle können Sie den günstigsten Anbieter ermitteln.

Die Kosten ermitteln

Nachdem Sie alle Kosten in die entsprechenden Zellen eingegeben haben, können Sie beginnen, diese zu addieren.

1. Markieren Sie die Zelle B20 und geben Sie den folgenden Rechenschritt ein:

```
=(B15*B16)+B9+B11+B12+B13+B18
```

Im ersten Schritt multiplizieren Sie die Verlängerungsnächte mit der Anzahl der Nächte. Dazu addieren Sie die Zellen mit den Flugkosten, dann die Zelle mit den Kosten für sieben Nächte, dann die Zelle mit den 14 Nächten, dann noch das Frühstück und den Transfer.

Die meisten Zellen sind zwar leer, aber da der Rechenschritt gleich nach rechts kopiert werden soll, muss er so flexibel wie möglich gehalten werden.

B20 fx =(B15*B16)+B9+B11+B12+B13+B18

	A	B	C	D
1	**Vergleich der Hotels**			
2				
3	**Hotel**	Hilton Hua Hin		
4	**Tage**	14		
5	**Zeitraum**	Mai 07		
6	**Verpflegung**	Frühstück		
7				
8		**Anbieter 1**	**Anbieter 2**	**Anbieter 3**
9	**Flug**			
10				
11	**7 Nächte**	969,00 €		
12	**14 Nächte**			
13	**Fühstück**			
14				
15	**Verän. Nacht**	50,00 €		
16	**Anz. Verl. Nacht**	7		
17				
18	**Transfer**			
19				
20	**Kosten**	1.319,00 €		

Bild 13.12: Die Kosten für den gewünschten Zeitraum

2. Kopieren Sie den Rechenschritt jetzt nach rechts.

Die Gesamtkosten abzüglich der Rabatte

1. Im letzten Schritt wollen wir jetzt noch die Rabatte und Nachlässe abziehen. Stellen Sie sicher, dass Sie diese Zahlen immer negativ eingeben. Damit die Zahlen zum besseren Erkennen immer rot dargestellt werden, markieren Sie sie und wählen *Format/Zellen.* Stellen Sie auf dem Register *Zahlen* die Kategorie *Zahl* ein. Wählen Sie bei negativen Zahlen die Farbe Rot.

2. Setzen Sie den Cursor in die Zelle B25 und geben Sie den folgenden Rechenschritt ein:

```
=B20+B22+B23
```

B25 fx =B20+B22+B23

	A	B
20	**Kosten**	1.319,00 €
21		
22	**Frühbucher**	-80,00 €
23	**sonst. Rabatte**	-100,00 €
24		
25	KOSTEN	**1.139,00 €**

Bild 13.13: Die tatsächlichen Kosten

Jetzt sollte es ein Leichtes sein, den günstigsten Anbieter zu finden.

13.5 Urlaub: Was hat jeder Tag insgesamt gekostet?

Kategorie: Urlaub

Dateiname: URLAUBSKOSTENVERGLEICH.XLS

Schwierigkeitsgrad: ❋❋

	A	B	C
1	Urlaubskostenüberwachung		
2			1 Baht =
3			0,02 €
4			
5		EURO	BAHT
6	Reisepreis	1.203,00 €	
7	Parken Flughafen	100,00 €	
8	Getränke Flughafen	10,00 €	
9	Nebenkosten Hotel	130,00 €	6.500,00 THB
10	Ausflüge	156,00 €	7.800,00 THB
11	Trinkgeld	20,00 €	1.000,00 THB
12			
13	Summe	1.619,00 €	
14			
15	Kosten pro Tag	115,64 €	

Bild 13.14: Das Beispiel für eine Urlaubskostenüberwachung

Es interessiert Sie, was Ihr Urlaub insgesamt gekostet hat. Neben dem Reisepreis haben Sie auch alle Nebenkosten, wie beispielsweise Parken, Trinkgeld usw. erfasst.

Außerdem wollen Sie die Gesamtkosten auf jeden Urlaubstag umlegen.

In der Zelle C3 wird der aktuelle Umrechnungskurs der Währung eingetragen. In diesem Beispiel sind es thailändische Baht. Sie können hier aber auch den Umrechnungskurs anderer Währungen eingeben.

Das Währungsformat wählen

Excel bietet Ihnen bei den Zahlenformaten alle dreistelligen Währungsformate. So können Sie anstelle des €-Zeichens auch EUR wählen.

1. Markieren Sie die Zellen, in denen Sie die ausländische Währung eingegeben haben.
2. Wählen Sie *Format/Zellen* und aktivieren Sie das Register *Zahlen.*
3. Über die Kategorie *Währung* finden Sie im Feld *Symbol* nach einigem Blättern alle dreistelligen Währungscodes. Wählen Sie den gesuchten Code aus.

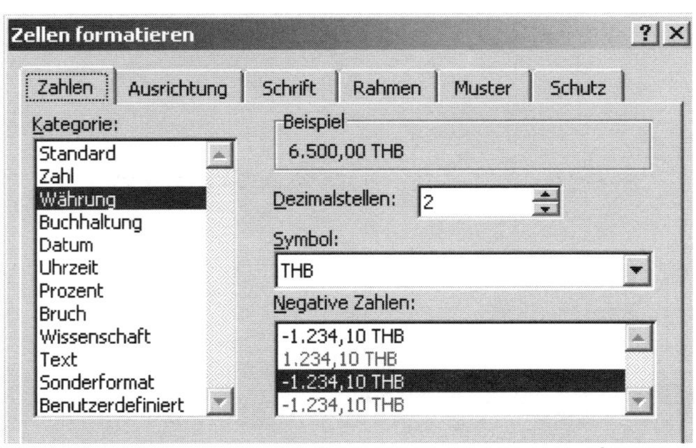

Bild 13.15: Das Zahlenformat *Thailändische Baht*

Die Nebenkosten in Euro umrechnen

Nachdem Sie in der Spalte C die einzelnen Nebenkosten in der Landeswährung eingegeben haben, möchten Sie sie in Euro umrechnen.

1. Markieren Sie die Zelle B9 und geben Sie den folgenden Rechenschritt ein: `=C9*$C$3`.

Da Sie die Funktion gleich nach unten kopieren möchten, müssen Sie die Zelle C3 durch Drücken der Taste [F4] festmachen.

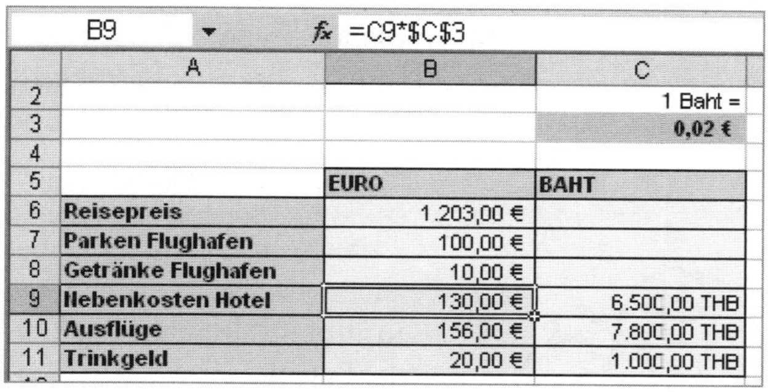

B9 | =C9*$C$3

	A	B	C
2			1 Baht =
3			0,02 €
4			
5		EURO	BAHT
6	Reisepreis	1.203,00 €	
7	Parken Flughafen	100,00 €	
8	Getränke Flughafen	10,00 €	
9	Nebenkosten Hotel	130,00 €	6.500,00 THB
10	Ausflüge	156,00 €	7.800,00 THB
11	Trinkgeld	20,00 €	1.000,00 THB

Bild 13.16: Die Nebenkosten in Euro

2. Kopieren Sie den Rechenschritt nach unten.

Die Gesamtsumme und die Kosten pro Tag

In diesem Schritt möchten Sie wissen, wie hoch die Gesamtkosten sind.

1. Um die Gesamtsumme zu ermitteln, markieren Sie die Zelle B13 und klicken auf die Schaltfläche *AutoSumme*.
2. Kontrollieren Sie, ob alle Zellen mit den Kosten markiert sind, und drücken Sie [Eingabe].

Im letzten Schritt möchten Sie wissen, wie hoch die Kosten umgelegt auf einen Urlaubstag sind.

3. Markieren Sie die Zelle B15 und geben Sie dort den folgenden Rechenschritt ein: `=B13/14`.

Die Gesamtsumme wird durch die Anzahl der Urlaubstage geteilt. Wenn Sie 7 oder 21 Tage Urlaub hatten, dann geben Sie die entsprechende Anzahl ein.

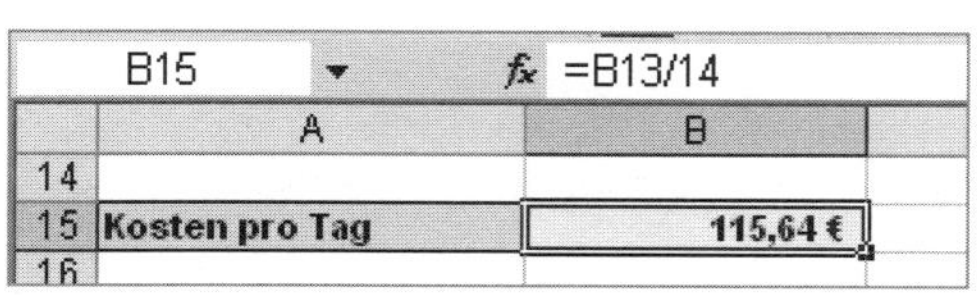

B15 | =B13/14

	A	B
14		
15	Kosten pro Tag	115,64 €

Bild 13.17: Jeder der 14 Tage hat 115,64 Euro gekostet.

13.6 Urlaubsplaner für den Job

Kategorie: Urlaub

Dateiname: URLAUBSPLAN.XLS

Schwierigkeitsgrad: ❋❋

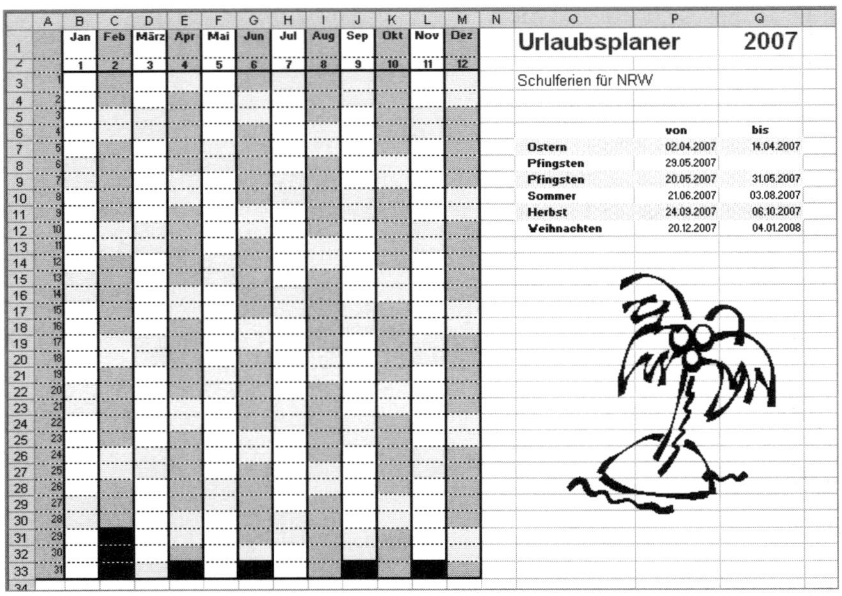

Bild 13.18: Ein Urlaubsplaner mit automatischem Einfärben der Wochenenden

Sie müssen zusammen mit mehreren Kollegen Ihren Urlaub in eine Liste eintragen. Unsere Beispielliste können Sie ausdrucken und ans schwarze Brett hängen, sodass jeder Kollege seinen Urlaub eintragen kann, aber auch sieht, wann die anderen Kollegen Urlaub angemeldet haben.

Sie können diese Tabelle aber auch als Datei im Netzwerk lassen, sodass jeder seinen Eintrag live machen kann.

Der Ferienblock von Zelle O7 bis Q12 muss jedes Jahr aktualisiert werden. Wichtig ist auch, dass Sie das Jahr oben rechts in Zelle Q1 aktualisieren.

Der Rohbau der Tabelle

Zuerst erfassen Sie den Rohbau der Tabelle, das heißt, in der Spalte A erfassen Sie ab der Zelle A3 die Tage von 1 bis 31. Am schnellsten geht dies mit den folgenden Schritten:

1. Geben Sie in A3 die Zahl 1 und in A4 die Zahl 2 ein.
2. Markieren Sie diese beiden Zellen.
3. Zeigen Sie mit der Maus auf den unteren rechten Rand der Markierung. Dort finden Sie ein kleines Quadrat. Wenn Sie mit der Maus dieses Quadrat treffen, dann verwandelt sich der Mauszeiger in ein schlankes Plus-Symbol.
4. Ziehen Sie nun mit gedrückter linker Maustaste die Zahlen bis 31 nach unten.
5. Geben Sie in der Zelle B1 das Wort *Jan* ein. Markieren Sie die Zelle und ziehen Sie am Ausfüllkästchen nach rechts bis Dezember.

6. Geben Sie darunter, in der Zelle B2, wieder eine 1 und in C2 wieder eine 2 ein. Ziehen Sie diese beiden Zahlen wie oben beschrieben jetzt nach rechts bis zur 12 auf.

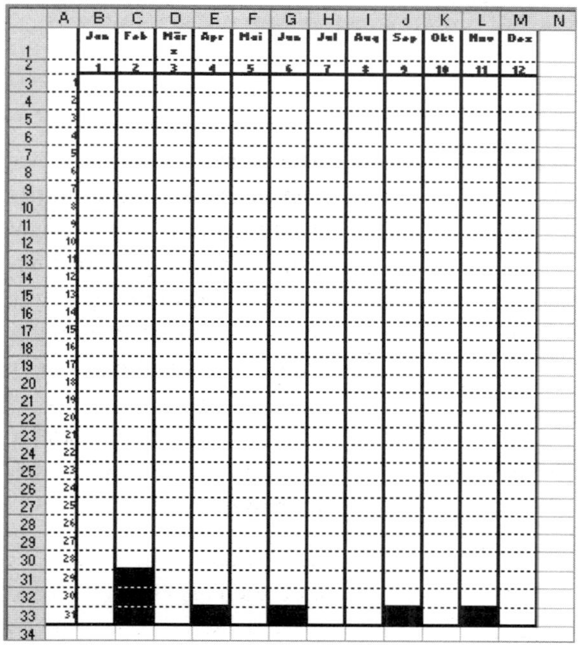

Bild 13.19: Der Rohbau des Kalenders

Die Zeile 2 mit den Zahlen von 1 bis 12 brauchen Sie, um das Tagesdatum zu ermitteln. Außerdem haben wir die Zellen, die nicht zu einem Datum gehören am unteren Rand der Tabelle schwarz gefärbt.

Das automatische Einfärben der Wochenenden

Im nächsten Schritt sollen jetzt die Wochenenden eingefärbt werden.

1. Markieren Sie die Zelle B3 und wählen Sie *Format/Bedingte Formatierung.*
2. Wählen Sie im ersten Feld den Eintrag *Formel ist* und geben Sie die folgende Funktion ein:

```
=WENN(WOCHENTAG(DATUM($Q$1;B$2;$A3);2)>5;1;0)
```

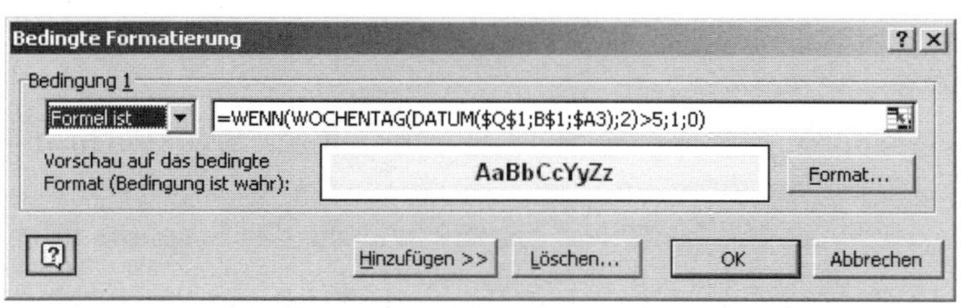

Bild 13.20: Die bedingte Formatierung färbt die Wochenenden automatisch ein.

Die Funktion DATUM macht aus der Zelle Q1 mit dem aktuellen Jahr, aus der Zelle B1 mit der Monatsnummer und der Zelle A3 für jede Zelle das Datum. Die Funktion WOCHENTAG zeigt die Nummer des Tages an. 6 entspricht dabei dem Samstag und 7 entspricht dem Sonntag. Die Funktion WENN prüft nur noch, ob eine Zahl größer als 5 ermittelt wurde, und färbt dann die Zellen ein.

3. Übertragen Sie das Format mit der Schaltfläche *Format übertragen* auf die anderen Zellen.

Auf Wunsch können Sie jetzt jede zweite Spalte mit der Füllfarbe *Hellgrau* einfärben.

13.7 Währungsumrechner

Kategorie: Urlaub

Dateiname: WÄHRUNGSUMRECHNER.XLS

Schwierigkeitsgrad: ❋❋

	A	B	C	D	E	F
2						
3						
4						
5	Wechselkurse				Fremdwährung für 1 €	
6						
7	1,00 US-Dollar	0,7634 €			1,00 €	1,31 US-Dollar
8	1,00 £	1,4881 €			1,00 €	0,67 £
9	100,00 CHF	62,4775 €			1,00 €	1,60 CHF
10	1,00 CAD	0,6595 €			1,00 €	1,52 Kan. Dollar
11	1,00 YEN	0,0063 €			1,00 €	158,50 YEN
12						
13						
14						
15						
16						
17	Startwert	5			Schrittweite:	5
18						
19						
20	Euro	YEN	Dollar (USA)	Engl. Pfund	Franken (Schweiz)	Dollar (Kanada)
21	5,00 €	792,52 YEN	6,55 US-Dollar	3,36 £	8,00 CHF	7,58 CAD
22	10,00 €	1585,04 YEN	13,10 US-Dollar	6,72 £	16,01 CHF	15,16 CAD
23	15,00 €	2377,56 YEN	19,65 US-Dollar	10,08 £	24,01 CHF	22,74 CAD
24	20,00 €	3170,07 YEN	26,20 US-Dollar	13,44 £	32,01 CHF	30,32 CAD
25	25,00 €	3962,59 YEN	32,75 US-Dollar	16,80 £	40,01 CHF	37,90 CAD

Bild 13.21: Die Tabelle *Währungsumrechnung*

In dieser Arbeitsmappe werden nach Eingabe der Wechselkurse einiger Fremdwährungen und abhängig von dem eingegebenen Startwert und der eingegebenen Schrittweite jeweils individuelle Währungsübersichten tabellarisch aufgebaut.

Beschreibung

In den Zellen B7:B11 geben Sie den Wechselkurs der Fremdwährungen ein. Möchten Sie gerne eine sehr detaillierte und kleinschrittige Übersichtstabelle erhalten, geben Sie als Startwert in B17 z. B. den Wert 1 ein und als Schrittweite in F17 z. B. auch den Wert 1. Dann erhalten Sie eine Übersicht von 1,00 € bis 20,00 €. Ist Ihre Urlaubskasse vielleicht etwas »großzügiger« angelegt, geben Sie z. B. als Startwert und für die Schrittweite den Wert 5 ein, die Tabelle baut sich dann entsprechend neu in 5er-Schritten von 10,00 € bis 105,00 € auf.

Fremdwährungen für 1 € berechnen

Um die Fremdwährung für 1,00 € zu berechnen, müssen wir den Euro durch die Fremdwährung teilen. Da wir die Formel nach unten kopieren möchten und bei den eingetragenen Wechselkurswerten mal der Wert 1, ein anderes Mal der Wert 100 hinterlegt ist, müssen wir das Ergebnis noch mit diesem Wert multiplizieren. Daher geben Sie hier die Formel ein: `=E7/B7*A7`.

Die Formeln der ersten Spalte in der tabellarischen Währungsübersicht

In Zelle A21 benötigen wir den Startwert für die Tabelle, d. h. den Wert aus Zelle B17.

In der Zelle A22 greifen wir auf die vorherige Zelle zu (A21) und addieren die eingegebene Schrittweite aus Zelle F17. Da wir diese Formel wieder nach unten kopieren werden, setzen wir F17 über [F4] als absolute Adresse. Die Formel sieht wie folgt aus: `=A21+$F$17`.

Alle weiteren Spalten der Tabelle YEN, Dollar (USA), engl. Pfund, Franken (Schweiz) und Dollar (Kanada) greifen immer auf den Euro-Wert in der ersten Spalte zu und multiplizieren diesen Wert mit dem entsprechenden Fremdwährungskurs aus dem Bereich F7:F11.

So berechnet sich zum Beispiel der YEN-Wert in der Zelle B21 aus dem YEN-Wert in Zelle F11 und der Multiplikation des Euro-Wertes in der Zelle A21. Da auch diese Formel wieder nach unten kopiert wird, setzen wir F11 über F4 als absolute Adresse. Die Formel sieht wie folgt aus: `=$F$11*A21`.

Zahlenformate

Bild 13.22: Die markierten Zellen werden im Pfund-Format gestaltet.

Für die unterschiedlichen Währungen müssen die Formatierungen über *Format/Zellen* Register *Zahlen* ausgewählt werden.

Wählen Sie die Kategorie *Währung* und suchen Sie über den Listenpfeil im Feld *Symbol* das gewünschte Währungssymbol aus.

Benutzerdefinierte Zahlenformate

In einigen Fällen haben wir über die Kategorie *Benutzerdefiniert* auch individuelle Zahlenformate hinterlegt, z. B. für US-Dollar.

In dem Fall geben Sie in der Kategorie *Benutzerdefiniert* im Feld *Typ* sogenannte Zahlenformatcodes ein, um das gewünschte Format zu erstellen.

Um in einer Zelle sowohl Zahlen als auch Text anzuzeigen, schließen Sie die Textzeichen in Anführungszeichen (" ") ein.

Um Zahlen mit Dezimalstellen zu formatieren, fügen Sie als Ziffernplatzhalter z. B die 0 (Null) ein. Weist eine Zahl mehr Ziffern nach dem Komma auf, als Platzhalter im Format vorhanden sind, wird sie auf die den Platzhaltern entsprechende Stellenzahl gerundet. Wenn mehr Ziffern vor dem Komma als Platzhalter vorhanden sind, werden auch die zusätzlichen Ziffern angezeigt.

Für das Format 6,55 US-Dollar haben wir z. B. im Feld *Typ* das Zahlenformat wie folgt hinterlegt: `0,00 "US-Dollar"`.

14 Vereine

14.1 Belegungsplan für Sporthallen und Plätze

Kategorie: Vereine

Dateiname: BELEGUNGSPLAN HALLE-SPORTPLATZ.XLS

Schwierigkeitsgrad: ❋❋

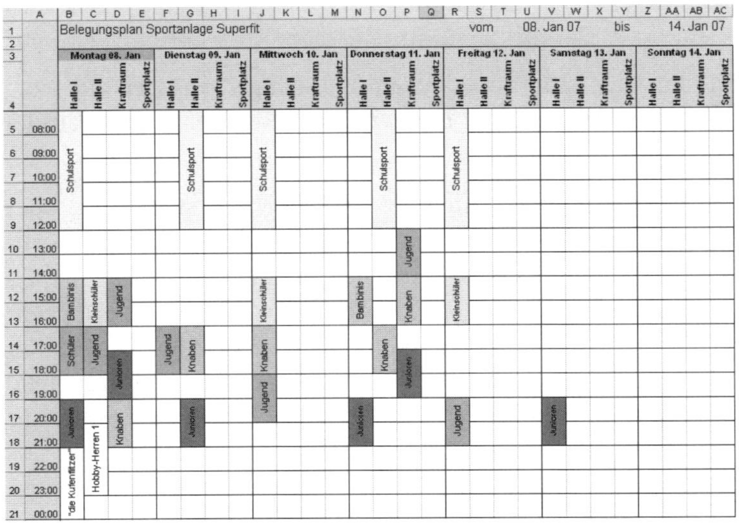

Bild 14.47: Belegungsplan für Sportanlagen

Sportanlagen werden von vielen genutzt. Mit einem übersichtlichen Plan können Sie auf einen Blick sehen, wer wann in welcher Halle ist und welche Zeiten noch frei sind und vermietet werden können.

Beschreibung

Legen Sie pro Halle und Tag eine Spalte und für jeden einzeln betrachteten Zeitraum eine Zeile an.

In unserem Beispiel haben wir Stundenintervalle gewählt. Geben Sie in der Zelle A5 mit einem Doppelpunkt die erste Uhrzeit ein und in die Zelle A6 die nächste Zeitangabe.

Markieren Sie anschließend beide Zellen und ziehen Sie am Ausfüllkästchen nach unten bis zur letzten Uhrzeit, die Sie in Ihren Plan aufnehmen möchten.

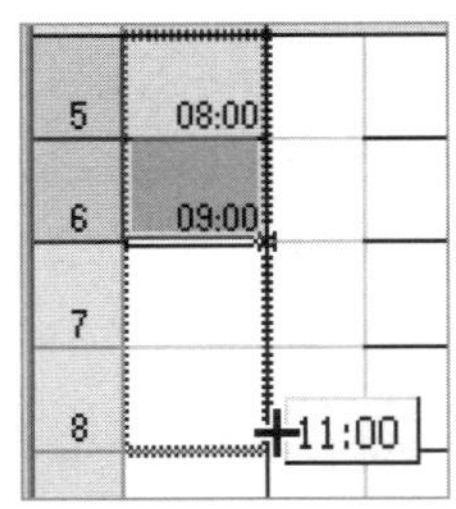

Bild 14.48: Weitere Uhrzeiten werden über das Ausfüllkästchen automatisch eingetragen.

Datum und Hallenplan

Da Sie diesen Plan wahrscheinlich für mehrere Hallen, Räume oder Plätze aufbauen, brauchen Sie pro Tag mehrere Spalten.

Geben Sie in die Zeile 4 die Bezeichnung Ihrer Sportanlagen ein. Auch hier reicht es, wenn Sie für den ersten Tag alle Beschriftungen eintippen, dann alle beschrifteten Zellen markieren und über das Ausfüllkästchen weiter nach rechts kopieren. Die vertikale Textorientierung können Sie über

Format/Zellen auf dem Register *Ausrichtung* im Bereich *Orientierung* einstellen. Dies hat den Vorteil, dass Sie deutlich mehr Spalten auf einen Blick sehen können.

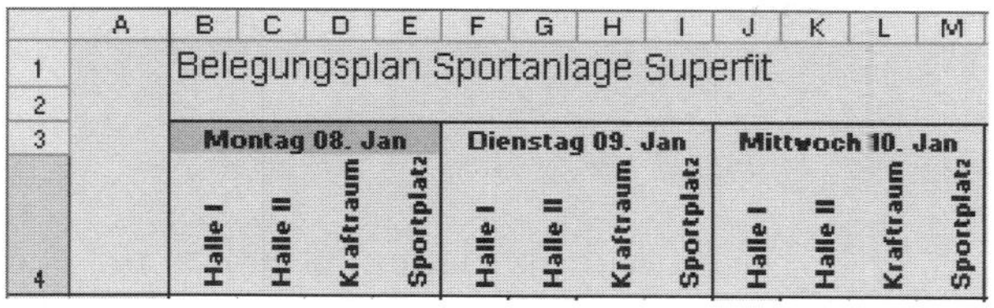

Bild 14.49: Überschriften Ihres Belegungsplans

In der Zeile 3 verbinden Sie nun die Zellen, die zu einem Tag gehören, zu einer Zelle, indem Sie alle markieren und in der *Format*-Symbolleiste auf die Schaltfläche *Verbinden und zentrieren* klicken.

Geben Sie für den ersten Tag der Woche das Datum ein und formatieren Sie es über *Format/Zellen* auf dem Register *Zahlen* in der Kategorie *Benutzerdefiniert.* Für das Datumsformat aus unserem Beispiel geben Sie im Feld *Typ* folgenden Code ein: TTTT TT.MMM.

Verbinden Sie die Zellen für die nächsten Tage und geben Sie in die Zelle F3 die Formel `=B3+1` ein, um zum ersten Tag der Woche den Wert 1 zu addieren und somit den zweiten Tag zu erhalten. Kopieren Sie diese Formel in die verbundenen Zellen der weiteren Wochentage.

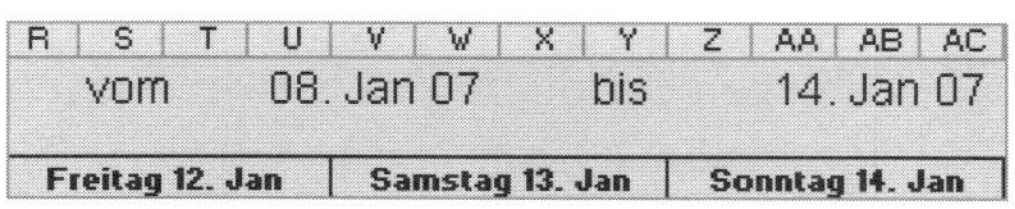

Bild 14.50: Der Zeitraum des Plans wird über die Funktionen MIN und MAX aus den Datumsangaben ermittelt.

In der ersten Zeile wird der Zeitraum für den aktuellen Plan mittels der Funktionen MIN und MAX ermittelt. Diese Funktionen suchen aus einem festgelegten Bereich den kleinsten bzw. größten Wert. In der Zelle U1 erhalten Sie mit der MIN-Funktion das erste Datum aus Ihrem Plan. Geben Sie hier die Formel `=MIN(B3:AC3)` ein.

In der Zelle AA1 erhalten Sie mit der MAX-Funktion das letzte Datum aus Ihrem Plan. Geben Sie hier die Formel `=MAX(B3:AC3)` ein.

Neue Pläne für weitere Wochen erstellen

Ändern Sie nur noch das Anfangsdatum in Zelle B3, und die neue Woche steht.

Plan ausfüllen

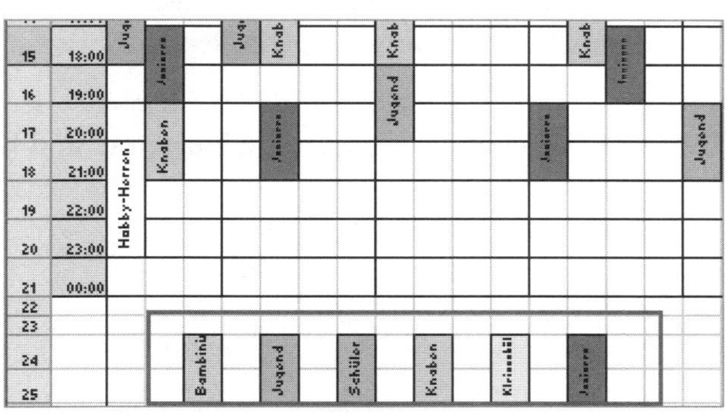

Bild 14.51: Sie können die vorgefertigten Einheiten nun einfach in den Plan kopieren und ersparen sich damit viel Formatierungsarbeit!

Sie erleichtern sich die Datenpflege Ihres Plans, indem Sie sich so wie wir in unserem Beispiel die Mannschaftsblöcke einmal außerhalb des Plans zusammenstellen und formatieren.

In Zeile 24 und 25 finden Sie diese »Einheiten«. Anschließend können Sie den Plan sehr bequem ausfüllen, indem Sie einfach die Mannschaftsblöcke in den Plan kopieren.

14.2 Eintrittskarten mit fortlaufender Nummer

Kategorie: Vereine

Dateiname: EINTRITTSKARTEN.XLS

Schwierigkeitsgrad: ❋

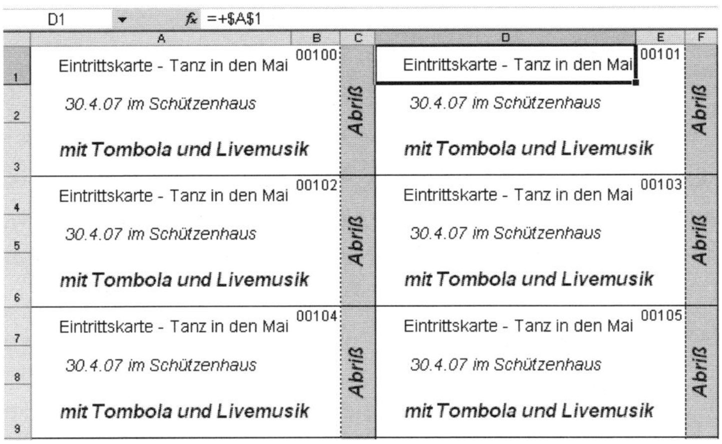

Bild 14.1: Eintrittskarten mit fortlaufenden Nummern

Sie sind im Planungskomitee für den diesjährigen Maiball und haben die Aufgabe, Eintrittskarten zu erstellen. Ein geplantes Highlight der diesjährigen Veranstaltung soll die große Tombola zugunsten der Renovierung des Schützenhauses sein.

Dafür brauchen Sie auch noch Lose, oder?

Schlagen Sie doch gleich zwei Fliegen mit einer Klappe und drucken Sie Ihre Eintrittskarten selbst, und zwar mit einer fortlaufenden Nummer auf jeder Karte, sodass mit seiner Eintrittskarte jeder Besucher auch sein Los in der Hand hat.

Die vorliegende Tabelle enthält 70 Eintrittskarten, die Sie auf fünf DIN-A4-Blättern ausdrucken können. Natürlich müssen Sie die Texte ändern.

Damit Sie dies jedoch nicht siebzigmal tun müssen, ist die Tabelle so konzipiert, dass die Inhalte der ersten Karte auf alle anderen übertragen werden. Und die fortlaufende Nummer wird ausgehend von der Nummer auf der ersten Eintrittskarte hochgezählt.

Aufbau der Tabelle

In einer neuen Excel-Arbeitsmappe legen Sie die *Zeilenhöhe* für die ersten drei Zeilen sowie die *Spaltenbreite* für die Spalten A bis F fest und gestalten anschließend die erste Karte in den Zellen A1 bis B3:

1. Markieren Sie die Spalte A und D und stellen Sie *über Format/Spalte/Breite* die *Spaltenbreite* den Wert 36,7 ein. Geben Sie für die Spalten für B und E die Breite 7,3 und für die Spalten C und F die Breite 5 ein.
2. Setzen Sie die *Zeilenhöhe* für die Zeilen 1 und 2 auf den Wert 32 und für die Zeile 3 auf den Wert 45.
3. Markieren Sie die Zellen A1 bis A3 und öffnen Sie mit der Tastenkombination [Strg]+[1] den Dialog *Zellen formatieren.* Im Register *Ausrichtung* stellen Sie die *vertikale Ausrichtung* auf *zentriert.*
4. Für die Zelle B1 wählen Sie bitte eine kleinere Schrift und stellen die *vertikale Ausrichtung* auf *oben.*
5. Markieren Sie die Zellen C1 bis C3 und stellen Sie im Menü *Format/Zellen* aus dem Register *Ausrichtung* die *Orientierung* auf *90 Grad.* Aktivieren Sie zusätzlich die Option *Zellen verbinden* und stellen Sie die *vertikale* und *horizontale Ausrichtung* auf *zentriert.*

Wenn Sie die erste Karte fertig gestaltet haben, geben Sie hier die Texte ein und in die Zelle B1 die Nummer für die erste Eintrittskarte. In unserem Beispiel wurde für die Nummer 100 über *Format/Zellen* im Register *Zahlen* das *benutzerdefinierte Zahlenformat* 00000 eingestellt, welches garantiert, dass auch bei Zahlen mit weniger als fünf Ziffern die führenden Nullen angezeigt werden. Markieren Sie den Zellbereich A1 bis C3, versehen Sie ihn mit einem *Rahmen außen* und kopieren Sie den Bereich in die Zelle D1.

Verknüpfungen zu den weiteren Eintrittskarten

In der zweiten Karte werden nun die Texte durch Verknüpfungen zu den Zellen der ersten Karte ersetzt.

- Geben Sie in die Zelle D1 ein Gleichheitszeichen = ein, klicken Sie anschließend in die Zelle A1 und betätigen Sie im Anschluss einmal die Taste [F4]. Jetzt steht in der Zelle D1 folgender Ausdruck `=$A$1`, wodurch der Inhalt der Zelle A1 in die Zelle D1 übernommen wird. Führen Sie diese Schritte auch für die Zellen D2 und D3 durch, indem Sie die Inhalte von A2 bzw. A3 übernehmen.

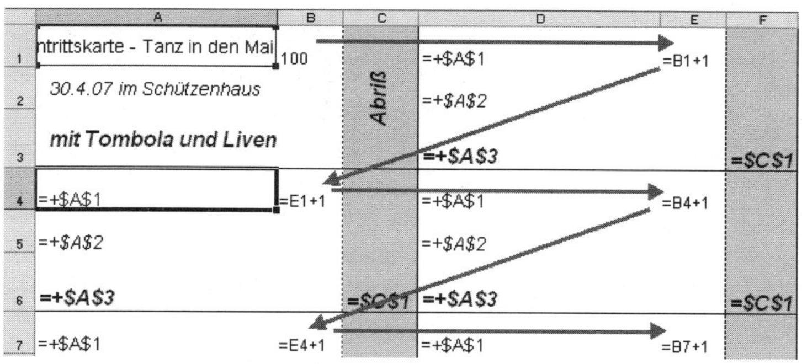

Bild 14.2: Die Formeln zur fortlaufenden Nummerierung und Übergabe der Texte aus der ersten Eintrittskarte

Fortlaufende Nummer

1. In der Zelle E1 errechnen Sie mit der Formel `=B1 + 1` die nächste Nummer.
2. Kopieren Sie nun die Zeilen 1 bis 3 in die Zelle A4 (damit auch die Zeilenhöhen übernommen werden) und anschließend kopieren Sie den Bereich D1 bis F3 in die Zelle A4, um auch hier die Formeln statt der Texte zu haben.
3. Jetzt brauchen Sie nur noch die Formel in der Zelle B4, die durch das Kopieren zu einem *#Bezug*-Fehler führte, anzupassen. Geben Sie hier die Formel `=E1 + 1` ein. Die Pfeile im Bild 2 zeigen Ihnen die Reihenfolge der Nummerierung Ihrer Eintrittskarten.
4. Sie können nun die Zeilen 4 bis 6 beliebig weit nach unten kopieren. Es reichen aber auch ein paar Seiten, da Sie ja durch die Eingabe einer neuen Zahl in die Zelle B1 immer wieder weitere Eintrittskarten drucken können. Last but not least sollten Sie in der Seitenansicht kontrollieren, ob alles richtig passt. Die Seitenränder in unserem Beispiel sind oben und unten auf 1 cm, links und rechts auf 0 cm eingestellt.

14.3 Geburtstagslisten

Kategorie: Vereine

Dateiname: GEBURTSTAGSLISTE.XLS

Schwierigkeitsgrad: ❋❋❋

Name	Vorname	Geb.Datum	Alter	Geburtstags-monat	Sternzeichen	Hobbies	geäußerte Wünsche	Telefon
Panther	Paul	18.01.56	51	Januar	Steinbock	Surfen		0221 / 12356
Roth	Amelie	02.05.67	39	Mai	Stier	Schwimmen	Badekappe	02203 / 567
Brown	Charlie	13.06.82	24	Juni	Zwillinge			040 / 6785
Schulz	Charles M.	28.11.74	32	November	Schütze			02203 / 1299
Brown	Sally	05.12.41	65	Dezember	Schütze			040 / 231465
Van Pelt	Linus	01.04.67	39	April	Widder		neue Schmusedecke	0228 / 13228
Schroeder		19.03.43	63	März	Fische	Klavier	Noten, Mozartbuch, ...	0221 / 5694
Snoopy		28.11.86	20	November	Schütze		Hundefutter	0221 / 3434
Peppermint	Patty	02.09.95	11	September	Jungfrau			0171 / 345987

Bild 14.3: Tabelle *Geburtstagsliste* mit Beispieldaten

Möchten Sie in Ihrem Verein die Geburtstage all Ihrer Mitglieder im Blick behalten, mit Alter, Geburtsmonat, Sternzeichen, eventuell geäußerten Wünschen etc., können Sie das problemlos mit einer Excel-Liste regeln. Die AutoFilter-Funktion hilft Ihnen dabei, Detailinformation aus der Liste übersichtlich darzustellen.

Beschreibung

Wir haben die Geburtstagstabelle in Form einer Liste aufgebaut: In Zeile 3 stehen die gewünschten Information, nach denen wir gegebenenfalls suchen oder filtern möchten. Ab Zeile 4 sind die Detailinformationen, die sogenannten Datensätze, zu den einzelnen Personen eingegeben.
Die Spalten A bis C sowie G bis I sind als Eingabefelder festgelegt. Alter, Geburtsmonat sowie das Sternzeichen werden von Excel automatisch ausgegeben.

Das Alter berechnen

Das momentane Alter lässt sich in Excel mit der Funktion DATEDIF berechnen. Diese Funktion ermittelt die Differenz zwischen zwei Datumsangaben. Mithilfe des Arguments *Einheit* können Sie festlegen, in welchen Zeiteingaben die Differenz ausgegeben werden soll: »Y« steht für vollständige Jahre, »M« für vollständige Monate und »D« für Anzahl der Tage.
Die Funktion DATEDIF muss manuell eingegeben werden. Sie werden sie nicht über den Funktionsassistenten finden.
In unserem Beispiel prüfen wir zuerst über eine WENN-Funktion, ob die Spalte *Geburtsdatum* einen Eintrag enthält. Erst dann errechnen wir über die DATEDIF-Funktion mit dem Parameter »Y« die Differenz zwischen dem Geburtsdatum und dem heutigen Datum.
Geben Sie daher in Zelle D4 folgende Funktion ein: `=WENN(ISTLEER(C4);"";DATEDIF(C4;HEUTE();"Y"))` und kopieren Sie diese Formel nach unten.

Geburtsmonat ausgeben

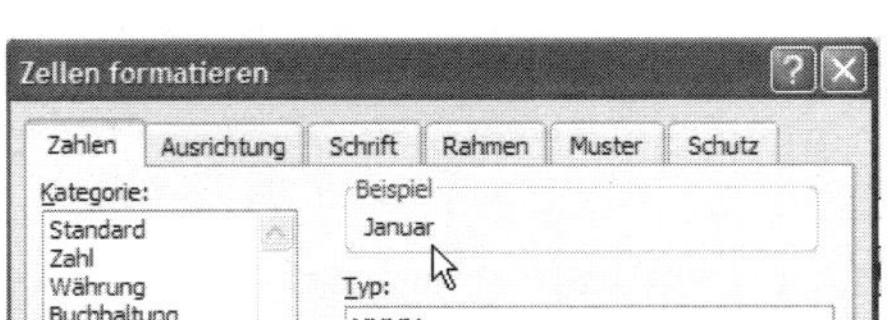

Bild 14.4: Das benutzerdefinierte Format auf der Registerkarte *Zahlen* im Dialogfenster *Zellen formatieren*

Damit wir in Zukunft schnell filtern können, wer zum Beispiel im Monat Mai Geburtstag hat, geben wir in Spalte E den Geburtsmonat aus. Dafür greifen wir auf Spalte C, den Geburtstag, zurück und sorgen mittels Formatierung dafür, dass das Datum als Monat in der Form MMMM ausgegeben wird.

1. Positionieren Sie den Cursor in Zelle E4 und geben Sie die Formel `=D4` ein.
2. Wählen Sie den Befehl *Format/Zellen/* Register *Zahlen.*
3. Aktivieren Sie die Kategorie *Benutzerdefiniert* und geben Sie im Feld *Typ* den Formatcode `MMMM` für den ausgeschriebenen Monatsnamen.

Sternzeichen

Für die Spalte *Sternzeichen* haben wir ein zweites Tabellenblatt eingefügt. Es handelt sich um die gleiche Tabelle *Liste der Tierkreiszeichen* aus der Arbeitsmappe TIERKREISZEICHEN_KLASSISCH.XLS. In dieser Liste werden alle Tage des aktuellen Jahres vom 01.01. bis 31.12. mit Zuordnung der deutschen und lateinischen Bezeichnung des Sternbildes aufgelistet.

In unserem Beispiel prüfen wir zuerst wieder über eine WENN-Funktion, ob die Spalte *Geburtsdatum* einen Eintrag enthält. Dann holen wir uns über den SVERWEIS das aktuelle Sternzeichen aus der Tabelle *Liste der Sternzeichen.* Hierbei müssen wir für das *Suchkriterium* mit der Funktion DATUM Tag und Monat aus der Zelle Geburtstag und das Jahr aus der Zelle I1 (=HEUTE) zusammenbauen. *Matrix* ist die Tabelle *Liste der Sternzeichen !$A$3:$B$367* und der Spaltenindex ist *2.*

Die Formel in F4 sieht wie folgt aus und kann nach unten kopiert werden: `=WENN(ISTLEER(C4);""; SVERWEIS(DATUM(JAHR($I$1);MONAT(C4);TAG(C4));'Liste der Sternzeichen'!$A$3:$B$367;2;FALSCH))`.

Filterfunktionen in der Liste

Eine einfache und komfortable Art, unsere Liste auszuwerten, ist der AutoFilter. Um den AutoFilter einzuschalten, wählen Sie *Daten/Filter/AutoFilter.* Als Ergebnis erhalten Sie in der ersten Zeile in jeder Zelle einen Listenpfeil. Um die Listenpfeile und damit den AutoFilter wieder zu entfernen, wählen Sie diese Befehlsfolge erneut.

Wenn Sie einen der Listenpfeile anklicken, können Sie eine Auswahl treffen, indem Sie auf den gewünschten Eintrag klicken. Im folgenden Beispiel wollen wir zum Beispiel nur die Personen sehen, die im Mai Geburtstag haben.

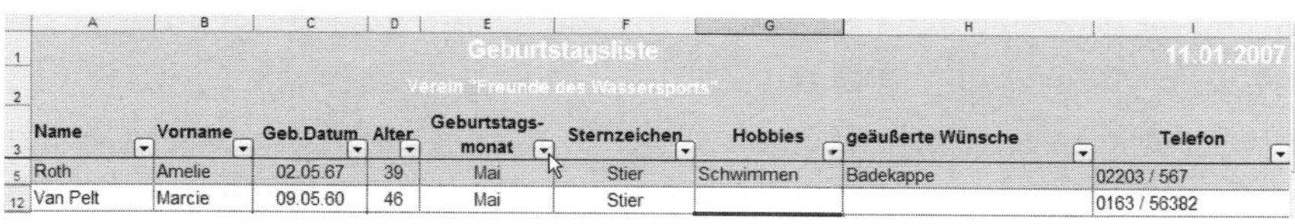

	A	B	C	D	E	F	G	H	I
1					Geburtstagsliste				11.01.2007
2					Verein "Freunde des Wassersports"				
3	Name	Vorname	Geb.Datum	Alter	Geburtstags-monat	Sternzeichen	Hobbies	geäußerte Wünsche	Telefon
5	Roth	Amelie	02.05.67	39	Mai	Stier	Schwimmen	Badekappe	02203 / 567
12	Van Pelt	Marcie	09.05.60	46	Mai	Stier			0163 / 56382

Bild 14.5: Der gesetzte AutoFilter zeigt hier nur die Geburtstagskinder im Mai.

Als Ergebnis sehen Sie jetzt alle Zeilen, die im Feld *Geburtstag* das Wort Mai stehen haben. Die restlichen Zeilen werden zurzeit einfach ausgeblendet. Als Hinweis, dass Sie nicht alle Zeilen der Tabelle sehen, werden die Zeilennummern am linken Tabellenrand blau eingefärbt. Außerdem wird der Listenpfeil auch blau gefärbt, damit Sie erkennen, dass nach dieser Spalte gefiltert wird. In der Statusleiste wird angezeigt, wie viele Treffer gefunden wurden.

Sie können jetzt auf diesem Filterergebnis weiterfiltern oder Sie schalten dieses Ergebnis wieder aus, indem Sie am Listenpfeil den Eintrag *(Alle)* wählen.

14.4 Mannschaftsliste

Kategorie: Vereine

Dateiname: MANNSCHAFTSLISTE.XLS

Schwierigkeitsgrad: ❋

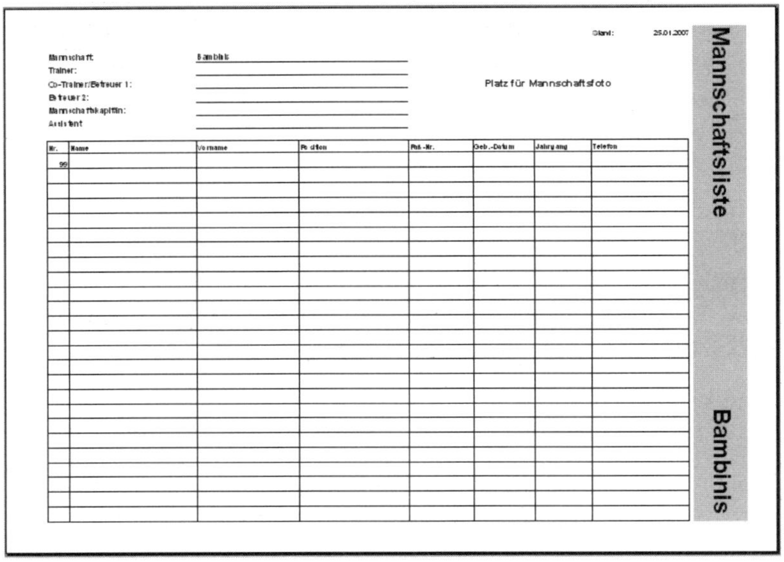

Bild 14.6: Die Mannschaftsliste in der Seitenansicht

In der vorliegenden Beispieldatei finden Sie eine Mannschaftsliste, in der Sie die Informationen zu Ihrem Team festhalten können, die für den Spielbetrieb wesentlich sind. Auf die Adressdaten wurde an dieser Stelle bewusst verzichtet, da Sie diese in der Mitgliederverwaltung bereits vorliegen haben.

Beschreibung

In dieser Datei nutzen wir von Excel in erster Linie die Rasterstruktur, um die Informationen zu den einzelnen Spielern tabellarisch festzuhalten.

Da im Listenbereich mehr Spalten benötigt werden als im Kopf der Tabelle, werden in den Zeilen 3 bis 8 die Zellen der Spalten B und C sowie der Spalten D und E verbunden.

Markieren Sie dazu die Zellen, die Sie zu einer Zelle verbinden möchten, und klicken Sie in der *Format*-Symbolleiste auf das Symbol *Verbinden und zentrieren* ⊞.

Wenn Sie verbundene Zellen wieder trennen wollen, müssen Sie je nach Programmversion einen anderen Weg gehen. Ab der Version 2002 können Sie einfach erneut auf die Schaltfläche *Verbinden und zentrieren* klicken, in früheren Versionen öffnen Sie mit [Strg]+[1] den Dialog *Zellen formatieren* und deaktivieren auf dem Register *Ausrichtung* die Option *Zellen verbinden* wieder.

Nachdem Sie im Tabellenkopf Zeilen für die Angaben zum Trainer- und Betreuerteam eingegeben haben, legen Sie darunter die Überschriften für die Spielerinformationen fest.

Für die verschiedenen Inhalte brauchen Sie unterschiedlich breite Spalten. Sie können die Breite der Spalten verändern, indem Sie auf die Trennlinie zwischen zwei Spaltenköpfen klicken und, sobald der Mauszeiger die Form eines Doppelpfeils annimmt, mit gedrückter Maus nach links oder rechts ziehen.

Bild 14.7: Die Spaltenbreite mit der Maus verändern

Rahmen

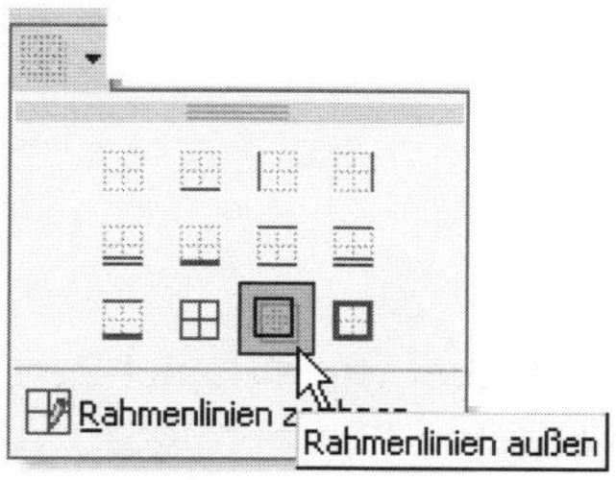

Bild 14.8: Die Auswahl der Rahmenmuster über die *Format*-Symbolleiste

Bei der Gestaltung der Zellen mit Rahmenmustern stehen Ihnen mehrere Wege zur Verfügung. Einige Rahmenmuster erhalten Sie bereits über die *Format*-Symbolleiste. Klicken Sie auf den Listenpfeil neben dem Symbol *Rahmen* und Sie erhalten die nebenstehende Auswahl.

Andere Rahmenmuster oder Rahmenfarben können Sie im Dialog *Zellen formatieren* Register *Rahmen* einstellen. Am schnellsten öffnen Sie diesen Dialog für markierte Zellen mit der Tastenkombination Strg + 1.

Aktueller Stand

In der Zelle I1 wird das aktuelle Datum angezeigt. Mit der Funktion `=HEUTE()` können Sie das aktuelle Datum in eine Zelle eintragen. Dieses Datum wird täglich aktualisiert.

Vertikale Überschrift

In der Spalte K wurden die Zellen K1 bis K15 verbunden. Die Textorientierung können Sie im Dialog *Zellen formatieren* drehen, indem Sie die Gradzahl verändern oder an dem roten Punkt ziehen.

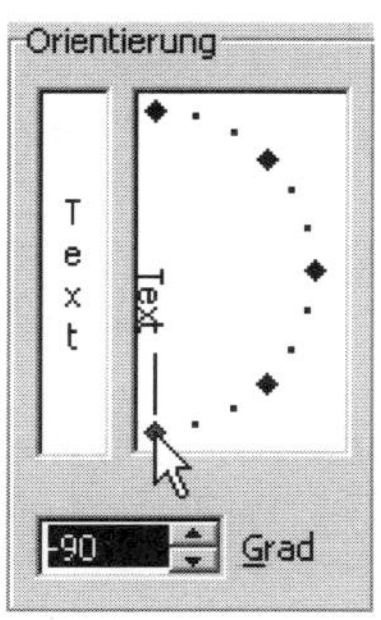

Bild 14.9: Den Text drehen

Formatieren Sie die Zelle mit einer Füllfarbe. Klicken Sie hierfür auf den Listenpfeil neben der Schaltfläche *Füllfarbe* und wählen Sie eine Hintergrundfarbe aus. Formatieren Sie die Schrift noch *fett* und mit einer größeren Schrift.

Die Zellen K16 bis K35 wurden ebenfalls verbunden. In diese Zellen können Sie entweder die Mannschaftsbezeichnung eintippen, oder Sie geben eine Formel ein, die die Mannschaftsbezeichnung aus der Zelle D3 übernimmt. In unserem Beispiel haben wir in der Zelle K16 mit der WENN-Funktion geprüft, ob die Zelle D3 leer ist, und festgelegt, dass in diesem Fall auch die Zelle K16 leer bleiben soll. Ist D3 jedoch nicht leer, so soll der Inhalt von D3 in die Zelle K16 übernommen werden. Markieren Sie die Zelle K16 und tippen Sie folgende Formel ein: `=WENN(D3="";"";D3)`.

Natürlich können Sie auch einfach die Mannschaftsbezeichnung in K16 eintragen!

14.5 Mitglieder- und Beitragsverwaltung

Kategorie: Vereine

Dateiname: BEITRAGSVERWALTUNG.XLS

Schwierigkeitsgrad: ❋❋

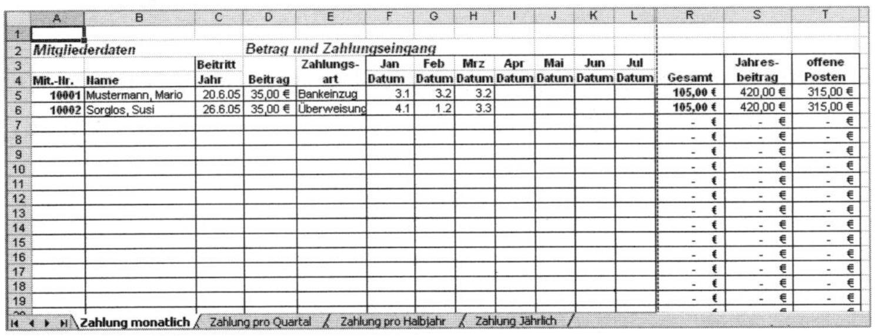

Bild 14.52: Verwaltung der Beitragszahlungen

Dieses Beispiel soll Ihnen helfen, die Vereinsbeiträge Ihrer Mitglieder übersichtlich zu verwalten. Wir sind dabei davon ausgegangen, dass Ihre Vereinsmitglieder unterschiedliche Zahlungskonditionen vereinbaren können, und haben deshalb für die gängigen Zahlungszyklen Monat, Quartal, Halbjahr und Jahr jeweils eine Tabelle angelegt.

Sie tragen einmal die Mitglieder entsprechend der vereinbarten Zahlungsweise in die jeweiligen Tabellen ein und pflegen von da an nur noch das Datum der Zahlungseingänge.

Für jedes Mitglied wird anhand der eingegangen Zahlungen eine Summe gebildet und die Gesamtforderung im Jahr sowie die noch ausstehende Beitragshöhe berechnet.

Beschreibung

Wenn Sie auch die Stammdaten Ihrer Mitglieder in einer Excel-Datei verwalten, so haben Sie die Möglichkeit, aus dieser Datei die meisten Informationen für die Beitragsverwaltung zu übernehmen. Damit ersparen Sie sich die doppelte Eingabe und brauchen auch Änderungen nicht an mehreren Stellen zu pflegen, sondern nur in den Stammdaten.

Für die Datenübernahme ist lediglich ein eindeutiges Kennzeichen notwendig. Hierfür bietet sich die Mitgliedsnummer an. Mit der SVERWEIS-Funktion können Sie Namen, Beitrittsdatum, Beitrag und Zahlungsweise aus der Mitgliederverwaltung übernehmen.

In diesem Beispiel gehen wir davon aus, dass Sie die Mitglieder der Zahlungsweise entsprechend in die unterschiedlichen Tabellenblätter eintragen:

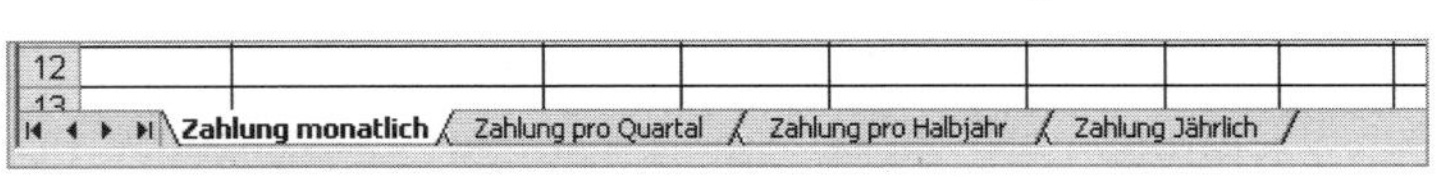

Bild 14.53: Verschiedene Tabellenblätter für die unterschiedlichen Zahlungszyklen

Berechnung der bezahlten Beiträge und der offenen Forderungen

Der Aufbau der einzelnen Tabellenblätter und die Art der Berechnung ist für alle gleich.

Sie geben in eine Spalte den Beitrag ein, der pro Zahlung zu leisten ist, und legen je nach Zahlungsweise in den Tabellen unterschiedlich viele Spalten an, in denen Sie später das Datum des Zahlungseingangs eintragen können.

Für monatliche Zahlungen brauchen Sie dann 12 Spalten für die Datumseingabe.

	D	E	F	G	H	I	J	K	L	M	N	O	P	Q	R	S	T
2	*Betrag und Zahlungseingang*																
3		Zahlungs-	Jan	Feb	Mrz	Apr	Mai	Jun	Jul	Aug	Sep	Okt	Nov	Dez		Jahres-	offene
4	Beitrag	art	Datum	Datum	Datum	Datum	Datum	Datum	Datum	Datum	Datum	Datum	Datum	Datum	Gesamt	beitrag	Posten
5	35,00 €	Bankeinzug	3.1	3.2	3.2										**105,00 €**	420,00 €	315,00 €
6	35,00 €	Überweisung	4.1	1.2	3.3										**105,00 €**	420,00 €	315,00 €
7															- €	- €	- €

Bild 14.54: Monatliche Eingabe des Zahlungseingangs

Bezahlte Beiträge

Die bereits gezahlten Beiträge werden in der Spalte R berechnet. Es werden die Datumseinträge der jeweiligen Zeile gezählt und das Ergebnis, d.h. die Anzahl der eingegangenen Zahlungen wird mit dem Beitrag, der pro Zahlung zu leisten ist, multipliziert.

Zum Zählen der Datumseinträge eignet sich die ANZAHL-Funktion. Sie zählt in einem festgelegten Bereich alle Zellen, die Zahlen enthalten.

Der Beitrag steht in unserem Beispiel in Spalte D. Die Formel für die Zelle R5 soll also die Zahleneinträge im Bereich F5:Q5 zählen und mit D5 multiplizieren: `=ANZAHL(F5:Q5)*D5`.

Gesamt

In der Spalte *Gesamt* wird für jede Zahlungsweise der Beitrag pro Zahlung mit der Anzahl Zahlungen pro Jahr multipliziert. Da sich dieser Wert innerhalb eines Tabellenblatts nicht ändert, können Sie auch mit der jeweiligen Konstante rechnen. In unserem Beispiel auf Monatsebene wird also für die Zelle S5 der Beitrag aus der Zelle D5 mit 12 multipliziert: `=D5*12`.

Offene Posten

Mitunter ist es interessant zu wissen, welche Beitragszahlungen im Laufe des Jahres noch eingehen werden. In der Spalte T wird dafür der Betrag der noch offenen Beitragszahlungen pro Mitglied für das laufende Jahr ausgerechnet. Hierzu brauchen Sie lediglich die bereits geleisteten Zahlungen vom Jahresbeitrag abzuziehen.

Geben Sie die folgende Formel in die Zelle T5 ein `=S5-R5`.

Gesamt	Jahres-beitrag	offene Posten
=ANZAHL(F5:Q5)*D5	=D5*12	=S5-R5
=ANZAHL(F6:Q6)*D6	=D6*12	=S6-R6
=ANZAHL(F7:Q7)*D7	=D7*12	=S7-R7

Bild 14.55: Formeln zur Berechnung der gezahlten Beiträge und offenen Posten

Markieren Sie abschließend die Zellen R5-T5 und kopieren Sie sie über das Ausfüllkästen in der rechten unteren Ecke der markierten Zellen bis ans Ende Ihrer Liste oder auch weiter nach unten, um die Berechnungen auch gleich für weitere Einträge in der Liste zu haben.

Mit der Tastenkombination [Strg]+[#] können Sie die Formeln im Tabellenblatt anzeigen lassen. Die folgende Abbildung zeigt Ihnen die Formeln in den Spalten R-T.

In den anderen Tabellenblättern geben Sie die Formeln ganz genauso ein wie hier beschrieben. Die Bereiche in der ANZAHL-Funktion beziehen sich dabei jeweils auf die Spalten der Zahlungseingänge und die Berechnung des Jahresbeitrags auf die jeweilige Anzahl Zahlungen pro Jahr.

14.6 Mitgliederverwaltung

Kategorie: Vereine

Dateiname: MITGLIEDERVERWALTUNG.XLS

Schwierigkeitsgrad: ❋❋❋❋

Zu jedem Verein gehört, auch wenn es nicht im Vordergrund steht, ein bisschen Verwaltungsarbeit. Mit dieser Excel-Tabelle möchten wir Ihnen am Beispiel eines Sportvereins zeigen, wie Sie alle wichtigen Informationen in einer Tabelle pflegen können und sich dabei sogar einen Teil der Arbeit von Excel abnehmen lassen können.

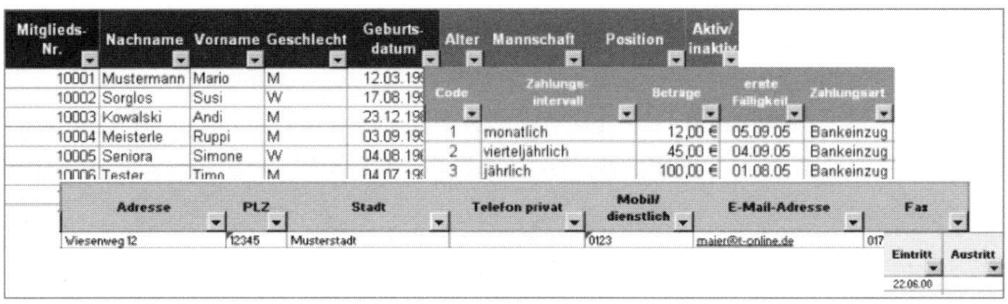

Bild 14.56: Eine Mitgliederverwaltung beinhaltet alle relevanten Daten zur Person und Mannschaftszuordnung.

Aufbau der Tabelle

In unserer Beispieldatei haben wir die Spalten A bis X für Informationen zu den einzelnen Mitgliedern reserviert. Neben den Adressdaten haben wir Felder zum Alter und zur Mannschaftszuordnung sowie Informationen zum Beitrag und den Zahlungsmodalitäten in dieser Liste aufgenommen. Während einige Daten manuell erfasst werden müssen, können andere Informationen berechnet oder aus Hilfstabellen zugeordnet werden. Im Folgenden werden alle berechneten Felder von links nach rechts erläutert.

Daten zur Person und zur Mannschaftszuordnung

In diesem Bereich werden die Mitgliedsnummer, das Alter und die Zuordnung zur Mannschaft berechnet, während Sie die anderen Daten einfach eingeben müssen.

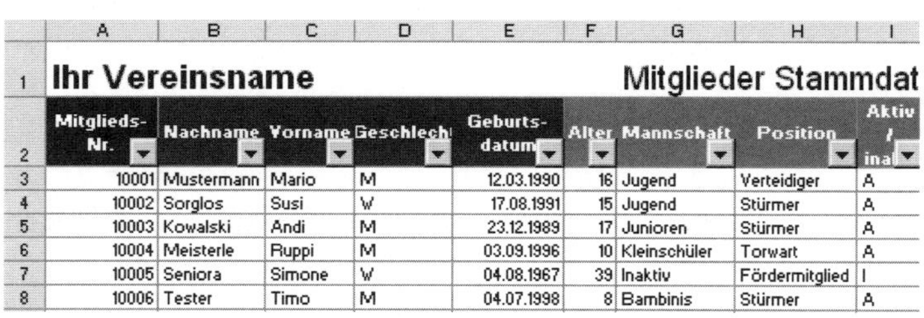

	A	B	C	D	E	F	G	H	I
1	Ihr Vereinsname						Mitglieder Stammdat		
2	Mitglieds-Nr.	Nachname	Vorname	Geschlecht	Geburts-datum	Alter	Mannschaft	Position	Aktiv/inaktiv
3	10001	Mustermann	Mario	M	12.03.1990	16	Jugend	Verteidiger	A
4	10002	Sorglos	Susi	W	17.08.1991	15	Jugend	Stürmer	A
5	10003	Kowalski	Andi	M	23.12.1989	17	Junioren	Stürmer	A
6	10004	Meisterle	Ruppi	M	03.09.1996	10	Kleinschüler	Torwart	A
7	10005	Seniora	Simone	W	04.08.1967	39	Inaktiv	Fördermitglied	I
8	10006	Tester	Timo	M	04.07.1998	8	Bambinis	Stürmer	A

Bild 14.57: Daten zur Person und Mannschaftszuordnung

Die Mitgliedsnummer

Damit alle Mitgliedsnummern gleich lang sind und wir nicht mit mehr als 99999 Mitgliedern in unserem Verein rechnen, haben wir in der Zelle A3 die erste Nummer mit 100001 vorgegeben. In der Zelle A4 wird zu dieser ersten Nummer der Wert 1 addiert und so eine neue Mitgliedsnummer vergeben. Sie können die Formel über das Ausfüllkästchen nach unten kopieren.

Alter

In der Spalte F berechnen Sie mit der DATEDIF-Funktion aus der Differenz vom eingegebenen Geburtsdatum und dem aktuellen Datum das Alter des Mitglieds.

Das aktuelle Datum erhalten Sie mit der Funktion `Heute()`.

Geben Sie die DATEDIF-Funktion in die Zelle F3 ein: `=DATEDIF(E3;Heute();"Y")`.

Der erste Parameter der Funktion ist das Geburtsdatum, im zweiten Parameter erhalten Sie mit der Funktion `Heute()` das aktuelle Datum und im dritten Parameter legen Sie mit der Eingabe von "Y" fest, dass Sie den Zeitraum zwischen erster und zweiter Datumsangabe in Jahren ausgegeben haben möchten. Alternativ kann als dritter Parameter der DATEDIF-Funktion auch "M" für Monate oder "D" für Tage eingetragen werden.

Zuordnung zur Mannschaft

Eishockeysaison	2006/ 2007	Fußballsaison	2006
Alter des Spielers	Mannschaft	Alter des Spielers	Mannschaft
0	Bambinis	0	Bambinis
9	Kleinschüler	7	G-Jugend
11	Knaben	9	F-Jugend
13	Schüler	11	D-Jugend
15	Jugend	13	C-Jugend
17	Junioren	15	B-Jugend
20	Senioren	17	A-Jugend
		20	Senioren

Bild 14.58: Alterstufen im Nachwuchsbereich: Hilfstabelle zur Mannschaftszuordnung

Im Nachwuchsbereich werden immer bestimmte Geburtsjahrgänge zu Altersklassen zusammengefasst. In der Tabelle *Altersstufen im Nachwuchsbereich* haben wir für die Sportarten Eishockey und Fußball diese Altersstufen hinterlegt und möchten nun die Einstufung der Mitglieder in die richtige Alterstufe über die SVERWEIS-Funktion automatisieren.

Jedoch sollen nur Mitglieder, die in der Spalte I das Kennzeichen *A* für aktives Mitglied haben, eingestuft werden, bei allen anderen soll stattdessen der Text *inaktiv* ausgegeben werden. Der SVERWEIS wird deshalb in die WENN-Funktion verschachtelt, die zunächst den Status Aktiv/Inaktiv überprüft.

Markieren Sie die Zelle G3 und starten Sie über die Schaltfläche *fx* *Funktion einfügen* aus der Kategorie *Logik* die WENN-Funktion:

1. Ihr Cursor blinkt im Feld *Prüfung*. Geben Sie hier den Ausdruck `I3="A"` ein und springen Sie mit der [Tab]-Taste in das Feld *Dann_Wert*.

Bild 14.59: Über das Listenfeld ganz links in der Bearbeitungsleiste können Sie in die Funktionsargumente einer Funktion eine weitere Funktion einfügen.

Wenn die Prüfung zum Ergebnis WAHR führt, das Mitglied also aktiver Spieler ist, dann soll nun über die SVERWEIS-Funktion die Zuordnung zur richtigen Altersgruppe vorgenommen werden. Starten Sie deshalb nun direkt aus dem Feld *Dann_Wert* die SVERWEIS-Funktion:

2. Klicken Sie, während Ihr Cursor im Feld *Dann_Wert* steht, auf den kleinen Listenpfeil neben der ersten Schaltfläche links in der Bearbeitungsleiste und wählen Sie aus der Liste die SVERWEIS-Funktion aus. Sollte sie nicht in der Liste angezeigt werden, klicken Sie auf den Eintrag *weitere Funktionen* und wechseln in die Kategorie *Matrix*, wo Sie die Funktion in jedem Fall finden werden.
3. Sie wechseln damit in die Funktionsargumente der SVERWEIS-Funktion und tragen hier nun zunächst als *Suchkriterium* die Zelle F3 ein, die das berechnete Alter des Mitgliedes enthält.
4. Im Feld *Matrix* geben Sie nun je nachdem, um welche Sportart es sich handelt, die Zellbereiche auf dem Tabellenblatt *Altersstufen im Nachwuchsbereich* ein. In unserem Beispiel nutzen wir die *Eishockey*-Tabelle. Markieren Sie auf dem Tabellenblatt *Altersstufen im Nachwuchsbereich* den Bereich *B6:B12* und drücken Sie die Funktionstaste [F4], um den Bezug festzusetzen.

Bild 14.60: Funktionsargumente SVERWEIS-Funktion im Dann_Wert der WENN-Funktion

5. Im Feld *Spaltenindex* geben Sie bitte die 2 ein, da die Mannschaftszuordnung in der zweiten Spalte der Matrix steht und diese Information wiedergegeben werden soll.
6. Das Feld *Bereichs_Verweis* bleibt leer, da bei nicht hundertprozentiger Übereinstimmung der nächstkleinere Wert aus der Liste übernommen werden soll.
7. Damit sind die Einstellungen zum SVERWEIS abgeschlossen, nicht jedoch die Formeleingabe! Sie dürfen den Dialog nun **nicht** über OK verlassen, sondern wechseln wieder in die übergeordnete WENN-Funktion, indem Sie in der Bearbeitungsleiste in das Funktionskennwort **WENN** klicken.
8. Zurück in der WENN-Funktion springen Sie mit der [Tab]-Taste in das Feld *Sonst_Wert*. Hier geben Sie den Text ein, der angezeigt werden soll, wenn es sich um ein inaktives Mitglied handelt. In unserem Fall tragen Sie hier *inaktiv* ein und verlassen den Dialog über die Schaltfläche *OK*.

Die Funktion in Zelle G3 sieht nun folgendermaßen aus:

```
=WENN(I3="A";SVERWEIS(F3;'Alterstufen im Nachwuchsbereich'!
$B$6:$C$12;2);"Inaktiv")
```

Kopieren Sie diese Formel in der Spalte G weiter nach unten.

Informationen zum Beitrag und zur Zahlungsweise

In diesem Bereich pflegen Sie lediglich den Code und die Fälligkeit und wählen die Zahlungsart aus einer Auswahlliste aus.

	J	K	L	M	N
2	Code	Zahlungs-intervall	Beträge	erste Fälligkeit	Zahlungsart
3	1	monatlich	12,00	05.09.05	Bankeinzug
4	2	vierteljährlich	45,00	04.09.05	Bankeinzug
5	3	jährlich	100,00	01.08.05	Bankeinzug
6	3	jährlich	100,00	01.03.02	Überweisung
7	5	Förderbeitrag-Jährlich	30,00	01.01.06	Bar
8	3	jährlich	100,00	01.01.07	Überweisung
9	6	Freigestellt	0,00		

Bild 14.61: Informationen zum Beitrag

Wir greifen für die Zuordnung des Zahlungsintervalls und der Beiträge auch auf eine Hilfstabelle zu, die Sie in der Tabelle *Beiträge* finden.

	A	B	C
1	Mitgliedsbeiträge		2007
2			
3	Code	Zeitraum	Beiträge
4	1	monatlich	12,00 €
5	2	vierteljährlich	45,00 €
6	3	jährlich	100,00 €
7	4	Inaktiv-Jährlich	50,00 €
8	5	Förderbeitrag-Jährlich	30,00 €
9	6	Freigestellt	0,00 €

Bild 14.62: Beiträge mit unterschiedlichen Zahlungsintervallen

Dies ermöglicht Ihnen eine einfache Änderung der Beiträge und erspart Ihnen ein wenig Tipparbeit. Erstellen Sie zunächst in einem neuen Tabellenblatt Ihre Aufstellung von Beiträgen mit den jeweiligen Zahlungsweisen, oder nutzen Sie die Beitragstabelle in der Beispielmappe und ändern Sie dort die Einträge.

Sie pflegen in der Mitgliederverwaltung lediglich den Code in Spalte J und ordnen Zahlungsintervall und Beitrag wieder mit der SVERWEIS-Funktion zu.

Da die SVERWEIS-Funktion in Zeilen, die Sie noch nicht mit Daten gefüllt haben, zu einer Fehlermeldung führen würde, betten Sie den SVERWEIS erst in die ISTFEHLER-Funktion ein, die überprüft, ob es zu einer Fehlermeldung kommt, und damit Sie in Abhängigkeit vom Prüfungsergebnis unterschiedlich weiter verfahren können, wird diese Funktion als Prüfung in eine WENN-Funktion eingebettet. Somit wird der SVERWEIS nur ausgeführt, wenn er nicht auf einen Fehler läuft. Die Formel in der Zelle K3 lautet demnach:

```
=WENN(ISTFEHLER(SVERWEIS('Mitgliederliste-Stammdaten'!$J3; Beiträge!$A$4:$C$10;
2;FALSCH));""; SVERWEIS('Mitgliederliste-Stammdaten'!$J3;Beiträge!$A$4:
$C$10;2;FALSCH))
```

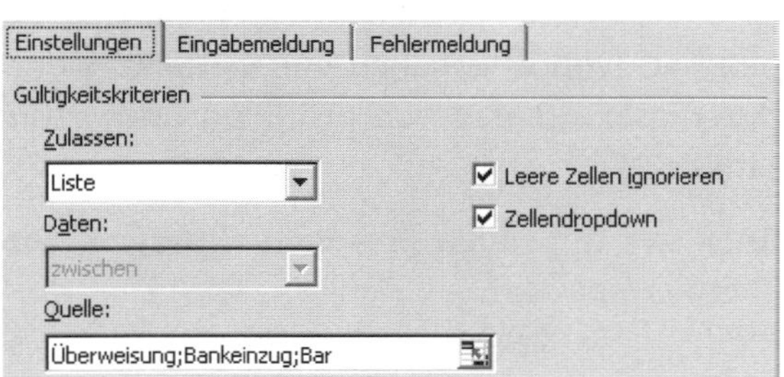

Bild 14.63: Gültigkeitskriterien für Auswahlliste

Sie können diese Formel in die Zelle L3 kopieren und dort den Spaltenindex von 2 auf 3 ändern, damit hier der Beitrag ausgegeben wird. Für die Eingabe der Zahlungsweise können Sie über *Daten/Gültigkeit* eine *Liste* hinterlegen, aus der später nur noch ausgewählt werden muss. Markieren Sie hierfür die Spalte M und wählen Sie über *Daten/Gültigkeit* im Register *Einstellungen* das Feld *Zulassen: Liste.* Geben Sie mit Semikolon getrennt im Feld *Quelle* die zur Auswahl angebotenen Einträge ein.

Die weiteren Daten zu Ihren Mitgliedern erfassen Sie einfach in der Tabelle. Möchten Sie später vielleicht nur alle Mitglieder einer Mannschaft sehen, oder nur die Inaktiven, so können Sie über *Daten/Filter* den *AutoFilter* aktivieren und erhalten neben jeder Überschrift einen kleinen Listenpfeil, über den Sie eine Auswahl treffen können.

14.7 Lotto-Zusatzzahl-Tipp

Kategorie: Vereine

Dateiname: LOTTO-ZUSATZZAHL-TIP.XLS

Schwierigkeitsgrad: ❋

Kommt Ihnen das nicht irgendwie bekannt vor?

Ihre Kinder sind sportlich aktiv, der Verein ist engagiert, aber auch in dieser Saison reicht das Geld wieder vorne und hinten nicht, um den fleißigen Sportlern zum Saisonabschluss ein schönes Grillfest zu spendieren oder die längst nötigen neuen Trainingstrikots zu bestellen.

In vielen Vereinen geben sich die Eltern mit einer unglaublichen Kreativität Mühe, die Mannschaftskassen auf die eine oder andere Art zu füllen. Ein beliebtes Mittel sind hierzu Tipplisten aller Art.

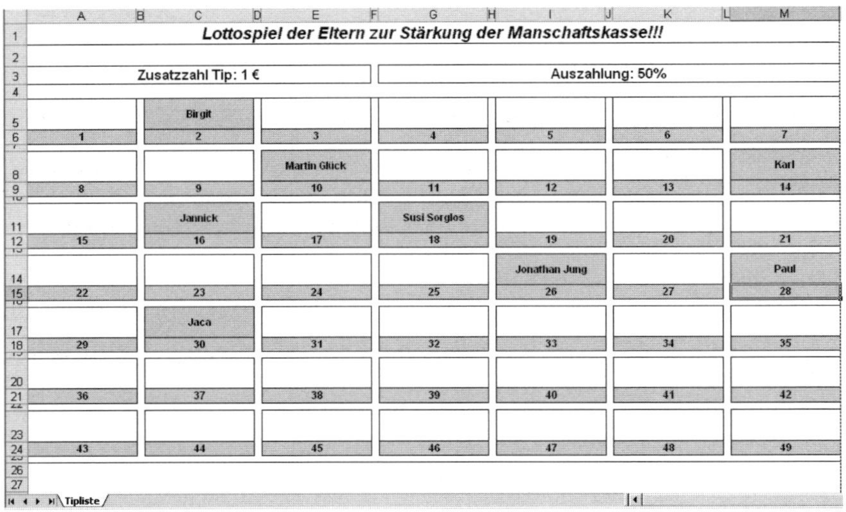

Bild 14.64: Die Tippliste

In dieser Tabelle stellen wir Ihnen eine weitere Geldeinnahmequelle für die Mannschaftskassen Ihrer Kinder vor. Die Eltern tippen zu einem festgelegten Einsatz die Zusatzzahl, die in der samstäglichen Lottoziehung gezogen wird. Die Hälfte des Gewinns wird demjenigen mit dem richtigen Tipp ausgezahlt, der Rest geht in die Mannschaftskasse.

Diese erste Tabelle zu diesem Thema zeigt Ihnen lediglich eine Tabelle, in der Sie eintragen können, wer welche Zahl übernommen hat. Doppelvergaben gibt es nicht, wenn nicht alle Zahlen belegt sind, ist dies kein Problem. Der Einsatz ist dadurch pro Tipprunde zwar geringer, geht aber dafür öfter zu 100 % in die Mannschaftskasse!

Sie können in die Zellen über die Lottozahlen die Namen der tippenden Personen eintragen. Die Zellen über den Zahlen werden eingefärbt, wenn Sie dort etwas eintragen.

Aufbau der Tabelle

Gestalten Sie den Tabellenkopf nach Ihren Vorstellungen. Für die Darstellung der Lottozahlen brauchen wir die Spalten A bis M sowie die Zeilen 5 bis 25.

1. Geben Sie für die Spalten A, C, E, G, I, K und M die *Spaltenbreite 17,5* und für die dazwischen liegenden Spalten B, D, F, H, J und L die *Spaltenbreite 0,75* ein.
2. Wählen Sie im Menü *Datei/Seite einrichten* auf der Registerkarte *Papierformat Querformat* aus.

3. Stellen Sie für die Zeilen, in die Sie später die Namen eintragen wollen, die Zeilenhöhe 27,5 ein, für die Zeilen mit den Lottozahlen reicht eine Höhe von 12,75 und die Zeilen, die den Zwischenraum bilden, haben in unserem Beispiel die Höhe von 6.
4. Geben Sie nun die Lottozahlen von 1 bis 49 in jeweils sieben Zellen und sieben Zeilen ein.

Bedingte Formatierung festlegen

Für die automatische Einfärbung der Zellen markieren Sie die Zelle A5 (die erste Zelle, in der ein Name eingetragen werden soll).

1. Starten Sie die Befehlsfolge *Format/bedingte Formatierung.*
2. Um die Zellen, in denen Namen stehen, und die Zellen mit den Lottozahlen einzufärben, brauchen Sie nur eine Bedingung. Definieren Sie die Bedingung als Formel, um sie später auf alle anderen Zellen übertragen zu können. Die Formel lautet
   `=A5<>""`
   Dies bedeutet, das bedingte Format wird ausgelöst, wenn der Inhalt der Zelle A5 nicht leer ist.
3. Klicken Sie auf die Schaltfläche *Format,* wählen Sie in dem nun geöffneten Dialog auf der Registerkarte *Muster* eine Hintergrundfarbe aus und bestätigen Sie ihre Auswahl mit *OK.*
4. Schließen Sie den Dialog *Bedingte Formatierung* über die Schaltfläche *OK.*

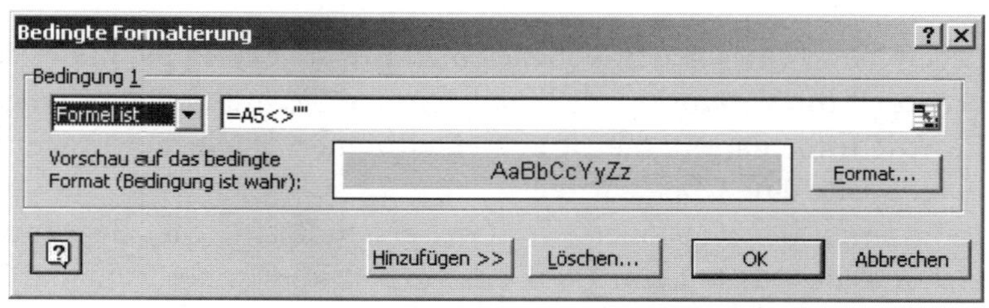

Bild 14.65: Bedingte Formatierung für die Einfärbung der nicht leeren Zellen

5. Übertragen Sie nun das Format auf alle anderen Zellen im Bereich A5 bis M24. Markieren Sie die Zelle A5, klicken Sie doppelt auf den Pinsel in der *Format*-Symbolleiste und ziehen Sie nun mit gedrückter linker Maustaste über den Zellbereich A5:M24.
   Sie werden sehen, dass sofort alle Zellen mit Lottozahlen eingefärbt werden, die Zellen darüber erst, wenn Sie dort einen Namen eingeben.
6. Gestalten Sie abschließend Ihre neue Tippliste eventuell noch mit Rahmen.

Diese Datei hält lediglich fest, wer welche Zahlen übernommen hat.

Seit wann jemand mittippt oder ob alle Tippeinsätze bezahlt wurden, welcher Betrag an welchem Samstag zusammengekommen ist, ob es zu einer Gewinnausschüttung kam oder nicht, oder wie hoch der Anteil ist, der mittlerweile in die Mannschaftskasse geflossen ist, sind alles Fragen, die mit dieser Tabelle noch nicht gelöst sind.

Möchten Sie dies auch Excel-unterstützt bearbeiten, so finden Sie in dem Beispiel LOTTO-ZUSATZZAHL-TIP2 eine Weiterentwicklung dieser Tabelle!

14.8 Spielpläne

Kategorie: Vereine

Dateiname: SPIELBETRIEB VEREIN GESAMT.XLS

Schwierigkeitsgrad: ❋

Spielbetrieb Saison 2006/2007

Nr.	Team	Datum	H/A	Begegnung		Art	Ort	Torverhältnis		Pkt
2	Jugend	12. Feb	A	EKEV	EEC	VS	Krefeld	5	3	
3	Junioren	12. Feb	A	DEF	EEC	T	Aurich	6	6	
4	Bambini	15. Feb	A	CEE	EEC	FS	Dinslaken	2	0	
6	Junioren	01. Mrz	A	XYZ	EEC	LS	Köln			

Bild 14.10: Tabellarische Übersicht über den gesamten Spielbetrieb

In diesem Beispiel finden Sie eine Tabelle, in der Sie den kompletten Spielbetrieb für alle Mannschaften Ihres Vereins auflisten können. Es werden in dieser Tabelle keine Berechnungen durchgeführt.

Beschreibung

Legen Sie in einer neuen Tabelle eine Liste an. Damit Sie in der ersten Zeile Platz für Überschrift und eventuell Ihr Vereinslogo haben, beginnen Sie mit den Überschriften in der zweiten Zeile. Geben Sie für jede Information, die Sie zu den einzelnen Spielbegegnungen in die Liste aufnehmen möchten, in einer Spalte eine Überschrift ein.

In unserem Beispiel haben wir in der ersten Spalte jeder Begegnung eine Nummer zugewiesen. In der ersten Zeile wurde dafür die 1 eingegeben und in der Zeile darunter die 2. Danach haben wir beide Zellen markiert und am Ausfüllkästchen der Markierung weiter nach unten gezogen. Bis zum Ende der Markierung wird nun die Liste mit fortlaufenden Nummern weiter ausgefüllt.

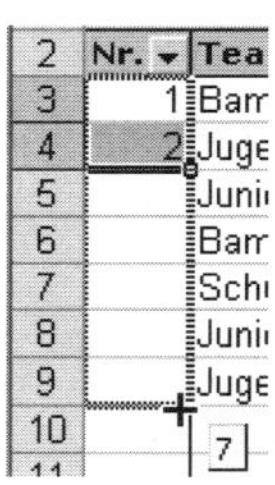

Bild 14.11: Das automatische Ausfüllen von Zahlen

In der Spalte D nutzen wir in unserem Beispiel nur die Abkürzungen H für Heimspiel und A für Auswärtsspiel. Über den AutoFilter können Sie dann später schauen, wann Ihre eigenen Plätze oder Hallen durch Heimspiele belegt sind oder wann eine Mannschaft unterwegs ist.

In der Spalte G nutzen wir in unserem Beispiel die Abkürzung T für Turnier, LS für Liga-Spiel, FS für Freundschaftsspiel und VS für Vorbereitungsspiel. Sicher haben Sie für Ihren Verein auch andere Kürzel, die Sie stattdessen hier eingeben können.

Informationen filtern

Eine einfache und komfortable Art, die Liste aller Begegnungen auszuwerten, ist der AutoFilter. Um den AutoFilter einzuschalten, markieren Sie die Überschriften und wählen *Daten/Filter/AutoFilter*.

Sie erhalten nun als Ergebnis in der ersten Zeile in jeder Zelle einen Listenpfeil.

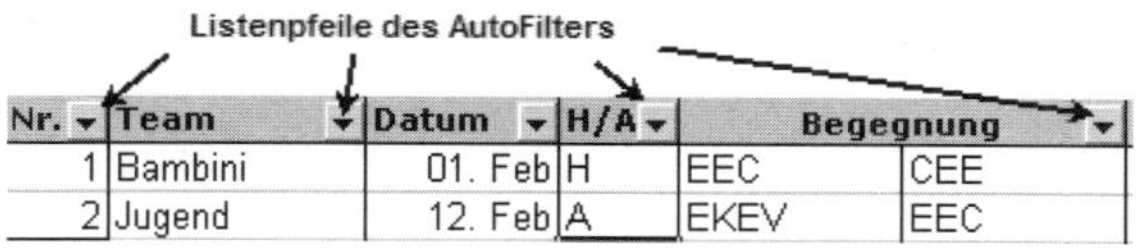

Bild 14.12: Listenpfeile bei eingeschaltetem *AutoFilter*

Sie können den *AutoFilter* über den gleichen Weg *Daten/Filter/AutoFilter* auch wieder entfernen.

Wenn Sie einen der Listenpfeile anklicken, können Sie eine Auswahl treffen, indem Sie auf den gewünschten Eintrag klicken. Im folgenden Beispiel wollen wir nur die Spiele der Junioren-Mannschaft sehen.
Klicken Sie dafür auf den Listenpfeil am Feld *Team* und in der angebotenen Auswahl auf den Eintrag *Junioren.*
Als Ergebnis sehen Sie jetzt alle Zeilen, die im Feld *Team Junioren* stehen. Die restlichen Zeilen werden einfach ausgeblendet. Als Hinweis, dass Sie nicht alle Zeilen der Tabelle sehen, werden die Zeilennummern blau eingefärbt. Außerdem wird auch der Listenpfeil der Spalte, nach der Sie gefiltert haben, blau dargestellt.
Sie können jetzt auf diesem Filterergebnis weiter filtern: Um z. B. nur die Heimspiele der Junioren zu sehen, klicken Sie jetzt auf den Listenpfeil dieser Spalte und wählen den Eintrag H aus. Das Ergebnis sind nun alle Heimspiele der Junioren. Sie schalten einzelne Filter wieder aus, indem Sie am Listenpfeil den Eintrag *Alle* wählen.

Den benutzerdefinierten Filter einsetzen

Immer wenn Sie Daten nach zwei Suchkriterien innerhalb einer Spalte filtern möchten, benötigen Sie den benutzerdefinierten Filter. Suchen wir einmal alle Spiele der Jugend und Juniorenmannschaft:

1. Wählen Sie in der Spalte *Team* am Listenpfeil den Eintrag *Benutzerdefinierter Filter.*
2. Wählen Sie im ersten Feld den Vergleichsparameter *entspricht* und im zweiten Feld *Jugend* aus. In der unteren Zeile stellen Sie wiederum den Vergleichsparameter auf *entspricht* und wählen hier die *Junioren* aus.

Aktivieren Sie die Option *Oder*, da in diesem Fall nur eine der beiden Bedingungen zutreffen muss. Bei einer *Und*-Verknüpfung müssen beide Bedingungen zutreffen, d. h. in den Zellen müssten *Jugend* und *Junioren* stehen.

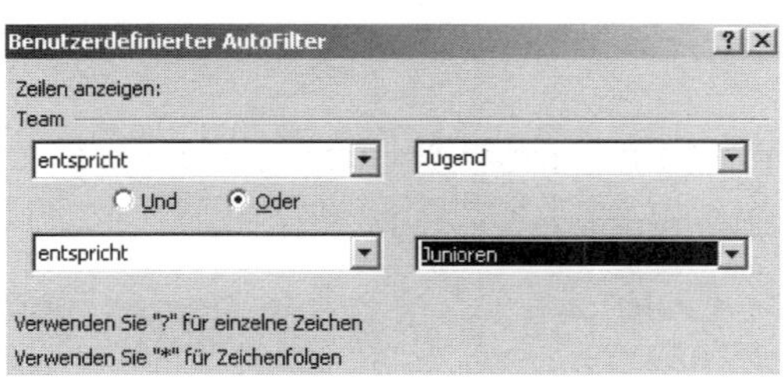

Bild 14.13: Der benutzerdefinierte AutoFilter zeigt zwei verschiedene Teams an.

Sie können den Filter über den Eintrag *Alle* am Listenpfeil wieder ausschalten. Möchten Sie dies gleich für alle Spalten auf einmal einstellen, wählen Sie *Daten/Filter/Alle anzeigen.* Den *AutoFilter* und damit die Listenpfeile entfernen Sie wieder, indem Sie in *Daten/Filter* erneut auf *AutoFilter* klicken.

14.9 Turnierplan für Zuschauer

Kategorie: Vereine

Dateiname: TURNIERPLAN_ZUSCHAUER.XLS

Schwierigkeitsgrad: ❋

Sie haben ein Turnier geplant. Alle Mannschaften sind eingeladen, haben zugesagt, die Organisation der Bewirtung steht und so weit ist alles in bester Ordnung. Aber was ist das beste Turnier (zumindest im Nachwuchsbereich) ohne ein begeistertes Publikum? Und was brauchen die Fans, um ein Turnier richtig genießen und verfolgen zu können? Genau, Tabellen und Listen, in denen sie die Ergebnisse eintragen können, anhand derer sie die gegnerischen Mannschaften einschätzen und über Platzierungen spekulieren können. Erfüllen Sie Ihren Fans mit dieser Beispieltabelle doch diese Wünsche. Die Tabelle bezieht sich auf einen Spielplan für zwei Gruppen mit jeweils vier Mannschaften, einer Vorrunde und einer Finalrunde, für die sich jeweils der Gruppenerste und -zweite qualifizieren.

Die Datei enthält zwei Tabellenblätter. Im ersten Blatt können die Ergebnisse der Vorrunde eingetragen werden.

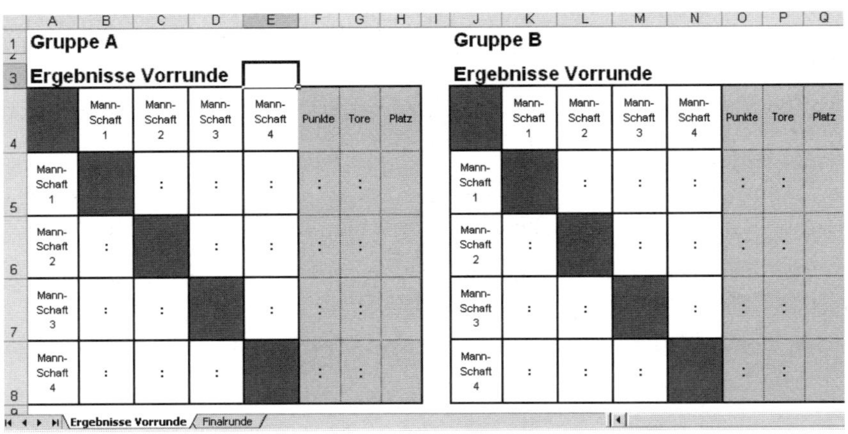

Bild 14.14: In diesen Tabellen können Zuschauer handschriftlich die Ergebnisse der Begegnungen eintragen.

Beschreibung

Markieren Sie die Zeilen 4 bis 8, indem Sie mit gedrückter Maustaste über die Zeilennummern ziehen. Zeigen Sie auf die Trennlinie zwischen zwei Zeilen und ziehen Sie, sobald der Zeiger die Form eines Doppelpfeils annimmt, die Zeilenhöhe etwas größer.

1. Schreiben Sie in die Zellen A5 bis A8 die Mannschaftsnamen der Gruppe 1.
2. Kopieren Sie anschließend die vier Zellen über die Tastenkombination [Strg]+[C].
3. Markieren Sie nun die Zelle B4, wählen Sie im Menü *Bearbeiten* den Befehl *Inhalte einfügen* und aktivieren Sie im unteren Bereich des Dialogs die Option *Transponieren.*

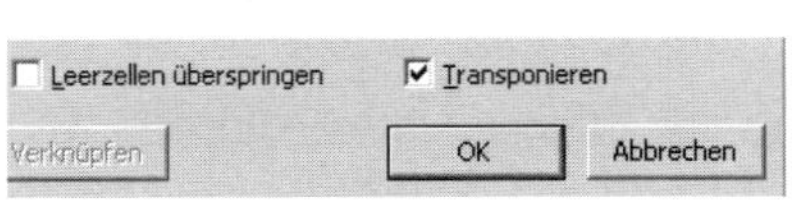

Bild 14.15: Mit der Option *Transponieren* können senkrecht angeordnete Daten waagerecht angeordnet werden, und umgekehrt.

4 Bestätigen Sie mit OK.

Die Namen werden jetzt auch in den Zellen B4 bis E4 eingetragen.

Zellformate übertragen

Markieren Sie anschließend die Zelle A4, stellen Sie eine Füllfarbe und ein Rahmenmuster ein und übertragen Sie dieses Format auf die Zellen B5, C6, D7 und E8.

Um das Format mehrfach zu übertragen gehen Sie folgendermaßen vor:

1. Markieren Sie die »fertig formatierte« Zelle.
2. Klicken Sie doppelt auf die Schaltfläche *Format übertragen* in der *Format*-Symbolleiste.
3. Klicken Sie nun nacheinander alle Zellen oder Zellbereiche an, die das gleiche Format bekommen sollen.
4. Beenden Sie die Funktion mit einem weiteren Klick auf den Pinsel oder mit Esc.

Um in viele Zellen den gleichen Eintrag einzugeben (wie zum Beispiel den Doppelpunkt, der in allen Zellen, in die Ergebnisse eingetragen werden sollen, stehen soll), können Sie diese Zellen zunächst alle mit gedrückter Strg-Taste markieren. Geben Sie dann ohne erneuten Mausklick einfach in die zuletzt markierte Zelle den gewünschten Eintrag ein und bestätigen Sie mit Strg+Eingabe.

5. Stellen Sie vielleicht noch in den Zellen für die Ergebnisse im Dialog *Zellen formatieren* auf der Registerkarte *Ausrichtung* die *horizontale* und *vertikale Textausrichtung* auf *zentriert.*
6. Sobald Sie den Plan für die Gruppe A fertig haben, markieren Sie die Spalten A bis H und kopieren sie in die Spalte J. Hier brauchen Sie nun nur noch die Mannschaftsnamen zu ändern.

Ihr erstes Tabellenblatt ist soweit fertig! Im zweiten Tabellenblatt können Sie das »Formular« für die Platzierungen nach der Vorrunde und die Begegnungen der Finalrunde aufbauen.

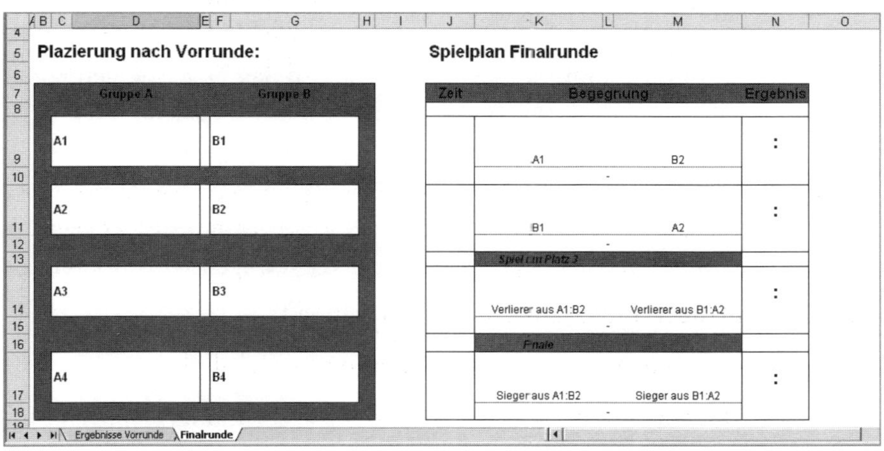

Bild 14.16: Gestalten Sie das Formular für die Endrunde. Sie finden alle Einstellungen hierzu über *Format/Zellen.*

Sie finden alle Einstellungsmöglichkeiten zur Gestaltung der Zellen mit *Schrift, Farbe* und *Rahmen* über *Format/Zellen.*

Ihre Fans werden Ihnen für Ihre Mühe sehr dankbar sein!

14.10 Turnierplan K.o.-System

Kategorie: Vereine

Dateiname: TURNIERPLAN.XLS

Schwierigkeitsgrad: ❋❋

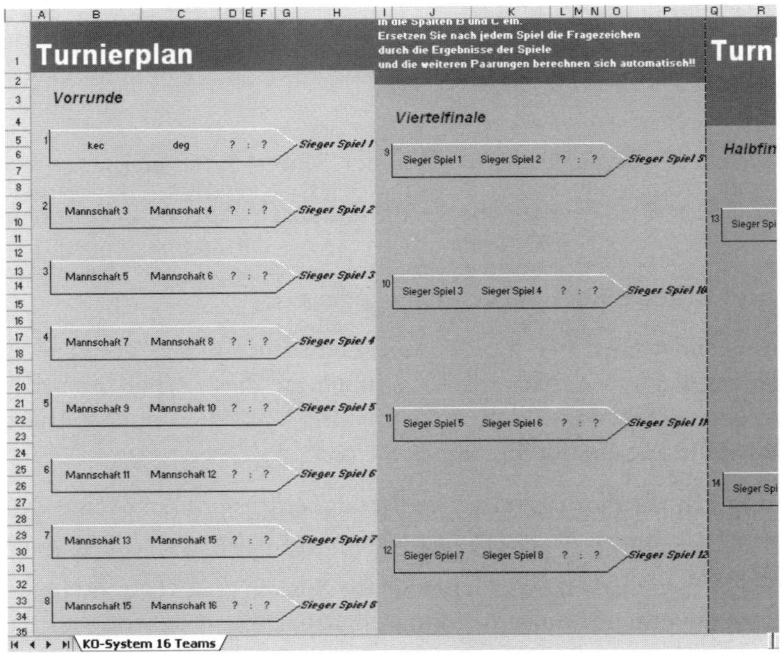

Bild 14.66: Turnierplan nach K.o.-System für 16 Startmannschaften

In diesem Beispiel finden Sie einen Turnierplan für ein Turnier mit 16 Startmannschaften. Gespielt wird nach dem K.o.-System. Jede Mannschaft hat mindestens ein Spiel und maximal vier Spiele und scheidet nach einem verlorenen Spiel sofort aus. Dies ist ein deutlich einfacheres System als das 2-Gruppen-System, jedoch für die Hälfte der Mannschaften leider auch ein recht kurzes Vergnügen.

Das Prinzip

Sie tragen die Paarungen der Vorrunde ein und während des Turniers geben Sie die jeweiligen Spielergebnisse ein. Mit Hilfe der WENN-Funktion wird überprüft, wer der Sieger der jeweiligen Begegnung ist. Dieser Sieger wird dann in die nächste Runde übernommen. So halbiert sich von Runde zu Runde die Anzahl der noch teilnehmenden Mannschaften bis in der 4. Runde, dem Finale, nur noch zwei Mannschaften bleiben.

Damit von Anfang an verfolgt werden kann, welcher Sieger wo wieder eingetragen wird, sollten Sie jedem Spiel eine Nummer geben. Wir haben in diesem Beispiel in den Spalten A, I; und Q die Spiele manuell durchnummeriert. Am Beispiel der ersten Begegnung, dargestellt in den Zellen A5 bis H6, wird nun sowohl das »3D-Layout« als auch die Berechnung beschrieben.

Gestaltung eines Pfeils

Ein Pfeil besteht aus 6 Spalten und 2 Zeilen. Die beiden Zellen übereinander in den ersten 5 Spalten sind zu jeweils einer Zelle verbunden. Hier tragen Sie die Gegner und das Ergebnis ein. Verbunden wurden die Zellen, damit Sie die Pfeilspitze gestalten können.

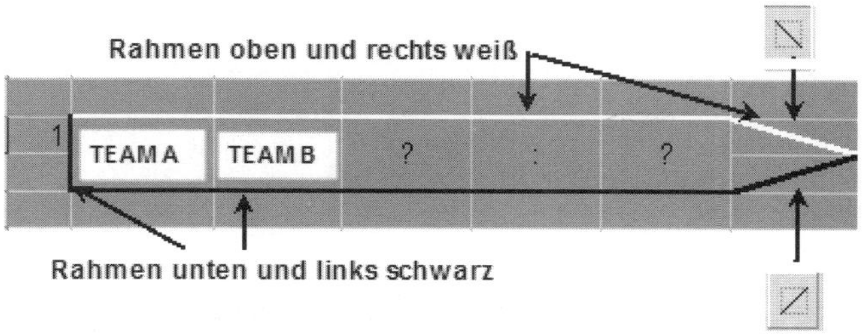

Bild 14.67: mit Hintergrundfarben und hellen und dunklen Rahmenlinien erhalten Sie einen 3D-Effekt.

Hier geben Sie der oberen Zelle das Rahmenmuster diagonale Linie von oben links nach unten rechts und der unteren Zelle das Rahmenmuster diagonale Linie von unten links nach oben rechts. Für den 3D-Effekt färben Sie den Pfeil und die angrenzenden Zellen in der gleichen Füllfarbe und versehen die jeweils oberen und rechten Rahmen mit einer dünnen weißen Rahmenlinie und die unteren und linken Rahmen mit einer dünnen schwarzen Rahmenlinie.

Berechnung eines Siegers

Solange noch kein Ergebnis für ein Spiel feststeht, soll in der Zelle, die später den Sieger nennt, als Platzhalter immer *Sieger Spiel* und die Spielnummer stehen. Die Zellen für die Spielergebnisse sind bis zum Eintrag der Ergebnisse mit Fragezeichen gefüllt. Erst wenn dort Zahlen eingetragen sind, soll der Sieger ermittelt werden. Für die Begegnung 1 stehen die relevanten Daten in folgenden Zellen: Spielnummer in **A5**, Mannschaft 1 in **B5**, Mannschaft 2 in **C5**, die Tore von Mannschaft 1 in **D5** und die Tore von Mannschaft 2 in **F5.** Der Sieger soll in Zelle **H5** gezeigt werden.

Markieren Sie H5 und starten Sie die WENN-Funktion:

1. Da wir im ersten Schritt überprüfen möchten, ob in D5 oder in F5 noch Fragezeichen stehen, geben Sie im Feld *Prüfung* folgende Formel ein: `ODER(D5="?";F5="?")`.
2. Springen Sie mit der [TAB]-Taste in das Feld *Dann_Wert.* Hier soll in diesem Fall der Text *Sieger Spiel* und die Nummer des Spiels stehen. Geben Sie hier deshalb folgenden Text ein:
   `"Sieger Spiel "&A5`
3. Springen Sie mit der [TAB]-Taste in das Feld *Sonst_Wert.* Der *Sonst_Wert* wird erst aktiviert, wenn die Prüfung zu dem Ergebnis FALSCH führt, also bereits ein Ergebnis eingetragen wurde. In diesem Fall wird der Sieger durch eine weitere WENN-Funktion ermittelt: Geben Sie im *Sonst_Wert* folgende Formel ein: `WENN(D5>F5;B5;C5)`.
4. Verlassen Sie den Funktions-Assistenten mit *OK.* In der Zelle H5 steht nun folgende Formel:

```
=WENN(ODER(D5="?";F5="?");"Sieger Spiel "&A5;WENN(D5>F5;B5;C5))
```

Übernahme des Siegers in die nächste Runde

Jetzt können Sie den Sieger einfach in die nächste Begegnung übernehmen. Markieren Sie die Zelle, in die der Sieger übernommen werden soll, geben Sie hier ein Gleichheitszeichen ein und klicken Sie dann auf die Zelle, in der Sie zuvor den Sieger ermittelt haben. So steht zum Beispiel in der Zelle J6 die Formel `=H5`, womit der Sieger aus Spiel 1 hier übernommen wird. Kopieren Sie die Formel in die anderen Zellen, in denen die Sieger ausgerechnet werden sollen.

15 Wohnung & Miete

15.1 Checkliste für den Umzug

Kategorie: Wohnung & Miete

Dateiname: CHECKLISTE_UMZUG.XLS

Schwierigkeitsgrad: ❋❋

Sie stehen kurz vor dem Umzug. Der Vorbereitungsstress steht Ihnen schon ins Gesicht geschrieben, und nur der Gedanke an den Umzug versetzt Sie bereits in Panik. Das muss nicht sein.

Denn gute Planung ist die halbe Arbeit! Erstellen Sie sich einfach rechtzeitig im Vorfeld mit Excel eine Checkliste für den Umzug und Sie werden sehen, alles läuft wesentlich entspannter ab.

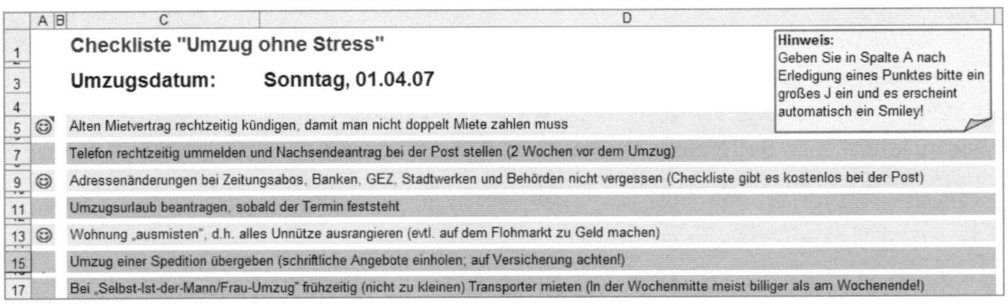

Bild 15.1: Die Umzugs-Checkliste

Beschreibung

Die von uns (bis Zeile 107, insgesamt 2 Seiten) vorbereitete Checkliste dient nur als Ideenvorschlag. Die Liste sollte von Ihnen mit eigenen Punkten gefüllt bzw. ergänzt werden. Sie können die Liste einfach ausdrucken und manuell führen. Sie können sie aber auch am PC pflegen, was den Vorteil hat, dass Sie durch die veränderte Farbe schnell erkennen können, welche Punkte bereits erledigt bzw. noch nicht erledigt sind.

Spalten und Zeilen der Liste anpassen

Richten Sie zuerst die Spaltenbreite und Zeilenhöhe nach Ihren Vorstellungen ein. Zum Anpassen der Spalten bzw. Zeilen klicken Sie mit der rechten Maustaste auf den Spalten- bzw. Zeilenkopf und wählen aus dem Kontextmenü den Punkt *Spaltenbreite* bzw. *Zeilenhöhe*. Bei *Spaltenbreite* geben Sie die Anzahl der Zeichen ein, die in einer Zelle mit der Standardschrift angezeigt werden können, bzw. geben für die Zeilenhöhe die Anzahl der gewünschten Punkte (Maßeinhalt für die Schrift) ein. In unserem Beispiel haben wir die schmalen Zeilen auf Zeilenhöhe 5 formatiert.

Format übertragen

Damit wir nicht jede zweite Zeile manuell anpassen müssen, haben wir zunächst nur eine Zeile nach unseren Vorstellungen formatiert und dann die Formatierung auf die anderen Zeilen übertragen.

1. Markieren Sie den Zeilenkopf, dessen Formatierung Sie übertragen möchten.

2. Wählen Sie per Doppelklick aus der Standardsymbolleiste die Schaltfläche *Format übertragen*. Der Doppelklick bewirkt, dass die Aktion *Format übertragen* mehrfach durchgeführt werden kann.
3. Klicken Sie nacheinander mit dem veränderten Mauszeiger auf alle Zeilenköpfe, denen Sie das Format zuweisen möchten.
4. Um den Vorgang abzuschließen, klicken Sie das Symbol *Format übertragen* erneut an bzw. drücken die Taste [Esc].

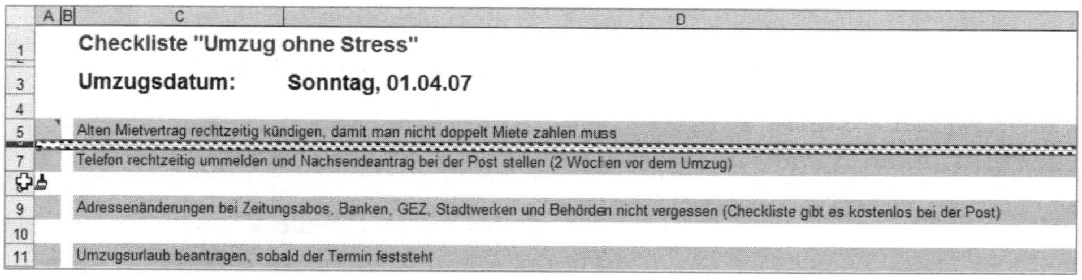

Bild 15.2: Format auf weitere Zeilen übertragen

Füllfarbe und Sonderzeichen Smiley

In Zelle A5 haben wir über *Format/Zellen/Registerkarte Muster* eine Füllfarbe gewählt und auf der Registerkarte *Schrift* die Schriftart *Wingdings* gewählt. So bewirkt die Eingabe des Buchstabens »J« ein kleines Smiley (☺) in dieser Zelle.

Über *Format übertragen* kann die Formatierung wieder auf die anderen Zellen übertragen werden.

Automatische Hintergrundfarbe für die ungeraden Zeilen vergeben

Damit unsere Tabelle übersichtlich wird und die Zeilen abwechselnd farbig eingefärbt werden, haben wir für den Bereich C4:D107 über bedingte Formatierungen die Hintergrundfarben festgelegt.

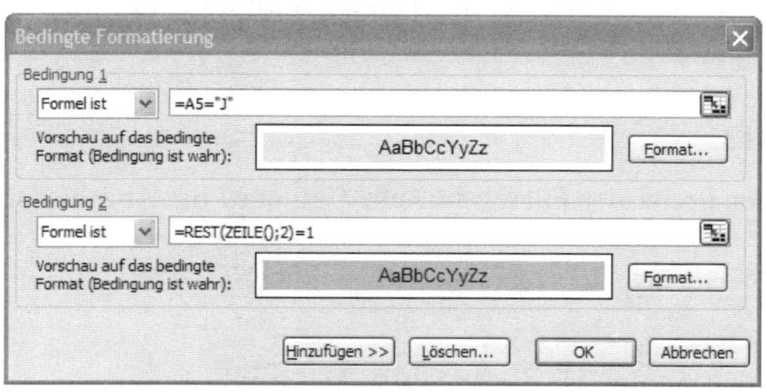

Bild 15.3: Zwei bedingte Formatierungen sorgen für farbige Zeilen.

Die erste Bedingung prüft, ob in Zelle A5 ein Eintrag gleich J, d. h. bereits unser Smiley für erledigt steht. Die Zelle soll dann mit grünem Hintergrund formatiert werden.

Die zweite Bedingung prüft, ob die aktuelle Zeile eine ungerade Zeile ist, dann erhält sie die Füllfarbe Grau. Somit bleiben unsere schmalen Zeilen, d. h. die Zeilen mit gerader Zeilennummer, standardmäßig weiß und heben sich so sehr schön von den anderen Zeilen ab.

Wir prüfen einerseits über die Funktion ZEILE die aktuelle Zeilennummer (z. B. Zeile 3) und andererseits mittels der Funktion REST, ob die Division durch 2 bei der aktuellen Zeile einen Restwert von 1 ergibt. Ist das der Fall, handelt es sich um eine ungerade Zeilennummer und wir legen eine besondere Formatierung fest.

Auch diese bedingten Formatierungen können über *Format übertragen* wieder auf die anderen Zellen übertragen werden.

15.2 Der optimale Fliesenkauf

Kategorie: Wohnung & Miete

Dateiname: FLIESENBERECHNUNG.XLS

Schwierigkeitsgrad: ✵✵

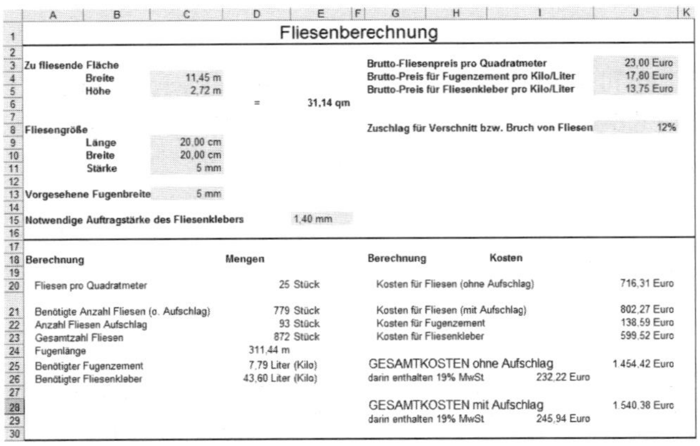

Bild 15.68: Die Tabelle Fliesenberechnung ermittelt, wie viele Fliesen Sie kaufen müssen.

Sie sind Heimwerker und wollen ein Bad neu fliesen. Die zu fliesende Fläche haben Sie bereits ausgerechnet. Nun stehen Sie im Fachmarkt und müssen entscheiden, wie viel Fliesen, Fugenzement und Fliesenkleber Sie einkaufen müssen.

Mit dieser Excel-Tabelle können Sie für alle Fliesen, die in die nähere Auswahl kommen, einmal durchrechnen, wie viel Sie davon einkaufen müssen und was das Ganze ungefähr kosten wird. Weiterhin können Sie auch den Zuschlag für Bruch und Verschnitt mit einkalkulieren.

Im oberen Teil der Tabelle machen Sie in den grau eingefärbten Zellen Ihre Eingaben. Entnehmen Sie die einzugebenden Daten gegebenenfalls der Verpackung der Fliesen.

Im unteren Teil berechnet Excel für Sie die benötigten Mengen sowie die Kosten.

Zu fliesende Fläche berechnen

In Zelle E6 wird aus der Angabe der Breite (C4) und der Höhe (C5) durch Multiplikation die zu fliesende Fläche berechnet. Die Formel in E6 ist: `=C4*C5`.

Berechnung der Fliesen pro Quadratmeter

Aus der Eingabe der Länge in Zelle C9 und der Breite der Fliesen in Zelle C10 wird die Anzahl der Fliesen pro Quadratmeter berechnet. Da die Längen- und Breitenangaben der Fliesen in cm erfolgen und ein Quadratmeter 10.000 Quadratzentimetern entspricht, geben Sie folgende Formel in D20 ein: `=10000/(C9*C10)`.

Da Sie eine »krumme« Anzahl an Fliesen erhalten, runden Sie die Anzahl in D21 auf: `=AUFRUNDEN(D20;0)`

Benötigte Anzahl Fliesen mit und ohne Zuschlag für Verschnitt

Um die benötigte Anzahl der Fliesen zu berechnen, multiplizieren Sie die zu fliesende Fläche in Zelle E6 mit der Anzahl der Fliesen pro Quadratmeter in Zelle D21. Geben Sie daher in D22 folgende Formel ein `=E6*D21`.

Für den Zuschlag mit Verschnitt multiplizieren Sie den gerade errechneten Wert aus D21 mit der festgelegten Prozentzahl für Bruch und Verschnitt aus Zelle J8. Geben Sie daher in D23 folgende Formel ein: `=D21*J8`.

Die Gesamtzahl der Fliesen (inkl. Verschnitt) ist die Summe aus D22 und D23. Geben Sie daher in D24 folgende Formel ein: `=D22+D23`.

Berechnung der Fugenlänge

Da an den Fugen immer zwei Kanten verschiedener Fliesen aneinanderstoßen, gehen wir davon aus, dass wir nur die Hälfte des Umlaufmaßes einer Fliese, also 2-mal die Fliesenlänge (C9+C10) benötigen, um die Berechnung der Gesamtlänge aller Fugen abzuschätzen. Geben Sie daher in D25 folgende Formel ein: `=(C9+C10)*D22/100`.

Die Division durch 100 bewirkt die Umrechnung von cm in m.

Benötigter Fugenzement

Die ermittelte Fugenlänge in Zelle D25 multipliziert mit der Stärke der Fliese in Zelle C11 und der vorgesehenen Fugenbreite in Zelle C13 geteilt durch 1000 ergibt den benötigten Fugenzement.

Geben Sie daher in D26 folgende Formel ein: `=D25*C13*C11/1000`.

Benötigter Fliesenkleber

Der benötigte Fliesenkleber berechnet sich aus der Multiplikation der zu fliesenden Fläche und der notwendigen Auftragsstärke des Klebers. Geben Sie daher in D27 folgende Formel ein: `=E6*E15`.

Kosten für die Fliesen mit und ohne Zuschlag

Die Kosten für die Fliesen ohne Zuschlag für Bruch und Verschnitt berechnen sich aus zu fliesender Fläche multipliziert mit dem Quadratmeterpreis in J3. Geben Sie in J21 folgende Formel ein: `=E6*J3`.

Die Kosten für die Fliesen mit Zuschlag für Bruch und Verschnitt berechnen sich aus dem Wert in J21 zuzüglich der Prozentangabe in J8. Geben Sie in J22 folgende Formel ein: `=J21+(J21*J8)`.

Kosten Fugenzement

Die Kosten für den Fugenzement berechnen sich aus der benötigten Menge Fugenzement und dem Bruttopreis für den Zement. Die Formel in J23 lautet daher `=J4*D26`.

Kosten Fliesenkleber

Die Kosten für den Fliesenkleber berechnen sich aus der benötigten Menge Fliesenkleber und dem Bruttopreis für den Kleber. Die Formel in J24 lautet `=J5*D27`.

Gesamtkosten mit und ohne Aufschlag

Die Gesamtkosten berechnen sich jeweils aus der Summe von Kosten für die Fliesen, den Fugenzement und den Fliesenkleber. Die darin enthaltene Mehrwertsteuer von aktuell 19 % wird in I27 und I30 separat berechnet und ausgewiesen.

15.3 Mietcheck: Zahle ich zu viel?

Kategorie: Wohnung & Miete

Dateiname: WOHNUNG QM.XLS

Schwierigkeitsgrad: ❋❋

Sie möchten endlich einmal genau wissen, wie viele Quadratmeter Ihre Wohnung hat. Dann müssen Sie jedes Zimmer genau ausmessen und anschließend die Länge und die Breite miteinander multiplizieren.

Die vorliegende Tabelle nimmt Ihnen die Berechnungen ab.

	A	B	C	D	E
1					
2	Größe der Wohnung		127,43 m²		
3					
4					
5	Raum	Länge	Breite		Quadratmeter
6	Wohnzimmer	4,55 m	3,85 m		17,52 m²
7	Schlafzimmer	3,75 m	3,85 m		14,44 m²
8	Kinderzimmer 1	3,85 m	4,25 m		16,36 m²
9	Kinderzimmer 2	3,05 m	1,80 m		5,49 m²
10	Gästezimmer	5,55 m	4,85 m		26,92 m²
11	Esszimmer	2,50 m	4,25 m		10,63 m²
12	Küche	2,00 m	2,40 m		4,80 m²
13	Speisekammer	8,35 m	1,75 m		14,61 m²
14	Abstellkammer	0,90 m	0,90 m		0,81 m²
15	Flur	4,00 m	1,80 m		7,20 m²
16	Bad	3,15 m	2,15 m		6,77 m²
17	Gäste WC	1,30 m	1,45 m		1,89 m²
18					

Bild 15.4: Die Beispieltabelle mit den einzelnen Zimmern

Die Quadratmeter pro Zimmer

Nachdem Sie die Maße der Zimmer in die Tabelle eingetragen haben, müssen Sie in der Spalte E die Quadratmeter berechnen.

1. Markieren Sie die Zelle E6 und geben Sie den folgenden Rechenschritt ein: `=B6*C6`
2. Kopieren Sie die Funktion nach unten.

E6 fx =B6*C6

	A	B	C	D	E
4					
5	Raum	Länge	Breite		Quadratmeter
6	Wohnzimmer	4,55 m	3,85 m		17,52 m²
7					

Bild 15.5: Die Maße der Zimmer und die Quadratmeterberechnung

Die Gesamtquadratmeter der Wohnung

Im letzten Rechenschritt ermitteln Sie nun die Summe der einzelnen Zimmer.

1. Setzen Sie den Cursor in die Zelle C2.
2. Klicken Sie auf die Schaltfläche *AutoSumme* [Σ].
3. Stellen Sie sicher, dass Excel alle Zellen mit den Quadratmetern markiert.
4. Bestätigen Sie Ihre Eingaben durch Drücken der [Eingabe]-Taste.

```
=SUMME(E6:E18)
```

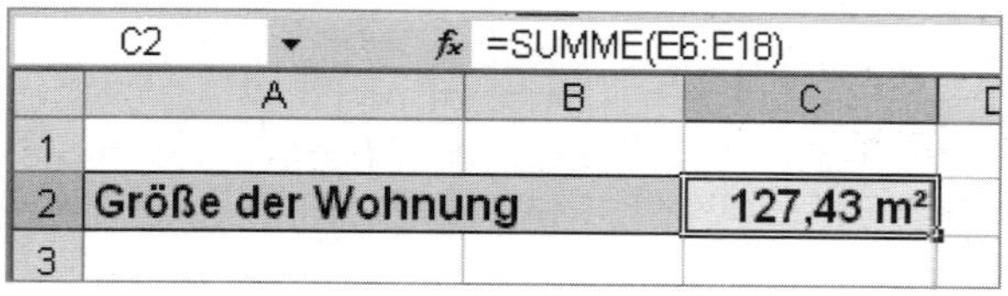

Bild 15.6: Die Größe der Wohnung ermitteln

Die Formatierung der Zellen

1. Markieren Sie alle Zellen, in denen Sie die gemessenen Meter eingegeben haben.
2. Wählen Sie *Format/Zellen* und aktivieren Sie das Register *Zahlen*.
3. Markieren Sie die Kategorie *Benutzerdefiniert* und geben Sie im Feld *Typ* das folgende Muster für ein individuelles Zahlenformat ein: `0,00 "m"`.

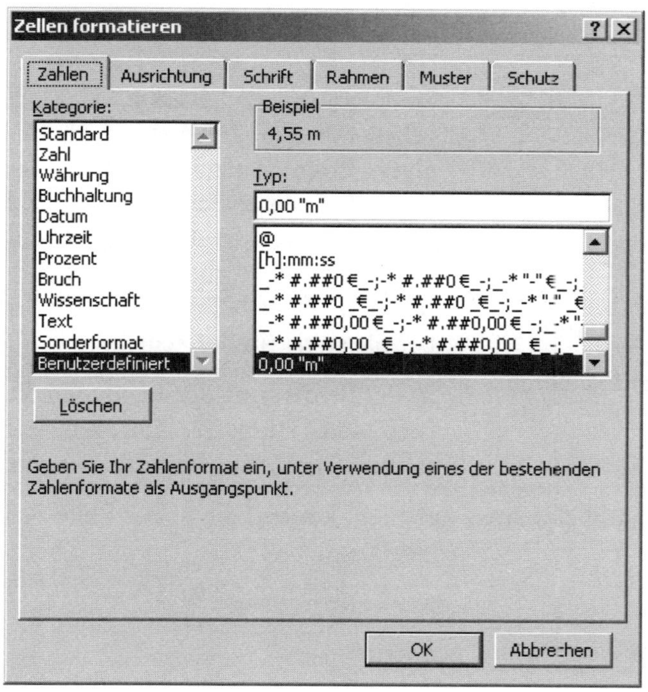

Bild 15.7: Die benutzerdefinierte Formatierung der Zellen

Führen Sie diese Schritte auch für die Ergebnisse der Spalte E durch. Geben Sie dort das folgende Muster ein: 0,00 "m²".

15.4 Stromverbrauch

Kategorie: Wohnung & Miete

Dateiname: STROMVERBRAUCH.XLS

Schwierigkeitsgrad: ❋❋

	A	B	C	D	E	F	G
1							
2		Stromverbrauch					Jahr 2007
3							
4							
5		Datum	Wochentag	Zählerstand	Verbrauch	Verbrauch pro Woche	Bemerkung
6		Übertrag		11.095,2			
7		01.01.2007	Montag	11.102,5	7,3		
8		02.01.2007	Dienstag	11.115,1	12,6		Waschmaschine
9		03.01.2007	Mittwoch	11.121,5	6,4		
10		04.01.2007	Donnerstag	11.128,1	6,6		
11		05.01.2007	Freitag	11.139,7	11,6		Spülmaschine
12		06.01.2007	Samstag	11.152,6	12,9		Fete
13		07.01.2007	Sonntag	11.168,6	16,0	10,5	Spülmaschine, Waschmaschine
14		08.01.2007	Montag	11.172,6	4,0		
15		09.01.2007	Dienstag	11.179,8	7,2		
16		10.01.2007	Mittwoch	11.185,6	5,8		
17		11.01.2007	Donnerstag	11.197,6	12,0		Waschmaschine
18		12.01.2007	Freitag	11.203,6	6,0		
19		13.01.2007	Samstag	11.209,8	6,2		
20		14.01.2007	Sonntag	11.215,9	6,1	6,8	
21		15.01.2007	Montag				
22		16.01.2007	Dienstag				

Bild 15.8: Der Stromverbrauch wird aus dem abgelesenen Wert berechnet.

Strom sparen ist heutzutage wichtiger denn je, da Energie immer teurer wird. Der Schritt vor dem Sparen beginnt bei der Kontrolle. In dieser Datei kann Excel aus dem täglich abgelesenen Stromverbrauch die Verbrauchswerte ermitteln. Ein Diagramm verdeutlicht den Verbrauch visuell in einem separaten Arbeitsblatt.

Beschreibung

	A	B	C	D	E
1					
2		Stromverbrauch			
3					
4					
5		Datum	Wochentag	Zählerstand	Verbrauch
6		Übertrag		11.095,2	
7		01.01.2007	Montag	11.102,5	=D7-D6

Bild 15.9: Der Verbrauch für einen Tag

Sie beginnen in der Zelle D6. Dort geben Sie den Zählerstand zu Beginn Ihrer Aufzeichnungen ein. Wenn Sie den nächsten Zählerstand eintragen, wird in der Spalte E der Verbrauch über die Differenz berechnet. Die erste Formel finden Sie beispielsweise in der Zelle E7.

In der Bemerkungsspalte können Sie besondere Hinweise eintragen, die eventuell auf Stromfresser hinweisen.

Wenn Sie später den Verbrauch nicht tagesgenau betrachten möchten, können Sie in der Zelle F13 mit der Funktion

```
=MITTELWERT(E7:E13)
```

den Durchschnittsverbrauch für die vergangene Woche zu berechnen.

	Datum	Wochentag	Zählerstand	Verbrauch	Verbrauch pro Woche	Bemerk
6	Übertrag		11.095,2			
7	01.01.2007	Montag	11.102,5	7,3		
8	02.01.2007	Dienstag	11.115,1	12,6		Waschn
9	03.01.2007	Mittwoch	11.121,5	6,4		
10	04.01.2007	Donnerstag	11.128,1	6,6		
11	05.01.2007	Freitag	11.139,7	11,6		Spülmas
12	06.01.2007	Samstag	11.152,6	12,9		Fete
13	07.01.2007	Sonntag	11.168,6		=MITTELWERT(E7:E13)	
14	08.01.2007	Montag	11.172,6	4,0	MITTELWERT(Zahl1; [Zahl2]; ...)	

Bild 15.10: Der Mittelwert über eine Woche

Diagramm zum Stromverbrauch

Ein Diagramm zeigt den Stromverbrauch besser als nur die berechneten Zahlenwerte. Markieren Sie dazu den folgenden Zellbereich B5:B41 und E5 bis E41. Da dieser Bereich nicht zusammenhängt, halten Sie beim Markieren die `Strg`-Taste gedrückt.

Drücken Sie die Funktionstaste `F11`, um zunächst ein Standarddiagramm zu erstellen. Anschließend können Sie die Diagrammart, den Titel und auch die Linienart sowie den Hintergrund anpassen, indem Sie die einzelnen Bestandteile des Diagramms markieren und mit der rechten Maustaste bearbeiten.

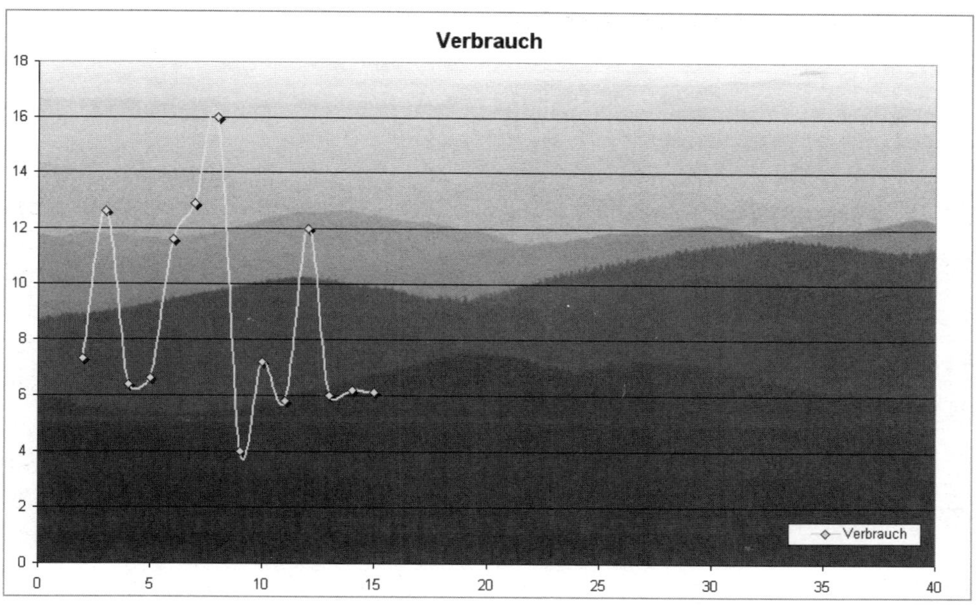

Bild 15.11: Das Diagramm zum Verbrauch

Im vorliegenden Beispiel haben wir über die Option *Zeichnungsfläche formatieren/Fülleffekte* im Diagramm ein Hintergrundbild hinterlegt.

Hinweis: Die in diesem Beispiel angegebenen Verbrauchswerte entsprechen nicht realen Messwerten.

15.5 Wasserverbrauch grafisch anzeigen

Kategorie: Wohnung & Miete

Dateiname: WASSERVERBRAUCH.XLS

Schwierigkeitsgrad: ❋❋

Stellen Sie sich vor, Sie führen Buch über den Wasserverbrauch eines Hauses. Sie haben den Verbrauch pro Monat und pro Mieter. Zum einen können Sie die Summen pro Monat und pro Mieter bilden und haben damit automatisch auch die Gesamtsumme des Wasserverbrauchs.

Aber erst durch das Diagramm wird deutlich, wie hoch der Verbrauch jeder einzelnen Mieterpartei im Vergleich zu den anderen Mietern ist. Sie erkennen durch das Diagramm, dass die Familie Huber im Februar und die Familie Müller im September im Urlaub waren, da dort der Wasserverbrauch eingebrochen ist.

Wasserverbrauch Bahnhofstr. 3

Mieter	Jan	Feb	Mrz	Apr	Mai	Jun	Jul	Aug	Sep	Okt	Nov	Dez		Summe
Müller	12,85	12,27	12,85	12,18	12,50	12,90	14,50	13,70	5,00	12,50	11,70	13,00		145,95
Maier	8,21	8,40	8,07	8,46	8,31	9,20	8,90	8,00	8,90	8,20	8,26	9,00		101,91
Schmidt	11,44	11,71	13,41	13,87	13,82	14,26	14,00	14,50	13,90	14,80	13,60	14,30		163,61
Huber	12,85	5,00	12,90	12,85	14,40	15,20	14,40	12,34	11,70	12,50	10,23	12,50		146,87
Summe	45,35	37,38	47,23	47,36	49,03	51,56	51,8	48,54	39,5	48	43,79	48,8		**558,34**

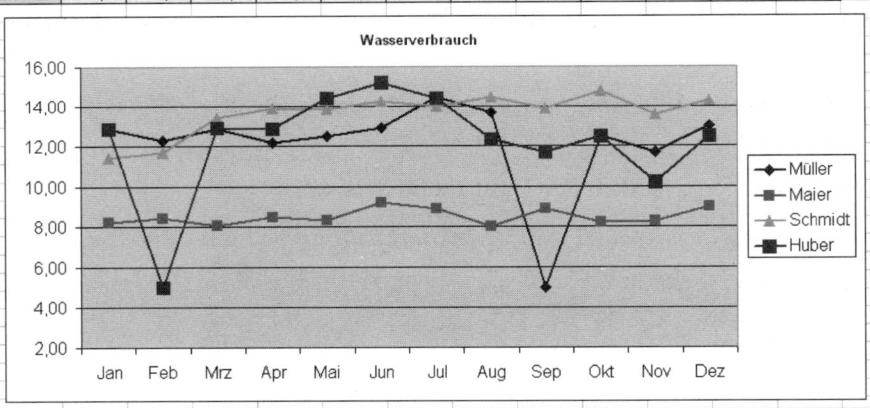

Bild 15.12: Die Beispieltabelle mit dem Diagramm

Das Diagramm erstellen

Um die Zahlen anschaulich darzustellen, erzeugen Sie ein Liniendiagramm.

1. Markieren Sie die Zellen A3 bis M7.
2. Klicken Sie auf die Schaltfläche *Diagrammassistent.*
3. Markieren Sie im ersten Schritt des Assistenten den Diagrammtyp *Linie.*

Excel bietet Ihnen jetzt sieben verschiedene Untertypen zu den Liniendiagrammen an.

4. Markieren Sie in dieser Liste den ersten Untertyp.

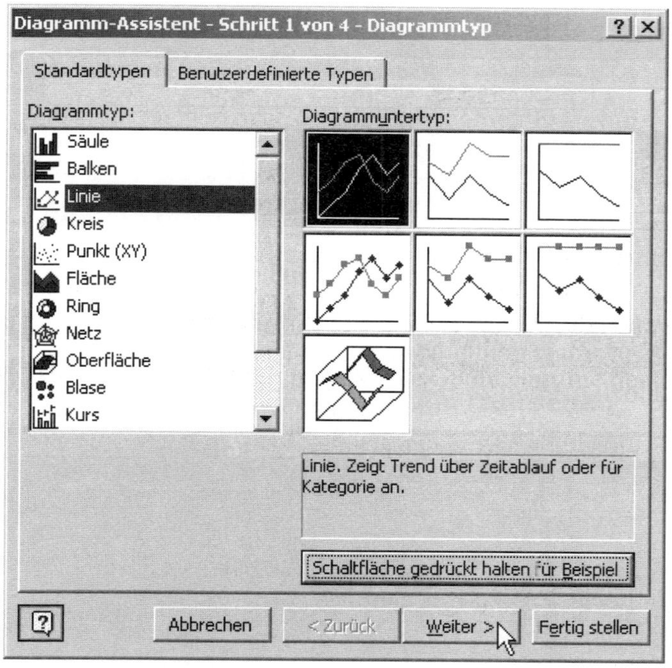

Bild 15.13: Der erste Schritt des Diagrammassistenten

5. Klicken Sie auf *Weiter*.
6. Im zweiten Schritt können Sie noch einmal die markierten Zellen kontrollieren. Bestätigen Sie hier mit *Weiter*.
7. Im dritten Schritt geben Sie im Feld *Diagrammtitel* die Überschrift für das Diagramm ein. In diesem Beispiel ist es das Wort *Wasserverbrauch*. Klicken Sie auf *Weiter*.
8. Im letzten Schritt bestätigen Sie mit einem Klick auf *Fertig stellen*.

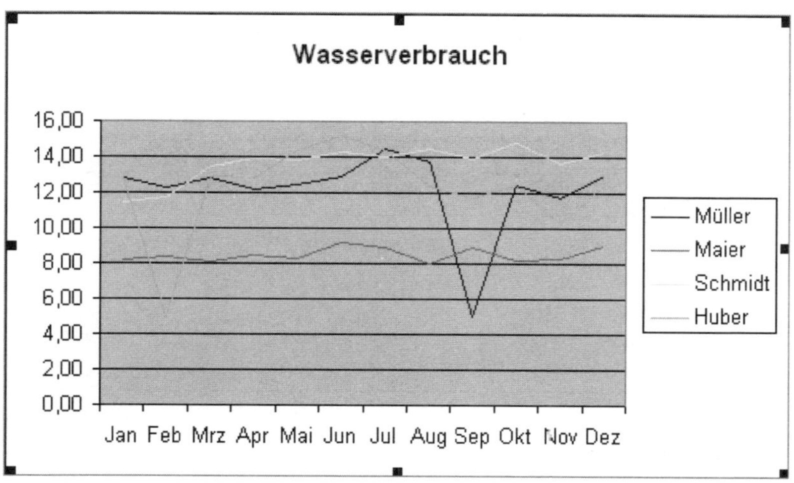

Bild 15.14: Das Diagramm zeigt den Wasserverbrauch von vier Parteien.

Jetzt können Sie jede Linie doppelt anklicken und im Fenster *Datenreihen formatieren* die Linienfarbe und -stärke verändern.

Geschäftlich

Die Rubrik *Geschäftlich* enthält Excel-Dateien und Vorlagen für den beruflichen Tätigkeitsbereich und ist in die folgenden Kategorien untergliedert:

- **Adressen:** In dieser Kategorie finden Sie verschiedene Dateien zur Eingabe und zur Verwaltung von Personen und Anschriften. Ein Beispiel zeigt, wie Sie eine Excel-Adressliste zum Import in Outlook vorbereiten.

- **Analysen:** Diese Kategorie enthält u. a. Auswertungen zu Umsätzen, Kunden, Besucherströmen und ABC-Analysen. Mit der Deckungsbeitragsrechnung können Sie Ihren Unternehmensgewinn aufzeigen. Mit der Break-even-Analyse erkennen Sie, wann Sie mit einem Produkt in die Gewinnzone fahren.

- **Branchenlösungen:** Angefangen von einer Excel-Lösung für Autovermietung über ein Reservierungssystem bis hin zum Mandantenstammblatt für Rechtsanwälte finden Sie viele kleine Anwendungen, die Sie für Ihren Betrieb anpassen können.

- **Buchhaltung:** In dieser Kategorie finden Sie Dateien zur Reisekosten- und zur Spesenabrechnung. Zur korrekten Abrechnung der Bewirtungskosten steht eine Druckvorlage zur Verfügung. Mit der Offenen-Posten-Übersicht haben Sie alle Zahlungseingänge im Blick. Darüber hinaus enthält diese Rubrik mehrere Beispiele für Kassenbücher.

- **Büro:** Diese Kategorie enthält allgemeine Dateien rund ums Büro, beispielsweise Vorlagen für Gesprächsnotizen und Faxdeckblätter. Mit den Tätigkeitsberichten protokollieren Sie die Beschäftigungen und die Kostenstellen, wo sie angefallen sind. Über die Terminkontrolle verfolgen Sie die Fälligkeiten Ihrer Projekte.

- **Fahrzeuge:** Neben den Berechungen zum aktuellen Benzinverbrauch und dem Erfassen der allgemeinen Fahrzeugkosten finden Sie eine Tabelle, die Ihnen Antworten zur Frage »Pkw-Kauf oder -Leasing« gibt. Zusätzlich finden Sie einige Beispiele zu Fahrtenbüchern.

- **Finanzen:** Rund ums liebe Geld finden Sie hier Dateien zur Kreditanalyse. In einer Tabelle protokollieren Sie den Verlauf Ihrer Aktien. In einem anderen Beispiel ermitteln Sie die Zinsen zu regelmäßigen Zahlungen.

- **Lohn & Gehalt:** In dieser Kategorie finden Sie mehrere Tabellen, um die geleisteten Arbeitszeiten zu ermitteln. In einer Tabelle finden Sie die Berechnung der Arbeitszeiten über Mitternacht hinaus.

- **Personal:** In den Dateien dieser Kategorie geht es um die Themen Provision, Budgetkontrolle bzw. An- oder Abwesenheit. Sie finden hier ein Formular für den Urlaubsantrag sowie einen Urlaubsplan mit automatischer Zählung der Urlaubstage. Ein Highlight ist der Personaleinsatzplan mit automatischer Warnung bei Unterbesetzung.

- **Selbstständige & Freiberufler:** Sie finden hier einige Vorlagen für Visitenkarten und Werbeflyer, die Sie an Ihre Firma anpassen können. Mit der Buchungsliste für Datev können Sie Ihre Buchungen selbst eingeben und ggf. Ihrem Steuerberater übergeben. Mit Hilfe des Liquiditätsplans erkennen Sie, wie es um Ihr Unternehmen bestellt ist.

- **Unternehmensführung:** In dieser Kategorie gibt es unterschiedliche Analysen zu Ihren Umsätzen. Eine Datei hilft Ihnen die Kosten aufzuschlüsseln, die bei einer Veranstaltung/Messe angefallen sind. In zwei Beispielen sehen Sie den Einsatz von Matrixfunktionen, um eine Tabelle nach mehreren Merkmalen auszuwerten.

- **Vertrieb:** Für alle Unternehmer unerlässlich ist das Schreiben von Rechnungen. In dieser Kategorie finden Sie allerdings noch viel mehr. Vom Angebot bis zur Rechnung sind verschiedene Mustervorlagen mit Formeln enthalten. Außerdem finden Sie eine Vorlage zur Mahnung für säumige Kunden.

- **Zeit & Datum:** Mit den Dateien dieser Kategorie können Sie Schaltjahre bzw. Kalenderwochen berechnen oder einen kleinen Taschenkalender für die Brieftasche drucken. Mit der Datei *Weltzeit* wissen Sie immer, wie spät es in Bangkok ist.

1 Adressen

1.1 Adressenliste schnell durchsuchen

Kategorie: Adressen

Dateiname: ADRESSEN MIT AUTOFILTER.XLS

Schwierigkeitsgrad: ❋

In diesem Beispiel werden Sie sehen, wie Sie lange Adresslisten übersichtlich mit dem AutoFilter handhaben können. Mit dem AutoFilter lassen Sie sich nur bestimmte Adressen anzeigen, beispielsweise alle Bewohner von Köln.

Die folgende Abbildung zeigt die Beispieltabelle:

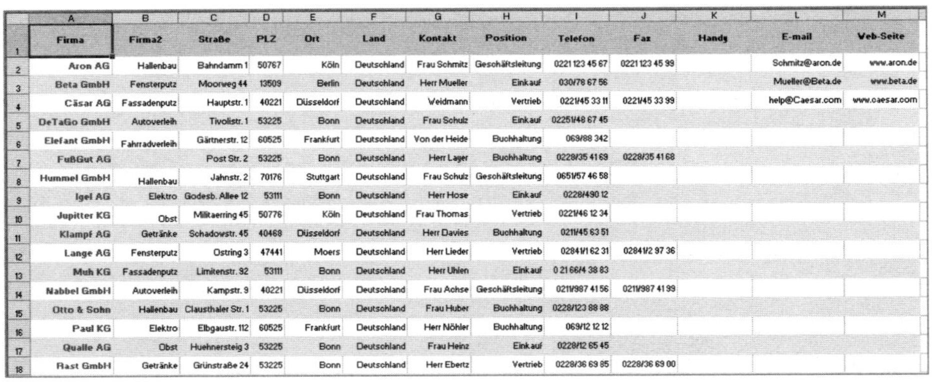

	A	B	C	D	E	F	G	H	I	J	K	L	M
1	Firma	Firma2	Straße	PLZ	Ort	Land	Kontakt	Position	Telefon	Fax	Handy	E-mail	Web-Seite
2	Aron AG	Hallenbau	Bahndamm 1	50767	Köln	Deutschland	Frau Schmitz	Geschäftsleitung	0221 123 45 67	0221 123 45 99		Schmitz@aron.de	www.aron.de
3	Beta GmbH	Fensterputz	Moorweg 44	13509	Berlin	Deutschland	Herr Mueller	Einkauf	030/78 67 56			Mueller@Beta.de	www.beta.de
4	Cäsar AG	Fassadenputz	Hauptstr. 1	40221	Düsseldorf	Deutschland	Weidmann	Vertrieb	0221/45 33 11	0221/45 33 99		help@Caesar.com	www.caesar.com
5	DeTaGo GmbH	Autoverleih	Tivolistr. 1	53225	Bonn	Deutschland	Frau Schulz	Einkauf	02251/48 67 45				
6	Elefant GmbH	Fahrradverleih	Gärtnerstr. 12	60525	Frankfurt	Deutschland	Von der Heide	Buchhaltung	069/88 342				
7	FußGut AG		Post Str. 2	53225	Bonn	Deutschland	Herr Layer	Buchhaltung	0228/35 41 69	0228/35 41 68			
8	Hummel GmbH	Hallenbau	Jahnstr. 2	70176	Stuttgart	Deutschland	Frau Schulz	Geschäftsleitung	0651/57 46 58				
9	Igel AG	Elektro	Godesb. Allee 12	53111	Bonn	Deutschland	Herr Hose	Einkauf	0228/490 12				
10	Jupitter KG	Obst	Militaerring 45	50776	Köln	Deutschland	Frau Thomas	Vertrieb	0221/46 12 34				
11	Klampf AG	Getränke	Schadowstr. 45	40468	Düsseldorf	Deutschland	Herr Davies	Buchhaltung	0211/45 63 51				
12	Lange AG	Fensterputz	Ostring 3	47441	Moers	Deutschland	Herr Lieder	Vertrieb	02841/1 62 31	02841/2 97 36			
13	Muh KG	Fassadenputz	Limitenstr. 92	53111	Bonn	Deutschland	Herr Uhlen	Einkauf	0 21 66/4 38 83				
14	Nabbel GmbH	Autoverleih	Kampstr. 9	40221	Düsseldorf	Deutschland	Frau Achse	Geschäftsleitung	0211/987 41 56	0211/987 41 99			
15	Otto & Sohn	Hallenbau	Clausthaler Str. 1	53225	Bonn	Deutschland	Frau Huber	Buchhaltung	0228/123 88 88				
16	Paul KG	Elektro	Elbgaustr. 112	60525	Frankfurt	Deutschland	Herr Nöhler	Buchhaltung	069/12 12 12				
17	Qualle AG	Obst	Huehnersteig 3	53225	Bonn	Deutschland	Frau Heinz	Einkauf	0228/12 65 45				
18	Rast GmbH	Getränke	Grünstraße 24	53225	Bonn	Deutschland	Herr Ebertz	Vertrieb	0228/36 69 85	0228/36 69 00			

Bild 1.1: Die Beispieltabelle, mit der der AutoFilter erklärt wird

Den AutoFilter einschalten

1. Um den AutoFilter einzuschalten, wählen Sie *Daten/Filter/AutoFilter*. Als Ergebnis erhalten Sie jetzt in der ersten Zeile in jeder Zelle einen Listenpfeil.
2. Um die Listenpfeile wieder zu entfernen, wählen Sie diese Befehlsfolge erneut.
3. Sollte Excel Ihre Tabelle nicht richtig erkannt haben und der AutoFilter wird nicht gezeigt, dann markieren Sie die Zellen, an denen Sie die Listenpfeile sehen möchten, und wählen erneut *Daten/Filter/AutoFilter*.
4. Wenn Sie jetzt einen der Listenpfeile anklicken, können Sie eine Auswahl treffen, indem Sie auf den gewünschten Eintrag klicken.

Im folgenden Beispiel wollen wir alle Adressen aus Bonn sehen.

Bild 1.2: Der aktivierte AutoFilter

Als Ergebnis sehen Sie jetzt alle Zeilen, die im Feld *Ort* das Wort *Bonn* stehen haben. Die restlichen Zeilen werden zurzeit einfach ausgeblendet.

Als Hinweis, dass Sie nicht alle Zeilen der Tabelle sehen, werden die Zeilennummern am linken Tabellenrand blau eingefärbt. Außerdem wird der Listenpfeil auch blau gefärbt, damit Sie erkennen, dass nach dieser Spalte gefiltert wird.

In der Statusleiste wird angezeigt, wie viele Treffer gefunden wurden.

Sie können jetzt auf diesem Filterergebnis weiterfiltern, oder Sie schalten dieses Ergebnis wieder aus, indem Sie am Listenpfeil den Eintrag *(Alle)* wählen.

Der benutzerdefinierte Filter

Wenn Sie alle Bonner und gleichzeitig auch alle Kölner sehen möchten, dann müssen Sie mit dem benutzerdefinierten Filter arbeiten.

1. Wählen Sie am Listenpfeil den Eintrag *Benutzerdefinierter Filter.*
2. Geben Sie die Suchparameter in die entsprechenden Felder ein.

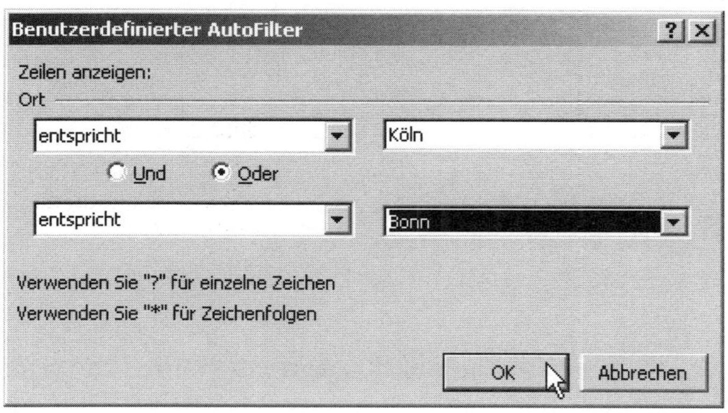

Bild 1.3: Der benutzerdefinierte Filter

3. Bestätigen Sie mit *OK.*

Jetzt werden alle Kölner und alle Bonner in der Liste gezeigt. Dieses Filterergebnis schalten Sie auch über den Eintrag *(Alle)* am Listenpfeil aus.

Alle Adressen aus Süddeutschland

Wenn Sie alle Adressen sehen möchten, deren Postleitzahl größer ist als 70000, dann setzen Sie auch den benutzerdefinierten Filter ein.

1. Öffnen Sie das Fenster *Benutzerdefinierter AutoFilter* über den Listenpfeil am Feld *PLZ.*
2. Wählen Sie im ersten Feld den Eintrag *größer als* aus.
3. Geben Sie im Feld daneben die gewünschte Zahl ein, in diesem Beispiel 70000.
4. Bestätigen Sie mit *OK.*

Jetzt werden alle Adressen gezeigt, die im südlichen Teil Deutschlands liegen.

1.2 Adressliste für Outlook vorbereiten

Kategorie: Adressen

Dateiname: OUTLOOK_KONTAKTE.XLS

Schwierigkeitsgrad: ❋

Mit Microsoft Outlook können Sie E-Mails schreiben, einen Kalender führen und Kontakte speichern. Diese Datei liefert Ihnen ein Layout, um reibungslos Kontaktdaten zwischen Excel und Outlook zu transferieren.

	A	B	C	D	E	F	G	H	I
1	Anrede	Vorname	WeitereVornamen	Nachname	Suffix	Firma	Abteilung	Position	Straßegeschäft
2	Herr	Stefan	Heinrich	Berg	jun.	Sellers AG	Einkauf	Einkauf	Buchenweg 9a
3	Herr	Harald		Obermann		Moll GmbH	Geschäftsführung	Geschäftsführer	GewerbegebietX
4	Frau Dr.	Anke		Möller					Goetheallee 6a
5	Herr	Hans		Spaß					Freudallee 110
6	Mr.	Harold	E.	Big		Big! Trading		Vertriebsleiter	Broadway 12 W
7	Herr	Martin		Waufinger		Sonnenhell		Verkauf	Montanusstraße
8	Mr.	Harry		Wong		Eagle Trade		Sales-Manager	Wang Street 7
9	Herr	Willi		Wusel					Wiesenweg 1
10	Herr	Hansi		Hasse					Birkesdorfer 7a
11	Herr	Manni		Zimmer					Albertstr.
12	Frau	Nicole		Dauster					Hofstr. 1App. 2a
13	Frau	Jutta		Litting					Schiefer Weg 3
14	Frau	Lisa		Mona					Kölner Str. 100
15	Herr	Horst		Uhlen					Feldstr.
16	Herr	Tao		Anker					Kirschweg 7
17	Frau	Melisse		Müller					Kirchfeldstr. 61

Bild 1.4: Das Layout, um Kontakte zwischen Excel und Outlook zu übertragen

Beschreibung

Die Excel-Datei enthält alle relevanten Felder, die in einem Outlook-Kontakt vorhanden sind. Um Ihre eigenen Adressdaten später in Outlook einzulesen, brauchen Sie nur Ihre Daten unterhalb der angegebenen Spalten einzugeben.

Die angezeigten Adressdaten dienen nur zur Orientierung und können von Ihnen gelöscht oder überschrieben werden.

Kontakte importieren

Um die Kontaktliste zu importieren, führen Sie die folgenden Schritte durch:

1. Starten Sie in Outlook den Menübefehl *Datei/Importieren/Exportieren.*
2. Wählen Sie die Option *Importieren aus anderen Programmen oder Dateien.*
3. Klicken Sie auf *Weiter* und wählen Sie das Dateiformat *Microsoft Excel.*

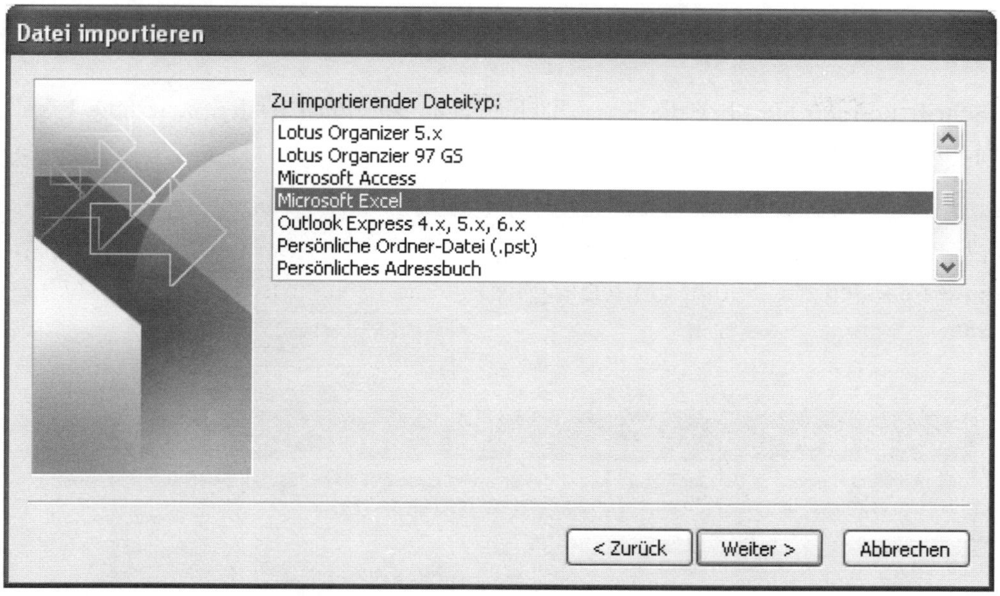

Bild 1.5: Import aus einer Excel-Datei

④ Klicken Sie auf *Weiter*. Wählen Sie die Excel-Datei mit den Kontakten und legen Sie fest, ob die neu importierten Kontakte die bestehenden Daten ersetzen oder Duplikate angelegt werden.

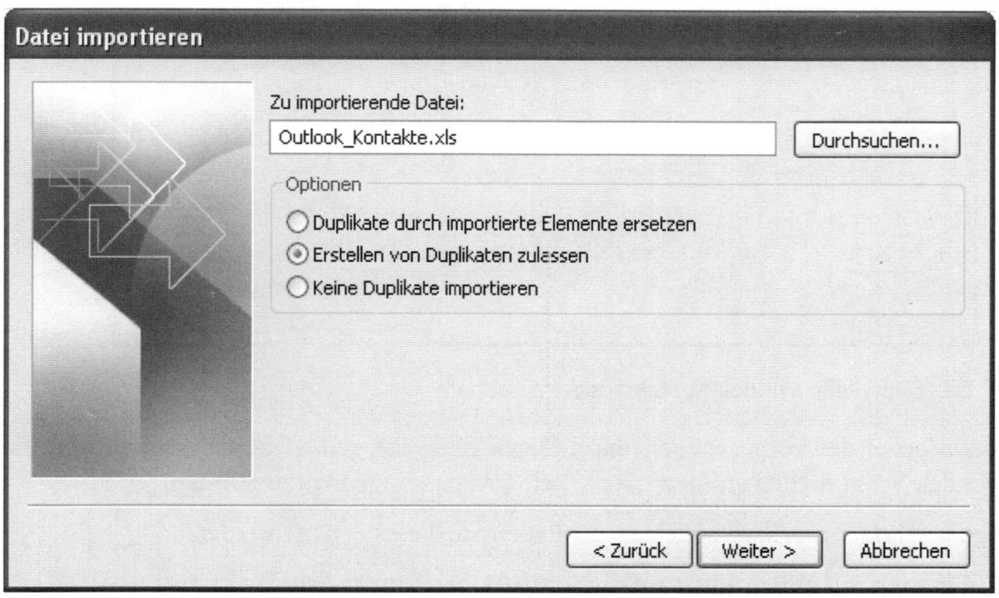

Bild 1.6: Auswahl der Excel-Datei

5. Klicken Sie auf *Weiter* und legen Sie den Ordner fest, in dem die neuen Kontakte angelegt werden sollen.
6. Im nächsten Schritt können Sie über die Schaltfläche *Felder zuordnen* festlegen, welche Excel-Spalten in die Outlook-Felder übertragen werden.

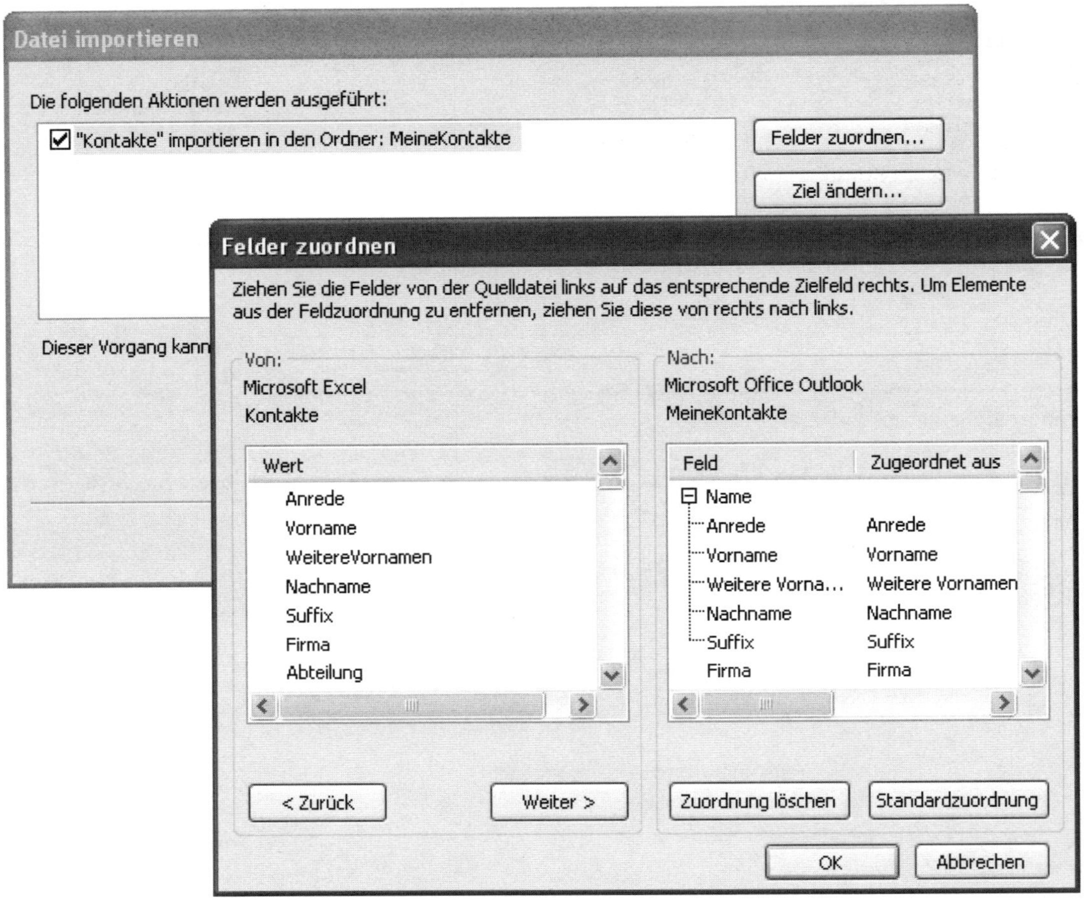

Bild 1.7: Felder der Excel-Datei den Outlook-Kontaktfeldern zuordnen

7. Hierin liegt der Vorteil der vorgegebenen Excel-Datei. Sie weist genau die Feldnamen auf, die Outlook verwendet. Sie brauchen an dieser Stelle keine Anpassungen vorzunehmen.
8. Falls Sie das Fenster *Felder zuordnen* anzeigen, schließen Sie dieses Fenster wieder.
9. Starten Sie das Einlesen mit einem Klick auf die Schaltfläche *Fertig stellen.*

Bild 1.8: Die eingelesenen Kontakte in Outlook

1.3 Adressliste mit Auswahlfunktion

Kategorie: Adressen

Dateiname: ADRESSEN MIT AUSWAHL.XLS

Schwierigkeitsgrad: ❋❋❋❋

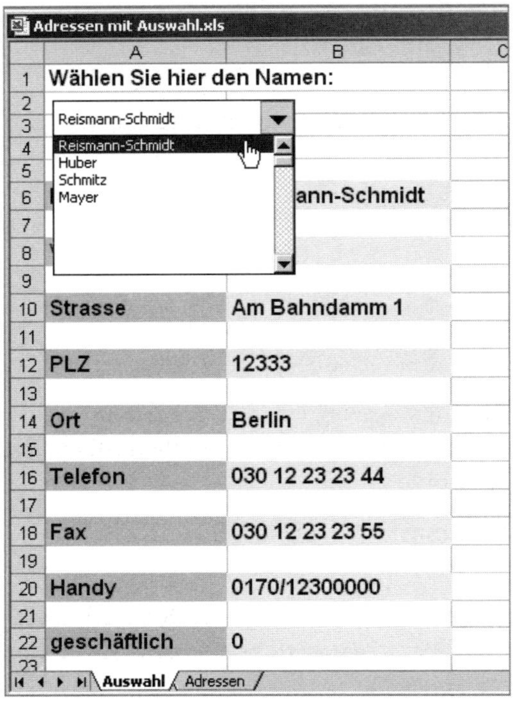

Bild 1.9: Das Ziel – eine komfortable Auswahl Ihrer Adressen

Diese Mappe besteht aus zwei Tabellen. Auf dem ersten Tabellenblatt *Auswahl* kann per Auswahlfeld ein Name aus der Adressliste gewählt werden. In der zweiten Tabelle mit dem Registernamen *Adressen* befindet sich die Liste aller Adressen. Die Detailinformationen der gewählten Adresse werden nun übersichtlich auf dem ersten Tabellenblatt angezeigt.

Beschreibung

Zu Beginn erstellen Sie eine Adressliste, die Sie mit individuellen Spaltenüberschriften füllen können. In der ersten Spalte Ihrer Adressliste muss sich eine fortlaufende Nummerierung befinden, da diese für die Funktion SVERWEIS benötigt wird.

Eine fortlaufende Nummerierung erreichen Sie, indem Sie die Zahlen 1 und 2 untereinander eingeben und markieren. Ziehen Sie dann am Ausfüllkästchen die Markierung so weit nach unten, wie Sie wünschen.

In der Beispieldatei wurden bereits einige Adressen erfasst.

Kombinationsfeld anlegen

1. Aktivieren Sie das erste Tabellenblatt *Auswahl*. Blenden Sie die Symbolleiste *Formular* ein und fügen Sie das Steuerelement *Kombinationsfeld* ein.

2. Starten Sie den Befehl *Steuerelement formatieren* mit einem Rechtsklick auf dem Element.

3. Für das Feld *Eingabebereich* markieren Sie die Zellen B2 bis B300 auf dem Register *Adressen.*

4. Da die Funktion SVERWEIS die Nummer der gefundenen Zeile benötigt, wählen Sie für das Feld *Zellverknüpfung* eine Zelle auf dem Blatt *Auswahl* aus.

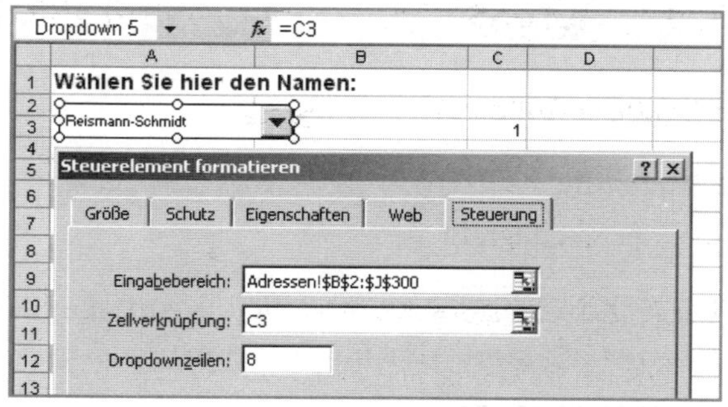

Bild 1.10: Eigenschaften zum Steuerelement

5. Schließen Sie das Fenster und testen Sie das Auswahlfeld. Die Zelle C3, in unserem Beispiel die Zelle, in der die Zeilennummer der gewählten Adresse steht, können Sie mit weißer Schrift gestalten.

Adresskarte erstellen

Erfassen Sie als Erstes die Feldbeschriftungen in Spalte A, wie es die erste Abbildung zeigt.

1. Um die Detailinformationen zum gewählten Namen abzurufen, eignet sich die SVERWEIS-Funktion. Setzen Sie den Cursor in die Zelle, in der Sie beispielsweise den Namen sehen möchten. In diesem Beispiel B5 und starten Sie die SVERWEIS-Funktion.

2. Das *Suchkriterium* steht in der Zelle C3, es ist die Zeilennummer der gewählten Adresse. Da Sie diese Funktion später kopieren werden, drücken Sie F4.

3. Als *Matrix* geben Sie die Zellen von A1 bis J300 auf dem Blatt *Adressen* an. Setzen Sie auch diese Zellen mit F4 fest. Sollte Ihre Adressliste mehr Spalten oder Zeilen enthalten, passen Sie die Matrix entsprechend an.

4. Der *Spaltenindex* ist die Nummer der Spalte, deren Inhalt Sie sehen möchten. Da der Nachname in der zweiten Spalte steht, wird hier die Nummer 2 eingegeben.

5. Für die eindeutige Suche geben Sie als letzten Parameter *Bereich_Verweis* den Wert FALSCH ein.

```
=SVERWEIS($C$3;Adressliste!$A$1:$J$300;2;FALSCH)
```

6. Kopieren Sie anschließend diese Funktion in die restlichen Zellen und ändern Sie den Spaltenindex.

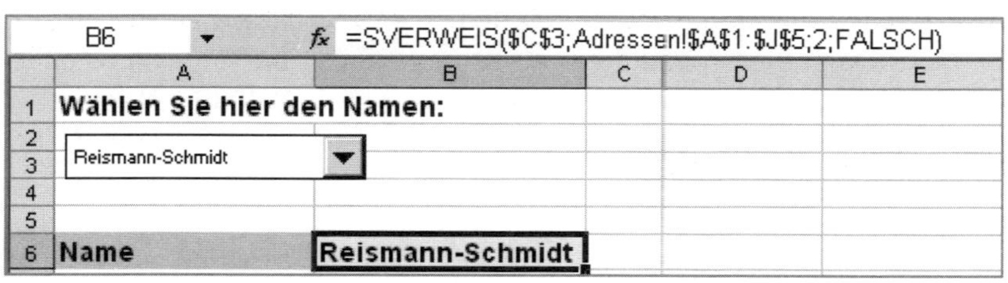

Bild 1.11: Die SVERWEIS-Funktion holt sich den Nachnamen vom Tabellenblatt *Adressen*.

1.4 Adressliste mit Map24

Kategorie: Adressen

Dateiname: ADRESSEN MIT MAP24.XLS

Schwierigkeitsgrad: ❋❋

Diese Adressliste setzt den Fokus auf die Berechnung eines Anschriftenfeldes, mit dem Sie im Internet die Route dorthin berechnen oder die Zielumgebung anzeigen können.

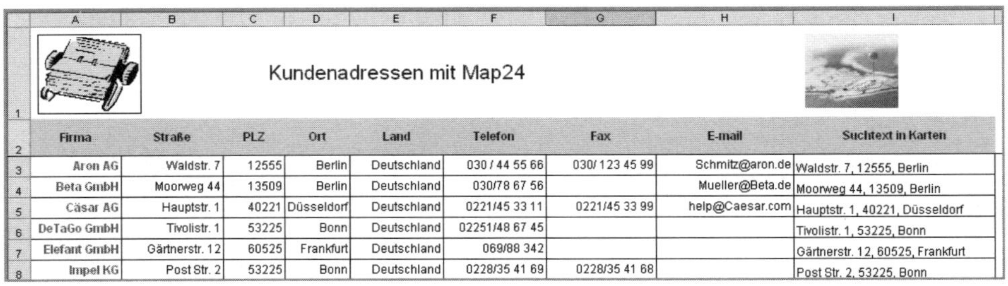

Kundenadressen mit Map24

Firma	Straße	PLZ	Ort	Land	Telefon	Fax	E-mail	Suchtext in Karten
Aron AG	Waldstr. 7	12555	Berlin	Deutschland	030 / 44 55 66	030/ 123 45 99	Schmitz@aron.de	Waldstr. 7, 12555, Berlin
Beta GmbH	Moorweg 44	13509	Berlin	Deutschland	030/78 67 56		Mueller@Beta.de	Moorweg 44, 13509, Berlin
Cäsar AG	Hauptstr. 1	40221	Düsseldorf	Deutschland	0221/45 33 11	0221/45 33 99	help@Caesar.com	Hauptstr. 1, 40221, Düsseldorf
DeTaGo GmbH	Tivolistr. 1	53225	Bonn	Deutschland	02251/48 67 45			Tivolistr. 1, 53225, Bonn
Elefant GmbH	Gärtnerstr. 12	60525	Frankfurt	Deutschland	069/88 342			Gärtnerstr. 12, 60525, Frankfurt
Impel KG	Post Str. 2	53225	Bonn	Deutschland	0228/35 41 69	0228/35 41 68		Post Str. 2, 53225, Bonn

Bild 1.12: Die Adressliste mit einer berechneten Spalte für die Suche nach der Adresse

Beschreibung

In dieser Adressliste sind neben dem Namen und der Anschrift zwei weitere Spalten eingefügt, eine, in der Sie den Spitznamen Ihrer Freunde eingeben können, und eine berechneten Spalte, die aus den Spalten *Straße*, *PLZ* und *Ort* einen Text erstellt, mit dem Sie auf einer der Webseiten im Internet nach den Adressen suchen können.

Suchtext berechnen

In den Spalten B, C und D geben Sie die Straßenbezeichnung, die Postleitzahl und den Ortsnamen ein.

In der Spalte I soll der zusammengesetzte Text aus den Anschriftenfeldern zusammengesetzt werden. Dazu eignet sich die Excel-Funktion VERKETTEN.

Erstellen Sie mit Hilfe des Funktionsassistenten die folgende Formel. Die Formel für die Zelle I3 lautet: `=VERKETTEN(B3&", "&C3&", "&D3)`.

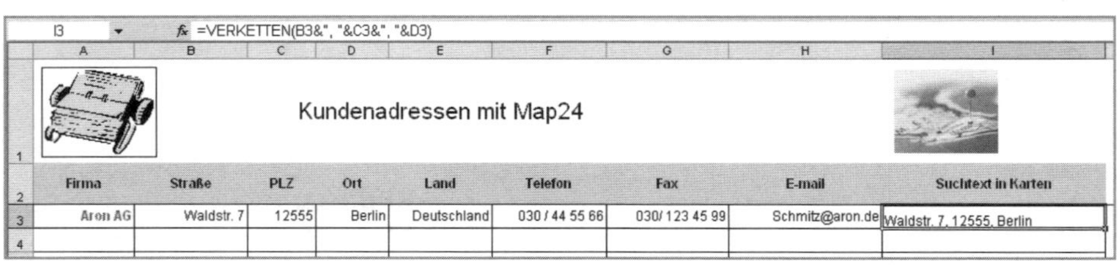

I3 =VERKETTEN(B3&", "&C3&", "&D3)

Kundenadressen mit Map24

Firma	Straße	PLZ	Ort	Land	Telefon	Fax	E-mail	Suchtext in Karten
Aron AG	Waldstr. 7	12555	Berlin	Deutschland	030 / 44 55 66	030/ 123 45 99	Schmitz@aron.de	Waldstr. 7, 12555, Berlin

Bild 1.13: Die Funktion VERKETTEN setzt die Anschriftenfelder zusammen.

Das Ergebnis für den ersten Kunden in der Zeile 3: `Waldstr. 7, 12555 Berlin`.

Wenn Sie Susi zum ersten Mal besuchen, können Sie sich die Adresse auf einer der Webseiten anschauen oder einen Routenplan von Ihrer Wohnung zur Zieladresse erstellen.

Adresse im Internet suchen

Um mit dem Ergebnis eine Adresse im Web zu suchen, öffnen Sie den Webbrowser und schalten beispielsweise zur Seite von Map 24. Geben Sie dazu die Adresse *www.map24.de* ein.

Im oberen Bereich finden Sie ein Eingabefeld, in das Sie die berechnete Adresse aus der berechneten Zelle I3 hineinkopieren können.

Klicken Sie auf den Link *Suchen,* um die Adresse anzuzeigen.

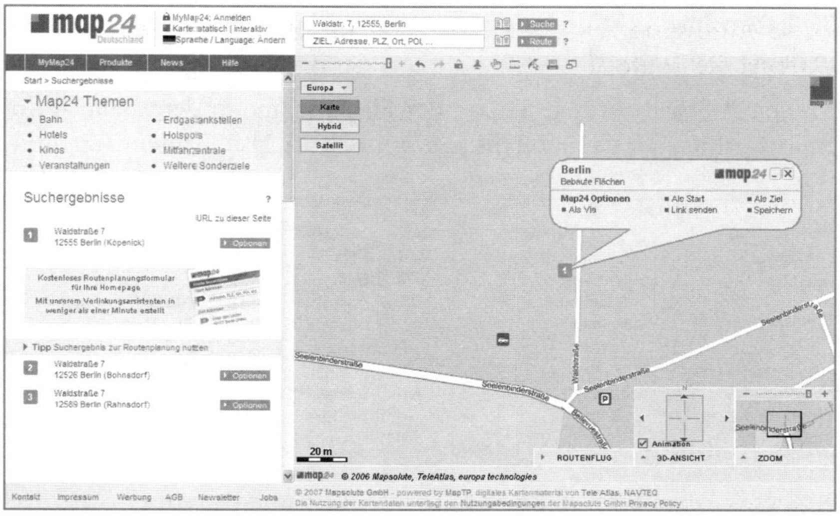

Bild 1.14: Die Zieladresse auf der Landkarte

Für viele Gebiete ist auch die Darstellung als Satellitenbild oder als sogenanntes Hybridbild möglich.

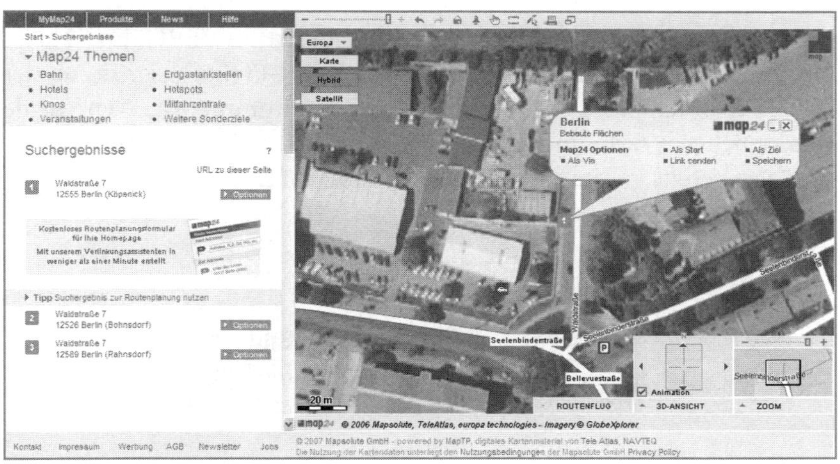

Bild 1.15: Die Sicht als Brieftaube auf das Ziel

Weitere Karten für die Adresssuche sind: *www.falk.de, www.lycos.de, www.klicktel.de*

1.5 Doppelte Adressen anzeigen lassen

Kategorie: Adressen

Dateiname: DOPPELTE ADRESSEN.XLS

Schwierigkeitsgrad: ❋❋❋

Sie haben eine recht umfangreiche Liste mit Adressen und möchten nun wissen, welche Adressen Sie in dieser Liste doppelt haben.

Im ersten Schritt prüfen Sie, ob der Firmenname in der Spalte A doppelt vorkommt. Im nächsten Schritt prüfen wir dann, ob die ganze Anschrift, also Firmenname und Anschrift, doppelt vorkommt.

	A	B	C	D	E	F
1	Firma	Straße	PLZ	Ort	Telefon	Doppelt?
2	Aron AG	Bahndamm 1	50767	Köln	0221 123 45 67	
3	Beta GmbH	Moorweg 44	13509	Berlin	030/78 67 56	
4	Aron AG	Bahndamm 1	50767	Köln	0221 123 45 67	Doppelt
5	Cäsar AG	Hauptstr. 1	40221	Düsseldorf	0221/45 33 11	
6	DeTaGo GmbH	Tivolistr. 1	53225	Bonn	02251/48 67 45	
7	Elefant GmbH	Gärtnerstr. 12	60525	Frankfurt	069/88 342	
8	Aron AG	Hauptstr. 1	45123	Düsseldorf	0211/7847	Doppelt
9	Hummel GmbH	Jahnstr. 2	70176	Stuttgart	0651/57 46 58	
10	Igel AG	Godesb. Allee 12	53111	Bonn	0228/490 12	

Bild 1.16: Die doppelten Firmennamen werden gefunden.

Doppelte Firmennamen finden

Im ersten Schritt suchen wir nur doppelte Einträge in der Spalte A.

- Markieren Sie die Zelle F2 und geben Sie die folgende Funktion ein:
  `=WENN(VERGLEICH(A2;A:A;0)=ZEILE();"";"Doppelt")`

Die Funktion ZEILE() zeigt nur die Nummer der aktuellen Zeile an. Die Funktion VERGLEICH zeigt bei gleichen Inhalten die Zeilennummer der ersten Fundstelle an. Die WENN-Funktion prüft, ob der Wert, den die Funktion VERGLEICH ermittelt hat, gleich der aktuellen Zeilennummer ist. Wenn beide Zahlen gleich sind, gibt es keine doppelten Werte und Excel schreibt nichts. Bei ungleichen Zeilennummern kommt der Wert in der Liste bereits vor und Excel schreibt den Text *Doppelt.*

F2 fx =WENN(VERGLEICH(A2;A:A;0)=ZEILE();"";"Doppelt")

	A	B	C	D	E	F
1	Firma	Straße	PLZ	Ort	Telefon	Doppelt?
2	Aron AG	Bahndamm 1	50767	Köln	0221 123 45 67	
3	Beta GmbH	Moorweg 44	13509	Berlin	030/78 67 56	
4	Aron AG	Bahndamm 1	50767	Köln	0221 123 45 67	Doppelt
5	Cäsar AG	Hauptstr. 1	40221	Düsseldorf	0221/45 33 11	
6	DeTaGo GmbH	Tivolistr. 1	53225	Bonn	02251/48 67 45	

Bild 1.17: Die Funktion, um doppelte Zellinhalte zu finden

Ganze Adressen vergleichen

Im oberen Beispiel kommt der Firmennamen Aron AG dreimal vor, aber einmal mit einer anderen Adresse. Das Prüfen nur nach Firmennamen ist also nicht so aussagekräftig. In diesem Beispiel werden wir die Adresse in einer Zelle zusammenfassen.

1. Akivieren Sie das Tabellenblatt *Adressen (2)*, markieren Sie die Zelle F2 und geben die folgende Funktion ein: `=A2&" "&B2&" "&C2&" "&D2`.

Damit die Adresse trotz allem noch lesbar ist, haben wir zwischen jeder Zelle ein Leerzeichen eingefügt. Der Arbeitsauftrag lautet also: Nehmen Sie den Inhalt der Zelle A2, füge ein Leerzeichen ein, nehmen Sie den Inhalt der Zelle B2, füge ein Leerzeichen ein usw.

Das &-Zeichen verknüpft die Zelleinhalte mit den Leerzeichen.

2. Kopieren Sie diese Funktion nach unten.

F2 fx =A2&" "&B2&" "&C2&" "&D2

	A	B	C	D	E	F
1	Firma	Straße	PLZ	Ort	Telefon	Ganze Adressen
2	Aron AG	Bahndamm 1	50767	Köln	0221 123 45 67	Aron AG Bahndamm 1 50767 Köln
3	Beta GmbH	Moorweg 44	13509	Berlin	030/78 67 56	Beta GmbH Moorweg 44 13509 Berlin
4	Aron AG	Bahndamm 1	50767	Köln	0221 123 45 67	Aron AG Bahndamm 1 50767 Köln
5	Cäsar AG	Hauptstr. 1	40221	Düsseldorf	0221/45 33 11	Cäsar AG Hauptstr. 1 40221 Düsseldorf
6	DeTaGo GmbH	Tivolistr. 1	53225	Bonn	02251/48 67 45	DeTaGo GmbH Tivolistr. 1 53225 Bonn
7	Elefant GmbH	Gärtnerstr. 12	60525	Frankfurt	069/88 342	Elefant GmbH Gärtnerstr. 12 60525 Frankfurt
8	Aron AG	Hauptstr. 1	45123	Düsseldorf	0211/7847	Aron AG Hauptstr. 1 45123 Düsseldorf

Bild 1.18: Den Inhalt von mehreren Zellen in einer Zelle anzeigen

Jetzt steht in der Spalte F der Wert, den wir vergleichen müssen.

3. Markieren Sie die Zelle G2 und geben Sie die folgende Funktion ein:
`=WENN(VERGLEICH(F2;F:F;0)=ZEILE();"";"Doppelt")`

G2 fx =WENN(VERGLEICH(F2;F:F;0)=ZEILE();"";"Doppelt")

	A	B	C	D	E	F	G	H
1	Firma	Straße	PLZ	Ort	Telefon	Ganze Adressen	Doppelt?	
2	Aron AG	Bahndamm 1	50767	Köln	0221 123 45 67	Aron AG Bahndamm 1 50767 Köln		
3	Beta GmbH	Moorweg 44	13509	Berlin	030/78 67 56	Beta GmbH Moorweg 44 13509 Berlin		
4	Aron AG	Bahndamm 1	50767	Köln	0221 123 45 67	Aron AG Bahndamm 1 50767 Köln	Doppelt	
5	Cäsar AG	Hauptstr. 1	40221	Düsseldorf	0221/45 33 11	Cäsar AG Hauptstr. 1 40221 Düsseldorf		
6	DeTaGo GmbH	Tivolistr. 1	53225	Bonn	02251/48 67 45	DeTaGo GmbH Tivolistr. 1 53225 Bonn		
7	Elefant GmbH	Gärtnerstr. 12	60525	Frankfurt	069/88 342	Elefant GmbH Gärtnerstr. 12 60525 Frankfurt		
8	Aron AG	Hauptstr. 1	45123	Düsseldorf	0211/7847	Aron AG Hauptstr. 1 45123 Düsseldorf		
9	Hummel GmbH	Jahnstr. 2	70176	Stuttgart	0651/57 46 58	Hummel GmbH Jahnstr. 2 70176 Stuttgart		
10	Igel AG	Godesb. Allee 12	53111	Bonn	0228/490 12	Igel AG Godesb. Allee 12 53111 Bonn		
11	Jupitter KG	Militaerring 45	50776	Köln	0221/46 12 34	Jupitter KG Militaerring 45 50776 Köln		
12	Klampf AG	Schadowstr. 45	40468	Düsseldorf	0211/45 63 51	Klampf AG Schadowstr. 45 40468 Düsseldorf		

Bild 1.19: Jetzt werden nur doppelte Adressen gefunden.

Jetzt wird der Inhalt der Zelle F2 mit den Inhalten der ganzen Spalte F verglichen.

Nur die doppelten Werte anzeigen

Wenn Sie sich jetzt nur die doppelten Adressen anzeigen lassen möchten, nutzen Sie den AutoFilter.

1. Markieren Sie die Überschriften der Tabelle und wählen Sie *Daten/Filter/AutoFilter.*

2. Klappen Sie an der Zelle G1 die Liste auf und wählen Sie den Eintrag *Doppelt.*

	A	B	C	D	E	F	G
1	Firma	Straße	PLZ	Ort	Telefon	Ganze Adressen	Doppelt?
4	Aron AG	Bahndamm 1	50767	Köln	0221 123 45 67	Aron AG Bahndamm 1 50767 Köln	Doppelt
20	Igel AG	Godesb. Allee 12	53111	Bonn	0228/490 12	Igel AG Godesb. Allee 12 53111 Bonn	Doppelt
21							

Bild 1.20: Die gefilterte Liste der doppelten Adressen

Mit dieser Funktion können Sie sich alle doppelten Werte in einer Liste anzeigen lassen.

2 Analysen

2.1 ABC-Analyse: Auswertung nach Filialen

Kategorie: Analysen

Dateiname: ABC ANALYSE1.XLS

Schwierigkeitsgrad: ❋ ❋ ❋

	A	B	C	D	E
1	ABC-Auswertung nach Filialen				
2					
3	Wert	Anteil am Umsatz			
4	A	70%			
5	B	20%			
6	C	10%			
7					
8	ABC	Filialen	Umsatz	Anteil in %	Kumulierten Umsatz in %
9	A	Berlin	1.859.600,00 €	17,86%	17,86%
10	A	München	1.589.630,00 €	15,27%	33,12%
11	A	Hamburg	1.470.000,00 €	14,12%	47,24%
12	A	Köln	1.256.000,00 €	12,06%	59,30%
13	A	Düsseldorf	980.789,00 €	9,42%	68,72%
14	B	Bremen	750.000,00 €	7,20%	75,92%
15	B	Essen	350.500,00 €	3,37%	79,29%
16	B	Dresden	280.700,00 €	2,70%	81,98%
17	B	Bonn	260.235,00 €	2,50%	84,48%
18	B	Hagen	260.235,00 €	2,50%	86,98%
19	B	Neuss	258.962,00 €	2,49%	89,47%
20	C	Stralsund	169.800,00 €	1,63%	91,10%

Bild 2.1: Die Tabelle, die zur ABC-Analyse verwendet wird

Die ABC-Analyse ist ein Untersuchungsverfahren, das Unternehmen anwenden, um zu ermitteln, welche Produkte oder Kunden etc. am stärksten am Umsatz beteiligt sind (A) und welche am wenigsten (C).

In diesem Beispiel wollen wir ermitteln, welche Filialen 70 %, welche 20 % und welche nur 10 % Anteil am Gesamtumsatz haben. So können wir bewerten, welche Filialen am rentabelsten sind.

Sie müssen nur darauf achten, dass diese Tabelle nach den Umsätzen in Spalte C absteigend sortiert ist.

In der Zeile 30 finden Sie die Gesamtsummen der Spalten C und D.

Anteil in Prozent

Nachdem Sie die Filialen und den Umsatz eingegeben haben, müssen Sie den prozentualen Anteil am Gesamtumsatz ermitteln.

Dazu teilen Sie den Umsatz jeder Filiale durch den Gesamtumsatz, formatieren das Ergebnis in Prozent und weisen zusätzlich noch zwei Dezimalstellen hinzu.

1. Setzen Sie den Cursor in die Zelle D9 und geben Sie den folgenden Rechenschritt ein: `=C9/$C$30`.

Da die Funktion nach unten kopiert werden soll, machen Sie die Zelle C30 durch Drücken von [F4] fest.

2. Nachdem Sie [Eingabe] gedrückt haben, markieren Sie die Zelle erneut und weisen ihr das Prozent-Format zu, indem Sie auf die Schaltfläche % klicken.

3. Kopieren Sie diese Funktion jetzt nach unten.

Kumulierter Umsatz in Prozent

Kumulieren bedeutet, dass Werte aufaddiert werden. Der alte Begriff lautet »Häufeln«, zu etwas Vorhandenem kommt etwas Neues hinzu.

1. Für die erste Zelle in E9 holen Sie sich den Wert aus D9. Geben Sie dazu in E9 die folgende Funktion ein: `=D9`.
2. In der Zelle E10 sollen jetzt die Werte von E9 und D10 addiert werden. Markieren Sie dazu die Zelle E10 und geben Sie die folgende Funktion ein: `=E9+D10`.
3. Kopieren Sie die Formel nach unten.

Einteilung in A, B oder C

Jetzt können Sie prüfen, welche Filialen im Bereich A oder B oder C liegen.

1. Setzen Sie den Cursor in Zelle A9 und geben Sie die folgende Funktion ein:
   `=WENN(E9<=70%;"A";WENN(E9<=90%;"B";"C"))`

Wenn der Wert von E9 kleiner oder gleich 70 % ist, dann schreibe ein A, wenn der Wert von E9 kleiner oder gleich 90 % ist, dann schreibe B, ansonsten schreibe C.

2. Kopieren Sie die Funktion nach unten.

Sie erkennen jetzt, dass von den 21 Filialen die fünf Filialen Berlin, München, Hamburg, Köln und Düsseldorf zusammen 70 % des Gesamtumsatzes ausmachen.

Ein Diagramm

In einem Diagramm können Sie jetzt noch besser erkennen, welche Filialen die umsatzstärksten sind.

1. Markieren Sie mit gedrückter [Strg]-Taste die Zellen von A8 bis B29 und E8 bis E29.
2. Drücken Sie nun die Taste [F11].

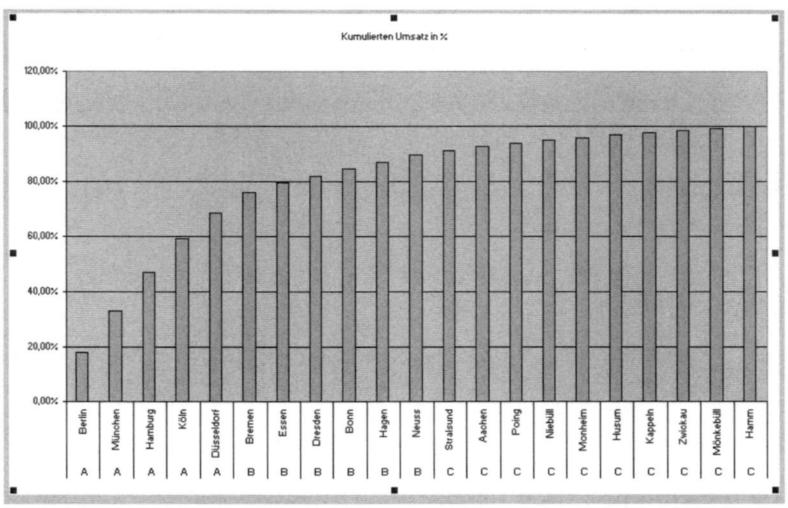

Bild 2.2: Das Diagramm zur Analyse

2.2 ABC-Analyse: Umsatz der Produkte

Kategorie: Analysen

Dateiname: ABC ANALYSE2.XLS

Schwierigkeitsgrad: ❋❋❋❋

	A	B	C	D	E	F	G	H
1	ABC Analyse							
2								
3	Position	Produkt	Umsatz	Anteil in %	Kumulierter Anteil		Wert	ABC Kriterien
4	A	Produkt C	4.918.000,00 €	30,89%	30,89%		A	85%
5	A	Produkt A	4.650.000,00 €	29,20%	60,09%		B	10%
6	A	Produkt G	3.128.000,00 €	19,65%	79,74%		C	5%
7	B	Produkt K	890.000,00 €	5,59%	85,33%			
8	B	Produkt B	580.000,00 €	3,64%	88,97%			
9	B	Produkt D	470.000,00 €	2,95%	91,92%			
10	B	Produkt E	330.000,00 €	2,07%	94,00%			
11	C	Produkt J	240.000,00 €	1,51%	95,50%			
12	C	Produkt I	201.000,00 €	1,26%	96,77%			
13	C	Produkt L	190.000,00 €	1,19%	97,96%			
14	C	Produkt H	179.000,00 €	1,12%	99,08%			
15	C	Produkt F	146.000,00 €	0,92%	100,00%			
16			15.922.000,00 €	100,00%				

Bild 2.3: Eine ABC-Analyse mit variablen Werten

In diesem Beispiel wollen wir ermitteln, welche Produkte 85 %, welche 10 % und welche nur 5 % Anteil am Gesamtumsatz haben.

Die Werte, die automatisch in die Spalte A eingetragen werden, sollen aus den Zellen G4 bis G6 genommen werden. Die Werte zur Berechnung der Position stehen in den Zellen H4 bis H6. Diese Werte können Sie schnell ändern und so Ihre Auswertung anpassen.

Wie Sie die Anteile in Prozent und den kumulierten Umsatz in Prozent errechnen, wurde bereits im vorherigen Kapitel ABC Analyse 1 beschrieben.

ABC

Im nächsten Schritt ermitteln Sie, in welche Gruppe der Datensatz gehört.

1. Markieren Sie die Zelle A4 und geben Sie die folgende Funktion ein:
`=WENN(E4<=$H$4;$G$4;WENN(UND(E4>$H$4;E4<$H$4+$H$5);$G$5;$G$6))`

Wenn in E4 ein Wert steht, der kleiner oder gleich dem Wert in H4 ist, dann nimm den Wert aus G4, also den Buchstaben A.

Die zweite WENN-Funktion ist schon etwas anspruchsvoller:
`WENN(UND(E4>$H$4;E4<$H$4+$H$5);$G$5`

Wenn in E4 ein Wert steht, der größer H4, also größer 85 % und kleiner als 95 % ist, dann wird der Inhalt von G5, also B genommen. Die 95 % errechnen sich aus der Addition der Zelle H4 und H5.

Wenn nichts zutrifft, dann nimm den Inhalt der Zelle G6, den Buchstaben C.

Da die Funktion nach unten kopiert werden soll, machen Sie die Zellen H4, H5, G4, G5 und G6 durch Drücken von [F4] fest.

2. Kopieren Sie die Formel nach unten.

Ein Diagramm

In einem Diagramm können Sie jetzt noch besser erkennen, welche Produkte die umsatzstärksten sind.

1. Markieren Sie mit gedrückter `Strg`-Taste die Zellen von A3 bis B15 und E3 bis E15.
2. Drücken Sie nun die Taste `F11`. Zu Beginn erhalten Sie das Standardsäulendiagramm.
3. Wählen Sie jetzt am Listenpfeil der Schaltfläche *Diagrammtyp* das *Liniendiagramm* aus.

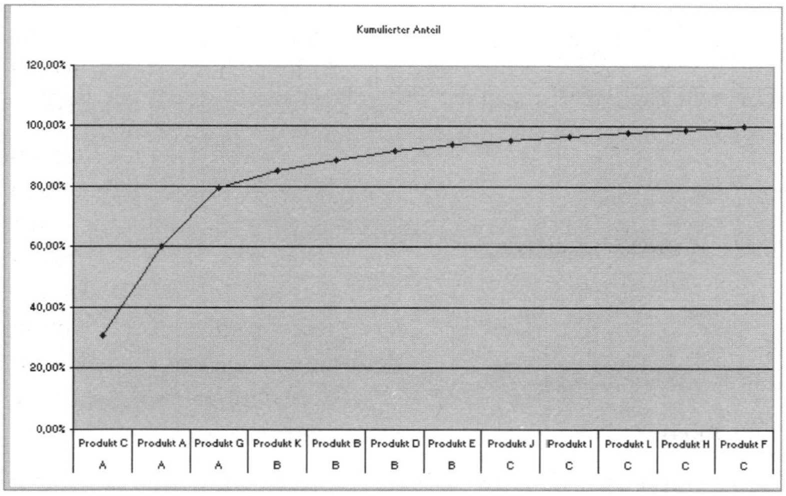

Bild 2.4: Das Liniendiagramm zur ABC-Analyse

Zur besseren Darstellung können Sie jetzt noch die Grenzen der Produkte mit einigen Zeichnen-Objekten ins Diagramm zeichnen.

Wir haben eine Linie mit gedrückter `Umschalt`-Taste gezogen. Durch das Halten der `Umschalt`-Taste wurde die Linie gerade. Dann haben wir sie dicker gestaltet. Die Line haben wir kopiert und an die gewünschte Stelle verschoben. Die Buchstaben wurden in Textfelder eingetippt. Auch hier wurde die Schriftgröße verändert. Dann wurde auch das Textfeld kopiert.

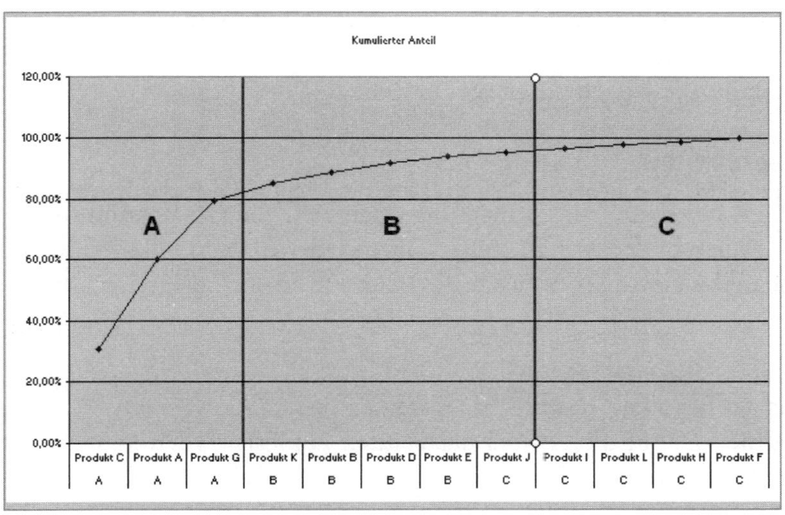

Bild 2.5: Das Liniendiagramm mit einigen Zeichnen-Elementen zur besseren Darstellung

2.3 Bevölkerungsstatistik anhand des Rhein-Sieg-Kreises

Kategorie: Analysen

Dateiname: BEVÖLKERUNGSSTATISTIK.XLS

Schwierigkeitsgrad: ❋❋

In dieser Tabelle zeigen wir am Beispiel des Rhein-Sieg-Kreises eine Bevölkerungsstatistik. In den Spalten B und C wird die Fläche in km² sowie die Anzahl der Bevölkerung für die einzelnen Gemeinden eingegeben.

In den Spalten D und E stehen die Formeln zur Berechnung der Einwohner je km² sowie die Berechnung des prozentualen Anteils. Die prozentuale Verteilung wird unterhalb der Tabelle noch durch ein Kreisdiagramm veranschaulicht.

Bevölkerungsstatistik des Rhein-Sieg-Kreises

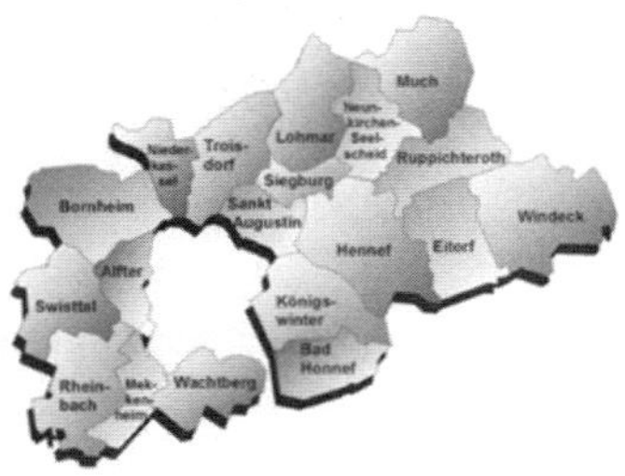

Hier eine Verteilung der
Bevölkerung der
19 Städten und Gemeinden
im Rhein-Sieg-Kreis

Stand: 01.01.2003

Stadt/Gemeinde	Fläche in km²	Bevölkerung	Einw je km²	Anteil in %
Alfter	34,73	19.328	556,52	4%
Bad Honnef	48,30	24.579	508,88	4%
Bornheim	82,74	40.956	495,00	7%
Eitorf	70,08	18.380	262,27	3%
Hennef	105,80	39.150	370,04	7%
Königswinter	76,19	37.252	488,94	7%

Bild 2.6: Bevölkerungsstatistik des Rhein-Sieg-Kreises

Einwohner je km² berechnen

Die Einwohner je km² berechnen sich aus Anzahl der Bevölkerung durch die Fläche in km². Geben Sie die folgende Formel ein und kopieren Sie diese nach unten bis zur Zelle D34: `=C16/B16`.

Gesamtzahl der Bevölkerung berechnen

Um den Anteil in Prozent in Spalte F berechnen zu können, benötigen wir die Gesamtsumme der Bevölkerung in allen Gemeinden. Daher bilden wir in Zelle C35 mit der SUMME-Funktion die Summe aller Gemeinden. Geben Sie in der gewünschten Zelle die Funktion ein: `=SUMME(C16:C34)`.

Anteil in Prozent berechnen

Der *Anteil in %* in Spalte E wird aus der Bevölkerungszahl der einzelnen Gemeinden geteilt durch die Gesamtzahl aller Gemeinden berechnet. Damit die Formel nach unten kopiert werden kann, muss die Gesamtzahl aller Gemeinden über die Taste [F4] absolut gesetzt werden. Geben Sie also die folgende Formel ein: `=C16/$C$35`.

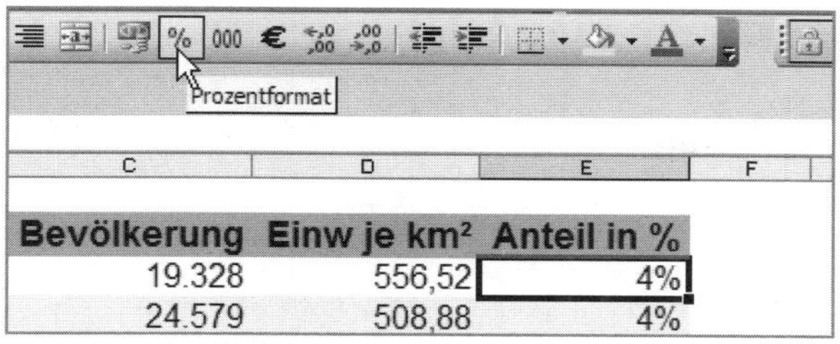

Bild 2.7: Schalter *Prozentformat* in der Symbolleiste *Format*

Das Ergebnis einer Division wird standardmäßig als Dezimalzahl ausgegeben. So wird in unserem Beispiel als Ergebnis in Zelle E16 die Zahl 0,035 ausgegeben. Formatieren Sie die Dezimalzahl durch den Schalter *Prozentformat* in der Symbolleiste *Format* auf eine Prozentzahl um, erhalten Sie den Wert 4 % für die Zelle E16.

Kopieren Sie die Formel aus E16 nach unten bis zur Zelle E34.

Kreisdiagramm erstellen

1. Um die prozentuale Verteilung als 3D-Kreisdiagramm darzustellen, markieren Sie die Bereiche A16:A34 und E16:E34 mit gedrückter [STRG]-Taste.
2. Aktivieren Sie den Diagrammassistenten und wählen Sie den 3D-Kreis aus:
3. Klicken Sie auf die Schaltfläche *Weiter* bis zum Schritt 3 und aktivieren Sie hier das Kontrollkästchen *Prozentsatz* im Bereich *Beschriftung enthält.*
4. Im Schritt 4 entscheiden Sie, wo das Diagramm erscheint, und über die Schaltfläche *Fertig stellen* schließen Sie die Diagrammerstellung ab.

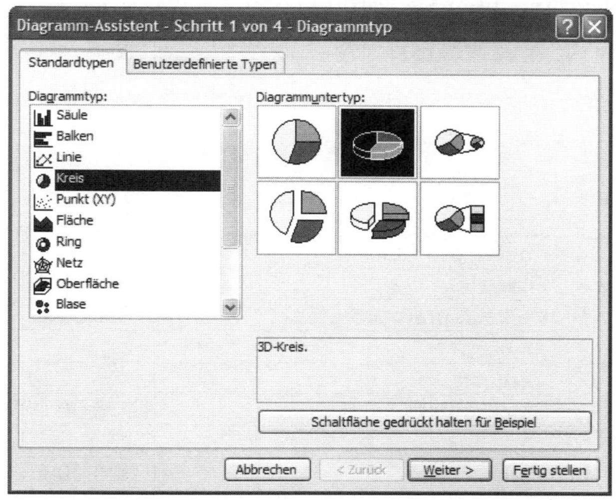

Bild 2.8: Schritt 1 von 4 des Diagrammassistenten

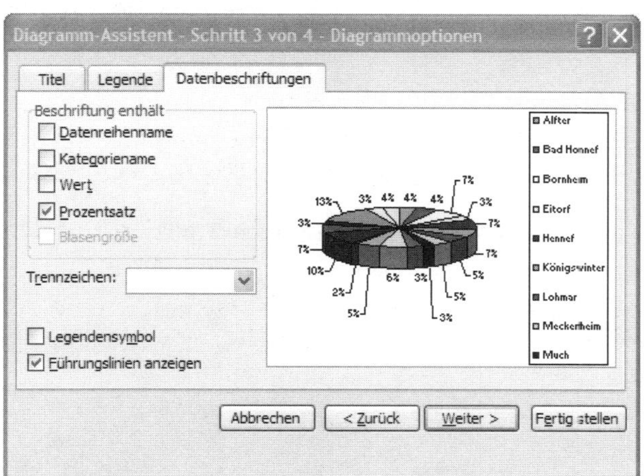

Bild 2.9: Schritt 3 von 4 des Diagrammassistenten

2.4 Break-Even-Analyse: Wo liegt die Gewinnzone?

Kategorie: Analysen

Dateiname: BREAK EVEN.XLS

Schwierigkeitsgrad: ❋❋❋

Als Produzent eines bestimmten Artikels haben Sie Materialkosten in Höhe von 50 Euro, dieser Wert steht in Zelle B4.

Die Fixkosten, beispielsweise Personalkosten, liegen bei 8000 Euro. Dieser Wert steht in Zelle B5.

Der Verkaufspreis soll 100 Euro pro Stück betragen.

Jetzt möchten Sie ermitteln, ab wie viel Stück die Gewinnzone erreicht wird. Der Break-Even-Punkt ist die Stückzahl, die Sie verkaufen müssen, um keinen Verlust zu machen.

	A	B
1	Break even Analyse	
2		
3		
4	Kosten pro Stück	50,00 €
5	Fixkosten	8.000,00 €
6	Verkaufspreis pro Stück	100,00 €
7		
8	Verkauft	160
9	Stückkosten	8.000,00 €
10		
11	Verkaufserlös	16.000,00 €
12		
13	Gewinn	- €
14		

Bild 2.10: Eine Break-Even-Analyse errechnet, wie viele Artikel Sie verkaufen müssen, um keinen Verlust zu machen.

Die Berechnungen

▲ Die Stückkosten

In der Zelle B9 werden die Stückkosten ermittelt, also die verkaufte Stückzahl multipliziert mit den Kosten pro Stück.

Markieren Sie die Zelle B9 und geben dort den folgenden Rechenschritt ein:

```
=B8*B4
```

Der Verkaufserlös

In der Zelle B11 wird der Verkaufserlös berechnet. Hier werden die verkauften Stück mit dem Verkaufspreis multipliziert.

1. Markieren Sie die Zelle B11 und geben Sie dort die folgende Funktion ein: `=B8*B6`.

Der Gewinn

Als letzten Schritt wollen wir jetzt den Gewinn ermitteln. Dieser errechnet sich folgendermaßen:

`Verkaufserlös - Stückkosten - Fixkosten.`

1. Markieren Sie die Zelle B13 und geben Sie dort die folgende Funktion ein: `=B11-B9-B5`.

Die folgende Abbildung zeigt die erste Berechnung mit den Funktionen neben den entsprechenden Zellen.

B13 | fx =B11-B9-B5

	A	B	C
1	Break even Analyse		
2			
3			
4	Kosten pro Stück	50,00 €	
5	Fixkosten	8.000,00 €	
6	Verkaufspreis pro Stück	100,00 €	
7			
8	Verkauft	50	
9	Stückkosten	2.500,00 €	=B8*B4
10			
11	Verkaufserlös	5.000,00 €	=B8*B6
12			
13	Gewinn	- 5.500,00 €	=B11-B9-B5

Bild 2.11: Wenn Sie nur 50 Stück des Artikels verkaufen, bleiben Sie in der Verlustzone.

Ändern Sie einfach die Zahl in Zelle B8. Sie können durch diese Eingabe testen, wo der Break-Even-Punkt bei diesem Produkt liegt.

B8 | fx 1000

	A	B
7		
8	Verkauft	1.000
9	Stückkosten	50.000,00 €
10		
11	Verkaufserlös	100.000,00 €
12		
13	Gewinn	42.000,00 €
14		

Bild 2.12: Beim Verkauf von 1000 Stück beträgt der Gewinn 42.000 Euro.

In diesem Beispiel liegt der Break-Even-Punkt bei 160. Alles, was Sie ab jetzt mehr verkaufen, bringt Sie weiter in die Gewinnzone.

2.5 Deckungsbeitragsrechnung: Unternehmensgewinn

Kategorie: Analysen

Dateiname: DECKUNGSBEITRAG.XLS

Schwierigkeitsgrad: ❋❋❋

	A	B	C
1	Deckungsbeitragsrechnung für unsere Surfbretter		
2			
3			**Modell A**
4	**Umsatz**		750.000,00 €
5			
6	**Personalkosten**		70.000,00 €
7		Sozialabgaben	7.000,00 €
8		Renten	500,00 €
9		sonst. Personalkosten	400,00 €
10	**Personalkosten Summe**		**77.900,00 €**
11			
12	**Rohstoff1**		25.000,00 €
13		Verbrauchsmaterial	- €
14		Maschinenkosten	7.500,00 €
15	**Materialkosten Summe**		**32.500,00 €**
16			
17	**Werbung**		600,00 €
18		Porto	50,00 €
19	**Werbung Summe**		**650,00 €**
20			
21	**Produktkosten**		**111.050,00 €**
22			
23	**Deckungsbeitrag 1 (vor Steuern)**		**638.950,00 €**
24			
25	**Steuern**		**121.400,50 €**
26			
27	**Deckungsbeitrag 2**		**517.549,50 €**
28			
29	**Unternehmensgewinn**		**232.450,50 €**
30			

Bild 2.13: Die Gewinn- und Verlustrechnung für ein Surfbrett

Die Deckungsbeitragsrechnung ist ein Verfahren zur Ermittlung des Gewinns eines Unternehmens.

In unserem Beispiel betrachten wir ein Surfbrett, das wir produzieren. Wir haben den Umsatz und alle Kosten gegenübergestellt.

In den gelben (hellgrauen) Zellen (C4, C6 bis C9, C12 bis C14 und C17 und C18) werden die genannten Werte eingetippt.

Die Tabelle gegebenenfalls erweitern

Sie möchten mit dieser Tabelle arbeiten, aber bei den Personalkosten einen weiteren Punkt, beispielsweise *Zeitarbeit*, einfügen. Führen Sie die folgenden Schritte durch:

1. Klicken Sie mit der rechten Maustaste auf die Zeilennummer der Zeile, über der Sie eine neue Zeile einfügen möchten.
2. Wählen Sie den Befehl *Zellen einfügen.*

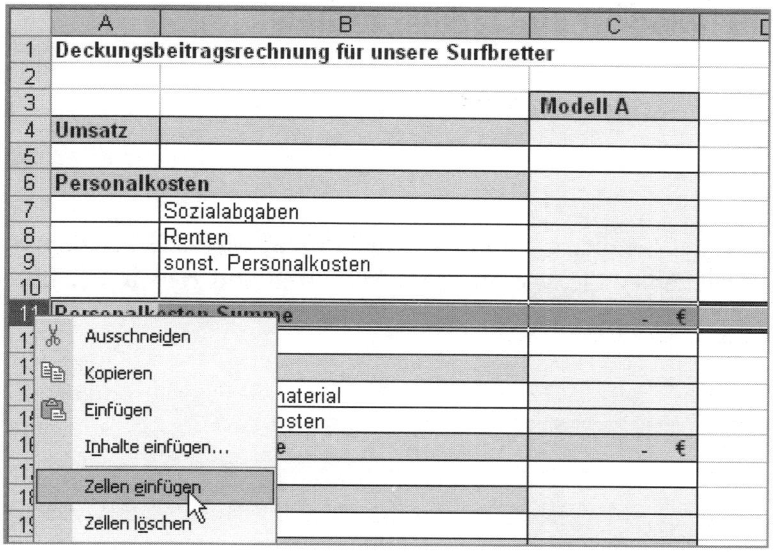

Bild 2.14: Die Tabelle erweitern, wenn weitere Kosten eingegeben werden müssen

Geben Sie jetzt den Namen der Kosten und den Wert ein. Wenn Sie eine Zeile entfernen möchten, klicken Sie mit der rechten Maustaste auf die Zeilennummer der Zeile, die Sie löschen möchten, und wählen den Befehl *Zellen löschen.*

Die Summen

Nachdem Sie die Tabelle nach Ihren Wünschen angepasst haben, bilden Sie die Ergebnisse.

Wenn Sie jetzt die Summen der einzelnen Kostenblöcke bilden möchten, setzen Sie den Cursor in die gewünschte Zelle und klicken auf die Schaltfläche *AutoSumme* [Σ]. Kontrollieren Sie, ob Excel alle gewünschten Zellen markiert, und bestätigen Sie durch Drücken von [Eingabe].

Die Produktkosten bilden Sie über die manuelle Summenfunktion. Tippen Sie zu Beginn ein Gleichheitszeichen [=] ein. Klicken Sie dann auf die erste Kostensumme, tippen Sie anschließend das [+] und dann auf die nächste Kostensumme. Führen Sie diese Schritte so lange durch, bis Sie alle Kostensummen ausgewählt haben. In diesem Beispiel steht in der Zelle C21 die folgende Funktion:
`=C10+C15+C19`

Der Deckungsbeitrag 1 vor Steuern errechnet sich folgendermaßen: Umsatz – Produktkosten. In diesem Beispiel also: `=C4-C21`.

Die Steuern werden in der Zelle C25 errechnet, der Deckungsbeitrag 1 multipliziert mit 19 %.
`=C23*19%`

Um den Deckungsbeitrag 2 in der Zelle C27 zu ermitteln, ziehen Sie die Steuer vom Deckungsbeitrag 1 ab.
`=C23-C25`

Der Unternehmensgewinn errechnet sich jetzt folgendermaßen: Gewinn – Deckungsbeitrag 2.
`=C4-C27`

Sie können diese Tabelle jederzeit erweitern, das heißt, neben dem bereits beschriebenen Hinzufügen von Kostenarten können Sie beispielsweise auch noch einen Deckungsbetrag 3 einfügen.

2.6 Geschlechterverteilung: Männer und Frauen zählen

Kategorie: Analysen

Dateiname: ANZAHL FRAUEN.XLS

Schwierigkeitsgrad: ❋❋❋

Sie haben eine Teilnehmerliste – z. B. eines Seminars – und möchten wissen, wie viele Teilnehmer Männer und wie viele Frauen sind. Dazu zählen Sie, wie oft die Wörter *Frau* und *Herr* in der Liste vorkommen.

Die folgende Abbildung zeigt ein Beispiel.

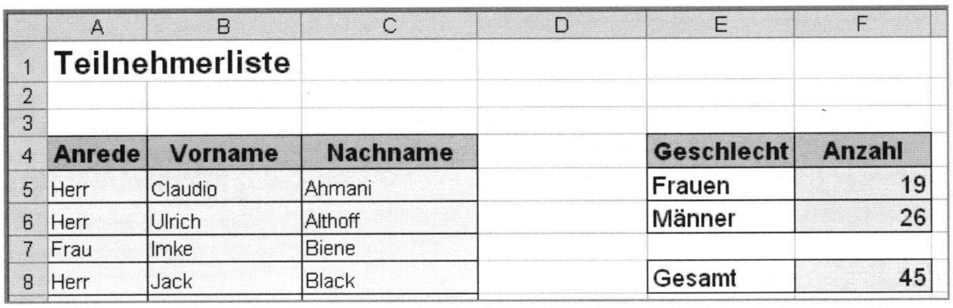

Bild 2.15: Das Ergebnis – die Anzahl der Frauen und die Anzahl der Männer

Die Funktion ZÄHLENWENN

Führen Sie nun die folgenden Schritte durch:

1. Setzen Sie den Cursor in die Zelle F5 und starten Sie den Funktionsassistenten.
2. Suchen Sie in der Kategorie *Alle* die Funktion ZÄHLENWENN.
3. Für das erste Feld *Bereich* markieren Sie die Zellen, in denen gesucht werden soll, ohne die Überschriften. In diesem Beispiel sind es die Zellen A5 bis A49, da dort die Anrede steht, nach der gezählt werden soll. Da diese Funktion gleich nach unten kopiert werden soll, machen Sie die Zellen durch Drücken der Taste [F4] fest.
4. Ins Feld *Suchkriterien* kommt das Wort, nach dem die oben markierten Zellen durchsucht werden sollen.

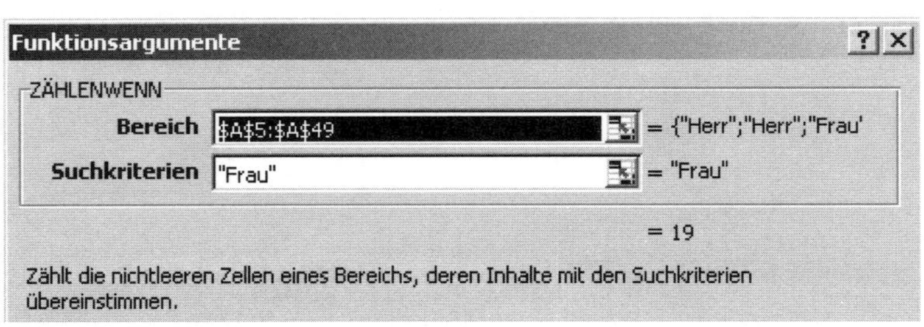

Bild 2.16: Der Funktionsassistent zählt die Frauen in der Liste

5. Bestätigen Sie die Funktion mit einem Klick auf *OK*.

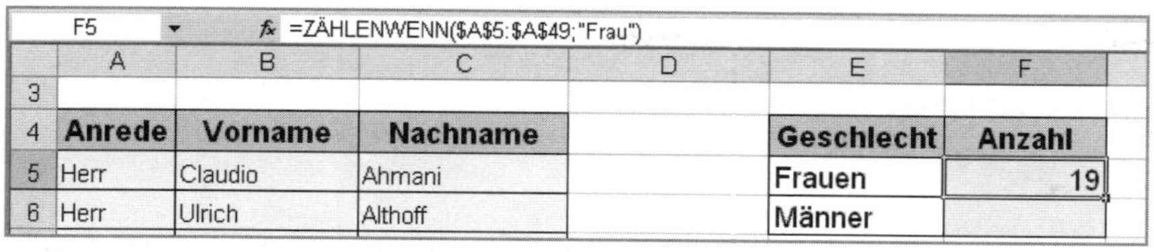

F5 =ZÄHLENWENN($A$5:$A$49;"Frau")

	A	B	C	D	E	F
3						
4	**Anrede**	**Vorname**	**Nachname**		**Geschlecht**	**Anzahl**
5	Herr	Claudio	Ahmani		Frauen	19
6	Herr	Ulrich	Althoff		Männer	

Bild 2.17: Die Funktion ZÄHLENWENN im Einsatz

6. Kopieren Sie diese Funktion eine Zeile nach unten.
7. Markieren Sie diese Zelle und machen Sie aus dem Wort *Frau* das Wort *Herr*.
8. Bilden Sie nun noch in der Zelle F8 die Summe der Zellen F5 und F6.

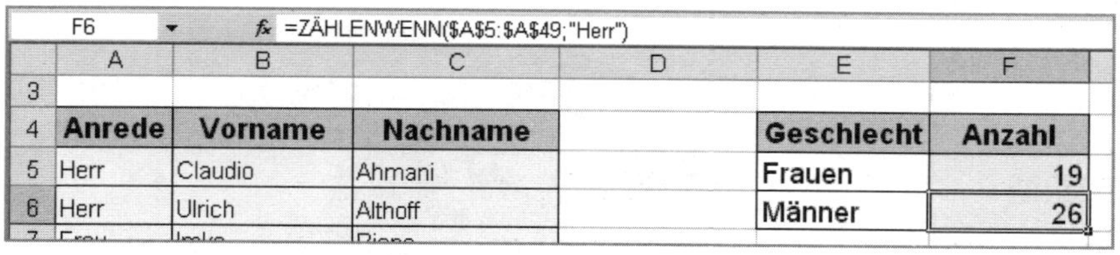

F6 =ZÄHLENWENN($A$5:$A$49;"Herr")

	A	B	C	D	E	F
3						
4	**Anrede**	**Vorname**	**Nachname**		**Geschlecht**	**Anzahl**
5	Herr	Claudio	Ahmani		Frauen	19
6	Herr	Ulrich	Althoff		Männer	26

Bild 2.18: Das Ergebnis: Die Anzahl der Männer und die Anzahl der Frauen, ermittelt durch die Funktion ZÄHLENWENN

Schnellerer Aufbau des Ergebnisses

Damit Sie nach dem Kopieren der Funktion nicht noch einmal in der Funktion ein Wort ändern müssen, können Sie den folgenden Tipp einsetzen:

1. Schreiben Sie anstelle der Wörter *Männer* bzw. *Frauen* die Wörter untereinander, nach denen Sie in der Liste suchen. In diesem Beispiel sind es die Wörter *Herr* bzw. *Frau*.
2. Starten Sie den Funktionsassistenten und öffnen Sie die Funktion ZÄHLENWENN.
3. Für das erste Feld *Bereich* markieren Sie die Zellen, in denen gesucht werden soll, ohne die Überschriften. In diesem Beispiel sind es die Zellen A5 bis A49, da dort die Anrede steht, nach der gezählt werden soll. Da diese Funktion gleich nach unten kopiert werden soll, machen Sie die Zellen durch Drücken der Taste [F4] fest.
4. Ins Feld *Suchkriterium* kommt jetzt die Zelle, in der der erste zu suchende Begriff steht. In diesem Beispiel ist es die Zelle H5 mit dem Wort *Frau*.
5. Kopieren Sie diese Funktion nach unten.

I5 =ZÄHLENWENN($A$5:$A$49;H5)

	G	H	I	J
3				
4		**Geschlecht**	**Anzahl**	
5		Frau	19	
6		Herr	26	

Bild 2.19: Der schnellere Aufbau

Mit Hilfe der Funktion ZÄHLENWENN können Sie Tabellen nach bestimmten Begriffen durchsuchen lassen und sich die Anzahl der Treffer anzeigen lassen.

2.7 Marktforschung: Marktanteile ermitteln am Beispiel Automarken

Kategorie: Analysen

Dateiname: ANTEIL VERKAUFTE AUTOS.XLS

Schwierigkeitsgrad: ❋❋❋

Sie möchten wissen, wie hoch der Anteil am Gesamtumsatz pro verkaufte Marke ist. Sie benötigen für diese Berechnung nur die Gesamtverkaufszahlen pro Marke.

Die folgende Abbildung zeigt das Ziel: die relative Häufigkeit pro Automarke.

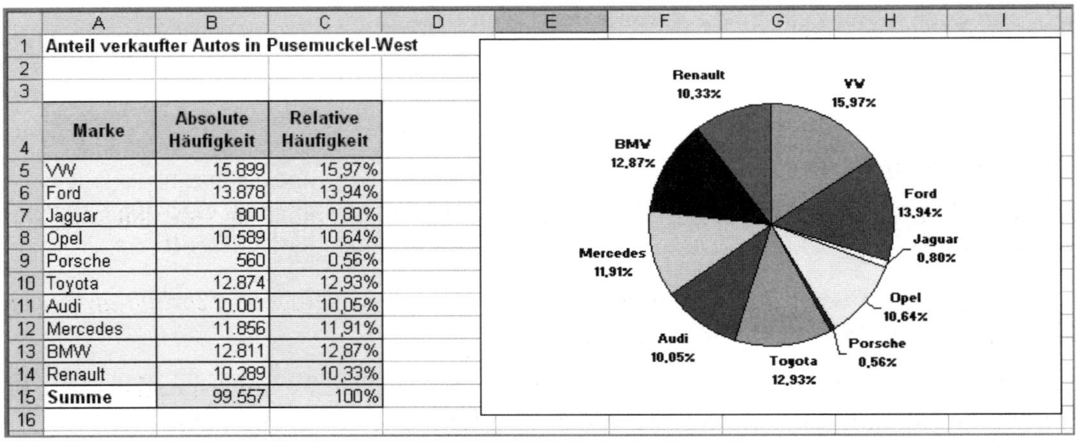

Anteil verkaufter Autos in Pusemuckel-West

Marke	Absolute Häufigkeit	Relative Häufigkeit
VW	15.899	15,97%
Ford	13.878	13,94%
Jaguar	800	0,80%
Opel	10.589	10,64%
Porsche	560	0,56%
Toyota	12.874	12,93%
Audi	10.001	10,05%
Mercedes	11.856	11,91%
BMW	12.811	12,87%
Renault	10.289	10,33%
Summe	99.557	100%

Bild 2.20: Das Ziel – der prozentuale Anteil der Pkws am Gesamtverkauf mit Diagramm

Stellen Sie sicher, dass unter den Zellen mit den Gesamtverkaufszahlen die Summe gebildet wird, wie es in der oberen Abbildung in der Zelle B15 zu sehen ist. Der prozentuale Anteil wird immer anhand der Gesamtsumme ermittelt.

Die relative Häufigkeit berechnen

1. Setzen Sie den Cursor in die Zelle, in der Sie das erste Ergebnis ermitteln möchten.
2. Geben Sie die folgende Funktion ein: `=B5/$B$15`.

Da diese Funktion gleich nach unten kopiert werden soll, machen Sie die Zelle B15, das ist die Zelle mit der Gesamtsumme, durch Drücken der Taste [F4] fest.

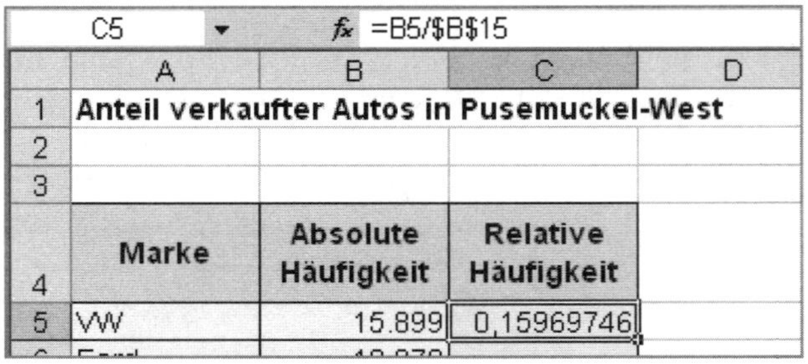

Bild 2.21: Das Ergebnis nach dem Rechenschritt

3. Weisen Sie dieser Zelle jetzt noch das %-Format mit zwei Dezimalstellen zu.
4. Kopieren Sie diese Funktion nach unten.

Jetzt sehen Sie die prozentualen Anteile jeder Automarke.

Ein Diagramm erzeugen

Ein Diagramm sagt i. d. R. mehr als tausend Zahlen, deshalb machen wir aus dieser Tabelle jetzt ein Kreisdiagramm.

1. Markieren Sie mit gedrückter [Strg]-Taste die Zellen A4 bis A14 und C4 bis C14.
2. Starten Sie den Diagrammassistenten und wählen Sie im ersten Schritt das Kreisdiagramm aus.
3. Klicken Sie zweimal auf die Schaltfläche *Weiter.*
4. Im dritten Schritt des Diagrammassistenten aktivieren Sie das Register *Datenbeschriftung* und setzen die Haken der Felder *Kategoriename* und *Prozentsatz.*
5. Bestätigen Sie mit *Fertig stellen.*

Jetzt werden die Zahlen in einem Kreisdiagramm dargestellt.

Sie möchten die Texte an den Segmenten etwas vergrößern, die Legende und der graue Rand um den Kreis sollen verschwinden.

1. Markieren Sie die Legende und drücken Sie die Taste [Entf]. Sie können sie jederzeit über die Schaltfläche *Legende* wieder einblenden.
2. Markieren Sie jetzt die Beschriftung der Segmente. Über die Schaltfläche *Schriftgrad* in der Symbolleiste *Format* können Sie die Schriftgröße verändern.
3. Den grauen Rahmen entfernen Sie, indem Sie dort einen Rechtsklick durchführen und den Befehl *Eigenschaften* wählen. Aktivieren Sie auf dem ersten Register die beiden Felder *Keine.*

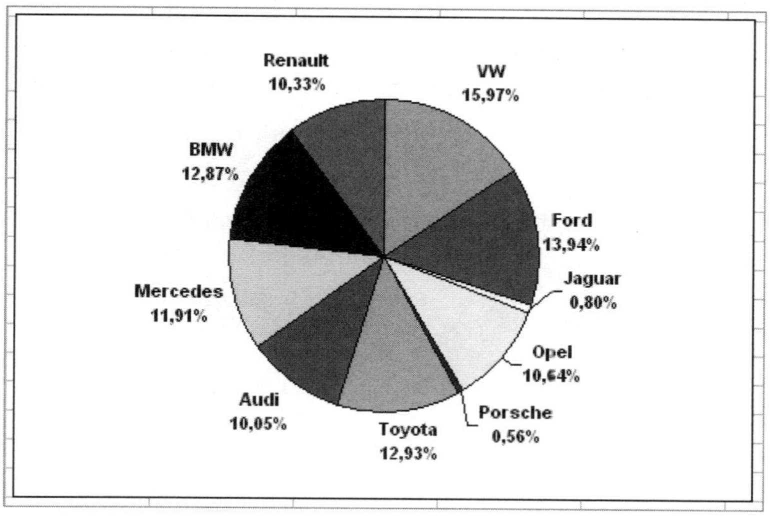

Bild 2.22: Das Kreisdiagramm zeigt die ermittelten Werte übersichtlicher.

4. Die Farben der Segmente ändern Sie, indem Sie einmal auf den Kreis klicken. Klicken Sie nun noch einmal auf das gewünschte Segment. Jetzt ist das Segment markiert. Führen Sie einen Doppelklick auf dem Segment durch. Jetzt können Sie eine andere Farbe auswählen.

2.8 Messeanalyse: Standbesucher zählen und auswerten

Kategorie: Analysen

Dateiname: ANZAHL BESUCHE.XLS

Schwierigkeitsgrad: ❋❋❋

	A	B	C	D	E	F	G
1	Auswertung Messe: Dein Pferd und Du						
2							
3							
4	Anrede	Vorname	Nachname	Besuche		Geschlecht	Anzahl Besuche
5	Herr	Claudio	Ahmani	1		Männer	37
6	Herr	Ulrich	Althoff	2		Frauen	58
7	Frau	Imke	Biene	2			
8	Herr	Jack	Black	2		Gesamt	95
9	Herr	Norbert	Budenko	1			
10	Frau	Jasmin	Cirone	3			

Bild 2.23: Die Anzahl der Buche unterteilt nach Männern und Frauen

Sie haben auf einer Messe Buch darüber geführt, wie oft jede Person Ihren Stand besucht hat. Jetzt möchten Sie wissen, wie viele Besucher Männer und wie viele Besucher Frauen waren. Da einige Personen mehrfach Ihren Messestand besucht haben, entscheiden Sie, dass jeder Besuch gezählt werden soll.

Die Funktion SUMMEWENN

Führen Sie nun die folgenden Schritte durch:

1. Setzen Sie den Cursor in die Zelle G5 und starten Sie den Funktionsassistenten.
2. Suchen Sie in der Kategorie *Alle* die Funktion SUMMEWENN.
3. Für das erste Feld *Bereich* markieren Sie alle Zellen der Tabelle ohne die Überschriften. In diesem Beispiel sind es die Zellen A5 bis D49. Da diese Funktion gleich nach unten kopiert werden soll, machen Sie die Zellen durch Drücken der Taste [F4] fest.
4. Das Kriterium, nach dem summiert werden soll, muss ins Feld *Suchkriterien* eingetippt werden. Im ersten Beispiel ist es das Wort *Herr*.
5. Die Zellen mit den Werten, die summiert werden sollen, müssen im Feld *Summe_Bereich* stehen. Markieren Sie jetzt die Zellen D5 bis D49 und machen Sie die Zellen mit der Taste [F4] fest.

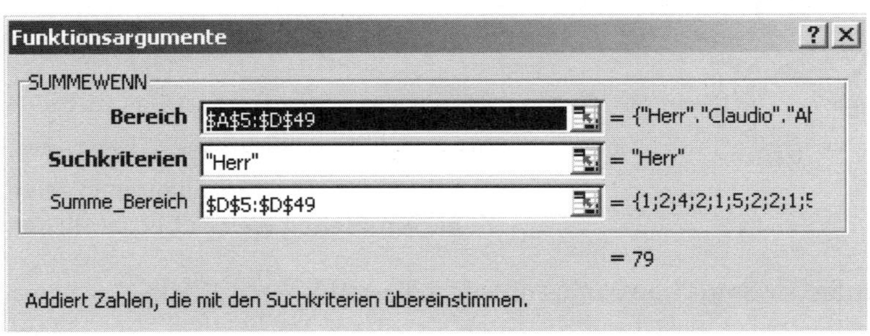

Bild 2.24: Der Funktionsassistent zeigt die Funktion SUMMEWENN.

6. Bestätigen Sie die Funktion mit einem Klick auf *OK*.

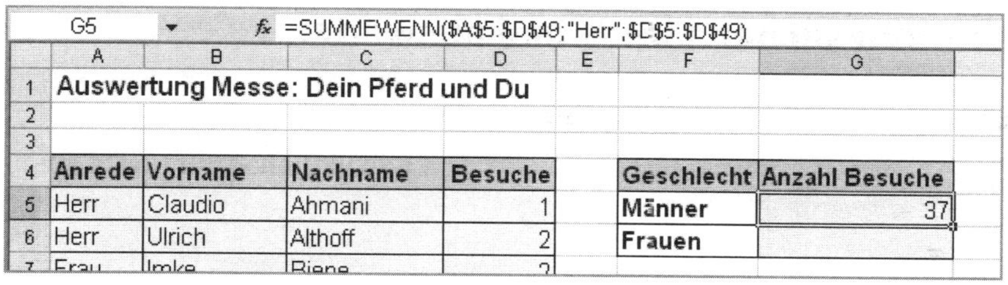

G5 =SUMMEWENN($A$5:$D$49;"Herr";$C$5:$D$49)

	A	B	C	D	E	F	G
1	Auswertung Messe: Dein Pferd und Du						
2							
3							
4	Anrede	Vorname	Nachname	Besuche		Geschlecht	Anzahl Besuche
5	Herr	Claudio	Ahmani	1		Männer	37
6	Herr	Ulrich	Althoff	2		Frauen	
7	Frau	Imke	Biene	2			

Bild 2.25: Die Anzahl der männlichen Besuche

7. Kopieren Sie diese Funktion eine Zeile nach unten.
8. Markieren Sie diese Zelle und machen Sie aus dem Wort *Herr* das Wort *Frau.*
9. Bilden Sie nun noch in der Zelle G8 die Summe der Zellen G5 und G6.

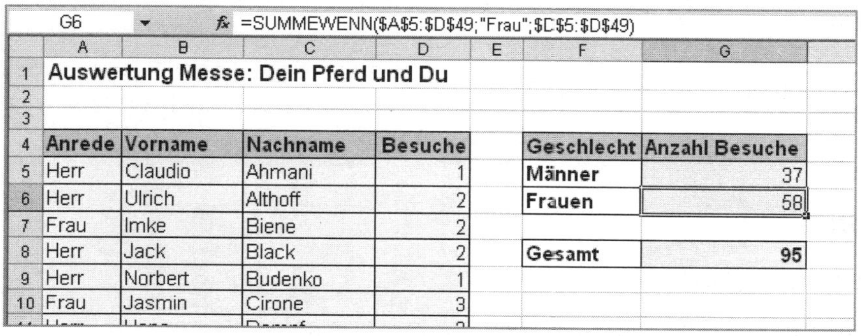

G6 =SUMMEWENN($A$5:$D$49;"Frau";$C$5:$D$49)

	A	B	C	D	E	F	G
1	Auswertung Messe: Dein Pferd und Du						
2							
3							
4	Anrede	Vorname	Nachname	Besuche		Geschlecht	Anzahl Besuche
5	Herr	Claudio	Ahmani	1		Männer	37
6	Herr	Ulrich	Althoff	2		Frauen	58
7	Frau	Imke	Biene	2			
8	Herr	Jack	Black	2		Gesamt	95
9	Herr	Norbert	Budenko	1			
10	Frau	Jasmin	Cirone	3			

Bild 2.26: Die Anzahl der männlichen Besuche und der weiblichen Besuche

Wie viele Personen haben den Stand mehr als dreimal besucht?

1. Setzen Sie den Cursor in die Zelle G5, starten Sie den Funktionsassistenten und öffnen Sie die Funktion SUMMEWENN.
2. Für das erste Feld *Bereich* markieren Sie die Zellen D5 bis D49.
3. Das Kriterium ist diesmal größer 3 (>3) und steht in der Zelle I5.
4. Die Zellen mit den Werten sind die Zellen D5 bis D49.

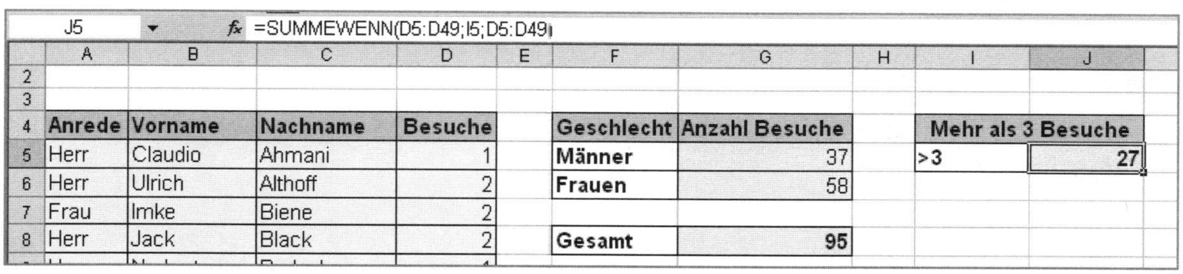

J5 =SUMMEWENN(D5:D49;I5;D5:D49)

	A	B	C	D	E	F	G	H	I	J
2										
3										
4	Anrede	Vorname	Nachname	Besuche		Geschlecht	Anzahl Besuche		Mehr als 3 Besuche	
5	Herr	Claudio	Ahmani	1		Männer	37		>3	27
6	Herr	Ulrich	Althoff	2		Frauen	58			
7	Frau	Imke	Biene	2						
8	Herr	Jack	Black	2		Gesamt	95			

Bild 2.27: Die Anzahl der Personen, die den Messestand mehr als dreimal besucht haben

Mit der Funktion SUMMEWENN addieren Sie die Werte, die dasselbe Suchkriterium haben.

2.9 Umsatz pro Kunde mit grafischer Darstellung

Kategorie: Analysen

Dateiname: UMSATZ PRO KUNDE.XLS

Schwierigkeitsgrad: ❋❋

Es interessiert Sie der Umsatz, den jeder Kunde im Durchschnitt pro Filiale bei Ihnen gemacht hat. Sie haben neben den Umätzen der einzelnen Filialen auch die Anzahl der Kunden, die etwas bei Ihnen gekauft haben. In der Spalte D haben Sie den durchschnittlichen Umsatz pro Kunde errechnet.

Die folgende Abbildung zeigt das gewünschte Ergebnis:

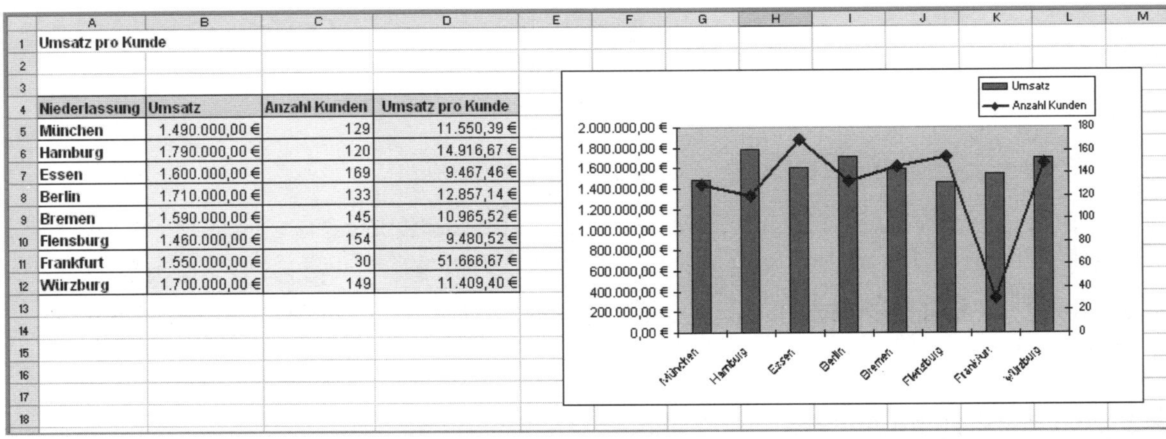

Umsatz pro Kunde

Niederlassung	Umsatz	Anzahl Kunden	Umsatz pro Kunde
München	1.490.000,00 €	129	11.550,39 €
Hamburg	1.790.000,00 €	120	14.916,67 €
Essen	1.600.000,00 €	169	9.467,46 €
Berlin	1.710.000,00 €	133	12.857,14 €
Bremen	1.590.000,00 €	145	10.965,52 €
Flensburg	1.460.000,00 €	154	9.480,52 €
Frankfurt	1.550.000,00 €	30	51.666,67 €
Würzburg	1.700.000,00 €	149	11.409,40 €

Bild 2.28: Die Tabelle zeigt den durchschnittlichen Umsatz pro Kunde zusammen mit dem Diagramm

Den Umsatz je Kunde ermitteln

Der Umsatz je Kunden wird ermittelt, indem der Gesamtumsatz durch die Anzahl der Kunden geteilt wird.

1. Setzen Sie den Cursor in die Zelle D5 und geben Sie den folgenden Rechenschritt ein:

```
=B5/C5
```

2. Kopieren Sie diesen Rechenschritt nach unten.

Ein Diagramm erzeugen

Nun möchten Sie diese Zahlen als Diagramm darstellen.

1. Markieren Sie die Zellen von A4 bis C12 und starten Sie den Diagrammassistenten.
2. Aktivieren Sie das Register *Benutzerdefinierte Typen* und markieren Sie dort den Eintrag *Linie – Säule auf zwei Achsen.*
3. Bestätigen Sie Ihre Auswahl mit einem Klick auf die Schaltfläche *Fertig stellen.*

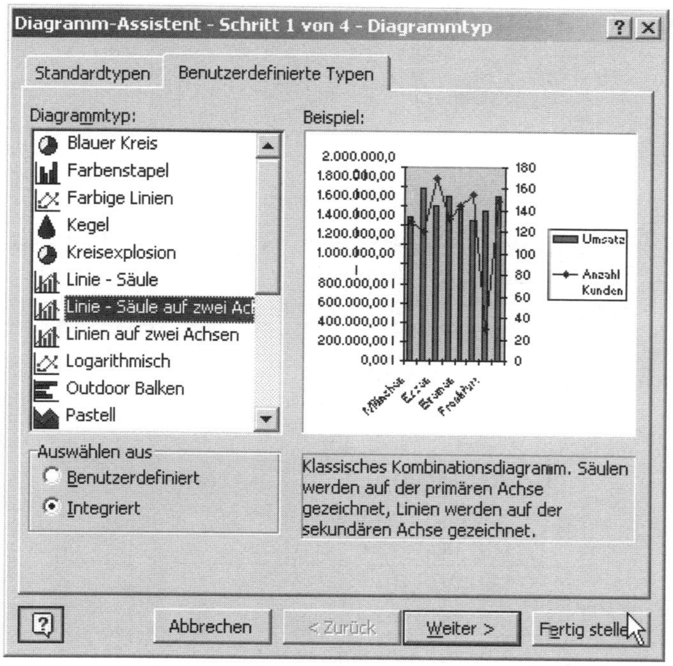

Bild 2.29: Der Diagrammassistent zeigt die benutzerdefinierten Diagramme.

Jetzt wird die Anzahl der Kunden in einer separaten Linie mit einer eigenen Achse am rechten Diagrammrand gezeigt.

Das Diagramm formatieren

Die Linie haben wir nachträglich etwas dicker formatiert.

1. Klicken Sie dazu mit der rechten Maustaste auf die Linie und wählen Sie den Befehl *Datenreihen formatieren.* Ändern Sie auf dem Register *Muster* die *Stärke* der Linie.

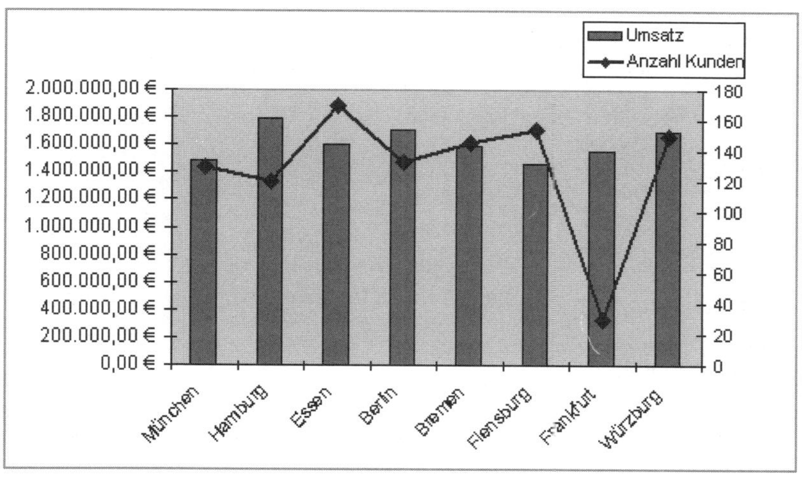

Bild 2.30: Das Verbunddiagramm zeigt ungleiche Werte zusammen an.

Mit Hilfe des Diagrammtyps *Linie – Säule auf zwei Achsen* können Sie Zahlengruppen zusammen darstellen, die vom Wertebereich sehr unterschiedlich sind.

2.10 Umsatz: Kunden in Gruppen zusammenfassen und zählen

Kategorie: Analysen

Dateiname: UMSATZGRUPPEN BILDEN.XLS

Schwierigkeitsgrad: ❋❋❋❋

Sie haben eine Liste Ihrer Kunden mit deren Umsätzen. Sie haben Umsatzgruppen gebildet und möchten wissen, wie viele Kunden Sie pro Umsatzgruppe haben.

	A	B	C	D	E	F
1	Anzahl Kunden in Umsatzgruppen					
2						
3						
4	Kunde	Umsatz		Umsatzgruppe		Anzahl Kunden
5	Müller	39.800,00 €		50.000,00 €		1
6	Maier	50.250,00 €		100.000,00 €		13
7	Schmitz	105.000,00 €		150.000,00 €		5
8	Huber	75.000,00 €		200.000,00 €		2
9	Trulla	60.000,00 €		300.000,00 €		2
10	Heinz	90.000,00 €				
11	Metzger	175.000,00 €				
12	Unger	70.000,00 €				

Bild 2.31: Die Anzahl der Kunden pro Umsatzgruppe

Zu Beginn ist es wichtig, dass Sie die Liste mit den Gruppen erfasst haben. In unserem Beispiel stehen die Gruppen, hier in Excel werden sie *Klassen* genannt, in den Zellen D5 bis D9.

In den Zellen F5 bis F9 soll gleich die Anzahl der Kunden stehen, die aufgrund Ihres Umsatzes in diese Gruppe passen.

Umsatzgruppe		Anzahl Kunden
50.000,00 €		
100.000,00 €		
150.000,00 €		
200.000,00 €		
300.000,00 €		

Bild 2.32: Die Umsatzgruppen, die von Ihnen festgelegt werden

Die Anzahl der Kunden pro Umsatzgruppe

1. Markieren Sie die Zellen F5 bis F9 und starten Sie den Funktionsassistenten.
2. Öffnen Sie die Funktion HÄUFIGKEIT.
3. Im Feld *Daten* müssen die Zellen stehen, die durchsucht werden sollen. In unserem Beispiel sind es die Zellen mit den Umsätzen, also B5 bis B27.

4 In das Feld *Klassen* kommen die Zellen mit den von Ihnen definierten Umsatzgruppen. In diesem Beispiel sind es die Zellen D5 bis D9.

Bild 2.33: Der Funktionsassistent zeigt die Funktion HÄUFIGKEIT

5 Drücken Sie zur Bestätigung die Tasten `Strg`+`Umschalt`+`Eingabe`.

Matrixfunktion

Die Funktion, die Sie jetzt erstellt haben, ist eine Matrixfunktion. Sie erkennen eine Matrixfunktion an den geschweiften Klammern außen herum.

```
{=HÄUFIGKEIT(B5:B27;D5:D9)}
```

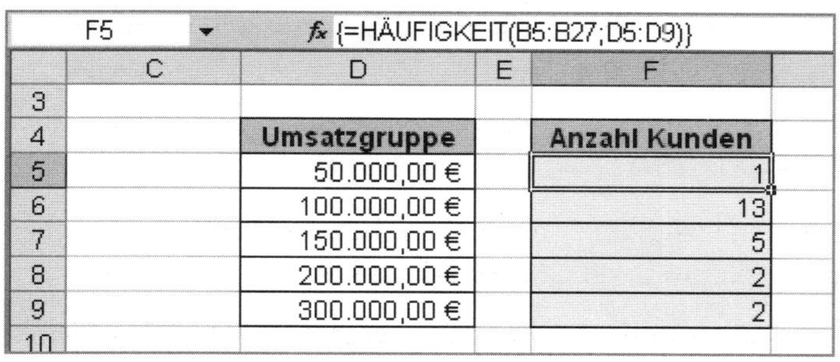

Bild 2.34: Das Ergebnis – die Anzahl der Kunden pro Umsatzgruppe

Wenn Sie Änderungen an der Funktion machen möchten, müssen Sie alle Zellen markieren, die Sie beim Erstellen der Funktion zu Beginn markiert haben. Jetzt können Sie Änderungen vornehmen. Nach der Änderung müssen Sie wieder `Strg`+`Umschalt`+`Eingabe` drücken.

Wenn Sie versuchen, eine Matrixfunktion zu ändern, ohne alle Zellen zu markieren, erscheint der folgende Hinweis:

Bild 2.35: Zum Ändern der Funktion HÄUFIGKEIT müssen alle Zellen markiert werden.

2.11 Umsatz nach Filialen?

Kategorie: Analysen

Dateiname: RANG-ANALYSEN.XLS

Schwierigkeitsgrad: ❋❋❋

	A	B	C
1	Bundesweite Filialen		
2			
3	Filiale	Umsatz	Rang
4	Aachen	118.800,00 €	5
5	Berlin 1	120.500,00 €	2
6	Berlin 2	101.200,00 €	11
7	Bonn	105.700,00 €	8
8	Bremen	120.900,00 €	1
9	Celle	119.000,00 €	3
10	Dortmund	50.300,00 €	17
11	Düsseldorf	103.850,00 €	9
12	Flensburg	80.900,00 €	16
13	Hamm	100.200,00 €	14
14	Hannover	99.800,00 €	15
15	Husum	106.100,00 €	7
16	Köln	100.880,00 €	12
17	Magdeburg	112.500,00 €	6
18	München	102.450,00 €	10
19	Nürnberg	100.500,00 €	13
20	Würzburg	118.900,00 €	4

Bild 2.36: Die Position der Filialen finden

Sie haben eine Liste der Filialen mit ihren Umsätzen. Jetzt wollen Sie jeder Filiale den Rang zuweisen, auf dem sie steht. Also soll die Filiale mit dem höchsten Umsatz die Nummer 1, die mit dem zweithöchsten Umsatz die Nummer 2 usw. erhalten.

Die Funktion RANG wird dann eingesetzt, wenn die Liste nicht sortiert werden darf.

Die Abbildung zeigt das gewünschte Ergebnis.

Wir sehen auf einen Blick, welche Filiale den höchsten Umsatz gemacht hat, ohne dass die alphabetische Reihenfolge verändert wurde.

Den Rang jeder Filiale ermitteln

1. Setzen Sie den Cursor in die erste Zelle, deren Rang Sie berechnen möchten. In diesem Beispiel ist es die Zelle C4.
2. Öffnen Sie den Funktionsassistenten und starten Sie die Funktion RANG.
3. In das Feld *Zahl* kommt die Zelladresse der Zelle, in der der erste Umsatz steht, der verglichen werden soll. In unserem Beispiel ist dies die Zelle B4.
4. Der Bezug sind alle Zellen, die mit der Zelle B4 verglichen werden sollen, also die Zellen B4 bis B20. Da diese Funktion gleich nach unten kopiert werden soll, machen Sie diese Zellen durch Drücken von [F4] fest.

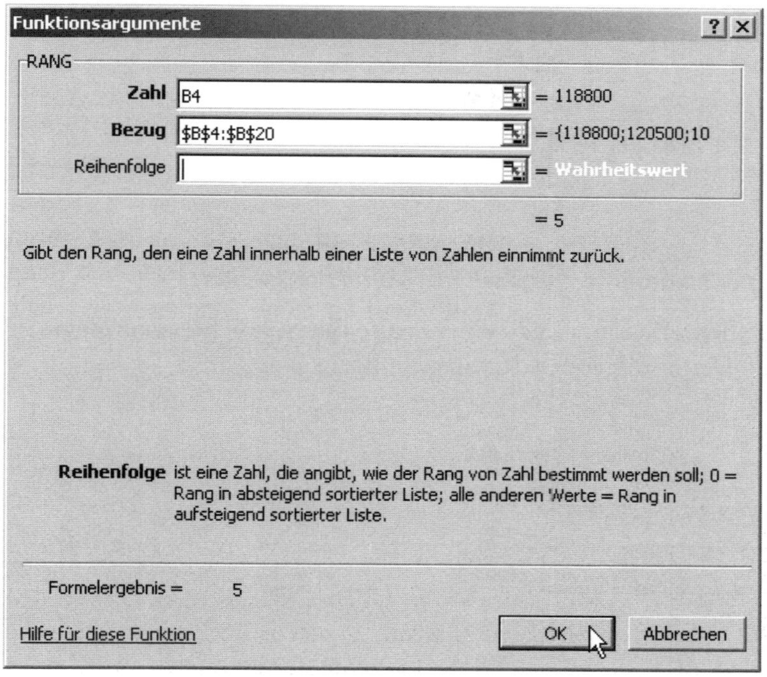

Bild 2.37: Der Funktionsassistent zeigt die Funktion RANG

5 Bestätigen Sie mit *OK*.

6 Kopieren Sie diese Funktion nach unten.

Bei gleichen Werten

Wenn Sie gleiche Werte in der Liste haben, wird der Rang doppelt vergeben, dafür ist dann eine Lücke in der Liste.

Die folgende Abbildung zeigt eine Liste mit doppelten Werten. Die Filialen Aachen und Berlin 1 haben den gleichen Umsatz und erhalten deshalb beide den Rang 3. Der Rang 4 wird nicht vergeben.

	A	B	C
1	Bundesweite Filialen		
2			
3	Filiale	Umsatz	Rang
4	Aachen	118.800,00 €	3
5	Berlin 1	118.800,00 €	3
6	Dortmund	101.200,00 €	1
7	Düsseldorf	105.700,00 €	2
8	Flensburg	120.900,00 €	5
9			

Bild 2.38: Der Rang bei identischen Zahlen

Die Funktion RANG zeigt die Position von Filialen, wenn diese nicht sortiert werden dürfen.

2.12 Verkaufsstatistik: Warengruppen auswerten

Kategorie: Analysen

Dateiname: VERKAUFSSTATISTIK_SPEZIALFILTER.XLS

Schwierigkeitsgrad: ❋❋❋

Sie haben eine Verkaufsstatistik in Excel angelegt und möchten diese mithilfe von Filterfunktionen auswerten. In vielen Fällen hilft Ihnen der AutoFilter (*Daten/Filter/AutoFilter*) weiter.

Sobald Sie aber zum Beispiel nach drei Kriterien innerhalb einer Spalte filtern möchten, kommen Sie mit dem AutoFilter nicht mehr weiter. Dann wählen Sie den Spezialfilter.

	A	B	C	D	E	F	G	H
1		Vertriebs GmbH Köln					Abteilung: Verkauf	
2								
3			Verkaufsstatistik nach Warengruppen					
4								
5		Filiale	Warengruppe	Stück	Umsatz	Kosten	Gewinn	Gewinn/Stck.
6		Köln	Textil	9	1.000 €	900 €	100 €	11 €
7		Berlin	Textil	13	1.150 €	1.000 €	150 €	12 €
8		München	Lebensmittel	60	1.150 €	1.100 €	50 €	1 €
9		Kiel	Textil	12	1.200 €	1.000 €	200 €	17 €
10		Berlin	Lebensmittel	70	1.200 €	1.150 €	50 €	1 €
11		Hamburg	Textil	13	1.250 €	1.100 €	150 €	12 €
12		Hamburg	Elektro	8	1.300 €	1.150 €	150 €	19 €
13		Frankfurt	Elektro	8	1.350 €	1.200 €	150 €	19 €
14		Stuttgart	Textil	11	1.500 €	1.100 €	400 €	36 €

Bild 2.39: Die Tabelle *Verkaufsstatistik*

Spezialfilter

Vor Aufruf des Spezialfilters müssen Sie zunächst die Suchkriterien in einem gesonderten Bereich des Tabellenblatts definieren. Dieser Bereich besteht aus mindestens zwei Zeilen und zwei Spalten. Die erste Zeile enthält die Kriteriennamen, die Zeilen darunter nehmen die Suchkriterien auf. Der einfachste Weg ist, die Überschriftenzeile der zu filternden Tabelle zu kopieren und dann darunter die Suchkriterien einzutragen.

25	Kriterienbereich			Logische UND-Verknüpfungen stehen in einer Zeile			
26							
27	Filiale	Warengruppe	Stück	Umsatz	Kosten	Gewinn	Gewinn/Stck.
28			>15				<20
32	Ausgabebereich						
33							
34	Filiale	Warengruppe	Stück	Umsatz	Kosten	Gewinn	Gewinn/Stck.
35	München	Lebensmittel	60	1.150 €	1.100 €	50 €	1 €
36	Berlin	Lebensmittel	70	1.200 €	1.150 €	50 €	1 €
37	Köln	Lebensmittel	63	1.550 €	1.150 €	400 €	6 €
38	Leipzig	Textil	20	1.800 €	1.500 €	300 €	15 €
39	Köln	Elektro	18	1.950 €	1.600 €	350 €	19 €
40	Wiesbaden	Lebensmittel	75	1.950 €	1.600 €	350 €	5 €

Bild 2.40: Kriterienbereich mit eingegebenen Suchkriterien und Filterergebnis im Ausgabebereich

Der *Kriterienbereich* ermöglicht das Filtern nach komplexen Kriterien, wie z. B. nach drei Orten oder alle Filialen, deren Stückzahl kleiner 15 und deren Gewinn pro Stück über 20 Euro liegt.

Der folgende Kriterienbereich zeigt alle Zeilen an, die in der Spalte *Filiale* entweder *Hamburg, Berlin* oder *Köln* enthalten.

Filiale
Hamburg
Berlin
Köln

Wenn Sie eine Suchbedingung festlegen möchten, die auf Daten in zwei oder mehr Spalten zutrifft, geben Sie alle entsprechenden Kriterien in eine Zeile des Kriterienbereichs ein. Der folgende Kriterienbereich zeigt beispielsweise alle Zeilen an, bei denen in der Spalte *Stück* die Bedingung größer 15 erfüllt und in der Spalte *Gewinn/ Stck.* die Bedingung kleiner 20 erfüllt ist.

Stück	Gewinn/Stck.
>15	<20

Der nächste Kriterienbereich zeigt die Zeilen an, bei denen die Spalte *Warengruppe* den Eintrag *Textil* enthält und der Umsatz mehr als 1500 Euro beträgt. Außerdem werden die Zeilen angezeigt, die in der Spalte *Warengruppe* den Eintrag *Elektro* haben und deren Umsatz kleiner als 1500 Euro ist.

Warengruppe	Umsatz	Kosten
Textil	>1500	
Elektro		<1500

Die Anordnung im Kriterienbereich erfolgt nach der Regel, dass

- bei UND-Verknüpfung die Suchkriterien in einer Zeile,
- bei ODER-Verknüpfungen die Suchkriterien in einer Spalte und unterschiedlichen Zeilen angeordnet werden.

Spezialfilter einsetzen

Markieren Sie eine beliebige Zelle innerhalb der Tabelle, die Sie filtern möchten.

1. Wählen Sie *Daten/Filter/Spezialfilter.*
2. Als *Aktion* wählen Sie *An eine andere Stelle kopieren,* damit das Filterergebnis nicht die Originalliste überschreibt.
3. Im Feld *Listenbereich* kontrollieren Sie, ob Excel die Originalliste inklusiv Überschriften korrekt erkannt hat (in unserem Beispiel B5:H22).
4. Klicken Sie dann in das Feld *Kriterienbereich* und markieren Sie die Zellen inklusive Überschrift, in denen die notierten Filterkriterien stehen. In unserem Beispiel sollen alle Zeilen angezeigt werden, bei denen die Spalte *Stück* die Bedingung größer 15 und die Spalte *Gewinn/Stck.* die Bedingung kleiner 20 erfüllt. Markieren Sie den Bereich D27:H28.
5. Klicken Sie in das Feld *Kopieren nach* und markieren Sie die Zelle, wo das Filterergebnis ausgegeben werden soll. In unserem Beispiel in Zelle B34.
6. *OK* schließt den Dialog und Excel fügt die gefilterte Liste im Ausgabebereich ein.

Bild 2.41: Im Dialogfenster *Spezialfilter* werden die Zellen angegeben.

3 Branchenlösungen

3.1 Alle Branchen: Angebot bis Rechnung in einer Excel-Mappe

Kategorie: Branchenlösungen

Dateiname: ANGEBOT_BIS_RECHNUNG.XLS

Schwierigkeitsgrad: ❄❄

Bis zur Fakturierung eines Auftrags gibt es mehrere Belege. Der Kunde wünscht in der Regel zuerst ein Angebot für Ihre Leistungen. Wenn der Kunde Ihr Angebot annimmt, liefern Sie Ihre Waren und Leistungen mit einem Lieferschein aus. Auf diesem Lieferschein kann der Kunde Ihre Lieferung abzeichnen. Auf Grundlage dieser Lieferung können Sie die Rechnung schreiben.

Diese Excel-Datei zeichnet sich dadurch aus, dass Sie die Kundenanschrift und die Belegpositionen nur einmal erfassen müssen. Die eingegebenen Daten werden automatisch in den Lieferschein und in die Rechnung übernommen.

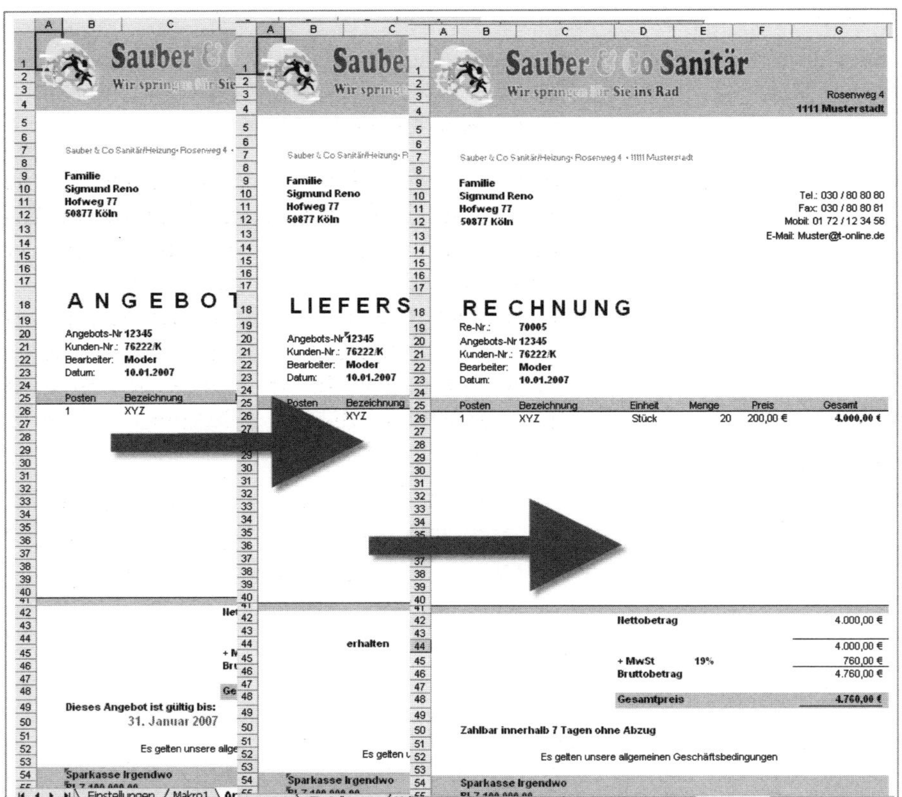

Bild 3.1: Angebot -> Lieferschein -> Rechnung

Beschreibung

Auf dem Arbeitsblatt *Einstellungen* geben Sie die Ihre Firmenstammdaten ein. Dazu gehören Ihre Adresse, ihre Kommunikationsdaten und Ihre Bankverbindung. Diese Einstellungen müssen Sie nur einmal vornehmen, wenn Sie diese Vorlage für mehrere Aufträge verwenden möchten. Die Daten für den Auftrag erfassen Sie auf dem Arbeitsblatt *Angebot* in den markierten Zellen. Diese Informationen müssen Sie in der nächsten Belegstufe nicht mehr eingeben. Wenn sich zwischen dem Angebot und der Lieferung nichts ändert, können Sie auf dem Lieferschein und der Rechnung weitere Daten erfassen und den Beleg drucken.

Grunddaten erfassen

Bevor Sie die Vorlage verwenden, sollten Sie auf dem Arbeitsblatt *Einstellungen* Ihre Firmenstammdaten erfassen. Dazu gehören die kleine Adresszeile sowie Angaben zu Straße, PLZ, Ort und die Rufnummer und die E-Mail-Adresse. Der MwSt-Satz ist auf die zurzeit gültige deutsche Mehrwertsteuer eingestellt. Aus dieser Angabe wird der Steuersatz im Angebot und in der Rechnung berechnet.

Im unteren Bereich geben Sie die Bankverbindung und die Zahlungsbedingung ein.

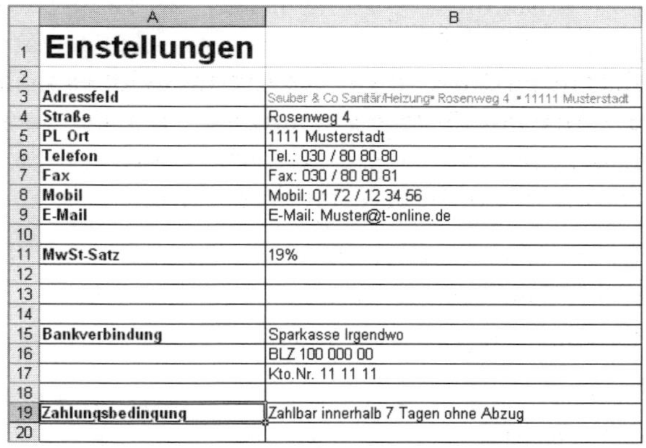

	A	B
1	Einstellungen	
2		
3	Adressfeld	Sauber & Co Sanitär/Heizung• Rosenweg 4 • 11111 Musterstadt
4	Straße	Rosenweg 4
5	PL Ort	1111 Musterstadt
6	Telefon	Tel.: 030 / 80 80 80
7	Fax	Fax: 030 / 80 80 81
8	Mobil	Mobil: 01 72 / 12 34 56
9	E-Mail	E-Mail: Muster@t-online.de
10		
11	MwSt-Satz	19%
12		
13		
14		
15	Bankverbindung	Sparkasse Irgendwo
16		BLZ 100 000 00
17		Kto.Nr. 11 11 11
18		
19	Zahlungsbedingung	Zahlbar innerhalb 7 Tagen ohne Abzug
20		

Bild 3.2: Ihre Stammdaten werden automatisch auf das Angebot übernommen.

Angebot erfassen

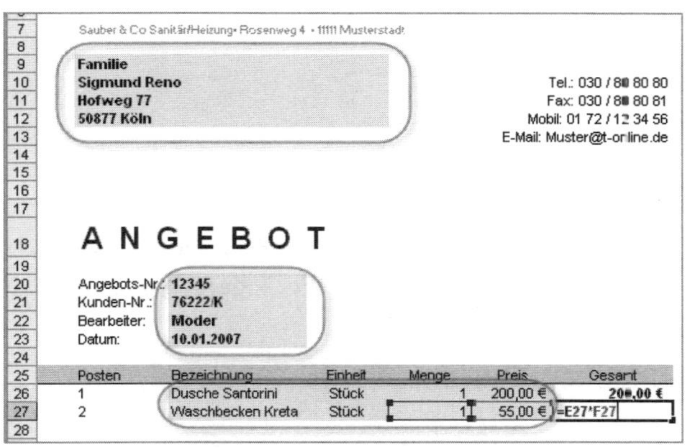

Bild 3.3: Die Grunddaten erfassen, beispielsweise die Ansicht des Kunden

Auf dem Arbeitsblatt *Angebot* erfassen Sie die Kundenanschrift und weitere Daten zum Angebot, wie Angebotsnummer, Kundennummer und Bearbeiter des Auftrags. Diese Daten in Zellbereich C20 bis C 23 werden später automatisch in den Lieferschein und in die Rechnung übertragen. In der Spalte *Gesamt* wird der Betrag über die Formel `Menge * Preis` berechnet.

Um die Rechnung zu diesem Angebot anzulegen, geben Sie die Rechnungsnummer und das Rechnungsdatum manuell auf dem Register *Rechnung* ein.

Layout der Belege anpassen

Wenn Sie den Beleg an Ihr Unternehmen anpassen möchten, können Sie die eingefügten ClipArts und WordArt-Symbole durch Ihre Texte und Bilder ersetzen.

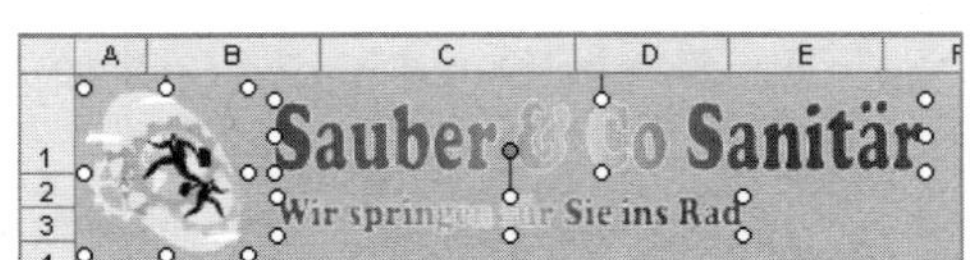

Bild 3.4: Das Logo kann entfernt und durch ein anderes ersetzt werden.

3.2 Alle Branchen: Baukosten überwachen

Kategorie: Branchenlösungen

Dateiname: KOSTENKONTROLLE BAUVORHABEN.XLS

Schwierigkeitsgrad: ❋❋

Zur Kostenüberwachung haben Sie die geplanten und die tatsächlichen Kosten eingegeben. Jetzt möchten Sie die Differenz zwischen den geplanten und den tatsächlichen Kosten wissen. Als zusätzlichen optischen Anreiz fügen Sie in jeder Zeile ein Sonderzeichen ein, welches anzeigt, ob die geplanten Kosten überschritten oder unterschritten wurden oder ob keine Veränderung stattgefunden hat.

	A	B	C	D	E	F
1						
2	**Baukostenkontrolle**					
3						
4						
5	**Lfd. Nr**		**Geplant**	**Tatsächlich**	**Diff absolut**	
6						
7		**Grundstück**				
8	11	Kaufpreis	100.000,00 €	110.000,00 €	10.000,00 €	▲
9	12	Gerichtsgebühren	500,00 €	600,00 €	100,00 €	▲
10	13	Notariatsgebühren	500,00 €	450,00 €	-50,00 €	▼
11	14	Maklerprovision	15.000,00 €	14.500,00 €	-500,00 €	▼
12	15	Grunderwerbssteuer	50,00 €	60,00 €	10,00 €	▲
13	16	Wertermittlung	2.500,00 €	2.500,00 €	0,00 €	◄►
14	17	Genehmigungsgebühren	156,00 €	240,00 €	84,00 €	▲
15	18	Grundstück sonstige	0,00 €	0,00 €	0,00 €	◄►
16		**Gesamt Grundstück**	**118.706,00 €**	**128.350,00 €**	**9.644,00 €**	▲
17						
18		**Baustellenkosten**				
19	21	Baustelleneinrichtung	980,00 €	720,00 €	-260,00 €	▼
20	22	Gerüstbauarbeiten	1.478,00 €	1.000,00 €	-478,00 €	▼
21	23	Erdarbeiten	1.256,00 €	1.600,00 €	344,00 €	▲
22	24	Verbau-, Ramm- und Einpreßarbeiten	357,00 €	250,00 €	-107,00 €	▼
23	25	Wasserhaltungsarbeiten	895,00 €	600,00 €	-295,00 €	▼
24	26	Dränarbeiten	222,00 €	800,00 €	578,00 €	▲
25	27	Baustellenkosten sonstige	0,00 €	0,00 €	0,00 €	◄►
26		**Gesamt Baustellenkosten**	**24.511,00 €**	**24.120,00 €**	**391,00 €**	▲

Bild 3.5: Die Beispieltabelle mit den Sonderzeichen, die jede Veränderung anzeigen

Die Differenz zwischen geplanten und tatsächlichen Kosten

In der Spalte E wird die Differenz zwischen geplanten und tatsächlichen Kosten errechnet.

1. Markieren Sie die Zelle E8 und geben Sie den folgenden Rechenschritt ein: `=D8-C8`.
2. Kopieren Sie diesen Rechenschritt nach unten.

Die Summen der Kategorien und die Gesamtsummen

Nachdem Sie alle Daten in den Spalten C und D eingetippt haben, können Sie die Summen ausrechnen.

1. Markieren Sie dazu die Zelle C16 und klicken Sie auf die Schaltfläche *AutoSumme.*
2. Stellen Sie sicher, dass alle Zellen, die Sie addieren möchten, markiert sind.
   `=SUMME(C8:C15)`

Drücken Sie auf die `Eingabe`-Taste und kopieren Sie die Funktion nach rechts.

Die Sonderzeichen

In den Zellen G1 bis G3 finden Sie die drei Sonderzeichen, die gleich anzeigen, ob die geplanten Kosten überschritten, unterschritten oder gleich geblieben sind. Die Schriftfarbe der Zellen ist weiß.

1. Damit Sie zu Beginn diese Zeichen sehen, markieren Sie die Zellen G1 bis G3 und weisen ihnen die Schriftfarbe Schwarz zu.
2. Markieren Sie jetzt die Spalte F und weisen Sie ihr die Schriftart *Wingdings3* zu.
3. Setzen Sie den Cursor in die Zelle F8 und geben Sie die folgende Funktion ein:
   `=WENN(E8>0;$G$2;WENN(E8=0;$G$1;$G$3))`

Wenn E8 größer 0 ist, dann sind die Kosten höher als geplant und der Inhalt der Zelle G2, das Dreieck nach oben, wird genommen. Wenn der Wert in E8 gleich 0 ist, dann stimmten geplanten und tatsächlich Kosten genau überein und der Inhalt der Zelle G1 wird genommen. In allen anderen Fällen sind die Kosten geringer als erwartet und es wird der Inhalt der Zelle G3 genommen.

4. Kopieren Sie diese Funktion nach unten.

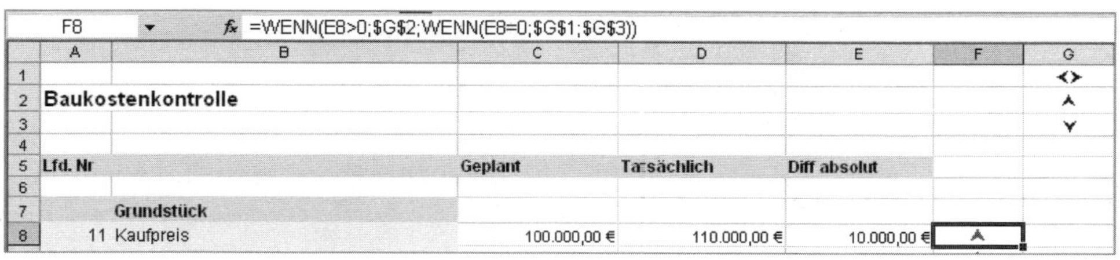

Bild 3.6: Die Sonderzeichen dienen der Bewertung der Differenz.

Die farbliche Darstellung der Sonderzeichen

Im letzten Schritt möchten Sie jetzt die Sonderzeichen farblich hervorheben.

1. Markieren Sie die Zelle F8 und wählen Sie *Format/Bedingte Formatierung.*
2. Stellen Sie die Bedingungen ein, wie es die folgende Abbildung zeigt, und stellen Sie für die einzelnen Bedingungen über die Schaltfläche *Format* im Register *Schrift* verschiedene Schriftfarben ein.
3. Übertragen Sie das Format auf die restlichen Zellen.

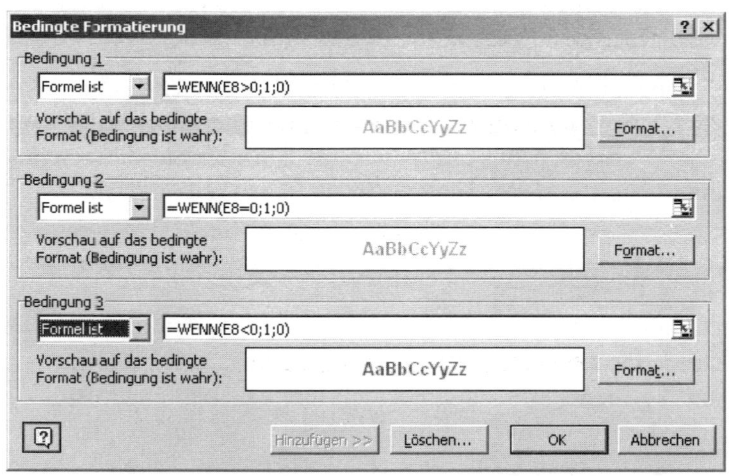

Bild 3.7: Die bedingte Formatierung färbt die Sonderzeichen ein.

3.3 Alle Branchen: flexible Einsatzplanung

Kategorie: Branchenlösungen

Dateiname: EINSATZPLAN.XLS

Schwierigkeitsgrad: ❋

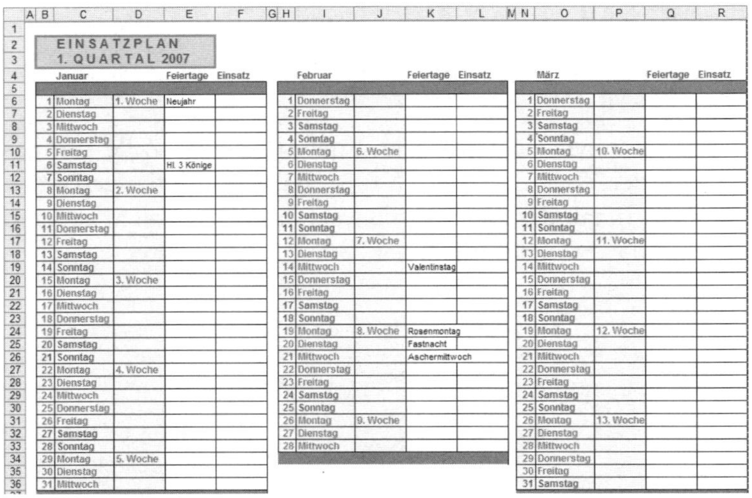

EINSATZPLAN
1. QUARTAL 2007

Januar			Feiertage	Einsatz	Februar			Feiertage	Einsatz	März			Feiertage	Einsatz
1	Montag	1. Woche	Neujahr		1	Donnerstag				1	Donnerstag			
2	Dienstag				2	Freitag				2	Freitag			
3	Mittwoch				3	Samstag				3	Samstag			
4	Donnerstag				4	Sonntag				4	Sonntag			
5	Freitag				5	Montag	6. Woche			5	Montag	10. Woche		
6	Samstag		Hl. 3 Könige		6	Dienstag				6	Dienstag			
7	Sonntag				7	Mittwoch				7	Mittwoch			
8	Montag	2. Woche			8	Donnerstag				8	Donnerstag			
9	Dienstag				9	Freitag				9	Freitag			
10	Mittwoch				10	Samstag				10	Samstag			
11	Donnerstag				11	Sonntag				11	Sonntag			
12	Freitag				12	Montag	7. Woche			12	Montag	11. Woche		
13	Samstag				13	Dienstag				13	Dienstag			
14	Sonntag				14	Mittwoch		Valentinstag		14	Mittwoch			
15	Montag	3. Woche			15	Donnerstag				15	Donnerstag			
16	Dienstag				16	Freitag				16	Freitag			
17	Mittwoch				17	Samstag				17	Samstag			
18	Donnerstag				18	Sonntag				18	Sonntag			
19	Freitag				19	Montag	8. Woche	Rosenmontag		19	Montag	12. Woche		
20	Samstag				20	Dienstag		Fastnacht		20	Dienstag			
21	Sonntag				21	Mittwoch		Aschermittwoch		21	Mittwoch			
22	Montag	4. Woche			22	Donnerstag				22	Donnerstag			
23	Dienstag				23	Freitag				23	Freitag			
24	Mittwoch				24	Samstag				24	Samstag			
25	Donnerstag				25	Sonntag				25	Sonntag			
26	Freitag				26	Montag	9. Woche			26	Montag	13. Woche		
27	Samstag				27	Dienstag				27	Dienstag			
28	Sonntag				28	Mittwoch				28	Mittwoch			
29	Montag	5. Woche								29	Donnerstag			
30	Dienstag									30	Freitag			
31	Mittwoch									31	Samstag			

Bild 3.8: Die Zieltabelle: Ein Einsatzplan für Mitarbeiter

Sie benötigen für die Einsatzplanung, zum Beispiel auf den einzelnen Stationen im Krankenhaus, Alten- oder Pflegeheim, übersichtliche Jahrespläne, die an einem zentralen Ort aufgehängt werden können. Sie bieten auf einen Blick alle relevanten Informationen.

Beispielhaft haben wir für das Jahr 2007 für jedes Quartal einen solchen Einsatzplan mit Excel erstellt.

Möchten Sie nach unserem Beispiel eigene Einsatzpläne in Excel erstellen, gehen Sie wie folgt vor.

Spalten und Zeilen der Tabelle anpassen

Richten Sie zuerst die Spaltenbreite und Zeilenhöhe nach Ihren Vorstellungen ein. Zum Anpassen der Spalten bzw. Zeilen klicken Sie mit der rechten Maustaste auf den Spalten- bzw. Zeilenkopf und wählen aus dem Kontextmenü den Punkt *Spaltenbreite* bzw. *Zeilenhöhe.*

Bei Spaltenbreite geben Sie die Anzahl der Zeichen ein, die in einer Zelle mit der Standardschrift angezeigt werden können. Für die Zeilenhöhe geben Sie die Anzahl der gewünschten Punkte (Maßeinhalt für die Schrift) ein. Alternativ können Sie die gewünschte Größe auch durch Ziehen an der Begrenzungslinie im Spalten- bzw. Zeilenkopf ändern.

Formel kopieren und AutoAusfüllen

Für die Monatstage arbeiten Sie mit der Ausfüllfunktion. So soll zum Beispiel in Zelle B6 die 1 für den 1. Januar stehen. Die Zelle B5 ist leer. Wir hinterlegen nun in B6 einfach die Formel `=B5 + 1` und können somit diese Formel durch Ziehen am Ausfüllkästchen einfach bis zur Zelle B36 (das ist der 31. Januar) nach unten kopieren. Für die Wochentage arbeiten wir ebenfalls mit der Ausfüllfunktion. Geben Sie den ersten Wochentag in Zelle C6 ein, in unserem Beispiel Montag, weil dies der erste Tag im Januar 2007 ist, und ziehen Sie wieder am Ausfüllkästchen bis zur Zelle C36.

Texteingabe und Zellen formatieren

Geben Sie die restlichen Texte in die gewünschten Zellen ein und formatieren Sie die Tabelle nach Ihren Vorstellungen. Die grundlegenden Formatierungen sind über die Symbolleiste *Format* zu erzielen.

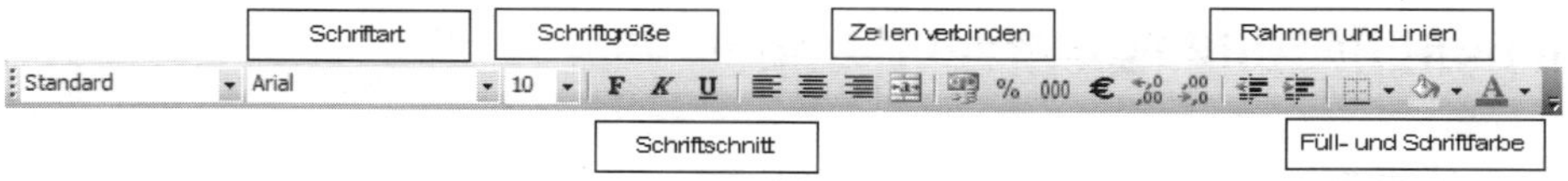

Bild 3.9: Die Symbolleiste *Format* bietet viele Gestaltungsmöglichkeiten.

Füllfarbe

1. Markieren Sie die Zellbereiche, die eine gleiche Füllfarbe erhalten sollen.
   Nicht zusammenhängende Zellbereiche können Sie mit gedrückter `Strg`-Taste markieren.
2. Wählen Sie anschließend über *Format/Zellen/*Register *Muster* die gewünschte Hintergrundfarbe bzw. wählen Sie in der Symbolleiste *Format* aus dem Listenfeld des Symbols *Füllfarbe* eine Hintergrundfarbe für den markierten Bereich aus.

Formate übertragen

Die Wochenenden sollen in unserem Einsatzplan farblich anders dargestellt werden. Damit wir das nicht immer wieder machen müssen, arbeiten wir hier mit dem Pinsel *Format übertragen.*

1. Formatieren Sie eine Wochenendzelle nach Ihren Vorstellungen.
2. Markieren Sie nun die Zellen.
3. Doppelklicken Sie auf das Symbol *Format übertragen.*
   Der Doppelklick ermöglicht, dass wir nun nacheinander mehreren unabhängigen Zellbereichen unser »Wochenend-Format« zuweisen können.
4. Klicken Sie nun auf die Zelle oder ziehen Sie mit der Maus über den Bereich, auf den Sie das »Wochenend-Format« übertragen möchten.
5. Ein erneuter Klick auf das Symbol *Format übertragen* bzw. Drücken der `Esc`-Taste schaltet die Formatübertragungsfunktion wieder aus.

Rahmen und Linien

Eine einfache Auswahl an Rahmenlinien bietet schon die Schaltfläche *Rahmen* in der Symbolleiste *Rahmen.*

1. Markieren Sie die gewünschte(n) Zelle(n).
2. Klicken Sie den Listenpfeil der Schaltfläche *Rahmen* aus der Symbolleiste *Format* an.
3. Wählen Sie eine Rahmenlinie nach Ihren Vorstellungen aus.

Weitere Formatierungsmöglichkeiten für Rahmen und Hintergrundmuster finden Sie in der Dialogbox *Format/Zellen/*Registerkarte *Rahmen* bzw. *Muster.*

3.4 Alle Branchen: Rechnung aus Liefersummen bilden

Kategorie: Branchenlösungen

Dateiname: MONAT_LIEFERSCHEIN_RECHNUNG.XLS

Schwierigkeitsgrad: ❄❄❄

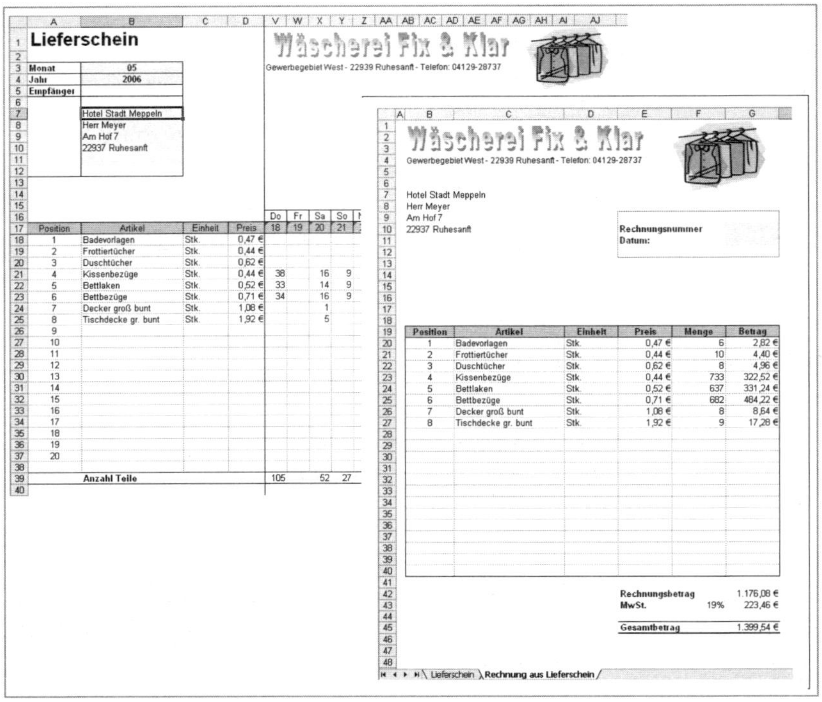

Bild 3.10: Der Rechnungsempfänger und die Liefersummen werden in der Rechnung übernommen.

Mit dieser vorgefertigten Liste können Sie die Liefermengen zu einem Kunden erfassen.

Aus den daraus resultierenden Summen ergibt sich auf dem zweiten Excel-Arbeitsblatt automatisch die zugehörige Rechnung. Die Anzahl der Tage für den Liefermonat sowie die Summenberechnung und den Rechnungsbetrag liefern Excel-Funktionen.

Beschreibung

Zu Beginn stellen Sie in den Zellen B3 den Monat und in B4 das Jahr ein. Erfassen Sie im Bereich B7 bis B11 den Kundennamen und die Anschrift. Anschließend können Sie ab Zeile 18 die gelieferten Positionen erfassen. Geben Sie dazu die Artikelbezeichnung, die Einheit und den Preis ein. Diese Daten werden automatisch in die Rechnung übertragen.

Sind alle Mengen auf dem Lieferschein erfasst, geben Sie auf dem Arbeitsblatt *Rechnung aus Lieferschein* noch die Rechnungsnummer und das Rechnungsdatum ein. Sie müssen nur noch die Rechnung drucken.

Liefermengen für einen Monat

In den Zellen B3 für den Liefermonat und B4 für das Jahr finden Sie zur einfacheren Eingabe ein Listenfeld. Die Einträge für die Auswahlliste stellen Sie über den Befehl *Daten/Gültigkeit* ein. Für den Monat sind die Werte 1, 2, 3 ... 12 und für das Jahresfeld 2005 bis 2012 vorgegeben.

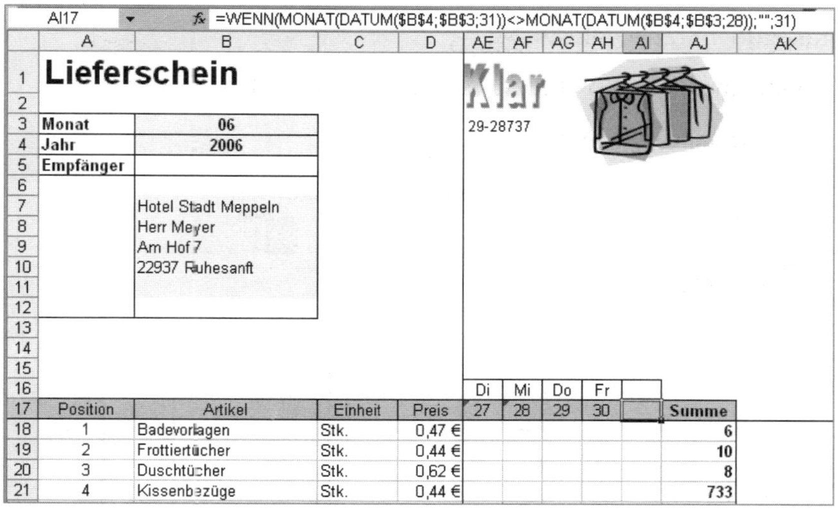

Bild 3.11: Monat und Jahr einstellen

Wochentage anzeigen

Oberhalb der Tage im Monat wird der Tag über die Funktion: `=DATUM($B$4;$B$3;E17)` berechnet und über das benutzerdefinierte Format `TTT` als Wochentag Mo, Di usw. angezeigt.

Monatsletzten berechnen

Je nach Monat sollte die Anzahl der Tage in dem Monat korrekt angezeigt werden. Für die Tage 29,30 und 31 sind daher Formeln hinterlegt, die prüfen, ob der gewählte Monat diese Tage aufweist. Die Excel-Funktion für den 31. Tag sieht folgendermaßen aus.

```
=WENN(MONAT(DATUM($B$4;$B$3;31))<>MONAT(DATUM($B$4;$B$3;28));"";31)
```

und weist automatisch den Monat 7 für den 31. Tag nach dem 1. Juni 2006 aus. Ist dies der Fall, wird kein Wert in der Zelle ausgegeben. Besitzt der Monat jedoch den 31., wird der Tag angezeigt.

In der Spalte AJ und in der Zeile 39 werden die Summen je Monat bzw. die Anzahl der Lieferpositionen je Tag ermittelt.

Rechnungsdaten erfassen und speichern

Auf dem Arbeitsblatt *Rechnung aus Lieferschein* wird die Adresse aus dem Lieferschein mit Hilfe einfacher Formeln, wie beispielsweise `=Lieferschein!B7`, übernommen. Falls die Rechnungsanschrift von der Lieferanschrift abweicht, überschreiben Sie die Zellen einfach.

Füllen Sie die Zellen G10 und G11, indem Sie die Rechnungsnummer und das Rechnungsdatum eingeben. Die Positionen und die Preise werden auch automatisch vom Lieferschein übernommen.

Speichern Sie die Monatsrechnung unter dem gewünschten Dateinamen ab. Zum Speichern können Sie die Taste [F12] drücken. Für die spätere Suche ist ein Dateiname mit Angabe von Jahr und Monat wie beispielsweise RECHNUNG_2006_06_12345.XLS hilfreich.

3.5 Dienstleistung: Terminplaner für ein Kosmetikstudio

Kategorie: Branchenlösungen

Dateiname: TAGESPLAN FÜR KOSMETIKSTUDIO.XLS

Schwierigkeitsgrad: ❋

Sie möchten einen Tagesplan zum Drucken erstellen.

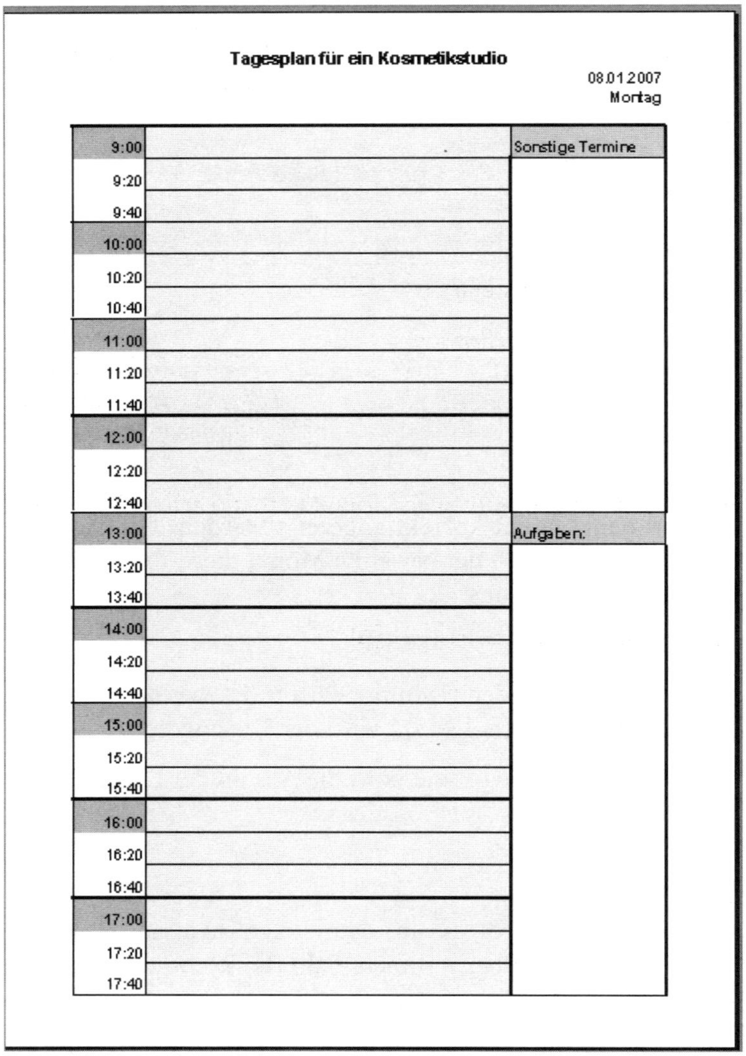

Bild 3.12: Das Ziel – eine Tabelle zum Drucken von Kalenderblättern

Die Zeiten in Spalte A

Sie müssen die einzelnen Zeiten nicht alle per Hand eingeben. Führen Sie die folgenden Schritte durch:

1. Geben Sie in die Zelle A5 die Zeit 9:00 und in die Zelle A6 9:20 ein.
2. Markieren Sie die beiden Zellen.

3. Zeigen Sie mit der Maus unten rechts auf der Markierung auf dem kleinen Kästchen.
4. Ziehen Sie nun mit der Maus so weit nach unten, wie Sie die Zeiten brauchen.

Die Breite der Spalten

Jetzt sollten Sie die Breite der Spalte A anpassen.

1. Klicken Sie auf den Spaltentitel A.
2. Wählen Sie *Format/Spalte/Breite*. Geben Sie ins Feld die *Spaltenbreite* 10 ein.
3. Bestätigen Sie mit *OK*.
4. Die Spalte B ist 53 und die Spalte C ist 22 breit.

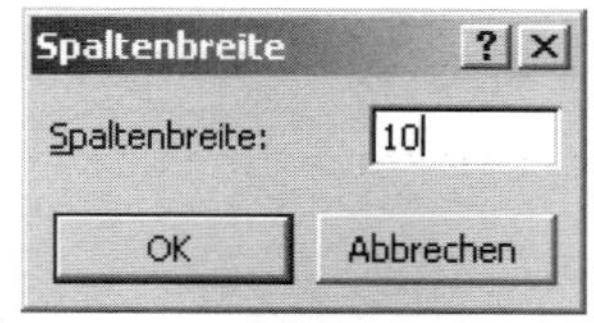

Bild 3.13: Die Spaltenbreite genau einstellen

Die Höhe der Zeilen

Jetzt möchten Sie die Zeilenhöhe verändern.

1. Markieren Sie nun die Zeilennummern von 5 bis ans Ende Ihrer Tabelle.
2. Wählen Sie *Format/Zeile/Höhe*. Geben Sie ins Feld die *Zeilenhöhe* 27 ein.
3. Bestätigen Sie mit *OK*.

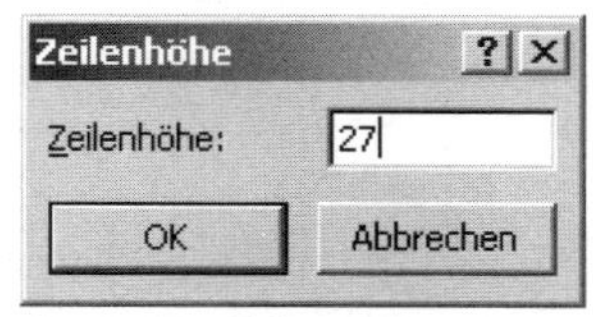

Bild 3.14: Die Zeilenhöhe genau einstellen

Die großen Zellen der Spalte C

In der Spalte C gibt es zwei große Zellen, in denen weitere Informationen zum aktuellen Tag eingegebenen werden können.

1. Markieren Sie die Zellen C6 bis C16.
2. Klicken Sie auf die Schaltfläche *Zusammenführen und zentrieren.*
3. Führen Sie diese Schritte auch für die Zellen C18 bis C31 durch.

Das Tagesdatum

1. Geben Sie in die Zelle C2 das gewünschte Datum ein.
2. Markieren Sie die Zelle C3 und geben Sie die folgende Funktion ein: `=C2`.

Damit holen Sie sich das Datum von oben.

3. Damit jetzt in C3 nur der aktuelle Wochentag zum Datum steht, markieren Sie die Zellen und wählen *Format/Zellen*.
4. Aktivieren Sie das Register *Zahlen* und die Kategorie *Benutzerdefiniert*.
5. Geben Sie ins Feld *Typ* den folgenden Code für die Anzeige des Tages ein: `TTTT`.

Den Tagesplan drucken

Kontrollieren Sie jetzt den Kalender in der Seitenansicht über die Schaltfläche und drucken Sie ihn bei Gefallen aus.

3.6 Hotelgewerbe: Fakturierprogramm für kleinen Hotelbetrieb

Kategorie: Branchenlösungen

Dateiname: HOTELFAKTURIERUNG.XLS

Schwierigkeitsgrad: ❋❋❋❋

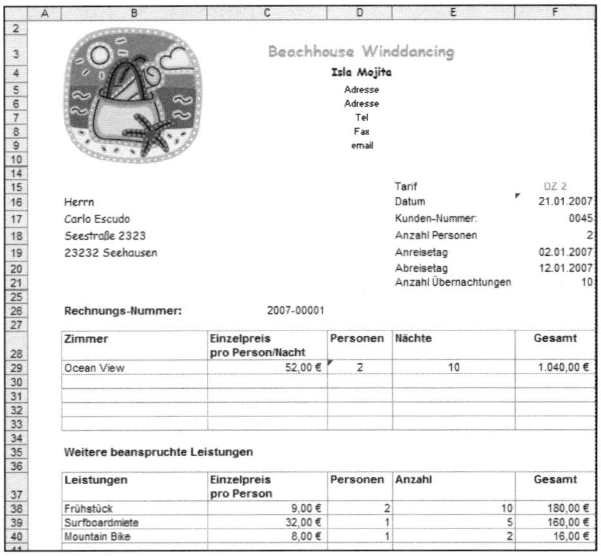

Bild 3.15: Eine Rechnung für mehrere Übernachtung

Sie haben Ihren Traum wahr gemacht, sich im sonnigen Süden ein Haus gekauft und dort betreiben Sie nun einen kleinen Hotelbetrieb. Natürlich können Sie diese Excel-Tabelle auch verwenden, wenn Ihr Hotel nicht im sonnigen Süden steht!

In dieser Arbeitsmappe gibt es insgesamt 3 Tabellenblätter. In der Tabelle *Zimmeraufstellung* listen Sie die Zimmer mit allen Preisvarianten auf. In der Tabelle *Weitere Leistungen* listen Sie Dinge auf, die Sie neben der Zimmervermietung anbieten.

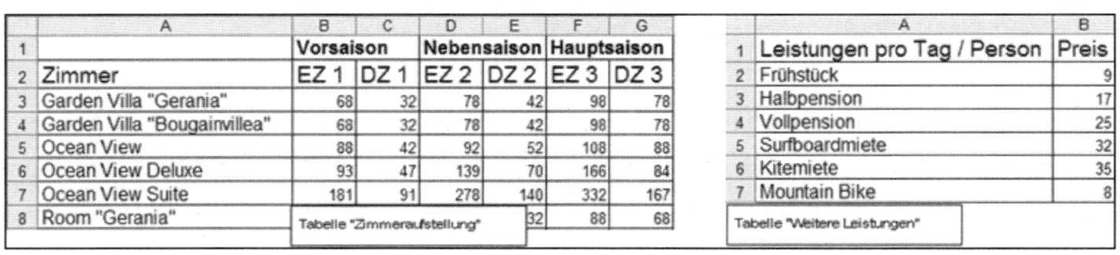

	A	B	C	D	E	F	G
1		Vorsaison		Nebensaison		Hauptsaison	
2	Zimmer	EZ 1	DZ 1	EZ 2	DZ 2	EZ 3	DZ 3
3	Garden Villa "Gerania"	68	32	78	42	98	78
4	Garden Villa "Bougainvillea"	68	32	78	42	98	78
5	Ocean View	88	42	92	52	108	88
6	Ocean View Deluxe	93	47	139	70	166	84
7	Ocean View Suite	181	91	278	140	332	167
8	Room "Gerania"	Tabelle "Zimmeraufstellung"			32	88	68

	A	B
1	Leistungen pro Tag / Person	Preis
2	Frühstück	9
3	Halbpension	17
4	Vollpension	25
5	Surfboardmiete	32
6	Kitemiete	35
7	Mountain Bike	8
	Tabelle "Weitere Leistungen"	

Bild 3.16: Die Tabelle *Zimmeraufstellung* und die Tabelle *Weitere Leistungen*

Die Tabelle *Rechnung* sucht sich aus diesen beiden Tabellen über den SVERWEIS die Detaildaten und stellt damit rasch die Rechnung für den Hotelgast zusammen.

Bereichsnamen vergeben

Für einige Zellbereiche wurden für spätere Gültigkeitsprüfungen wie auch für den SVERWEIS über *Einfügen/Namen/Definieren* Bereichsnamen vergeben.

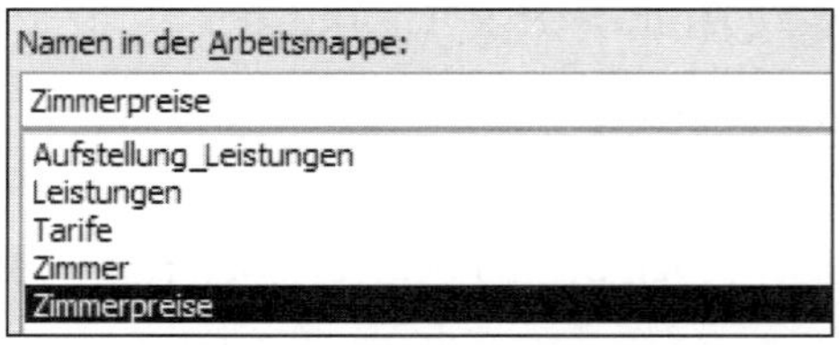

Bild 3.17: Die Bereichsnamen in der Arbeitsmappe

Rechnung ausfüllen

In den Bereichen B16 bis B19 wie auch F17 bis F20 geben Sie die kundenrelevanten Daten ein. Für die Auswahl des Tarifs (Haupt-, Neben- oder Vorsaison) ist in Zelle F15 über eine Gültigkeitsprüfung eine Auswahlliste hinterlegt. Auf gleiche Art und Weise wird in Zelle B29 das Zimmer über eine Auswahlliste ausgewählt.

Anschließend »sucht« der SVERWEIS zum ausgewählten Zimmer in Abhängigkeit des zuvor gewählten Tarifs (F15) den Einzelpreis aus der Tabelle *Zimmeraufstellung*.

Aufbau des SVERWEIS

Zuerst wird geprüft, ob die Zelle B29 leer ist. Ist dies der Fall, soll für Einzelpreis nichts eingetragen werden. Ist die Zelle gefüllt, wird über eine weitere WENN-Funktion geprüft, ob es sich um Tarif EZ 1 handelt, dann »sucht« der SVERWEIS aus der Matrix die 2. Spalte.

Innerhalb der geschachtelten WENN-Funktion wird dies nun für alle Tarife nacheinander geprüft und im SVERWEIS der Spaltenindex entsprechend angepasst. Die gesamte Formel in C29 sieht daher wie folgt aus:

```
=WENN(ISTLEER(B29);"";
WENN($F$15="EZ 1";SVERWEIS(B29;Zimmerpreise;2);
WENN($F$15="DZ 1";SVERWEIS(B29;Zimmerpreise;3);
WENN($F$15="EZ 2";SVERWEIS(B29;Zimmerpreise;4);
WENN($F$15="DZ 2";SVERWEIS(B29;Zimmerpreise;5);
WENN($F$15="EZ 3";SVERWEIS(B29;Zimmerpreise;6);
WENN($F$15="DZ 3";SVERWEIS(B29;Zimmerpreise;7)))))))
```

Die weiteren Leistungen können ebenfalls über eine Auswahlliste bequem ausgewählt werden und anschließend wird wieder über einen SVERWEIS der Einzelpreis aus der Tabelle *Weitere Leistungen* gesucht. Auch hier erfolgt zuerst die Prüfung, ob die Zelle B38 gefüllt ist, und erst dann sucht sich der SVERWEIS die Detailinformation aus der Matrix. Die Formel in C38 sieht daher wie folgt aus:

```
=WENN(ISTLEER(B39);"";D29*E29*C29)
SVERWEIS(B38;Aufstellung_Leistungen;2;FALSCH))
```

Die restlichen Formeln in der Arbeitsmappe

Berechnung der Übernachtungen in Zelle F21 `=F20-F19`.

Gesamtpreis in Zelle F29 `=D29*E29*C29`.

Gesamtpreis in Zelle F38.

Hier wird wieder zuerst geprüft, ob überhaupt weitere Leistungen in Anspruch genommen wurden. Die Formel lautet daher: `=WENN(ISTLEER(B38);"";D38*E38*C38)`.

Zum Schluss werden noch die Summen beider Gesamtpreise ermittelt, die Mehrwertsteuer ausgewiesen und zum Gesamtpreis addiert.

3.7 Kanzleien: Mandantenstammblatt anlegen

Kategorie: Branchenlösungen

Dateiname: STAMMDATENBLATT.XLS

Schwierigkeitsgrad: ❋❋

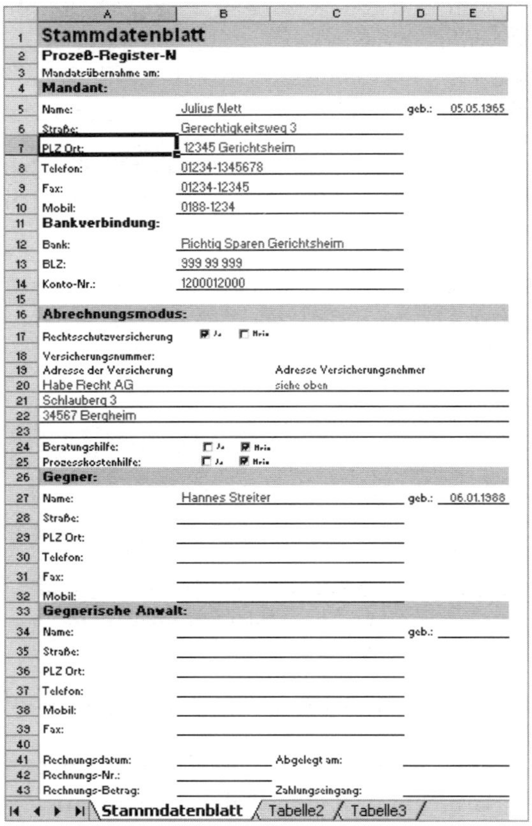

Bild 3.18: Stammdatenblatt mit Kontrollkästchen zum Ausfüllen in Excel

Diese Tabelle eignet sich sowohl als Ausdruckvorlage für diejenigen, die das Blatt als Formular zum handschriftlichen Ausfüllen nutzen möchten, wie auch als Formular mit Kontrollkästchen zum Ausfüllen am PC. Für die Nutzung in Excel empfiehlt es sich, die noch nicht ausgefüllte Tabelle als Excel-Mustervorlage abzuspeichern.

Beschreibung

Sie benötigen für das Stammdatenblatt 5 Spalten und 43 Zeilen. Geben Sie in der Spalte A die Bezeichnungen ein. In unserem Beispiel wird hierfür bei einer Schriftgröße von 11 pt. eine Spaltenbreite für die Spalte A von 24 eingestellt. Sie können die Spaltenbreite ändern, indem Sie auf die Trennlinie zwischen 2 Spalten klicken und mit gedrückter linker Maustaste die Maus nach rechts oder links bewegen.

Dabei ist es manchmal schwierig, einen genau vorgegebenen Wert zu treffen. Um die Spaltenbreite auf einen genauen Wert einzustellen, wählen Sie nach einem Rechtsklick auf den Spaltenkopf den Befehl *Spaltenbreite* im Kontextmenü und geben dort den gewünschten Wert ein. Dies können Sie auch für mehrere Spalten gleichzeitig einstellen, wenn Sie vorher alle gewünschten Spalten markiert haben. Analog hierzu ändern Sie auch die Höhe der Zeilen.

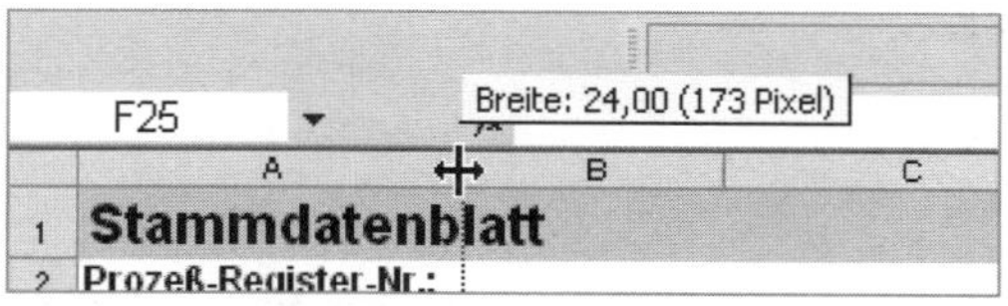

Bild 3.19: Spaltenbreite mit der Maus ändern

Damit Sie hinter den Bezeichnungen genug Platz zum Ausfüllen haben, verbinden Sie die Zellen der Spalte B+C in jeder Zeile, in der ein Texteintrag vorgenommen werden soll. Markieren Sie hierfür die beiden zu verbindenden Zellen und klicken Sie in der *Format*-Symbolleiste auf das Symbol *Verbinden und zentrieren*. Stellen Sie anschließend die Textausrichtung wieder auf linksbündig. Geben Sie allen Zellen, die später eventuell handschriftlich ausgefüllt werden sollen, als Rahmenmuster eine dünne Linie am unteren Zellrand. Diese Einstellung können Sie über *Format/Zellen* auf der Registerkarte *Rahmen* vornehmen. In unserem Beispiel wurde darüber hinaus für alle Zellen, die ausgefüllt werden sollen, die Schriftfarbe Dunkelblau eingestellt.

Einfügen der Kontrollkästchen

Um die Kontrollkästchen zum Anklicken einzufügen, blenden Sie zunächst die *Formular*-Symbolleiste ein:

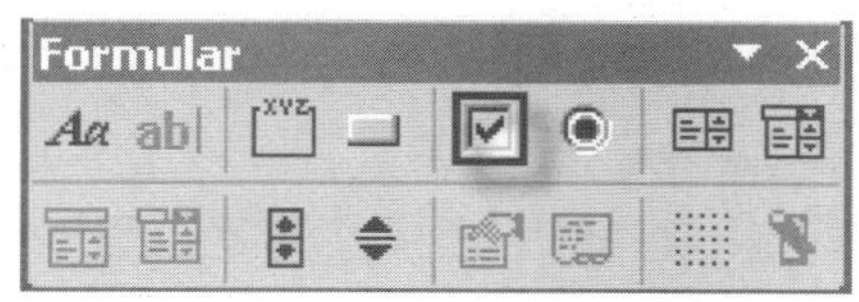

Bild 3.20: Über die *Formular*-Symbolleiste können Sie Kontrollkästchen einblenden.

1. Fügen Sie ein *Kontrollkästchen* ein und platzieren Sie es z. B. hinter den Texteintrag *Rechtschutzversicherung*.
2. Klicken Sie mit der rechten Maustaste auf den Markierungsrahmen des Objekts, wählen Sie im Kontextmenü den Befehl *Text bearbeiten* aus und ändern Sie den Standardtext »Kontrollkästchen 1« auf JA.
3. Klicken Sie erneut mit der rechten Maus auf den Rahmen des Objekts, um das Kontextmenü zu öffnen, und wählen Sie den Befehl *Steuerelement formatieren.*
4. Auf der Registerkarte *Steuerung* können Sie nun einstellen, ob das Kästchen bereits angehakt sein soll oder nicht, und außerdem den netten 3D-Effekt für das Kästchen einschalten.
5. Kopieren Sie Ihr erstes Kontrollkästchen und platzieren Sie das zweite direkt daneben. Ändern Sie hier den Text auf NEIN.
6. Markieren Sie beide Kästchen und wählen Sie im Kontextmenü den Befehl *Gruppieren.*
7. Die beiden nun gruppierten Kontrollkästchen kopieren Sie jetzt in alle anderen Zeilen, in denen Sie sie brauchen.

Stammblatt als Mustervorlage speichern

Wenn Sie diese Datei als Mustervorlage haben möchten, um bereits neue Dateien mit diesem Stammblatt zu erhalten, wählen Sie im Menü *Datei* den Befehl *Speichern unter* und stellen im Feld *Dateityp Mustervorlage* ein. Excel speichert die Datei automatisch in den Ordner, in dem auch alle anderen Vorlagen stehen, und Sie können zukünftig über das Menü *Datei* und den Befehl *Neu* auf Ihre Mustervorlage zugreifen.

3.8 Kontrolle Lagerbestand und Bestellungen

Kategorie: Branchenlösungen

Dateiname: LAGERBESTAND.XLS

Schwierigkeitsgrad: ❋❋❋

In diesem Beispiel stellen wir Ihnen eine kleine Lagerverwaltung vor. Wenn Sie von Excel darauf aufmerksam gemacht werden wollen, dass einige Lagerbestände zur Neige gehen und nachbestellt werden müssen, und Sie zusätzlich gleich über den Umfang und Wert der Nachbestellung informiert werden möchten, dann können Sie diese Tabelle gut gebrauchen.

Lagerbestand

	A	B	C	D	E	F	G	H	I	J	K	L	M	N
2	Artikel-Nr.	Waren-gruppe	Lager-ort	letzter Eingang	letzter Ausgang	Preis	Mindest-bestell-menge VPI	Mindest-bestand	Lager bestand	Nachbestellen?	Bestell-menge	Bestell-Datum	Bestellwert	Lieferant
3	0064	1	B-3	04.09.2006	14.11.2007	14,08 €	6	10	40					
4	0096	6	B-2	22.06.2005	06.05.2007	4,25 €	12	20	156					
5	0073	1	E-1	06.03.2005	11.10.2006	217,21 €	1	10	35					
6	0002	2	A-2	17.03.2004	15.08.2004	14,56 €	6	100	22	Nachbestellen	78	16.01.2007	1.135,68 €	Schrauben Schmitz
7	0112	4	C-2	16.09.2005	30.09.2006	12,12 €	1	10	153					
8	0089	8	E-1	02.06.2005	01.01.2007	45,50 €	2	60	46	Nachbestellen	14	03.01.2007	637,00 €	Schmierstoffe Schlumpf
9	0140	5	B-2	09.10.2005	21.01.2006	22,60 €	6	20	46					
10	0134	8	E-2	23.09.2005	12.08.2006	128,88 €	1	10	132					
11	0065	2	B-4	02.04.2005	09.09.2006	36,65 €	2	30	136					
12	0148	4	E-8	27.10.2005	25.08.2006	24,60 €	1	100	347					
13	0143	8	C-9	17.10.2005	30.01.2006	23,35 €	6	50	10	Nachbestellen	42		980,70 €	
14	0022	4	C-4	11.10.2004	30.08.2005	53,53 €	3	80	152					
15	0159	6	C-3	06.12.2005	27.09.2006	19,80 €	6	90	60	Nachbestellen	30		594,00 €	
16	0123	6	A-7	28.08.2005	10.07.2006	23,89 €	6	70	59	Nachbestellen	12		286,68 €	
17	0113	5	C-3	04.08.2005	04.10.2006	13,19 €	6	10	163					
18	0121	4	A-5	22.08.2005	04.07.2006	21,75 €	1	50	163					
19	0150	6	E-0	04.11.2005	31.08.2006	25,10 €	2	70	122					
20	0067	4	C-1	08.04.2005	17.09.2006	81,79 €	3	80	167					
21	0059	5	E-1	21.03.2005	02.06.2007	149,30 €	1	50	50					
22	0062	8	A-4	27.03.2005	09.09.2007	34,60 €	2	80	178					

Lagerbestand

Bild 3.21: Lagerbestand in Excel verwalten

Ausgehend von einem Mindestbestand für jeden Artikel, der in Ihrem Lager nicht unterschritten werden darf, und dem aktuellen Bestand wird überprüft, ob ein Artikel nachbestellt werden muss.

Unter Berücksichtigung einer vorgegebenen Mindestbestellmenge (z. B. vorgegeben durch den Lieferanten oder den Verpackungsinhalt) wird für den Fall einer notwendigen Nachbestellung auch gleich ein Vorschlag für die Bestellmenge erstellt. Vom Einzelpreis eines Artikels ausgehend, berechnet Excel unter Berücksichtigung der vorgeschlagenen Bestellmenge zusätzlich gleich den Bestellwert.

Beschreibung

Legen Sie eine Liste mit allen Informationen zu den Artikeln in Ihrem Lager an. Für die Überprüfung des Mindestbestands und die notwendigen Bestellinformationen dürfen folgende Angaben in Ihrer Liste nicht fehlen:

- Einzelpreis pro Artikel→ in unserem Beispiel in Spalte F
- Mindestbestellmenge (VPI)→ in unserem Beispiel in Spalte G
- Mindestbestand → in unserem Beispiel in Spalte H
- Aktueller Lagerbestand → in unserem Beispiel in Spalte I

Die Informationen in den Spalten J, K und M werden berechnet.

Wann muss nachbestellt werden?

Mit der WENN-Funktion überprüfen Sie in der Zelle J3 für den ersten Artikel Ihrer Liste, ob der aktuelle Lagerbestand kleiner ist als der festgelegte Mindestbestand für diesen Artikel. Wenn dies der Fall ist, soll in der Zelle J3 der Text *Nachbestellen* angezeigt werden, sonst soll in dieser Zelle kein Eintrag erfolgen.

Geben Sie hierfür folgende Formel in die Zelle J3 ein: `=WENN(I3<H3;"Nachbestellen";"")`.

Wie viel muss nachbestellt werden?

In der Spalte K soll die Menge pro Artikel berechnet werden, die nachbestellt werden muss, um den Lagerbestand zum Mindestbestand wieder aufzufüllen.

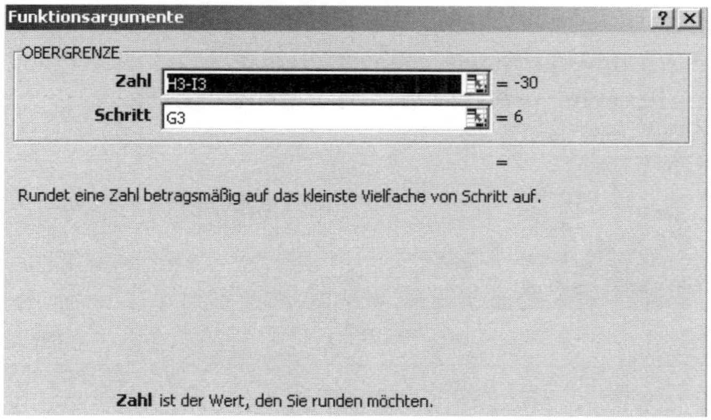

Bild 3.22: Funktionsargumente der OBERGRENZE-Funktion

Es kann jedoch nicht jeder Artikel einzeln bestellt werden, vielmehr müssen Sie für eine Reihe von Artikeln berücksichtigen, dass in einer Packung gleich mehrere enthalten sind, oder Ihr Lieferant bestimmte Artikel erst ab einer Mindestmenge abgibt.

Diese Information geben Sie bitte in der Spalte G ein.

Nutzen Sie zur Berechnung der Bestellmenge unter Berücksichtigung der Mindestbestellmenge die OBERGRENZE-Funktion.

Im Feld *Zahl* errechnen Sie die fehlende Menge, indem Sie vom Mindestbestand den Lagerbestand abziehen, und im Feld *Schritt* geben Sie die kleinste Einheit ein, die bestellt werden kann. In unserem Beispiel kommt diese Information aus der Spalte G.

- Damit in der Zelle J3 die Bestellmenge nur eingetragen wird, wenn der Mindestbestand unterschritten ist, betten Sie die OBERGRENZE-Funktion in eine WENN-Funktion ein.
  `=WENN(I3<H3;OBERGRENZE(H3-I3;G3);"")`
- Damit in der Zelle M3 der Bestellwert nur angezeigt werden, wenn eine Nachbestellung notwendig ist, geben Sie in die Zelle M3 folgende Formel ein:
  `=WENN(K3<>"";K3*F3;"")`

Kopieren Sie abschließend alle Formeln im Bereich J3 bis M3 bis zum Ende der Lagerliste.

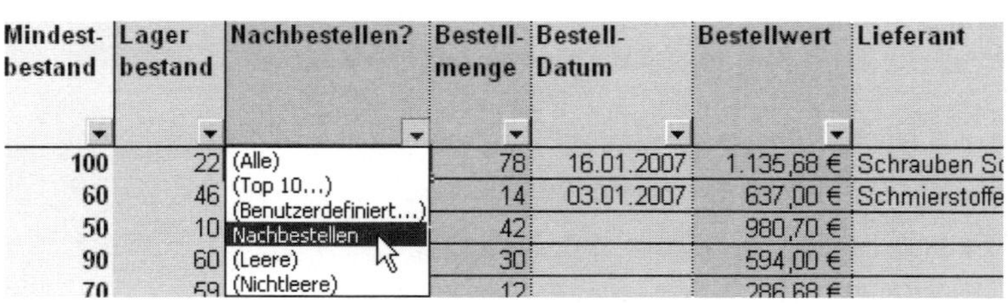

Klicken Sie in die Zeile mit den Spaltenüberschriften und aktivieren Sie *Daten/Filter/AutoFilter*. Jetzt können Sie aus der gesamten Liste nur die Daten filtern, die nachbestellt werden müssen.

3.9 Kultur: Platzreservierungen für ein Theater

Kategorie: Branchenlösungen

Dateiname: SITZPLATZ_RESERVIERUNG.XLS

Schwierigkeitsgrad: ❋❋❋❋

Diese Datei zeigt die Konfiguration des Theaters *Lach Dich Schlapp.* Die Plätze können gebucht oder reserviert werden. Fest gebuchte Plätze sollen rot und durchgestrichen angezeigt, reservierte Plätze farblich (gelb) hervorgehoben werden. Noch nicht gebuchte Plätze werden grün dargestellt.

Bild 3.21: Der Sitzplan mit den gebuchten, reservierten und den freien Sitzplätzen

Beschreibung

Diese Excel-Anwendung besteht aus mehreren Arbeitsblättern. Das Blatt *Sitzplan* zeigt die aktuelle Belegung aller Plätze. Auf dem Blatt *Reservierung* erfassen Sie die Buchungen bzw. Reservierungen. Außerdem wird auf diesem Blatt die Kategorie von jedem Platz dokumentiert. Es wird zwischen den Kategorien A, B und C unterschieden.

So kann man auf dem Blatt *Sitzplan Kategorie* in einer Übersicht erkennen, welcher Platz der beste im Theater ist.

Die Zellen benennen

Damit die nächsten Funktionen schneller erzeugt werden können, haben wir den Zellen A5 bis C104 auf dem Tabellenblatt *Buchungen* den Bereichsnamen *Reservierung* gegeben.

1. Markieren Sie auf dem Tabellenblatt *Buchungen* die Zellen A5 bis C104.
2. Wählen Sie anschließend *Einfügen/Namen/Definieren.*
3. Geben Sie ins Feld *Namen in der Arbeitsmappe* einen Namen ein. In diesem Beispiel ist es *Reservierung.*

4. Nachdem Sie mit *OK* bestätigt haben, können Sie in jeder Funktion, in der Sie die oben erwähnten Zellen benötigen, den Namen *Reservierung* eingeben.

Die Plätze bewerten

Auf dem Blatt *Buchungen* wird in der Spalte A jeder Sitz aufgeführt. In der Spalte C wird jedem Sitzplatz eine Kategorie zugewiesen.

Aufgrund der Kategorie kann jetzt in der Spalte E der Preis für jeden Sitz automatisch errechnet werden. Plätze der Kategorie A kosten 25 Euro, Plätze der Kategorie B 23 Euro und Plätze der Kategorie C 22 Euro.

1. Markieren Sie die Zelle E5 und geben Sie die folgende Funktion ein:

```
=WENN(C5="A";25;WENN(C5="B";23;22))
```

2. Kopieren Sie diese Funktion nach unten.

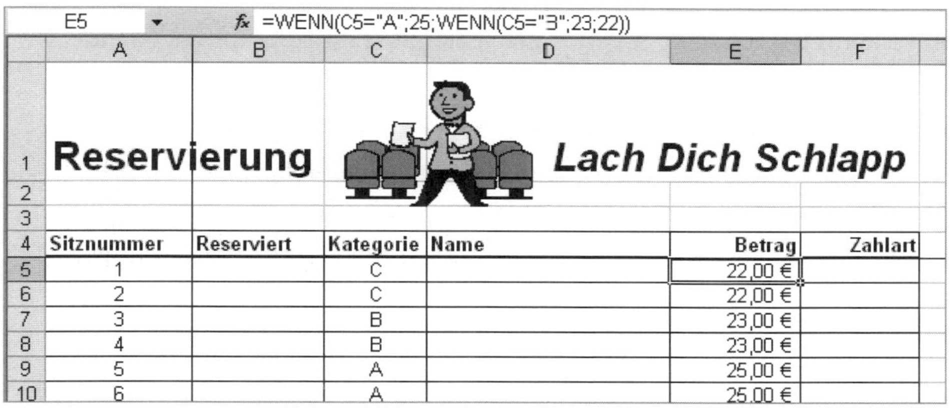

E5 =WENN(C5="A";25;WENN(C5="B";23;22))

Reservierung — Lach Dich Schlapp

Sitznummer	Reserviert	Kategorie	Name	Betrag	Zahlart
1		C		22,00 €	
2		C		22,00 €	
3		B		23,00 €	
4		B		23,00 €	
5		A		25,00 €	
6		A		25,00 €	

Bild 3.22: Jede Sitzplatznummer in Spalte A hat eine Kategorie in Spalte C und aufgrund der Kategorie einen Preis.

Aufgrund dieser Liste kann jetzt auf dem Register *Sitzplan Kategorie* die Wertigkeit der Sitze zugewiesen werden.

Kategorie A sind die besten und Kategorie C sind die schlechtesten Sitze.

Lach Dich Schlapp

Comedy - Bar - Restaurant

Reihe 1	1	2	3	4	5	6	7	8	9	10	11	12	13	14	15
Reihe 2	16	17	18	19	20	21	22	23	24	25	26	27	28	29	30
Reihe 3	31	32	33	34	35	36	37	38	39	40	41	42	43	44	45
Reihe 4	46	47	48	49	50	51	52	53	54	55	56	57	58	59	60
Reihe 5	61	62	63	64	65	66	67	68	69	70	71	72	73	74	75
Empore 1	76	77	78	79	80	81	82	83	84	85	86	87	88	89	90
Empore 2	91	92	93	94	95						96	97	98	99	100

Bild 3.23: Die besten Plätze befinden sich in der Mitte.

Die Färbung der Sitze wurde durch eine bedingte Formatierung durchgeführt.

3. Markieren Sie die Zelle C10 auf dem Blatt *Sitzplan Kategorie.*
4. Starten Sie die Befehlsfolge *Format/Bedingte Formatierung.*
5. Wählen Sie im ersten Feld den Eintrag *Formel ist* aus und geben Sie die folgende Funktion ins Feld dahinter ein:

```
=WENN(SVERWEIS(C10;Reservierung;3;0)="A";WAHR;FALSCH)
```

Wenn in der aktuellen Zelle ein A steht, dann soll die unten gewählte Formatierung angewendet werden.

6. Klicken Sie auf die Schaltfläche *Format* und wählen Sie die grüne Hintergrundfarbe aus.
7. Klicken Sie auf die Schaltfläche *Hinzufügen*, wählen Sie im Bereich *Bedingung 2* im ersten Feld den Eintrag *Formel ist* aus und geben Sie die folgende Funktion ins Feld dahinter ein:

```
=WENN(SVERWEIS(C10;Reservierung;3;0)="B";WAHR;FALSCH)
```

Wenn in der aktuellen Zelle ein B steht, dann soll die unten gewählte Formatierung angewendet werden.

8. Klicken Sie auf die Schaltfläche *Format* und wählen Sie die gelbe Hintergrundfarbe aus.
9. Klicken Sie auf die Schaltfläche *Hinzufügen*, wählen Sie im Bereich *Bedingung 3* im ersten Feld den Eintrag *Formel ist* aus und geben Sie die folgende Funktion ins Feld dahinter ein:

```
=WENN(SVERWEIS(C10;Reservierung;3;0)="C";WAHR;FALSCH)
```

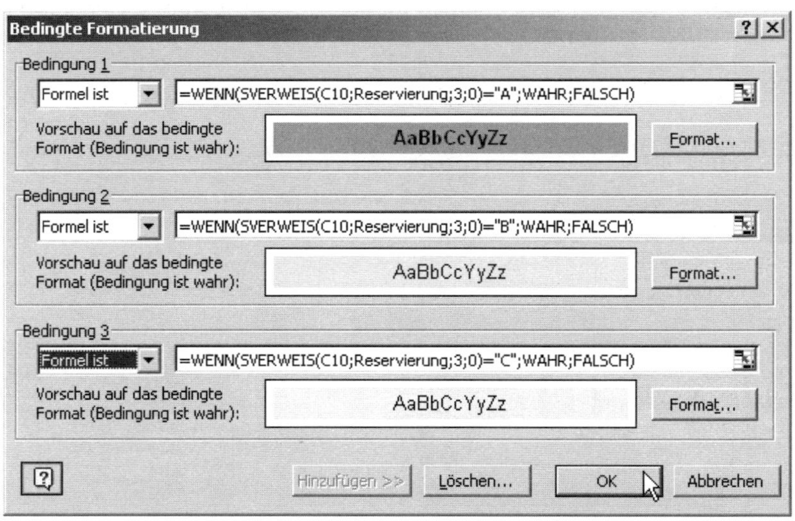

Bild 3.24: Die automatische Formatierung der Kategorien

10. Bestätigen Sie mit *OK.*
11. Übertragen Sie das Format mit dem Pinsel  auf die restlichen Zellen der Sitzplätze.

Jetzt erkennen Sie auf einen Blick, welche die besten Plätze im Theater sind.

Buchungen erfassen

Sie erfassen Buchungen und Reservierungen, indem Sie neben der Sitznummer in der Spalte B eintragen, ob der Platz gebucht (*Ja*), reserviert (*Res*) oder noch frei ist (leer oder *Nein*).

Für Reservierungen können Sie gegebenenfalls Namen und weitere Informationen in Spalte D erfassen.

Reservierungen im Sitzplan formatieren

Die Farbe und die Darstellung werden auf dem Arbeitsblatt *Sitzplan* über die bedingte Formatierung vorgenommen.

1. Markieren Sie die Zelle C10 auf dem Blatt *Sitzplan.*
2. Starten Sie die Befehlsfolge *Format/Bedingte Formatierung.*
3. Wählen Sie im ersten Feld den Eintrag *Formel ist* aus und geben Sie die folgende Funktion ins Feld dahinter ein:
   `=WENN(SVERWEIS(G10;Reservierung;2;0)="Ja";WAHR;FALSCH)`

Wenn in der aktuellen Zelle ein *Ja* steht, dann soll die unten gewählte Formatierung angewendet werden.

4. Klicken Sie auf die Schaltfläche *Format* und wählen Sie die rote Hintergrundfarbe und durchgestrichene Schrift aus.
5. Klicken Sie auf die Schaltfläche *Hinzufügen*, wählen Sie im Bereich *Bedingung 2* im ersten Feld den Eintrag *Formel ist* aus und geben Sie die folgende Funktion ins Feld dahinter ein:
   `=WENN(SVERWEIS(G10;Reservierung;2;0)="Res";WAHR;FALSCH)`

Wenn in der aktuellen Zelle ein B steht, dann soll die unten gewählte Formatierung angewendet werden.

6. Klicken Sie auf die Schaltfläche *Format* und wählen Sie die gelbe Hintergrundfarbe aus.

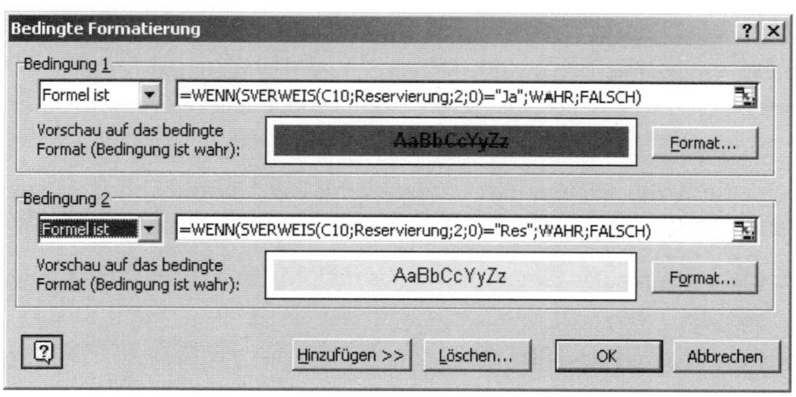

Bild 3.25: Die automatische Formatierung bei gebuchten oder reservierten Plätzen

7. Bestätigen Sie mit *OK.*
8. Übertragen Sie das Format mit dem Pinsel auf die restlichen Zellen der Sitzplätze.

Jetzt erkennen Sie auf einen Blick, welche Plätze im Theater gebucht und welche reserviert sind.

3.10 Vermietung: Autoverleih

Kategorie: Branchenlösungen

Dateiname: PKW_VERMIETUNG.XLS

Schwierigkeitsgrad: ❋❋❋

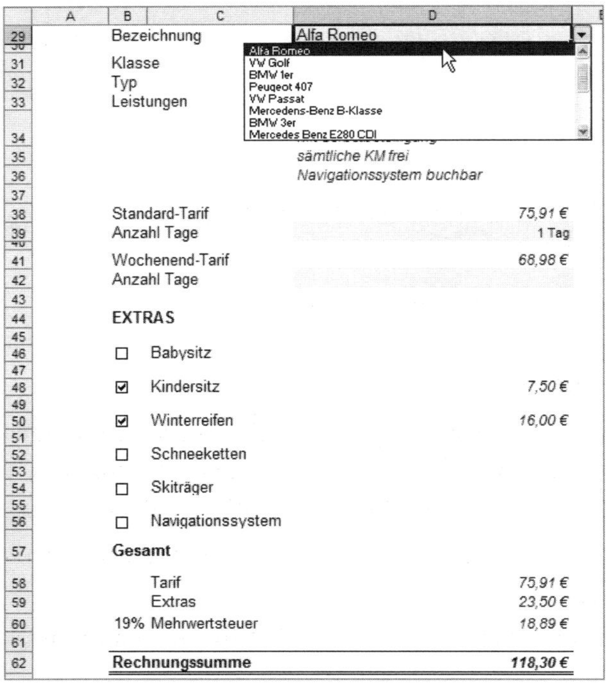

Bild 3.26: Tabelle *Pkw-Miete*

Diese Excel-Arbeitsmappe besteht aus insgesamt drei Tabellen. Die erste Tabelle erstellt die Abrechnung für einen Leihwagen, die anderen zwei Tabellen enthalten die Detailinformationen wie Preis, Leistung und Tarife der Leihwagenstation bzw. Preise aller zu buchenden Extras.

Beschreibung

Nach Eingabe der persönlichen Daten sowie nach Auswahl des gemieteten Wagens aus einer Auswahlliste (D29) überträgt Excel über einen SVERWEIS aus der zweiten Tabelle alle relevanten Daten zur Vermietung.

Im mittleren Teil können über diverse Kontrollkästchen Extras ausgewählt werden und abhängig von der Auswahl erscheint aus der Hilfstabelle der entsprechende Preis für die gewählten Extras.

Im unteren Teil (D58:D62) wird aus diesen Daten der Gesamtmietpreis inkl. Mehrwertsteuer ermittelt.

Auswahlliste für den zu mietenden Wagen erstellen

Damit die Eingaben schnell und unproblematisch erfolgen können, hinterlegen Sie in Zelle D29 eine Gültigkeitsprüfung:

1. Markieren Sie den gewünschten Bereich, für den eine Gültigkeit hinterlegt werden soll, in unserem Beispiel die Zelle D29.
2. Wählen Sie *Daten/Gültigkeit/* Register *Einstellungen.*

3. Wählen Sie im Feld *Zulassen* über den Listenpfeil den Eintrag *Liste.*

4. Im Feld *Quelle* geben Sie den *Bereichsnamen* aus der Tabelle *PKW und Kombi* für den Zellbereich A5:A21 ein, d. h. in unserem Beispiel *=Autoliste.*

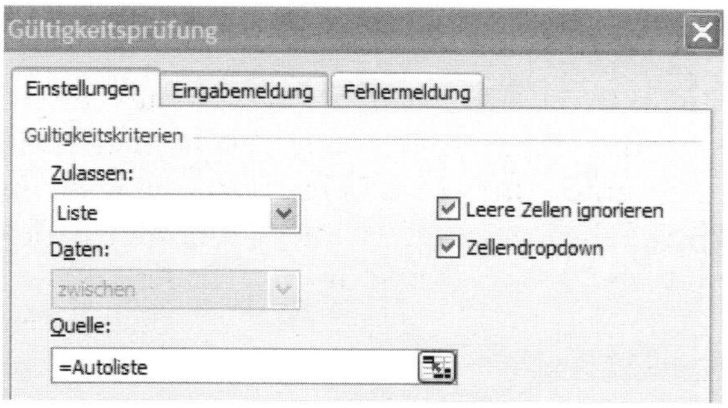

Bild 3.27: Die Gültigkeitsprüfung für die Auswahlliste der Autos

Nun können Sie die Autos schnell und bequem über ein Listenfeld auswählen.

Detaildaten aus der Tabelle Pkw und Kombi auslesen

1. Um die Detailinformationen zum gewählten Auto abzurufen, eignet sich die SVERWEIS-Funktion. Setzen Sie den Cursor in die gewünschte Zelle, wo Sie beispielsweise die Bezeichnung für die Klasse suchen möchten, in diesem Beispiel D31, und starten Sie die SVERWEIS-Funktion.

2. Das *Suchkriterium* steht in der Zelle D29. Da Sie diese Funktion später kopieren werden, setzen Sie die Zelle absolut durch Drücken der Taste [F4].

3. Als *Matrix* geben Sie die Zellen $A$5:$I$21 auf dem Blatt *Pkw und Kombi* bzw. den dafür zuvor gewählten Bereichsnamen *Tarife* an.

4. Der *Spaltenindex* ist die Nummer der Spalte, deren Inhalt Sie zurückgeben möchten. Da die Klasse in der dritten Spalte steht, wird hier die Nummer 3 eingegeben.

5. Für die eindeutige Suche geben Sie als letzten Parameter *Bereich_Verweis* den Wert FALSCH ein. `=SVERWEIS($D$29;Tarife;3;FALSCH).`

6. Kopieren Sie anschließend diese Formel in die restlichen Zellen und passen Sie lediglich jeweils den Spaltenindex an.

	A	B	C	D	H	I
1	**Tarifübersicht & Leistungen**					
2				Leistungen		
3	Auto	Typ	Klasse	Haftplicht	Basistarif	Wochend-Tarif
4	(1)	(2)	(3)	(4)	(8)	(9)
5	VW Polo	Limousine	Kleinwagen	inkl. Haftpflicht	66,68 €	84,48 €
6	Alfa Romeo	Limousine	Kompaktklasse	inkl. Haftpflicht	75,91 €	68,98 €
7	VW Golf	Limousine	Kompaktklasse	inkl. Haftpflicht	76,95 €	69,22 €
8	BMW 1er	Limousine	Kompaktklasse	inkl. Haftpflicht	83,89 €	76,76 €
9	Peugeot 407	Limousine	Untere Mittelklasse	inkl. Haftpflicht	87,98 €	76,96 €

Bild 3.28: Tabelle *Pkw und Kombi*

Kontrollkästchen anlegen

Um ein Kontrollkästchen für die auszuwählenden Extras (zum Beispiel den Babysitz in Zeile 46) anzulegen, blenden Sie über *Ansicht/Symbolleisten/Formular* die *Formular*-Symbolleiste ein.

Bild 3.29: Symbolleiste *Formular*

1. Klicken Sie auf die Schaltfläche *Kontrollkästchen* und ziehen Sie mit der Maus das Feld an die gewünschte Position. Den Standardtext *Kontrollkästchen X* können Sie einfach überschreiben bzw. löschen.

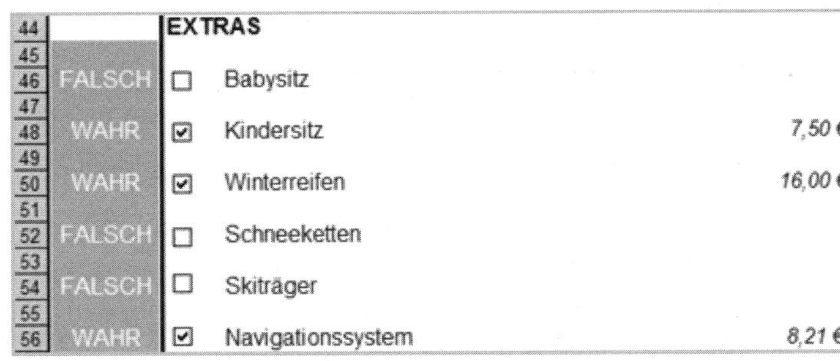

Bild 3.30: »Unsichtbare« Werte der Kontrollkästchen in Spalte A

2. Mit einem Rechtsklick auf das Kontrollkästchen und dem Befehl *Steuerelement formatieren* können Sie Einfluss auf die Eigenschaften des Kontrollkästchens nehmen. Wir geben hier auf der Registerkarte *Steuerung* in das Feld *Zellverknüpfung* eine beliebige »Hilfszelle« an, die sozusagen den gewählten Wert für das Kontrollkästchen enthält, und zwar WAHR bei aktiviertem Kontrollkästchen bzw. FALSCH bei deaktiviertem Kontrollkästchen.

Für das Kontrollkästchen *Babysitz* haben wir die Zelle $A$46 als Zellverknüpfung gewählt und anschließend diese Zelle weiß formatiert, damit sie »unsichtbar« ist.

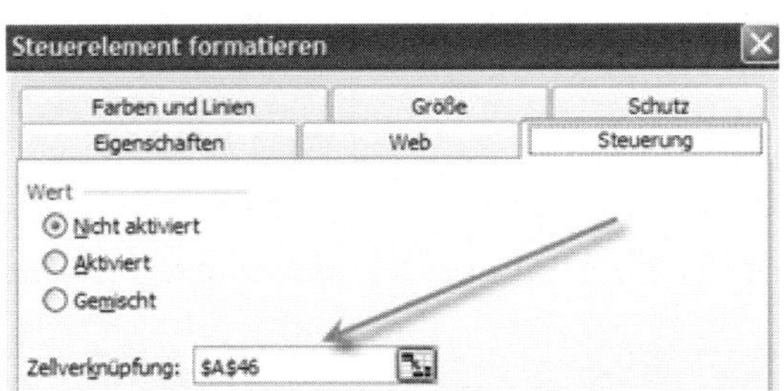

Bild 3.31: Zellverknüpfung in $A$46 für Kontrollkästchen *Babysitz*

Detaildaten aus der Tabelle Extras auslesen

Abhängig von den gewählten Kontrollkästchen werden nun über den SVERWEIS wieder Detailinformationen aus der Tabelle *Extras* ausgelesen.

1. Setzen Sie den Cursor in die gewünschte Zelle (D46), wo Sie beispielsweise den Preis für den Babysitz ausgeben möchten.
2. Über eine WENN-Funktion prüfen wir zuerst, wie der Wert des Kontrollkästchens in Zelle A46 ist.
3. Ist das Kontrollkästchen aktiviert (WAHR), dann soll über SVERWEIS die Preisinformation aus der Tabelle *Extras* ausgelesen werden.

4. Ist das Kontrollkästchen deaktiviert (FALSCH), dann soll die Zelle D46 leer bleiben.
5. Für den SVERWEIS geben Sie als *Suchkriterium* die Zelle C46 ein.
6. Als *Matrix* geben Sie den Bereichsnamen *Extras* an.
7. Der *Spaltenindex* ist die Nummer der Spalte, deren Inhalt Sie zurückgeben möchten. Da der Preis in der zweiten Spalte steht, wird hier die Nummer 2 eingegeben.
8. Für die eindeutige Suche geben Sie als letzten Parameter *Bereich_Verweis* den Wert FALSCH ein.

Die komplette Formel in D46 sieht nun wie folgt aus:
`=WENN(A46=WAHR;SVERWEIS(C46;Extras;2;FALSCH);"")`

Diese Formel kann für die anderen Extras und Kontrollkästchen nach unten kopiert werden.

Navigationssystem buchbar

Da nicht bei jedem Wagen ein Navigationssystem zu buchen ist bzw. einige Oberklasseautos das Navigationssystem bereits im Basismietpreis enthalten haben, wird in Zelle C56 über eine WENN-Funktion geprüft, ob der ausgewählte Wagen als Leistung das Navigationssystem als Extra buchbar anbietet oder nicht. Die Formel in C56 lautet:
`=WENN(D36="Navigationssystem buchbar";"Navigationssystem";"")`

Benutzerdefiniertes Format für Tag/Tage

Für die Zellen D39 sowie D42 haben wir über *Format/Zellen/Register Zahlen* ein benutzerdefiniertes Format in der Form *0 "Tage"* hinterlegt. Damit nun bei einem Tag nicht »1 Tage«, sondern grammatikalisch korrekt »1 Tag« dort steht, haben wir eine Prüfung innerhalb des benutzerdefinierten Formats eingebaut.

- Markieren Sie die gewünschte(n) Zelle(n) (D39 und D42).
- Wählen Sie *Format/Zellen/Register Zahlen.*
- Wählen Sie die Kategorie *Benutzerdefiniert.*
- Geben Sie im Feld *Typ* ein: *[=1]0 "Tag";0 "Tage".*

Nun wird in den Zellen Einzahl und Mehrzahl abhängig vom Zellinhalt immer korrekt wiedergegeben.

Zahlbeträge berechnen

Die Pkw-Miete wird aus der Anzahl der Tage multipliziert mit den einzelnen Tages- bzw- Wochenendpauschalen berechnet. Die Formel in Zelle D58 ist: `=(D38*D39)+(D41*D42)`.

Da alle Extras pro Tag berechnet werden, wird die Gesamtsumme sämtlicher Extras mit der Anzahl der Tage multipliziert. Die Formel in Zelle D59 lautet: `=SUMME(D46:D56)*(D39+D42)`.

In der Zelle D60 wird die Mehrwertsteuer aus der Summe von Automiete und Extras ausgewiesen: `=(D58+D59)*B60`. Und in Zelle D62 wird der zu zahlende Gesamtbetrag aus der Addition von Automiete, Extras und ausgewiesener Mehrwertsteuer ermittelt: `=SUMME(D58:D60)`.

3.11 Vermietung: Mietberechnung – Jahresmiete

Kategorie: Branchenlösungen

Dateiname: MIETBERECHNUNG.XLS

Schwierigkeitsgrad: ❋ ❋ ❋

Mietberechung IMMO HEINZELMANN

Jahr: 2006

Von: 01.01.2006
Bis: 31.12.2006

Nr.	Platzbeschreibung	Straße	Fläche / m2	Miete	Anfang	Ende	Anzahl Monate	Miete / Jahr
1	Wohnung 1. EG Links	Poststraße 109	55	343,80	01.06	31.12	7	2.406,60
2	Wohnung 1. EG Rechts	Poststraße 109	57	388,50	01.01	31.12	12	4.662,00
3	Wohnung 2. OG Links	Poststraße 109	65	480,00	01.01	31.12	12	5.760,00
4	Wohnung 2. OG Rechts	Poststraße 109	65	480,00	01.01	31.12	12	5.760,00
5	Wohnung 3. OG Links	Poststraße 109	65	480,00	01.01	31.12	12	5.760,00
6	Wohnung 3. OG Rechts	Poststraße 109	65	480,00	01.01	31.12	12	5.760,00
7	Wohnung 4. OG Links	Poststraße 109	68	490,00	01.01	31.12	12	5.880,00

Bild 3.32: Berechnung der Jahresmieten für Vermietungen

Die Vermietung und Zahlung von Wohnungen oder Parkplätzen erfolgen meist monatlich. Diese Datei zeigt und berechnet die vermieteten Immobilien und den dabei eingenommenen Mietzins in der Summe und im Detail für jeden Monat.

Beschreibung

Die Abbildung zeigt die Salden für die einzelnen Monate für ein Kalenderjahr. Die Details sind in diesem Moment über die Gruppierungsfunktion ausgeblendet. Wenn Sie die Gruppierung über die Schaltflächen oberhalb der Spaltenbeschriftungen einblenden, werden die einzelnen Monate angezeigt.

Wohnung vermietet

Ende	1	2	3	4	5	6	7	8	9	10	11	12	Anzahl Monate
31.12						X	X	X	X	X	X	X	7
31.12	X	X	X	X	X	X	X	X	X	X	X	X	12
31.12	X	X	X	X	X	X	X	X	X	X	X	X	12
31.12	X	X	X	X	X	X	X	X	X	X	X	X	12
31.12	X	X	X	X	X	X	X	X	X	X	X	X	12
31.12	X	X	X	X	X	X	X	X	X	X	X	X	12
31.12	X	X	X	X	X	X	X	X	X	X	X	X	12
31.05	X	X	X	X	X								5
31.12								X	X	X	X	X	5
31.12	X	X	X	X	X	X	X	X	X	X	X	X	12
31.12	X	X	X	X	X	X	X	X	X	X	X	X	12
31.03	X	X	X										3
31.12					X	X	X	X	X	X	X	X	8
31.12	X	X	X	X	X	X	X	X	X	X	X	X	12
31.12	X	X	X	X	X	X	X	X	X	X	X	X	12
31.12	X	X	X	X	X	X	X	X	X	X	X	X	12
30.04	X	X	X	X									4
31.12								X	X	X	X	X	5
31.12						X	X	X	X	X	X	X	7
31.12	X	X	X	X	X	X	X	X	X	X	X	X	12

Miete

Ende	1	2	3	4	5	6	7	8	9	10	11	12	Miete / Jahr
31.12	0,00	0,00	0,00	0,00	0,00	343,80	343,80	343,80	343,80	343,80	343,80	343,80	2.406,60
31.12	388,50	388,50	388,50	388,50	388,50	388,50	388,50	388,50	388,50	388,50	388,50	388,50	4.662,00
31.12	480,00	480,00	480,00	480,00	480,00	480,00	480,00	480,00	480,00	480,00	480,00	480,00	5.760,00
31.12	480,00	480,00	480,00	480,00	480,00	480,00	480,00	480,00	480,00	480,00	480,00	480,00	5.760,00
31.12	480,00	480,00	480,00	480,00	480,00	480,00	480,00	480,00	480,00	480,00	480,00	480,00	5.760,00
31.12	480,00	480,00	480,00	480,00	480,00	480,00	480,00	480,00	480,00	480,00	480,00	480,00	5.760,00
31.12	490,00	490,00	490,00	490,00	490,00	490,00	490,00	490,00	490,00	490,00	490,00	490,00	5.880,00
31.05	480,00	480,00	480,00	480,00	480,00	0,00	0,00	0,00	0,00	0,00	0,00	0,00	2.400,00
31.12	0,00	0,00	0,00	0,00	0,00	0,00	0,00	480,00	480,00	480,00	480,00	480,00	2.400,00
31.12	680,00	680,00	680,00	680,00	680,00	680,00	680,00	680,00	680,00	680,00	680,00	680,00	8.160,00
31.12	300,00	300,00	300,00	300,00	300,00	300,00	300,00	300,00	300,00	300,00	300,00	300,00	3.600,00
31.03	480,00	480,00	480,00	0,00	0,00	0,00	0,00	0,00	0,00	0,00	0,00	0,00	1.440,00
31.12	0,00	0,00	0,00	0,00	480,00	480,00	480,00	480,00	480,00	480,00	480,00	480,00	3.840,00
31.12	480,00	480,00	480,00	480,00	480,00	480,00	480,00	480,00	480,00	480,00	480,00	480,00	5.760,00
31.12	480,00	480,00	480,00	480,00	480,00	480,00	480,00	480,00	480,00	480,00	480,00	480,00	5.760,00
31.12	480,00	480,00	480,00	480,00	480,00	480,00	480,00	480,00	480,00	480,00	480,00	480,00	5.760,00
30.04	1.050,00	1.050,00	1.050,00	1.050,00	0,00	0,00	0,00	0,00	0,00	0,00	0,00	0,00	4.200,00
31.12	0,00	0,00	0,00	0,00	0,00	0,00	0,00	1.100,00	1.100,00	1.100,00	1.100,00	1.100,00	5.500,00
31.12	0,00	0,00	0,00	0,00	0,00	520,00	520,00	520,00	520,00	520,00	520,00	520,00	3.640,00
31.12	26,00	26,00	26,00	26,00	26,00	26,00	26,00	26,00	26,00	26,00	26,00	26,00	312,00
													88.760,60

Bild 3.33: Die Vermietungen im Detail

Um neue Mieteinheiten einzugeben, fügen Sie leere Zeilen in die Tabelle ein und kopieren die Formeln nach unten.

So erstellen Sie die Anwendung

Wenn Sie die Datei öffnen, finden Sie das Blatt *Mieten_Jahr_leer*. Dort sind in den Spalten A bis G die Daten zu den Wohnungen bzw. Parkplätzen erfasst worden. Die laufende Nummer dient zur Identifikation, die anderen Daten ab Spalte B dienen als Information.

Vermietet oder nicht vermietet?

Für die Berechnung, ob das Objekt im betrachteten Monat vermietet ist, sind das Start- und Enddatum in den Spalten F und G. Für den Januar wird in Zelle H9 folgende Prüfung vorgenommen:
`=WENN(UND(MONAT($F9)<=H$8;MONAT($G9)>=H$8);"X";"")`.

Wenn der Monatswert des Startdatums kleiner oder gleich dem Monat 1 und der Monat des Enddatums größer oder gleich dem Monat 1 ist, wird ein X ausgegeben, ansonsten ein Leertext.

Die Zellbezüge F9, H8 und G9 werden festgehalten, damit die Funktion nur einmal geschrieben und später nach rechts und nach unten kopiert werden kann.

Die Anzahl Monate, die das Objekt vermietet ist, lässt sich anschließend leicht über die ZÄHLENWENN-Funktion berechnen. Mit der Formel wird in Zelle T9 die Anzahl der X im Monatsbereich 1 bis 12 gezählt.
`=ZÄHLENWENN(H9:S9;"X")`

Die Miete für das Jahr wird ebenfalls über das X-Merkmal ermittelt. Ist in dem Monat ein X eingetragen, wird die Monatsmiete aus der Spalte E übernommen.

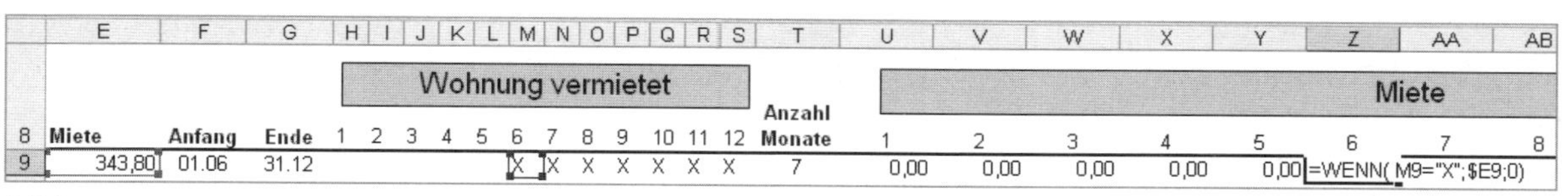

Bild 3.34: Die Miete für den Monat 6 übernehmen

Die Formel für den Monat Juni in Zeile 9 lautet: `=WENN( M9="X";$E9;0)`.

In der Spalte AG konsolidieren Sie die Mieten im betrachteten Jahr über `=SUMME(U9:AF9)`.

Gruppierung der Detailspalten

Da die Liste durch die vielen Detailmonate unübersichtlich wird, können Sie die Excel-Funktion *Gruppierung* einsetzen, um die Spalten zusammenzufassen. Markieren Sie dazu die Spalten H bis S. Die Gruppierung wird in der nächsten Spalte, also der Spalte T zusammengefasst.

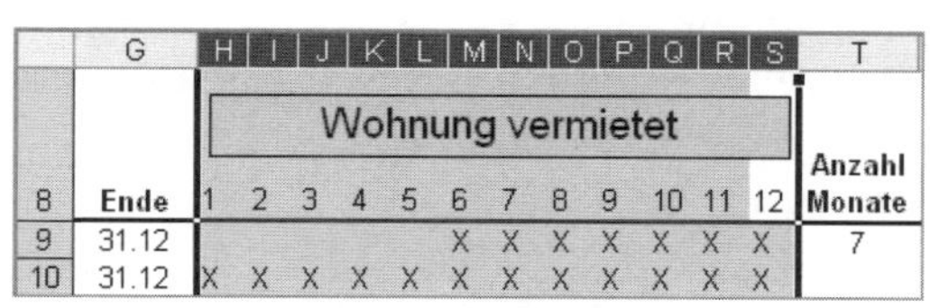

Bild 3.35: Die Spalten gruppieren

Starten Sie nach der Markierung den Befehl *Daten/Gruppierung und Gliederung/Gruppierung.* Excel zeigt danach die Gruppierungsebene oberhalb der Spaltenbuchstaben an. Sie können dann die Gruppe über (+) und (–) zusammenklappen und wieder anzeigen.

3.12 Vermietung: Surfbrettverleih

Kategorie: Branchenlösungen

Dateiname: SURFBOARDVERLEIH.XLS

Schwierigkeitsgrad: ❋❋❋

Ihre Leidenschaft ist das Surfen mit allem, was dazugehört. Als Inhaber einer kleinen Surfstation helfen Sie Ihren Kunden bei der richtigen Wahl des Brettes, beim Auf- und Abriggen der Segel und vielem mehr.

Die kaufmännische Seite der kleinen Surfstation ist für Sie dabei aber ein eher lästiges Übel. Daher haben Sie sich zur schnellen Abwicklung der Finanzen einfach in Excel eine Arbeitsmappe mit zwei Tabellenblättern erstellt. So brauchen Sie nur schnell im ersten Tabellenblatt das gebuchte Brett auszuwählen sowie den Namen des Kunden und die Anzahl der Tage einzutragen. Der Rest wird von Excel erledigt.

	A	B	C	D	E	F	G
34							
35							
36			Board-Typ	Beginners		Bezeichnung	*Boardstar GO*
37						Liter	*185 Liter*
38						Länge	*253 cm*
39			1/2 Tagessatz			1/2 Tagesatz	*17,00 €*
40			Tagessatz	5		1 Tagesatz	*25,00 €*
41			Wochensatz	1		Wochensatz	*125,00 €*
42							
43							
44							
45							
46			Zu zahlen sind:				
47							
48			Boardmiete			250,00 €	
49			Mehrwertsteuer		19%	47,50 €	
50							
51			Insgesamt			297,50 €	
52							
53							
54							

Bild 3.36: Das Ziel – eine Tabelle zur Surfboard-Miete

Beschreibung

In den blauen Eingabefeldern (D31, D36, D39 bis D41) machen Sie Ihre Eingaben.

Nach Auswahl des gemieteten Boards überträgt Excel über einen SVERWEIS aus der Tabelle *Boardtypen* alle relevanten Daten zur Boardmiete.

Im unteren Teil wird dann aus diesen Daten der Mietpreis ermittelt.

	A	B	C	D	E	F	G
1	**Tarifübersicht**						
2	Boardklassen	Bezeichnung	Liter	Länge	1/2 Tag	1 Tag	1 Woche (7 Tage)
3	(1)	(2)	(3)	(4)	(5)	(6)	(7)
4	Beginners	Boardstar GO	185 Liter	253 cm	17,00 €	25,00 €	125,00 €
5	Wave Boards	PJ Radical Wave	64 Liter	236 cm	19,00 €	29,00 €	145,00 €
6	Crossover Boards	PJ Freestyle Wave	93 Liter	241 cm	20,00 €	30,00 €	150,00 €

Bild 3.37: Die Tabelle mit den Boardtypen

Auswahlliste für den gemieteten Boardtyp erstellen

Damit die Eingaben schnell und unproblematisch erfolgen können, hinterlegen Sie in Zelle D36 eine Gültigkeitsprüfung:

1. Markieren Sie den gewünschten Bereich, für den eine Gültigkeit hinterlegt werden soll, in unserem Beispiel die Zelle D36.
2. Wählen Sie *Daten/Gültigkeit/* Register *Einstellungen.*
3. Wählen Sie im Feld *Zulassen* über den Listenpfeil den Eintrag *Liste.*
4. Im Feld *Quelle* geben Sie den Bereichsnamen aus der Tabelle *Boardtypen* für den Zellbereich A4:A10 ein, d. h. in unserem Beispiel *=Boardklassen.*

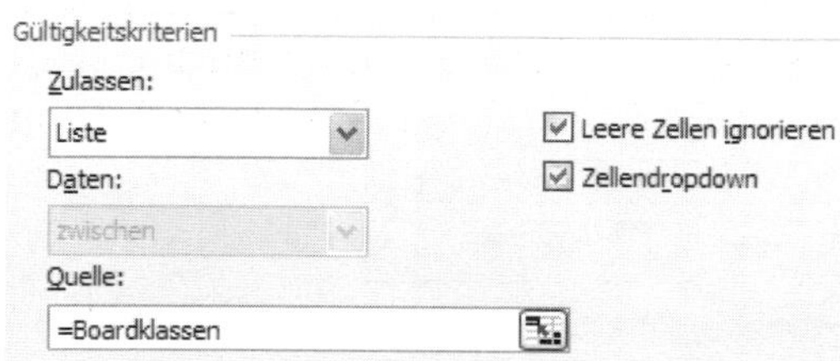

Bild 3.38: Über die Gültigkeitsprüfung können Sie der Zelle einen Listenpfeil zuweisen.

Nun können Sie die Boardtypen schnell und bequem über ein Listenfeld auswählen.

Detaildaten aus der Tabelle Boardtypen auslesen

1. Um die Detailinformationen zum gewählten Board abzurufen, eignet sich die SVERWEIS-Funktion. Setzen Sie den Cursor in die gewünschte Zelle, wo Sie beispielsweise die Bezeichnung eintragen möchten, in diesem Beispiel G36, und starten Sie die SVERWEIS-Funktion.
2. Das *Suchkriterium* steht in der Zelle D36. Da Sie diese Funktion später kopieren werden, setzen Sie die Zelle absolut durch Drücken der Taste [F4].
3. Als *Matrix* geben Sie die Zellen von A4 bis G10 auf dem Blatt *Boardtypen* an. Setzen Sie auch diese Zellen mit [F4] absolut. Sollte Ihre Boardliste mehr Spalten oder Zeilen enthalten, passen Sie die Matrix entsprechend an.
4. Der *Spaltenindex* ist die Nummer der Spalte, deren Inhalt Sie zurückgeben möchten. Da die Bezeichnung in der zweiten Spalte steht, wird hier die Nummer 2 eingegeben.
   `=SVERWEIS($D$36;Boardtypen!$A$4:$G$10;2)`
5. Kopieren Sie anschließend diese Formel in die restlichen Zellen und passen Sie lediglich den Spaltenindex an.

Zahlbeträge berechnen

Die Boardmiete wird aus der Anzahl der Tage multipliziert mit den einzelnen Tages- bzw. Wochenpauschalen errechnet. Die Formel in Zelle F48 ist: `=(D39*G39)+(D40*G40)+(D41*G41)`.

Zum Schluss wird in Zelle F49 noch die Mehrwertsteuer ausgewiesen: `=E49*F48`.

In der letzten Zelle F51 wird der zu zahlende Gesamtbetrag aus der Addition von Boardmiete und ausgewiesener Mehrwertsteuer ermittelt: `=F48+F49`.

3.13 Vermietung: Stellplatzvermietung

Kategorie: Branchenlösungen

Dateiname: STELLPLATZVERMIETUNG.XLS

Schwierigkeitsgrad: ❋❋❋

Sie haben eine Halle, in der Sie Stellplätze für Fahrzeuge aller Art vermieten. Sie möchten eine Tabelle erstellen, in der Sie die Besitzer erfassen und festhalten, ob diese bezahlt haben.

Sie möchten die Art der Fahrzeuge bequem aus einer Liste von Alternativen auswählen. Nach der Wahl des Fahrzeugs soll Excel Ihnen die Halbjahresmiete automatisch anzeigen.

	A	B	C	D	E	F
1	**Stellplatzvermietung**					
2						
3						
4	**Art**	**Miete / 6 Monate**	**Stellplatz Nr.**	**Name Besitzer**	**Telefonnummer**	**Bezahlt 1/07**
5	Wohnmobil	150,00 €	ABC-001	Aron Bello	0221 456 123 789	Ja
6	Anhänger	100,00 €	ABB-002	Hilde Hummel	0221 12 12 45	Nein
7	Bootsanhänger	250,00 €				
8	Wohnmobil					
9	Wohnwagen Bootsanhänger					
10	Anhänger Motorrad					
11						

Bild 3.39: Eine Stellplatzvermietung mit Fahrzeugwahl

Die Auswahl der Fahrzeuge erstellen

In der Spalte A möchten Sie eine Auswahlliste aller Fahrzeuge, wie es die obere Abbildung zeigt. Dann benötigen Sie auf einem separaten Tabellenblatt eine Auflistung aller Werte. Diesen Zellen müssen Sie dann noch einen Bereichsnamen geben.

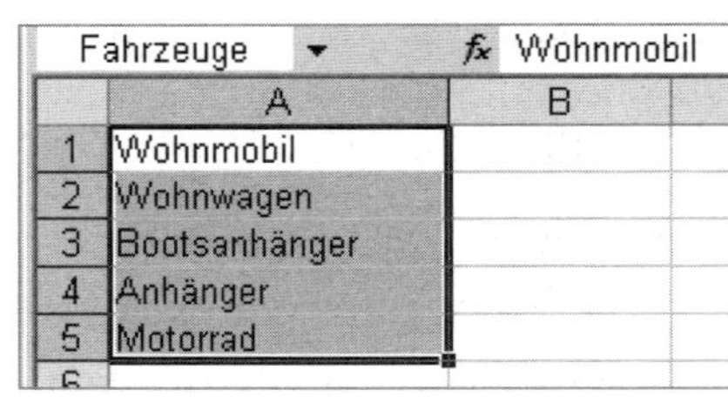

Fahrzeuge ▾ fx Wohnmobil

	A	B
1	Wohnmobil	
2	Wohnwagen	
3	Bootsanhänger	
4	Anhänger	
5	Motorrad	

Bild 3.40: Die Liste der Fahrzeuge auf einem separaten Blatt

1. Nachdem Sie alle Werte eingegeben haben, markieren Sie die Zellen und wählen *Einfügen/Namen/Definieren.*
2. Geben Sie den markierten Zellen einen Namen und bestätigen Sie mit *OK.*

In diesem Beispiel haben wir den Zellen den Namen *Fahrzeuge* gegeben. Im nächsten Schritt erstellen Sie jetzt die Auswahlliste auf dem Tabellenblatt *Stellplätze.*

3. Markieren Sie die Zelle A5 und wählen Sie im Menü *Daten* den Befehl *Gültigkeit.*
4. Wählen Sie im Feld *Zulassen* den Eintrag *Liste.*
5. Klicken Sie ins Feld *Quelle* und geben Sie dort ein Gleichheitszeichen [=] und den eben vergebenen Bereichsnamen ein.

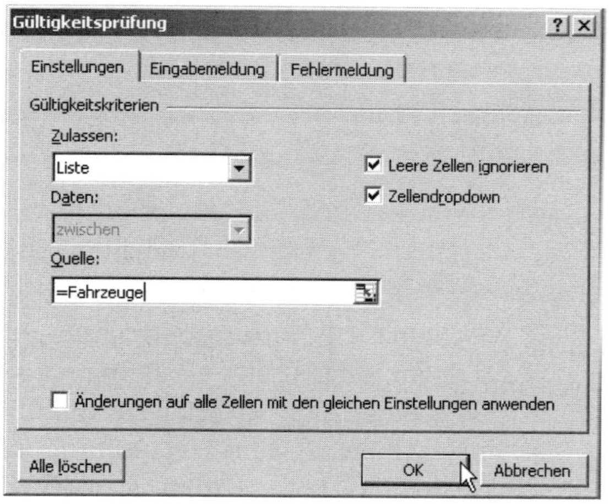

Bild 3.41: Die Auswahlliste anlegen

Nachdem Sie mit *OK* quittiert haben, hängt am rechten Rand der Zelle ein Listenpfeil, wie es die erste Abbildung zeigt. Sie müssen diese Einstellung jetzt in die anderen Zellen kopieren.

6. Markieren Sie die Zelle A5 und klicken Sie auf die Schaltfläche *Format übertragen.*
7. Markieren Sie jetzt die Zellen A6 bis A29.

Jetzt zeigen alle Zellen, wenn Sie sie markieren, einen Listenpfeil.

Die Anzeige der Miete

Im letzten Schritt möchten Sie, dass Excel Ihnen, je nach gewähltem Fahrzeug, den Mietbetrag automatisch anzeigt. Ein Wohnmobil bzw. ein Wohnwagen kostet 150 Euro, ein Bootsanhänger kostet 250 Euro und ein Motorrad oder ein Anhänger kostet 100 Euro. Diese Verteilung können Sie mit einer WENN-Funktion lösen.

1. Markieren Sie die Zelle B5 und geben Sie die folgende Funktion ein: `=WENN(A5="";"";WENN(ODER(A5="Wohnmobil";A5="Wohnwagen");150;WENN(A5="Bootsanhänger";250;100)))`.

Die erste WENN-Funktion prüft nur, ob A5 leer ist, und schreibt, wenn A5 leer ist, ein Leerzeichen in die Zelle. Die zweite WENN-Funktion ist mit einer ODER-Funktion verknüpft. Wenn in A5 das Wort *Wohnmobil* oder das Wort *Wohnwagen* steht, dann wird die Zahl 150 in die aktuelle Zelle geschrieben. Die dritte WENN-Funktion prüft, ob in der Zelle A5 das Wort *Bootsanhänger* steht, und schreibt dann die Zahl 250 in die Zelle. Wenn nichts zutrifft, wird die Zahl 100 in die Zelle B5 geschrieben.

2. Kopieren Sie diese Funktion nach unten.

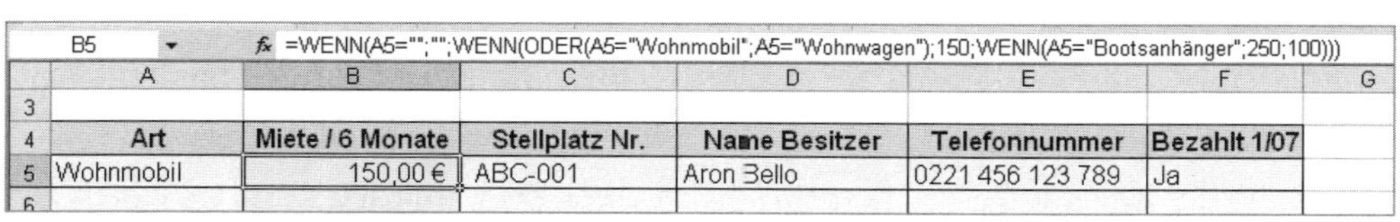

Bild 3.42: Die automatische Anzeige des Mietbetrags

Auf Wunsch können Sie jetzt noch den AutoFilter einfügen und sich alle Mieter anzeigen lassen, die noch nicht bezahlt haben.

4 Buchhaltung

4.1 Bewirtungskosten: DIN A4

Kategorie: Buchhaltung

Dateiname: BEWIRTUNGSAUFWENDUNGEN_1FACH.XLS

Schwierigkeitsgrad: ❋

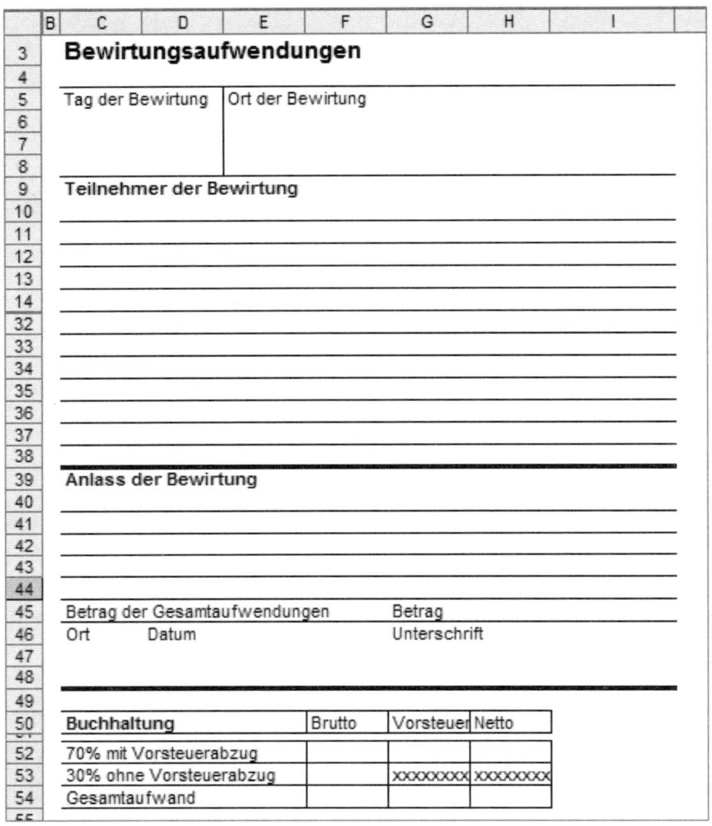

Bewirtungsaufwendungen

Tag der Bewirtung | Ort der Bewirtung

Teilnehmer der Bewirtung

Anlass der Bewirtung

Betrag der Gesamtaufwendungen | Betrag

Ort | Datum | Unterschrift

Buchhaltung	Brutto	Vorsteuer	Netto
70% mit Vorsteuerabzug			
30% ohne Vorsteuerabzug		xxxxxxxx	xxxxxxxx
Gesamtaufwand			

Bild 4.1: Die Tabelle Bewirtungsaufwendungen 1fach

Möchten Sie Bewirtungsaufwendungen (z. B. im Restaurant) als Betriebsausgaben absetzen, so sind bestimmte Vorschriften der Finanzverwaltung zu beachten. Unten anderem ist wichtig, dass die Gaststättenrechnung maschinell erstellt sein muss, dass also handgeschriebene Quittungen nicht ausreichen. Oft ist auf der Rückseite der Gaststättenrechnung eine Möglichkeit vorgesehen, die erforderlichen Daten formularmäßig zu erfassen.

Für alle anderen Fälle erstellen Sie sich einfach über Excel ein Formular, das Sie dann manuell ausfüllen und Ihrer Gaststättenrechnung beifügen können.

Spalten und Zeilen der Tabelle anpassen

Richten Sie zuerst die Spaltenbreite und Zeilenhöhe nach Ihren Vorstellungen ein.

Zum Anpassen der Spalten bzw. Zeilen klicken Sie mit der rechten Maustaste auf den Spalten- bzw. Zeilenkopf und wählen aus dem Kontextmenü den Punkt *Spaltenbreite* bzw. *Zeilenhöhe.*

Bei *Spaltenbreite* geben Sie die Anzahl der Zeichen ein, die in einer Zelle mit der Standardschrift angezeigt werden können, bzw. geben für die Zeilenhöhe die Anzahl der gewünschten Punkte (Maßeinhalt für die Schrift) ein.

Alternativ können Sie die gewünschte Größe auch durch Ziehen an der Begrenzungslinie im Spalten- bzw. Zeilenkopf ändern.

Texteingabe und Zellen formatieren

Geben Sie zuerst die Texte in die gewünschten Zellen ein und formatieren Sie anschließend die Tabelle nach Ihren Vorstellungen.

Die grundlegenden Formatierungen sind über die Symbolleiste *Format* zu erzielen:

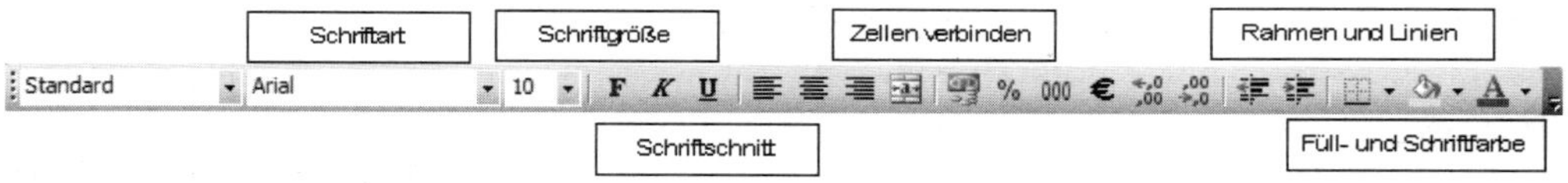

Bild 4.2: Die Symbolleiste *Format*

Rahmen und Linien

Eine einfache Auswahl an Rahmenlinien bietet schon die Schaltfläche *Rahmen* in der Symbolleiste *Format.*

1. Markieren Sie die gewünschte(n) Zelle(n).
2. Klicken Sie den Listenpfeil der Schaltfläche *Rahmen* aus der Symbolleiste *Format* an.
3. Wählen Sie eine Rahmenlinie nach Ihren Vorstellungen aus.

Weitere Formatierungsmöglichkeiten für Rahmen und Hintergrundmuster finden Sie in der Dialogbox *Format/Zellen/* Registerkarte *Rahmen* bzw. *Muster.*

Bild 4.3: Die Auswahlmöglichkeiten über die Schaltfläche *Rahmen*

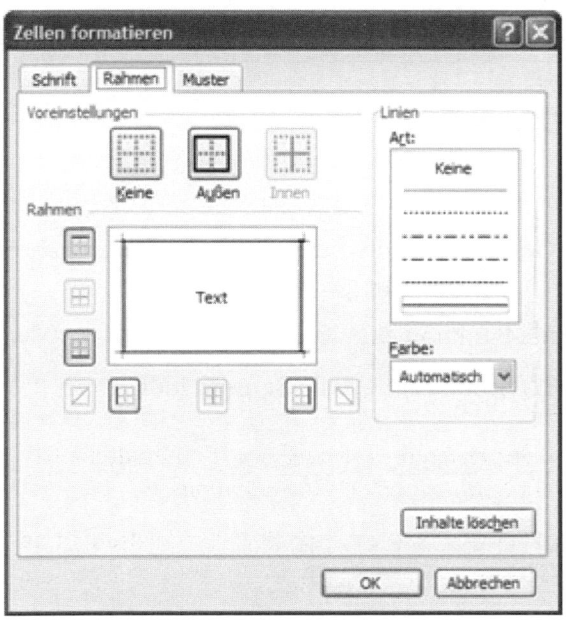

Bild 4.4: Ausführlichere Formatierungsmöglichkeiten über *Format/Zellen* Registerkarte *Rahmen*

4.2 Kassenbuch: einfache Variante

Kategorie: Buchhaltung

Dateiname: KASSENBUCH EINFACH.XLS

Schwierigkeitsgrad: ❋❋

In einem Kassenbuch protokollieren Sie alle Einnahmen und alle Ausgaben, die im Laufe eines Monats angefallen sind.

In diesem Beispiel werden die Einnahmen in der Spalte E und die Ausgaben in Spalte F erfasst. Dabei hat jeder Vorgang eine eigene Zeile. Die Ausgänge werden negativ erfasst.

	A	B	C	D	E	F
1	Monat	Januar				
2						
3	Anfangsbestand	5.000,00 €				
4						
5						
6	Buchungsdatum	Vorgangsnummer	Lieferant/Kunde	Vorgangstext	Einnahmen	Ausgaben
7				Anfangsbestand	5.000,00 €	
8	12.01.2007	123	Müller	Re 123	8.500,00 €	
9	12.01.2007	144	Schmitz	Re 3344		-700,00 €
10						
11						
12						
13						
14						
15						
16						
17						
18						
19						
20				Gesamt Einnahmen	8.500,00 €	
21				Gesamt Ausgaben		-700,00 €
22						
23				Summe Gesamt	7.800,00 €	
24						

Bild 4.5: Ein einfaches Kassenbuch zur Kontrolle der Ein- und Ausgaben

Den Anfangsbestand übernehmen

Der Anfangsbestand wird zu den Einnahmen gezählt. Geben Sie ihn in die Zelle B3 ein. Damit haben Sie immer die Übersicht, was Sie zu Beginn als Einlage ins Kassenbuch gelegt haben.

1. Markieren Sie die Zelle E7 und geben Sie die folgende Funktion ein: =B3.

Damit holen Sie sich den Anfangsbestand in die Zelle E7. Er wird zur Gesamtsumme addiert.

E7 fx =B3

	A	B	C	D	E	F
3	Anfangsbestand	5.000,00 €				
4						
5						
6	Buchungsdatum	Vorgangsnummer	Lieferant/Kunde	Vorgangstext	Einnahmen	Ausgaben
7				Anfangsbestand	5.000,00 €	

Bild 4.6: Der Anfangsbestand wird automatisch übernommen.

Die Summe der Einnahmen und die Summe der Ausgaben

In der Zelle E17 möchten Sie jetzt die Summe der Einnahmen bilden.

1. Markieren Sie die Zelle E17 und klicken Sie auf die Schaltfläche *AutoSumme* [Σ].
2. Kontrollieren Sie, ob auch alle Zellen bis zur Zelle E7 markiert sind, und bestätigen Sie durch Drücken der [Eingabe]-Taste:
   `=SUMME(E7:E16)`
3. Führen Sie diese Schritte auch für die Ausgabensumme der Zelle F18 durch:
   `=SUMME(F7:F17)`

E17 | =SUMME(E7:E16)

	A	B	C	D	E	F
4						
5						
6	Buchungsdatum	Vorgangsnummer	Lieferant/Kunde	Vorgangstext	Einnahmen	Ausgaben
7				Anfangsbestand	5.000,00 €	
8	12.01.2007	123	Müller	Re 123	8.500,00 €	
9	12.01.2007	144	Schmitz	Re 3344		-700,00 €
10						
11						
12						
13						
14						
15						
16						
17				Gesamt Einnahmen	13.500,00 €	
18				Gesamt Ausgaben		-700,00 €

Bild 4.7: Die Summe der Einnahmen und der Ausgaben

Die Gesamtsumme

Im letzten Schritt möchten Sie nur noch wissen, wie viel Bargeld sich zurzeit in der Kasse befindet.

1. Markieren Sie die Zelle E20 und bilden Sie hier die Summe der Zellen von E17 bis F18 mithilfe der Schaltfläche *AutoSumme* [Σ].
   `=SUMME(E17:F18)`

E20 | =SUMME(E17:F18)

	A	B	C	D	E	F
16						
17				Gesamt Einnahmen	13.500,00 €	
18				Gesamt Ausgaben		-700,00 €
19						
20				Summe Gesamt	12.800,00 €	
21						

Bild 4.8: Die Gesamtsumme

Die Tabelle erweitern oder kopieren

Wenn Sie noch mehr Zeilen brauchen, dann klicken Sie mit der rechten Maustaste auf die Zeilennummer 15 und wählen *Zellen einfügen.*

Sollten Sie für die nächsten Monate weitere Blätter benötigen, dann klicken Sie mit der rechten Maustaste auf das Blattregister und wählen den Befehl *Verschieben/kopieren.* Aktivieren Sie den Haken *Kopieren* und bestätigen Sie mit *OK.*

Markieren Sie die Zeilen 8 bis vor die Zeile mit den gesamten Einnahmen und entfernen Sie alles, was in den Zellen steht. Geben Sie jetzt in der Zelle B3 den neuen Anfangsbestand ein. Jetzt können Sie hier die neuen Einnahmen bzw. Ausgaben erfassen.

4.3 Kassenbuch: mit Ausweis der Mehrwertsteuer

Kategorie: Buchhaltung

Dateiname: KASSENBUCH MIT MEHRWERTSTEUER.XLS

Schwierigkeitsgrad: ❋❋❋

	A	B	C	D	E	F	G	H	I
6	Datum	Beleg-Nr.	Vorgang	Einnahmen			Ausgaben		
7				brutto	MwSt	netto	brutto	Vorst.	netto
8	09.01.2007	123	Einlage	2.000,00 €	0%	2.000,00 €			
9							200,00 €	19%	168,07 €
10	16.01.2007	1	Rechnung 1	5.800,00 €	19%	4.873,95 €			
11	16.01.2007	2	Rechnung 2	3.400,00 €	19%	2.857,14 €			
12	16.01.2007	587	Metro				890,00 €	19%	747,90 €
13									
14									
15									
16									
17									
18			Gesamt	11.200,00 €		9.731,09 €	1.090,00 €		915,97 €
19									
20			Gesamt Einnahmen netto			9.731,09 €			
21			Gesamt Ausgaben netto			915,97 €			
22									
23			Differenz			8.815,13 €			
24									

Bild 4.9: Ein Kassenbuch

In einem Kassenbuch protokollieren Sie alle Einnahmen und alle Ausgaben, die in Ihrem Betrieb angefallen sind. In den Spalten D bis F geben Sie die Bruttoeinnahmen und in den Spalten G bis I die Bruttoausgaben mit den jeweiligen Steuersätzen ein. Excel errechnet automatisch anhand dieser Informationen die Nettobeträge.

Den Nettobetrag errechnen

Im ersten Schritt möchten Sie in der Spalte F den Nettobetrag berechnen. Er wird aus dem Bruttobetrag und dem Steuersatz ermittelt. Die Formel soll gleich nach unten kopiert werden, deshalb soll eine WENN-Funktion prüfen, ob ein Bruttobetrag eingegeben wurde, und nur dann die Berechnung starten.

1. Markieren Sie die Zelle F8 und geben Sie den folgenden Rechenschritt ein:
   `=WENN(D8="";"";D8/(1+E8))`
2. Kopieren Sie die Funktion nach unten.

F8 | =WENN(D8="";"";D8/(1+E8))

	A	B	C	D	E	F
6	Datum	Beleg-Nr.	Vorgang	Einnahmen		
7				brutto	MwSt	netto
8	09.01.2007	123	Einlage	2.000,00 €	0%	2.000,00 €
9						

Bild 4.10: Die Berechnung des Nettobetrags

Wie Sie in der Abbildung erkennen, wird die Einlage in die Kasse mit 0 % versteuert.

In der Spalte I wird der Nettobetrag der Ausgaben errechnet.

3. Markieren Sie die Zelle I9 und geben Sie den folgenden Rechenschritt ein:
   `=WENN(G9="";"";G9/(1+H9))`
4. Kopieren Sie auch diese Funktion nach unten.

Die Summen

In den Zellen D50, G50, H50 und I50 werden jetzt die Summen der Brutto- und Nettoeinnahmen bzw. Ausgaben ermittelt.

1. Markieren Sie die Zelle D50 und klicken Sie auf die Schaltfläche *AutoSumme* [Σ].
2. Kontrollieren Sie, ob alle Zellen mit den Bruttoeinnahmen markiert sind, und bestätigen Sie mit *OK*.
   `=SUMME(D8:D49)`
3. Führen Sie diese Schritte auch für die Zellen G50, H50 und I50 durch.

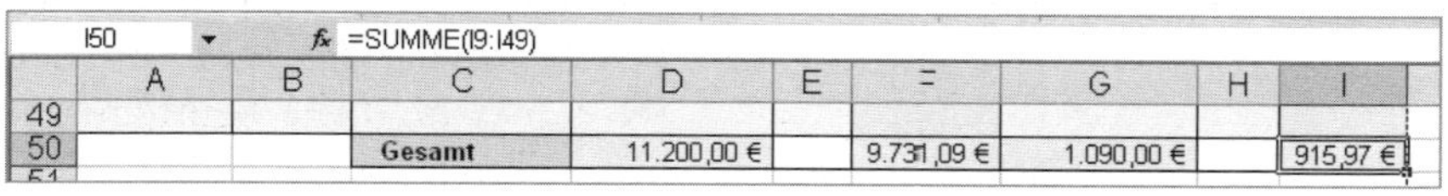

Bild 4.11: Die Summen der Brutto- und Nettoeinnahmen bzw. der Brutto- und Nettoausgaben

Die Differenz zwischen Einnahmen und Ausgaben

Im unteren Teil der Tabelle zeigen Sie wegen der Übersichtlichkeit in den Zellen F52 und F53 noch einmal die Summe der Nettoeinnahmen und die Summe der Nettoausgaben.

1. Markieren Sie die Zelle F52 und geben Sie die folgende Funktion ein.
   `=F50`
2. Markieren Sie die Zelle F53 und geben Sie die folgende Funktion ein.
   `=I50`

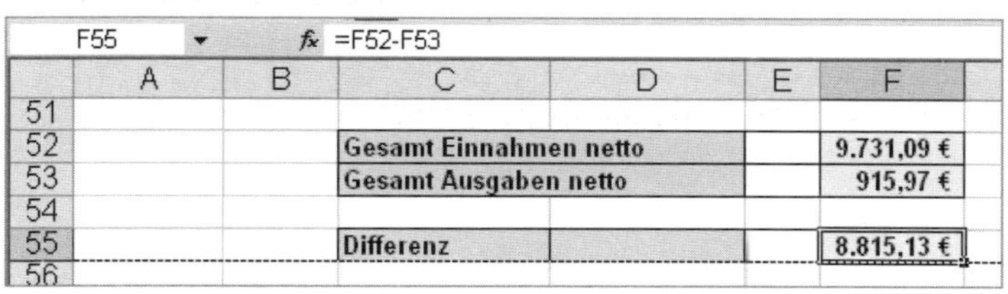

Bild 4.12: Die Differenz zwischen Einnahmen und Ausgaben

Damit haben Sie die Summen der Zellen in der Zeile 50 in die aktiven Zellen geholt.

Im letzten Schritt möchten Sie jetzt noch die Differenz zwischen Einnahmen und Ausgaben bilden.

Markieren Sie die Zelle F55 und geben Sie den Rechenschritt ein: `=F52-F53`.

Jetzt erkennen Sie, was zurzeit in der Kasse sein sollte.

Das Kassenbuch drucken

Zurzeit ist die Mappe so eingestellt, dass auf einer DIN-A4-Seite hochkant gedruckt wird. Wenn Sie allerdings weitere Zeilen einfügen, dann wird sie über zwei oder mehr Seiten gedruckt.

Um das Kassenbuch nur auf einer Seite zu drucken, wählen Sie *Datei/Seite einrichten*. Aktivieren Sie die Option *Anpassen* auf dem Register *Papierformat*. Damit wird der Text so weit verkleinert, dass er wieder auf eine Seite passt.

4.4 Offene Posten: Übersicht

Kategorie: Buchhaltung

Dateiname: OFFENE_POSTENLISTE.XLS

Schwierigkeitsgrad: ✻✻

Mit dieser Excel-Datei haben Sie einen Überblick über die offenen Posten. Das Datum der fälligen Belege wird rot hervorgehoben. Über den AutoFilter lassen sich die offenen Posten gezielt anzeigen.

Offene Postenliste

Datum 02.01.2007

Belegart	Beleg-nummer	Kunden-nummer	Kundenname	Ort	Rechnungs-datum	Fälligkeit in Tagen	Fälligkeit Datum	Bezahlt	Mahnstuf
Rechnung	22	120	Franz Meiser	Frankfurt	23.04.2006	30	23.05.2006	Ja	0
Rechnung	23	2	Beispielfirma XYZ	Köln	04.11.2006	30	04.12.2006	Ja	1
Rechnung	24	2087	Kopper KG	Düsseldorf	04.11.2006	30	04.12.2006	Nein	0
Rechnung	25	1098	Biesel GmbH	Hamburg	05.11.2006	30	05.12.2006	Ja	0
Rechnung	26	8751	Hopp & Co	München	06.11.2006	30	06.12.2006	Ja	0
Rechnung	27	6066	Mister X	Frankfurt	07.11.2006	30	07.12.2006	Ja	0
Rechnung	28	2	Beispielfirma XYZ	Köln	08.11.2006	30	08.12.2006	Ja	0
Rechnung	29	2	Beispielfirma XYZ	Köln	01.12.2006	30	31.12.2006	Nein	0
Rechnung	30	2087	Kopper KG	Düsseldorf	03.12.2006	30	02.01.2007	Nein	0
Rechnung	31	1098	Biesel GmbH	Hamburg	05.12.2006	30	04.01.2007	Nein	0
Rechnung	32	2	Beispielfirma XYZ	Köln	07.12.2006	30	06.01.2007	Nein	0
Rechnung	33	8751	Hopp & Co	München	09.12.2006	14	23.12.2006	Nein	0
Rechnung	34	2087	Kopper KG	Düsseldorf	11.12.2006	14	25.12.2006	Nein	0
Rechnung	35	2	Beispielfirma XYZ	Köln	13.12.2006	7	20.12.2006	Nein	0
Rechnung	36	1098	Biesel GmbH	Hamburg	15.12.2006	30	14.01.2007	Nein	0
Rechnung	37	6066	Mister X	Frankfurt	17.12.2006	30	16.01.2007	Nein	0
Rechnung	38	8751	Hopp & Co	München	19.12.2006	30	18.01.2007	Nein	0
Rechnung	39	2087	Kopper KG	Düsseldorf	21.12.2006	30	20.01.2007	Nein	0
Rechnung	40	2	Beispielfirma XYZ	Köln	23.12.2006	30	22.01.2007	Nein	0
Rechnung	41	1098	Biesel GmbH	Hamburg	25.12.2006	30	24.01.2007	Nein	0
Rechnung	42	6066	Mister X	Frankfurt	27.12.2006	30	26.01.2007	Nein	0
Rechnung	43	8751	Hopp & Co	München	29.12.2006	30	28.01.2007	Nein	0
Rechnung	44	2087	Kopper KG	Düsseldorf	31.12.2006	30	30.01.2007	Nein	0
Rechnung	45	2	Beispielfirma XYZ	Köln	02.01.2007	30	01.02.2007	Nein	0
Rechnung	46	1098	Biesel GmbH	Hamburg	04.01.2007	30	03.02.2007	Nein	0
Rechnung	47	8751	Hopp & Co	München	06.01.2007	30	05.02.2007	Nein	0

Bild 4.13: Eine Offene-Posten-Liste mit automatischer Einfärbung der fälligen Rechnungen

Beschreibung

Sie verwalten die offenen Posten, indem Sie die Belegdaten in die Liste eintragen und in Spalte I eintragen, ob die Rechnung beglichen wurde. Wenn Rechnungen auch nach der Fälligkeit nicht ausgeglichen sind, erstellen Sie Zahlungserinnerungen und Mahnungen. In der Spalte J können Sie die Mahnstufe festhalten.

Liste erstellen

Sie erstellen die Liste, indem Sie die Beschriftungen für die Überschrift eintragen und anschließend die Daten listenförmig darunter eingeben. Beachten Sie dabei, dass keine Leerzeilen in der Liste entstehen, da der AutoFilter dann nicht korrekt funktioniert.

AutoFilter setzen

Sie setzen den AutoFilter über den Befehl *Daten/AutoFilter.* Die Überschriften zeigen danach dreieckige Schaltflächen zur schnellen Auswahl an. Um beispielsweise alle Rechnungen für den Ort Köln anzuzeigen, öffnen Sie das Listenfeld und wählen den Eintrag *Köln* aus. Die Liste wird danach automatisch gefiltert.

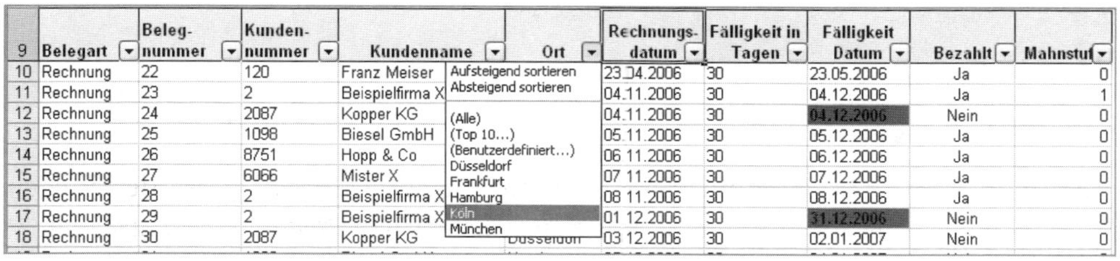

Bild 4.14: Der AutoFilter bietet vielfältige Auswahlmöglichkeiten.

Die Filterung können Sie auch auf die anderen Spalten vornehmen. Sie entfernen den AutoFilter für die Spalte, indem Sie im Auswahlfeld wieder die Option *(Alle)* setzen. Um alle Filter für die Liste aufzuheben, rufen Sie den entsprechenden Befehl (*Alle anzeigen / Alle Löschen*) im Bereich *Filter* auf.

Offene Posten

Die noch offenen Posten erhalten Sie, indem Sie die Liste nach der Spalte I mit der Überschrift *Bezahlt* filtern. Wählen Sie in der Auswahl den Eintrag *Nein*. Alle verbleibenden Belege, deren Fälligkeitsdatum vor dem heutigen Datum liegen, sind noch nicht ausgeglichen. Es kann natürlich vorkommen, dass sich die Aktualisierung der Liste mit dem Zahlungseingang vom Kunden überschneidet. Diese Differenz ist umso kleiner, je aktueller Ihre Liste in Bezug auf die Zahlung in Spalte I ist.

Die Fälligkeit über eine Funktion berechnen

Das Fälligkeitsdatum in Spalte H wird über eine einfache Funktion berechnet. Für die Zelle H10 in Zeile 10 ist es: `=G10+F10`.

Fällige Posten einfärben

Für die Durchsicht der Offenen-Posten-Liste ist es einfacher, wenn die fälligen Zeilen markiert sind.

Sie berechnen es über die folgende Funktion, die im Beispiel in der bedingten Formatierung eingesetzt wird.

`=WENN(UND(H10<HEUTE();I10="Nein");WAHR;FALSCH)`

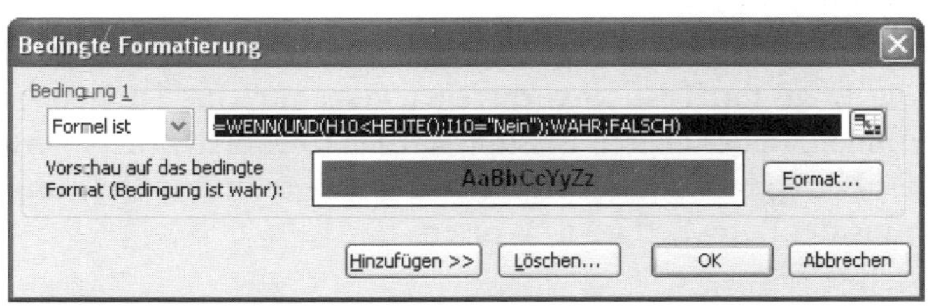

Bild 4.15: Fälligkeit über die bedingte Formatierung zeigen

Die UND-Funktion prüft, ob die Zahlspalte den Wert *Nein* enthält und das Fälligkeitsdatum vor dem aktuellen Tagesdatum (`HEUTE()`) ist.

`UND(H10<HEUTE();I10="Nein")`

Sie können diese Funktion auch nutzen, um die Fälligkeit in einer weiteren Spalte als Text anzuzeigen. Das Arbeitsblatt *Offene_Posten_Fälligkeit* zeigt die entsprechende Variante über die folgende Funktion: `=WENN(UND(H12<HEUTE();I12="Nein");"Fällig";"")`.

4.5 Quittungsdruck mit Text

Kategorie: Buchhaltung

Dateiname: QUITTUNG_BETRAG_IN_WORTEN.XLS

Schwierigkeitsgrad: ❋❋❋❋

In Quittungen oder Schecks gibt es ein Feld, in dem Euro-Beträge neben dem Zahlenwert zur Sicherheit in Worten angegeben werden. Diese Excel-Datei enthält eine benutzerdefinierte Funktion, die aus dem eingegebenen Euro-Wert die Ziffern in Worten ausgibt.

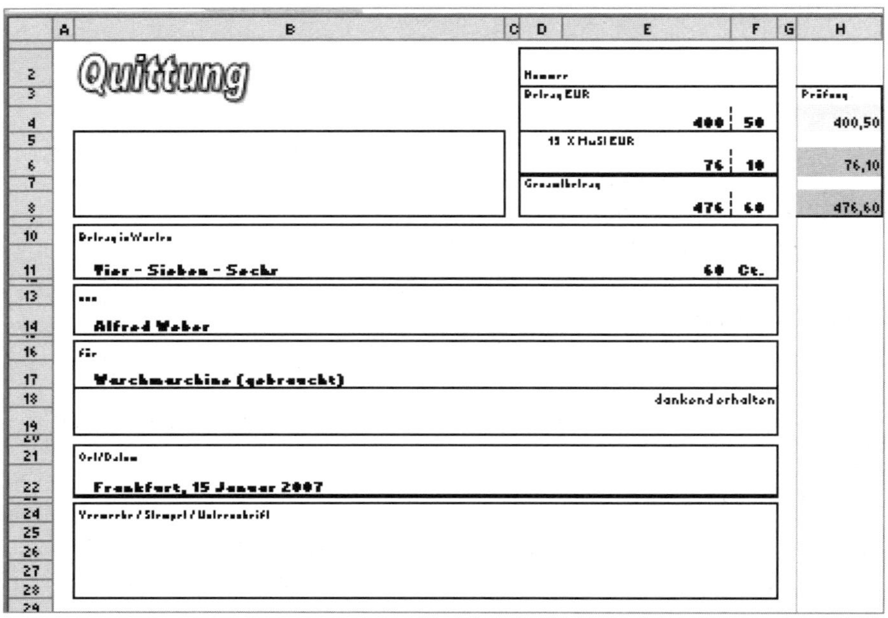

Bild 4.16:
Die Quittungsvorlage

Beschreibung

Die Excel-Datei ist so vorbereitet, dass auf eine DIN-A4-Seite zwei Quittungen gedruckt werden können. In der oberen Fassung werden sowohl der Mehrwertsteuerbetrag, der Gesamtbetrag als auch der Betrag in Worten berechnet. Die zweite untere Quittung enthält nur die Funktion zur Umrechnung des Euro-Betrags in Worten.

Quittung erfassen

Das Ausfüllen der Quittung ist einfach. Sie geben in den Feldern E4 und F4 den Nettobetrag ein. Der zugehörige Umsatzsteuerbetrag und der Gesamtbetrag werden mit Hilfe von Formeln berechnet.

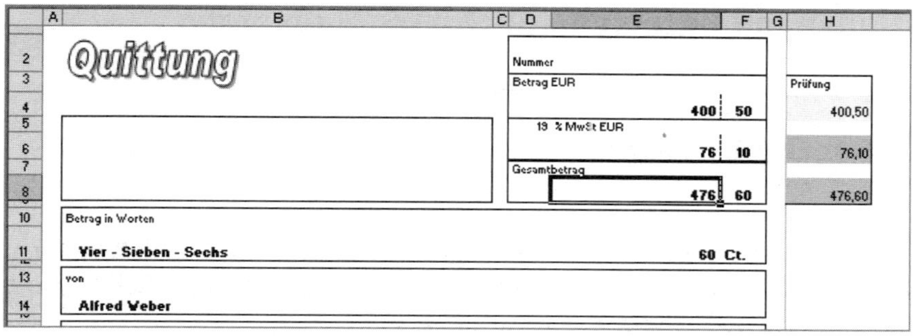

Bild 4.17: Betrag und weitere Informationen in die Quittung eingeben

In den Zellen darunter können Sie weitere Angaben zum Zahlbetrag machen.

Die eingesetzten Funktionen

Die Eingabe des Nettobetrags wird in zwei Zellen vorgenommen. In Zelle E4 geben Sie den ganzen Euro-Betrag ein. In F4 die Cent-Werte. Die Funktion in Zelle E6 rechnet nur den ganzen Euro-Betrag der Mehrwertsteuer aus. Dabei schneidet die ABRUNDEN-Funktion die Nachkommastellen ab.

```
=ABRUNDEN((E4+F4/100)*(D5/100);0)
```

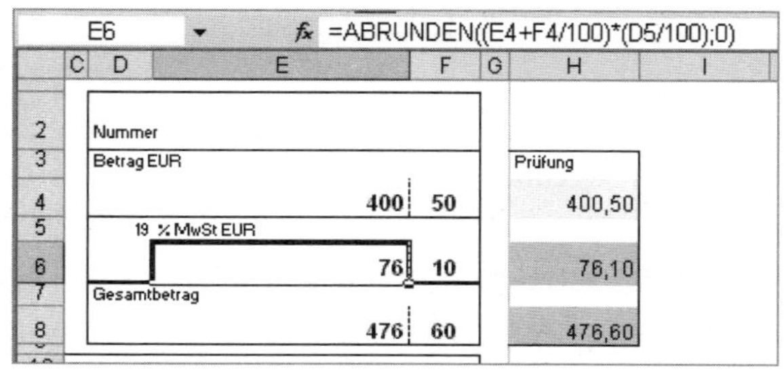

Bild 4.18: Die Funktionen zum Runden der Beträge

In Zelle F6 werden die zugehörigen Nachkommastellen der Mehrwertsteuer berechnet.

```
=(RUNDEN((E4+F4/100)*(D5/100);2)-E6)*100
```

Der Gesamtbetrag wird über einfache Addition der Zellen E4 und E6 ermittelt. Die Cent-Beträge können nicht so einfach addiert werden. Sie werden über die folgende Formel neu berechnet.

```
=(RUNDEN((E4+F4/100)*(1+D5/100);2)-E8)*100
```

Euro-Betrag in Worten

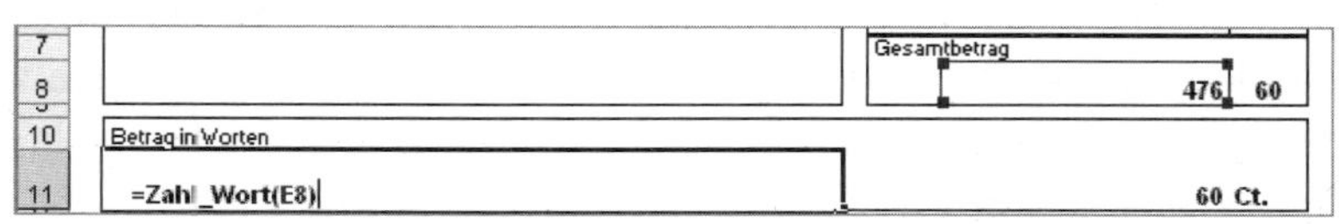

Bild 4.19: Die Funktion im Einsatz

Die Funktion zur Umrechnung der Zahl in die Ziffernfolge ist in Excel-VBA programmiert. Nähere Einzelheiten der Funktion können Sie über die Tastenkombination [Alt]+[F11] einsehen. In der Excel-Datei wird sie in der Zelle B11 eingesetzt. Betrag und weitere Informationen werden in die Quittung eingegeben.

Ausdruck anpassen

Die Quittungen sind für den Ausdruck in DIN A5 formatiert. Wenn Sie die Quittung in einem kleineren Format drucken möchten, verkleinern Sie den Druck über den Befehl *Seite einrichten.*

4.6 Rechnungspositionen mit unterschiedlichen Steuersätzen

Kategorie: Buchhaltung

Dateiname: UNTERSCHIEDLICHE MEHRWERTSTEUERSÄTZE.XLS

Schwierigkeitsgrad: ❋❋❋

	A	B	C	D	E	F
18						
19	**Pos.**	**Warenbezeichnung**	**Menge**	**Einzelpreis**	**Betrag**	**MwSt.***
20	1	Balsamico Essig	1	3,40 €	3,40 €	E
21	2	Butter	3	1,23 €	3,69 €	E
22	3	DIN-A4 Papier	2	6,99 €	13,98 €	V
23	4	CD-Roms	1	9,99 €	9,99 €	V
40						
41		* V=Volle MwST. E=Ermäßigte MwSt.				
42		**Zwischenbetrag**			7,09 €	
43		**MwSt.**		7%	0,50 €	
44		**Zwischenbetrag**			23,97 €	
45		**MwSt.**		19%	4,55 €	
47		**Rechnungsbetrag**			36,11 €	

Bild 4.20: Rechnung mit diversen Mehrwertsteuersätzen

Die Umsatzsteuer, umgangssprachlich in der Regel als Mehrwertsteuer (MwSt) bezeichnet, beträgt seit dem 01.01.2007 in Deutschland 19 %. Daneben existiert ein ermäßigter Steuersatz von 7 % für bestimmte Artikel, so z. B. unter anderem für Lebensmittel, für Bücher und Zeitungen, für Blumen und Tiernahrung und einiges mehr.

Möchten Sie in Excel Rechnungen mit gemischten Steuersätzen erstellen und die Umsatzsteuer korrekt ausweisen und berechnen, bietet sich die Hilfe der Teilsummen-Assistenten (Excel-Add-In) an.

Betrag berechnen

Der Betrag der einzelnen Positionszeilen berechnet sich aus der Menge multipliziert mit dem Einkaufspreis. Da die Formel aber erst dann sichtbar sein soll, wenn in Spalte D ein Einzelpreis eingegeben wurde, geben Sie die Funktion in Zelle E20 wie folgt ein: `=WENN(ISTLEER(D20);"";C20*D20)`.

Damit wird geprüft, ob die Zelle D20 noch leer ist, dann wird nichts in D20 geschrieben, ansonsten wird die Menge mit dem Einzelpreis multipliziert. Die Formel kann nach unten kopiert werden.

Mehrwertsteuerkennzeichen über Gültigkeitsprüfung

In Spalte F ist über eine Gültigkeitsprüfung eine Auswahlliste für das Mehrwertsteuerkennzeichen hinterlegt. E steht für ermäßigte Mehrwertsteuer, V für den vollen Mehrwertsteuersatz.

1. Markieren Sie den Zellbereich F20:F40.
2. Wählen Sie *Daten/Gültigkeit* und im Feld *Zulassen* über den Listenpfeil den Eintrag *Liste.*
3. Geben Sie als *Quelle* die beiden Auswahlmöglichkeiten *E* und *V* durch Semikolon getrennt ein.

Nun kann im Bereich F20:F40 das Kennzeichen über eine Auswahlliste schnell und zügig ausgewählt werden.

Der Teilsummen-Assistent

Der erste Zwischenbetrag in Zelle E42 soll nur die Zellen addieren, die den ermäßigten Mehrwertsteuersatz haben. Mithilfe des Add-Ins *Teilsummen-Assistent* können Werte addiert werden, die eine oder mehrere Bedingungen erfüllen.

Bevor Sie allerdings das erste Mal mit dem Assistenten arbeiten können, müssen Sie ihn über *Extras/Add-Ins* laden.

1. Markieren Sie die Zelle E42, in der das Teilsummen-Ergebnis geschrieben werden soll.
2. Wählen Sie *Extras/Teilsummen.*
3. Im ersten Schritt des Assistenten markieren Sie den Bereich – inklusive der jeweiligen Spaltenüberschrift –, der die zu summierenden Daten enthält.
4. Im zweiten Schritt wählen Sie bei *Summierungsspalte* aus, in welcher Spalte sich die Werte befinden, aus denen Sie eine Teilsumme bilden.
5. Danach wählen Sie die Spalte, für deren Daten Sie eine Bedingung hinterlegen möchten. Bestimmen Sie den Vergleichsoperator und den Vergleichswert.

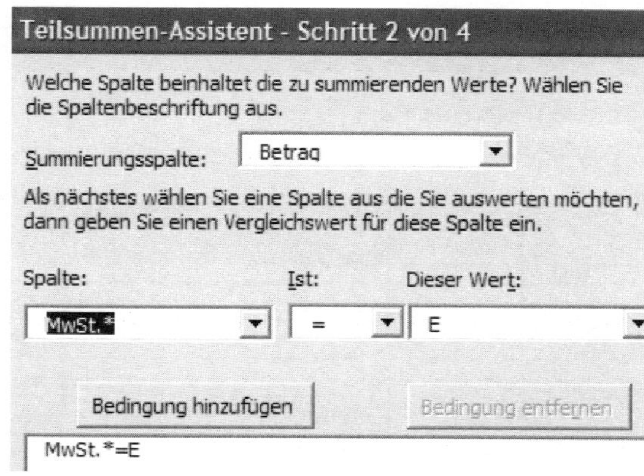

Bild 4.21: Schritt 2 des Teilsummen-Assistenten

6. Mit der Schaltfläche *Bedingung hinzufügen* nehmen Sie die Bedingung in die Liste auf. Sie können auf diese Art und Weise mehrere Bedingungen hinzufügen.
7. Im dritten Schritt bestimmen Sie die Ausgabeart und im letzten Schritt die Zielzelle.

Nach Fertigstellung erstellt der Assistent eine sogenannte Matrixformel, zu erkennen an den äußeren geschweiften Klammern. Die Formel in Zelle E42 sieht nun wie folgt aus:
`={SUMME(WENN($F$20:$F$40="E";$E$20:$E$40;0))}`.

Auf gleiche Art und Weise erstellen Sie anschließend in Zelle E44 mithilfe des Teilsummen-Assistenten die Formel für den vollen Mehrwertsteuersatz.

Mehrwertsteuer berechnen

Ausgehend von diesen beiden Zwischenbeträgen können Sie in den Zellen E43 und E45 über die Berechnung Zwischenbetrag multipliziert mit dem Mehrwertsteuersatz die Mehrwertsteuer für die unterschiedlichen Steuersätze getrennt ausweisen. Die Formeln in E43 und E45 sind: `=E42*D43` bzw. `=E44*D45`.

Rechnungsbetrag berechnen

Der Rechnungsbetrag in Zelle E47 ist die Summe der beiden Zwischenbeträge sowie der beiden Werte aus Zelle E43 und E45. Die Formel in E47 ist: `=SUMME(E42:E46)`.

4.7 Reisekostenabrechnung für einen Monat

Kategorie: Buchhaltung

Dateiname: REISEKOSTEN FÜR EINEN MONAT.XLS

Schwierigkeitsgrad: ❋❋

Im folgenden Beispiel werden Sie sehen, wie Sie eine Reisekostenabrechnung für einen Monat erstellen. Die folgende Abbildung zeigt das Muster.

In der Spalte M und in der Zeile 39 werden die jeweiligen Summen gebildet.

Reisekosten-Abrechnung

Vorname: ________ Nachname: ________ Abteilung: ________

Datum	Beginn	Ende	Grund der Reise/Projekt	PKW/Mietwagen	Bahn	Flug	ÖPNV/Taxi	Parken	Übernachtung	Pauschale	Sonstiges	Summe
01.01.2007												- €
02.01.2007	11:00	20:00	Projekt Alpha	500,00 €							25,00 €	525,00 €
03.01.2007												- €
04.01.2007												- €
05.01.2007												- €
06.01.2007												- €
07.01.2007												- €
08.01.2007												- €
09.01.2007												- €
10.01.2007												- €
11.01.2007												- €
12.01.2007												- €
13.01.2007												- €
14.01.2007												- €
15.01.2007												- €
16.01.2007												- €
17.01.2007												- €
18.01.2007												- €
19.01.2007												- €
20.01.2007												- €
21.01.2007												- €
22.01.2007												- €
23.01.2007												- €
24.01.2007												- €
25.01.2007												- €
26.01.2007												- €
27.01.2007												- €
28.01.2007												- €
29.01.2007												- €
30.01.2007												- €
31.01.2007												- €
Summe				500,00 €	- €	- €	- €	- €	- €		25,00 €	525,00 €

Bild 4.22: Das Eingabeblatt für die Reiskostenabrechnung

Die Summen

Wenn Sie jetzt die Tagessumme bilden möchten, klicken Sie in die Zelle M7.

1. Klicken Sie auf die Schaltfläche *AutoSumme.*
2. Stellen Sie sicher, dass die Zellen E7 bis L7 markiert sind.

   `=SUMME(E7:L7)`
3. Bestätigen Sie durch Drücken der `Eingabe`-Taste.

4 Kopieren Sie die Formel durch Ziehen am Ausfüllkästchen nach unten.

Jetzt möchten Sie die Summe pro Kostenart bilden.

5 Markieren Sie die Zelle E39 und klicken Sie auf die Schaltfläche *AutoSumme* [Σ].

6 Stellen Sie sicher, dass die Zellen E7 bis E37 markiert sind.

```
=SUMME(E7:E37)
```

7 Bestätigen Sie durch Drücken der [Eingabe]-Taste.

8 Kopieren Sie die Formel durch Ziehen am Ausfüllkästchen nach rechts.

Den Ausdruck anpassen

Wenn Sie Ihre Reisekostenabrechnung jetzt drucken möchten, dann führen Sie die folgenden Schritte durch:

1 Klicken Sie auf die Schaltfläche *Seitenansicht.*

Sie werden erkennen, dass die Tabelle über mehrere Seiten gedruckt wird.

2 Klicken Sie jetzt auf die Schaltfläche *Layout.*

3 Aktivieren Sie das Register *Papierformat.*

4 Aktivieren Sie im Bereich *Orientierung* die Option *Querformat.*

5 Damit die Tabelle auf einer Seite gedruckt wird, aktivieren Sie im Bereich *Skalierung* die Option *Anpassen.*

6 Bestätigen Sie Ihre Eingaben mit einem Klick auf die Schaltfläche *OK.*

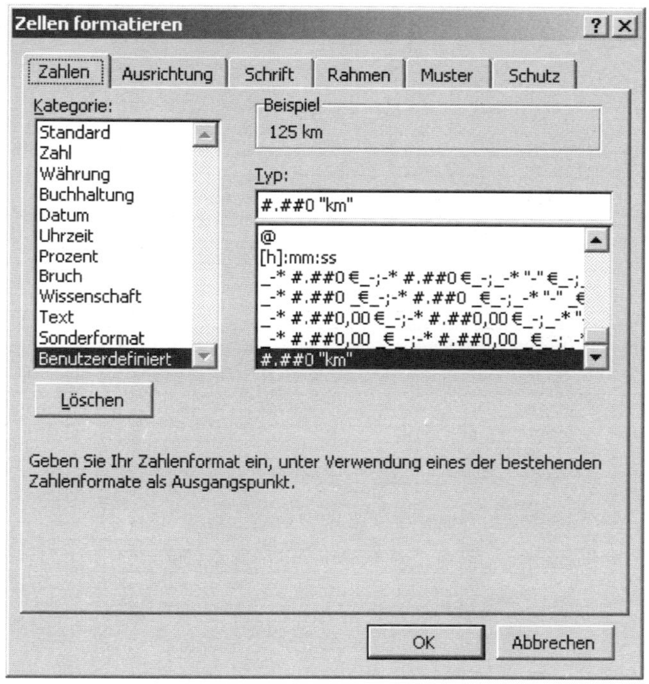

Bild 4.23: Die Abrechnung genau auf einer DIN-A4-Seite quer drucken

Das Layout weiter anpassen

Durch die Option *Anpassen* wird die Tabelle jetzt beim Ausdruck so weit verkleinert, dass sie auf eine Seite passt. Sollte die Schrift jetzt zu klein sein, können Sie die Ränder verändern:

Klicken Sie in der Seitenansicht auf die Schaltfläche *Ränder.* Ziehen Sie den linken und den rechten Rand weiter nach außen. Dadurch hat die Tabelle mehr Platz und die Schrift vergrößert sich automatisch. Die Werte sind dann besser lesbar.

4.8 Reisekostenabrechnung für einen Tag

Kategorie: Buchhaltung

Dateiname: REISEKOSTEN FÜR EINEN TAG.XLS

Schwierigkeitsgrad: ❋❋

Im folgenden Beispiel werden Sie sehen, wie Sie eine einfache Reisekostenabrechnung für einen Tag erstellen. Die folgende Abbildung zeigt das Muster.

In den Spalten B und E geben Sie die einzelnen Daten ein. Übernachtungs- und sonstige Kosten werden in die Zellen D30 und D31 eingetragen.

Gerechnet wird nur in den Zellen D18 und D33. In der Zelle D18 werden die gefahrenen Kilometer mit der Kilometerkostenpauschale multipliziert. In D33 werden alle angefallenen Kosten addiert.

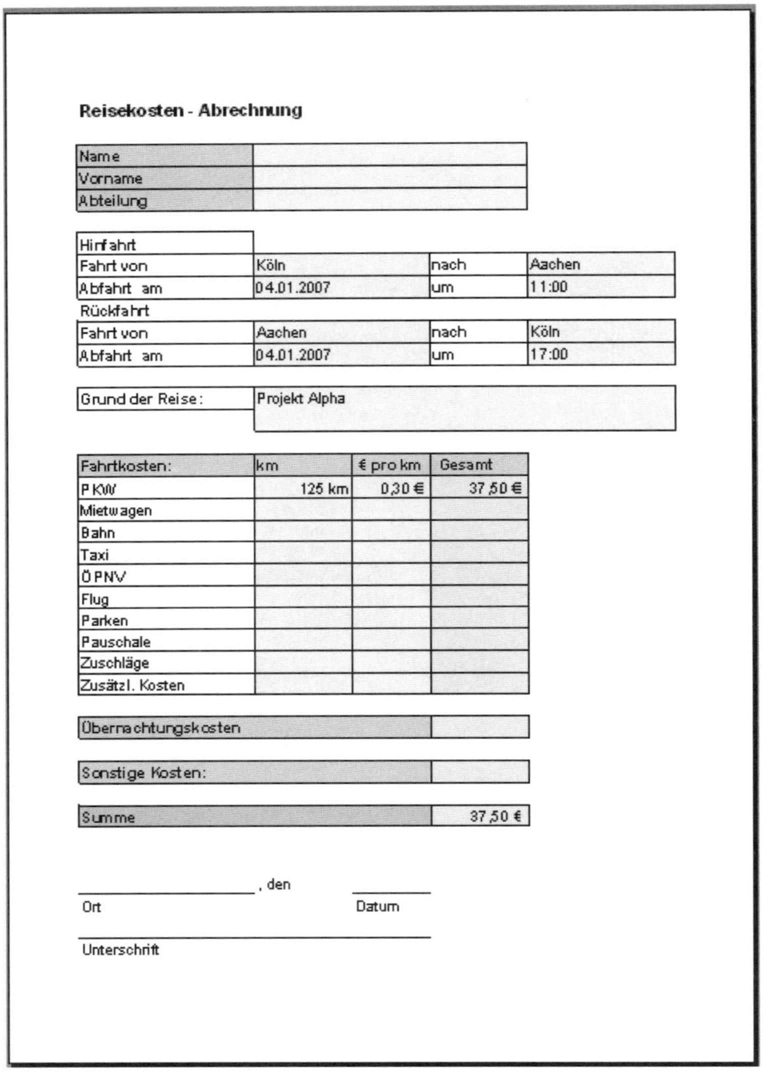

Reisekosten - Abrechnung

Name	
Vorname	
Abteilung	

Hinfahrt			
Fahrt von	Köln	nach	Aachen
Abfahrt am	04.01.2007	um	11:00
Rückfahrt			
Fahrt von	Aachen	nach	Köln
Abfahrt am	04.01.2007	um	17:00

Grund der Reise:	Projekt Alpha

Fahrtkosten:	km	€ pro km	Gesamt
PKW	125 km	0,30 €	37,50 €
Mietwagen			
Bahn			
Taxi			
ÖPNV			
Flug			
Parken			
Pauschale			
Zuschläge			
Zusätzl. Kosten			

Übernachtungskosten	
Sonstige Kosten:	
Summe	37,50 €

_______________, den _______

Ort Datum

____

Unterschrift

Bild 4.24: Die Reiskostenabrechnung für einen Tag

Die beiden Funktionen

In der Zelle D18 multiplizieren Sie die gefahrenen Kilometer aus der Zelle B18 mit der Kilometerkostenpauschale in der Zelle C18.

1. Markieren Sie die Zelle D18 und geben Sie die folgende Funktion ein:
   `=B18*C18`

In der Zelle D33 werden alle Kosten, die in der Spalte D darüber stehen, addiert.

2. Markieren Sie die Zelle D33.
3. Klicken Sie auf die Schaltfläche *AutoSumme* [Σ].
4. Kontrollieren Sie die markierten Zellen.
   `=SUMME(D18:D31)`
5. Bestätigen Sie durch Drücken von [Eingabe].

Das Format der gefahrenen Kilometer

Wenn Sie in die Zelle B18 eine Zahl eintippen, hängt Excel automatisch das Format *km* hinten an.

1. Markieren Sie die Zelle B18.
2. Wählen Sie *Format/Zellen*. Aktivieren Sie das Register *Zahlen* und wählen Sie die Kategorie *Benutzerdefiniert*.
3. Geben Sie ins Feld *Typ* das folgende Muster ein: `#.##0 "km"`.
4. Bestätigen Sie Ihre Eingaben mit *OK*.

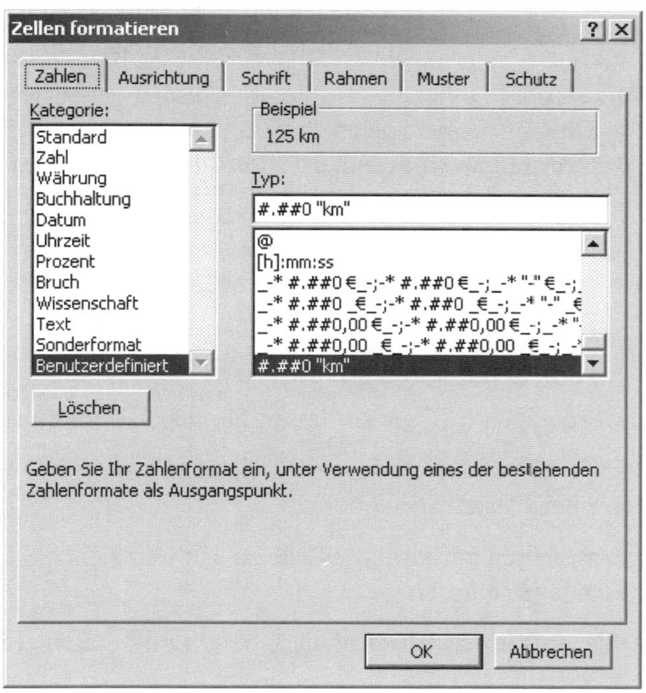

Bild 4.25: Das benutzerdefinierte Zahlenformat für die Kilometer

Über den gerade beschriebenen Weg können Sie Zellen mit Zahlen nach Ihren Vorstellungen formatieren. Der Text in der Zahl muss nur in Anführungszeichen stehen.

4.9 Spesen: Jahresaufstellung

Kategorie: Buchhaltung

Dateiname: JAHRESAUFSTELLUNG SPESEN.XLS

Schwierigkeitsgrad: ❋❋

	A	B	C	D	E	F	G
1						Dauer	Spesen
2	2007	Aufstellung				00:00	- €
3		Verpflegungsmehraufwand/ Spesen				08:00	6,00 €
4		Gesamt:	24,00 €			14:00	12,00 €
5							
6							
7	Datum	Einsatzort	Abfahrt	Ankunft	Dauer	Spesen	Beleg
8	Mo 01.01.2007		8:00	19:00	11:00	6,00 €	
9	Di 02.01.2007		6:00	15:30	9:30	6,00 €	
10	Mi 03.01.2007		8:00	15:45	7:45	- €	
11	Do 04.01.2007				0:00	- €	
12	Fr 05.01.2007		7:00	22:00	15:00	12,00 €	
13	Sa 06.01.2007				0:00	- €	
14	So 07.01.2007				0:00	- €	
15	Mo 08.01.2007				0:00	- €	
16	Di 09.01.2007				0:00	- €	
17	Mi 10.01.2007				0:00	- €	
18	Do 11.01.2007				0:00	- €	
19	Fr 12.01.2007				0:00	- €	
20	Sa 13.01.2007				0:00	- €	
21	So 14.01.2007				0:00	- €	

Bild 4.26: Die Zuordnung des richtigen Spesensatzes zu unterschiedlich langen Abwesenheitszeiten

Nicht immer geht die Abrechnung des Verpflegungsmehraufwands mit den klassischen Reisekostenabrechnungen einher. Erledigen Sie beispielsweise Dienstreisen mit dem Firmenwagen, oder sind alle anderen Kosten bereits beglichen, so müssen Sie für den Verpflegungsmehraufwand – im weiteren Verlauf dieses Beispiels nur *Spesen* genannt – unter Umständen eine eigene Abrechnung aufstellen. In diesem Beispiel stellen wir Ihnen eine separate Aufstellung der Spesen vor.

Die Höhe der Spesen ist von der Dauer der Abwesenheit abhängig. In diesem Beispiel gehen wir davon aus, dass bei einer Abwesenheit unter 8 Stunden keine Spesen erstattet werden, ab einer Abwesenheit von mindestens 8 Stunden sollen 6 Euro und ab 14 Stunden 12 Euro erstattet werden. Mehrtägige Dienstreisen werden in dieser Tabelle nicht berücksichtigt.

Wir werden in diesem Beispiel die Dauer Ihrer Abwesenheit anhand der Abfahrts- und Ankunftszeiten berechnen und anschließend Excel den jeweils entsprechenden Spesensatz zuordnen lassen.

Beschreibung

Legen Sie in einer neuen Datei zunächst alle notwendigen Spalten an, lassen Sie dabei jedoch die obersten 5 Zeilen zunächst leer.

Gehen wir einmal davon aus, dass Sie sich an dieser Beispieldatei orientieren:

1. Geben Sie das Datum des ersten Tages des gewünschten Jahres in die Zelle A8 ein und ziehen Sie am Ausfüllkästchen das Datum bis zum Jahresende nach unten.

2. In die Zellen der Spalten C und D tragen Sie nun jeweils die Anfangs- bzw. Ende-Zeit Ihrer Abwesenheit ein.

In Excel ist es erforderlich, Uhrzeiten mit einem Doppelpunkt einzugeben!

Wenn Sie eine volle Stunde eintragen möchten, reicht die Eingabe der Stunde + [:], also z. B.: `9:` für 9 Uhr. Für alle anderen Zeiten geben Sie den Doppelpunkt zwischen Stunden und Minutenangaben ein.

Die Dauer Ihrer Abwesenheit wird in der Spalte E ermittelt, indem die Abfahrtszeit von der Ankunftszeit abgezogen wird.

Geben Sie in die Zelle E8 die Formel `=D8-C8` ein und kopieren Sie die Formel über das Ausfüllkästchen bis zum Jahresende nach unten.

Solange Sie noch keine Zeiten in die Spalten C und D eingetragen haben, wird als Ergebnis 0:00 angezeigt, d. h., der Wert 0 wird bereits im Zahlenformat Uhrzeit angezeigt.

Der richtige Spesensatz

F	G
Dauer	Spesen
00:00	- €
08:00	6,00 €
14:00	12,00 €

Bild 4.27: Aus dieser kleinen Matrix sucht sich die SVERWEIS-Funktion den richtigen Spesensatz.

Für die Zuordnung des richtigen Spesensatzes zur Dauer der Abwesenheit setzen wir die SVERWEIS-Funktion ein.

Hierfür erstellen Sie im oberen Teil der Tabelle eine kleine zweispaltige Matrix, in der jeweils der unterste Zeitwert, ab dem ein Spesensatz gilt, in der ersten Spalte steht und der dazugehörige Spesensatz in der zweiten Spalte aufgeführt wird.

In der Beispieldatei finden Sie diese Matrix in den Zellen F2 bis G4.

1. Setzen Sie den Cursor in die Zelle F8, in der für die erste Abwesenheit der Spesensatz ermittelt werden soll. Starten Sie über *Einfügen/Funktion* aus der Kategorie *Matrix* die SVERWEIS-Funktion.
2. Das *Suchkriterium* steht in der Zelle E8, es ist die Dauer der Abwesenheit.
3. Als *Matrix* geben Sie die Zellen von F2 bis G4 ein, also die Zellen, in denen Sie kurz vorher die Zuordnung von Dauer zu Spesenhöhe festgelegt haben. Setzen Sie den Bezug auf diesen Zellbereich mit [F4] fest, damit Sie die Formel gleich nach unten kopieren können und der Bezug zur Matrix dabei nicht verändert wird.

Bild 4.28: Die Funktionsargumente für die SVERWEIS-Funktion

4. Der *Spaltenindex* ist die Nummer der Spalte, deren Inhalt Sie sehen möchten. Der Spesensatz steht in der zweiten Spalte der Matrix, und darum geben Sie die 2 ein.
5. Der Parameter *Bereich_Verweis* legt fest, ob eine genaue Übereinstimmung zwischen Suchkriterium und Einträgen in der Matrix vorliegen muss. Da in unserem Beispiel bei nicht genauer Übereinstimmung der nächstkleinere Wert der Matrix gilt, bleibt der *Bereich-Verweis* leer.
6. Bestätigen Sie Ihre Eingaben mit *OK*. Kopieren Sie die Formel mit einem Doppelklick auf das Ausfüllkästchen bis ans Jahresende.

In unserer Beispieldatei werden in der Zelle C4 mit der Formel `=SUMME(F8:F372)` zur Übersicht noch alle Spesen addiert.

5 Büro

5.1 Arbeitsaufwand nach Monaten und Kostenstellen summieren

Kategorie: Büro

Dateiname: TÄTIGKEITEN3.XLS

Schwierigkeitsgrad: ❋❋❋❋

	A	B	C	D	E
1	Übersicht Zeitaufwand nach Monaten			Übersicht Zeitaufwand nach Kostenstellen	
2					
3	Januar	12:00		10001	0:00
4	Februar	0:00		10002	0:00
5	März	0:00		10003	0:00
6	April	0:00		10004	0:00
7	Mai	0:00		10005	0:00
8	Juni	0:00		10006	6:00
9	Juli	0:00		100100	6:00
10	August	0:00		100200	0:00
11	September	0:00		100701	0:00
12	Oktober	0:00		200500	0:00
13	November	0:00		200700	0:00
14	Dezember	0:00		999999	0:00
15					

Tätigkeiten mit Zeitaufwand / Kostenstellen / **Aufwand pro Monat oder Kst.**

Bild 5.23: Der Zeitaufwand wurde einmal pro Monat und einmal pro Kostenstelle verdichtet.

Bei dieser Tabelle handelt es sich um eine Liste, in welcher der Zeitaufwand für bestimmte Tätigkeiten mit Datum und zu belastender Kostenstelle festgehalten wird.

Diese Tabelle basiert auf den Beispielen TÄTIGKEITEN1.XLS mit den Basisfunktionen zur Auflistung der Tätigkeiten und deren Weiterentwicklung TÄTIGKEITEN2.XLS.

Zeitaufwand pro Monat summieren

Während in der Tabelle *Tätigkeiten mit Zeitaufwand* über die SUMME-Funktion alle Werte aus der Spalte C, die den Zeitaufwand enthält, addiert wurden, möchten wir also an dieser Stelle pro Monat nur die Zeilen addieren, in denen der Monat identisch ist mit dem Monat aus unserer Übersichtstabelle.

Mit der MONAT-Funktion ermitteln Sie in der Tabelle *Tätigkeiten mit Zeitaufwand* in der Spalte I – sozusagen als Hilfsspalte – zunächst den Wert des Monats in jeder Zeile.

Damit hier nur in ausgefüllten Zeilen ein Monat angegeben wird, geben Sie die Formel entsprechend folgender Abbildung in die Zelle I5 ein: `=Wenn(B5<>"";Monat(B5);"")`. Kopieren Sie diese Formel bis ans Ende Ihrer Liste.

```
Hilfsspalte
Monat
=WENN(B5<>"";MONAT(B5);"")
```

Bild 5.24: Formeleingabe mit Tooltipp

Monate in der Übersichttabelle erstellen

1. Aktivieren Sie jetzt das Blatt *Aufwand pro Monat oder Kst.*, geben Sie in die Zelle A3 *1.1* (für den 1. Januar) ein und formatieren Sie die Zelle mit dem Datumsformat *MMMM.*
2. Ziehen Sie anschließend mit der rechten Maustaste das Datum bis zur Zeile 14 und wählen Sie aus dem Kontextmenü, welches sich beim Loslassen der Maustaste öffnet, den Befehl *Monate ausfüllen* aus.

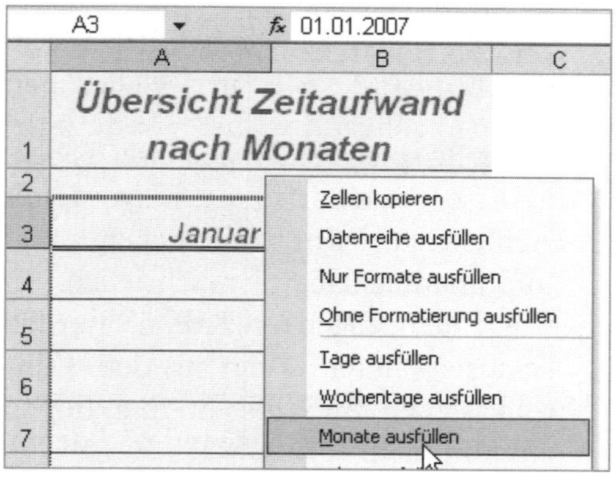

Bild 5.25: Ausgehend vom 1.1. in der obersten Zelle wird über *Monate ausfüllen* der Erste jedes weiteren Monats eingetragen.

Die SUMMEWENN-Funktion bietet die Möglichkeit, Daten nur dann zu addieren, wenn sie mit einem bestimmten Suchkriterium übereinstimmen. Starten Sie in der Zelle B3 nun die SUMMEWENN-Funktion:

Der *Bereich* ist Zellbereich, der berechnet werden soll, d. h. in dem das Suchkriterium vorkommen muss. In diesem Beispiel ist es $I$5:$I$65536 im Tabellenblatt *Tätigkeiten mit Zeitaufwand* → hier stehen die Monate.

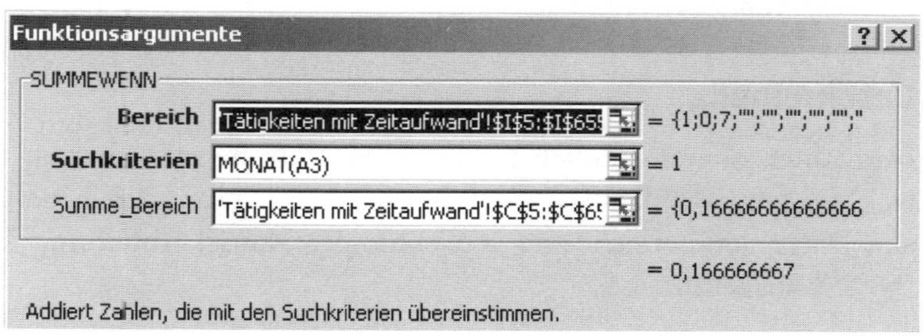

Bild 5.26: Funktionsargumente der SUMMEWENN-Funktion

In diesem Beispiel steht das Suchkriterium in Zelle A3 des aktuellen Tabellenblatts. Da in A3 allerdings ein ganzes Datum steht, geben Sie das folgende Muster ein: `Monat(A3)`.

Summe_Bereich ist der Bereich, aus dem die Daten addiert werden sollen. In diesem Beispiel ist dies der Bereich $C$5:$C$65536 im Tabellenblatt *Tätigkeiten mit Zeitaufwand* → hier steht der Zeitaufwand.

Um die Daten pro Kostenstelle zu summieren, kopieren Sie zunächst in die Spalte D (ab Zeile 3) die Kostenstellen, geben in die Zelle rechts neben die erste Kostenstelle folgende Formel ein und kopieren sie anschließend bis zur letzten Kostenstelle:

```
=SUMMEWENN('Tätigkeiten mit Zeitaufwand'!$G$5:$G$65536;D3;
'Tätigkeiten mit Zeitaufwand'!$C$5:$C$65536)
```

5.2 Fax-Deckblatt mit Formularfeldern entwerfen

Kategorie: Büro

Dateiname: FAXDECKBLATT.XLS

Schwierigkeitsgrad: ❋❋❋

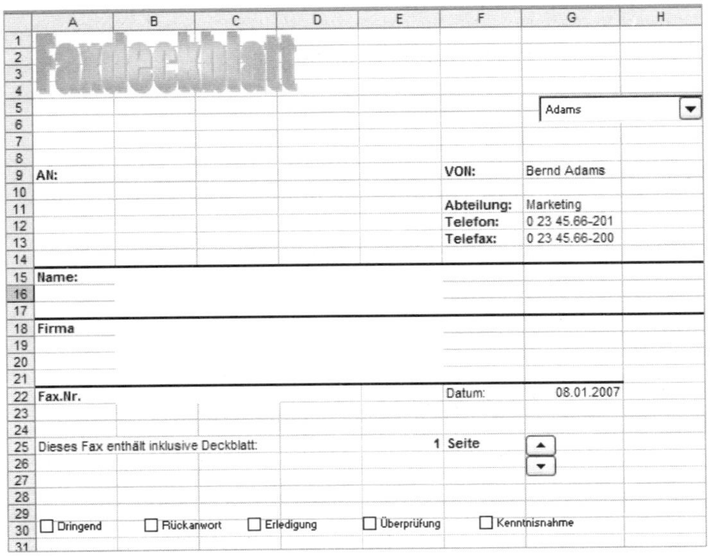

Bild 5.1: Tabelle *Faxdeckblatt*

Wir zeigen Ihnen mit diesem Beispiel, wie Excel-Dateien durch den Einsatz von Formularelementen elegant zu steuern sind.

Dieses Beispiel besteht aus zwei Teilen. In dieser Datei wird das Layout mit Drehfeldern, Kontrollkästchen und Kombinationsfeldern beschrieben. In Teil 2, dem folgenden Kapitel, werden die ausgewählten Daten aus dem Kontrollkästchen mit Hilfe von Funktionen übernommen.

Beschreibung

Im rechten oberen Bereich des Deckblatts können Sie über ein *Kombinationsfeld* aus einer Auswahlliste wählen, wer das Fax absenden wird (in unserem Beispiel Adams). Durch die Auswahl werden alle Daten im Bereich *Von* (vollständiger Name, Abteilung, Telefon und Fax) über die Funktion INDEX ausgefüllt.

Im Bereich B15:D22 geben Sie die Empfängerdaten ein. In Zeile 25 können Sie über ein Drehfeld die Anzahl der Faxseiten inklusiv Deckblatt festlegen. In der Zelle F25 wird über eine WENN-Funktion gesteuert, dass bei einer Seite dort das Wort »Seite« steht, bei mehreren Seiten in der Mehrzahl »Seiten«. In Zeile 30 haben Sie die Möglichkeit, Kontrollkästchen anzukreuzen, und im unteren Bereich können Sie noch Text und Bemerkungen hinzufügen.

Formularelemente anlegen am Beispiel Kombinationsfeld

	A	B	C	D	E	F
1	Name	Vorname	Telefon	Fax	Abteilung	
2	Adams	Bernd	0 23 45.66-201	0 23 45.66-200	Marketing	Bernd Adams
3	Berger	Thomas	0 23 45.66-301	0 23 45.66-300	Vertrieb	Thomas Berger
4	Hermann	Beate	0 23 45.66-405	0 23 45.66-400	Logistik	Beate Hermann
5	Klein	Martina	0 23 45.66-506	0 23 45.66-500	Controlling	Martina Klein

Bild 5.2: Die Tabelle *Daten für das Fax*

Die Liste, die das Kombinationsfeld zur Auswahl anbieten soll, haben wir als eigenständige Tabelle *Daten* hinterlegt. Hier sind die Mitarbeiter mit allen Details aufgelistet.

In der Tabelle *Faxdeckblatt* blenden Sie über *Ansicht/Symbolleisten/Formular* die *Formular*-Symbolleiste ein.

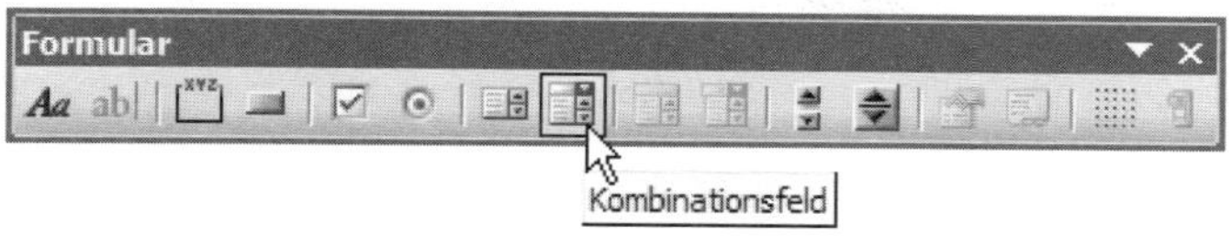

Bild 5.3: Symbolleiste *Formular*

1. Wählen Sie die Schaltfläche *Kombinationsfeld* und ziehen Sie mit der Maus das Feld an die gewünschte Position. Mit einem Rechtsklick auf das leere Kombinationsfeld und Auswahl von *Steuerelement formatieren* legen Sie die Eigenschaften fest.
2. Hier hinterlegen Sie auf der Registerkarte *Steuerung* im Feld *Eingabebereich*, welche Daten angeboten werden. In unserem Beispiel `Daten!$A$2:$A$10`.
3. Das Feld *Zellverknüpfung* gibt die Nummer des Elements zurück, das im Kombinationsfeld ausgewählt ist (das erste Element in der Liste hat die Nummer 1). Diese Nummer benötigen und verwenden wir später in der Funktion INDEX. Wir geben daher in das Feld *Zellverknüpfung* eine beliebige »Hilfszelle« auf unserem Faxdeckblatt an. Wir haben die Zelle $H$4 gewählt und diese weiß formatiert, damit sie »unsichtbar« ist.
4. Im Feld *Dropdownzeilen* geben wir die Anzahl von Zeilen an, die in der Dropdown-Liste angezeigt werden sollen.
5. Da wir diese Auswahlmöglichkeit nicht auf dem Ausdruck des Faxdeckblatts sehen möchten, deaktivieren wir auf der Registerkarte *Eigenschaften* das *Kontrollkästchen Drucken.*

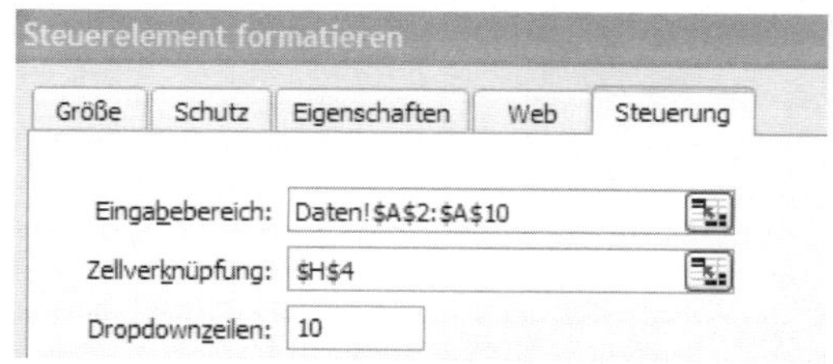

Bild 5.4: Die Eigenschaften des Kombinationsfelds

Drehfeld anlegen

1. Wählen Sie in der *Formular*-Symbolleiste das *Drehfeld* aus und ziehen Sie mit der Maus das Feld an die gewünschte Position. Über einen rechten Mausklick auf das Drehfeld und Auswahl von *Steuerelement formatieren* legen Sie die Eigenschaften fest.
2. Hier geben Sie auf der Registerkarte *Steuerung* in den Feldern *Minimalwert*, *Maximalwert* und *Schrittweite* Ihre Werte für das Drehfeld ein.
3. Im Feld *Zellverknüpfung* wird der Wert der aktuellen Position des Drehfeldes zurückgegeben. Wir haben dafür die Zelle $E$25 gewählt.
4. Geben Sie in der Zelle F25 die folgende Funktion ein: `=WENN(E25=1;"Seite";"Seiten")`. Damit wird zwischen Ein- und Mehrzahl der Seiten unterschieden.

Kontrollkästchen anlegen

1. Wählen Sie aus der Formularsymbolleiste *Kontrollkästchen* und ziehen Sie mit der Maus das Feld an die gewünschte Position. Den Standardtext *Kontrollkästchen X* können Sie einfach überschreiben.
2. Über einen rechten Mausklick auf das *Kontrollkästchen* und die Auswahl *Steuerelement formatieren* können Sie wieder Einfluss auf die Eigenschaften des Formularfeldes nehmen.

5.3 Fax-Deckblatt ausgestalten und als Mustervorlage ablegen

Kategorie: Büro

Dateiname: FAXDECKBLATT.XLT

Schwierigkeitsgrad: ❋❋❋❋

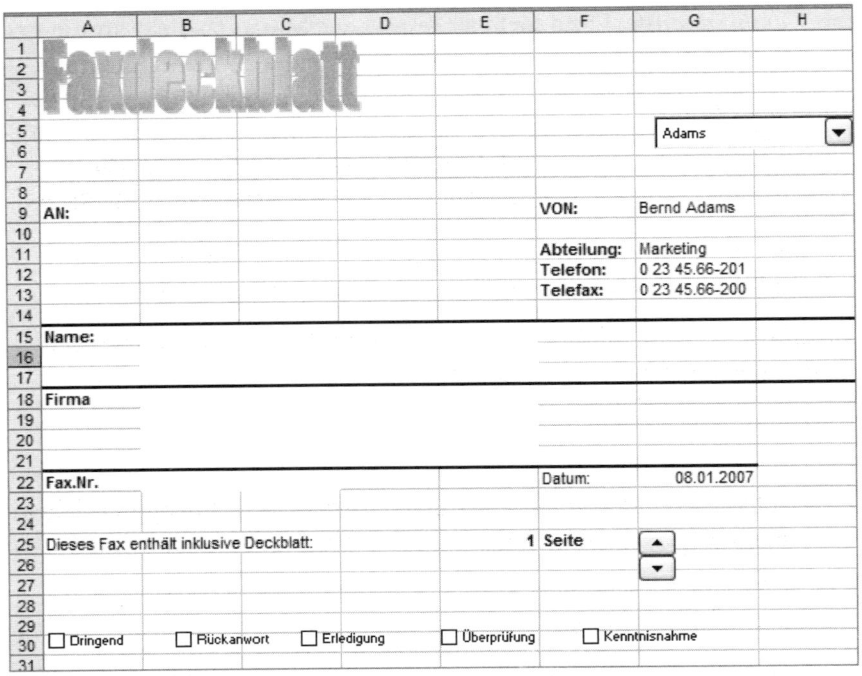

Bild 5.5: Die Mustervorlage Faxdeckblatt

In der vorangegangenen Beschreibung haben wir Ihnen am Beispiel des Faxdeckblatts gezeigt, wie Sie Excel-Dateien durch Formularelemente elegant steuern können.

Im Folgenden werden wir die weiteren Formeln und Funktionen innerhalb dieser Excel-Datei beschreiben und Ihnen zeigen, wie Sie daraus eine Mustervorlage machen können.

Mustervorlagen dienen als Basisarbeitsmappen, auf deren Grundlage Sie schnell und zügig neue Arbeitsmappen von gleichem Aufbau erstellen können. Mustervorlagen werden als eigenständige Datei gespeichert und besitzen die Dateierweiterung *.xlt.*

Die Funktion INDEX

Die Formularfelder sind bereits hinterlegt, jetzt müssen wir noch zusehen, dass die Informationen aus der Tabelle *Daten* in die Felder *VON* (G9), *Abteilung* (G11), *Telefon* (G12) und *Telefax* (G13) automatisiert eingetragen werden. Dazu wählen wir die Funktion INDEX.

Die Funktion INDEX wird verwendet, um aus einem Bezug oder einer Matrix einen Wert auszuwählen (in unserem Beispiel den Wert der Zeile in Spalte F, d. h. den Namen, von dem das Fax abgeschickt wird).

Die Funktion INDEX gibt es in zwei Versionen: Matrixversion und Bezugsversion. Da die Matrixversion immer einen Wert oder eine Matrix aus Werten zurückgibt, während die Bezugsversion den Bezug der Zelle liefert, in der sich eine bestimmte Zeile und Spalte schneiden, wählen wir in unserem Beispiel die Matrixversion.

1 Setzen Sie den Cursor in die Zelle G9 und starten Sie die Funktion INDEX über den Funktionsassistenten. Wählen Sie *Matrix; Zeile; Spalte.*

2. Als *Matrix* geben Sie die Zellen mit dem zusammengesetzten Vor- und Nachnamen an, d. h. den Bereich F2:F10 in der *Tabelle Daten*: `Daten!F2:F10`.

3. *Zeile* markiert die Zeile in der Matrix, dessen Wert wir suchen. Beim Anlegen des Kombinationsfeldes haben wir das Ergebnis der Auswahl in eine »Hilfszelle« $H$4 geschrieben (das erste Element in der Auswahlliste hat dabei die Nummer 1, das 2. Element die Nummer 2 usw.). Jetzt greifen wir hier im Feld *Zeile* auf diese Hilfszelle zurück und geben ein: `$H$4`.

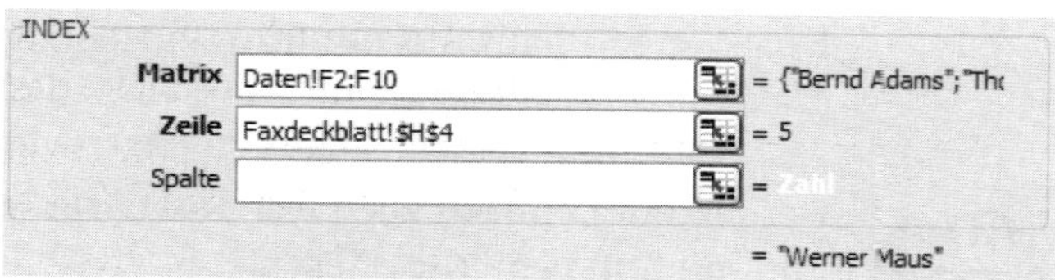

Bild 5.6: Über die INDEX-Funktion holen Sie die Detailinformationen aus der Tabelle *Daten*.

4. *OK* schließt die INDEX-Funktion ab und in der Zelle steht nun – in Abhängigkeit des zuvor gewählten Namens aus der Auswahlliste – als Ergebnis, von wem das Fax abgeschickt wird.

Für die Zellen G11 bis G13 (*Abteilung,Telefon* und *Telefax*) gehen Sie analog vor. Sie müssen lediglich im Feld *Matrix* die Bereichsangaben entsprechend anpassen.

Speichern als Vorlage

Sobald das Faxdeckblatt sorgfältig aufgebaut und auch ausgetestet ist, sollten Sie in Erwägung ziehen, das Deckblatt in Zukunft als Mustervorlage zu speichern, auf deren Grundlage man schnell und zügig neue Faxdeckblätter erstellen kann.

1. Wählen Sie den Menüpunkt *Datei/Speichern unter.*
2. Wählen Sie im Listenfeld *Dateityp* den Eintrag *Mustervorlage.* Hierdurch wird automatisch der Ordner *Vorlagen* für die Speicherung eingestellt.
3. Geben Sie im Feld *Dateiname* den Namen für Ihre Faxvorlage ein. Die Vorlage erhält automatisch die Dateierweiterung XLT (*Faxdeckblatt.xlt*).
4. Bestätigen Sie mit der Schaltfläche *Speichern.*

Neues Faxdeckblatt mittels Mustervorlage erstellen

1. Wählen Sie den Menüpunkt *Datei/Neu.*
2. Wählen Sie rechts im Aufgabenbereich *Neue Arbeitsmappe* im Bereich *Vorlagen* den Hyperlink *Auf meinem Computer.*
3. Wählen Sie aus der Dialogbox *Vorlagen* Ihr Faxdeckblatt aus und bestätigen Sie mit *OK.*
4. Es öffnet sich eine neue Arbeitsmappe, deren Grundlage die Mustervorlage des Faxdeckblatts ist.

5.4 Kurzmitteilung: Formular für firmeninterne Zwecke

Kategorie: Büro

Dateiname: HAUSMITTEILUNG.XLS

Schwierigkeitsgrad: ❋

In dieser Tabelle erfahren Sie, wie Sie mit Excel eine hausinterne Kurzmitteilung gestalten. Das Formular kann am PC ausgefüllt und anschließend ausgedruckt werden oder einfach auch leer ausgedruckt und mit Stift gefüllt werden.

Die Datei HAUSMITTEILUNG.XLS enthält zwei Tabellenblätter mit der fertigen Kurzmitteilung. Auf dem ersten Tabellenblatt, es heißt *Geschützt*, sind nur die Felder, in die Daten eingegeben werden sollen, zur Bearbeitung geöffnet. Auf dem Tabellenblatt *Ungeschützt* können Sie Änderungen am Layout der Tabelle vornehmen.

Bild 5.7: Tabelle *Hausmitteilung*

Grundaufbau der Tabelle

Um eine Hausmitteilung nach diesem Vorbild nachzubilden, sollten zuerst die Spaltenbreite und Zeilenhöhe angepasst werden. Anschließend geben Sie die Texte in die gewünschten Zellen ein und formatieren die Tabelle nach Ihren Vorstellungen.

Die grundlegenden Formatierungen sind über die Symbolleiste *Format* zu erzielen:

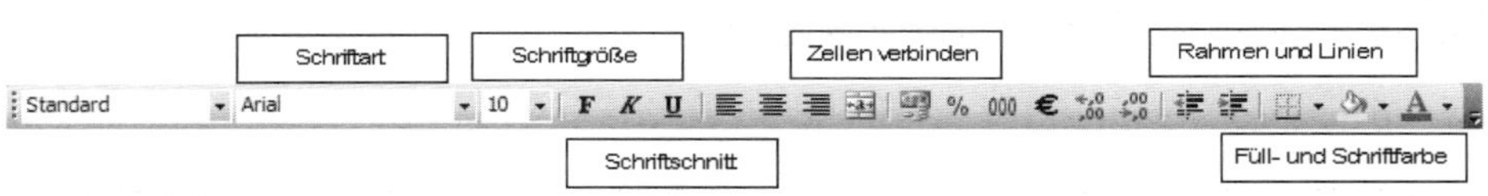

Bild 5.8: Die Symbolleiste *Format*

Rahmen und Linien

Im nächsten Schritt müssen die Rahmen für die Kontrollkästchen gesetzt werden und die Linien zum Ausfüllen: Eine einfache Auswahl an Rahmenlinien bietet schon die Schaltfläche *Rahmen* in der Symbolleiste *Rahmen.*

1. Markieren Sie dafür die gewünschte(n) Zelle(n).
2. Klicken Sie den Listenpfeil der Schaltfläche *Rahmen* aus der Symbolleiste *Format* an.
3. Wählen Sie eine Rahmenlinie nach Ihren Vorstellungen aus.

Bild 5.9: Die Auswahlmöglichkeiten über die Schaltfläche *Rahmen*

Grafik oder ClipArts einfügen und bearbeiten

Möchten Sie eine individuelle Grafik einfügen, wählen Sie *Einfügen/Grafik/ClipArts.*

Bild 5.10: Die Symbolleiste *Grafik*

Nach dem Einfügen erscheint in der Regel automatisch die Symbolleiste *Grafik.* Sollte sie nicht da sein, schalten Sie sie über *Ansicht/Symbolleiste/Grafik* ein. Mit der Grafiksymbolleiste kann die Grafik und jedes eingefügte ClipArt individuell formatiert werden.

Grafiken können mit der Maus einfach verschoben oder auch in der Größe verändert werden. Achten Sie dabei auf die unterschiedlichen Mauszeiger. Je nachdem, wo Sie die Maus positioniert haben, verändert sich der Mauszeiger und damit auch die Aktion.

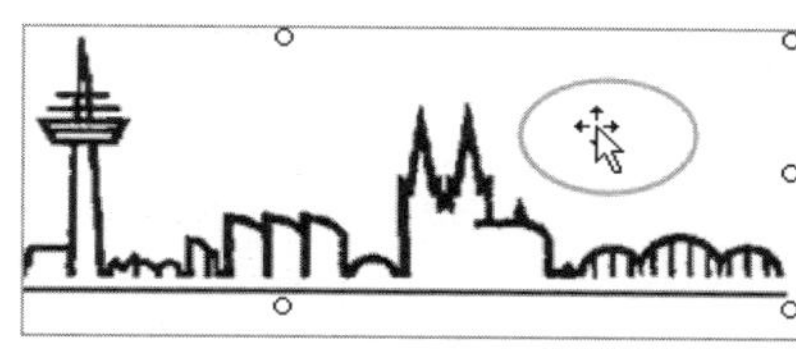

Bild 5.11: Veränderter Mauszeiger (Fadenkreuz) bedeutet Verschieben.

Hausmitteilung als Vorlage speichern

Speichern Sie diese Hausmitteilung als Mustervorlage, dann können Sie jederzeit schnell und zügig neue Kurzmitteilungen am PC ausfüllen.

1. Im Menüpunkt *Datei/Speichern unter* wählen Sie im Listenfeld *Dateityp* den Eintrag *Mustervorlage.* Hierdurch wird automatisch der Ordner *Vorlagen* für die Speicherung voreingestellt.
2. Im Feld *Dateiname* geben Sie den Namen für Ihre Vorlage ein. Sie erhält automatisch die Dateierweiterung XLT (Hausmitteilung.xlt).
3. Bestätigen Sie mit der Schaltfläche *Speichern.*

Neue Hausmitteilung mittels der Mustervorlage erstellen

1. Wählen Sie den Menüpunkt *Datei/Neu.*
2. Wählen Sie rechts im Aufgabenbereich *Neue Arbeitsmappe* im Bereich *Vorlagen* den Hyperlink *Auf meinem Computer.*
3. Wählen Sie aus der Dialogbox *Vorlagen* Ihre Vorlage aus und bestätigen Sie mit *OK.*
4. Es öffnet sich eine neue Arbeitsmappe, deren Grundlage die Mustervorlage der Hausmitteilung ist.

5.5 Messekostenplaner: Soll-Ist-Vergleich

Kategorie: Büro

Dateiname: MESSEKOSTEN PLANER.XLS

Schwierigkeitsgrad: ❋❋

Sie haben eine Verkaufsmesse geplant und bereits alle Kosten nach Kategorien und Einzelposten erfasst. Um im Vorfeld bereits einen Überblick über die zu erwartenden Kosten zu haben, haben Sie in der Spalte C die geplanten Soll-Kosten erfasst. Nach der Messe haben Sie dann in der Spalte D die tatsächlich angefallenen Kosten eingegeben. In der Spalte E errechnen Sie jetzt die Differenz.

Zum Abschluss arbeiten Sie getreu dem beliebten Motto: Nach der Messe ist vor der Messe. Sie erstellen bereits den Plan für die nächste Messe. Sie rechnen mit 10 % höheren Kosten. Dies errechnen Sie in der Spalte F.

	A	B	C	D	E	F	G	H
1			**Plan 2006**	**Ist 2006**	**Vgl. Plan/Ist**	**Plan 2007**	**Ist 2007**	**Vgl. Plan/Ist**
2	**Nr.**	**Teilnahme**						
3	1	Beteiligungspreis	1.500,00 €	1.500,00 €	0,00 €	1.650,00 €		
4	2	Katalogeintrag	120,00 €	120,00 €	0,00 €	132,00 €		
5	3	Ausst.ausw./Parksch.	230,00 €	350,00 €	120,00 €	385,00 €		
6	4	Standreinigung	120,00 €	220,00 €	100,00 €	242,00 €		
7	5	Bewachung	350,00 €	380,00 €	30,00 €	418,00 €		
8	6	Versicherung	80,00 €	50,00 €	-30,00 €	55,00 €		
9	7	Telefon/Fax/Monitore	60,00 €	60,00 €	0,00 €	66,00 €		
10	8	Strom/Wasserverbrauch	40,00 €	80,00 €	40,00 €	88,00 €		
11		**Teilnahme Summe:**	**2.500,00 €**	**2.760,00 €**	**260,00 €**	**3.036,00 €**	**0,00 €**	**3.036,00 €**
12								
13		**Standbau**						
14	9	Standaufbau	1.200,00 €	1.200,00 €	0,00 €	1.320,00 €		
15	10	Beschriftungen	300,00 €	280,00 €	-20,00 €	308,00 €		
16	11	Dekoration	300,00 €	210,00 €	-90,00 €	231,00 €		
17	12	Wasser-/Elektroanschluss	20,00 €	15,00 €	-5,00 €	16,50 €		
18	13	Miete Geschirrspüler etc.	30,00 €	30,00 €	0,00 €	33,00 €		
19		**Standbau Summe:**	**1.850,00 €**	**1.735,00 €**	**-115,00 €**	**1.908,50 €**	**0,00 €**	**1.908,50 €**
20								

Sieglinde Schreib:
Wir kalkulieren für
2007 10% mehr

Bild 5.12: Eine Beispieltabelle zur Berechnung von Messekosten

Die Überschriften im Überblick behalten

Wenn Sie mit so einer großen Tabelle arbeiten, kann es sein, dass Sie beim Blättern die oberen Zeilen bzw. die linken Spalten aus dem Blick verlieren. Um dies zu verhindern, führen Sie die folgenden Schritte durch:

1. Markieren Sie die Zelle C2. Dies ist die Zelle, ab der geblättert werden soll. Wählen Sie *Fenster/ Tabelle fixieren.*
2. Jetzt können Sie durch die Tabelle blättern, die erste Zeile und die ersten beiden Spalten bleiben immer stehen.
3. Um die Fixierung wieder aufzuheben, wählen Sie *Fenster/Fixierung aufheben.*

Der Vergleich Plankosten/Istkosten

Nachdem Sie in den Spalten C und D die geplanten und die tatsächlichen Kosten eingegeben und die jeweiligen Summen errechnet haben, können Sie die Differenz ermitteln.

1. Markieren Sie die Zelle E3 und geben Sie den folgenden Rechenschritt ein: `=D3-C3`.
2. Kopieren Sie den Rechenschritt nach unten.

E3 | =D3-C3

	A	B	C	D	E
1			Plan 2006	Ist 2006	Vgl. Plan/Ist
2	Nr.	Teilnahme			
3	1	Beteiligungspreis	1.500,00 €	1.500,00 €	0,00 €
4	2	Katalogeintrag	120,00 €	120,00 €	0,00 €

Bild 5.13: Die Differenz zwischen Ist- und Plankosten

Der Gewinn bzw. der Verlust

Im unteren Teil der Tabelle bilden Sie die Summe der einzelnen Kosten.

1. Markieren Sie die Zelle C59 und geben Sie den folgenden Rechenschritt ein:

   `=C57+C47+C45+C35+C26+C19+C11`

2. Kopieren Sie diesen Rechenschritt nach rechts.
3. Die geplanten und die tatsächlichen Einnahmen der verkauften Waren geben Sie in den Zellen C61 und D61 ein.

C59 | =C57+C47+C45+C35+C26+C19+C11

	A	B	C	D	E
1			Plan 2006	Ist 2006	Vgl. Plan/Ist
59		Kosten gesamt:	12.800,00 €	16.070,00 €	3.270,00 €
60					
61		./. Einnahmen	180.000,00 €	200.000,00 €	20.000,00 €
62					
63		Gewinn / Verlust	167.200,00 €	183.930,00 €	16.730,00 €
64					

Bild 5.14: Die Gesamtkosten und die Gewinnermittlung

4. In der Zeile 63 errechnen Sie jetzt, ob Sie einen Gewinn auf dieser Messe erzielt haben oder nicht. Markieren Sie die Zelle C63 und geben Sie den folgenden Rechenschritt ein: `=C61-C59`.
5. Kopieren Sie ihn nach rechts.

Jetzt erkennen Sie, dass Sie auf der Messe 2006 einen Gewinn von 183.930 Euro gemacht haben. Sie liegen damit 16.730 Euro über dem geplanten Gewinn.

Die geplanten Kosten für 2007

Für die nächste Messe rechnen Sie mit 10 % Kosten mehr als im Vorjahr. Dies kann Excel Ihnen automatisch berechnen. Sie nehmen die Istkosten von 2006 und addieren 10 % drauf.

1. Markieren Sie die Zelle F3 und geben Sie den folgenden Rechenschritt ein: `=(D3*10%)+D3`.
2. Kopieren Sie den Rechenschritt nach unten.

F3 | =(D3*10%)+D3

	A	B	C	D	E	F
1			Plan 2006	Ist 2006	Vgl. Plan/Ist	Plan 2007
2	Nr.	Teilnahme				
3	1	Beteiligungspreis	1.500,00 €	1.500,00 €	0,00 €	1.650,00 €
4	2	Katalogeintrag	120,00 €	120,00 €	0,00 €	132,00 €

Bild 5.15: Die geplanten Kosten für die nächste Messe

5.6 Mitarbeiterverzeichnis mit Sprechzeiten und Kontaktdaten

Kategorie: Büro

Dateiname: MITARBEITERVERZEICHNIS.XLS

Schwierigkeitsgrad: ❋❋❋❋

Diese Tabelle kann sehr gut in Telefonzentralen, Informationsstellen und anderen Zentralen eingesetzt werden, in denen schnell umfassende Informationen zu einzelnen Personen gefunden werden müssen. Die Tabelle besteht aus den Blättern *Mitarbeiter-Verzeichnis* und *Info*. In der Mitarbeiterliste werden die Informationen zu allen Mitarbeitern hinterlegt, und über das Blatt *Info* können diese pro Person abgerufen werden.

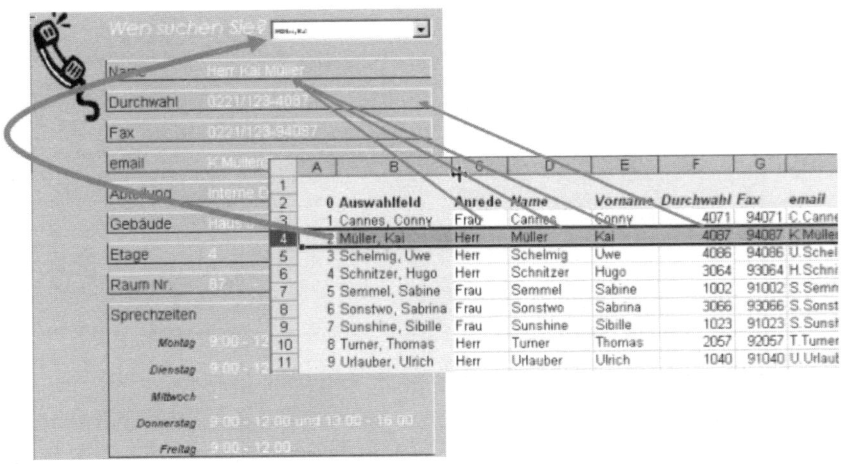

Bild 5.16: Aus einer langen Liste von Mitarbeiterinformationen werden zu einer ausgewählten Person alle Infos angezeigt.

Beschreibung

Legen Sie zunächst die Liste mit Mitarbeiterdaten an. Beginnen Sie mit der Dateneingabe in der Spalte C, da die Spalten A und B für eine fortlaufende Nummer sowie für eine Verkettung von Vorname und Nachname benötigt wird, um die Mitarbeiterauswahl eindeutiger zu gestalten.

- Die fortlaufende, eindeutige Nummer in der Spalte A erhalten Sie, indem Sie in der Zelle A2 eine Null eingeben und in der Zelle A3 die Formel `=A2+1` eingeben. Ziehen Sie über das Ausfüllkästchen diese Formel so weit nach unten wie benötigt.
- Mit der Formel `=D3&", "&E3` in der Zelle B3 verketten Sie den Nachnamen und den Vornamen aus den Spalten D und E und setzen noch ein Komma dazwischen. Diese Spalte wird gleich in der Tabelle *Info* als Auswahlliste angeboten. Kopieren Sie die Formel nach unten.

In den weiteren Spalten legen Sie nun alle Informationen zu allen Mitarbeitern ab, die Sie später abfragen möchten. In unserem Bespiel sind die Spalten C bis Q entsprechend gefüllt.

Kombinationsfeld anlegen

1. Blenden Sie die *Formular*-Symbolleiste ein und fügen Sie das Steuerelement *Kombinationsfeld* ein.

2. Starten Sie den Befehl *Steuerelement formatieren* mit einem Rechtsklick auf dem Element.
3. Für das Feld *Eingabebereich* markieren Sie die Zellen B3 bis B500 auf dem Tabellenblatt *Mitarbeiter-Verzeichnis.*
4. Da die SVERWEIS-Funktion die Nummer der gefundenen Zeile benötigt, wählen Sie für das Feld *Zellverknüpfung* eine Zelle auf dem Blatt *Info* aus. In unserem Beispiel wird die Zeilennummer der ausgewählten Adresse in die Zelle D3 auf dem Blatt *Info* geschrieben.

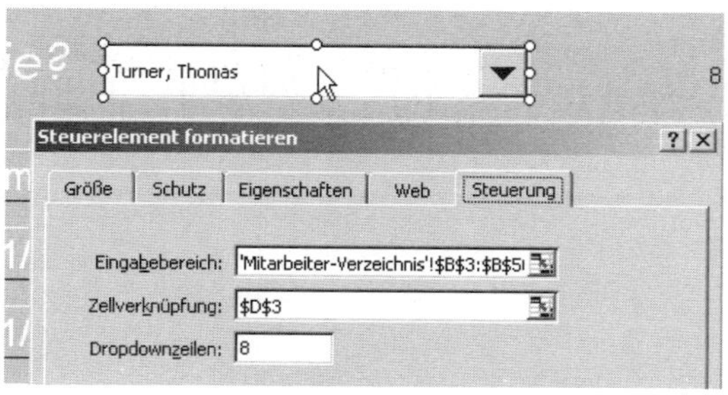

Bild 5.17: Eigenschaften zum Steuerelement

5. Schließen Sie das Fenster und testen Sie das Auswahlfeld. Sollte Sie die Anzeige der Zeilennummer der gewählten Adresse in der Zelle D3 stören, können Sie die Schriftfarbe für D3 später einfach der Hintergrundfarbe anpassen.

Infoblatt erstellen

Erfassen Sie als Erstes die Feldbeschriftungen in Spalte B, wie es die Abbildung zeigt.

1. Um die Detailinformationen zum gewählten Mitarbeiter abzurufen, eignet sich die SVERWEIS-Funktion. Setzen Sie den Cursor in die gewünschte Zelle, in der Sie beispielsweise die Durchwahl sehen möchten, in diesem Beispiel C8, und starten Sie die SVERWEIS-Funktion.
2. Das *Suchkriterium* steht in der Zelle D3, es ist die Zeilennummer der gewählten Adresse. Da Sie diese Funktion später kopieren werden, setzen Sie den Bezug mit einem Klick auf F4 fest.
3. Als *Matrix* geben Sie die Zellen von A1 bis Q500 auf dem Blatt *Mitarbeiter-Verzeichnis* an. Setzen Sie auch diese Zellen mit F4 fest. Sollte Ihre Adressliste mehr Spalten oder Zeilen enthalten, passen Sie die Matrix entsprechend an.
4. Der *Spaltenindex* ist die Nummer der Spalte, deren Inhalt Sie sehen möchten. Da die Durchwahl in der sechsten Spalte steht, wird hier die Nummer 6 eingegeben.
5. Für die eindeutige Suche geben Sie als letzten Parameter *Bereich_Verweis* den Wert FALSCH ein.
   `=SVERWEIS($D$3;'Mitarbeiter-Verzeichnis'!$A$3:$Q$500;6;FALSCH)`
6. Kopieren Sie anschließend diese Formel in die restlichen Zellen und ändern Sie den *Spaltenindex.*

Die gemeinsame Anzeige von Anrede, Vorname und Nachname in der Zelle C6 erhalten Sie mit folgender Formel:

```
=SVERWEIS($D$3;'Mitarbeiter-Verzeichnis'!$A$3:$Q$500;3;FALSCH) &"
"&SVERWEIS($D$3;'Mitarbeiter-Verzeichnis'!$A$3:$Q$500;5; FALSCH)&" "&
SVERWEIS($D$3;'Mitarbeiter-Verzeichnis'!$A$3:$Q$500;4;FALSCH).
```

5.7 Präsentationsablauf mit Zeiten

Kategorie: Büro

Dateiname: PRÄSENTATIONSABLAUF.XLS

Schwierigkeitsgrad: ❋❋❋

Sie wollen einen Moderationsablauf erstellen. Verschiedene Moderatoren reden an diesem Tag. Sie kennen die ungefähre Dauer jeder Präsentation.

Die einzelnen Teile sind in den Spalten B bis F erfasst. In der Spalte A ist eine fortlaufende Nummerierung. In den Spalten G und H werden die Zeiten berechnet.

	A	B	C	D	E	F	G	H
1	**Ablaufplan einer Präsentation**							
2								
3	Thema: Ernährung: Gestern und Heute							
4								
5	**Pos**	**Teil**	**Beginn**	**Name**	**Thema**	**Ende**	**Länge**	**Dauer**
6	1	Begrüßung	09:15	Hubert Hager		09:30	00:15	00:15
7	2	Präsentation1	09:30	Susi Sieger	Wie gesund ist unser Essen?	10:15	00:45	01:00
8	3	Pause	10:15			11:30	01:15	02:15
9	4	Präsentation2	11:30	Hilde Hummel	Unsere Ernährung in der Zukunft	11:55	00:25	02:40
10	5	Präsentation3	11:55	Eva Schmitz	Muss gesundes Essen teuer sein?	12:30	00:35	03:15
11	6	Moderation/Verabschiedung	12:30	Hubert Hager		13:30	01:00	04:15
12								

Bild 5.18: Die Tabelle mit den Zeiten der Sprecher

Eine Zeit, z. B. 20 Minuten, geben Sie folgendermaßen ein: *0:20*.

Wenn Sie diese Zelle jetzt markieren, erkennen Sie, dass Excel daraus 00:20:00 gemacht hat.

Die Länge ermitteln

Im ersten Schritt möchten Sie jetzt die Länge der ersten Position ermitteln.

1. Setzen Sie den Cursor in die Zelle G6.
2. Schreiben Sie die folgende Funktion: `=F6-C6`.
3. Drücken Sie `Eingabe` und kopieren Sie die Zelle nach unten.

G6 fx =F6-C6

	A	B	C	D	E	F	G	H
4								
5	**Pos**	**Teil**	**Beginn**	**Name**	**Thema**	**Ende**	**Länge**	**Dauer**
6	1	Begrüßung	09:15	Hubert Hager		09:30	00:15	
7	2	Präsentation1	09:30	Susi Sieger	Wie gesund ist unser Essen?	10:15	00:45	

Bild 5.19: Die Länge jeder Präsentation

Die Dauer ermitteln

Jetzt soll die aktuelle Dauer der Präsentation für jede Zeile neu berechnet werden. Sie wollen also wissen, wie lange die Präsentation beispielsweise bis einschließlich Position 4 läuft.

Für die erste Position holen Sie sich die Länge aus der Zelle G6.

1. Markieren Sie die Zelle H6 und tippen Sie die folgende Funktion ein: `=G6`.

Die zweite und alle folgenden Positionen errechnen sich aus der aktuellen Länge links neben der Zelle und der Dauer über der aktuellen Zelle.

2. Markieren Sie jetzt die Zelle H7 und geben Sie die folgende Funktion ein: `=G7+H6`.
3. Drücken Sie die `Eingabe`-Taste und kopieren Sie die Funktion nach unten.

H7 | fx =G7+H6

	A	B	C	D	E	F	G	H
4								
5	**Pos**	**Teil**	**Beginn**	**Name**	**Thema**	**Ende**	**Länge**	**Dauer**
6	1	Begrüßung	09:15	Hubert Hager		09:30	00:15	00:15
7	2	Präsentation1	09:30	Susi Sieger	Wie gesund ist unser Essen?	10:15	00:45	01:00
8	3	Pause	10:15			11:30	01:15	02:15

Bild 5.20: Die bis jetzt benötigte Zeit

In der letzten Zelle der Spalte G erkennen Sie nun die Gesamtdauer der Präsentation.

Tabelle erweitern

Es kann sein, dass Sie diese Tabelle um Zeilen erweitern oder reduzieren müssen. Dann müssen Sie, nachdem Sie Zeilen eingefügt oder entfernt haben, die Nummerierung der Position neu definieren.

- Um Zeilen einzufügen, klicken Sie mit der rechten Maustaste auf die Zeilennummer, vor der Sie eine neue Zeile einfügen möchten. Wählen Sie im Kontextmenü den Befehl *Zellen einfügen*.
- Um Zeilen zu entfernen, klicken Sie mit der rechten Maustaste auf die Zeilennummer, die Sie löschen möchten. Wählen Sie im Kontextmenü den Befehl *Zellen entfernen*.

Jetzt muss die Nummerierung wieder angepasst werden.

1. Geben Sie in der ersten Zelle, in diesem Beispiel A6, eine 1 ein und markieren Sie die Zelle.
2. Ziehen Sie jetzt am Ausfüllkästchen so weit nach unten, wie Sie Zahlen benötigen.
3. Nach dem Loslassen der linken Maustaste klicken Sie auf die *Auto-Ausfülloption*-Schaltfläche und wählen den Befehl *Datenreihe ausfüllen*.

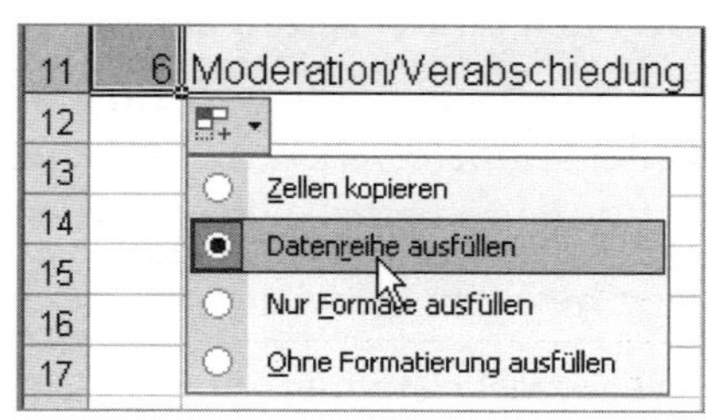

Bild 5.21: Die Zahlen sollen automatisch weitergezählt werden.

5.8 Rabattbetrag und Mehrwertsteuer berechnen

Kategorie: Büro

Dateiname: PROZENTRECHNUNG.XLS

Schwierigkeitsgrad: ❋❋

Rabattbetrag ermitteln

Gehen wir im Beispiel einmal davon aus, dass Sie ein Angebot über einen Schreibtisch erhalten haben. Der Schreibtisch kostet 500 Euro. Im Angebot steht weiter, dass Sie 8 % Rabatt erhalten, wenn Sie ihn noch in dieser Woche bestellen. Wie viel Euro sind 8 %?

Bei der Prozentrechnung gehen wir von einem Grundwert aus. Dieser Grundwert entspricht 100 %. In diesem Beispiel sind die 500 Euro der Grundwert. Die 8 % sind der Anteil, den wir in Euro ermitteln wollen.

Die Formel sieht folgendermaßen aus:

```
Grundwert / 100 * Anteil = Ergebnis
```

Der Rechenschritt lautet:

```
500 / 100 * 8 = 40
```

500 geteilt durch 100 sind 5. 1 % von 500 Euro sind 5 Euro. Multipliziert mit dem Anteil (5 * 8) ist das Ergebnis 40. Wenn Sie in A7 die Eingabe direkt mit dem Prozentzeichen vornehmen, müssen Sie den Grundwert nicht durch 100 teilen und der Rechenschritt lautet: `500 * 8% = 40`.

Wenn wir diesen Schreibtisch also schnell bestellen, erhalten wir 40 Euro Rabatt, er kostet uns noch 460 Euro.

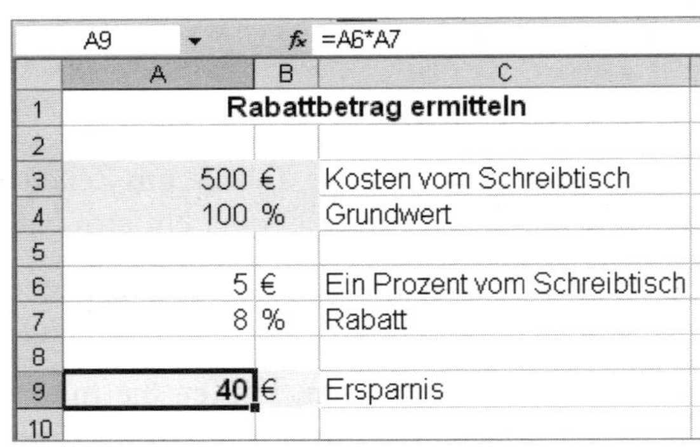

A9 | fx =A6*A7

	A	B	C
1	Rabattbetrag ermitteln		
2			
3	500	€	Kosten vom Schreibtisch
4	100	%	Grundwert
5			
6	5	€	Ein Prozent vom Schreibtisch
7	8	%	Rabatt
8			
9	40	€	Ersparnis
10			

Bild 5.27: Einen Rabattbetrag aufgrund einer Rabattstaffel ermitteln

Wo hoch ist der Anteil am Gesamtvolumen?

Sie haben eine Software zum Messen der Mitarbeiterzufriedenheit entwickelt und diese an 800 Unternehmen verkauft. Sie lesen in einer Zeitung, dass Umfragen zufolge 2100 Unternehmen Softwareprodukte zu diesem Thema einsetzen.

Jetzt möchten Sie wissen, wie hoch Ihr Anteil am Markt ist.

Die Formel sieht folgendermaßen aus: `Anteil / Grundwert * 100 = Ergebnis`.

Der Rechenschritt lautet: `800 / 2100 * 100 = 38,0952380952381 => 38,1 %`.

Der Grundwert sind die 2100 eingesetzten Softwareprodukte. Der Anteil sind Ihre 800 verkauften Softwarepakete. Damit haben Sie 38,1 % Marktanteil.

Mehrwertsteuer

Berechnungen zur Mehrwertsteuer werden im Geschäftsleben häufig benötigt. Das folgende Excel-Arbeitsblatt zeigt die in der Praxis benötigten Formeln, um die Steuerbeträge oder Mehrwertsteuersätze hinein- und herauszurechnen.

	A	B	C	D	E	F
1	**Einige Beispiele zum Rechnen mit der Mehrwertsteuer**					
2						
3	Sie haben den Nettobetrag und den Steuersatz					
4	Nun möchten Sie den Mehrwertsteuerbetrag ermitteln					
5						
6	Nettobetrag	Steuersatz		Formel	Formel	
7	**1.000,00 €**	**19%**		**190,00 €**	**=A7*B7**	
8						
9						
10	Sie haben den Bruttobetrag und den Steuersatz					
11	Nun möchten Sie den Nettobetrag wissen					
12						
13	Bruttobetrag	Steuersatz		Formel	Formel	
14	**1.000,00 €**	**19%**		**840,34 €**	**=A14/(1+B14)**	
15						
16						
17	Sie haben den Nettobetrag und den Steuersatz					
18	Nun möchten Sie den bruttobetrag ermitteln					
19						
20	Nettobetrag	Steuersatz		Formel	Formel	
21	**1.000,00 €**	**19%**		**1.190,00 €**	**=A21*B21+A21**	
22						

Bild 5.28: Rechenformeln zur Berechnung von Mehrwertsteuerbetrag, Nettobetrag und Bruttobetrag

Die Formeln zur Berechnung der Mehrwertsteuer lauten bei einem Steuersatz von 19 %:

```
Mehrwertsteuerbetrag = Nettobetrag * 19%
(bzw. Mehrwertsteuerbetrag = Nettobetrag / 100 * 19)
Nettobetrag = Bruttobetrag / 1,19
Bruttobetrag = Nettobetrag+Mehrwertsteuerbetrag
```

In Form einer Excel-Funktion sehen die Berechnungen folgendermaßen aus:

```
Mehrwertsteuerbetrag in D7 berechnet aus = A7 * B7
```

wenn die Zahl in B7 als Prozentwert 19 % angegeben wird.

```
Nettobetrag in D14 berechnet aus = A14 / (1+B14)
Bruttobetrag in D21 berechnet aus = A21 * B21+A1
```

5.9 Seminar- und Veranstaltungsbeurteilungen

Kategorie: Büro

Dateiname: SEMINARBEURTEILUNG.XLS

Schwierigkeitsgrad: ❋

In diesem Beispiel stellen wir Ihnen einen Beurteilungsbogen für Seminare und andere Veranstaltungen vor, vornehmlich aus dem Bereich der Weiterbildung. Auf den ersten Blick würden Sie wahrscheinlich vermuten, es handelt sich um ein Word-Dokument. Aufgrund der vorgegebenen Tabellenstruktur ist die Erstellung eines solchen »Dokuments« in Excel ebenso möglich, wenn nicht sogar einfacher.

Bild 5.22: Beurteilungsbogen in Excel erstellt

Beschreibung

Geben Sie im oberen Teil der Tabelle eine Überschrift ein. In den Zellen A3 bis A6 haben wir festgelegt, welche Angaben wir gerne von dem Seminarteilnehmer hätten. Damit er sowohl am PC als auch handschriftlich die Zeilen bequem ausfüllen kann, wurden in diesen vier Zeilen die Zellen der Spalten B bis F über das Symbol *Verbinden und zentrieren* in der *Format*-Symbolleiste zu jeweils einer breiten Zelle zusammengefasst.

Bild 5.23: Mit dem Befehl *Zusammenführen und zentrieren* können mehrere Zellen zu einer Zelle verbunden werden.

Smiley

1. Blenden Sie über *Ansicht/Symbolleisten* die Symbolleiste *Zeichnen* ein.
2. Über die Schaltfläche *AutoFormen/Standardformen* finden Sie unter anderem auch das Smiley. Um es auszuwählen, klicken Sie es einfach an.

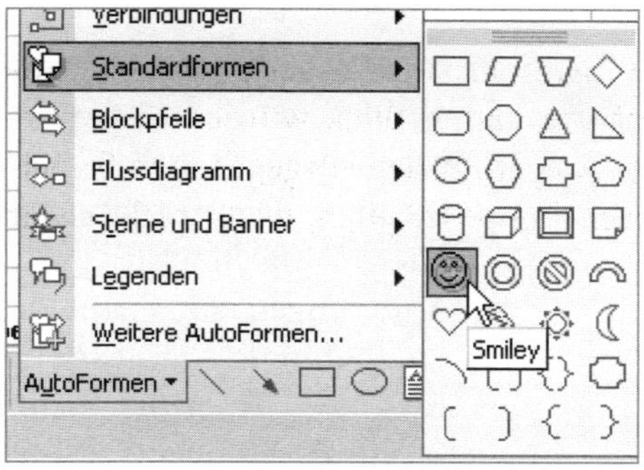

Bild 5.24: Über die Schaltfläche *Autoformen* in der *Zeichnen*-Symbolleiste können Sie verschiedene Autoformen auswählen.

3. Danach hat sich Ihr Mauszeiger zu einem kleinen Fadenkreuz verändert. Klicken Sie an die gewünschte Stelle und ziehen Sie mit gedrückter linker Maustaste die Form und Größe der AutoForm auf.

Bild 5.25: Manche AutoFormen verfügen über *Formkorrekturpunkte,* an denen Sie die Form verändern können.

Weitere Smileys erhalten Sie auch, indem Sie das erste markieren und es mit der Tastenkombination `Strg`+`D` duplizieren.

Die Fragen und Antwortoptionen

Tragen Sie nun alle für Sie relevanten Fragen ein und reservieren Sie für jede Antwortmöglichkeit in der Zeile unter der Frage zwei Zellen nebeneinander. Tragen Sie in die Zelle, in der das Kästchen zum Anhaken stehen soll, ein »r« ein und in die Zelle daneben die Antwort.

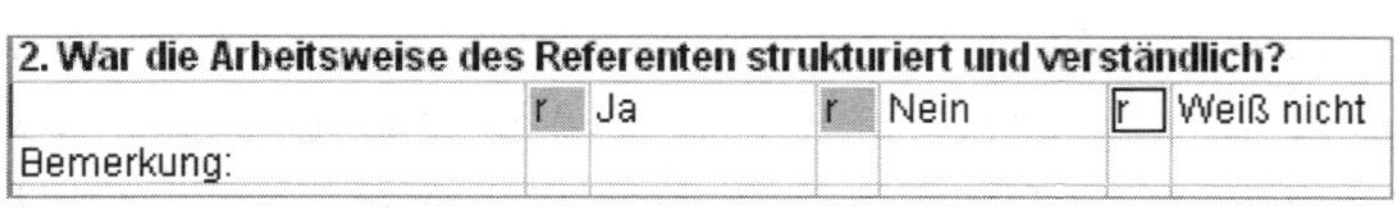

2. War die Arbeitsweise des Referenten strukturiert und verständlich?						
	r	Ja	r	Nein	r	Weiß nicht
Bemerkung:						

Bild 5.26: Die »r« werden später zu kleinen Kästchen.

Wenn Sie alle Fragen und Antworten eingegeben haben, markieren Sie mit gedrückter `Strg`-Taste die Zellen mit dem Buchstaben »r« und wählen die Schriftart *Wingdings.*

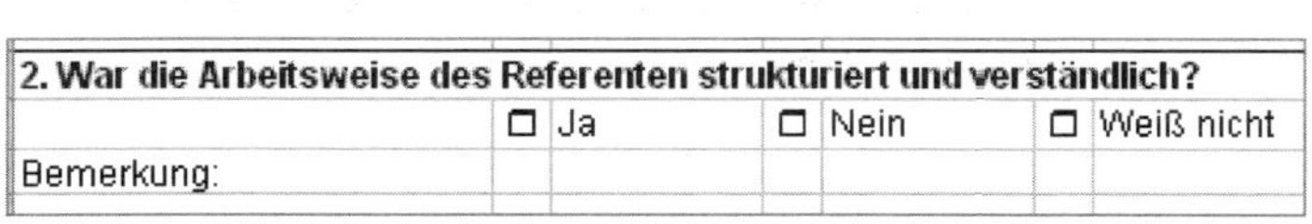

2. War die Arbeitsweise des Referenten strukturiert und verständlich?						
	☐	Ja	☐	Nein	☐	Weiß nicht
Bemerkung:						

Bild 5.27: Aus den »r« sind jetzt Kästchen geworden.

5.10 Tätigkeitsbericht: Protokollierung mit Kostenstellen

Kategorie: Büro

Dateiname: TÄTIGKEITEN1.XLS

Schwierigkeitsgrad: ❋❋

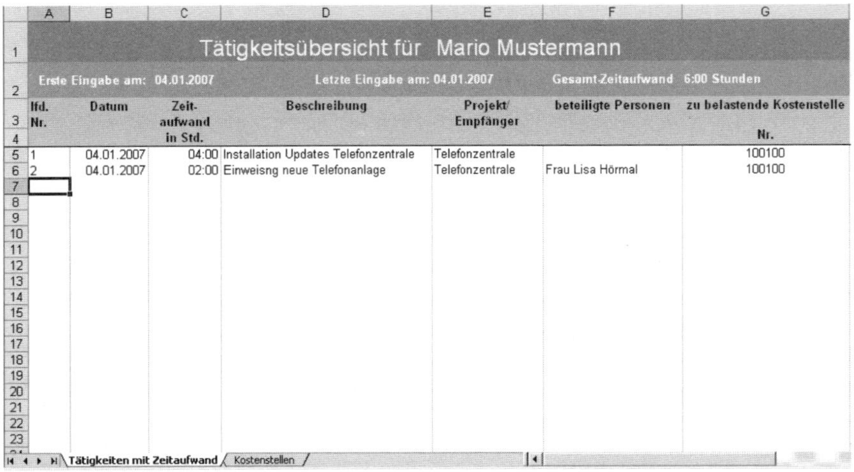

	A	B	C	D	E	F	G
1	Tätigkeitsübersicht für Mario Mustermann						
2	Erste Eingabe am: 04.01.2007			Letzte Eingabe am: 04.01.2007		Gesamt-Zeitaufwand 6:00 Stunden	
3	lfd. Nr.	Datum	Zeit-aufwand in Std.	Beschreibung	Projekt/ Empfänger	beteiligte Personen	zu belastende Kostenstelle
4							Nr.
5	1	04.01.2007	04:00	Installation Updates Telefonzentrale	Telefonzentrale		100100
6	2	04.01.2007	02:00	Einweisng neue Telefonanlage	Telefonzentrale	Frau Lisa Hörmal	100100

Bild 5.28: Datum, Zeitaufwand und zu belastende Kostenstelle für Tätigkeiten

In vielen Firmen gibt es Abteilungen, deren Aufgabe darin besteht, bestimmte Dienstleistungen oder Aufgaben für alle Abteilungen der Firma zu übernehmen. Klassische Beispiele hierfür sind Rechtsabteilungen, Support und EDV-Abteilungen.

Um einen Überblick zu haben, für wen, wann und wie lange gearbeitet wurde, und um die Kosten zwischen denjenigen, die diese Dienste in Anspruch nehmen, richtig zu verteilen, kann eine Tabelle wie diese helfen, in der die Tätigkeiten und die zu belastenden Kostenstellen festgehalten werden.

Beschreibung

Die vorliegende Datei besteht aus zwei Tabellenblättern: In dem ersten Blatt pflegen Sie die Tätigkeiten und das zweite Tabellenblatt enthält eine Auflistung der Kostenstellen. Diese soll in der Tätigkeitsübersicht in der Spalte G als Auswahlliste zur Verfügung gestellt werden.

Im Kopf der Tabelle werden der Beginn und das Ende der Aufzeichnungen festgehalten und der Gesamtzeitaufwand errechnet. Die laufende Nummer in der Spalte A wird automatisch generiert, wenn ein Datum in Spalte B eingegeben wird.

Aufbau der Tabellen

Erfassen Sie auf dem Tabellenblatt *Kostenstelle* zunächst eine Liste Ihrer Kostenstellen, wobei Sie die Nummer der Kostenstelle in Spalte A und die Beschreibung in die Spalte B eingeben.

Bereichsnamen vergeben

Damit später über die Gültigkeitsprüfung auf die Kostenstellen zugegriffen werden kann, müssen Sie dem Bereich, der die Kostenstellen enthält, einen Namen geben. Markieren Sie hierfür am besten alle Zellen in der Spalte A unterhalb der Überschrift und geben Sie in das *Namenfeld* die Bezeichnung *Kostenstellen* ein.

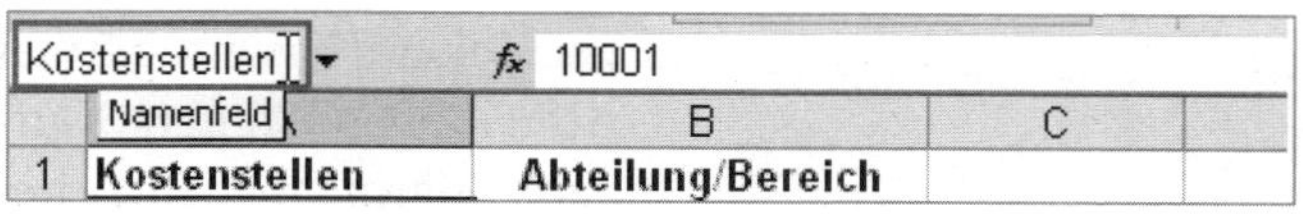

Bild 5.29: Im Namenfeld geben Sie den Namen für den markierten Zellbereich ein.

Es dürfen auch später noch Kostenstellen ergänzt werden.

Formeleingabe auf dem Tabellenblatt Tätigkeiten mit Zeitaufwand

1. Geben Sie in die Zelle A5 als erste Nummer eine 1 ein.
   Damit die weiteren Nummern automatisch und nur dann erscheinen, wenn Sie wirklich eine Tätigkeit eingegeben haben, tragen Sie in die Zelle A6 folgende Formel ein:
   `=WENN(B6<>"";A5+1;"")`.
   Diese Formel überprüft, ob die Zelle neben der aktiven Zelle nicht leer ist, und addiert nur in diesem Fall zu der vorherigen laufenden Nummer 1 hinzu. Kopieren Sie die Formel in der Spalte A weiter nach unten.
2. Als Nächstes markieren Sie die Zellen der Spalte G von G5 bis zum Ende der Spalte und wählen im Menü *Daten* den Befehl *Gültigkeit*. Wählen Sie aus dem Listenfeld *Zulassen* den Eintrag *Liste*. Im Feld Quelle tragen Sie mit einem vorstehenden Gleichheitszeichen den Bereichsnamen der Liste der Kostenstellen ein, die zur Auswahl angeboten werden sollen `=Kostenstelle`.

Sie erhalten jetzt eine Auswahlliste mit den Kostenstellen, sobald Sie eine Zelle der Spalte G anklicken.

Da Excel das Datum als fortlaufende Zahl speichert, können Sie den Tag der ersten und letzten Aufzeichnung ermitteln, indem Sie den niedrigsten und höchsten Wert in der Datumsspalte suchen lassen.

1. Für das Datum der ersten Aufzeichnung geben Sie in die Zelle C2 die MIN-Funktion ein: `=MIN(B5:B65536)`
2. Für das Datum der letzten Aufzeichnung geben Sie in die Zelle E2 die MAX-Funktion ein: `=MAX(B5:B65536)`
3. Mit der Funktion `=SUMME(C5:C65536)` addieren Sie den Zeitaufwand. Geben Sie dieser Zelle das benutzerdefinierte Zahlenformat [h]:mm "Stunden" an.

5.11 Tätigkeitsbericht: Protokollierung mit Kostenstellen Teil 2

Kategorie: Büro

Dateiname: TÄTIGKEITEN2.XLS

Schwierigkeitsgrad: ❋❋❋❋

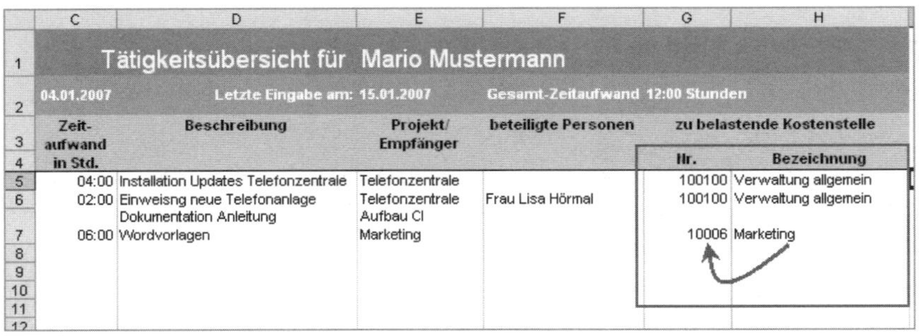

Bild 5.30: Über den SVERWEIS werden die Bezeichnungen den Kostenstellen-Nummern zugeordnet.

Diese Tabelle basiert auf der Datei TÄTIGKEITEN1.XLS, deren Aufbau im vorherigen Beispiel beschrieben wurde.

Es handelt sich um eine Liste, in welcher der Zeitaufwand für bestimmte Tätigkeiten mit Datum und zu belastender Kostenstelle festgehalten wird.

Im Kopf der Tabelle werden in den Zellen C2 und E2 über die Funktionen MIN und MAX jeweils das Datum der ersten und der bisher letzten Eingabe festgehalten. In der Zelle G2 wird die Summe über den gesamten Zeitaufwand gebildet. Die laufende Nr. in der Spalte A wird automatisch generiert, wenn ein Datum in Spalte B eingegeben wird. Die Kostenstellennummern in der Spalte H werden über eine Gültigkeitsprüfung in einer Liste zur Auswahl angeboten. Der Aufbau der bisherigen Funktionalität ist unter 6.14 »Tätigkeitsbericht 1« beschrieben.

Da nicht jeder die genaue Zuordnung der Kostenstellen zu den Abteilungen auswendig weiß, wollen wir nun die Bezeichnung der Kostenstellen über die SVERWEIS-Funktion mit in unseren Tätigkeitsbericht aufnehmen.

Beschreibung

Um in der Spalte H die Bezeichnung der ausgewählten Kostenstelle zu übernehmen, eignet sich die SVERWEIS-Funktion:

1. Setzen Sie den Cursor in die Zelle H5 und starten Sie die SVERWEIS-Funktion.
2. Das *Suchkriterium* steht in der Zelle G5. Es ist die Kostenstelle, zu der die Bezeichnung gesucht werden soll.
3. Als *Matrix* markieren Sie die Spalten A bis B auf dem Blatt *Kostenstellen*. Setzen Sie auch diese Zellen mit [F4] fest.

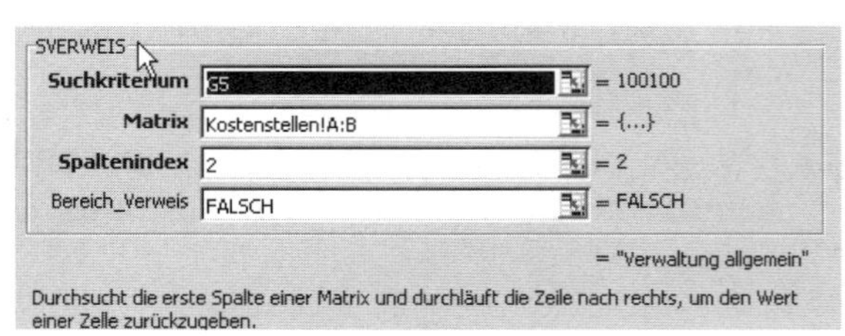

Bild 5.31: Die Funktionsargumente für die SVERWEIS-Funktion zur Übernahme der Kostenstellenbezeichnung

4. Der *Spaltenindex* ist die Nummer der Spalte, deren Inhalt Sie sehen möchten. Die Bezeichnung der Kostenstelle steht in der zweiten Spalte der markierten Matrix, und darum wird hier die Nummer 2 eingegeben.

5. Für die eindeutige Suche geben Sie als letzten Parameter *Bereich_Verweis* den Wert FALSCH ein. So stellen Sie sicher, dass nur bei genauer Übereinstimmung mit einer Kostenstelle aus der Matrix eine Bezeichnung zurückgegeben wird.

Würden Sie nun diese Formel weiter nach unten kopieren, erhielten Sie in allen noch nicht ausgefüllten Zeilen die Fehlermeldung #NV, was bedeutet, dass der gewünschte Wert nicht verfügbar ist.

zu belastende Kostenstelle	
Nr.	Bezeichnung
100100	Verwaltung allgemein
100100	Verwaltung allgemein
10006	Marketing
	#NV
	#NV

Bild 5.32: Die unerwünschte Fehlermeldung #NV wird jetzt gleich abgefangen.

Es werden jetzt zwei weitere Funktionen genutzt, um diesen Fehler abzufangen.

- Die Funktion ISTNV liefert als Ergebnis den Wert WAHR, wenn eine Berechnung zu der Fehlermeldung #NV führt. Mit dieser Funktion wird der SVERWEIS auf sein Ergebnis hin überprüft: `ISTNV(SVERWEIS(G5;Kostenstellen!A:B;2;FALSCH))`

Dies allein hilft jedoch noch nicht, da als Ergebnis in der Spalte H nun zwar nicht mehr die Fehlermeldung stünde, stattdessen jedoch nur WAHR oder FALSCH, die beiden einzigen Ergebnismöglichkeiten der ISTNV-Funktion.

- Mit der Funktion WENN kann eine Bedingung überprüft werden und je nach Ergebnis der Prüfung ein *Dann-Wert* oder ein *Sonst-Wert* festgelegt werden. Der *Dann-Wert* tritt ein, wenn die Prüfung zu dem Ergebnis WAHR führt (hier: SVERWEIS bewirkt #NV), der *Sonst-Wert* tritt ein, wenn die Prüfung zu dem Ergebnis FALSCH führt.

Mit der Kombination aus beiden Funktionen kann überprüft werden, ob die SVERWEIS-Funktion zu besagter Fehlermeldung führt, und in Abhängigkeit vom Prüfungsergebnis festgelegt werden, ob der SVERWEIS durchgeführt oder nichts in die Zelle geschrieben werden soll.

- Betten Sie also die oben abgebildete ISTNV-Funktion als Prüfung in die WENN-Funktion ein, so können Sie als *Dann-Wert* festlegen, dass nichts in die Zelle geschrieben werden soll, und als *Sonst-Wert* die SVERWEIS-Funktion eingeben.

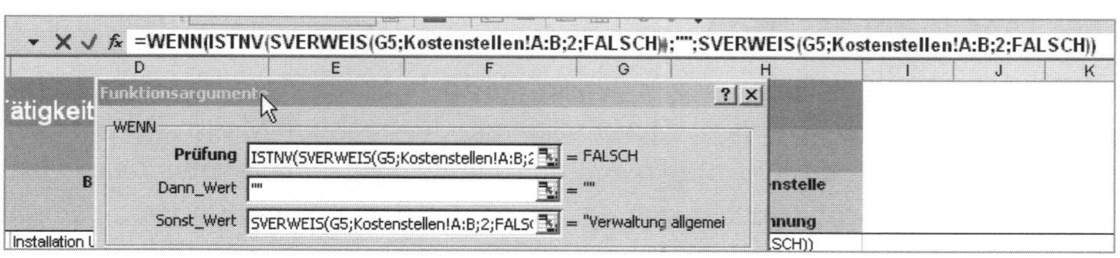

Bild 5.33: Das sind die Funktionsargumente der WENN-Funktion und die komplette Formel in der Bearbeitungsleiste.

Geben Sie in Zelle H5 folgende Formel ein:

```
=WENN(ISTNV(SVERWEIS(G5;Kostenstellen!A:B;2;FALSCH));"";
 SVERWEIS(G5;Kostenstellen!A:B;2;FALSCH))
```

Kopieren Sie diese Formel weiter nach unten bis an das Ende Ihrer Liste.

5.12 Telefonmanagement: Gesprächsnotiz A5

Kategorie: Büro

Dateiname: GESPRÄCHSNOTIZ_2FACH.XLS

Schwierigkeitsgrad: ❋

Diese Excel-Tabelle enthält auf einem DIN-A4-Blatt quer zwei Gesprächsnotizen für Ihren Büroalltag. Wer möchte, kann diese beiden Notizen auch durch Einfügen eigener Logos individuell anpassen. Die linke Gesprächsnotiz wurde wie unten beschrieben erstellt, die zweite Gesprächsnotiz wurde im Anschluss daran einfach nach rechts kopiert.

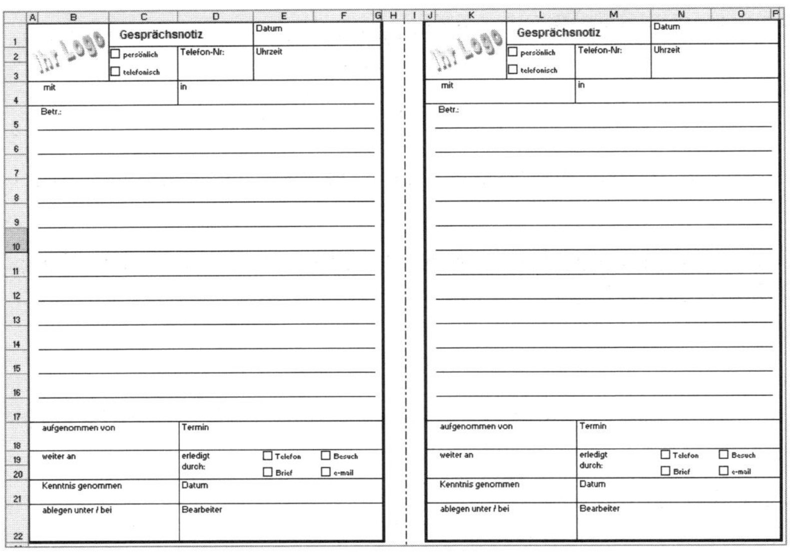

Bild 5.34: Tabelle *Gesprächsnotiz_2fach.xls*

Spalten und Zeilen der Tabelle anpassen

Bei der Erstellung dieser Excel-Tabelle wurden im ersten Schritt die Spaltenbreite und Zeilenhöhe eingerichtet. Zum Anpassen der Spalten bzw. Zeilen klicken Sie mit der rechten Maustaste auf den Spalten- bzw. Zeilenkopf und wählen aus dem Kontextmenü den Punkt *Spaltenbreite* bzw. *Zeilenhöhe.* Alternativ können Sie die gewünschte Größe auch durch Ziehen an der Begrenzungslinie im Spalten- bzw. Zeilenkopf ändern.

Zellen verbinden und Text ausrichten

Für dieses Formular macht es Sinn, einige Zellen zu einer Zelle zu verbinden.

1. Markieren Sie dafür die Zellen, die verbunden werden sollen, z. B. A4:C4.
2. Wählen Sie in der Symbolleiste *Format* das Symbol *Verbinden und Zentrieren.*

Bild 5.35: Symbolleiste *Format/Verbinden und Zentrieren*

3. Richten Sie im Anschluss daran den Textinhalt der Zelle aus über *Format/Zellen/* Register *Ausrichtung.*

4. Soll der Text in den verbundenen Zellen zum Beispiel links ausgerichtet werden, so wählen Sie im Bereich *Textausrichtung,* Feld *Horizontal* den Eintrag *Links (Einzug).*

5. Soll der Text in den verbundenen Zellen zum Beispiel am oberen Zellenrand ausgerichtet werden, so wählen Sie im Bereich *Textausrichtung,* Feld *Vertikal* den Eintrag *Oben.*

6. *OK* schließt die Dialogbox und übernimmt die Formatierung.

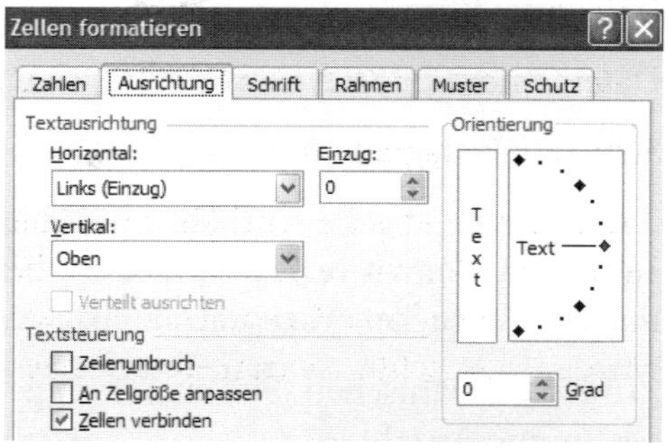

Bild 5.36: Zellen formatieren, Register *Ausrichtung*

Rahmen und Linien

Über Symbolleiste *Format* und die Schaltfläche *Rahmen* werden die Zellen des Formulars mit Rahmen und Linien versehen.

Weitere Formatierungsmöglichkeiten für Rahmen und Hintergrundmuster finden Sie in der Dialogbox *Format/Zellen/* Registerkarte *Rahmen* bzw. *Muster.*

Kontrollkästchen anlegen

Um in dem Formular Kontrollkästchen anzulegen, blenden Sie über *Ansicht/Symbolleisten/Formular* die *Formular*-Symbolleiste ein.

- Wählen Sie aus der *Formular*-Symbolleiste die Schaltfläche *Kontrollkästchen* und ziehen Sie mit der Maus das Feld an die gewünschte Position. Den Standardtext *Kontrollkästchen X* können Sie einfach überschreiben.
- Möchten Sie das Kontrollkästchen verschieben, klicken Sie es mit der rechten Maus an und positionieren die Maus auf den Rahmen des Kontrollkästchens, bis der Mauszeiger sich zu einem Fadenkreuz verändert. Nun ziehen Sie mit der Maus das Kontrollkästchen an die gewünschte Position.

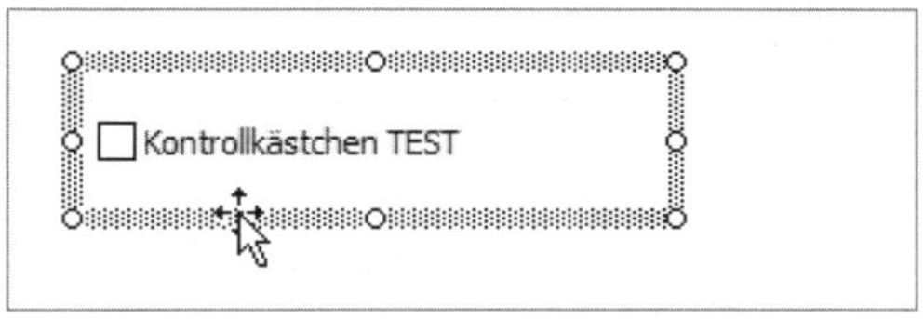

Bild 5.37: Der veränderte Mauszeiger (das Fadenkreuz) bedeutet Verschieben

Eigenes Logo/Grafik einfügen

Über *Einfügen/Grafik/aus Datei* können Sie individuelle Grafiken, zum Beispiel Ihr Firmenlogo, einfügen und oben links in die Gesprächsnotiz positionieren.

Gesprächsnotiz kopieren

Wenn Sie die Gesprächsnotiz jetzt kopieren möchten, markieren Sie die Spalten A bis G und wählen den Befehl *Kopieren.* Markieren Sie im Anschluss die Spalte J und wählen Sie den Befehl *Einfügen.* Damit haben Sie auch die unterschiedlichen Spaltenbreiten übernommen.

5.13 Terminmanagement: fällige Termine farbig darstellen

Kategorie: Büro

Dateiname: TERMINKONTROLLE FÜR PROJEKTE.XLS

Schwierigkeitsgrad: ❋❋

Alle Projekte, die Sie verwalten, werden zu unterschiedlichen Daten fällig. Um die Fälligkeiten nicht aus den Augen zu verlieren, rechnen Sie in der Spalte D die Anzahl der Tage zwischen der Fälligkeit und dem aktuellen Tagesdatum aus.

Zusätzlich wünschen Sie eine farbige Markierung, wenn die Anzahl der Tage kleiner als eine bestimmte Anzahl ist.

In diesem Beispiel soll die Zelle einen gelben Hintergrund erhalten, wenn es weniger als 50 Tage bis zur Fälligkeit sind. Wenn es weniger als 25 Tage sind, dann soll die Zelle einen roten Hintergrund kriegen.

Die Differenz der Tage in den Zellen B5 und B6 können Sie nach Ihren Wünschen ändern.

	A	B	C	D	E
3	**Aktuelles Datum**	06.01.2007			
4					
5	**Differenz Tage I**	50			
6	**Differenz Tage II**	25			
7					
8	**Projekt**	**Projektleiter**	**Fällig am**	**Anzahl Tage**	**Projektstand**
9	Alpha	Harry Hundt	23.04.2007	107	
10	Beta	Hubert Hump	20.02.2007	45	
11	Gamma	Eva Schmitz	10.01.2007	4	
12	Delta	Elli Ebertz	19.03.2007	72	
13	Omega	Susi Test	01.06.2007	146	
14	Phi	Kurt Klapper	20.02.2007	45	
15	Teta	Harry Hundt	05.03.2007	58	
16					

Bild 5.38: Eine Terminkontrolle für Projekte

Das aktuelle Datum

Zu Berechnung der Anzahl der Tage benötigen Sie das aktuelle Tagesdatum.

Markieren Sie die Zelle B3 und geben Sie die folgende Funktion ein: =HEUTE().

Ab jetzt wird in der Zelle B3 immer das Systemdatum Ihres Computers angezeigt.

B3 fx =HEUTE()

	A	B
1	**Terminkontrolle für alle Projekte**	
2		
3	**Aktuelles Datum**	06.01.2007

Bild 5.39: Das aktuelle Datum wird durch die Funktion HEUTE() gezeigt.

Die Anzahl der Tage zwischen zwei Daten

Jetzt möchten Sie wissen, wie viele Tage zwischen der Fälligkeit und dem aktuellen Datum liegen.

1. Setzen Sie den Cursor in die Zelle D9 und geben Sie die folgende Funktion ein:

   `=WENN(C9="";"";C9-$B$3)`

Wenn die Zelle C9 leer ist, dann soll nichts geschrieben werden. Ansonsten soll vom Inhalt von C9 der Inhalt von B3 abgezogen werden. Da diese Funktion gleich nach unten kopiert wird, machen Sie die Zelle B3 durch Drücken von [F4] fest.

2. Markieren Sie die Zelle erneut, wählen Sie *Format/Zellen* und aktivieren Sie auf dem Register *Zahlen* die Kategorie *Standard*.
3. Kopieren Sie die Zelle nach unten.

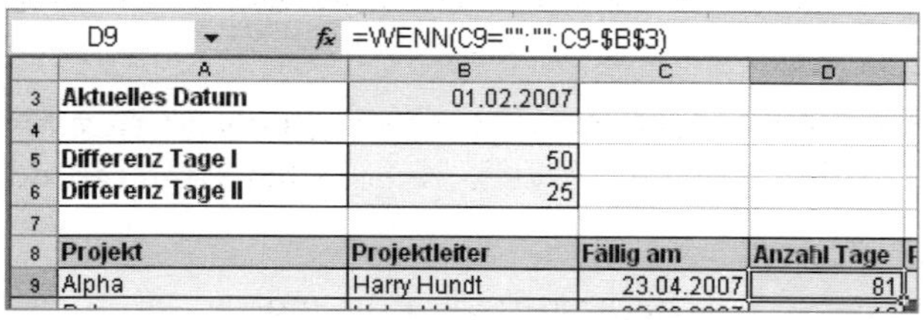

Bild 5.40: Die Differenz der Tage

Die Einfärbung der Projekte

Die Nachbarzelle soll einen gelben Hintergrund erhalten, wenn es weniger als 50 Tage bis zur Fälligkeit sind. Wenn es weniger als 25 Tage sind, dann soll die Nachbarzelle einen roten Hintergrund erhalten.

1. Aktivieren Sie die Zelle E9 und wählen Sie im Menü *Format* den Befehl *Bedingte Formatierung.*
2. Wählen Sie im ersten Feld den Eintrag *Formel ist* und geben Sie daneben die folgende Funktion ein: `=WENN(D9<=B$6;1;0)`
3. Klicken Sie auf die Schaltfläche *Format* und wählen Sie auf dem Register *Muster* eine Farbe aus.

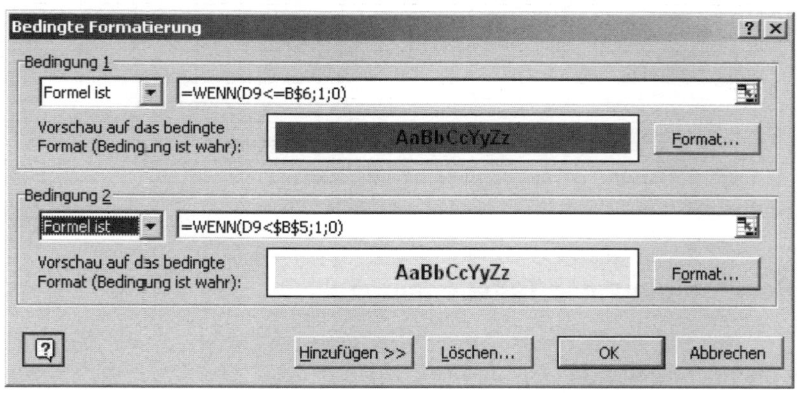

Bild 5.41: Die bedingte Formatierung zeigt die fälligen Termine.

4. Klicken Sie jetzt auf die Schaltfläche *Hinzufügen.*
5. Wählen Sie im ersten Feld im Bereich *Bedingung 2* den Eintrag *Formel ist* und geben Sie daneben die folgende Funktion ein: `=WENN(D9<$BS5;1;0)`.
6. Klicken Sie auf die Schaltfläche *Format* und wählen Sie auf dem Register *Muster* eine Farbe aus.

5.14 Urlaubsplan für jedes beliebige Jahr

Kategorie: Büro

Dateiname: URLAUBSPLAN1.XLS

Schwierigkeitsgrad: ❋❋

Eine Urlaubsübersicht in Excel ist schön, jedoch Jahr für Jahr eine Fleißarbeit, wenn Sie den Kalender jedes Mal neu erstellen wollen.

Dieser Urlaubsplan kann für jedes beliebige Jahr ausgegeben werden. Die Daten der Tage werden errechnet, sodass durch die Eingabe der Jahreszahl in die Zelle G2 die anderen Datumszellen automatisch angepasst werden.

Probieren Sie es aus. Öffnen Sie die Beispieldatei von der CD und geben Sie einfach einmal eine beliebige Jahreszahl in die Zelle G2 ein.

Die Wochenenden werden über die bedingte Formatierung hervorgehoben.

In diesem Urlaubsplan können Sie die Urlaubstage Ihrer Mitarbeiter markieren und mit einem Muster versehen und einfärben.

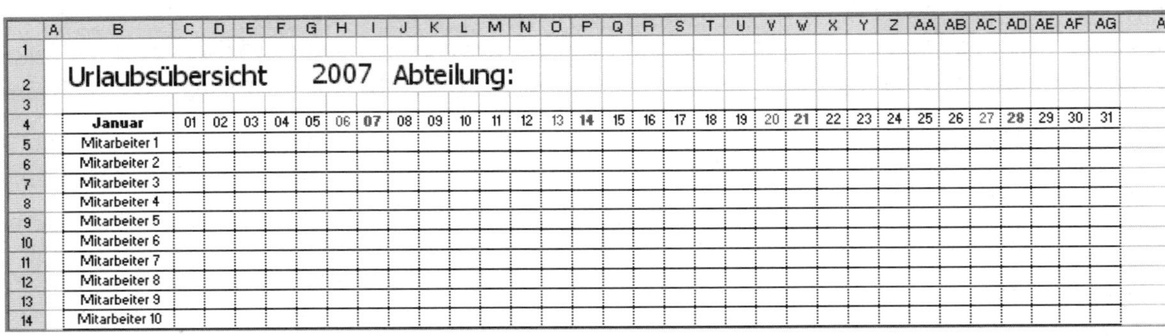

	A	B	C	D	E	F	G	H	I	J	K	L	M	N	O	P	Q	R	S	T	U	V	W	X	Y	Z	AA	AB	AC	AD	AE	AF	AG	AH
1																																		
2		Urlaubsübersicht					2007			Abteilung:																								
3																																		
4		Januar	01	02	03	04	05	06	07	08	09	10	11	12	13	14	15	16	17	18	19	20	21	22	23	24	25	26	27	28	29	30	31	
5		Mitarbeiter 1																																
6		Mitarbeiter 2																																
7		Mitarbeiter 3																																
8		Mitarbeiter 4																																
9		Mitarbeiter 5																																
10		Mitarbeiter 6																																
11		Mitarbeiter 7																																
12		Mitarbeiter 8																																
13		Mitarbeiter 9																																
14		Mitarbeiter 10																																

Bild 5.42: Ein Urlaubsplan für Mitarbeiter

Beschreibung des Tabellenaufbaus

Am Beispiel des Monats Januar wird nun beschrieben, wie Sie das Datum eingeben können, wenn es Jahr für Jahr aktualisiert werden soll.

Mit der DATUM-Funktion können Sie aus drei Einzelangaben für das Jahr, den Monat und den Tag ein Datum zusammensetzen lassen. Diese Funktion nutzen wir in allen Zellen der Spalte B, in denen Sie die Namen des Monats sehen. Das Ergebnis der Berechnungen ist dann jeweils der erste Tag des Monats, auf den wir dann in der Spalte C wieder zugreifen. In der Zelle B4 geben Sie folgende Formel ein: `=DATUM($G$2;1;1)`.

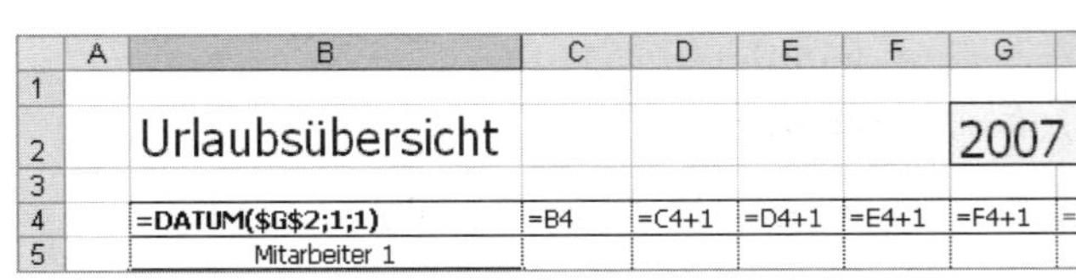

	A	B	C	D	E	F	G	
1								
2		Urlaubsübersicht					2007	
3								
4		=DATUM($G$2;1;1)	=B4	=C4+1	=D4+1	=E4+1	=F4+1	=G
5		Mitarbeiter 1						

Bild 5.43: Formelansicht: So wird der erste Januar 2007 berechnet.

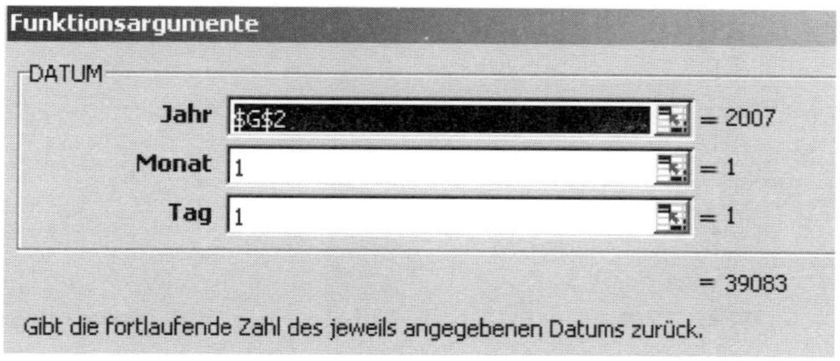

Bild 5.44: Funktionsargumente der DATUM-Funktion

Den Bezug auf die Zelle G2 für das Jahr setzen Sie über die [F4]-Taste fest, damit die Formel in die anderen Monate kopiert werden kann und der Zellbezug konstant bleibt.

Das Ergebnis dieser Funktion ist nun der 1. Tag im 1. Monat des Jahres, welches in der Zelle G2 eingegeben wurde. Damit der Monat als ausgeschriebenes Wort angezeigt wird, wählen Sie im Menü *Format/Zellen* Register *Zahlen* und stellen in der Kategorie *Benutzerdefiniertes Format* im Feld *Typ* MMMM ein.

In der Zelle C4 soll nun der erste Tag als zweistellige Zahl stehen. Geben Sie dafür die Formel =B4 ein und stellen Sie als *benutzerdefiniertes Format* TT ein. Die weiteren Tage des Monats berechnen Sie nun, indem Sie zu dem Vortag den Wert 1 addieren. Die Formel in der Zelle D4 lautet dementsprechend: =C4+1.

Bedingte Formatierung für die Wochenenden

Markieren Sie die Zelle C4 und starten Sie im Menü *Format* den Befehl *Bedingte Formatierung*. Wählen Sie im ersten Feld den Eintrag *Formel ist*, geben Sie die Formeln wie in Abbildung 6.15 ein und stellen Sie für jede Bedingung über die Schaltfläche *Format* die Schriftfarbe auf *Rot*.

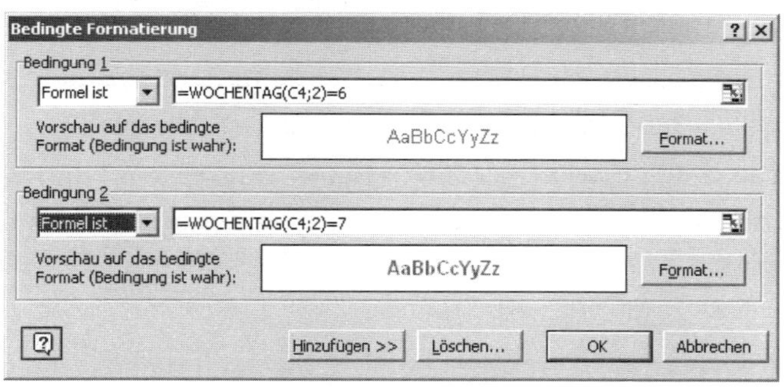

Bild 5.45: Die WOCHENTAG-Funktion ermittelt den Wochentag eines Datums.

Übertragen Sie mit dem Pinsel die bedingte Formatierung auf die Zelle D4 und kopieren Sie dann die Formel aus D4 weiter nach rechts, und zwar genau bis zum letzten Tag des Monats. Unter der Zeile mit den Datumsangaben können Sie nun die Liste Ihrer Mitarbeiter eingeben.

Wenn Sie anschließend den ganzen Bereich markieren und unter den Januar kopieren, müssen Sie nur noch in der Zelle mit der Datumsfunktion das Funktionsargument *Monat* an den aktuellen Monat anpassen und den letzten Tag im Monat kontrollieren.

Der 29. Februar

Geben Sie in die Zelle AE26 die folgende Formel ein:

```
=WENN(TAG(AD26+1)=29;AD26+1;"")
```

Die Funktion TAG prüft, ob es den 29. im aktuellen Monat, also im Februar, gibt. Die WENN-Funktion zeigt die Zahl 29 nur dann an, wenn es den 29. Februar gibt. Ansonsten bleibt die Zelle leer. Mit Hilfe des Pinsels können Sie von einer anderen Datumszelle die bedingte Formatierung auf die Zelle AE26 kopieren.

5.15 Urlaubsplan mit Mindestbesetzung

Kategorie: Büro

Dateiname: URLAUBSPLAN MIT MINDESTBESETZUNG.XLS

Schwierigkeitsgrad: ❋❋❋

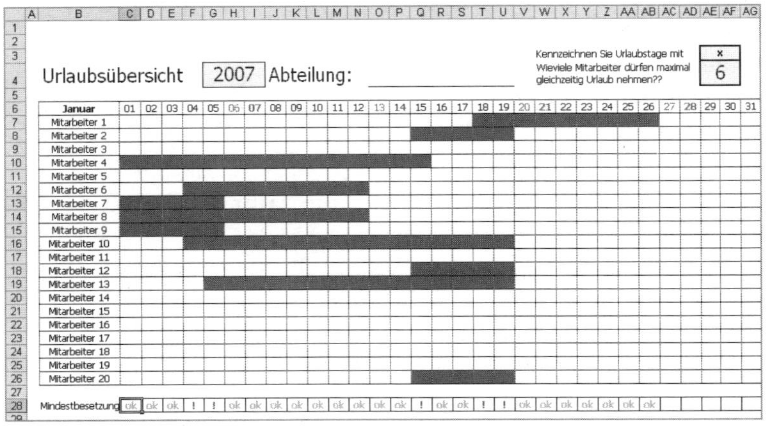

Bild 5.46: Urlaubsplan mit Mindestbesetzung

Dieser Urlaubsplan mit Mindestbesetzung kann für jedes beliebige Jahr ausgegeben werden. Die Daten der Tage werden errechnet, sodass durch die Eingabe der Jahreszahl in die Zelle G2 die Datumszellen automatisch angepasst werden. Die dafür erforderlichen Funktionen werden unter Abschnitt 6.4 »Urlaubsplan 1: für jedes beliebige Jahr« genau erläutert.

In dieser Urlaubsübersicht werden die Urlaubstage der Mitarbeiter mit einem *x* gekennzeichnet und in der Übersicht durch rote Balken markiert. Die roten Balken entstehen durch eine bedingte Formatierung.

Außerdem wird in diesem Plan überprüft, ob nicht zu viele Mitarbeiter gleichzeitig im Urlaub sind. Es wird dabei davon ausgegangen, dass die maximale Anzahl Urlauber pro Tag in der Zelle AE 6 steht.

In der Zeile *Mindestbesetzung* wird für jeden Tag, sobald ein Mitarbeiter Urlaub eingetragen hat, ein grünes *OK* angezeigt, wenn die Anzahl der Urlauber an diesem Tag kleiner ist als die in Zelle AE 6 eingetragene Zahl. Sobald dieser Wert überschritten ist, wird das *OK* durch ein rotes Ausrufezeichen ! ersetzt.

Probieren Sie es aus: Öffnen Sie die Beispieldatei von der CD und geben Sie einfach einmal in einige Zellen im Bereich C7 bis AG 26 ein *x* ein.

Markieren Sie mehrere Zellen, indem Sie dabei die `Strg`-Taste gedrückt halten, und tippen Sie ein *x* in die aktive (die zuletzt markierte) Zelle. Bestätigen Sie die Eingabe mit `Strg`+`Eingabe`, wird das *x* in allen markierten Zellen gleichzeitig eingetragen.

Bedingte Formatierung zur Kennzeichnung der Urlaubstage

In dieser Datei wird davon ausgegangen, dass Zellen, die ein *x* enthalten, Urlaubstage sind.

Da diese aber nicht sichtbar sein sollen, sondern nur als rote Balken angezeigt werden sollen, nutzen Sie die bedingte Formatierung:

1. Markieren Sie alle Zellen, in denen Urlaub eingetragen werden kann.

2. Öffnen Sie über *Format* den Dialog *Bedingte Formatierung.*
3. Wählen Sie im ersten Feld den Eintrag *Zellwert ist* und wählen Sie im zweiten Feld den Vergleichparameter *gleich* aus. Schreiben Sie in das dritte Feld *x.*

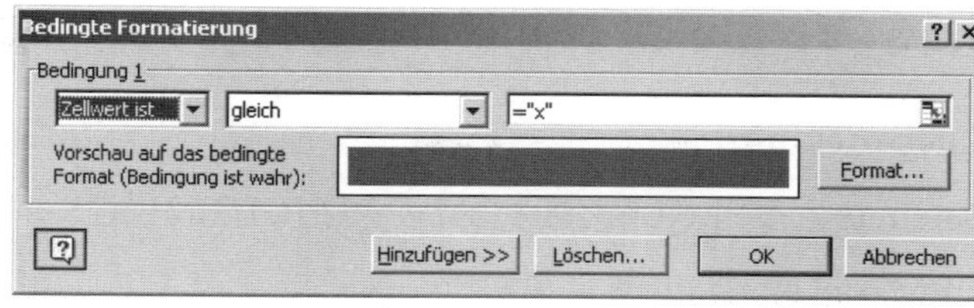

Bild 5.47: Bedingte Formatierung zur Darstellung der Urlaubstage

4. Klicken Sie auf die Schaltfläche *Format,* wählen Sie im Register *Muster* eine Farbe aus und stellen Sie im Register *Schrift* im Feld *Farbe* die gleiche Farbe ein.
5. Schließen Sie den Dialog über *OK.*

Ist die Mindestbesetzung gewährleistet?

Zur Klärung der Frage, ob nicht zu viele Mitarbeiter gleichzeitig Urlaub nehmen, werden die Funktionen WENN und ZÄHLENWENN verschachtelt eingesetzt.

Mit der ZÄHLENWENN-Funktion wird gezählt, in wie vielen Zellen eines Tages ein *x* steht.

Mit der WENN-Funktion wird überprüft, ob das Ergebnis der ZÄHLENWENN-Funktion kleiner ist als die maximal erlaubte Anzahl gleichzeitiger Urlauber.

Da aber nur eine Meldung in der Zeile *Mindestbesetzung* ausgegeben werden soll, wenn mindestens ein Mitarbeiter Urlaub eingetragen hat, wird vorab mit einer weiteren WENN-Funktion überprüft, ob überhaupt ein *x* in der Spalte dieses Tages eingetragen ist.

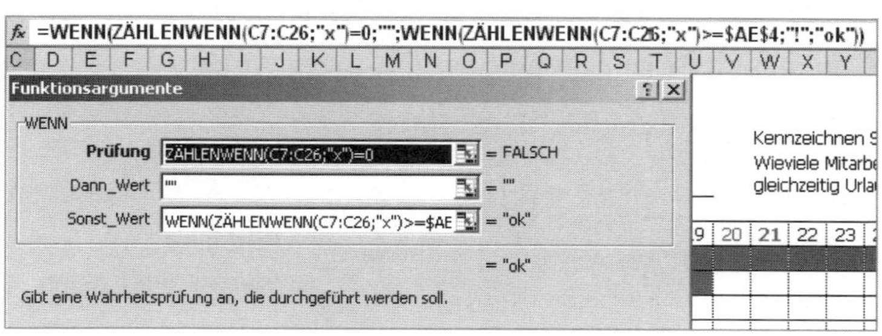

Bild 5.48: Verschachtelte WENN-Funktion

Die Aufgabe der Funktion könnte umgangssprachlich so formuliert werden: Überprüfe zuerst, ob die Anzahl der *x* im Bereich C7 bis C26= 0 ist, dann schreibe nichts in die Zelle, sonst überprüfe, ob die Anzahl der x im Bereich C7 bis C26 größer ist als der Wert in der Zelle AE4 und schreibe in diesem Fall ein ! in die Zelle, sonst schreibe *OK* in die Zelle.

Damit Excel versteht, was wir wollen, geben Sie in die Zelle C28 folgende Formel ein:

```
=WENN(ZÄHLENWENN(C7:C26;"x")=0;"";WENN(ZÄHLENWENN(C7:C26;"x")>=$AE$4;"!";"ok"))
```

Argumente ZÄHLENWENN

- *Bereich:* der Zellbereich in dem gezählt werden soll. Hier: C7:C26, die Zellen eines Tages.
- *Suchkriterium:* die Zahl oder der Wert, der im Bereich gezählt werden soll. Hier *x.*

5.16 Vergleich eingeholter Angebote mit Prozentsätzen

Kategorie: Büro

Dateiname: VERGLEICH VON ANGEBOTEN1.XLS

Schwierigkeitsgrad: ❋❋

Sie haben sich von verschiedenen Anbietern Angebote eingeholt. Beim ersten Anbieter ist der Einstandpreis sehr günstig, aber es kommen noch einige Zusatzkosten dazu.

Ein anderer Anbieter hat einen höheren Einstandspreis, dafür bietet er einen saftigen Rabatt.

Deshalb erfassen Sie in den Spalten A bis D und in der Spalte F die Informationen der Angebote.

	A	B	C	D	E	F	G	H
1	Vergleich eingeholter Angebote mit Rabattbeträgen							
2								
3								
4	Firma	Preis lt. Katalog	Lieferkosten	Aufstellen d. Gerätes	Summe	Rabatt %	Rabatt €	Gesamtpreis
5	Beuter AG	123.460,00 €	500,00 €	500,00 €	124.460,00 €	10%	12.446,00 €	112.014,00 €
6	Furter GmbH	213.548,00 €	- €	750,00 €	214.298,00 €		- €	214.298,00 €
7	Müller & Sohn GmbH	130.500,00 €	700,00 €	- €	131.200,00 €	5%	6.560,00 €	124.640,00 €
8	Schmidt KG	190.888,00 €	- €	- €	190.888,00 €		- €	190.888,00 €
9	Bieger & Bieger AG	189.000,00 €	250,00 €	250,00 €	189.500,00 €	12%	22.740,00 €	166.760,00 €
10								

Bild 5.49: Die Tabelle hilft Ihnen beim Vergleichen unterschiedlicher Angebote.

Die Summe

Als Erstes möchten Sie den tatsächlichen Betrag des Angebots ermitteln.

1. Markieren Sie die Zelle E5.
2. Klicken Sie auf die Schaltfläche *AutoSumme* Σ.
3. Kontrollieren Sie, ob Excel alle Zellen, in diesem Beispiel von B5 bis D5, markiert hat.
4. Bestätigen Sie mit `Eingabe` und kopieren Sie die Funktion nach unten.

E5 fx =SUMME(B5:D5)

	A	B	C	D	E	F
4	Firma	Preis lt. Katalog	Lieferkosten	Aufstellen d. Gerätes	Summe	Rabatt %
5	Beuter AG	123.460,00 €	500,00 €	500,00 €	124.460,00 €	

Bild 5.50: Die Summe der Kosten

Der Rabatt

Jetzt gewähren Ihnen einige Anbieter noch einen Rabatt. Sie möchten in der Spalte G den Rabattbetrag errechnen.

1. Markieren Sie die Zelle G5.
2. Geben Sie die folgende Funktion ein: `=F5*E5`.
3. Nach Drücken der `Eingabe`-Taste ermittelt Excel Ihnen den Betrag zum Rabatt.
4. Kopieren Sie die Funktion nach unten.

G5 fx =F5*E5

	A	B	C	D	E	F	G	H
4	Firma	Preis lt. Katalog	Lieferkosten	Aufstellen d. Gerätes	Summe	Rabatt %	Rabatt €	Gesamtpreis
5	Beuter AG	123.460,00 €	500,00 €	500,00 €	124.460,00 €	10%	12.446,00 €	
6	Furter GmbH	213.548,00 €	- €	750,00 €	214.298,00 €		- €	

Bild 5.51: Den Rabatt von der Summe berechnen

Der Gesamtpreis

Zum Abschluss möchten Sie jetzt noch den Gesamtpreis errechnen.

1. Markieren Sie die Zelle H5.
2. Geben Sie die folgende Funktion ein: `=E5-G5`.
3. Kopieren Sie die Funktion nach unten.

H5 | fx =E5-G5

	A	B	C	D	E	F	G	H
4	Firma	Preis lt. Katalog	Lieferkosten	Aufstellen d. Gerätes	Summe	Rabatt %	Rabatt €	Gesamtpreis
5	Beuter AG	123.460,00 €	500,00 €	500,00 €	124.460,00 €	10%	12.446,00 €	112.014,00 €
6	Furter GmbH	213.548,00 €	- €	750,00 €	214.298,00 €		- €	214.298,00 €

Bild 5.52: Der zu erwartende Gesamtpreis

Jetzt können Sie erkennen, welcher Anbieter das günstigste Angebot hat.

Tabelle erweitern

Sie erhalten ein weiteres Angebot, in dem Ihnen die Rücknahme des Altgeräts für einen Betrag angeboten wird.

Jetzt möchten Sie die Tabelle um eine Spalte erweitern.

1. Klicken Sie auf den Spaltentitel, vor dem Sie eine Spalte einfügen möchten.
2. Wählen Sie im Kontextmenü den Befehl *Zellen einfügen.*

	A	B	C	D	E
1	Vergleich eingeholter Angebote mit Rabattbeträgen				
2					
3					
4	Firma	Preis lt. Katalog	Lieferkosten	Aufstellen d. Gerätes	Sum
5	Beuter AG	123.460,00 €	500,00 €	500,00 €	
6	Furter GmbH	213.548,00 €	- €	750,00 €	
7	Müller & Sohn GmbH	130.500,00 €	700,00 €	- €	
8	Schmidt KG	190.888,00 €	- €	- €	
9	Bieger & Bieger AG	189.000,00 €	250,00 €	250,00 €	
10					
11					
12					
13					

Ausschneiden
Kopieren
Einfügen
Inhalte einfügen...
Zellen einfügen
Zellen löschen
Inhalte löschen
Zellen formatieren...
Spaltenbreite...
Ausblenden
Einblenden

Bild 5.53: Die Tabelle erweitern

3. Geben Sie jetzt die Überschrift ein.
4. Wenn Sie die Beträge eintippen, achten Sie darauf, dass die Funktion in der Spalte G die richtige Summe ermittelt. Ansonsten erstellen Sie die Summenfunktion neu.

	A	B	C	D	E	F	G	H	I
1	Vergleich eingeholter Angebote mit Rabattbeträgen								
2									
3									
4	Firma	Preis lt. Katalog	Lieferkosten	Aufstellen d. Gerätes	Rücknahme	Summe	Rabatt %	Rabatt €	Gesamtpreis
5	Beuter AG	123.460,00 €	500,00 €	500,00 €	50,00 €	124.510,00 €	10%	12.451,00 €	112.059,00 €
6	Furter GmbH	213.548,00 €	- €	750,00 €		214.298,00 €		- €	214.298,00 €
7	Müller & Sohn GmbH	130.500,00 €	700,00 €	- €		131.200,00 €	5%	6.560,00 €	124.640,00 €
8	Schmidt KG	190.888,00 €	- €	- €		190.888,00 €		- €	190.888,00 €
9	Bieger & Bieger AG	189.000,00 €	250,00 €	250,00 €		189.500,00 €	12%	22.740,00 €	166.760,00 €
10									

Bild 5.54: Die erweiterte Tabelle

5.17 Vergleich eingeholter Angebote mit Rabattbeträgen

Kategorie: Büro

Dateiname: VERGLEICH VON ANGEBOTEN2.XLS

Schwierigkeitsgrad: ❋❋

Sie haben sind von verschiedenen Anbietern Angebote eingeholt und möchten sich durch die Menge der Zusatzkosten und Rabatte arbeiten.

Dies machen Sie am einfachsten mit einer Excel-Tabelle.

Erfassen Sie in den Zeilen 6 bis 8 und 12 die Daten der Angebote.

	A	B	C	D	E	F	G	H	I	J
1	**Vergleich eingeholter Angebote**									
2										
3										
4	**Firma**		**Beuter AG**		**Furter GmbH**		**Müller & Sohn GmbH**		**Schmidt KG**	
5										
6	Preis lt. Katalog		123.460,00 €		213.548,00 €		130.500,00 €		190.888,00 €	
7	Lieferkosten		500,00 €				120,00 €			
8	Aufstellen d. Gerätes				50,00 €		75,00 €		125,00 €	
9										
10	**Summe**		123.960,00 €		213.598,00 €		130.695,00 €		191.013,00 €	
11										
12	Rabatt €		5.000,00 €		- €		- €		1.200,00 €	
13										
14	**Gesamtpreis**		**118.960,00 €**		**213.598,00 €**		**130.695,00 €**		**189.813,00 €**	
15										

Bild 5.55: Die Tabelle hilft Ihnen, Angebote zu vergleichen.

Die Summe

Als Erstes möchten Sie den tatsächlichen Betrag jedes Angebots ermitteln.

1. Markieren Sie die Zelle C10.
2. Klicken Sie auf die Schaltfläche *AutoSumme* Σ.
3. Kontrollieren Sie, ob Excel alle Zellen, in diesem Beispiel von C6 bis C9, markiert hat.
4. Bestätigen Sie mit `Eingabe` und kopieren Sie die Funktion nach rechts.

C10 fx =SUMME(C6:C9)

	A	B	C
3			
4	**Firma**		**Beuter AG**
5			
6	Preis lt. Katalog		123.460,00 €
7	Lieferkosten		500,00 €
8	Aufstellen d. Gerätes		
9			
10	**Summe**		123.960,00 €

Bild 5.56: Die Summe der Kosten

Der Rabatt und der Gesamtpreis

Jetzt gewähren Ihnen einige Anbieter noch einen Rabatt. Sie möchten in der Zeile 13 den Rabattbetrag eintragen.

1. Markieren Sie die Zelle C12 und geben Sie den Rabattbetrag ein.

Zum Abschluss möchten Sie jetzt noch den Gesamtpreis errechnen.

2. Markieren Sie die Zelle C14.
3. Geben Sie die folgende Funktion ein:

```
=C10-C12
```

4. Kopieren Sie die Funktion nach rechts.

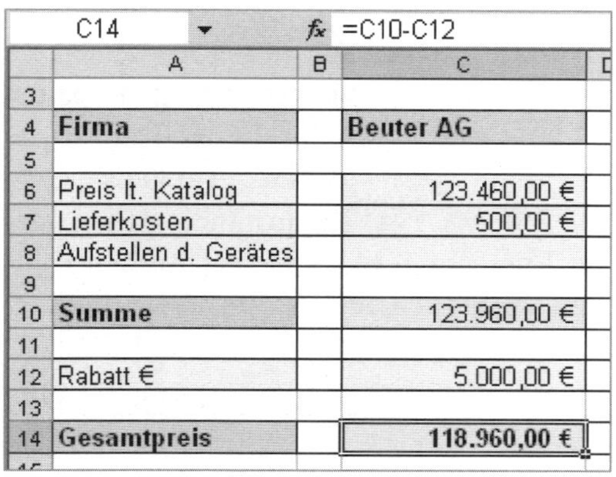

C14 | fx =C10-C12

	A	B	C
3			
4	Firma		Beuter AG
5			
6	Preis lt. Katalog		123.460,00 €
7	Lieferkosten		500,00 €
8	Aufstellen d. Gerätes		
9			
10	Summe		123.960,00 €
11			
12	Rabatt €		5.000,00 €
13			
14	Gesamtpreis		118.960,00 €

Bild 5.57: Der zu erwartende Preis

Jetzt können Sie erkennen, welcher Anbieter das günstigste Angebot hat.

6 Fahrzeuge

6.1 Benzinverbrauch: Statistik

Kategorie: Fahrzeuge

Dateiname: BENZINVERBRAUCH.XLS

Schwierigkeitsgrad: ❋❋❋

	A	B	C	D	E	F	G	H	I
1	Benzinverbrauch								
2									
3	Datum	KM-Stand beim Tanken	Getankt	Betrag in €	Gefahrene Kilometer	Literpreis	Gefahrene Kilometer pro Liter	Verbrauch auf 100 km	Kosten pro 100 km
4		km	Liter	€	km	€	km	Liter	€
5									
6	01.01.2007	26700,0							
7	13.01.2007	27127,6	35,4	43,00 €	427,6	1,21 €	12,08	8,28	10,06 €
8	02.02.2007	27664,3	45,2	56,00 €	536,7	1,24 €	11,87	8,42	10,43 €
9	18.02.2007	28254,9	55,6	63,89 €	590,6	1,15 €	10,62	9,41	10,82 €
10	01.03.2007	28599,0	34,9	42,60 €	344,1	1,22 €	9,86	10,14	12,38 €
11	23.03.2007	29233,4	58,8	71,12 €	634,4	1,21 €	10,79	9,27	11,21 €

Bild 6.1: Die Tabelle zum Benzinverbrauch

In diesem Beispiel sehen Sie, wie Sie den Benzinverbrauch sowie die Tankkosten Ihres Autos mit Excel im Blick behalten.

Sie geben in den Spalten A bis D das Datum des letzten Tankens, den Tachostand, die getankten Liter und den Gesamtpreis ein. In den Spalten E bis I berechnet Excel die gefahrenen Kilometer, den Literpreis, die gefahrenen Kilometer pro Liter, den Verbrauch auf 100 km sowie die Kosten pro 100 km.

Die gefahrenen Kilometer ermitteln

Die gefahrenen Kilometer errechnen sich aus der Differenz zwischen aktuellem Tachostand und altem Tachostand. Da die Formel erst dann sichtbar sein soll, wenn in Spalte B ein neuer KM-Stand steht, geben Sie die Funktion wie folgt ein: `=WENN(ISTLEER(B7);"";B7-B6)`.

Damit wird geprüft, ob die Zelle B7 noch leer ist, dann wird nichts in E7 geschrieben, andernfalls wird vom neuen Tachostand der alte Tachostand abgezogen.

Die Funktion ISTLEER in die WENN-Funktion einbinden

Markieren Sie die Zelle E7, öffnen Sie das Fenster des Funktionsassistenten und starten Sie die WENN-Funktion. Der Cursor blinkt im Feld *Prüfung*.

Starten Sie direkt von hier aus über Klick auf den Auswahl-Pfeil links oben in der Bearbeitungsleiste die Funktion ISTLEER. Sollte die gewünschte Funktion nicht aufgelistet werden, öffnen Sie über *Weitere Funktionen* den Funktionsassistenten.

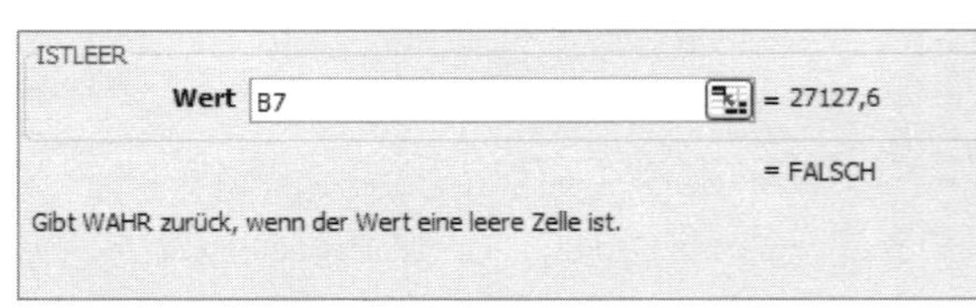

Bild 6.2: Die ISTLEER-Funktion

Die Funktion ISTLEER prüft, ob in der Zelle ein Wert steht oder nicht. Für das Feld *Wert* markieren Sie in unserem Beispiel die Zelle B7. Durch Klick auf das Funktionswort WENN in der Bearbeitungszeile kehren Sie zur WENN-Funktion zurück.

Bild 6.3: Die WENN-Funktion

Die Funktion ISTLEER(B7) ist nun automatisch im Feld *Prüfung* eingetragen. Sie müssen nun die Werte in die Felder *Dann_Wert* und *Sonst_Wert* eintragen. Damit die Zelle leer bleibt, geben Sie im Feld *Dann_Wert* zwei Anführungszeichen hintereinander ein. Im Feld *Sonst_Wert* geben Sie B7-B6 für die Berechnung der Differenz aus aktuellem Tachostand und altem Tachostand ein. *OK* schließt den Funktionsassistenten. Selbstverständlich können Sie auch ohne Funktionsassistenten arbeiten und die Funktion einfach in die Bearbeitungszeile eintippen.

Literpreis ermitteln

Der Literpreis errechnet sich aus dem Gesamtpreis durch die getankten Liter. Da die Formel erst dann sichtbar sein soll, wenn in Spalte C die getankten Liter eingegeben wurden, geben Sie die Funktion wie folgt ein: `=WENN(C7>0;D7/C7;"")`.

Wenn die Zelle C7 größer 0 ist, dann wird der Literpreis errechnet aus der Division von Gesamtpreis durch getankte Liter, andernfalls wird nichts in F7 geschrieben.

Gefahrene Kilometer pro Liter

Hier müssen die gefahrenen Kilometer durch die getankten Liter geteilt werden. Da die Formel erst dann sichtbar sein soll, wenn in Spalte B der aktuelle Tachostand eingegeben wurde, geben Sie die Funktion wie folgt ein: `=WENN(B7>0;E7/C7;"")`.

Wenn die Zelle B7 größer 0 ist, dann werden die gefahrenen Kilometer durch die getankten Liter geteilt, andernfalls wird nichts in G7 geschrieben.

Verbrauch auf 100 Kilometer

Der Benzinverbrauch errechnet sich aus den getankten Litern durch die gefahrenen Kilometer. Jetzt haben Sie den Verbrauch auf einen Kilometer. Da wir den Verbrauch auf 100 Kilometer ermitteln möchten, müssen Sie das Ganze mit 100 multiplizieren. Da die Formel erst dann sichtbar sein soll, wenn in Spalte B der aktuelle Tachostand eingegeben wurde, geben Sie die Funktion wie folgt ein: `=WENN(B7>0;C7/E7*100;"")`.

Wenn die Zelle B7 größer 0 ist, dann wird der Verbrauch auf 100 Kilometer berechnet, andernfalls wird nichts in die Zelle H7 geschrieben.

Kosten pro 100 Kilometer

Die Kosten pro 100 Kilometer berechnen wir aus dem Literpreis durch die gefahrenen Kilometer. Da wir das Ergebnis auf 100 Kilometer wünschen, müssen wir das Ergebnis noch mit 100 multiplizieren. Die Formel soll erst dann sichtbar sein, wenn in Spalte B der aktuelle Tachostand eingegeben wurde. Geben Sie die Funktion wie folgt ein: `=WENN(B7>0;D7/E7*100;"")`.

Wenn die Zelle B7 größer 0 ist, dann werden die Kosten pro 100 Kilometer berechnet, andernfalls bleibt die Zelle I7 leer.

6.2 Fahrzeugkosten im Blick

Kategorie: Fahrzeuge

Dateiname: KOSTEN1.XLS

Schwierigkeitsgrad: ❋❋

Sie möchten nachvollziehen, welche Kosten für Ihr Auto im Laufe eines Jahres angefallen sind. Sie erfassen in einer Liste alle Kostenarten und die Beträge. Die laufende Summe wird im oberen Teil der Tabelle immer aktuell angezeigt.

Bild 6.4: Eine einfache Tabelle zum Festhalten der Kfz-Kosten

Die Gesamtsumme der Kosten

Zuerst möchten Sie im oberen Teil der Tabelle in der Zelle B3 die aktuelle Gesamtsumme bilden.

1. Markieren Sie die Zelle B3.
2. Klicken Sie auf die Schaltfläche *AutoSumme* [Σ].
3. Markieren Sie die Zellen, die Sie summieren möchten. Dabei können Sie die Markierung ruhig großzügig auch um leere Zellen der Spalte C ziehen.

In diesem Beispiel gehen wir von mehreren einzelnen Kostenarten aus und markieren bis Zelle C20.

```
=SUMME(C10:C20)
```

4. Drücken Sie zur Bestätigung die [Eingabe]-Taste.

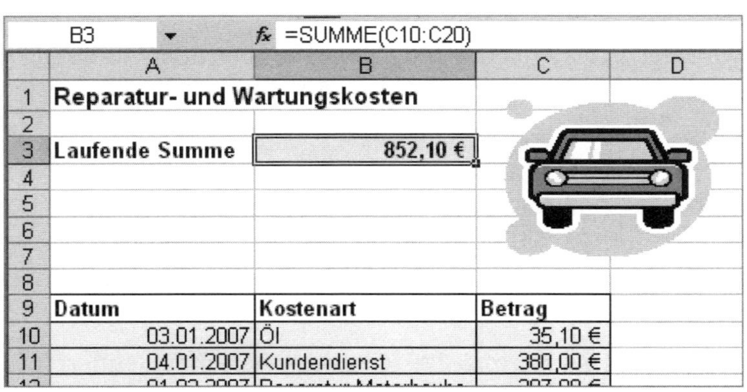

Bild 6.5: Die aktuelle Summe der Kosten

Jetzt wird die aktuelle Summe angezeigt.

Die Tabelle erweitern

Im Laufe der Zeit wird die Liste langsam wachsen und irgendwann wird auch die Zelle C20 mit Werten gefüllt. Wenn Sie dann in die Zelle C21 auch einen Wert eintippen, erscheint an der Zelle B3, das ist die mit der Summe, eine grüne Ecke.

Diese Ecke weist Sie darauf hin, dass der Bereich, den Sie beim Erstellen der Funktion gewählt haben, zu klein ist.

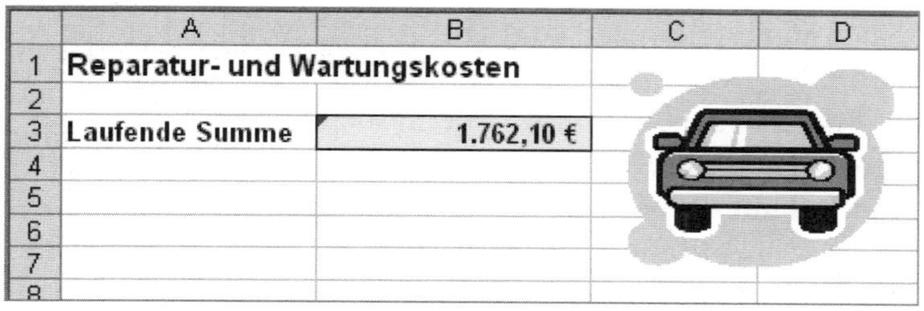

Bild 6.6: Die Markierung am linken oberen Rand weist darauf hin, dass nicht alle Zellen addiert werden.

1. Wenn Sie auf die Zelle B3 klicken, erscheint eine kleine Schaltfläche, auf die Sie klicken müssen.

In der ersten Zeile steht der Hinweis, dass die Formel nicht alle angrenzenden Zellen mit Zahlen einschließt.

2. Wenn Sie jetzt den Befehl *Bezug erweitern, um Zellen einzuschließen* wählen, ändern sich die Zelladressen in der Summenfunktion.

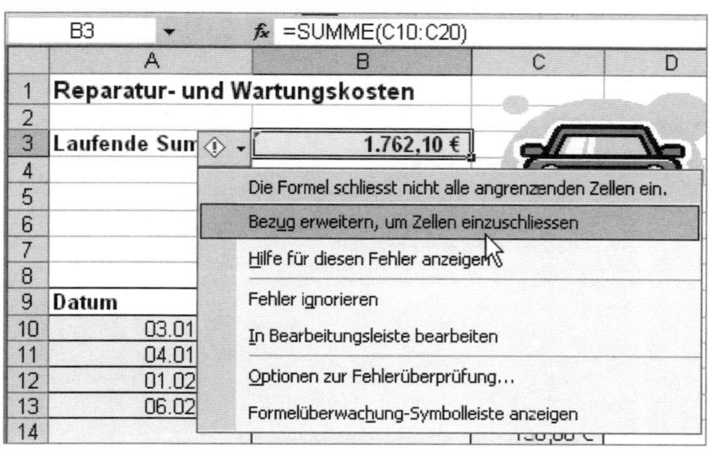

Bild 6.7: Jetzt werden wieder alle Zellen der Tabelle addiert.

Danach wird das richtige Ergebnis angezeigt, weil alle Zellen addiert werden.

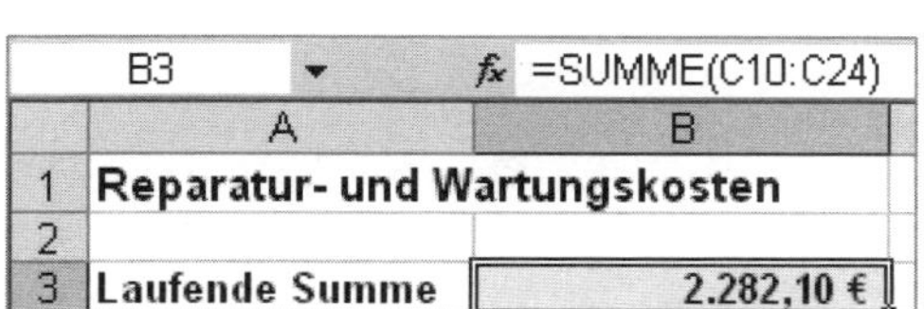

Bild 6.8: Jetzt werden wieder alle Kostenzellen addiert.

6.3 Fahrtenbuch: einfache Variante

Kategorie: Fahrzeuge

Dateiname: FAHRTENBUCH_01.XLS

Schwierigkeitsgrad: ❋❋

Diese Excel-Mappe besteht aus insgesamt 12 Tabellenblättern für die Monate Januar bis Dezember.

Im Januarblatt geben Sie in Zelle D2 den Anfangskilometerstand ein. Anschließend geben Sie für Ihre Fahrten mit dem Pkw das Datum, Fahrtziel/Route sowie Zweck der Fahrt ein. Statt sich nun mühsam den Kilometerstand zu notieren oder zu merken, müssen Sie in dieser Tabelle nur die gefahrenen Kilometer für eine Privatfahrt in Spalte G und/oder für eine betriebliche Fahrt in Spalte F eingeben. Excel berechnet in Spalte D und E dann den Anfangs- sowie den Endkilometerstand der Fahrt.

Alle Werte werden summiert und automatisch auf die Folgeblätter übertragen.

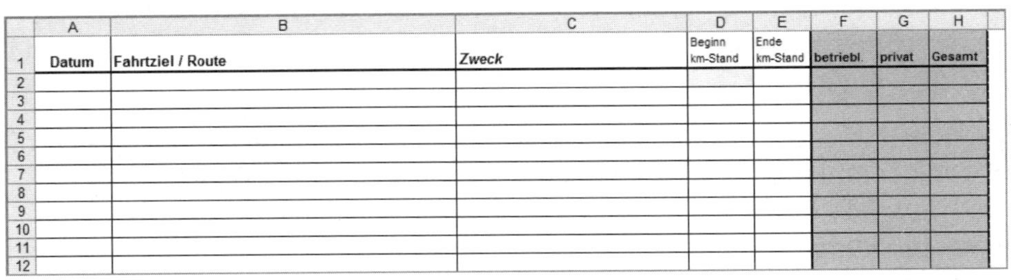

Bild 6.9: Die Tabelle *Januar*

Kopf- und Fußzeilen für alle Register anpassen

Um in allen Tabellenblättern die Kopf- und Fußzeilen nach Ihren Wünschen einzugeben, arbeiten wir mit der Tabellenblatt-Gruppierung:

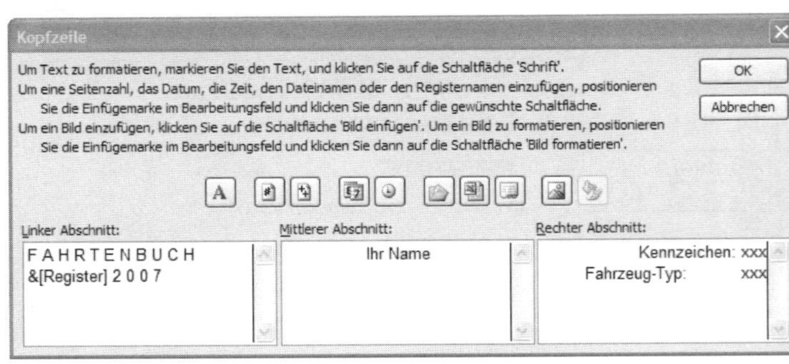

Bild 6.10: Benutzerdefinierte Kopfzeile

1. Halten Sie die Strg-Taste gedrückt und markieren Sie nacheinander alle Tabellenblatt-Register. Kontrollieren Sie, ob in der Titelleiste nun in eckigen Klammern [Gruppe] steht. Die nächste Aktion gilt nun für alle markierten Tabellenblätter.
2. Wählen Sie *Ansicht/Kopf- und Fußzeile* und wählen Sie die Schaltfläche *Benutzerdefinierte Kopfzeile.*
3. Passen Sie den mittleren und rechten Abschnitt mit Ihren Daten an und bestätigen Sie mit *OK.*
4. Für die *Benutzerdefinierte Fußzeile* gehen Sie analog vor. Über die Schaltfläche *Seitenansicht* können Sie das Ergebnis kontrollieren.

5. Heben Sie die Tabellenblattgruppierung durch einen rechten Mausklick auf ein beliebiges Tabellenblatt und Auswahl von *Gruppierung aufheben* wieder auf.

Summe der gefahrenen Kilometer berechnen

In H2 wird die Summe aus betrieblichen und privaten Kilometern wie folgt hinterlegt: `=SUMME(F2:G2)` und nach unten kopiert.

Berechnung von Anfangs- und Endkilometerstand

Da alle Formeln nach unten kopiert werden, die Berechnungen aber immer erst dann durchgeführt werden sollen, wenn in eine Zeile neue private oder betriebliche Kilometer eingetragen werden, geben Sie die Formel in E2 für den Endkilometerstand wie folgt ein: `=WENN(H2=0;0;D2+H2)`.

Wenn die Zelle H2 den Wert 0 hat, dann schreibe 0 in die Zelle, ansonsten addiere Beginn km-Stand und Gesamtkilometer.

Die Formel für den Beginn km-Stand in Zelle D3 sieht wie folgt aus: `=WENN(H3=0;0;E2)`.

Wenn die Zelle H3 den Wert 0 hat, dann schreibe 0 in die Zelle, ansonsten den Wert aus E2, d. h. den Endkilometerstand aus der vorherigen Zeile.

Nullen unterdrücken

Um alle Nullwerte in der Arbeitsmappe aus den Berechnungen als Leerzellen anzuzeigen, klicken Sie im Menü *Extras/ Optionen* auf die Registerkarte *Ansicht* und deaktivieren dort das Kontrollkästchen *Nullwerte.*

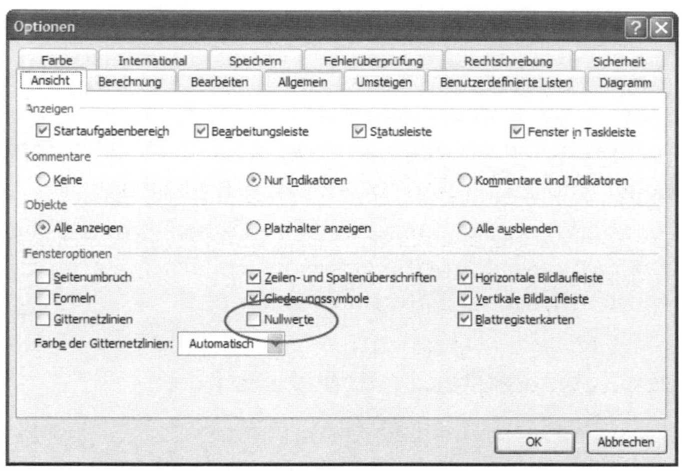

Bild 6.11: Register *Optionen Nullwerte deaktivieren*

Kilometerstand auf Folgeblatt übertragen

Alle Tabellen sind für maximal vier Seiten zum Ausdruck vorbereitet. In Zelle E150 wird jeweils über die Funktion `=MAX(E114:E147;E77:E110;E40:E73;E2:E36)` der höchste Kilometerstand im aktuellen Tabellenblatt ermittelt. Dieser Wert wird über eine Verknüpfung als Anfangskilometerstand in das folgende Blatt in D2 eingetragen: `=Januar!E150`.

6.4 Fahrtenbuch mit Kilometer- und Uhrzeitberechnung

Kategorie: Fahrzeuge

Dateiname: FAHRTZEITEN.XLS

Schwierigkeitsgrad: ❋❋❋

In diesem Beispiel werden Sie sehen, wie Sie Ihre gefahrenen Kilometer und die benötigte Zeit berechnen können.

In den gelben Zellen geben Sie die entsprechenden Daten ein. In der ersten Zeile müssen Sie ausnahmsweise in der Zelle D5 den Abfahrtskilometerstand eingeben. In den folgenden Zellen soll Excel Ihnen den aktuellen Kilometerstand bei Ihrer Abfahrt automatisch anzeigen.

	A	B	C	D	E	F	G	H	I
1	Fahrtenbuch								
2									
3									
4	Tag	Abfahrtsort	Abfahrtszeit	km-Stand	Zielort	Ankunftszeit	km-Stand	gef. km	Fahrzeit
5	27.01.2007	Köln	12:30	12500	Bonn	13:45	12530	30	1:15
6	28.01.2007	Bonn	10:00	12530	Köln	11:10	12560	30	1:10
7	01.02.2007	Köln	9:15	12560	Düsseldorf	10:00	12580	20	0:45
8	01.02.2007	Düsseldorf	19:00	12580	Köln	19:55	12600	20	0:55
9	25.02.2007	Köln	14:45	12600	München	20:00	13100	500	5:15
10	28.02.2007	München	09:45	13100	Köln	17:10	13800	700	7:25
11								0	0:00

Bild 6.12: Die Tabelle ermittelt neben den gefahrenen Kilometern auch die benötigte Zeit.

Uhrzeiten geben Sie in Excel mit einem Doppelpunkt ein. Für unser Beispiel reicht es, wenn Sie Stunden und Minuten eintippen, z. B. 12:35. Wenn Sie Punkt 12 Uhr eingeben möchten, reicht es nicht, eine 12 einzutippen. Sie müssen dann 12: eingeben.

Sollten Sie in eine Zelle eine Uhrzeit eingegeben haben, dann hat diese Zelle jetzt das Zahlenformat *Uhrzeit*. Wenn Sie in diese Zelle jetzt eine Dezimalzahl eintippen, wird aus dieser Zahl eine Uhrzeit. Um das Zahlenformat *Uhrzeit* zu entfernen, wählen Sie *Format/Zellen* und aktivieren auf dem Register Zahlen die Kategorie *Standard*.

Den Kilometerstand automatisch holen

Der Kilometerstand bei Abfahrt muss zu Beginn in der Zelle D5 eingegeben werden.

1. Setzen Sie den Cursor in Zelle D6 und geben Sie die folgende Funktion ein: `=G5`.
2. Drücken Sie zur Bestätigung die `Eingabe`-Taste. Kopieren Sie die Funktion am Ausfüllkästchen so weit nach unten, wie Sie möchten.

D6 fx =G5

	A	B	C	D	E
1	Fahrtenbuch				
2					
3					
4	Tag	Abfahrtsort	Abfahrtszeit	km-Stand	Zielort
5	27.01.2007	Köln	12:30	12500	Bonn
6	28.01.2007	Bonn	10:00	12530	Köln

Bild 6.13: Diese Funktion holt sich den Kilometerstand vom Vortag.

Die gefahrenen Kilometer ermitteln

In diesem Schritt möchten Sie berechnen, wie viele Kilometer zwischen der Abfahrt und der Ankunft liegen.

1. Setzen Sie den Cursor in die Zelle H5 und geben Sie die folgende Funktion ein: `=G5-D5`.
2. Drücken Sie zur Bestätigung die [Eingabe]-Taste. Kopieren Sie die Funktion am Ausfüllkästchen so weit nach unten, wie Sie möchten.

H5 =G5-D5

	A	B	C	D	E	F	G	H
1	Fahrtenbuch							
2								
3								
4	Tag	Abfahrtsort	Abfahrtszeit	km-Stand	Zielort	Ankunftszeit	km-Stand	gef. km
5	27.01.2007	Köln	12:30	12500	Bonn	13:45	12530	30
6	28.01.2007	Bonn	10:00	12530	Köln	11:10	12560	30

Bild 6.14: Die gefahrenen Kilometer errechnen

Die Dauer der Fahrten berechnen

In der Spalte I berechnen Sie die Dauer der Fahrten.

Setzen Sie den Cursor in die Zelle I5 und geben Sie die folgende Funktion ein: `=F5-C5`.

Drücken Sie zur Bestätigung die [Eingabe]-Taste. Kopieren Sie die Funktion am Ausfüllkästchen so weit nach unten, wie Sie möchten.

I5 =F5-C5

	A	B	C	D	E	F	G	H	I
1	Fahrtenbuch								
2									
3									
4	Tag	Abfahrtsort	Abfahrtszeit	km-Stand	Zielort	Ankunftszeit	km-Stand	gef. km	Fahrzeit
5	27.01.2007	Köln	12:30	12500	Bonn	13:45	12530	30	1:15
6	28.01.2007	Bonn	10:00	12530	Köln	11:10	12560	30	1:10
7									

Bild 6.15: Die benötigte Zeit in Stunden ermitteln

Mit dieser Funktion ziehen Sie von der Ankunftszeit die Abfahrtzeit ab. Damit erhalten Sie die Zeit dazwischen, also die Zeit, in der Sie unterwegs waren.

Die Summen der gefahrenen Kilometer und der Fahrtzeiten

Sie möchten jetzt noch wissen, wie viele Kilometer Sie insgesamt gefahren sind.

1. Setzen Sie den Cursor unter die Spalte H und klicken Sie auf die Schaltfläche *AutoSumme* [Σ].
2. Stellen Sie sicher, dass alle Zellen mit den gefahrenen Kilometern markiert sind, und drücken Sie zur Bestätigung [Eingabe].
3. Kopieren Sie die Funktion nach rechts, um auch die gesamte Fahrtzeit zu addieren.

6.5 Fahrzeugkosten pro Jahr

Kategorie: Fahrzeuge

Dateiname: JÄHRLICHE FAHRZEUGKOSTEN.XLS

Schwierigkeitsgrad: ❋❋❋❋

Kosten lassen sich kontrollieren, wenn man die Ausgaben über einen längeren Zeitraum überwacht.

Fahrzeugkosten

Zusammenfassung der Fahrzeugkosten

Jahr	2007

Monat	Gefahrene km	Liter getankt	Betrag in €	Sonstige Kosten
Januar	420	32,5	51,68	15
Februar	0	0	0	0
März	0	0	0	0
April	0	0	0	0
Mai	0	0	0	0
Juni	0	0	0	0
Juli	0	0	0	0
August	0	0	0	0
September	0	0	0	0
Oktober	0	0	0	0
November	0	0	0	0
Dezember	0	0	0	0
Gesamt	**420**	**32,5**	**51,68**	**15**

Bild 6.16: Die Zusammenfassung der Fahrzeugkosten für ein Kalenderjahr

Beschreibung

Monatliche Fahrzeugkosten **2007 / 01**

Datum	gefahrene km	Liter getankt	Betrag in €	Art	Euro
01.01.2007					
02.01.2007	420	32,5	51,68 €		
03.01.2007				Knöllchen	15,00 €
04.01.2007					
05.01.2007					
06.01.2007					
07.01.2007					
08.01.2007					
09.01.2007					
10.01.2007					
11.01.2007					
12.01.2007					
13.01.2007					
14.01.2007					
15.01.2007					
16.01.2007					
17.01.2007					
18.01.2007					
19.01.2007					
20.01.2007					
21.01.2007					
22.01.2007					
23.01.2007					
24.01.2007					
25.01.2007					
26.01.2007					
27.01.2007					

Fahrzeugkosten / Januar / Februar / März / April / Mai / Juni / Juli / August / September / Oktober / November / Dezember

Bild 6.17: Eingabe der Daten

In der Excel-Datei geben Sie die Kosten auf den Monatsblättern Januar bis Dezember ein. Auf dem Blatt *Fahrzeugkosten* werden die Daten zusammengefasst und die Gesamtwerte für das Kalenderjahr berechnet.

Das Monatsblatt

Auf dem Monatsblatt sind die Spalten für die entsprechenden Kosten aufgeführt. Die Monatsblätter unterscheiden sich durch die Monatsnummern und die Anzahl der Tage je Monat. Die Auflistung der Tage in einem Monat wird über die Eingabe der Monatsnummer in der Zelle G1 gesteuert.

Für das Januarblatt geben Sie die Zahl 1 ein. Über das benutzerdefinierte Format `"/" 00` werden das Jahr und der Monat *2007/01* angezeigt. Der Erste des Monats, in diesem Fall der 1.1.2007, wird in Zelle A4 über die Funktion `=DATUM(F1;G1;1)` berechnet. Der nachfolgende Tag (2.1) lässt sich über die einfache Funktion `=A4+1` weiterrechnen. Diese Formel ziehen Sie bis zum Monatsende nach unten.

	A	B	C	D	E	F	G
31	28.01.2007						
32	29.01.2007						
33	30.01.2007						
34	31.01.2007						
35							
36	**Summe**	**420**	**32,5**	**51,68**			**15,00 €**

Bild 6.18: Die Monatssumme

In der Zeile 36 werden die Summen der zugehörigen Spalten berechnet.

Beim Kopieren der Monatsblätter geben Sie den jeweiligen Monat als Zahl in die Zelle G1 ein. Passen Sie gegebenenfalls die Anzahl der Tage am Ende des Monats an.

Die Jahressumme

Nachdem alle Monatsblätter angelegt sind, können Sie die Monatssumme je Spalte in die Übersicht übernehmen.

Die Werte lassen sich für den Januar über die Formel `=Januar!B36` abrufen.

Kopierbare Formel in der Jahresübersicht

Versierte Excel-Anwender können die Excel-Funktion INDIREKT verwenden, um die Funktion abhängig vom Monatsnamen in der Spalte A zu erstellen und im Anschluss mit einem Schritt nach unten und danach nach rechts zu kopieren.

8	Monat	Gefahrene km	Liter getankt
10	Januar	=INDIREKT($A10&"!B36";WAHR)	

Bild 6.19: Die Monatssumme über die INDIREKT-Funktion abrufen

Die INDIREKT-Funktion setzt aus dem Text in A10 und !B36 den Zellbezug als Text zusammen. Das Ergebnis ist der Text *Januar!B36.* Dies ist genau die Zelle, die aus dem Blatt *Januar* gelesen werden soll.

```
=INDIREKT($A10&"!B36";WAHR)
```

Der Parameter *WAHR* legt fest, dass die übliche Excel-Adressierungsform A1 genommen wird.

In der Formel ist die Spaltenangabe A festgehalten, damit Sie die Funktion nach rechts kopieren können. Die Zeilennummer bleibt dagegen frei.

6.6 Fahrzeugkosten pro Monat

Kategorie: Fahrzeuge

Dateiname: MONATLICHE FAHRZEUGKOSTEN.XLS

Schwierigkeitsgrad: ❋❋❋❋

Diesmal möchten Sie die regelmäßigen monatlichen Kosten, die Ihr Auto verursacht, in einer Tabelle erfassen. Einige Kosten werden jährlich, andere halbjährlich, wieder andere vierteljährlich und einige monatlich vom Konto abgebucht.

In der Tabelle müssen Sie die Kosten je nach Abbuchungszeitraum erfassen.

Die folgende Tabelle zeigt ein Beispiel.

	A	B	C	D	E	F	G
1	**Fahrzeugkosten**						
2							
3	**Kosten**	**Kostenarten**	**Jährlich**	**Halbjährlich**	**Vierteljährlich**	**Monatlich**	**Kosten/Monat**
4		KFZ-Steuer	120,00 €				10,00 €
5		KFZ-Versicherung		620,00 €			103,33 €
6	Regelmäßige	Leasingrate			360,00 €		120,00 €
7	Kosten	Reinigung	100,00 €				8,33 €
8		Parkplatzmiete				12,50 €	12,50 €
9		Automobil Club	60,00 €				5,00 €
10							
11							
12					Summe Monat:		259,17 €
13							

Bild 6.20: Die Tabelle mit den Kosten des Autos

Die Kosten auf einen Monat umlegen

1. Markieren Sie die Zelle G4 und geben Sie die folgende Funktion ein.

```
=WENN(C4<>"";C4/12;WENN(D4<>"";D4/6;WENN(E4<>"";E4/3;F4)))
```

Wenn die Zelle C4 nicht leer ist, dann teilen Sie den Inhalt von C4 durch 12. Wenn D4 nicht leer ist, dann teilen Sie den Inhalt von D4 durch 6. Wenn E4 nicht leer ist, dann teilen Sie den Inhalt von E4 durch 3. Wenn alle drei Zellen leer sind, nehmen Sie den Inhalt von F4.

2. Drücken Sie die [Eingabe]-Taste und kopieren Sie diese Funktion nach unten.

G4 fx =WENN(C4<>"";C4/12;WENN(D4<>"";D4/6;WENN(E4<>"";E4/3;F4)))

	A	B	C	D	E	F	G
1	**Fahrzeugkosten**						
2							
3	**Kosten**	**Kostenarten**	**Jährlich**	**Halbjährlich**	**Vierteljährlich**	**Monatlich**	**Kosten/Monat**
4		KFZ-Steuer	120,00 €				10,00 €
5		KFZ-Versicherung		620,00 €			
6	Regelmäßige	Leasingrate			360,00 €		

Bild 6.21: Die dreifach verschachtelte WENN-Funktion löst alle Kosten auf.

Bilden Sie in der Zelle G12 noch die Gesamtsumme der monatlichen Kosten.

Ein Diagramm erzeugen

Ein Diagramm sagt mehr als tausend Zahlen, deshalb machen wir aus dieser Tabelle jetzt ein Kreisdiagramm.

1. Markieren Sie mit gedrückter Strg-Taste die Zellen B3 bis B9 und G3 bis G9.
2. Drücken Sie jetzt die Taste F11, um ein Standarddiagramm zu erzeugen.

Jetzt werden die Zahlen in einem Säulendiagramm dargestellt.

3. Wählen Sie über die Schaltfläche *Diagrammtyp* jetzt den Eintrag *Kreisdiagramm* aus.

Sie möchten an den einzelnen Segmenten die Namen und die Zahlen sehen, außerdem soll der graue Rand um den Kreis verschwinden.

4. Wählen Sie im Menü *Diagramm* den Befehl *Diagrammoptionen* und aktivieren Sie das Register *Datenbeschriftung*.
5. Aktivieren Sie die beiden Felder *Kategoriename* und *Prozentsatz*. Die Schriftgröße und die Zahlen können Sie jetzt ändern, nachdem Sie die Beschriftungen markiert haben.
6. Den grauen Rahmen um den Kreis entfernen Sie, indem Sie dort einen Rechtsklick durchführen und den Befehl *Eigenschaften* wählen. Aktivieren Sie auf dem ersten Register die beiden Felder *Keine*.

Wenn Sie jetzt noch die Farben jedes einzelnen Segments ändern möchten, markieren Sie das erste Segment.

7. Führen Sie auf dem gewählten Segment einen Rechtsklick durch und aktivieren Sie auf dem Register *Muster* die gewünschte Farbe.

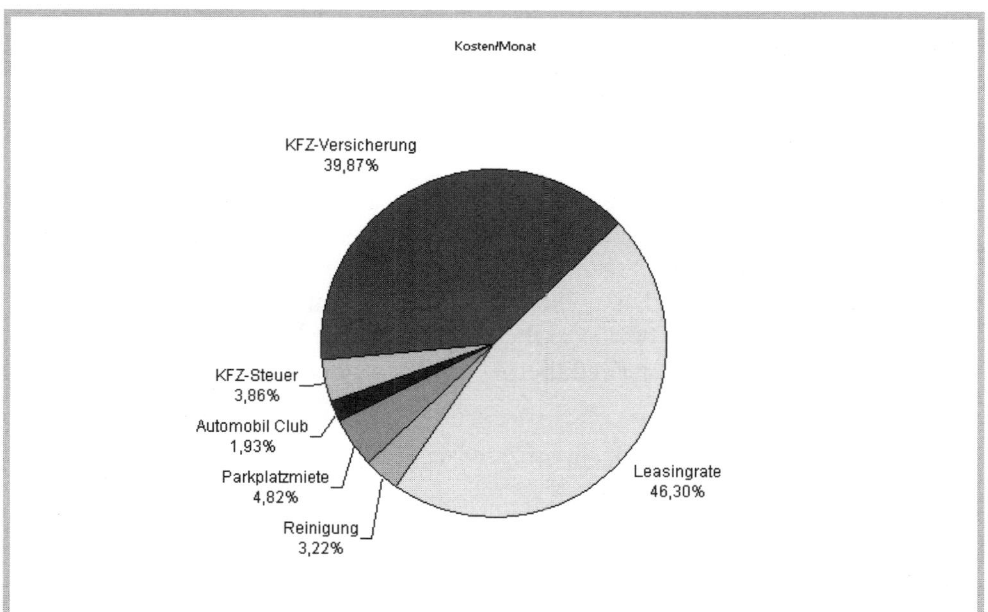

Bild 6.22: Das Kreisdiagramm zeigt die Verteilung der Kosten.

6.7 Pkw-Finanzierung: Leasing oder Kredit?

Kategorie: Fahrzeuge

Dateiname: FINANZIERUNG_PKW.XLS

Schwierigkeitsgrad: ❋❋❋

	A	B	C
1	**Kaufpreis**		
2	Listenpreis	21.690,00 €	
3	erhandelter Rabatt	8%	
4	Kaufpreis		**19.954,80 €**
5			
6			
7			
8			
9	**Bankkredit**		
10	Laufzeit in Jahren	4	
11	Zinsatz	6,5%	
12	Kreditbetrag		20.513,53 €
13	Gebühren	2,80%	558,73 €
14	Kreditauszahlungsbetrag		**19.954,80 €**
15	Monatsrate bei Zinssatz		499,00 €

Bild 6.23: Tabelle Kaufpreis und Bankkredit

Wenn Sie mit einem neuen Auto liebäugeln, müssen Sie sich in puncto Finanzierung einige Gedanken machen. Sie könnten bar zahlen. Da Sie aber heutzutage als Barzahler beim Autohändler keine nennenswerten Rabattsätze erhalten, stellt sich die Frage, ob man einen Bankkredit oder ein Leasingangebot wahrnehmen soll.

Mit unserem Beispiel möchten wir Ihnen veranschaulichen, wie Sie diesen Vergleich in Excel angehen können. Wir nehmen mal einen neuen Golf V als Beispiel. Der Listenpreis inklusive Sonderausstattungen beträgt 21.690,00 Euro. Nach einigen Verhandlungsgesprächen ist es uns gelungen, einen Rabatt von 8 % zu erhandeln, damit kommen wir zu einem Preis für unser Wunschauto von 19.954,80 Euro.

Dieser Preis ist nun unsere Basis für den Vergleich eines Bankkredits mit zwei zusätzlich eingeholten Leasingangeboten.

Unsere Arbeitsmappe besteht aus zwei Tabellen. In der ersten Tabelle *Kaufpreis und Bankkredit* berechnen wir den erzielten Rabatt und den Bankkredit. Auf dem zweiten Tabellenblatt *Vergleich der Angebote* vergleichen wir den Bankkredit mit den zwei Leasingangeboten.

Kaufpreis berechnen

Der Kaufpreis berechnet sich aus dem Listenpreis (B2) minus dem erhandelten Rabatt von 8 % (B3). Geben Sie daher folgende Formel in C4 ein: `=B2-(B2*B3)`.

Kreditbetrag der Bank berechnen

Mit dem Bankkredit wollen wir nicht nur den notwendigen Kredit von 19.954,80 Euro, sondern gleichzeitig auch die anfallenden Kredit- bzw. Bearbeitungsgebühren bezahlen. Wir gehen in unserem Beispiel von 2,8 % aus. Somit ist der Kreditbetrag größer als der ausgehandelte Kaufpreis, und zwar 20.512,71 Euro.

Wir gehen von einer Laufzeit von 4 Jahren (B10), einem Zinssatz von 6,5 % (B11) und – wie gesagt – von anfallenden Gebühren von 2,8 % (B13) aus.

Die Gebühren machen 2,8 % des Kaufpreises bzw. Kreditauszahlungsbetrags aus, also: `=B13*C14`.

Die so errechneten Gebühren müssen auf den Kreditauszahlungsbetrag addiert werden, und damit haben wir den Kreditbetrag (C12) für den Bankkredit.

Berechnung der Monatsrate

Bild 6.24: Die Funktion RMZ

Über die Funktion RMZ (Regelmäßige Zahlung) berechnen wir die Monatsraten des Kredits. Die Funktion RMZ gibt die konstante Zahlung einer Annuität pro Periode zurück, wobei konstante Zahlungen und ein konstanter Zinssatz vorausgesetzt werden.

Starten Sie in Zelle C15 die RMZ-Funktion zur Berechnung der Monatsraten.

- Im Feld *Zins* geben Sie die Zelle ein, in der der vereinbarte Zinssatz steht (B11).
- Im Feld *Zzr* (Zahlungszeitraum) wird die Laufzeit bzw. Anzahl der Rückzahlungen eingegeben. Standardmäßig werden hier Jahre berechnet.
- Im Feld *Bw* (Barwert) geben Sie den Kreditbetrag ein. Da es sich hier um Monatsraten handelt, teilen Sie den Kreditbetrag durch 12. Da das Ergebnis dieser Funktion als positive Zahl dargestellt werden soll, muss an dieser Stelle der Betrag als negativer Wert eingegeben werden.

Vergleich des Bankkredits mit den Leasingangeboten

	A	B	C	D
1		**Bankkredit**	**1. Leasingangebot**	**2. Leasingangebot**
2	**Laufzeit/Monate**	48	48	48
3				
4	**Kredit**	20.513,53 €		
5	**Mietvorauszahlung**		4.850,00 €	3.900,00 €
6	**Restwert**		8.982,00 €	8.500,00 €
7	**Bearbeitungsgebühr**		87,00 €	118,00 €
8				
9	**Kreditrate p.m.**	499,00 €		
10	**Leasingrate p.m.**		199,00 €	249,00 €
11				
12	**Summe aller Raten**	23.951,83 €	9.552,00 €	11.952,00 €
13	**Gesamtkosten**	**23.951,83 €**	**23.670,00 €**	**24.719,00 €**

Bild 6.25: Vergleich der Angebote

In Spalte B übernehmen Sie in den Zellen B2, B4 und B9 mittels Verknüpfung die Zahlen aus der vorherigen Tabelle. Die Summe aller Raten in der Zelle B12 berechnen Sie aus der Laufzeit, multipliziert mit der monatlichen Rate in B9. Geben Sie daher die Formel ein: `=B9*B2`.

Für die beiden Leasingangebote geben Sie in den Bereichen C2:C10 und D2:D10 die mitgeteilten Werte ein. Die Summe aller Raten berechnet sich hier aus der Leasingrate pro Monat und der Laufzeit. Geben Sie daher in C12 die Formel ein: `=C10*C2` und kopieren Sie diese nach rechts bis zur Zelle D12.

Für die Gesamtkosten der beiden Leasingangebote gehen wir davon aus, dass wir den Wagen nach Ablauf der Leasingzeit zum Restwert kaufen. Die Gesamtkosten berechnen sich somit aus der Summe der Mietvorauszahlung, dem Restwert, der Bearbeitungsgebühr und der Leasingrate pro Monat. Geben Sie daher in C13 die Formel ein: `=SUMME(C5:C12)` und kopieren Sie diese nach D13.

Somit ist in diesem Beispiel das 1. Leasingangebot in puncto Gesamtkosten das günstigste Angebot für die Pkw-Finanzierung.

7 Finanzen

7.1 Einnahmen und Ausgaben mit Belegen

Kategorie: Finanzen

Dateiname: EINNAHMEN_AUSGABEN_MIT_BELEG_PRO_MONAT.XLS

Schwierigkeitsgrad: ❋❋

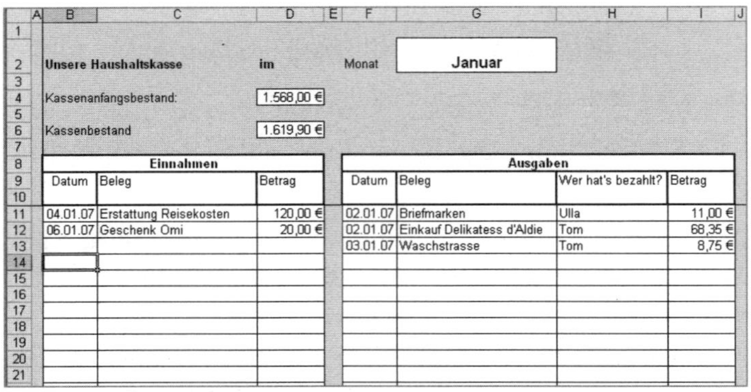

Bild 7.1: Eine detaillierte Aufstellung der Einnahmen und Ausgaben mit Belegen für jeden Monat

Interessiert es Sie auch manchmal, wo eigentlich Ihr Geld bleibt? Mit dieser Excel-Tabelle können Sie Monat für Monat genau beobachten, was Sie für Einnahmen haben und wo Ihr Geld bleibt.

In dem Ausgabenbereich haben wir in diesem Beispiel auch noch eine zusätzliche Spalte eingefügt, in der Sie pflegen können, wer die Ausgabe getätigt hat. Diese Angaben werden im Abrechnungsteil am unteren Rand der Tabelle genutzt, um die Ausgaben pro Person zu addieren.

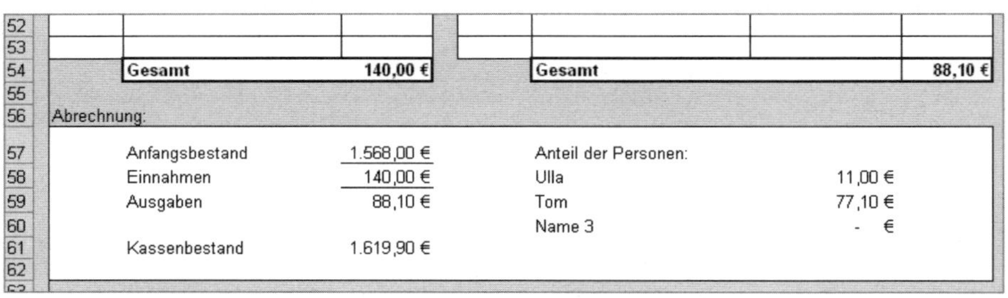

Bild 7.2: Der Abrechnungsteil für einen Monat mit kumulierten Werten und den Anteilen der Ausgaben pro Person

Beschreibung

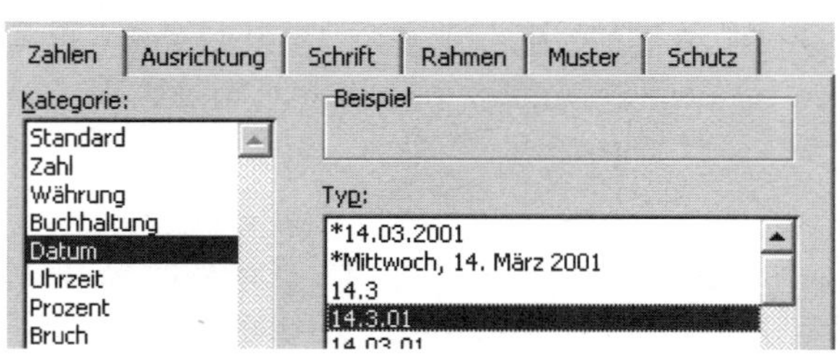

Bild 7.3: Suchen Sie sich eine Datumsdarstellung aus

Geben Sie im oberen Teil der Tabelle eine Überschrift ein und legen Sie mit den entsprechenden Bezeichnungen die Zellen fest, in denen Sie Monat, Anfangsbestand und Endbestand des betrachteten Zeitraums eingeben möchten.

Darunter legen Sie nun für die Einnahmen und Ausgaben jeweils drei (oder wenn Sie die Ausgaben auch personifizieren möchten vier) Spalten an und tragen die jeweiligen Überschriften ein. In der weiteren Beschreibung orientieren wir uns insbesondere hinsichtlich der Zelladressierung an der Beispieldatei auf der CD.

Um die Datenpflege möglichst komfortabel zu gestalten, markieren Sie bereits jetzt einmal alle Zellen, in denen Sie im Laufe des Monats Geldbeträge eintragen wollen, und formatieren Sie diese über das *Währungssymbol* in der *Format*-Symbolleiste als € mit zwei Dezimalstellen.

Die Zellen für Datumsangaben können Sie ebenfalls vorformatieren. Sobald Sie alle diese Zellen markiert haben, öffnen Sie mit Strg+1 den Dialog *Zellen formatieren* und wählen auf dem Register *Zahlen* in der Kategorie *Datum* die gewünschte Datumsdarstellung aus.

Berechnungen

Beginnen wir mit der Addition der Einnahmen und Ausgaben:

1. Klicken Sie in die Zelle D54, fügen Sie über die Schaltfläche Σ *AutoSumme* aus der Standardsymbolleiste die SUMME-Funktion ein und markieren Sie die Zellen D11:D53. Die Formel in der Zelle D54 sieht nun wie folgt aus: `=SUMME(D11:D53)`.
2. Kopieren Sie die Formel mit Strg+C. Klicken Sie anschließend in die Zelle I54 und fügen Sie die kopierte Formel mit Strg+V hier ein. Die Formel für die Addition der Ausgaben in der Zelle I54 lautet `=SUMME(I11:I53)`.
3. Im Abrechnungsteil der Tabelle übernehmen Sie nun die Ergebnisse aus diesen beiden Zellen, indem Sie in die Zelle D58 die Formel `=D54` eingeben und in die Zelle D59 die Formel `=I54`. Gehen wir davon aus, dass Sie in der Zelle D4 wie in unserem Beispiel den Kassenanfangsbestand pflegen, dann übernehmen Sie diesen zur besseren Übersicht auch in den Abrechnungsbereich. Geben Sie in der Zelle D57 die Formel `=D4` ein.
4. Den Kassenendbestand in Zelle D61 berechnen Sie anschließend mit der Formel `=SUMME(D57:D58)-D59`

Diesen können Sie dann mit der Formel `=D61` auch in den oberen Teil der Tabelle in die Zelle D6 übernehmen.

Summen pro Person bilden

Mit der SUMMEWENN-Funktion können Daten addiert werden, wenn sie ein bestimmtes Kriterium erfüllen. Der Aufbau der Funktion sieht vor, dass Sie im ersten Parameter festlegen, wo das Kriterium gesucht werden soll, im 2. Parameter legen Sie das Kriterium fest, welches erfüllt werden muss, und im 3. Parameter teilen Sie Excel mit, wo die Daten stehen, die addiert werden sollen. Tragen Sie hierfür in die Zellen G58:G60 die Namen der Personen ein, die in der entsprechenden Ausgabenspalte vorkommen. Die Schreibweise muss identisch sein! Die Formel in Zelle H58 lautet dann entsprechend: `=SUMMEWENN($H$11:$H$53;G58;$I$11:$I$53)`.

Excel sucht nun im Bereich H11 bis H53 den Eintrag, der in Zelle G58 steht, und addiert nur die Zeilen aus dem Bereich I11:I53, in denen der Eintrag in der Spalte H mit dem Eintrag in Zelle G58 übereinstimmt. Da die Zellbereiche in der Formel als absolute Zellbezüge ($) eingegeben wurden, kann diese Formel nun nach unten kopiert werden.

7.2 Gewinn- und Verlustaufstellung

Kategorie: Finanzen

Dateiname: GEWINN VERLUST EINFACH.XLS

Schwierigkeitsgrad: ❋❋

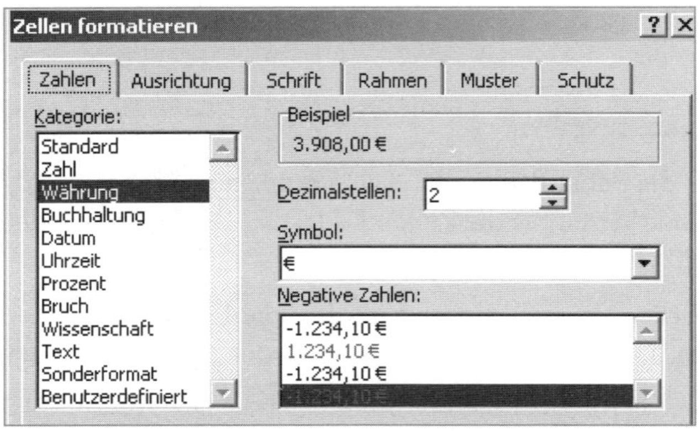

Bild 7.4: Eine einfache Gewinn- und Verlustrechnung für jeden Monat

Sie haben für jeden Monat im vergangenen Jahr die Einnahmen und die Ausgaben erfasst. Jetzt möchten Sie sehen, wie hoch der Gewinn bzw. der Verlust pro Monat ist.

In den Spalten A bis C haben Sie die bekannten Daten erfasst. In der Spalte D und in der Zeile 17 sollen die Ergebnisse gebildet werden. In der Zeile 17 wollen wir jetzt noch die Summe des ganzen Jahres bilden.

Damit ein Verlust besser zu erkennen ist, werden wir ihn automatisch mit einer roten Schriftfarbe kennzeichnen.

Gewinn / Verlust pro Monat

1. Setzen Sie den Cursor in die Zelle D4.
2. Geben Sie die folgende Funktion ein: `=B4-C4`.
3. Kopieren Sie die Funktion nach unten.

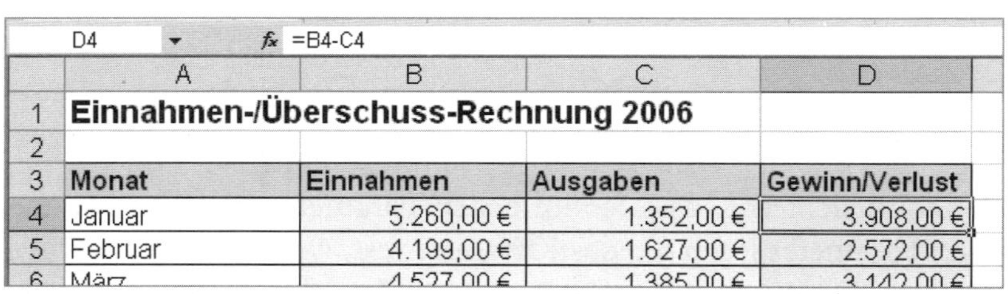

D4 =B4-C4

	A	B	C	D
1	Einnahmen-/Überschuss-Rechnung 2006			
2				
3	Monat	Einnahmen	Ausgaben	Gewinn/Verlust
4	Januar	5.260,00 €	1.352,00 €	3.908,00 €
5	Februar	4.199,00 €	1.627,00 €	2.572,00 €
6	März	4.527,00 €	1.385,00 €	3.142,00 €

Bild 7.5: Der Rechenschritt zur Gewinn- und Verlustrechnung

Ein Diagramm sagt mehr als 1000 Zahlen

Markieren Sie die Zellen A3 bis A15. Halten Sie dann die `Strg`-Taste gedrückt und markieren Sie die Zellen D3 bis D15. Lassen Sie `Strg`-Taste los und drücken Sie die Taste `F11`. Jetzt erhalten Sie das Standardsäulendiagramm.

Für ein weiteres Diagramm markieren Sie die Zellen A3 bis C15 und drücken wieder die Taste `F11`. Wählen Sie für dieses Diagramm über die Schaltfläche *Diagrammtyp* das Liniendiagramm aus.

Die Gesamtsummen

1. Setzen Sie den Cursor in die Zelle B17.
2. Klicken Sie auf die Schaltfläche *AutoSumme* Σ.
3. Kontrollieren Sie, ob auch alle Zellen mit den monatlichen Einnahmen markiert werden, und drücken Sie [Eingabe].
4. Kopieren Sie die Funktion nach rechts.

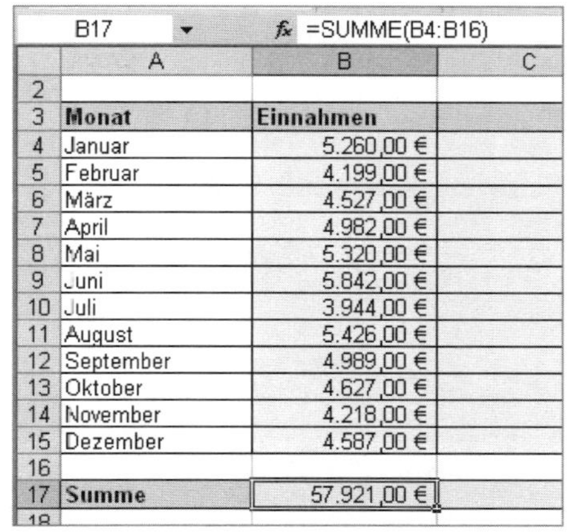

B17 | fx =SUMME(B4:B16)

	A	B	C
2			
3	Monat	Einnahmen	
4	Januar	5.260,00 €	
5	Februar	4.199,00 €	
6	März	4.527,00 €	
7	April	4.982,00 €	
8	Mai	5.320,00 €	
9	Juni	5.842,00 €	
10	Juli	3.944,00 €	
11	August	5.426,00 €	
12	September	4.989,00 €	
13	Oktober	4.627,00 €	
14	November	4.218,00 €	
15	Dezember	4.587,00 €	
16			
17	Summe	57.921,00 €	

Bild 7.6: Die Gesamtsumme der Einnahmen

Die Formatierung

1. Markieren Sie die Zellen von D4 bis D15.
2. Wählen Sie *Format/Zellen* und aktivieren Sie das Register *Zahlen*. Stellen Sie die gewünschte Formatierung ein.

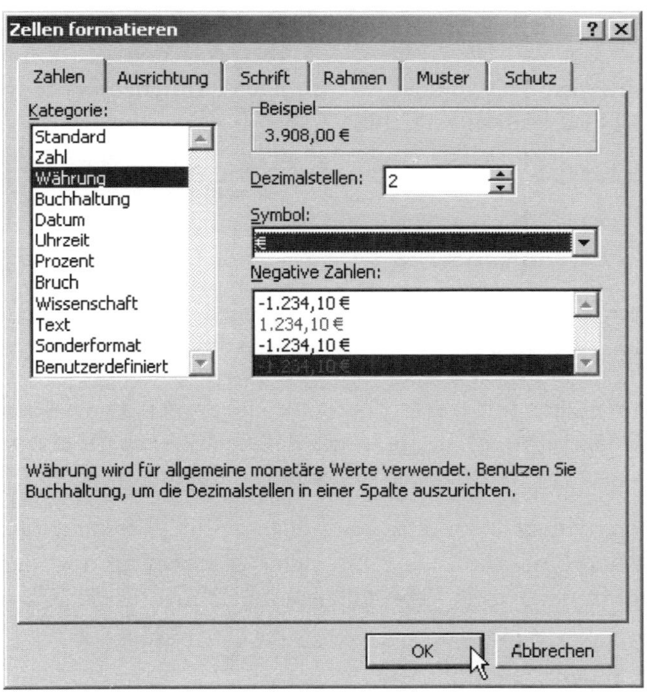

Bild 7.7: Die Zellformate für die Währungszellen

7.3 Kreditanalyse: Darlehensvarianten durchrechnen

Kategorie: Finanzen

Dateiname: KREDITANALYSE.XLS

Schwierigkeitsgrad: ❋❋

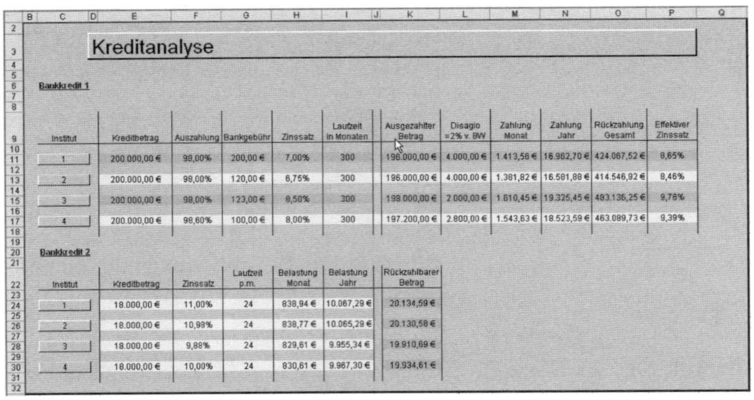

Kreditanalyse

Bankkredit 1

Institut	Kreditbetrag	Auszahlung	Bankgebühr	Zinssatz	Laufzeit in Monaten	Ausgezahlter Betrag	Disagio =2% v. BW	Zahlung Monat	Zahlung Jahr	Rückzahlung Gesamt	Effektiver Zinssatz
1	200.000,00 €	98,00%	200,00 €	7,00%	300	196.000,00 €	4.000,00 €	1.413,56 €	16.962,70 €	424.067,52 €	8,65%
2	200.000,00 €	98,00%	120,00 €	6,75%	300	196.000,00 €	4.000,00 €	1.381,82 €	16.581,88 €	414.546,92 €	8,46%
3	200.000,00 €	99,00%	123,00 €	8,50%	300	198.000,00 €	2.000,00 €	1.610,45 €	19.325,45 €	483.136,25 €	9,76%
4	200.000,00 €	98,60%	100,00 €	8,00%	300	197.200,00 €	2.800,00 €	1.543,63 €	18.523,59 €	463.089,73 €	9,39%

Bankkredit 2

Institut	Kreditbetrag	Zinssatz	Laufzeit p.m.	Belastung Monat	Belastung Jahr	Rückzahlbarer Betrag
1	18.000,00 €	11,00%	24	838,94 €	10.067,29 €	20.134,59 €
2	18.000,00 €	10,98%	24	838,77 €	10.065,29 €	20.130,58 €
3	18.000,00 €	9,88%	24	829,61 €	9.955,34 €	19.910,69 €
4	18.000,00 €	10,00%	24	830,61 €	9.967,30 €	19.934,61 €

Bild 7.8: Hier können Sie die verschiedenen Varianten eines Kredits vergleichen.

Sie möchten vielleicht eine größere Anschaffung finanzieren oder planen einen Hauskauf, und Ihnen wird immer ganz schwindlig, wenn Ihnen Ihr Banker die unterschiedlichen Konditionen in Windeseile vorrechnet.

Mit dieser Tabelle können Sie einmal ganz in Ruhe die verschiedenen Varianten eines Darlehens ausrechnen und schauen, was für Kosten auf Sie zukommen.

Während im oberen Bereich der Tabelle *Bankkredit 1* Bankgebühren und ein vom Kreditbetrag abweichender Auszahlungsbetrag in die Berechnungen einfließen, wird im unteren Bereich, der eher für Kleinkredite gedacht ist, hierauf verzichtet.

Die Berechnungen in den vier Zeilen zu jedem Bereich sind gleich aufgebaut und dienen dem Vergleich verschiedener Angebote.

Beschreibung

Geben Sie in einer neuen Tabelle die Überschriften laut Abbildung ein und tragen Sie in die Zellen E11 bis I11 die Eckdaten für den zu analysierenden Kredit ein.

Den *Auszahlungsbetrag* und den *Zinssatz* geben Sie dabei mit einem Prozentzeichen ein, z. B. 4,7 % in der Zelle H11. Wird der gesamte Kreditbetrag ausgezahlt, geben Sie in die Zellen der Spalte F 100 % ein.

Damit auch die Dezimalstellen angezeigt werden, klicken Sie zweimal auf das Symbol *Dezimalstellen hinzufügen* in der *Format*-Symbolleiste. Formatieren Sie die Zellen mit dem Kreditbetrag und der Bankgebühr über einen Klick auf das €-Symbol in der *Format*-Symbolleiste im Zahlenformat Währung.

In den Spalten K bis P werden jetzt die Formeln für Ihre Kreditanalyse eingegeben.

Ausgezahlter Betrag

In der Zelle K11 multiplizieren Sie den Kreditbetrag aus E11 mit dem Prozentwert der Auszahlung in der Zelle F11 und erhalten dadurch den Auszahlungsbetrag. `=E11*F11`.

Disagio

Als Disagio wird der Teil des Kredits bezeichnet, der nicht zur Auszahlung kommt. Disagio ist die Differenz zwischen dem Kreditwert und dem Auszahlungsbetrag. In dieser Tabelle berechnen Sie diesen Wert, indem Sie vom Kreditwert den Auszahlungsbetrag abziehen. Für Zelle L11 lautet die Formel: `=E11-K11`.

Zahlung Monat

Starten Sie in der Zelle M11 die RMZ-Funktion zur Berechnung des monatlichen Rückzahlungsbetrags:

- Im Feld *Zins* geben Sie die Zelle ein, in der der vereinbarte Zinssatz steht. Da wir in diesem Fall die regelmäßige Zahlung jedoch pro Monat berechnen wollen und den Zahlungszeitraum auf Monatsbasis eingegeben haben, teilen Sie den Zins aus Zelle H11 noch durch 12.

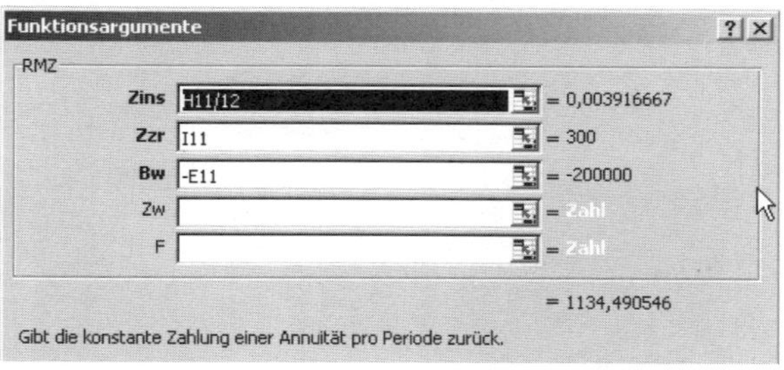

Bild 7.9: Funktionsargumente der RMZ-Funktion

- Im Feld *Zzr* (Zahlungszeitraum) wird die Laufzeit bzw. Anzahl der Rückzahlungen eingegeben. In diesem Beispiel gehen wir von 300 Monaten (also 25 Jahren) aus.
- Im Feld *Bw* (Barwert) geben Sie die Zelle mit dem Kreditbetrag ein. Wenn das Ergebnis dieser Funktion als positive Zahl dargestellt werden soll, müssen Sie an dieser Stelle den Betrag als negativen Wert eingeben.

Das Ergebnis der RMZ-Funktion ist der Betrag, den Sie pro Rückzahlungsperiode – in diesem Beispiel pro Monat – leisten müssen.

Zahlung Jahr

Indem Sie das Ergebnis der RMZ-Funktion mit 12 multiplizieren, erhalten Sie den Rückzahlungsbetrag pro Jahr. Geben Sie die Formel `=M11*12` in die Zelle N11 ein.

Rückzahlung gesamt

Die Gesamtrückzahlung ergibt sich in diesem Beispiel aus der Multiplikation der monatlichen Zahlung mit der Laufzeit: `=M11*I11`.

Effektiver Jahreszins

Um den effektiven Jahreszins zu berechnen, teilen Sie die jährliche Zahlung durch den Auszahlungsbetrag. Damit Sie eine mögliche Fehlermeldung #DIV/0 vermeiden, die auftreten würde, wenn eine der Zellen leer wäre, schachteln Sie die Division in eine WENN-Funktion.

Geben Sie folgende Formel in die Zelle P11 ein: `=WENN(K11=0;0;N11/K11)`.

Sie können die Formeln nun in die anderen Zellen kopieren, in denen Sie die gleichen Berechnungen durchführen möchten.

7.4 Kreditanalyse: Ratenlaufzeit

Kategorie: Finanzen

Dateiname: RATENZAHLUNG.XLS

Schwierigkeitsgrad: ❋ ❋

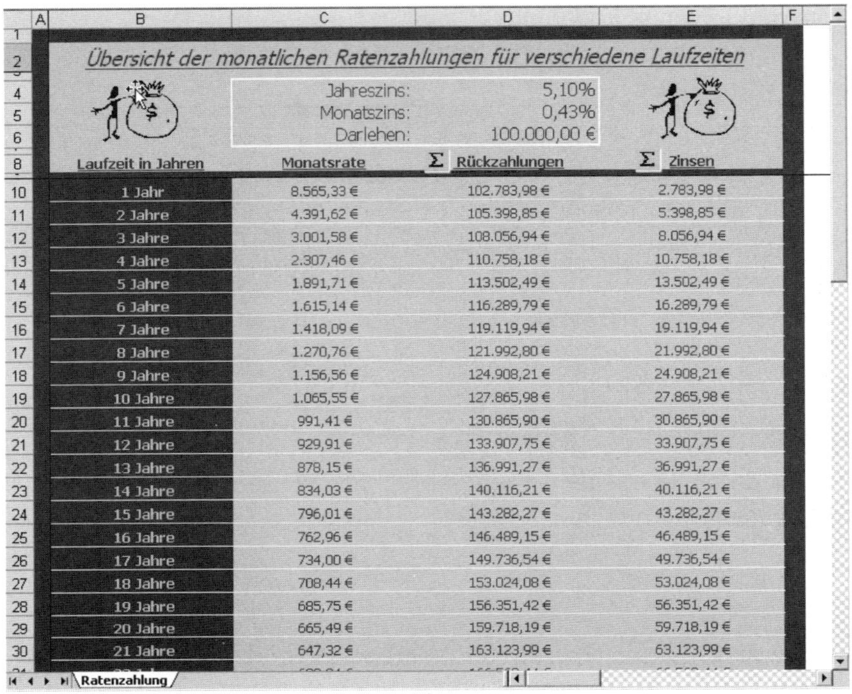

Übersicht der monatlichen Ratenzahlungen für verschiedene Laufzeiten

Jahreszins: 5,10%
Monatszins: 0,43%
Darlehen: 100.000,00 €

Laufzeit in Jahren	Monatsrate	Σ Rückzahlungen	Σ Zinsen
1 Jahr	8.565,33 €	102.783,98 €	2.783,98 €
2 Jahre	4.391,62 €	105.398,85 €	5.398,85 €
3 Jahre	3.001,58 €	108.056,94 €	8.056,94 €
4 Jahre	2.307,46 €	110.758,18 €	10.758,18 €
5 Jahre	1.891,71 €	113.502,49 €	13.502,49 €
6 Jahre	1.615,14 €	116.289,79 €	16.289,79 €
7 Jahre	1.418,09 €	119.119,94 €	19.119,94 €
8 Jahre	1.270,76 €	121.992,80 €	21.992,80 €
9 Jahre	1.156,56 €	124.908,21 €	24.908,21 €
10 Jahre	1.065,55 €	127.865,98 €	27.865,98 €
11 Jahre	991,41 €	130.865,90 €	30.865,90 €
12 Jahre	929,91 €	133.907,75 €	33.907,75 €
13 Jahre	878,15 €	136.991,27 €	36.991,27 €
14 Jahre	834,03 €	140.116,21 €	40.116,21 €
15 Jahre	796,01 €	143.282,27 €	43.282,27 €
16 Jahre	762,96 €	146.489,15 €	46.489,15 €
17 Jahre	734,00 €	149.736,54 €	49.736,54 €
18 Jahre	708,44 €	153.024,08 €	53.024,08 €
19 Jahre	685,75 €	156.351,42 €	56.351,42 €
20 Jahre	665,49 €	159.718,19 €	59.718,19 €
21 Jahre	647,32 €	163.123,99 €	63.123,99 €

Ratenzahlung

Bild 7.10: Wie hoch sind die monatlichen Belastungen bei unterschiedlichen Laufzeiten?

Wie hoch darf die monatliche Belastung sein? Wie lang muss die Laufzeit dann sein? Was kostet der Kredit insgesamt?

Dass bei einer Finanzierung nicht nur die Höhe des Darlehens Einfluss auf die laufenden Kosten hat, sondern auch die Variablen Laufzeit, Zinssatz und Höhe der regelmäßigen Rückzahlung in einem bestimmten Verhältnis zueinander stehen, ist weitestgehend bekannt.

Aber wer kann schon direkt sagen, bei welcher Laufzeit welche Ratenzahlung notwendig ist, um am Ende den Kredit bezahlt zu haben? Und ist es nicht auch interessant einmal zu sehen, was Sie für den ganzen Spaß dann tatsächlich bezahlt haben?

Die vorliegende Tabelle gibt darüber Aufschluss.

Beschreibung

Die Berechnungen in dieser Tabelle basieren auf der finanzmathematischen Funktion RMZ. Das Ergebnis der RMZ-Funktion ist der Betrag, den Sie pro Rückzahlung leisten müssen. Diesen Betrag wollen wir als monatliche Zahlungen in der Spalte C ausgeben und dies unter Berücksichtigung der in Spalte B in Jahren angegebenen Gesamtlaufzeit für das Darlehen.

Zur Berechnung der regelmäßigen Zahlung braucht die RMZ-Funktion neben der Laufzeit natürlich noch die Information über die Höhe des Darlehens und den vereinbarten konstanten Zinssatz.

Legen Sie im Tabellenkopf zwei Zellen für diese Informationen fest. In unserem Beispiel wird in der Zelle D4 der jährliche *Zins* eingetragen und in der Zelle D6 der *Barwert*, also der Kreditbetrag. In der Zelle D5 wird aus dem Jahreszins der Monatszins errechnet. Geben Sie hierfür folgende Formel ein: `=D4/12`.

Jetzt legen Sie in der Zeile 8 die Überschriften für Ihre Tabelle fest. Orientieren Sie sich dabei an der obigen Abbildung.

In der Spalte *Laufzeit in Jahren* tragen Sie in die Zelle B10 eine 1 und in die Zelle B11 eine 2 ein. Die Anzeige von *Jahr* bzw. *Jahren* erhalten Sie über *Format/Zellen* Register *Zahlen*, indem Sie als *benutzerdefiniertes Zahlenformat* im Feld *Typ* folgenden Eintrag vornehmen: `[=1] 0" Jahr"; 0 "Jahre"`.

Bild 7.11: So können Sie ein benutzerdefiniertes Zahlenformat abhängig vom Zellinhalt gestalten.

Markieren Sie anschließend beide Zellen und ziehen Sie über das Ausfüllkästchen so weit nach unten, wie Sie möchten. In unserem Beispiel wird von einer maximalen Laufzeit von 50 Jahren ausgegangen.

In der Zelle C10 starten Sie nun die RMZ-Funktion.

Bild 7.12: Funktionsargumente RMZ-Funktion

1. Im Feld *Zins* geben Sie die Zelle D5 ein, in der der monatliche Zinssatz steht, und setzen den Bezug mit [F4] fest, um die Formel später kopieren zu können.
2. Im Feld *Zzr* (Zahlungszeitraum) wollen wir jetzt keinen festen Wert haben. Es soll in jeder Zeile die Laufzeit entsprechend der angegebenen Jahre in der Spalte B neu berechnet werden. Geben Sie deshalb hier die Formel B10*12 ein.
3. Im Feld *Bw* (Barwert) geben Sie –D6 ein und setzen auch diesen Zellbezug mit [F4] fest.

Die Summe aller Rückzahlungen in der Spalte D erhalten Sie über die Multiplikation der monatlichen Rückzahlung aus der Spalte C mit 12 und der jeweiligen Anzahl Jahre aus Spalte B.

Die Formel in der Zelle D10 lautet dementsprechend `=C10*B10*12`.

Ermitteln Sie nun noch durch die Subtraktion des Kreditbetrags von der Summe der Rückzahlungen die angefallenen Zinsen. Tippen Sie hierfür folgende Formel in die Zelle E10 `=D10-$D$6`.

Jetzt können Sie die Zellen C10 bis E10 markieren und mit einem Doppelklick auf das Ausfüllkästchen bis zur Zeile mit dem letzten Jahreseintrag kopieren.

7.5 Kreditanalyse: Status quo

Kategorie: Finanzen

Dateiname: KREDITANALYSE2.XLS

Schwierigkeitsgrad: ❋❋❋❋

In diesem Beispiel stellen wir Ihnen eine Datei vor, mit der Sie die monatliche Belastung, die Anteile von Zinsen und Tilgung, die Restschuld sowie die Gesamtkosten für einen Kredit bei unterschiedlichen Laufzeiten und unterschiedlichen Zahlungsintervallen für jedes Zahlungsintervall berechnen können.

	A	B	C	D	E	F	G
3	Kreditsumme		200.000,00 €	Zahlungsraten (Jahr)		Monat	12
4	Jahreszins		5,20%	Anfangsdatum			Jul 03
5	Laufzeit (Jahre)		10 Jahre	Gesamtzahl der Zahlung			120
6	letzte Zahlung		Juni 2013	Gesamtbeträge			
7				256.909,90 €	56.909,90 €	200.000,00 €	
8	Zahlung Nr	Datum der Zahlung	Anfangs Stand	monatliche Zahlungen	Zinsanteil	Tilgungsanteil	Restschuld
9	1	Jul 03	200.000,00 €	2.140,92 €	866,67 €	1.274,25 €	198.725,75 €
10	2	Aug 03	198.725,75 €	2.140,92 €	861,14 €	1.279,77 €	197.445,98 €
11	3	Sep 03	197.445,98 €	2.140,92 €	855,60 €	1.285,32 €	196.160,66 €
12	4	Okt 03	196.160,66 €	2.140,92 €	850,03 €	1.290,89 €	194.869,78 €
13	5	Nov 03	194.869,78 €	2.140,92 €	844,44 €	1.296,48 €	193.573,30 €
14	6	Dez 03	193.573,30 €	2.140,92 €	838,82 €	1.302,10 €	192.271,20 €
15	7	Jan 04	192.271,20 €	2.140,92 €	833,18 €	1.307,74 €	190.963,46 €
16	8	Feb 04	190.963,46 €	2.140,92 €	827,51 €	1.313,41 €	189.650,05 €
17	9	Mrz 04	189.650,05 €	2.140,92 €	821,82 €	1.319,10 €	188.330,95 €
18	10	Apr 04	188.330,95 €	2.140,92 €	816,10 €	1.324,82 €	187.006,14 €
19	11	Mai 04	187.006,14 €	2.140,92 €	810,36 €	1.330,56 €	185.675,58 €
20	12	Jun 04	185.675,58 €	2.140,92 €	804,59 €	1.336,32 €	184.339,26 €
21	13	Jul 04	184.339,26 €	2.140,92 €	798,80 €	1.342,11 €	182.997,15 €
22	14	Aug 04	182.997,15 €	2.140,92 €	792,99 €	1.347,93 €	181.649,22 €

Bild 7.13: Umfassende Analyse eines Kredits bei unterschiedlicher Anzahl Rückzahlungen

Das Prinzip

Die Faktoren Kredithöhe, Zinssatz, Laufzeit und Anzahl Zahlungen pro Jahr haben einerseits Einfluss auf die Höhe und andererseits auch Einfluss auf die anteilige Verteilung von Zinsen und Tilgung der Zahlungen pro Zahlungsintervall. In diesem Beispiel möchten wir für jede einzelne Zahlung berechnen, wie hoch die Restschuld ist und wie hoch die Anteile von Tilgung und Zinsen sind. Wäre nun die Anzahl der Zahlungen konstant, könnten wir einfach eine entsprechende Anzahl Zeilen mit den jeweiligen Formeln versehen.

Es soll jedoch zusätzlich die Laufzeit und die Zahlungsweise, d. h. die Anzahl Zahlungen pro Jahr flexibel sein, sodass auch noch berechnet werden muss, für wie viele Zahlungen diese Berechnungen angestellt werden sollen. In der Tabelle sollen also immer genau so viele Zeilen mit Berechnungen gefüllt werden, wie Zahlungen notwendig sind.

Aufbau der Tabelle

Betrachten wir zunächst den oberen Teil, die Angaben in Zeile 3 bis 5.

	A	B	C	D	E	F	G
3	Kreditsumme		200.000,00 €	Zahlungsraten (Jahr)		Monat	12
4	Jahreszins		5,20%	Anfangsdatum			Jul 03
5	Laufzeit (Jahre)		10 Jahre	Gesamtzahl der Zahlung			120

Bild 7.14: Der Tabellenkopf mit den konstanten und berechneten Angaben zu Laufzeit, Zins und Höhe des Kredits

In den Zellen C3 bis C5 geben Sie die Höhe des Kredits, den Zinssatz und die Laufzeit in Jahren ein. Das benutzerdefinierte Zahlenformat in Zelle C5 stellen Sie dabei über *Format/Zellen* auf dem Register *Zahlen* in der Kategorie *Benutzerdefiniert* ein, indem Sie in das Feld *Typ* folgenden Eintrag schreiben: 0 »Jahre«.

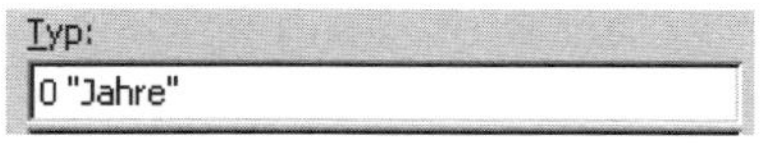

Bild 7.15: Benutzerdefiniertes Zahlenformat

In der Zelle F3 legen Sie über *Daten/Gültigkeit* auf dem Register *Einstellungen* fest, dass hier nur Einträge aus einer Liste ausgewählt werden dürfen, und geben im Feld *Quelle* mit Semikolon getrennt die möglichen Einträge wie in Abbildung 7.27 ein.

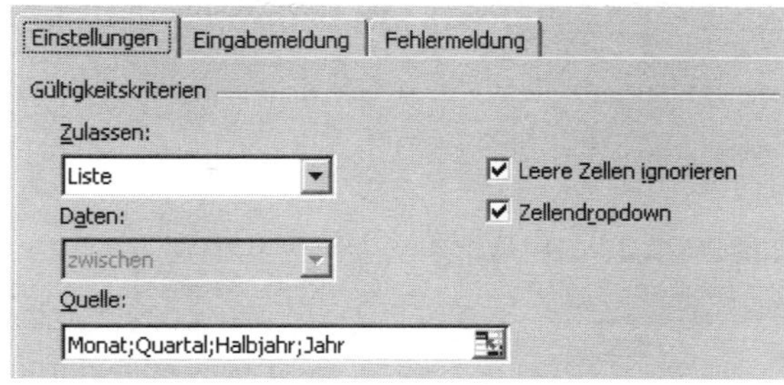

Bild 7.16: Gültigkeitskriterien für eine Auswahlliste

In der Zelle G3 wird nun anhand der Eingabe in Zelle F3 berechnet, wie viele Zahlungen pro Jahr fällig sind. Für diese Berechnung bedarf es einer dreifach verschachtelten WENN-Funktion:

- Zunächst wird geprüft, ob in F3 *Monat* steht. Ist dies der Fall, soll in die Zelle G3 der Wert 12 (also 12 Zahlungen pro Jahr) eingetragen werden.
- Ist dies nicht der Fall, wird weiter geprüft, ob in F3 *Quartal* steht. Ist diese Prüfung WAHR, so soll in Zelle G3 der Wert 4 eingetragen werden.
- Ist auch diese Prüfung FALSCH, so wird als Letztes geprüft, ob in F3 *Halbjahr* steht, und für diesen Fall festgelegt, dass der Wert 2 in G3 geschrieben wird.
- Führt keine der Prüfungen zu dem Ergebnis WAHR, soll 1 in die Zelle G3 geschrieben werden (in diesem Fall kann es sich nur noch um eine jährliche Zahlung handeln, da alles andere bereits geprüft wurde).

Die Formel in G3: `=WENN(F3="Monat";12;WENN(F3="Quartal";4;WENN(F3="Halbjahr";2;1)))`

- In die Zelle G4 geben Sie den 10. Tag des Monats ein, in dem Sie mit den Rückzahlungen beginnen wollen. Wir wählen hier bewusst nicht den ersten Tag des Monats, da durch die unterschiedliche Anzahl Tage pro Monat eventuell sonst ein Monat in der Auflistung der Zahlungen doppelt und ein anderer gar nicht vorkommen könnte.
- Weisen Sie der Zelle G4 das Datumsformat MMM JJ über *Format/Zellen/Zahlen /Benutzerdefiniert* zu.
- In der Zelle G5 wird nun aus der Laufzeit in Jahren in C5 und der Anzahl Zahlungen pro Jahr in G3 die Gesamtanzahl der Zahlungen berechnet: `=C5*G3`.

Auf diese Gesamtanzahl werden wir uns gleich bei der Nummerierung der einzelnen Zahlungen beziehen. Geben Sie nun in die Zeile 8 die Überschriften wie in folgender Abbildung ein.

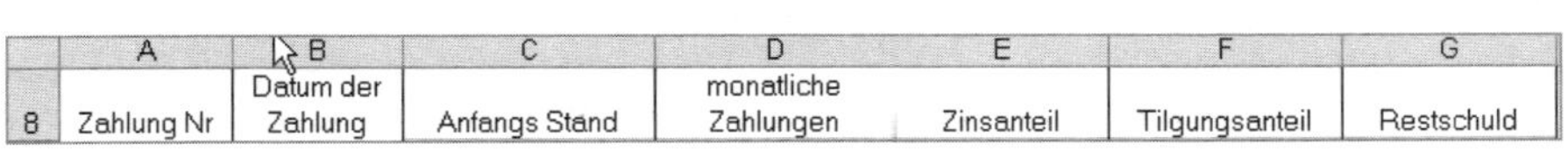

	A	B	C	D	E	F	G
8	Zahlung Nr	Datum der Zahlung	Anfangs Stand	monatliche Zahlungen	Zinsanteil	Tilgungsanteil	Restschuld

Bild 7.17: Überschriften für die Liste der Zahlungen

Zahlungs-Nr.

Geben Sie in die Zelle A9 eine 1 ein. Um eine fortlaufende Nummer in den Zellen der Spalte A zu bekommen, bräuchten Sie in A10 nur die Formel `=A9+1` eingeben. Da aber nur bis zur letzten Zahlung hier die nächsthöhere Zahl eingetragen werden soll, wird mit der WENN-Funktion erst geprüft, ob die A9 + 1 kleiner oder gleich der Anzahl der Gesamtzahlungen (G5) ist. Führt die Prüfung zu dem Ergebnis WAHR, wird zum Wert aus A9 eine 1 addiert, sonst wird nichts in die Zelle eingetragen.

Geben Sie folgende Formel in die Zelle A10 ein: `=WENN((A9+1)<=$G$5;A9+1;"")`.

Der Bezug auf die Zelle G5 muss mit [F4] festgesetzt werden, damit die Formel weiter nach unten kopiert werden kann.

Datum der Zahlung

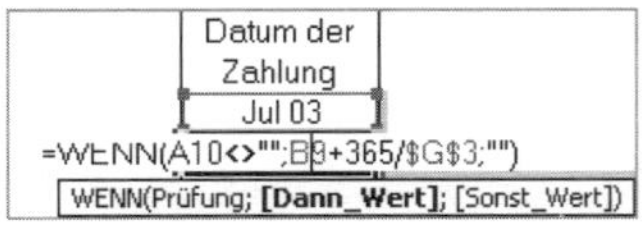

Bild 7.18: Formel mit Tooltipps zur WENN-Funktion

In der ersten Zelle dieser Spalte kann mit der Formel `=G4` das Anfangsdatum aus dem Tabellenkopf übernommen werden. In der Zeile darunter soll nun der nächste Zahlungstermin berechnet werden. Auch hier wird wieder zuerst geprüft, ob überhaupt noch eine weitere Zahlung vorgesehen ist. Dies erkennen Sie daran, dass in der Spalte A in dieser Zeile noch eine Zahl steht. Ist dies nicht der Fall, ist keine Zahlung mehr nötig.

Der nächste Zahlungstermin muss aufgrund der variablen Anzahl Zahlungen pro Jahr auch berechnet werden. Hierfür teilen wir 365 (Anzahl Tage pro Jahr) durch die Anzahl der Zahlungen pro Jahr (G3) und addieren das Ergebnis zum Datum der vorherigen Zahlung.

Die Formel in Zelle B10 lautet entsprechend: `=WENN(A10<>"";B9+365/$G$3;"")`.

Der Bezug auf die Zelle G3 muss mit [F4] festgesetzt werden, damit die Formel weiter nach unten kopiert werden kann.

Anfangsstand

In der Zelle C9 übernehmen Sie die Kreditsumme aus B3 mit der Formel `=B3`.

In der Zelle C10 wird nun aus der Zelle G9 die Restschuld nach der letzten Zahlung übernommen, aber natürlich nur, wenn eine weitere Zahlung notwendig ist. Dies überprüfen Sie wie bereits in der Spalte B. Die komplette Formel für den Anfangsstand in Zelle C10 lautet: `=WENN(A10<>"";G9;"")`.

Monatliche Zahlung

Für die Berechnung der regelmäßigen Zahlung setzen Sie die RMZ-Funktion ein. Starten Sie in der Zelle D9 über *Einfügen/Funktion*/Kategorie *Finanzmathematik* die RMZ-Funktion.

- Im Feld *Zins* geben Sie die Zelle ein, in der der vereinbarte Zinssatz steht, und teilen diesen durch die Anzahl Zahlungen pro Jahr
- Im Feld *Zzr* (Zahlungszeitraum) wird die Laufzeit eingegeben. Standardmäßig werden hier Jahre berechnet, wir nutzen hier die Anzahl Zahlungen gesamt.

Bild 7.19: Funktionsargumente der finanzmathematischen Funktion RMZ zur Berechnung der regelmäßigen Zahlungen

- Im Feld *Bw* (Barwert) geben Sie den Kreditbetrag ein. Wenn das Ergebnis dieser Funktion als positive Zahl dargestellt werden soll, müssen Sie an dieser Stelle den Betrag als negativen Wert eingeben.

Das Ergebnis der RMZ-Funktion ist der Betrag, den Sie pro Jahr leisten müssen. Damit hier der Wert pro Zahlungsintervall angegeben wird, teilen Sie das Ergebnis der RMZ-Funktion durch die Anzahl Zahlungen pro Jahr: `=RMZ($C$4/$G$3;$G$5;-$C$3)`.

In der Zelle D9 wird diese Funktion wieder in die bereits bekannte WENN-Funktion eingebunden, womit in D10 folgende Formel eingetragen werden muss:
`=WENN(A10<>"";RMZ($C$4;$C$5;-$C$3)/$G$3;"")`

Zinsanteil

In Zelle E9 nutzen Sie die ZINSZ-Funktion zur Berechnung des Zinsanteils an der Zahlung. Geben Sie in die Felder *Zins*, *Zzr* und *Bw* die gleichen Zellen an wie in der RMZ-Funktion. Da Sie die ZINSZ-Funktion jedoch für jede Rückzahlungsperiode separat berechnen und deshalb die Funktion kopieren möchten, setzen Sie diese Bezüge über [F4] fest.

Außerdem braucht die ZINSZ-Funktion im Feld *Zr* noch die Information, um die wievielte Rückzahlungsperiode es sich handelt. Geben Sie hier die Zelle A9 ein. Dieser Bezug bleibt relativ, weil er sich in den Zeilen darunter anpassen soll. Betten Sie ab Zeile 10 die Funktion ebenso wie die RMZ-Funktion in die WENN-Funktion ein. Die Formel für die Zelle E10 lautet:
`=WENN(A10<>"";ZINSZ($C$4/$G$3;A10;$G$5;-$C$3);"")`

Tilgungsanteil

In Zelle F9 nutzen Sie die KAPZ-Funktion zur Berechnung des Tilgungsanteils an der Zahlung. Geben Sie in die Felder *Zins*, *Zzr* und *Bw* die gleichen Zellen an wie in der RMZ-Funktion. Da Sie die KAPZ- Funktion jedoch für jede Rückzahlungsperiode separat berechnen und deshalb die Funktion kopieren möchten, setzen Sie diese Bezüge über [F4] fest.

Genauso wie die ZINSZ-Funktion braucht die KAPZ-Funktion im Feld *Zr* noch die Information, um die wievielte Rückzahlungsperiode es sich handelt. Geben Sie hier die Zelle A9 ein. Dieser Bezug bleibt relativ, weil er sich in den Zeilen darunter anpassen soll. Betten Sie ab Zeile 10 die Funktion ebenso wie die RMZ-Funktion in die WENN-Funktion ein. Die Formel für die Zelle F10 lautet:
`=WENN(A10<>"";KAPZ($C$4/$G$3;A10;$G$5;-$C$3);"")`

Restschuld

Die Restschuld berechnen Sie, indem Sie vom Anfangsstand den Tilgungsanteil abziehen.

Die Formel ab der zweiten Zeile (also inkl. WENN-Funktion) lautet:
`=WENN(A10<>"";C10-F10;"")`

letzte Zahlung		April 2013	Gesamtbeträge			
			257.755,03 €	57.755,03 €	200.000,00 €	
36	Apr 12	30.999,97 €	6.443,88 €	403,00 €	6.040,88 €	24.959,09 €
37	Jul 12	24.959,09 €	6.443,88 €	324,47 €	6.119,41 €	18.839,69 €
38	Okt 12	18.839,69 €	6.443,88 €	244,92 €	6.198,96 €	12.640,73 €
39	Jan 13	12.640,73 €	6.443,88 €	164,33 €	6.279,55 €	6.361,18 €
40	Apr 13	6.361,18 €	6.443,88 €	82,70 €	6.361,18 €	- 0,00 €

Bild 7.20: So sehen die letzten Zeilen Ihrer Kreditanalyse aus.

7.6 Kreditanalyse: Tilgungsplan

Kategorie: Finanzen

Dateiname: TILGUNGSPLAN.XLS

Schwierigkeitsgrad: ❋❋❋❋

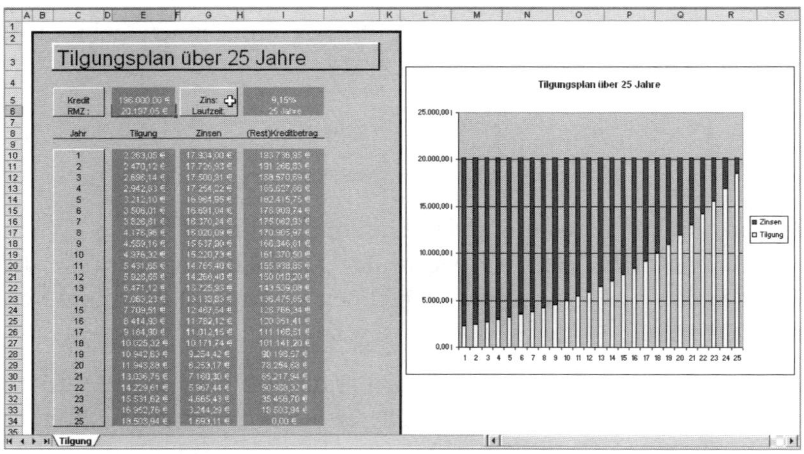

In diesem Beispiel können Sie berechnen, wie sich die jährlichen Rückzahlungen für ein Darlehen auf Zinsen und Tilgung des Darlehensbetrags aufteilen und wie sich diese Verteilung innerhalb der Laufzeit des Darlehens entwickelt.

Das Beispiel ist auf einen Rückzahlungszeitraum von 25 Jahren ausgelegt.

Bild 7.21: Wie entwickelt sich mein Darlehen in 25 Jahren?

Beschreibung

In der Tabelle werden drei finanzmathematische Funktionen verwendet.

- Mit der RMZ-Funktion wird die regelmäßige Zahlung, also die Höhe des periodischen Rückzahlungsbetrags, errechnet.
- Die KAPZ-Funktion ermittelt den Tilgungsanteil aus dem periodischen Rückzahlungsbetrag.
- Die ZINSZ-Funktion ermittelt den Anteil der Zinsen aus dem periodischen Rückzahlungsbetrag.

Die Summe der KAPZ- und ZINSZ-Funktionen ergibt dann für jede Periode das Ergebnis der RMZ-Funktion pro Periode.

Alle drei Funktionen benötigen für ihre Berechnungen folgende Informationen:

- Die Kredithöhe: steht in der Zelle E5.
- Der vereinbarte Zinssatz: wird in die Zelle I5 eingetragen.
- Die Laufzeit (der Zeitraum, der für die Rückzahlungen veranschlagt ist): steht in unserem Beispiel in I6.
- Die Funktionen KAPZ und ZINSZ benötigen zusätzlich die Information, für welche Rückzahlungsperiode die Berechnung durchgeführt werden soll. Geben Sie hierfür in die Zelle C10 eine 1 ein und in die Zelle C11 die Formel `=C10+1`. Kopieren Sie die Formel in der Zelle C11 bis zur Zeile 34 nach unten. So werden die Rückzahlungsperioden für das Darlehen in der Spalte C fortlaufend durchnummeriert.

Funktionsargumente der RMZ-Funktion

Starten Sie in der Zelle E6 die RMZ-Funktion zur Berechnung des jährlichen Rückzahlungsbetrags:

Bild 7.22: Die Funktion RMZ – Regelmäßige Zahlung

1. Im Feld *Zins* geben Sie die Zelle ein, in der der vereinbarte Zinssatz steht.
2. Im Feld *Zzr* (Zahlungszeitraum) wird die Laufzeit bzw. Anzahl der Rückzahlungen eingegeben. Die Standardmäßig werden hier Jahre berechnet.
3. Im Feld *Bw* (Barwert) geben Sie den Kreditbetrag ein. Wenn das Ergebnis dieser Funktion als positive Zahl dargestellt werden soll, müssen Sie an dieser Stelle den Betrag als negativen Wert eingeben.

Das Ergebnis der RMZ-Funktion ist der Betrag, den Sie pro Rückzahlung leisten müssen.

Funktionsargumente der KAPZ-Funktion

Starten Sie in der Zelle E10 die KAPZ-Funktion zur Berechnung des Tilgungsbetrags für die erste Rückzahlungsperiode:

Geben Sie in die Felder *Zins*, *Zzr* und *Bw* die gleichen Zellen an wie in der RMZ-Funktion. Da Sie die KAPZ-Funktion jedoch für jede Rückzahlungsperiode separat berechnen wollen und deshalb die Funktion kopieren möchten, setzen Sie diese Bezüge über [F4] fest.

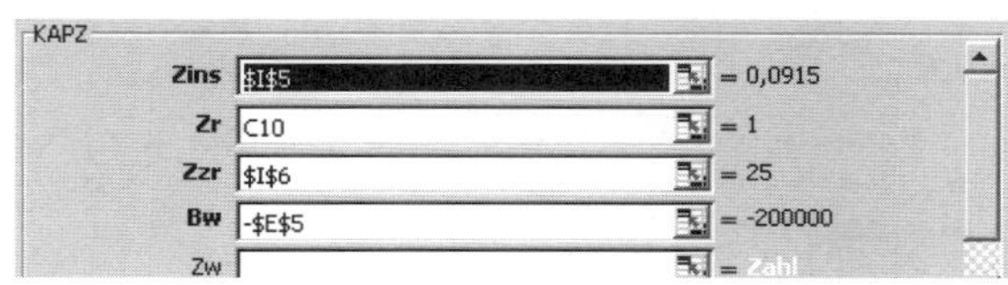

Bild 7.23: Die Funktion KAPZ

Außerdem braucht die KAPZ-Funktion im Feld *Zr* noch die Information, um die wievielte Rückzahlungsperiode es sich handelt. Geben Sie hier die Zelle C10 ein. Dieser Bezug bleibt relativ, weil er sich in den Zeilen darunter anpassen soll.

Funktionsargumente der ZINSZ-Funktion

Starten Sie in der Zelle G10 die ZINSZ-Funktion zur Berechnung der Höhe der Zinszahlung für die erste Rückzahlungsperiode. Die notwendigen Einträge entsprechen denen der KAPZ-Funktion.

Markieren Sie Zellen E10 bis G10 und kopieren Sie diese über das Ausfüllkästchen bis zur Zeile 34.

(Rest-)Kreditbetrag

Zur Berechnung des verbleibenden Kreditbetrags geben Sie für die erste Periode in die Zelle I10 die Formel: `=$E$5-E10` ein und in die Zelle I11 die Formel `=I10-E11`. Die Formel aus der Zelle I11 kopieren Sie jetzt einfach bis zur Zeile 34.

Diagramm

Markieren Sie die Zellen E8, G8 und die Bereiche von E10:E34 sowie G10:G34 mit gedrückter [Strg]-Taste und starten Sie den *Diagrammassistenten*. Wählen Sie den Diagrammtyp *gestapelte Säulen 100 %* und klicken Sie auf die Schaltfläche *Fertigstellen*. Verschieben und gestalten Sie das Diagramm nach Ihren Wünschen.

7.7 Vermögensverwaltung: Aktienverläufe protokollieren und analysieren

Kategorie: Finanzen

Dateiname: AKTIENVERGLEICH.XLS

Schwierigkeitsgrad: ❋❋

	A	B	C	D	E	F	G
1	**Verlauf meiner Aktien**						
2							
3							
4	**Aktien**	**Anzahl**	**Kaufpreis**	**Akt. Preis**	**+ / -**	**Gewinn / Verlust**	**Akt. Gesamtwert**
5	Addidas	5	36,70 €	38,29 €	**1,59 €**	7,95 €	191,45 €
6	BASF	2	68,50 €	71,63 €	**3,13 €**	6,26 €	143,26 €
7	Bayer	4	35,66 €	40,50 €	**4,84 €**	19,36 €	162,00 €
8	BMW	4	42,55 €	43,30 €	**0,75 €**	3,00 €	173,20 €
9	Continental	10	88,20 €	89,10 €	**0,90 €**	9,00 €	891,00 €
10	Deutsche Bank	12	95,60 €	101,20 €	**5,60 €**	67,20 €	1.214,40 €
11	Deutsche Post	7	20,61 €	22,70 €	**2,09 €**	14,63 €	158,90 €
12	Deutsche Telekom	25	12,56 €	13,90 €	**1,34 €**	33,50 €	347,50 €
13	Linde	8	69,44 €	77,01 €	**7,57 €**	60,56 €	616,08 €
14	Lufthansa	10	16,20 €	20,70 €	**4,50 €**	45,00 €	207,00 €
15	Metro	15	41,88 €	49,45 €	**7,57 €**	113,55 €	741,75 €
16	RWE	12	80,01 €	80,01 €	---	---	960,12 €
17	SAP	13	165,69 €	157,55 €	-8,14 €	-105,82 €	2.048,15 €
18	Siemens	14	72,12 €	73,95 €	**1,83 €**	25,62 €	1.035,30 €
19	TUI	15	17,85 €	15,99 €	-1,86 €	-27,90 €	239,85 €
20							
21							9.129,96 €
22							

Bild 7.24: Der Vergleich der Aktien

Sie haben vor einiger Zeit ein paar Aktien gekauft. Jetzt möchten Sie wissen, wie hoch Ihr Gewinn oder Verlust ist.

In den Spalten A bis C haben Sie die Namen der Aktien, die gekaufte Stückzahl und den Preis erfasst, zu dem Sie die Aktien gekauft haben.

In der Spalte D haben Sie den aktuellen Preis der Aktien erfasst.

Gewinn/Verlust pro Aktie

In der Spalte E soll die Differenz zwischen dem aktuellen Preis und dem Kaufpreis ermittelt werden. Dabei sollen, wenn es keine Veränderung gegeben hat, drei Striche gezeigt werden.

1. Setzen Sie den Cursor in die Zelle E5 und geben Sie die folgende Funktion ein:

```
=WENN(C5=D5;"---";D5-C5)
```

Wenn der Inhalt von C5 gleich dem Inhalt von D5 ist und somit keine Veränderung stattgefunden hat, dann geben Sie drei Striche ein. Ansonsten ziehen Sie vom Inhalt von D5 den Inhalt von C5 ab.

2. Kopieren Sie die Funktion nach unten.

E5 fx =WENN(C5=D5;"---";D5-C5)

	A	B	C	D	E	F	G
4	**Aktien**	**Anzahl**	**Kaufpreis**	**Akt. Preis**	**+ / -**	**Gewinn / Verlust**	**Akt. Gesamtwert**
5	Addidas	5	36,70 €	38,29 €	**1,59 €**		
6	BASF	2	68,50 €	71,63 €	**3,13 €**		
7	Bayer	4	35,66 €	40,50 €	**4,84 €**		

Bild 7.25: Die Prüfung, ob eine Veränderung stattgefunden hat

Jetzt sehen Sie die Differenz zwischen dem aktuellen und dem Kaufpreis.

Gewinn/Verlust für die Aktien

Im vorherigen Schritt haben Sie die Differenz für eine Aktie berechnet. Jetzt möchten Sie ermitteln, wie hoch der Gewinn oder der Verlust für alle Aktien des Unternehmens ist. Dabei sollen wieder drei Striche erscheinen, wenn in der Zelle links daneben drei Striche stehen.

1. Setzen Sie den Cursor in die Zelle F5 und geben Sie die Funktion ein:
`=WENN(E5="---";"---";E5*B5)`

Wenn der Inhalt von E5 aus drei Striche besteht, dann geben Sie drei Striche ein. Ansonsten multiplizieren Sie E5 mit B5.

2. Kopieren Sie die Funktion nach unten.

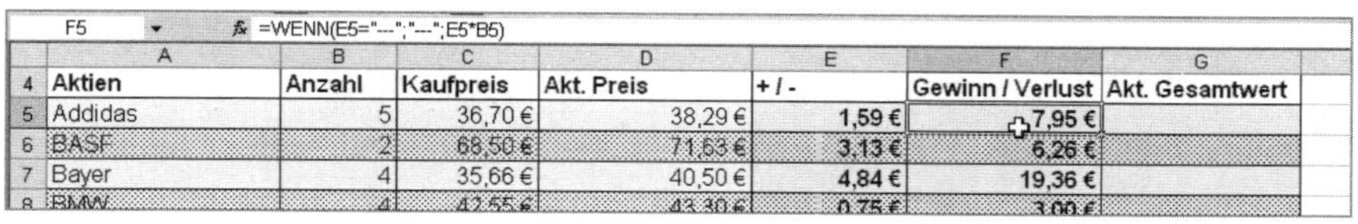
F5 =WENN(E5="---";"---";E5*B5)

	A	B	C	D	E	F	G
4	Aktien	Anzahl	Kaufpreis	Akt. Preis	+ / -	Gewinn / Verlust	Akt. Gesamtwert
5	Addidas	5	36,70 €	38,29 €	1,59 €	7,95 €	
6	BASF	2	68,50 €	71,63 €	3,13 €	6,26 €	
7	Bayer	4	35,66 €	40,50 €	4,84 €	19,36 €	
8	BMW	4	42,55 €	43,30 €	0,75 €	3,00 €	

Bild 7.26: Wie hoch ist der Gewinn oder der Verlust?

Momentaner Wert der Aktien

Im letzten Schritt möchten Sie jetzt den aktuellen Wert Ihrer Aktien ermitteln. Dabei müssen Sie nur den aktuellen Preis mit der Anzahl der Aktien multiplizieren.

1. Setzen Sie den Cursor in die Zelle G5. Geben Sie ein: `=B5*D5`.

2. Kopieren Sie die Funktionen nach unten.

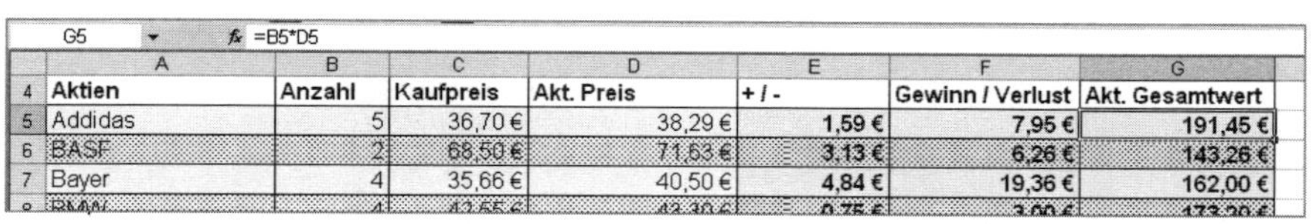
G5 =B5*D5

	A	B	C	D	E	F	G
4	Aktien	Anzahl	Kaufpreis	Akt. Preis	+ / -	Gewinn / Verlust	Akt. Gesamtwert
5	Addidas	5	36,70 €	38,29 €	1,59 €	7,95 €	191,45 €
6	BASF	2	68,50 €	71,63 €	3,13 €	6,26 €	143,26 €
7	Bayer	4	35,66 €	40,50 €	4,84 €	19,36 €	162,00 €
8	BMW	4	42,55 €	43,30 €	0,75 €	3,00 €	173,20 €

Bild 7.27: Aktueller Wert der Aktie

Um jetzt noch den Gesamtwert Ihrer Aktien zu berechnen, setzen Sie den Cursor in die Zelle G21 und klicken Sie auf die Schaltfläche *AutoSumme*.

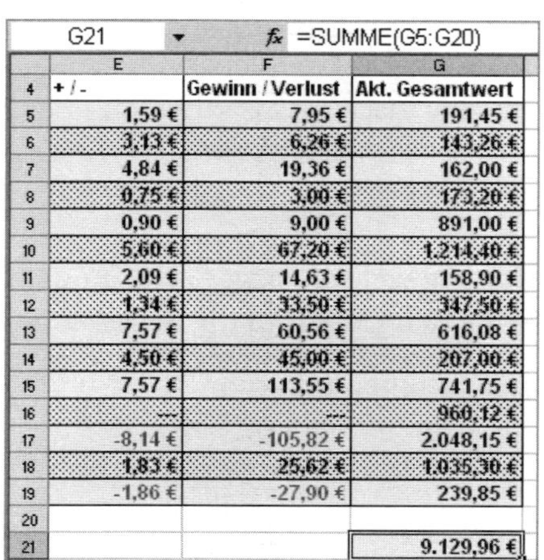
G21 =SUMME(G5:G20)

	E	F	G
4	+ / -	Gewinn / Verlust	Akt. Gesamtwert
5	1,59 €	7,95 €	191,45 €
6	3,13 €	6,26 €	143,26 €
7	4,84 €	19,36 €	162,00 €
8	0,75 €	3,00 €	173,20 €
9	0,90 €	9,00 €	891,00 €
10	5,60 €	67,20 €	1.214,40 €
11	2,09 €	14,63 €	158,90 €
12	1,34 €	33,50 €	347,50 €
13	7,57 €	60,56 €	616,08 €
14	4,50 €	45,00 €	207,00 €
15	7,57 €	113,55 €	741,75 €
16	---	---	960,12 €
17	-8,14 €	-105,82 €	2.048,15 €
18	1,83 €	25,62 €	1.035,30 €
19	-1,86 €	-27,90 €	239,85 €
20			
21			9.129,96 €
22			

Bild 7.28: Der Gesamtwert der Aktien

7.8 Zinsen zu regelmäßigen Zahlungen

Kategorie: Finanzen

Dateiname: ZINSESZINSTABELLE.XLS

Schwierigkeitsgrad: ❋❋❋

Wer regelmäßig einen festen Betrag zu einem festen Zinssatz beiseite legt, erhält nach einer längeren Zeit einen bestimmten Betrag ausgezahlt. Für die Berechnung der Wertentwicklung können Sie die Excel-Funktion Bw (Barwert) einsetzen.

Zinseszinstabelle

Die monatliche Rate: - 100,00 €

Jahre	Monate / Wert	2,0%	2,5%	3,0%	3,5%	4,0%	4,5%	5,0%	5,5%
	1	100,17 €	100,21 €	100,25 €	100,29 €	100,33 €	100,38 €	100,42 €	100,46 €
	2	200,50 €	200,63 €	200,75 €	200,88 €	201,00 €	201,13 €	201,26 €	201,38 €
	3	301,00 €	301,25 €	301,51 €	301,76 €	302,01 €	302,26 €	302,52 €	302,77 €
	4	401,67 €	402,09 €	402,51 €	402,93 €	403,36 €	403,78 €	404,20 €	404,63 €
	5	502,51 €	503,14 €	503,77 €	504,40 €	505,04 €	505,67 €	506,31 €	506,95 €
1	6	603,52 €	604,40 €	605,29 €	606,17 €	607,06 €	607,95 €	608,85 €	609,74 €
	7	704,69 €	705,87 €	707,05 €	708,24 €	709,43 €	710,62 €	711,81 €	713,01 €
	8	806,03 €	807,55 €	809,08 €	810,60 €	812,13 €	813,67 €	815,21 €	816,76 €
	9	907,55 €	909,45 €	911,35 €	913,27 €	915,19 €	917,11 €	919,04 €	920,98 €
	10	1.009,23 €	1.011,55 €	1.013,89 €	1.016,23 €	1.018,58 €	1.020,94 €	1.023,30 €	1.025,68 €
	11	1.111,08 €	1.113,88 €	1.116,68 €	1.119,50 €	1.122,32 €	1.125,16 €	1.128,00 €	1.130,86 €
	12	1.213,10 €	1.216,41 €	1.219,73 €	1.223,06 €	1.226,41 €	1.229,77 €	1.233,14 €	1.236,53 €
	13	1.315,29 €	1.319,16 €	1.323,04 €	1.326,93 €	1.330,85 €	1.334,77 €	1.338,72 €	1.342,68 €
	14	1.417,66 €	1.422,12 €	1.426,60 €	1.431,11 €	1.435,63 €	1.440,18 €	1.444,74 €	1.449,32 €
	15	1.520,19 €	1.525,30 €	1.530,43 €	1.535,59 €	1.540,77 €	1.545,97 €	1.551,20 €	1.556,46 €
	16	1.622,90 €	1.628,69 €	1.634,52 €	1.640,37 €	1.646,25 €	1.652,17 €	1.658,11 €	1.664,09 €
	17	1.725,77 €	1.732,30 €	1.738,86 €	1.745,46 €	1.752,09 €	1.758,76 €	1.765,47 €	1.772,21 €
2	18	1.828,82 €	1.836,13 €	1.843,47 €	1.850,86 €	1.858,29 €	1.865,76 €	1.873,27 €	1.880,83 €
	19	1.932,04 €	1.940,17 €	1.948,34 €	1.956,57 €	1.964,84 €	1.973,16 €	1.981,53 €	1.989,95 €

Bild 7.29: Die Berechnung der Beträge und Zinsen für einen bestimmten Monat und Zinssatz

Beschreibung

In der vorliegenden Excel-Datei geben Sie in der Zelle F4 den regelmäßigen Sparbetrag ein.

Für das Rechnen mit den Excel-Finanzfunktionen müssen Sie Gutschriften negativ erfassen. Sie können die Beträge natürlich auch positiv eingeben, dann müssen Sie jedoch den Wert später in der Formel mit -1 multiplizieren.

Wenn Sie bei Eingabe der Formel die relative und absolute Zelladressierung verwenden, brauchen Sie die Formel nur einmal einzugeben und können sie dann nach unten bzw. nach rechts kopieren.

Die Formel zur Berechnung des Barwerts

In der Datei finden Sie ein leeres Arbeitsblatt mit dem Namen *Monatliche Sparbeträge_leer*, an dem Sie die Erstellung der Excel-Funktion ausprobieren können. Setzen Sie den Cursor in die Zelle D7.

1. Suchen Sie im Assistenten die Funktion Bw bei den finanzmathematischen Funktionen.
2. Als Parameter geben Sie die Angaben im folgenden Bild ein.
3. Als *Zins* geben Sie den Zinssatz in der Zelle D6 geteilt durch -12 an, wobei Sie die Eingabe mit dem Dollarzeichen festhalten und den Zinssatz negativ angeben, da Sie ja von der Bank 2 % Zinsen pro Jahr erhalten. Da die Zahlung monatlich durchgeführt wird, wird hier ein Zwölftel ange-

geben. Für den Zellbezug D6 legen Sie die Zeilennummer mit dem Dollar-Zeichen fest, damit die Formel nach rechts kopiert werden kann.

4. Für den Parameter *Zzr*, die Anzahl Zahlungszeiträume, geben Sie den Zellbezug C7 an. Setzen Sie bei diesem Zellbezug den Spaltenbuchstaben $C fest, damit Sie die Formel später für die anderen Zinssätze nach rechts kopieren können. Der Spaltenbuchstabe C wird beim Kopieren nicht verändert.
5. Im Feld *Rmz* geben Sie den regelmäßigen Zahlbetrag in der Zelle F4 an. Da diese Zelle beim Kopieren nicht »mitrutschen« soll, halten Sie den Zellbezug mit $F$4 fest.
6. Bestätigen Sie mit *OK*.
7. Kopieren Sie die Formel nach unten und nach rechts, indem Sie die Zelle mit der Formel in die Zwischenablage kopieren, den Zielbereich markieren und den Befehl *Einfügen/Formel* aufrufen.

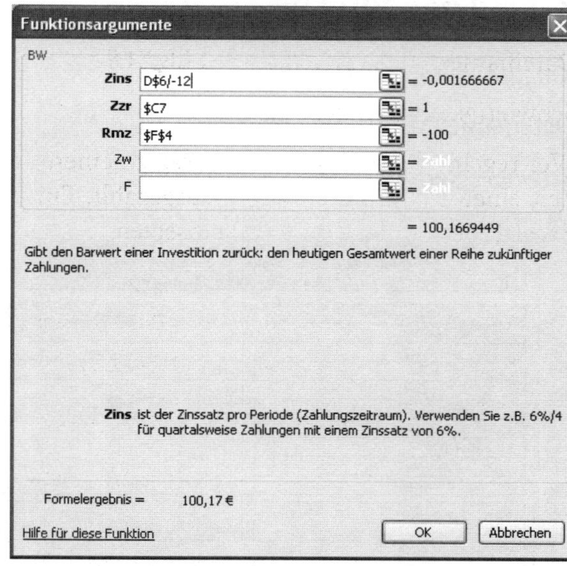

Bild 7.30: Die Eingabe der Parameter für die Barwert-Funktion

Wenn Sie die Zellen über das Ausfüllkästchen kopieren, wird die Formatierung der Rahmen verändert.

Kopf- und Fußbereich im Auge behalten

Wenn Sie die Kopfzeilen 1 bis 6 und die unterhalb der Zinsberechnungen aufgeführten Ertragsberechnungen gleichzeitig sehen möchten, können Sie in Excel die Funktion *Teilen* ausführen.

Setzen Sie dazu den Cursor in die Zelle C7 und starten Sie den Befehl *Fenster/Teilen*. Sie können nun in den vier Teilbereichen ganz individuell zum gewünschten Zellbereich fahren.

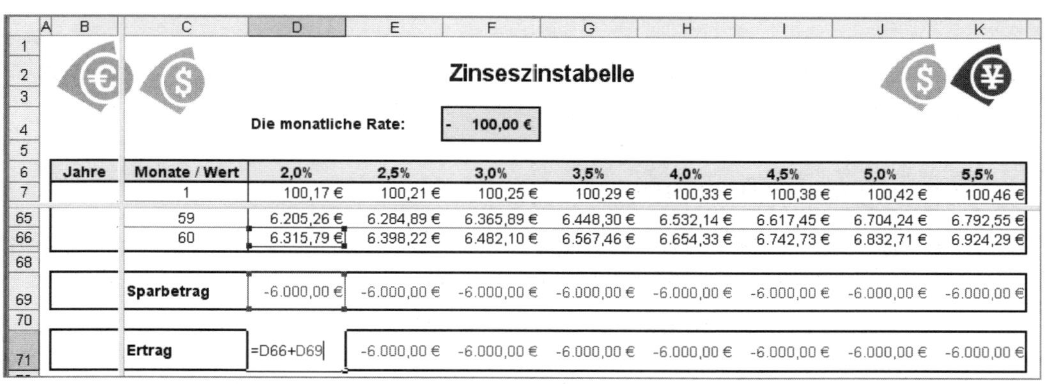

Bild 7.31: Das Arbeitsblatt ist in vier Teilbereiche geteilt.

8 Lohn & Gehalt

8.1 Lohnabrechnung für Minijobs

Kategorie: Lohn & Gehalt

Dateiname: MINIJOB.XLS

Schwierigkeitsgrad: ❋

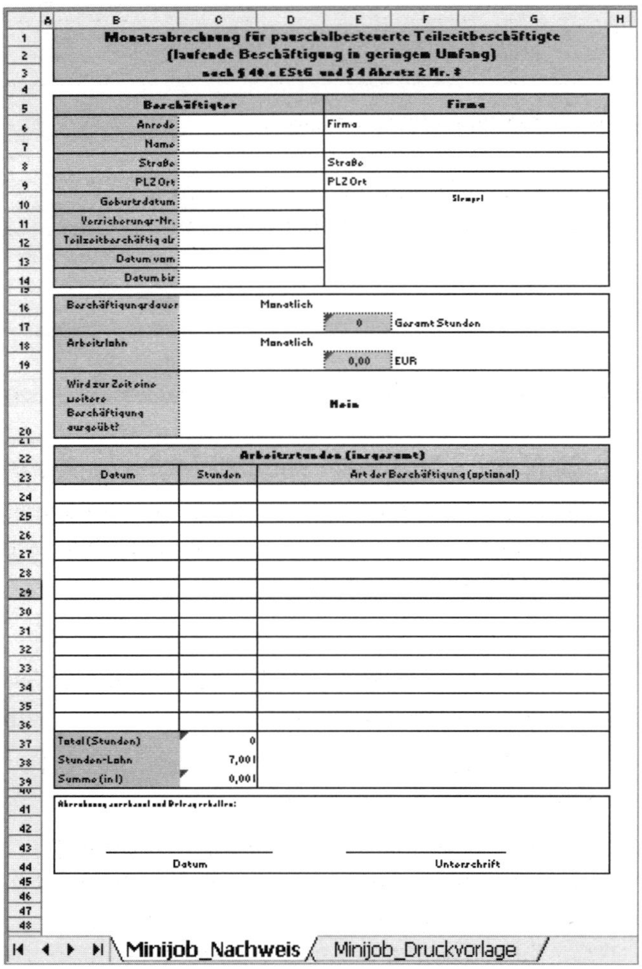

Bild 8.1: Die Vorlage für die Minijob-Abrechnung

Minijobs spielen heute eine wichtige Rolle in der Wirtschaft. Die Bearbeitung soll so unbürokratisch wie möglich sein. Die vorliegende Excel-Datei bietet eine einfache Möglichkeit, die Dauer der durchgeführten Tätigkeiten aufzuführen und den Auszahlungsbetrag automatisch zu berechen.

Beschreibung

Die Datei kann zum einen als Druckvorlage und zum manuellen Ausfüllen und zum anderen zum direkten Ausfüllen am PC eingesetzt werden. Wenn Sie die Vorlage drucken möchten, verwenden Sie am besten das Arbeitsblatt *Minijob_Druckvorlage* in der Datei. Dort sind die Zellen E17, E19 und der Summenbereich C37 bis C39 ohne Vorgabewerte und Formeln. Legen Sie in den Zellen D16 und D18 fest, ob die Beschäftigung auf Monats- oder Wochenbasis stattfindet.

Formular ausfüllen

Wenn Sie die erste Abrechnung für einen Minijobber erstellen, füllen Sie die Zellen im Kopfbereich aus. Geben Sie neben Name und Anschrift auch die Versicherungsnummer und den Abrechnungszeitraum ein. Rechts daneben tragen Sie Ihre Firmenstammdaten ein.

Im mittleren Teil des Formulars in der Zeile 20 geben Sie ein, ob die Person weiteren Beschäftigungen nachgeht.

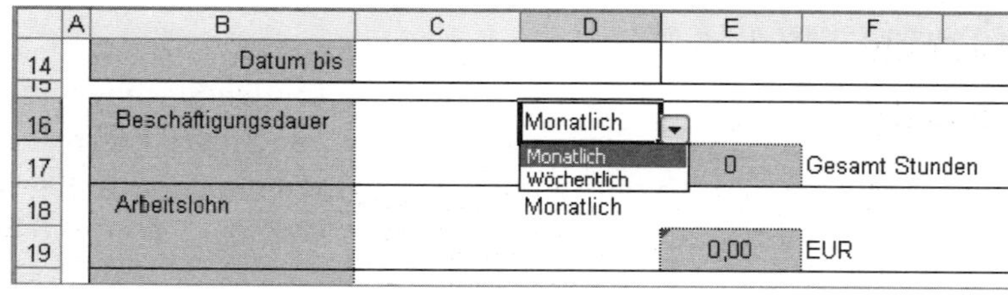

Bild 8.2: Auswahllisten zur einfacheren Eingabe

Zum einfacheren Ausfüllen des Formulars sind in den Zellen D16 und D18 Listenfelder hinterlegt. Diese Auswahllisten können Sie über den Befehl *Daten/Gültigkeit* definieren. Legen Sie Option *Liste* fest und geben Sie die beiden möglichen Texte in das Feld *Quelle* ein. Das Ergebnis ist ein Listenfeld. Sie erhalten es, sobald Sie den Cursor in das Feld setzen.

Arbeitsstunden berechnen

In die Liste ab Zeile 24 geben Sie das Datum und die geleisteten Stunden ein. Die Anzahl Stunden wird über eine Formel in der Zelle C37 berechnet.

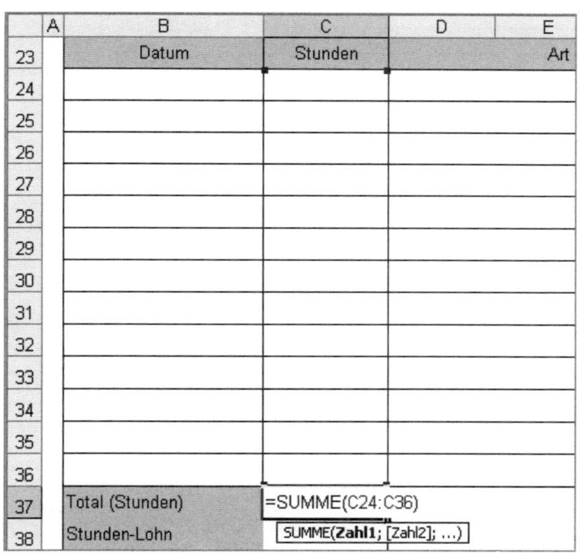

Bild 8.3: Die Gesamtstundenzahl wird über die Excel-Summenfunktion berechnet.

Legen Sie den Stundenlohn für den Minijob in der Zeile darunter fest. Den Zahlbetrag errechnet Excel dann in der Zelle C39 automatisch über die Multiplikation der beiden Zellen:

```
=C37*C38
```

Diese beiden Summen werden dann in die Zellen weiter oben übernommen.

Zum Abschluss können Sie das Formular drucken und vom Mitarbeiter abzeichnen lassen.

Wenn der Minijobber über einen längeren Zeitraum bei Ihnen arbeitet, können Sie diese Datei mit den eingegebenen Stammdaten speichern. Für die nächste Abrechnung müssen Sie nur noch die geleisteten Stunden eingeben.

8.2 Stundenkontrollzettel mit Pausen (Uhrzeiten)

Kategorie: Lohn & Gehalt

Dateiname: STUNDENNACHWEIS01.XLS

Schwierigkeitsgrad: ❋❋

Sie möchten einmal genau wissen, wie viele Stunden Sie jeden Tag gearbeitet haben. In den Spalten C und D geben Sie Ihre Arbeitszeiten ein. In der Spalte E errechnen Sie die Arbeitszeit mit Pausen. Dann geben Sie in der Spalte F die Pausen als Uhrzeit ein. In der Spalte G wird dann noch einmal die Arbeitszeit ermittelt, diesmal ohne Pausen.

In der Zeile 12 wird jetzt ausgerechnet, wie viele Stunden Sie in dieser Woche gearbeitet haben. Diese Summe soll als Dezimalzahl gezeigt werden.

	A	B	C	D	E	F	G
1	Stundenkontrollzettel mit Uhrzeiten						
2							
3			von	bis	Arbeitszeit	Pausen	Arbeitszeit
4	05.02.2007	Montag	08:30	16:00	07:30	01:00	06:30
5	06.02.2007	Dienstag	08:45	16:30	07:45	01:00	06:45
6	07.02.2007	Mittwoch	08:15	16:15	08:00	01:00	07:00
7	08.02.2007	Donnerstag	08:00	15:45	07:45	01:00	06:45
8	09.02.2007	Freitag	09:00	17:00	08:00	01:00	07:00
9	10.02.2007	Samstag	08:30	16:00	07:30	01:00	06:30
10	11.02.2007	Sonntag					
11							
12			Stunden Gesamt:		46,5	6	40,5

Bild 8.4: Die Arbeitszeiten ermitteln und als Dezimalzahl ausgeben

Den Wochentag ermitteln

In der Spalte A geben Sie das Datum ein. In der Spalte B soll der Wochentag zum Datum von links angezeigt werden.

1. Klicken Sie in die Zelle B4 und holen Sie sich das Datum aus der Zelle links daneben.

   `=A4`

2. Markieren Sie die Zelle B4 und wählen Sie *Format/Zellen*.
3. Aktivieren Sie das Register *Zahlen* und die Kategorie *Benutzerdefiniert*.
4. Geben Sie ins Feld *Typ* das folgende Muster ein: `TTTT`.
5. Kopieren Sie den Zellinhalt nach unten.

B4 fx =A4

	A	B	
1	Stundenkontrollzettel		
2			
3			vo
4	05.02.2007	Montag	
5	06.02.2007	Dienstag	

Bild 8.5: Den Namen des Tages ausgeben

Die Arbeitszeiten

Die Arbeitszeit in Spalte E errechnet sich aus der Differenz zwischen dem Arbeitsende aus Spalte D und dem Arbeitsbeginn in Spalte C.

1. Markieren Sie die Zelle E4 und geben Sie den folgenden Rechenschritt ein: `=D4-C4`.

E4 | =D4-C4

	A	B	C	D	E	F	G
1	Stundenkontrollzettel mit Uhrzeiten						
2							
3			von	bis	Arbeitszeit	Pausen	Arbeitszeit
4	05.02.2007	Montag	08:30	16:00	07:30	01:00	

Bild 8.6: Die Arbeitszeiten ermitteln

2. Kopieren Sie die Funktion nach unten.

Die Arbeitszeiten ohne Pausen

Die gerade ausgerechneten Arbeitszeiten beinhalten noch die Pausen. Jetzt möchten Sie die Pausen noch abziehen.

1. Markieren Sie die Zelle G4 und geben Sie den folgenden Rechenschritt ein: `=E4-F4`.

G4 | =E4-F4

	A	B	C	D	E	F	G
1	Stundenkontrollzettel mit Uhrzeiten						
2							
3			von	bis	Arbeitszeit	Pausen	Arbeitszeit
4	05.02.2007	Montag	08:30	16:00	07:30	01:00	06:30
5	06.02.2007	Dienstag	08:45	16:30	07:45	01:00	

Bild 8.7: Die Arbeitszeiten ohne Pause ermitteln

2. Kopieren Sie die Funktion nach unten.

Die Stunden als Dezimalzahl

In der Zeile 12 sollen jetzt noch die gearbeiteten Stunden als Dezimalwert berechnet werden.

Markieren Sie die Zelle E12 und geben Sie die folgende Funktion ein: `=SUMME(E4:E11)*24`.

Sie bilden die Summe der Zellen darüber und multiplizieren das Ergebnis mit 24. Wenn Sie nur die Summe bilden würden, wäre das Ergebnis wieder eine Uhrzeit. Durch die Multiplikation mit 24 machen Sie aus der Zeit eine Dezimalzahl.

G12 | =SUMME(G4:G11)*24

	A	B	C	D	E	F	G
10	11.02.2007	Sonntag					
11							
12			Stunden Gesamt:		46,5	6	40,5
13							

Bild 8.8: Die Stunden als Dezimalzahl

Wenn Ihnen trotzdem eine Uhrzeit als Ergebnis gezeigt wird, wählen Sie *Bearbeiten/Löschen/Formate*. Damit nehmen Sie das Uhrzeitformat von der markierten Zelle.

8.3 Stundenkontrollzettel über Mitternacht hinaus

Kategorie: Lohn & Gehalt

Dateiname: ZEITERFASSUNG.XLS

Schwierigkeitsgrad: ❋❋❋

Sie müssen die Arbeitsstunden der Kollegen erfassen. Dabei gibt es Kollegen, die über Mitternacht hinaus arbeiten.

In der Spalte F werden die Arbeitsstunden errechnet. In den Zellen F38 und F40 wird die Gesamtsumme und die Differenz zur Sollarbeitszeit ermittelt.

	A	B	C	D	E	F	G	H
1	**Zeiterfassungsbogen**							
2								
3	**Name, Vorname:**							
4	**Abteilung:**							
5								
6		**Tag**	**Kommt**	**Geht**	**Pausen**	**Arbeitsstunden**	**Abwesenheit**	**Bemerkung**
7	01.03.2006	Mittwoch	23:00	7:00	00:30	7:30		
8	02.03.2006	Donnerstag	09:00	18:00	00:30	8:30		
9	03.03.2006	Freitag					Urlaub	
10	04.03.2006	Samstag						

Bild 8.9: Die Arbeitsstunden über Mitternacht

Die Arbeitsstunden errechnen

In der Spalte F werden jetzt die Arbeitsstunden berechnet. Der Rechenschritt lautet *Gehtzeit – Kommtzeit*. Zusätzlich wird die Pause mit abgezogen. Der ganze Rechenschritt lautet also: *Gehtzeit – Kommtzeit – Pausen*. Das Ganze muss unter Berücksichtigung des Datumswechsels berechnet werden.

1. Markieren Sie die Zelle F7 und geben Sie die folgende Funktion ein:

```
=WENN(D7<C7;D7-C7-E7+1;D7-C7-E7)
```

Wenn die Zeit in D7 kleiner als die Zeit in C7 ist, dann hat der Kollege über Mitternacht hinaus gearbeitet. Der Rechenschritt lautet nun *Gehtzeit – Kommtzeit – Pausen +1*. Die 1 steht für den neuen Tag. Wenn D7 nicht kleiner als C7 ist, wird nur *Gehtzeit – Kommtzeit – Pausen* gerechnet.

2. Kopieren Sie die Funktion nach unten.

F7 fx =WENN(D7<C7;D7-C7-E7+1;D7-C7-E7)

	A	B	C	D	E	F	G
5							
6		**Tag**	**Kommt**	**Geht**	**Pausen**	**Arbeitsstunden**	**Abwesenheit**
7	01.03.2006	Mittwoch	23:00	7:00	00:30	7:30	
8	02.03.2006	Donnerstag	09:00	18:00	00:30		

Bild 8.10: Die WENN-Funktion berechnet die Anzahl der Stunden nach Mitternacht.

Summe der Arbeitstunden

In der Zelle F38 muss die Summe für die Spalte F gebildet werden.

1. Markieren Sie in die Zelle F38.
2. Klicken Sie auf die Schaltfläche *AutoSumme* [Σ] und kontrollieren Sie, ob alle Betragszellen darüber markiert werden.
3. Klicken Sie in die Bearbeitungszeile und geben Sie hinter der Funktion **24* ein:

```
=SUMME(F7:F37)*24
```

Die Arbeitszeiten werden addiert und mit 24 multipliziert. Dadurch wird die Arbeitszeit als Dezimalzahl angezeigt.

F38 | =SUMME(F7:F37)*24

	A	B	C	D	E	F	G
35	29.03.2006	Mittwoch	8:30	16:30	0:30	7:30	
36	30.03.2006	Donnerstag	23:30	8:00	0:30	8:00	
37	31.03.2006	Freitag	10:00	18:00	0:30	7:30	
38		**Summe der Arbeitsstunden:**				**119**	
39		Sollstunden				152	
40		**Aktuelles Zeitkonto:**					
41							

Bild 8.11: Die Summe der Stunden

Aktuelles Zeitkonto

In der Zelle 39 steht die Sollarbeitszeit, die von Ihnen eingegeben wurde. Jetzt wollen Sie wissen, wie hoch die Differenz zwischen der tatsächlichen und der Sollarbeitszeit ist.

Markieren Sie die Zelle F40 und geben Sie den folgenden Rechenschritt ein:

```
=F38-F39
```

F40 | =F38-F39

	A	B	C	D	E	F
35	29.03.2006	Mittwoch	8:30	16:30	0:30	7:30
36	30.03.2006	Donnerstag	23:30	8:00	0:30	8:00
37	31.03.2006	Freitag	10:00	18:00	0:30	7:30
38		**Summe der Arbeitsstunden:**				**119**
39		Sollstunden				152
40		**Aktuelles Zeitkonto:**				-33
41						

Bild 8.12: Die Berechnung des Zeitkontos

8.4 Stundennachweis für Aushilfen

Kategorie: Lohn & Gehalt

Dateiname: STUNDENZETTEL MIT FAKTOR.XLS

Schwierigkeitsgrad: ❋❋

Sie verwalten die Aushilfen in Ihrem Unternehmen. Die Aushilfen erhalten einen Stundenlohn von 15 Euro.

Zuerst müssen Sie in der Spalte E die Arbeitszeiten errechnen. Da Ihre Aushilfen an einigen Tagen den doppelten Stundensatz erhalten, müssen Sie in der Spalte G den Faktor ermitteln. Zum Abschluss wird der Tageslohn in der Spalte H berechnet.

	A	B	C	D	E	F	G	H
1	**Stundenkontrollzettel**		Stundensatz	**15,00 €**		Faktor	**2**	
2								
3	An Tagen, in denen in der Bemerkungsspalte ein x steht, erhalten die Arbeitnehmer den doppelten Stundensatz							
4								
5	**Tag**	**Beginn**	**Ende**	**Pausen**	**Arbeitszeit**	**Bemerkung**	**Faktor**	**Auszahlung**
6	**Montag**	08:00	16:30	00:30	8,00	x	2	240,00 €
7	**Dienstag**	07:30	15:00	01:00	6,50		1	97,50 €
8	**Mittwoch**	08:45	16:45	00:45	7,25		1	108,75 €
9	**Donnerstag**	06:30	15:30	00:30	8,50		1	127,50 €
10	**Freitag**	07:45	15:45	00:30	7,50	x	2	225,00 €
11	**Samstag**							
12	**Sonntag**							
13								

Bild 8.13: Der Stundenkontrollzettel

Die Arbeitszeiten errechnen

Zuerst wollen wir wissen, wie viele Stunden gearbeitet wurden. Dabei soll das Ergebnis als Dezimalzahl angezeigt werden, da wir mit diesem Ergebnis weiter rechnen möchten.

1. Markieren Sie die Zelle E6 und geben Sie die folgende Funktion ein: `=(C6-B6-D6)*24`.

Von Arbeitsende werden der Arbeitsbeginn und die Pausen abgezogen. Wenn Sie jetzt `Eingabe` drücken würden, würde das Ergebnis als Uhrzeit angezeigt. Mit diesem Ergebnis könnten Sie nicht so einfach weiterrechnen. Deshalb wird dieses Ergebnis mit 24 multipliziert.

Sollte das Ergebnis nicht korrekt dargestellt werden, dann wählen Sie *Format/Zellen.* Aktivieren Sie das Register *Zahlen* und stellen Sie die Kategorie *Standard* ein.

E6 fx =(C6-B6-D6)*24

	A	B	C	D	E	F	G	H
4								
5	**Tag**	**Beginn**	**Ende**	**Pausen**	**Arbeitszeit**	**Bemerkung**	**Faktor**	**Auszahlung**
6	**Montag**	08:00	16:30	00:30	8,00	x		- €
7	**Dienstag**	07:30	15:00	01:00				- €

Bild 8.14: Die Arbeitszeiten berechnen

2. Kopieren Sie die Funktion nach unten.

Den Faktor ermitteln

Wenn in der Spalte F ein x steht, dann erhält die Aushilfe den doppelten Stundensatz. Sie möchten diese Information so variabel wie möglich halten. Deshalb geben Sie den Faktor nach Bedarf in der Zelle G1 ein.

1. Markieren Sie die Zelle G6 und geben Sie die folgende Funktion ein: `=WENN(F6="x";$G$1;1)`.

Wenn in der Zelle links daneben ein *x* steht, soll die Information aus der Zelle G1 geholt werden. Ansonsten wird eine 1 geschrieben. Da Sie die Funktion gleich nach unten kopieren, machen Sie die Zelle G1 durch drücken von [F4] fest.

G6 | =WENN(F6="x";$G$1;1)

	A	B	C	D	E	F	G	H
1	**Stundenkontrollzettel**	Stundensatz		**15,00 €**		Faktor	**2**	
2								
3	An Tagen, in denen in der Bemerkungsspalte ein x steht, erhalten die Arbeitnehmer den doppelten Stundensatz							
4								
5	**Tag**	**Beginn**	**Ende**	**Pausen**	**Arbeitszeit**	**Bemerkung**	**Faktor**	**Auszahlung**
6	**Montag**	08:00	16:30	00:30	8,00	x	2	
7	**Dienstag**	07:30	15:00	01:00	6,50			

Bild 8.15: Soll der doppelte Stundensatz gezahlt werden?

2. Kopieren Sie die Funktion nach unten.

Den Tageslohn ermitteln

Als letzten Schritt möchten Sie jetzt noch berechnen, wie viel die Aushilfe jeden Tag verdient hat. Dabei multiplizieren Sie die Arbeitsstunden aus Spalte E mit dem Faktor in Spalte G und dem Tagessatz in Zelle D1.

1. Markieren Sie die Zelle H6 und geben Sie die folgende Funktion ein: `=G6*E6*$D$1`.

H6 | =G6*E6*$D$1

	A	B	C	D	E	F	G	H
1	**Stundenkontrollzettel**	Stundensatz		**15,00 €**		Faktor	**2**	
2								
3	An Tagen, in denen in der Bemerkungsspalte ein x steht erhalten die Arbeitnehmer den doppelten Stundensatz							
4								
5	**Tag**	**Beginn**	**Ende**	**Pausen**	**Arbeitszeit**	**Bemerkung**	**Faktor**	**Auszahlung**
6	**Montag**	08:00	16:30	00:30	8,00	x	2	240,00 €
7	**Dienstag**	07:30	15:00	01:00	6,50		1	
8	**Mittwoch**	08:45	16:45	00:45	7,25		1	

Bild 8.16: Der Tageslohn

2. Kopieren Sie die Funktion nach unten.

Falls gewünscht, können Sie jetzt noch die Wochensumme bilden, beispielsweise in Zelle G14.

Diese Tabelle können Sie auch für einen ganzen Monat erweitern.

9 Personal

9.1 Anwesenheitsliste

Kategorie: Personal

Dateiname: MITARBEITER ANWESENHEITSLISTE.XLS

Schwierigkeitsgrad: ❋❋

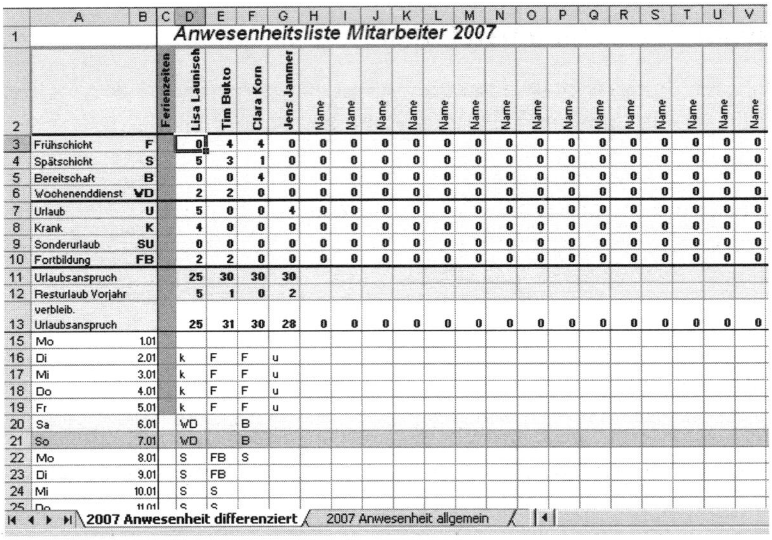

	A	B	C	D	E	F	G	H	I	J	K	L	M	N	O	P	Q	R	S	T	U	V
1			Anwesenheitsliste Mitarbeiter 2007																			
2			Ferienzeiten	Lisa Launisch	Tim Bukto	Clara Korn	Jens Jammer	Name	Name	Name	Name	Name	Name	Name	Name	Name	Name	Name	Name	Name	Name	Name
3	Frühschicht	F		0	4	4	0	0	0	0	0	0	0	0	0	0	0	0	0	0	0	0
4	Spätschicht	S		5	3	1	0	0	0	0	0	0	0	0	0	0	0	0	0	0	0	0
5	Bereitschaft	B		0	0	4	0	0	0	0	0	0	0	0	0	0	0	0	0	0	0	0
6	Wochenenddienst	WD		2	2	0	0	0	0	0	0	0	0	0	0	0	0	0	0	0	0	0
7	Urlaub	U		5	0	0	4	0	0	0	0	0	0	0	0	0	0	0	0	0	0	0
8	Krank	K		4	0	0	0	0	0	0	0	0	0	0	0	0	0	0	0	0	0	0
9	Sonderurlaub	SU		0	0	0	0	0	0	0	0	0	0	0	0	0	0	0	0	0	0	0
10	Fortbildung	FB		2	2	0	0	0	0	0	0	0	0	0	0	0	0	0	0	0	0	0
11	Urlaubsanspruch			25	30	30	30															
12	Resturlaub Vorjahr			5	1	0	2															
13	verbleib. Urlaubsanspruch			25	31	30	28	0	0	0	0	0	0	0	0	0	0	0	0	0	0	0
15	Mo	1.01																				
16	Di	2.01		k	F	F	u															
17	Mi	3.01		k	F	F	u															
18	Do	4.01		k	F	F	u															
19	Fr	5.01		k	F	F	u															
20	Sa	6.01		WD		B																
21	So	7.01		WD		B																
22	Mo	8.01		S	FB	S																
23	Di	9.01		S	FB																	
24	Mi	10.01		S	S																	
25	Do	11.01		S	S																	

2007 Anwesenheit differenziert / 2007 Anwesenheit allgemein

Bild 9.1: Anwesenheitsliste mit unterschiedlichen Kriterien und kumulierten Werten pro Mitarbeiter

Mit dieser Anwesenheitsliste haben Sie jederzeit einen genauen Überblick, wann wer da ist, oder eine Fortbildung besucht, wegen Krankheit ausfällt oder seinen Jahresurlaub genießt. Außerdem bietet Ihnen die vorliegende Tabelle auch gleich die Jahressummen pro Mitarbeiter zu allen Kriterien, die Sie in der Liste erfassen und unterscheiden.

Pro Mitarbeiter wird eine Spalte angelegt, in der Sie die Kriterien, die Sie im oberen Teil der Tabelle definiert haben, eintragen können. Im oberen Teil der Tabelle werden für jeden Mitarbeiter die unterschiedlichen Einträge gezählt. Falls Sie keine Schichten oder Dienste planen müssen, reicht Ihnen vielleicht die Anwesenheitsliste auf dem zweiten Blatt der Beispieldatei, in der die Anwesenheit allgemein nur mit *x* gekennzeichnet wird.

Beschreibung

Legen Sie im Kopf der Tabelle für jeden Mitarbeiter eine Spalte an. Beginnen Sie damit in der Spalte C. Stellen Sie für die Namenszellen über *Format/Zellen/*Register *Ausrichtung* die *Orientierung* auf *90 Grad* und passen Sie die *Zeilenhöhe* und *Spaltenbreite* so an, dass Sie möglichst viele Mitarbeiter auf einen Blick sehen können.

Frühschicht	F
Spätschicht	S
Bereitschaft	B
Wochenenddienst	WD
Urlaub	U
Krank	K
Sonderurlaub	SU
Fortbildung	FB

Bild 9.2: Unterschiedliche Dienste und Abwesenheitsgründe werden mit eindeutigen Kürzeln gekennzeichnet.

In die Spalte A schreiben Sie nun, beginnend in der Zeile unter den Namen, alle Kriterien, die Sie pro Mitarbeiter eintragen möchten. In der Spalte B legen Sie ein eindeutiges möglichst kurzes Kürzel für jedes Kriterium fest. In unserem Beispiel unterscheiden wir für die Anwesenheit vier »Dienste« und legen auch vier Kriterien für Abwesenheiten fest.

Urlaub

Unter dem Kriterienbereich in den Zeilen 3 bis 10 haben wir in der Beispieldatei noch drei Zeilen zum Urlaub eingefügt. Tragen Sie hier in die Zeile 11 den Jahresurlaubsanspruch der Mitarbeiter ein, in die Zeile 12 eventuell vorhandenen Resturlaub und in der Zeile 13 können Sie den verbleibenden Urlaubsanspruch berechnen, z. B. in der Zelle D13 mit der Formel = `D11+D12-D7`.

Geben Sie nun in Zelle A15 den 1.1 des Jahres ein, für das Sie die Liste aufbauen wollen, und ziehen Sie über das Ausfüllkästchen bis zum Jahresende nach unten.

Datenpflege: Viele Zellen schnell mit gleichem Inhalt füllen

Wenn nun z. B. Clara Korn in der ersten Januarwoche Frühdienst hat, wird für sie in den Zellen F16:F19 jeweils ein »F« eingetragen. Lisa Launisch ist in dieser Woche krank und erhält deshalb in den Zellen D16:D19 ein »k«.

Sie können mehrere Zellen markieren, indem Sie dabei die `Strg`-Taste gedrückt halten. Tippen Sie dann direkt ohne erneuten Mausklick das gewünschte Kürzel in die aktive (die zuletzt markierte) Zelle. Bestätigen Sie die Eingabe mit `Strg`+`Eingabe`, wird das Kürzel in alle markierten Zellen gleichzeitig eingetragen.

Einträge pro Kriterium und Person zählen

Im oberen Teil der Tabelle sollen alle einzelnen Eintragsmöglichkeiten für jede Person gezählt werden. Mit der Funktion ZÄHLENWENN kann gezählt werden, wie oft in einem festgelegten *Bereich* ein definiertes *Suchkriterium* vorkommt.

Markieren Sie die Zelle D3 und starten Sie die Funktion ZÄHLENWENN:

Der *Bereich* ist der Zellbereich, in dem gezählt werden soll.

Das *Suchkriterium* legt fest, was im *Bereich* gezählt werden soll.

```
=ZÄHLENWENN(D$15:D$379;$B3)
```

Der Bereich, in dem gezählt werden soll, ist für jede Person unterschiedlich, nämlich immer nur die »eigene« Spalte. Die Kriterien sind zwar für jede Person gleich, aber für eine Person in jeder Zeile des Auswertungsbereichs unterschiedlich. In unserem Beispiel stehen die Kriterien in den Zellen B3:B10.

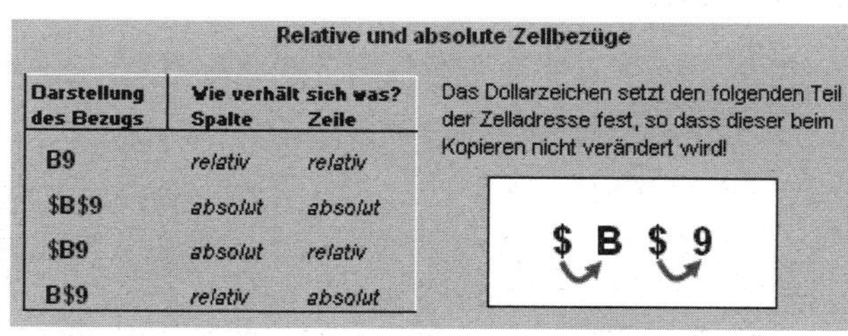

Bild 9.3: Die relativen und absoluten Zellbezüge

Um nicht für jeden Mitarbeiter und jedes Kriterium die ZÄHLENWENN-Funktion neu eingeben zu müssen, nutzen wir bei der Eingabe der Formel für die Zelladressierung gemischte Bezüge.

Durch die $-Zeichen vor den Zeilenangaben im ersten Parameter garantieren Sie, dass beim Kopieren nach unten die Zellbezüge gleich bleiben, und das $-Zeichen vor der Spaltenangabe im Suchkriterium ermöglicht das Kopieren der Formel nach rechts bei gleich bleibendem Bezug auf die Spalte B. Die Formel aus D3 kann nun sowohl nach rechts als auch nach unten kopiert werden!

9.2 Arbeitszeiterfassung: Jahresübersicht mit Überstunden

Kategorie: Personal

Dateiname: ARBEITSZEITEN KOMPLETT.XLS

Schwierigkeitsgrad: ❋❋❋

	A	B	C	F
1	Abrechnung für Monat Januar			
2				
3	***Anzahl gearbeitete Tage***			1
4	reguläre Arbeitstage (Mo-Fr)			22
5	Urlaubstage			0
6	reguläre Arbeitszeit (8 Std.)			176
7	geleistete Arbeitszeit			7
8	+ / - Stunden			-169
9				
10	***Datum***	***Anfang***	***Ende***	***Brutto Arbeitszeit***
11	Mo 01. Jan	8:00	15:00	07:00
12	Di 02. Jan			
13	Mi 03. Jan			
14	Do 04. Jan			

Bild 9.4: Tägliche Arbeitszeiten werden hier auf Monatsebene ausgewertet.

Wir möchten einerseits die Berechnung der täglichen Arbeitszeit für Urlaubs- und Feiertage sowie Abwesenheit wegen Krankheit erleichtern und zusätzliche Auswertungen in den Kopf der Tabelle aufnehmen und in einer Jahresübersicht zusammenstellen.

Die eingesetzte Funktion NETTOARBEITSTAGE ist ein Add-In. Sie aktivieren es über *Extras/Add-Ins.* Setzen Sie den Haken bei *Analyse-Funktionen* und bestätigen mit *OK.*

Reguläre Arbeitszeit für Urlaubs-, Krankheits- und Feiertage eintragen

In der Spalte F wird normalerweise die Arbeitszeit durch die Subtraktion der Anfangszeit von der Endzeit berechnet. Mit der Formel `=C11-B11` in der Zelle F11 würden wir aber als Ergebnis 0:00 angezeigt bekommen, solange noch keine Anfangs- und Endzeit eingegeben wurde.

Um dies zu unterbinden, schachteln wir die Berechnung der Arbeitszeit in eine WENN-Funktion. Wir nutzen dabei die ISTLEER-Funktion, die zunächst prüft, ob schon eine Anfangszeit und eine Endzeit in die Zellen C11 und B11 eingetragen wurde, und die UND-Funktion, um beide Prüfungen miteinander zu verbinden. Der erste Teil unserer Formel in F11 ist demnach folgendermaßen aufgebaut:

```
=WENN(UND(ISTLEER($B11);ISTLEER($C11));""
```

Um an Tagen, an denen Sie nicht anwesend sind, aber dennoch ihre reguläre Arbeitszeit zu berücksichtigen, wurde in diesem Beispiel festgelegt, dass neben der Anfangszeit in der Spalte B die drei weiteren Einträge *Urlaub*, *Feiertag* und *krank* möglich sind.

Wenn die erste Prüfung zu dem Ergebnis FALSCH führt, soll nun in einem weiterem Teil überprüft werden, ob einer dieser Texteinträge in Spalte B steht, und für diesen Fall festgelegt werden, dass acht Stunden in Spalte F eingetragen werden sollen. Da nur eine der Bedingungen stimmen muss, werden die drei Prüfungen in einer ODER-Funktion zusammengefasst.

Führt diese Prüfung zu dem Ergebnis WAHR, soll 0,333333333333333, d. h. 8:00 Stunden, in die Zelle F11 eingetragen werden. Nur wenn auch diese Prüfung zu dem Ergebnis FALSCH führt, soll von der Endzeit die Anfangszeit abgezogen werden.

Die vollständige Formel in Zelle F11 sieht nun folgendermaßen aus:

```
=WENN(UND(ISTLEER($B11);ISTLEER($C11));"";WENN(ODER($B11="Feiertag";$B11="Urlaub
";$B11="krank");0,333333333333333;$C11-$B11))
```

Auswertungen im Tabellenkopf

Nun zu den Auswertungen im Tabellenkopf.

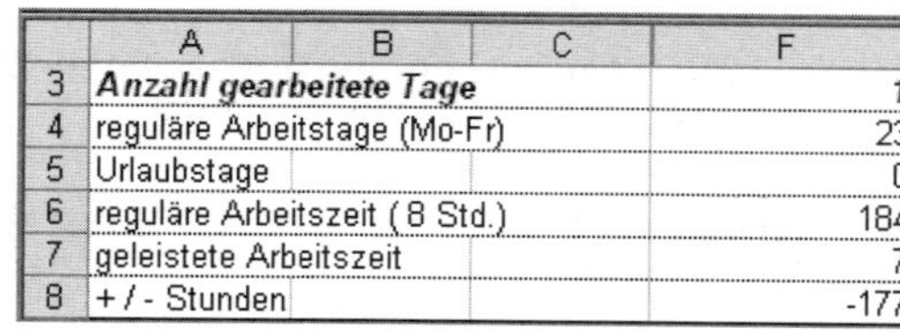

	A	B	C	F
3	***Anzahl gearbeitete Tage***			*1*
4	reguläre Arbeitstage (Mo-Fr)			23
5	Urlaubstage			0
6	reguläre Arbeitszeit (8 Std.)			184
7	geleistete Arbeitszeit			7
8	+ / - Stunden			-177

Bild 9.5: Auswertungen der monatlichen Arbeitszeiten im Tabellenkopf

1. In der Zeile 3 werden die Tage berechnet an denen gearbeitet wurde, indem mit der Funktion ANZAHL die Zellen der Spalte F, die Zahlen enthalten, gezählt werden.

2. Die Formel in F3 sieht wie folgt aus: `=ANZAHL(F11:F41)`

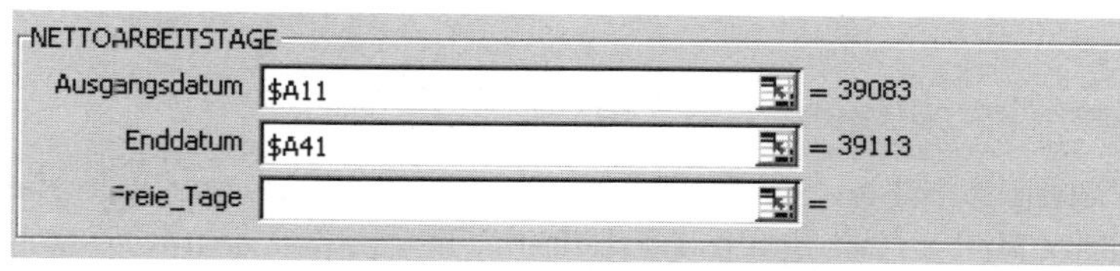

Bild 9.6: Die Funktionsargumente der NETTOARBEITSTAGE-Funktion

3. In der vierten Zeile ermitteln wir mit der Funktion NETTOARBEITSTAGE alle Wochentage von Montag bis Freitag innerhalb des Monats.

4. Markieren Sie die Zelle F4 und starten Sie über die Schaltfläche *fx Funktion einfügen* aus der Kategorie *Datum & Zeit* die NETTOARBEITSTAGE-Funktion.

5. Geben Sie im Feld *Ausgangsdatum* die Zelle mit dem ersten Tag des Monats und im Feld *Enddatum* die Zelle mit dem Monatsletzten ein.

6. Das Feld *Freie_Tage* lassen wir hier leer, da wir die Feiertage mit normaler Stundenzahl in unsere Kalkulation aufgenommen haben. Es bestünde jedoch die Möglichkeit, hier auf einen Zellbereich zu verweisen, in dem die Daten aller Feiertage enthalten sind, die dann ebenso wie die Wochenenden abgezogen würden.

Wir haben zu Beginn festgelegt, dass Urlaubstage durch den Eintrag *Urlaub* in der Spalte B gekennzeichnet werden. In der Zeile 5 werden nun alle Zellen, in denen *Urlaub* steht, mit der ZÄHLENWENN-Funktion gezählt.

7. Geben Sie in die Zelle F5 folgende Formel ein: `=ZÄHLENWENN(B11:B41;"Urlaub")`.

In der Zelle F6 wird die monatliche SOLL-Arbeitszeit durch die Multiplikation der Nettoarbeitstage mit der vertraglich vereinbarten täglichen Arbeitszeit multipliziert. Da wir in unserem Beispiel von einem 8-Stunden-Tag ausgehen, steht in der Zelle F6 folgende Formel: `=F4*8`.

Die monatlich geleistete Arbeitszeit in Zelle F7 übernehmen Sie aus der Summenzeile am Ende des Monats.

Wir haben die Zeiten an den einzelnen Tagen und auch in der Gesamtsumme im Uhrzeit-Format. Falls Sie jedoch mit den Stunden weiterrechnen möchten, um beispielsweise für den Verdienst die

Gesamtstunden mit einem Stundenlohn zu multiplizieren, ist es sinnvoll, die Zeiten in Dezimalzahlen umzuwandeln.

Wenn Sie die Uhrzeit mit 24 multiplizieren, erhalten Sie die Stunden- und Minutenangabe als Dezimalzahl. Geben Sie deshalb in die Zelle F7 folgende Formel ein: `=F42*24`.

Zur Berechnung eventuell angefallener Überstunden im aktuellen Monat können Sie nun von der geleisteten Arbeitszeit die Sollarbeitszeit abziehen und Sie erhalten als Ergebnis die +/- Stunden für den aktuellen Monat. Die Formel in Zelle F8 lautet: `=F7-F6`.

Damit ist der Auswertungsblock im Tabellenkopf fertig. Sie müssen auf den einzelnen Tabellenblättern für die verschiedenen Monate aufgrund der unterschiedlichen Anzahl der Tage pro Monat die Bereiche für die NETTOARBEITSTAGE-Funktion, die ANZAHL-Funktion und die ZÄHLENWENN-Funktion noch anpassen.

Die Ergebnisse des Auswertungsblocks werden gleich in ein neues Tabellenblatt *Jahresübersicht* übernommen. Zuvor jedoch noch ein Wort zu eventuellen Pausenzeiten.

Berücksichtigung von Pausen

Vielleicht haben Sie sich schon gewundert, warum wir die ganze Zeit in der Spalte F arbeiten. Die Spalten D und E sind bisher ausgeblendet. In diesen Spalten haben wir die gleichen Berechnungen angestellt, jedoch mit der Berücksichtigung von Pausenzeiten.

Markieren Sie die Spalten C und F, öffnen Sie mit einem Rechtsklick auf die markierten Spaltenbuchstaben das Kontextmenü und wählen Sie den Befehl *Einblenden.*

Nun sehen Sie in der Spalte D die Zeitangabe für die Pause und in der Spalte E wird mit fast der gleichen Formel wie in Spalte F die Nettoarbeitszeit berechnet. Der Unterschied besteht lediglich im letzten Teil der Formel. Die tägliche Arbeitszeit berechnet sich nun aus Endzeit minus Anfangszeit minus Pause.

Bild 9.7: Ausgeblendete Spalten können Sie über das Kontextmenü einfach wieder einblenden.

	A	B	C	D	E	F
10	*Datum*	*Anfang*	*Ende*	*Pause*	*Netto Arbeitszeit*	*Brutto Arbeitszeit*
11	Mo 01. Jan	8:00	15:00	00:30	06:30	07:00
12	Di 02. Jan			00:30		
13	Mi 03. Jan			00:30		

Bild 9.8: Berechnung der Arbeitszeit unter Berücksichtigung eines Pausenabzugs

Je nachdem, wie Ihre Arbeitszeiten berechnet werden, nutzen Sie die Variante mit oder ohne Pausenabzug.

Jahresübersicht

Fügen Sie über *Einfügen/ Tabellenblatt* das 13. Tabellenblatt für Ihre Jahresübersicht in die Mappe ein. Mit einem Doppelklick auf die Registerlasche der neuen Tabelle können Sie den Namen eingeben.

In diesem Blatt sollen die Werte, die in den Zeilen 3 bis 8 auf jedem Tabellenblatt berechnet wurden, aus allen Monaten in einer Übersicht übernommen werden.

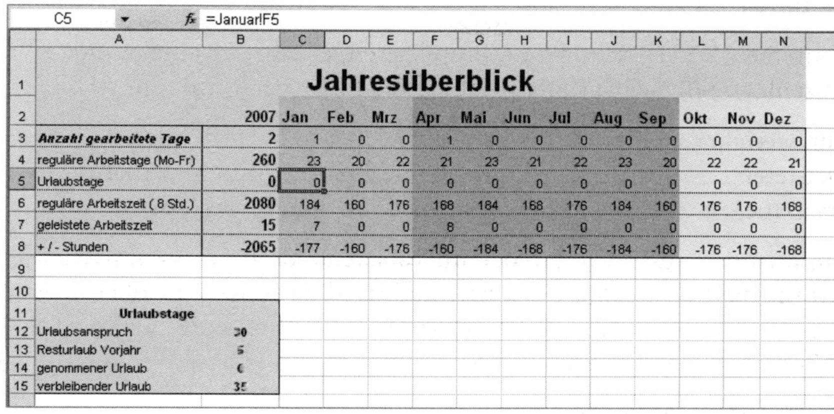

	A	B	C	D	E	F	G	H	I	J	K	L	M	N
2		2007	Jan	Feb	Mrz	Apr	Mai	Jun	Jul	Aug	Sep	Okt	Nov	Dez
3	***Anzahl gearbeitete Tage***	2	1	0	0	1	0	0	0	0	0	0	0	0
4	reguläre Arbeitstage (Mo-Fr)	260	23	20	22	21	23	21	22	23	20	22	22	21
5	Urlaubstage	0	0	0	0	0	0	0	0	0	0	0	0	0
6	reguläre Arbeitszeit (8 Std.)	2080	184	160	176	168	184	168	176	184	160	176	176	168
7	geleistete Arbeitszeit	15	7	0	0	8	0	0	0	0	0	0	0	0
8	+ / - Stunden	-2065	-177	-160	-176	-160	-184	-168	-176	-184	-160	-176	-176	-168
11	**Urlaubstage**													
12	Urlaubsanspruch	30												
13	Resturlaub Vorjahr	5												
14	genommener Urlaub	[illegible]												
15	verbleibender Urlaub	35												

Bild 9.9: Die Daten vom Tabellenblatt *Januar* auf das Übersichtsblatt übernehmen

- Kopieren Sie zunächst im Tabellenblatt *Januar* die Zellen A3 bis A8 mit der Tastenkombination `Strg`+`C` und fügen Sie diese mit `Strg`+`V` in die Zelle A3 auf dem Übersichtsblatt wieder ein.
- Schreiben Sie *Jan* als Abkürzung für Januar in die Zelle C2 und ziehen Sie am Ausfüllkästchen bis zur Spalte N, so haben Sie bereits die Überschriften für die Monate.
- Geben Sie nun ein Gleichheitszeichen in die Zelle C3 ein und markieren Sie dann im Tabellenblatt *Januar* die Zelle F3, wenn Sie ohne Pausenabzug arbeiten, oder die Zelle E3, wenn Sie die Nettoarbeitszeit mit Pausenabzug in die Jahresübersicht übernehmen wollen.
- Die Formel in C3 lautet nun `=Januar!F3` (oder `=Januar!E3`).
- Wiederholen Sie diesen Schritt in der Zeile 2 für alle anderen Monate.
- Anschließend markieren Sie die Zellen C3 bis N3 und kopieren die Formeln über das Ausfüllkästchen an der rechten unteren Ecke der Markierung gleichzeitig für alle Monate bis in die Zeile 8.

Wenn Sie möchten, können Sie in der Spalte B mittels der SUMME-Funktion nun noch die Zeilenwerte addieren.

Geben Sie die Formel `=SUMME(C3:N3)` in die Zelle B3 ein und kopieren Sie auch diese Formel bis zur Zeile 8.

Der Block *Urlaubstage* in den Zellen A11:B15 beinhaltet lediglich zwei Formeln. Tragen Sie zunächst den Urlaubsanspruch und eventuell vorhandenen Resturlaub aus dem Vorjahr ein.

Übernehmen Sie aus der Zelle B5 die Summe der Urlaubstage im aktuellen Jahr. Die Formel für die Zelle B14 lautet: `=B5`.
In der Zelle B15 addieren Sie nun Urlaubsanspruch und Resturlaub aus dem Vorjahr und ziehen davon den genommenen Urlaub ab: `=B12+B13-B14`.

9.3 Budgetkontrolle

Kategorie: Personal

Dateiname: BUDGETKONTROLLE.XLS

Schwierigkeitsgrad: ❋❋

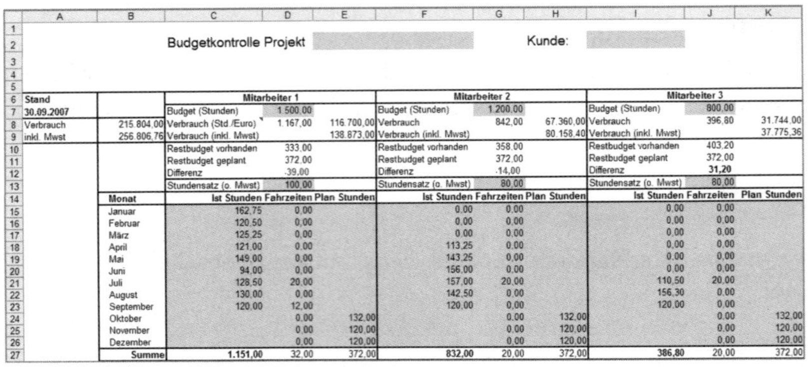

	A	B	C	D	E	F	G	H	I	J	K
1											
2			Budgetkontrolle Projekt					Kunde:			
3											
4											
5											
6	Stand		Mitarbeiter 1			Mitarbeiter 2			Mitarbeiter 3		
7	30.09.2007		Budget (Stunden)	1.500,00		Budget (Stunden)	1.200,00		Budget (Stunden)	800,00	
8	Verbrauch	215.804,00	Verbrauch (Std./Euro)	1.167,00	116.700,00	Verbrauch	842,00	67.360,00	Verbrauch	396,80	31.744,00
9	inkl. Mwst	256.806,76	Verbrauch (inkl. Mwst)		138.873,00	Verbrauch (inkl. Mwst)		80.158,40	Verbrauch (inkl. Mwst)		37.775,36
10			Restbudget vorhanden	333,00		Restbudget vorhanden	358,00		Restbudget vorhanden	403,20	
11			Restbudget geplant	372,00		Restbudget geplant	372,00		Restbudget geplant	372,00	
12			Differenz	-39,00		Differenz	-14,00		Differenz	31,20	
13			Stundensatz (o. Mwst)	100,00		Stundensatz (o. Mwst)	80,00		Stundensatz (o. Mwst)	80,00	
14		Monat	Ist Stunden	Fahrzeiten	Plan Stunden	Ist Stunden	Fahrzeiten	Plan Stunden	Ist Stunden	Fahrzeiten	Plan Stunden
15		Januar	162,75	0,00		0,00	0,00		0,00	0,00	
16		Februar	120,50	0,00		0,00	0,00		0,00	0,00	
17		März	125,25	0,00		0,00	0,00		0,00	0,00	
18		April	121,00	0,00		113,25	0,00		0,00	0,00	
19		Mai	149,00	0,00		143,25	0,00		0,00	0,00	
20		Juni	94,00	0,00		156,00	0,00		0,00	0,00	
21		Juli	128,50	20,00		157,00	20,00		110,50	20,00	
22		August	130,00	0,00		142,50	0,00		156,30	0,00	
23		September	120,00	12,00		120,00	0,00		120,00	0,00	
24		Oktober		0,00	132,00		0,00	132,00		0,00	132,00
25		November		0,00	120,00		0,00	120,00		0,00	120,00
26		Dezember		0,00	120,00		0,00	120,00		0,00	120,00
27		Summe	1.151,00	32,00	372,00	832,00	20,00	372,00	386,80	20,00	372,00

Bild 9.10: Das Ziel: Eine Tabelle zur Budgetkontrolle

Ihre Aufgabe ist die Kontrolle von Budgets. In unserem Beispiel gehen wir von einem Kundenprojekt aus, in dem drei Mitarbeiter mit unterschiedlichen Stundensätzen im Laufe des Jahres zu verschiedenen Zeitpunkten ins Projekt einsteigen.

Ihr Ziel ist es, dieses Budget optimal zu managen, d. h. frühzeitig zu erkennen, ob es über- oder unterschritten wird, und dann entsprechende Maßnahmen zu ergreifen.

Beschreibung

In unserer Tabelle gibt es für jeden der drei Mitarbeiter ein separates Budget in Stunden. Zu Beginn des Projekts wird eine Planung der zu leistenden Stunden (Plan Stunden) erstellt und eingetragen.

Am Ende eines jeden Monats fällt dann die Aufgabe an, die tatsächlich geleisteten Stunden (Iststunden und Fahrzeiten) in der Tabelle zu erfassen und die Planstunden zu löschen.

In unserem Beispiel befinden wir uns mit der Budgetkontrolle am 30.09.2007. Somit sind die Ist-Stunden und Fahrzeiten bis inkl. September erfasst, für die letzten drei Monate des Jahres stehen noch die Planstunden. Als Budgetverantwortlicher zeigt Ihnen diese Excel-Tabelle im oberen Teil, ob das vorhandene Budget ausreicht, um die geplanten Stunden noch leisten zu können, oder ob Sie Maßnahmen zum Beispiel im Rahmen der Mitarbeitersteuerung ergreifen oder mit dem Kunden ein Gespräch über eine Budgeterhöhung führen müssen.

Grundaufbau der Tabelle

Im ersten Schritt tragen Sie pro Mitarbeiter (Mitarbeiter 1) das Budget in Stunden (D7), den Stundensatz (D13) und die Planstunden (E15:E26) ein.

Im Laufe des Jahres tragen Sie am Ende eines Monats im Bereich *Iststunden* (C15:C26) und *Fahrzeiten* (D15:D26) die tatsächlich angefallenen Stunden ein und entfernen den Eintrag im Bereich der Planstunden (E15:E26).

In Zeile 27 werden die Summen der Iststunden, der Fahrzeiten und der Planstunden gebildet. Ausgehend von diesen Summen wird im oberen Teil der Tabelle das Budget in Stunden und Euro stets aktuell berechnet. Ein negativer Wert bei Differenz (D12) zeigt Ihnen, dass gegebenenfalls Maßnahmen ergriffen werden müssen.

Verbrauch (Std./Euro) berechnen

Da Fahrzeiten zu 50 % fakturiert werden, berechnet sich der Verbrauch des Budgets aus den Iststunden und zu 50 % aus den Fahrzeiten. Die Formel in D8 ist somit: `=C27+0,5*D27`.

Dieses Ergebnis (D8) multipliziert mit dem Stundensatz des Mitarbeiters (D13) ergibt dann den Verbrauch des Budgets in Euro und die Formel in E8 lautet: `=D8*D13`.

Verbrauch (inkl. MwSt.) berechnen

Damit wir in dieser Mappe jederzeit komfortabel mit dem aktuellen Mehrwertsteuersatz arbeiten können, haben wir die Mehrwertsteuer als Konstante mit Namen versehen, ohne dass diese in eine Zelle der Tabelle eingetragen werden muss.

1. Wählen Sie *Einfügen/Namen definieren.*
2. Geben Sie im Feld *Namen in der Arbeitsmappe* den Namen für die Konstante bzw. die Formel ein, z. B. MwSt.
3. Legen Sie im Feld *Bezieht sich auf* den Wert (z. B. =19 %) oder die Formel fest und bestätigen Sie mit der Schaltfläche *Hinzufügen* oder mit *OK.*

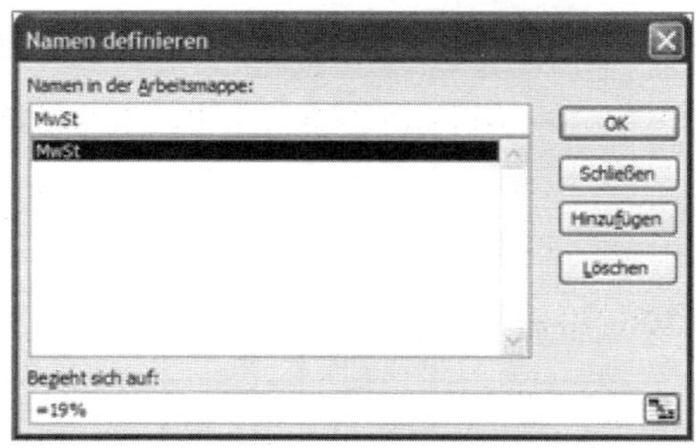

Bild 9.11: Konstante als Namen definieren

Die so definierten Namen können Sie anschließend wie gewohnt – z. B. über [F3] – in Formeln einsetzen. Bei Änderungen des Mehrwertsteuersatzes brauchen Sie in Zukunft nur noch den Wert bei *Namen definieren* zu aktualisieren und alle Formeln passen sich an. Somit lautet die Formel für den *Verbrauch inkl. Mehrwertsteuer* in Zelle E9: `=E8+E8*MwSt`.

Vorhandenes Restbudget berechnen

Das vorhandene Restbudget berechnet sich aus Budget minus Verbrauch. Die Formel in D10 lautet: `=D7-D8`.

Geplantes Restbudget

Das geplante Restbudget (D11) ist die Summe aus den Planstunden in Zelle E27. Daher steht in der Zelle D11 = `E27`.

Differenz berechnen

Die Differenz (D12) berechnet sich aus der Differenz zwischen vorhandenem Restbudget(D10) minus geplantes Restbudget. Die Formel in D12 lautet daher: `=D10-D11`.

Damit Ihnen eine negative Zahl sofort ins Auge springt, wurde die Zelle so formatiert, dass negative Zahlen rot ausgegeben werden. Wählen Sie dafür *Format/Zellen/* Registerkarte *Zahlen.*

9.4 Personaleinsatzplan mit automatischer Warnung bei Unterbesetzung

Kategorie: Personal

Dateiname: PERSONALEINSATZPLAN.XLS

Schwierigkeitsgrad: ❋❋❋

Sie möchten einen Einsatzplan für Ihre Mitarbeiter erstellen. An jedem Tag, an dem ein Mitarbeiter für Sie tätig ist, schreiben Sie ein *x* in die entsprechende Zelle. Zusätzlich wollen Sie die Anzahl der Mitarbeiter sehen, die pro Tag für Sie arbeiten. Wenn die Belegung allerdings kleiner als sechs Personen ist, dann ist dies zu wenig und der Zellhintergrund soll rot eingefärbt werden.

Die folgende Abbildung zeigt das Ziel. In den Zeilen 5 und 20 und in der Spalte AH stehen Funktionen.

	A	B	C	D	E	F	G	H	I	J	K	L	M	N	O	P	Q	R	S	T	U	V	W	X	Y	Z	AA	AB	AC	AD	AE	AF	AG	AH
1	**Personalplanung**																																	
2																																		
3	Monat	3																																
4	Jahr	2007																																
5			Do	Fr	Sa	So	Mo	Di	Mi	Do	Fr	Sa	So	Mo	Di	Mi	Do	Fr	Sa	So	Mo	Di	Mi	Do	Fr	Sa	So	Mo	Di	Mi	Do	Fr	Sa	Summe
6	**Name**	**Vorname**	1	2	3	4	5	6	7	8	9	10	11	12	13	14	15	16	17	18	19	20	21	22	23	24	25	26	27	28	29	30	31	
7	Hurra	Victoria	x		x		x			x		x		x			x		x		x			x		x		x			x		x	14
8	Haertl	Hubermann			x		x					x		x					x		x					x		x					x	9
9	Hello	Dolly		x	x			x			x	x			x			x	x			x			x	x			x			x	x	14
10	Faltmann	Gisela	x		x		x	x		x		x		x	x		x		x		x	x		x		x		x	x		x		x	18
11	Eiserner	Gustav	x	x	x		x	x		x	x	x		x	x		x	x	x		x	x		x	x	x		x	x		x	x	x	23
12	Kumpel	Anton			x		x					x		x					x		x					x		x					x	9
13	Uhlen	Horst	x				x			x				x			x				x			x				x			x			9
14	Eberhard	Tobias		x			x				x			x				x			x				x			x				x		9
15	Giesck	Ännchen	x	x	x			x		x	x	x			x		x	x	x			x		x	x	x			x		x	x	x	19
16	Dollinger	Erwin			x		x	x				x		x	x				x		x	x				x		x	x				x	13
17	Palm	Olivia		x			x	x			x			x	x			x			x	x			x			x	x			x		13
18	de Mol	Linda	x		x					x		x					x		x					x		x					x		x	10
19																																		
20	**Belegung**		6	5	9		9	6		6	5	9		9	6		6	5	9		9	6		6	5	9		9	6		6	5	9	160

Bild 9.12: Der Einsatzplan für das Personal

Die arbeitenden Mitarbeiter zählen

Nachdem Sie die Tabelle erstellt haben, soll jetzt die Anzahl der Mitarbeiter pro Tag gezählt werden.

1. Markieren Sie die Zelle C20.
2. Öffnen Sie den Funktionsassistenten und starten Sie die Funktion ZÄHLENWENN.
3. Ins Feld *Bereich* gehören die Zellen, in denen Sie zählen möchten. In diesem Beispiel sind es die Zellen C7 bis C18.
4. Ins Feld *Suchkriterium* geben Sie den Text ein, nach dem Sie suchen.
   In unserem Beispiel ist es das *x*.

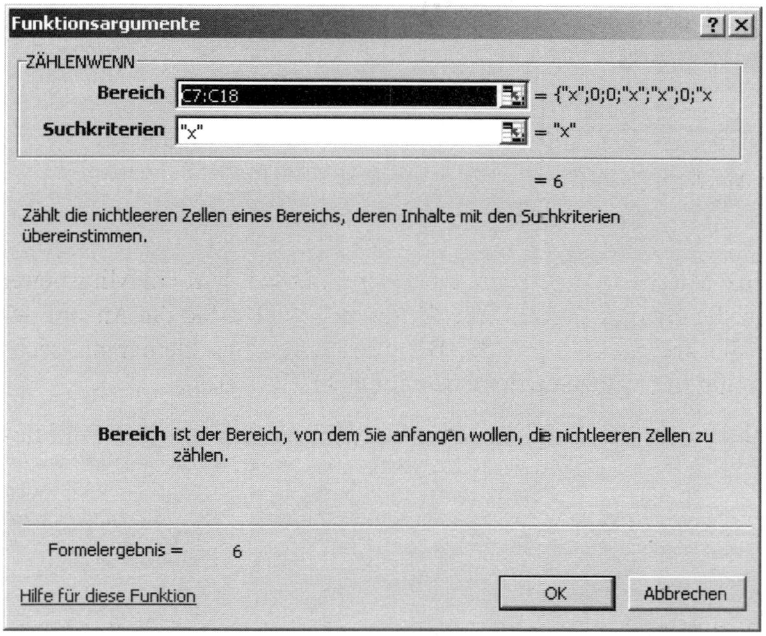

Bild 9.13: Mit der Funktion ZÄHLENWENN lassen Sie bestimmte Zellen zählen.

5 Bestätigen Sie mit einem Klick auf die Schaltfläche *OK*.

In der Zelle C20 steht nun die folgende Funktion:

```
=ZÄHLENWENN(C7:C18;"x")
```

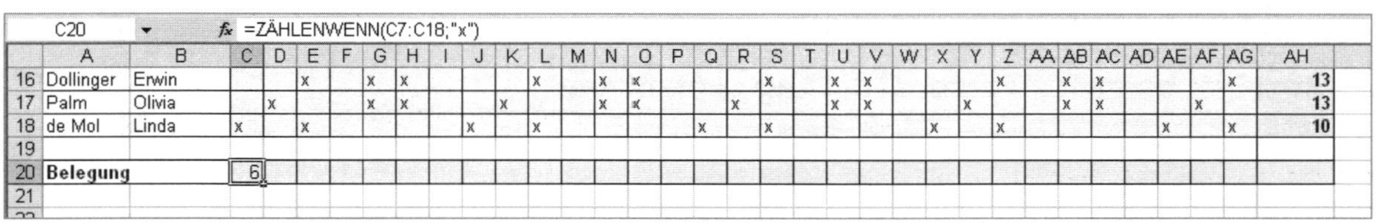

	A	B	C	D	E	F	G	H	I	J	K	L	M	N	O	P	Q	R	S	T	U	V	W	X	Y	Z	AA	AB	AC	AD	AE	AF	AG	AH
16	Dollinger	Erwin			x		x	x				x		x	x				x		x	x				x		x	x				x	13
17	Palm	Olivia		x			x	x			x			x	x			x			x	x			x			x	x			x		13
18	de Mol	Linda	x		x					x		x					x		x					x		x					x		x	10
19																																		
20	**Belegung**		6																															
21																																		

Bild 9.14: Jetzt lassen Sie die Zellen zählen, in denen ein *x* steht.

6 Kopieren Sie die Funktion in die Zellen rechts daneben.

Führen Sie diese Schritte nun auch für die Spalte AH durch.

Den Wochentag ermitteln

In der Zeile 5 steht der Name des Wochentags zum aktuellen Datum. Dieser Name errechnet sich aus dem Jahr in Zelle B4, aus dem Monat in Zelle B3 und aus dem Tag aus der Zelle der Wochentagangabe.

1 Öffnen Sie den Funktionsassistenten und starten Sie die Funktion DATUM.

2 Für das Feld *Jahr* wählen Sie die Zelle B4. Machen Sie die Zelle mit [F4] fest.

3 Die Zelle B3 kommt ins Feld *Monat*. Machen Sie die Zelle mit [F4] fest.

4 Im Feld *Tag* wählen Sie die Zelle darunter. In diesem Beispiel C6.

Bild 9.15: Den Tag im Monat berechnen

5. Bestätigen Sie mit *OK*.

   `=DATUM($B$4;$B$3;C6)`

6. Wählen Sie nun den Menübefehl *Format/Zellen.*
7. Aktivieren Sie das Register *Zahlen* und die Kategorie *Benutzerdefiniert.*
8. Geben Sie ins Feld *Als* den folgenden Code ein: `TTT`.
9. Bestätigen Sie mit *OK*.

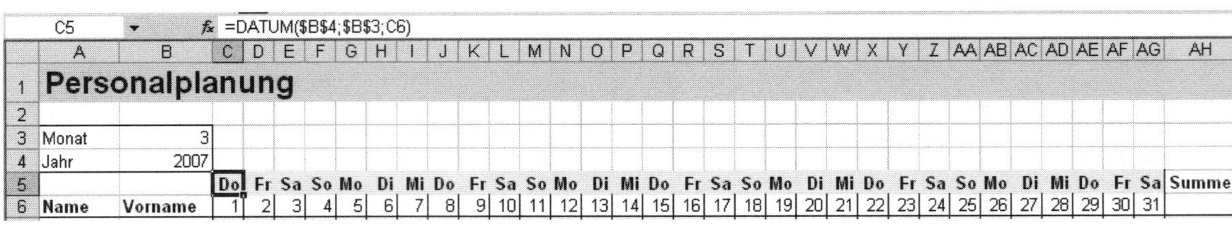

Bild 9.16: Die Anzeige des Wochentags

10. Kopieren Sie die Funktion in die Zellen rechts daneben.

Die Anzeige, ob genug Personal am Tag geplant sind

Im letzten Schritt lassen Sie Excel die Zellen hervorheben.

1. Markieren Sie die Zelle C20 und starten Sie *Format/Bedingte Formatierung.*
2. Lassen Sie in den ersten beiden Feldern *Zellwert ist* und *zwischen* stehen und geben Sie die Grenzwerte ein. In diesem Beispiel 1 und 5.
3. Klicken Sie auf die Schaltfläche *Format* und stellen Sie das gewünschte Format ein.

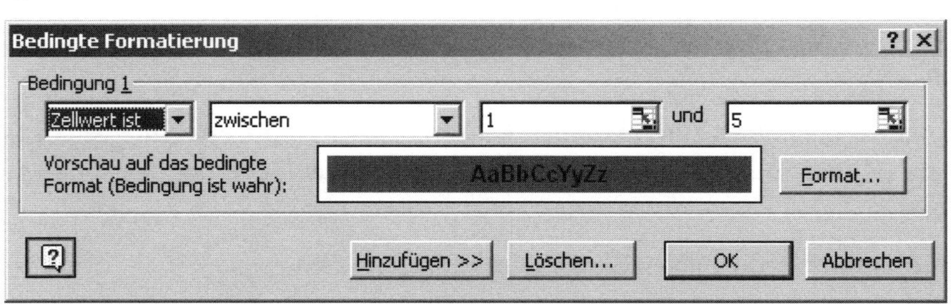

Bild 9.17: Die *Bedingte Formatierung* gestaltet die Zellen, bei denen die Bedingung zutrifft.

4. Bestätigen Sie Ihre Einstellungen mit *OK.*

5. Kopieren Sie das Format der Zelle C20 mit der Schaltfläche *Format übertragen* nach rechts in die restlichen Zellen.

Die ersten sechs Zeilen festsetzen

Zur besseren Übersicht haben wir die Tabelle fixiert, das heißt, wenn wir in der Tabelle blättern, bleiben die ersten Zeilen stehen.

Markieren Sie die Zelle A7 und wählen Sie *Fenster/Tabelle fixieren.*

Wenn Sie jetzt durch die Tabelle blättern, bleiben die ersten sechs Zeilen stehen. Jetzt erkennen Sie auf einen Blick, an welchen Tagen eine personelle Unterbesetzung droht.

	A	B	C	D	E	F	G	H	I	J	K	L	M	N	O	P	Q
1	Personalplanung																
2																	
3	Monat	3															
4	Jahr	2007															
5			Do	Fr	Sa	So	Mo	Di	Mi	Do	Fr	Sa	So	Mo	Di	Mi	Do
6	Name	Vorname	1	2	3	4	5	6	7	8	9	10	11	12	13	14	15
19																	
20	Belegung		6	5	9		9	6		6	5	9		9	6		6
21																	

	R	S	T	U	V	W	X	Y	Z	AA	AB	AC	AD	AE	AF	AG	AH
1																	
2																	
3																	
4																	
5	Fr	Sa	So	Mo	Di	Mi	Do	Fr	Sa	So	Mo	Di	Mi	Do	Fr	Sa	Summe
6	16	17	18	19	20	21	22	23	24	25	26	27	28	29	30	31	
19																	
20	5	9		9	6		6	5	9		9	6		6	5	9	160
21																	

Bild 9.18: An den dunklen Tagen droht personelle Unterbesetzung.

9.5 Prämien verteilen

Kategorie: Personal

Dateiname: PRÄMIENVERTEILUNG.XLS

Schwierigkeitsgrad: ❋❋❋

In diesem Beispiel können Sie sehen, wie Sie abhängig vom Grundgehalt und/oder Umsatz unterschiedliche Prämien an Ihre Mitarbeiter ausschütten können.

	A	B	C	D	E	F	G
1	Prämienverteilung						
2							
3	Name	Grundgehalt	Umsatz	Prämie1	Prämie2	Prämie3	Auszahlung
4	J.R. Ewing Jr.	7.200,00 €	100.000,00 €	420,00 €	1.750,00 €	- €	9.370,00 €
5	Eleanor Southworth 'Miss Ellie' Ewing	2.700,00 €	23.600,00 €	- €	413,00 €	- €	3.113,00 €
6	Cliff Barnes	5.600,00 €	50.000,00 €	420,00 €	875,00 €	- €	6.895,00 €
7	Bobby Ewing	7.200,00 €	76.000,00 €	420,00 €	1.330,00 €	- €	8.950,00 €
8	Sue Ellen Ewing	3.600,00 €	24.000,00 €	- €	420,00 €	- €	4.020,00 €
9	Ray Krebbs	4.300,00 €	24.900,00 €	- €	435,75 €	- €	4.735,75 €
10	Clayton Farlow	5.400,00 €	32.800,00 €	420,00 €	574,00 €	- €	6.394,00 €
11	Lucy Ewing Cooper	3.400,00 €	12.900,00 €	- €	- €	200,00 €	3.600,00 €
12	Pamela Barnes Ewing	3.600,00 €	23.600,00 €	- €	413,00 €	- €	4.013,00 €
13	Donna Culver Krebbs	2.800,00 €	32.340,00 €	420,00 €	565,95 €	- €	3.785,95 €
14	Jenna Wade	2.500,00 €	23.000,00 €	- €	402,50 €	- €	2.902,50 €
15	April Stevens	4.200,00 €	35.700,00 €	420,00 €	624,75 €	- €	5.244,75 €
16	John Ross 'Jock' Ewing, Sr.	6.850,00 €	78.000,00 €	420,00 €	1.365,00 €	- €	8.635,00 €
17	Carter McKay	7.000,00 €	98.000,00 €	420,00 €	1.715,00 €	- €	9.135,00 €
18	Cally Harper Ewing	2.100,00 €	8.000,00 €	- €	- €	200,00 €	2.300,00 €
19	Elizabeth 'Liz' Adams	3.200,00 €	12.000,00 €	- €	- €	200,00 €	3.400,00 €
20	Summe	71.650,00 €	654.840,00 €	3.360,00 €	10.883,95 €	600,00 €	86.493,95 €
21							

Bild 9.19: Die Tabelle *Prämienverteilung*

Beschreibung

In unserem Beispiel der DALLAS AG haben wir in Spalte A die Mitarbeiter aufgelistet. In Spalte B und C tragen wir das Grundgehalt sowie den erzielten Jahresumsatz ein. Die Prämien der Spalte D bis F sowie die restlichen Zellen der Arbeitsmappe werden von Excel automatisch berechnet.

Bei den Prämien haben wir beispielhaft folgende Regeln festegelegt:

- Prämie 1 von 420 Euro wird ausgeschüttet, sobald der erzielte Umsatz des Mitarbeiters höher als 25.000 Euro ist.
- Prämie 2 ist abhängig vom Grundgehalt. Sobald der Mitarbeiter einen Umsatz erzielt, der mindestens viermal so hoch ist wie sein Grundgehalt, erhält er 1,75 % des Umsatzes als Prämie.
- Prämie 3 von 200 Euro erhalten die Mitarbeiter, die keine der beiden anderen Prämien erreicht haben.

Namen für Bereiche vergeben

Zur Verbesserung der Übersichtlichkeit und zur Vereinfachung der Formelerstellung werden wir in diesem Beispiel den Zellbereichen Namen geben und dann diese Namen auch in den Formeln und Funktionen benutzen. Auf diese Art und Weise werden Formeln lesbarer und auch aussagekräftiger.

1. Markieren Sie den Bereich, der benannt werden soll, zum Beispiel B4 bis B19.

2. Klicken Sie in das Namenfeld an der linken Seite in der Bearbeitungsleiste und geben Sie den gewünschten Namen (z. B. Grundgehalt) ein.
3. Schließen die Eingaben mit `Eingabe` ab.

Durch Anklicken des Pfeilsymbols rechts neben dem Namenfeld und Auswählen des gewünschten Namens wird der Geltungsbereich des Namens nun automatisch markiert.

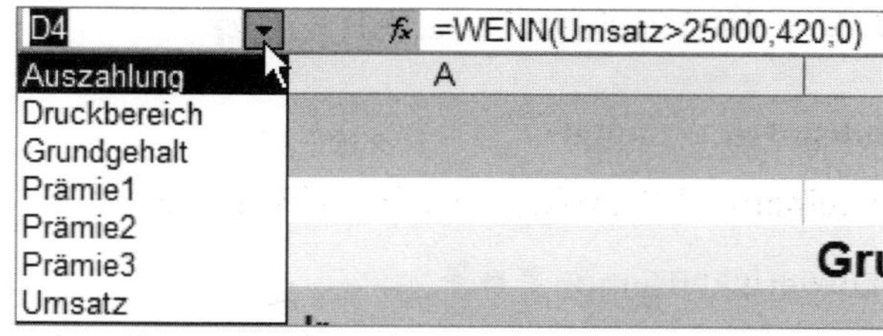

Bild 9.20: Die Auswahlliste am Namenfeld zeigt alle Bereichnamen der Mappe.

Berechnung der Prämie 1

Prämie 1 besagt, wenn der Umsatz größer als 25.000 Euro ist, dann soll die Prämie 420 Euro betragen. Mit Hilfe der WENN-Funktion und der vergebenen Namen lösen wir das wie folgt.

1. Positionieren Sie den Cursor in Zelle D4 und wählen Sie über den Funktionsassistenten die WENN-Funktion.
2. Im Feld *Prüfung* rufen Sie über die Taste `F3` die Liste der zuvor definierten Namen auf und wählen den Namen *Umsatz* aus. Ergänzen Sie den Eintrag um >25000.
3. Im *Dann_Wert* geben Sie 420 ein.
4. Im *Sonst_Wert* geben Sie 0 ein.
5. *OK* schließt die WENN-Funktion ab und Ihre Funktion sieht nun wie folgt aus:

   `=WENN(Umsatz>25000;420;0)`
6. Kopieren Sie die Formel nach unten bis zur Zelle D19.

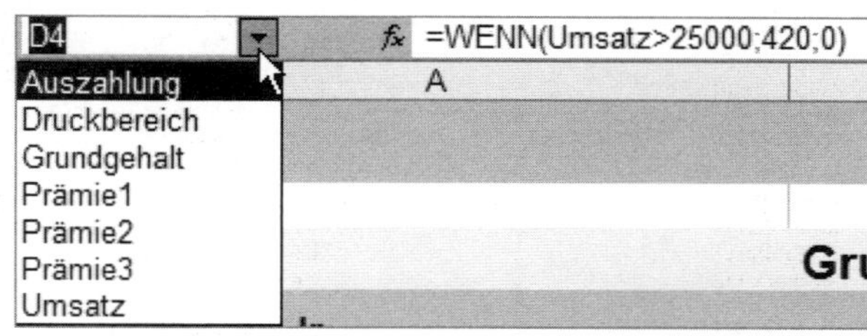

Bild 9.21: Die WENN-Funktion mit Dialogfenster *Namen einfügen*

Berechnung der Prämie 2

Wenn der Umsatz mindestens viermal so hoch ist wie das Grundgehalt, dann soll als Prämie 2 1,75 % vom Umsatz ausgeschüttet werden. Geben Sie daher folgende Funktion ein:

`=WENN(Umsatz>=4*Grundgehalt;1,75%*Umsatz;0)`

Kopieren Sie die Formel nach unten.

Berechnung der Prämie 3

Wenn keine der beiden ersten Prämien erreicht wird, soll die Prämie 3, d. h. 200 Euro ausgezahlt werden. Geben Sie folgende Funktion ein: `=WENN(Prämie1+Prämie2=0;200;0)`.

Kopieren Sie die Formel nach unten.

9.6 Provisionen berechnen

Kategorie: Personal

Dateiname: PROVISIONSTABELLE.XLS

Schwierigkeitsgrad: ❋❋❋

	A	B	C	D
1	**Provisionsberechnung**			
2				
3	**Mitarbeiter**	**Umsatz**	**Prov.Satz**	**Provision**
4	J.R. Ewing Jr.	449.000,00 €	17%	76.330,00 €
5	Eleanor Southworth 'Miss Ellie' Ewing	106.200,00 €	5%	5.310,00 €
6	Cliff Barnes	225.000,00 €	9%	20.250,00 €
7	Bobby Ewing	342.000,00 €	13%	44.460,00 €
8	Sue Ellen Ewing	108.000,00 €	5%	5.400,00 €
9	Ray Krebbs	112.050,00 €	5%	5.602,50 €
10	Clayton Farlow	147.600,00 €	5%	7.380,00 €
11	Lucy Ewing Cooper	58.050,00 €	3%	1.741,50 €
12	Pamela Barnes Ewing	106.200,00 €	5%	5.310,00 €
13	Donna Culver Krebbs	145.530,00 €	5%	7.276,50 €
14	Jenna Wade	103.500,00 €	5%	5.175,00 €
15	April Stevens	160.650,00 €	7%	11.245,50 €
16	John Ross 'Jock' Ewing, Sr.	351.000,00 €	15%	52.650,00 €
17	Carter McKay	451.000,00 €	19%	85.690,00 €
18	Cally Harper Ewing	36.000,00 €	0%	- €
19	Elizabeth 'Liz' Adams	54.000,00 €	3%	1.620,00 €

Bild 9.22: Die Tabelle *Provisionsberechnung*

In diesem Beispiel verteilen wir an die Mitarbeiter der DALLAS AG in Abhängigkeit des erzielten Umsatzes eine Provision.

Beschreibung

In Spalte A sind alle Mitarbeiter aufgelistet. In Spalte B tragen Sie den erzielten Jahresumsatz der Mitarbeiter ein.

Anschließend sucht Excel über eine Verweisfunktion (SVERWEIS) den entsprechenden Provisionssatz aus einer zweiten Tabelle (Provisionen) und rechnet die Provision aus.

	A	B
1	**Provisionstabelle**	
2	**Umsatz**	**Prov.Satz**
3	-	0%
4	50.000,00	3%
5	100.000,00	5%
6	150.000,00	7%
7	200.000,00	9%
8	250.000,00	11%
9	300.000,00	13%
10	350.000,00	15%
11	400.000,00	17%
12	450.000,00	19%
13	500.000,00	21%

Bild 9.23: Die Tabelle *Provisionen*

Namen für Bereiche vergeben

Zur Verbesserung der Übersichtlichkeit vergeben wir für die Matrix im SVERWEIS in diesem Beispiel einen Bereichsnamen.

1. Markieren Sie den Bereich, der benannt werden soll, in unserem Beispiel auf dem Tabellenblatt *Provisionen* den Zellbereich A3 bis B13.
2. Klicken Sie in das Namenfeld an der linken Seite in der Bearbeitungsleiste und geben Sie den gewünschten Namen (z. B. Provision) ein.

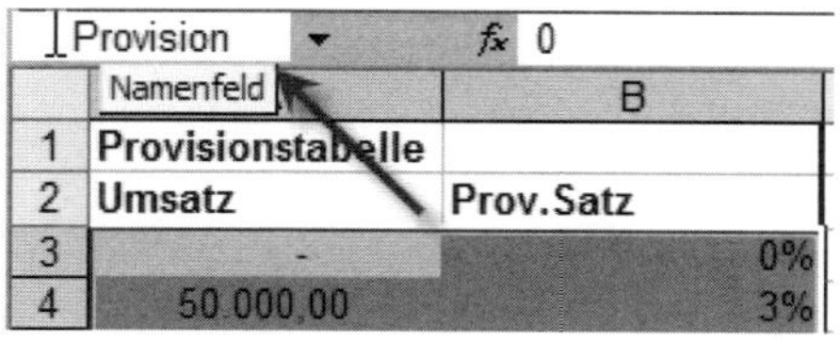

Bild 9.24: Bereichsnamen vergeben über Namenfeld

3. Schließen die Eingaben mit `Eingabe` ab.

Aufbau des SVERWEIS

1. Setzen Sie den Cursor in die Zelle C4 und starten Sie die SVERWEIS-Funktion über den Funktionsassistenten:
2. Das *Suchkriterium* steht in der Zelle B4.
3. Als *Matrix* geben Sie den Bereichsnamen *Provision* ein.
   Wenn Sie nicht mehr genau wissen, welchen Namen Sie gewählt haben, drücken Sie an dieser Stelle einfach die Taste `F3` und Sie bekommen alle in dieser Mappe existierenden Namen angezeigt.

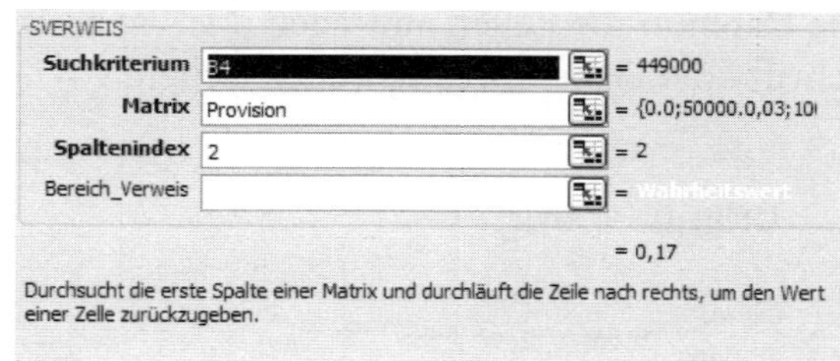

Bild 9.25: Die SVERWEIS-Funktion holt sich den Provisionssatz.

4. Der *Spaltenindex* ist die Nummer der Spalte, deren Inhalt Sie in Zelle C4 sehen möchten. Da der Provisionssatz in Spalte 2 der Matrix steht, geben Sie hier eine 2 ein.
5. Der Parameter *Bereich_Verweis* kann in diesem Fall leer bleiben.
   Wird dieser Parameter weggelassen, wird bei keiner genauen Entsprechung der nächstkleinere Wert aus der Matrix zurückgegeben.
6. Die Funktion in Zelle C4 sieht nun wie folgt aus: `=SVERWEIS(B4;Provision;2)`.

Sollte die Formatierung der Zelle C4 in Dezimalformat sein, so aktivieren Sie über die Symbolleiste *Format* die Prozentformatierung und kopieren die Formeln nach unten.

Bild 9.26: Die Schaltfläche Prozentformatierung in der Symbolleiste *Format*

Berechnung der Provision

Die Provision berechnet sich aus der Multiplikation des Provisionssatzes mit dem erzielten Umsatz. Die Formel in D4 sieht daher wie folgt aus: `=B4*C4`.

Diese Formel kann über das Ausfüllkästchen nach unten kopiert werden.

9.7 Urlaubsantrag

Kategorie: Personal

Dateiname: URLAUBSANTRAG.XLS

Schwierigkeitsgrad: ❋

Mit dieser Excel-Tabelle können Sie Ihre Urlaubstage schnell und effizient beantragen und von Ihrem Vorgesetzten genehmigen lassen.

Diese Tabelle enthält keinerlei Formeln und muss daher manuell ausgefüllt werden: am PC einfach die Daten in die Zellen eintragen oder auch das Blatt ausdrucken, mit Stift ausfüllen und zur Unterschrift oder Genehmigung weiterreichen.

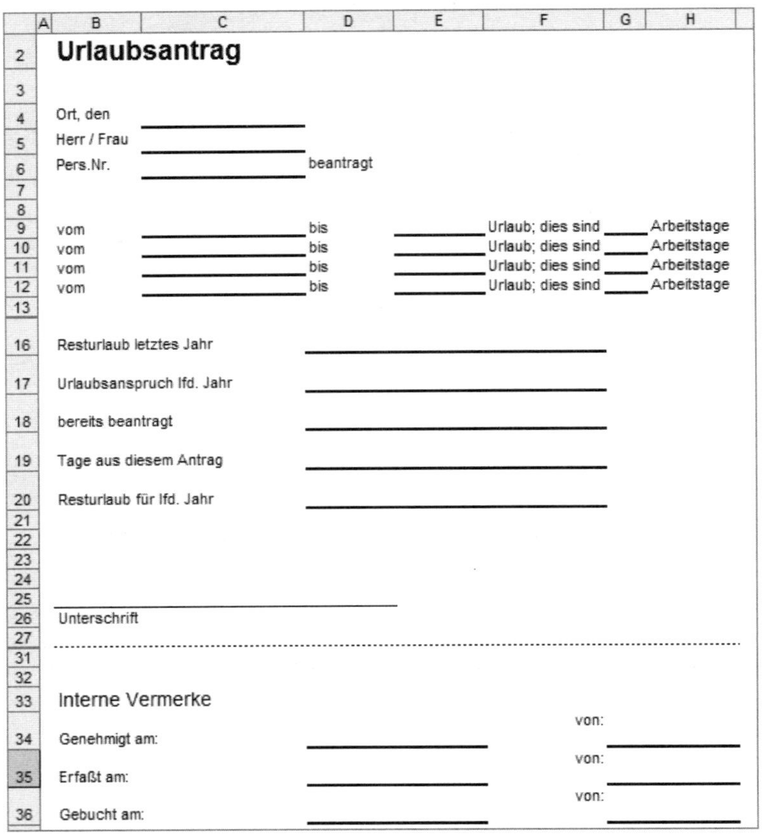
Urlaubsantrag

Ort, den ______

Herr / Frau ______

Pers.Nr. ______ beantragt

vom ______ bis ______ Urlaub; dies sind ____ Arbeitstage

vom ______ bis ______ Urlaub; dies sind ____ Arbeitstage

vom ______ bis ______ Urlaub; dies sind ____ Arbeitstage

vom ______ bis ______ Urlaub; dies sind ____ Arbeitstage

Resturlaub letztes Jahr ______

Urlaubsanspruch lfd. Jahr ______

bereits beantragt ______

Tage aus diesem Antrag ______

Resturlaub für lfd. Jahr ______

______

Unterschrift

Interne Vermerke

Genehmigt am: ______ von: ______

Erfaßt am: ______ von: ______

Gebucht am: ______ von: ______

Bild 9.27: Tabelle *Urlaubsantrag.xls*

Möchten Sie nach unserem Vorbild einen eigenen Urlaubsschein in Excel erstellen, gehen Sie wie folgt vor.

Spalten und Zeilen der Tabelle anpassen

Richten Sie zuerst die Spaltenbreite und Zeilenhöhe nach Ihren Vorstellungen ein.

Zum Anpassen der Spalten bzw. Zeilen klicken Sie mit der rechten Maustaste auf den Spalten- bzw. Zeilenkopf und wählen aus dem Kontextmenü den Punkt *Spaltenbreite* bzw. *Zeilenhöhe.*

Bei Spaltenbreite geben Sie die Anzahl der Zeichen ein, die in einer Zelle mit der Standardschrift angezeigt werden können, bzw. geben für die Zeilenhöhe die Anzahl der gewünschten Punkte (Maßeinhalt für die Schrift) ein.

Alternativ können Sie die gewünschte Größe auch durch Ziehen an der Begrenzungslinie im Spalten- bzw. Zeilenkopf ändern.

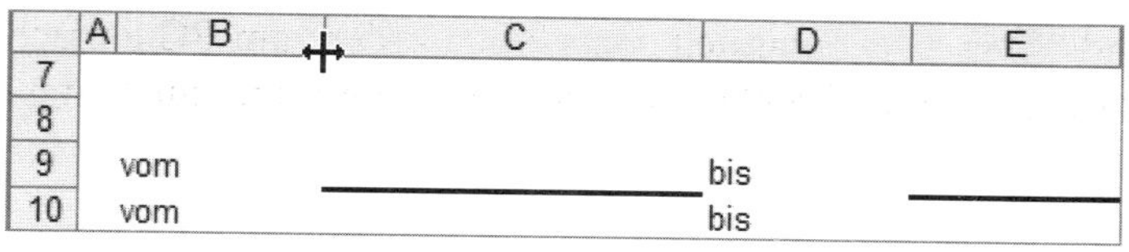

Bild 9.28: Ziehen an der Begrenzungslinie im Spaltenkopf

Texteingabe und Zellen formatieren

Geben Sie die Texte in die gewünschten Zellen ein und formatieren Sie anschließend die Tabelle nach Ihren Vorstellungen.

Die grundlegenden Formatierungen sind über die Symbolleiste *Format* zu erzielen.

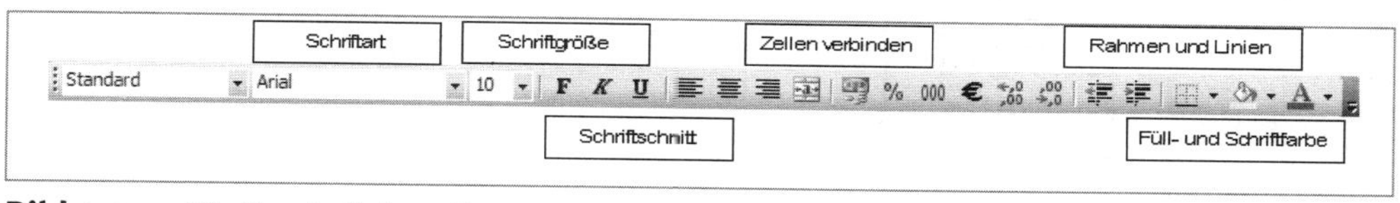

Bild 9.29: Die Symbolleiste *Format*

Rahmen und Linien

Eine einfache Auswahl an Rahmenlinien bietet schon die Schaltfläche *Rahmen* in der Symbolleiste *Format.*

- Markieren Sie die gewünschte(n) Zelle(n).
- Klicken Sie den Listenpfeil der Schaltfläche *Rahmen* aus der Symbolleiste *Format* an.

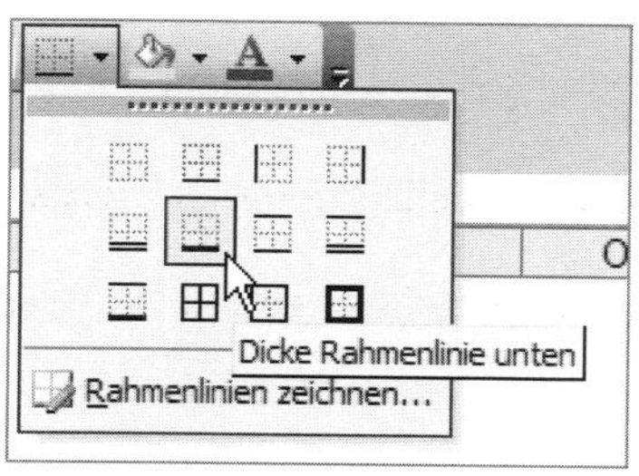

Bild 9.30: Die Auswahlmöglichkeiten der Schaltfläche *Rahmen*

- Wählen Sie eine Rahmenlinie nach Ihren Vorstellungen aus.

Weitere Formatierungsmöglichkeiten für Rahmen und Hintergrundmuster finden Sie in der Dialogbox *Format/Zellen/* Registerkarte *Rahmen* bzw. *Muster.*

9.8 Urlaubsplan mit automatischem Zählen der Urlaubstage

Kategorie: Personal

Dateiname: URLAUBSPLAN2.XLS

Schwierigkeitsgrad: ❋❋❋

Sie müssen zusammen mit mehreren Kollegen Ihren Urlaub in eine Liste eintragen. Dabei möchte jeder Kollege sehen, wie viele Tage Urlaub er in die Liste eingetragen hat. Außerdem soll Excel für ihn berechnen, wie viele Urlaubstage er noch hat.

In der Datumstabelle wurden die Wochenenden mit der bedingten Formatierung erfasst. Wie Sie dies erstellen, lesen Sie im Kapitel »Urlaubsplaner« in der Kategorie *Urlaub* nach. Die Feiertage wurden per Hand eingetragen, die Zellen wurden eingefärbt.

Die Kollegen haben ihre Kürzel in die Liste eingetragen. Pro Tag darf nur ein Kollege Urlaub nehmen.

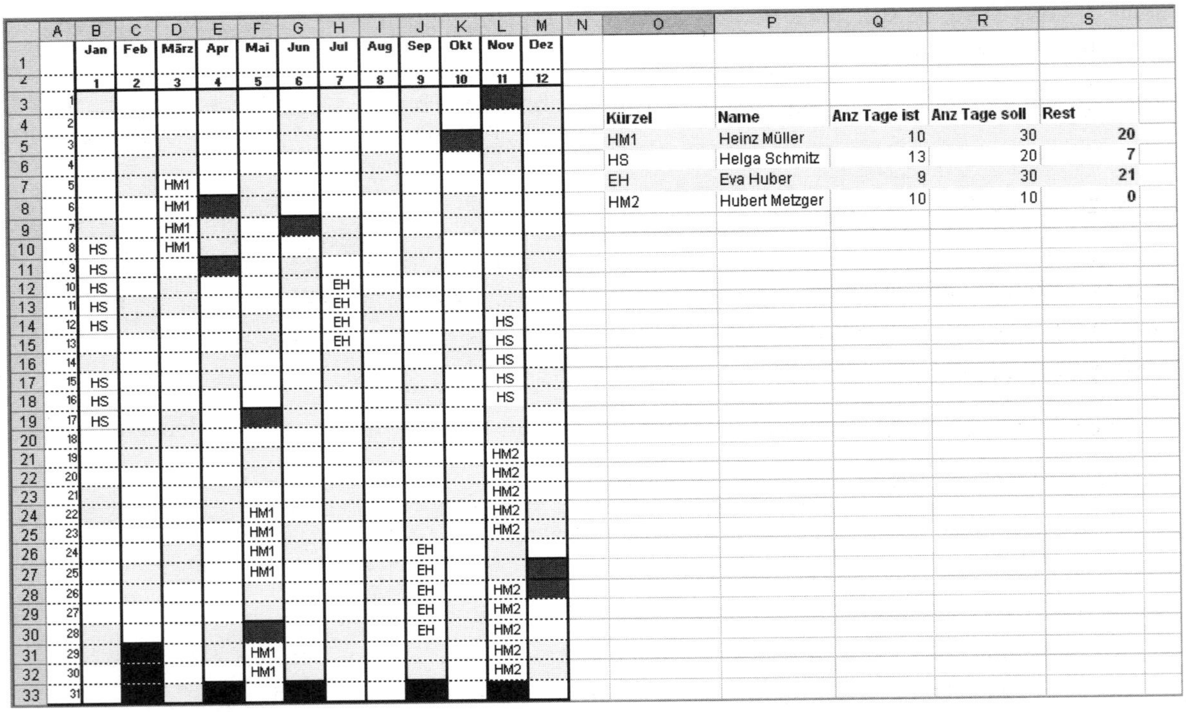

	A	B	C	D	E	F	G	H	I	J	K	L	M
1		Jan	Feb	März	Apr	Mai	Jun	Jul	Aug	Sep	Okt	Nov	Dez
2		1	2	3	4	5	6	7	8	9	10	11	12
3	1												
4	2												
5	3												
6	4												
7	5			HM1									
8	6			HM1									
9	7			HM1									
10	8	HS		HM1									
11	9	HS											
12	10	HS						EH					
13	11	HS						EH					
14	12	HS						EH				HS	
15	13							EH				HS	
16	14											HS	
17	15	HS										HS	
18	16	HS										HS	
19	17	HS											
20	18												
21	19											HM2	
22	20											HM2	
23	21											HM2	
24	22					HM1						HM2	
25	23					HM1						HM2	
26	24					HM1				EH			
27	25					HM1				EH			
28	26									EH		HM2	
29	27									EH		HM2	
30	28									EH		HM2	
31	29					HM1						HM2	
32	30					HM1						HM2	
33	31												

Kürzel	Name	Anz Tage ist	Anz Tage soll	Rest
HM1	Heinz Müller	10	30	20
HS	Helga Schmitz	13	20	7
EH	Eva Huber	9	30	21
HM2	Hubert Metzger	10	10	0

Bild 9.31: Die Urlaubstage der Mitarbeiter werden automatisch gezählt.

Die Anzahl der Urlaubstage pro Mitarbeiter

In den Zellen O5 bis O8 stehen die Kürzel der Mitarbeiter, auf die die Funktion ZÄHLENWENN gleich zugreift.

1. Markieren Sie die Zelle Q5 und geben Sie dort die folgende Funktion ein:

```
=ZÄHLENWENN($B$3:$M$33;O5)
```

Die Funktion ZÄHLENWENN durchsucht alle Zellen von B3 bis M33. Da die Funktion gleich nach unten kopiert wird, müssen diese Zellen durch Drücken der Taste [F4] festgehalten werden. In der Zelle O5 steht das Kürzel, nach dem die Zellen durchsucht werden sollen.

2. Kopieren Sie diese Funktion nach unten.

=ZÄHLENWENN($B$3:$M$33;O5)

O	P	Q
Kürzel	Name	Anz Tage
HM1	Heinz Müller	10
HS	Helga Schmitz	13
EH	Eva Huber	9
HM2	Hubert Metzger	10

Bild 9.32: Die Funktion ZÄHLENWENN zählt die Anzahl der bis jetzt eingetragenen Urlaubstage.

In der Spalte R steht der Anspruch an Urlaubstagen pro Mitarbeiter. In der Spalte S sollen jetzt noch die restlichen Urlaubstage ermittelt werden.

3. Markieren Sie die Zelle S5 und geben Sie den folgenden Rechenschritt ein:

```
=R5-Q5
```

4. Kopieren Sie auch diesen Rechenschritt nach unten.

S5 =R5-Q5

	N	O	P	Q	R	S
3						
4		Kürzel	Name	Anz Tage ist	Anz Tage soll	Rest
5		HM1	Heinz Müller	10	30	20
6		HS	Helga Schmitz	13	20	7
7		EH	Eva Huber	9	30	21
8		HM2	Hubert Metzger	10	10	0
9						

Bild 9.33: Die verbliebenen Urlaubtage

Die Anzahl der Tage pro Monat

Im letzten Schritt möchten Sie jetzt ermitteln, wie viele Tage Urlaub jeder Mitarbeiter pro Monat genommen hat. Diese Berechnung wurde auf einem separaten Tabellenblatt vorgenommen. Sie könnten dies auch auf demselben Blatt ermitteln, auf dem auch der Kalender steht.

1. Markieren Sie die Zelle C2 auf dem Blatt *Anzahl Tage pro Monat.*
2. Geben Sie die folgende Funktion ein:

```
=ZÄHLENWENN(Urlaubsplaner!B$3:B$33;$A2)
```

3. Kopieren Sie die Funktion zuerst nach unten und dann nach rechts.

C2 =ZÄHLENWENN(Urlaubsplaner!B$3:B$33;$A2)

	A	B	C	D	E	F	G	H	I	J	K	L	M	N	O
1	Kürzel	Name	Jan	Feb	März	Apr	Mai	Jun	Jul	Aug	Sep	Okt	Nov	Dez	
2	HM1	Heinz Müller	0	0	4	0	6	0	0	0	0	0	0	0	
3	HS	Helga Schmitz	8	0	0	0	0	0	0	0	0	0	5	0	
4	EH	Eva Huber	0	0	0	0	0	0	4	0	5	0	0	0	
5	HM2	Hubert Metzger	0	0	0	0	0	0	0	0	0	0	10	0	
6															
7															

Urlaubsplaner / Anzahl Tage pro Monat / Rohbau / Tabelle2 / Tabelle3

Bild 9.34: Die Auswertung der Urlaubstage pro Monat auf einem separaten Tabellenblatt

Zum Abschluss können Sie, wenn gewünscht, die Zellen mit einer Füllfarbe gestalten.

9.9 Verkaufsprämien

Kategorie: Personal

Dateiname: VERKAUFSPRAEMIEN.XLS

Schwierigkeitsgrad: ❋❋❋❋

In diesem Beispiel verteilen wir an die Mitarbeiter Verkaufsprämien. Diese Prämien sind von zwei Größen abhängig, einerseits vom erzielten Gesamtumsatz der Firma, andererseits vom individuellen Mitarbeiterumsatz.

In einer Infotabelle wurde genau aufgeschlüsselt, wie hoch die einzelnen Prämiensätze sind.

	A	B	C	D	E	F	G	H	I	J	K	L
1	Verkaufsprämie											
2	Firmenumsatz	Eigener Umsatz										
3		ab 0	ab 100.000	ab 105.000	ab 110.000	ab 115.000	ab 120.000	ab 130.000	ab 140.000	ab 150.000	ab 170.000	ab 200.000
4	ab 0	0,00%	1,00%	2,00%	3,00%	4,00%	5,00%	8,00%	12,00%	16,00%	20,00%	25,00%
5	ab 4.000.000	2,00%	3,00%	4,00%	5,00%	6,00%	7,00%	10,00%	14,00%	18,00%	22,00%	27,00%
6	ab 4.300.000	4,00%	5,00%	6,00%	7,00%	8,00%	9,00%	12,00%	16,00%	20,00%	24,00%	29,00%
7	ab 4.600.000	6,00%	7,00%	8,00%	9,00%	10,00%	11,00%	14,00%	18,00%	22,00%	26,00%	31,00%
8	ab 4.800.000	8,00%	9,00%	10,00%	11,00%	12,00%	13,00%	16,00%	20,00%	24,00%	28,00%	33,00%
9	ab 5.000.000	10,00%	11,00%	12,00%	13,00%	14,00%	15,00%	18,00%	22,00%	26,00%	30,00%	35,00%

Bild 9.35: Die Infotabelle mit den Prämiensätzen

Damit nun nicht für alle Mitarbeiter die Verkaufsprämie »zu Fuß« ermittelt werden muss, wurde ein Deckblatt entwickelt, das nach Eingabe des Firmenumsatzes und des Mitarbeiterumsatzes automatisch aus der Infotabelle über die Funktionen INDEX und VERGLEICH den korrekten Prämiensatz ermittelt.

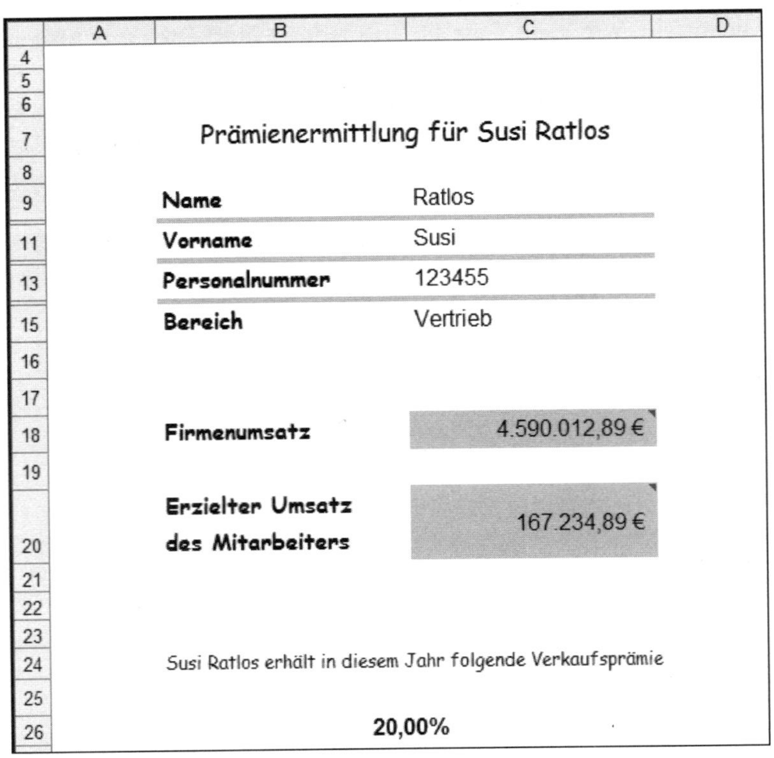

Bild 9.36: Das Deckblatt, auf dem die Verkaufsprämie ermittelt wird

Namen für Bereiche vergeben

Zur Verbesserung der Übersichtlichkeit und zur Vereinfachung der Formelerstellung werden wir in diesem Beispiel den Zellbereichen Namen geben und dann diese Namen auch in den Formeln und Funktionen benutzen. Auf diese Art und Weise werden Formeln lesbarer und auch aussagekräftiger.

1. Markieren Sie den Bereich, der benannt werden soll, zum Beispiel A3 bis A9.
2. Klicken Sie in das Namensfeld an der linken Seite in der Bearbeitungsleiste und geben Sie den gewünschten Namen (z. B. Firmenumsatz) ein.
3. Schließen die Eingaben mit `Eingabe` ab.

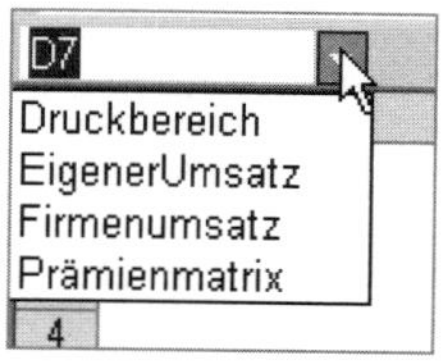

Bild 9.37: Das Namensfeld in der Bearbeitungsleiste

Durch Anklicken des Pfeilsymbols rechts neben dem Namensfeld und Auswählen des gewünschten Namens wird der Geltungsbereich des Namens im Tabellenblatt automatisch markiert.

Deckblatt

Nach Eingabe des Vor- und Nachnamens in Zelle C9 und C11 wird in Zelle B7 über eine Verkettung automatisch die Überschrift des Deckblatts zusammengesetzt. Die Formel in B7 lautet:
`="Prämienermittlung für "& C11&" " & C9.`

Auf gleiche Art und Weise ist in Zelle B24 der Schluss des Deckblatts zusammengesetzt.

```
= C11&" " & C9& " erhält in diesem Jahr folgende Verkaufsprämie"
```

Sobald in Zelle C18 der Gesamtumsatz der Firma und in Zelle C20 der Umsatz des Mitarbeiters eingegeben wird, berechnet sich in Zelle B26 die Verkaufsprämie in Prozent.

Verkaufsprämie berechnen

Für die Berechnung der Verkaufsprämie müssen wir aus unserer Infotabelle den Schnittpunkt zweier Positionsangaben (nämlich der Zeile für den Firmenumsatz und der Spalte für den eigenen Umsatz) ermitteln. Dafür eignet sich hervorragend die INDEX-Funktion.

Um für die Funktion INDEX die Koordinaten, d. h. die Spalte bzw. Zeile angeben zu können, ermitteln wir über den WVERWEIS aus den jeweils erreichten Umsatzzahlen, also in unserem Beispiel bei Mitarbeiterumsatz 167.234,89 Euro, die Spalte J »ab 150.000« als Spaltenkoordinate bzw. über den SVERWEIS aus dem Firmenumsatz 4.590.012,89 Euro die Zeile 6 »ab 4.500.000« als Zeilenkoordinate.

WVERWEIS

1. Setzen Sie den Cursor in die Zelle E20 und starten Sie den WVERWEIS.
2. Das *Suchkriterium* – der Mitarbeiterumsatz von 167.234,89 Euro – steht in Zelle C20.

3. Als *Matrix* geben Sie den Bereich A3:L3 bzw. den dafür vergebenen Bereichsnamen *EigenerUmsatz* an.
4. Der *Zeilenindex* ist die Nummer der Zeile, die zurückgeben werden soll. Da unsere Matrix nur eine Zeile hat, geben Sie hier eine 1 ein.
5. Der Parameter *Bereich-Verweis* muss in diesem Fall leer bleiben. Denn dann bekommen wir bei einem nicht eindeutigen Treffer automatisch den nächstkleineren Wert aus der Matrix (in diesem Fall 150.000) geliefert.

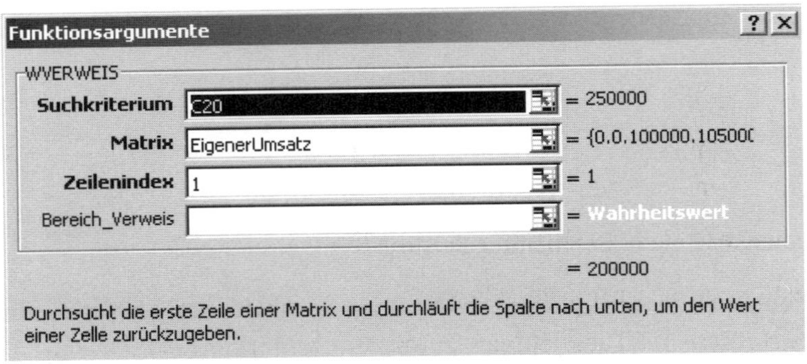

Bild 9.38: Die Funktion WVERWEIS

Die Funktion in E20 sieht wie folgt aus:

```
=WVERWEIS(C20;EigenerUmsatz;1)
```

Gleichermaßen verfahren Sie bei der Ermittlung des Firmenumsatzes mit dem SVERWEIS. Markieren Sie die Zelle E18 und geben Sie die folgende Funktion ein:

```
=SVERWEIS(C18;FirmenUmsatz;1)
```

Somit haben Sie die Koordinaten gefunden, die Sie zur Ermittlung der Verkaufsprämie benötigen. Da beide Ergebnisse für uns sozusagen nur Nebenrechnungen sind, haben wir sie über die Schriftfarbe Weiß im Arbeitsblatt in den Zelle E18 und E20 »versteckt«.

Die Funktionen INDEX und VERGLEICH

Die Funktion VERGLEICH liefert als Ergebnis die Zellposition, die der jeweils gefundene Wert innerhalb einer Suchmatrix einnimmt (nicht den Wert, dies geschieht stattdessen mit der Funktion SVERWEIS).

Suchkriterium gibt den Wert an, gegen den Sie bestimmte Elemente der Suchmatrix abgleichen möchten. Wenn Sie beispielsweise in einem Telefonbuch die Telefonnummer eines Bekannten suchen, verwenden Sie dessen Namen als Suchkriterium, obwohl die Telefonnummer der Wert ist, den Sie eigentlich wünschen.

In unserem Fall sind die *Suchkriterien* die »versteckten« Ergebnisse in Zelle E18 und E20.

Die *Suchmatrix* ist der Bereich A3:A9 (Bereichsnamen *Firmenumsatz*) bzw. der Bereich A3:L3 (Bereichsname *EigenerUmsatz*).

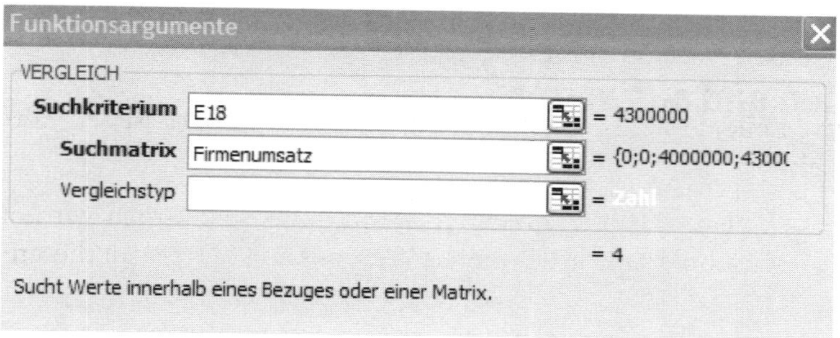

Bild 9.39: Die Funktion VERGLEICH sucht eine Zellposition.

Die Teile der Funktion lauten:

`VERGLEICH(E18;Firmenumsatz) bzw. VERGLEICH(E20;EigenerUmsatz).`

Über die Funktion INDEX ermitteln wir mithilfe der Funktion VERGLEICH nun den genauen Schnittpunkt in der Matrix (Infotabelle), nämlich Zeile 4, Spalte 10.

1. Setzen Sie den Cursor in die gewünschte Zelle für die Prämienermittlung (B26).
2. Starten Sie über den Funktionsassistenten die Funktion INDEX.
3. Als *Matrix* geben Sie den Bereich A3:L9 ein bzw. den dafür vergebenen Bereichsnamen *Prämienmatrix*.
4. Das Feld *Zeile* erwartet die Nummer der gesuchten Zeile. Hier setzen wir jetzt oben beschriebene VERGLEICH-Funktion ein, um die Zeile für den erzielten Firmenumsatz zu bestimmen.
5. Das Feld *Spalte* erwartet die Nummer der gesuchten Spalte. Hier setzen wir nun oben beschriebene VERGLEICH-Funktion ein, um die Spalte für den erzielten Mitarbeiterumsatz zu bestimmen.

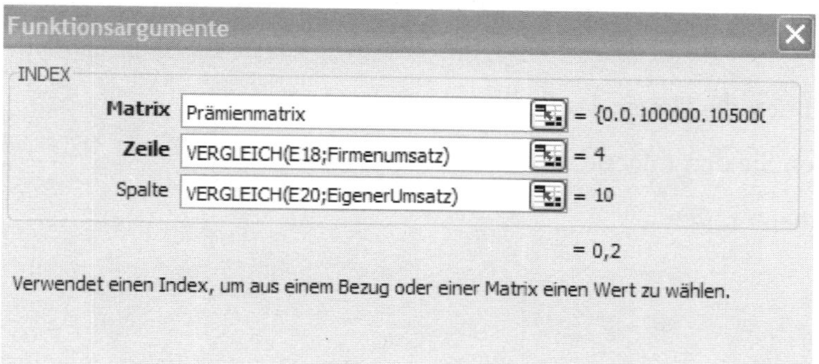

Bild 9.40: Funktion INDEX mit geschachtelten Funktionen VERGLEICH

6. *OK* schließt den Vorgang ab.

In Zelle B26 steht nun folgende Funktion:

```
=INDEX(Prämienmatrix; VERGLEICH(E18;Firmenumsatz); VERGLEICH(E20;EigenerUmsatz;))
```

Das Zellergebnis wird im Standardformat ausgegeben, d. h. als Dezimalzahl, und muss nun lediglich über die Symbolleiste *Format*, Schaltfläche *Prozent* als Prozentzahl formatiert werden.

10 Selbstständige & Freiberufler

10.1 Besuchsbericht erstellen und auswerten

Kategorie: Selbstständige & Freiberufler

Dateiname: BESUCHSBERICHT.XLS

Schwierigkeitsgrad: ❋❋

In diesem Beispiel sehen Sie eine Liste der Besuche, die wir im Laufe einer Woche gemacht haben. Wir haben protokolliert, wann wir wie lange bei wem waren. Die Tabelle lässt sich nach rechts noch beliebig erweitern, beispielsweise um die Spalte *Ergebnis* oder *Bemerkung*.

In der Spalte I wird die Dauer der Besuche berechnet. Für eine optimale Analyse wird der AutoFilter eingesetzt. In der Zeile 19 werden die Anzahl der Besuche und die Anzahl der Stunden addiert.

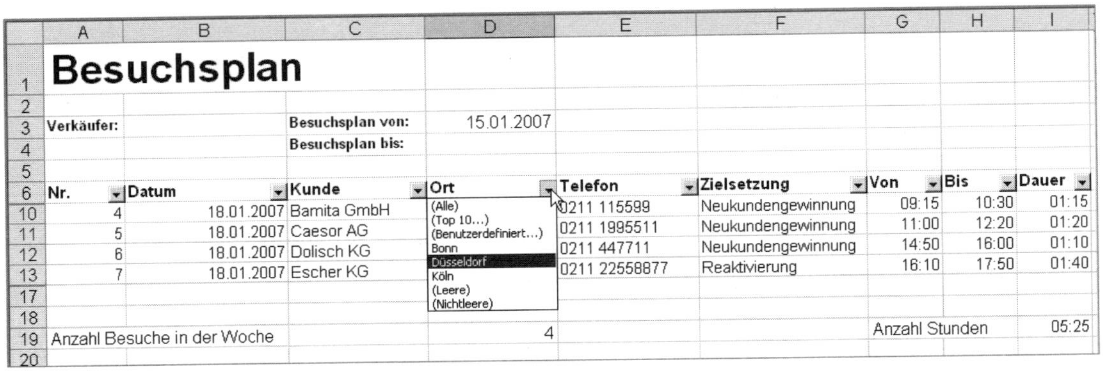

	A	B	C	D	E	F	G	H	I
1	Besuchsplan								
2									
3	Verkäufer:		Besuchsplan von:	15.01.2007					
4			Besuchsplan bis:						
5									
6	Nr.	Datum	Kunde	Ort	Telefon	Zielsetzung	Von	Bis	Dauer
10	4	18.01.2007	Bamita GmbH		0211 115599	Neukundengewinnung	09:15	10:30	01:15
11	5	18.01.2007	Caesor AG		0211 1995511	Neukundengewinnung	11:00	12:20	01:20
12	6	18.01.2007	Dolisch KG		0211 447711	Neukundengewinnung	14:50	16:00	01:10
13	7	18.01.2007	Escher KG		0211 22558877	Reaktivierung	16:10	17:50	01:40
17									
18									
19	Anzahl Besuche in der Woche			4			Anzahl Stunden		05:25
20									

Bild 10.1: Einen Besuchsbericht erstellen

Die Besuchsdauer berechnen

In der Spalte I wollen Sie für jeden Kunden die Dauer des Besuchs berechnen.

1. Markieren Sie die Zelle I7 und geben Sie den folgenden Rechenschritt ein: `=H7-G7`.
2. Kopieren Sie diesen Rechenschritt nach unten.

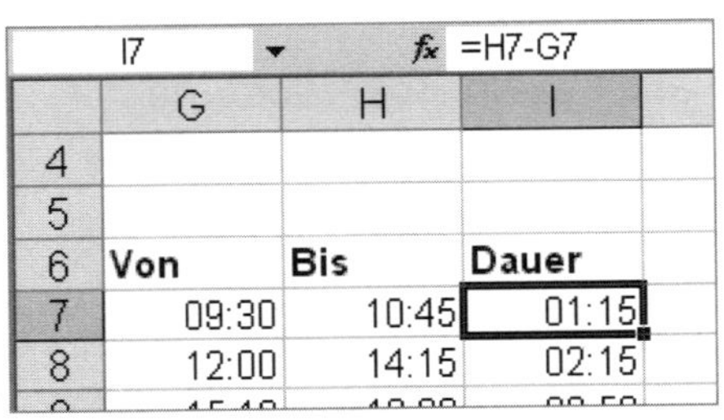

I7 fx =H7-G7

	G	H	I
4			
5			
6	Von	Bis	Dauer
7	09:30	10:45	01:15
8	12:00	14:15	02:15

Bild 10.2: Die Dauer jedes Besuchs

Die Anzahl der Besuche bei eingeschaltetem Filter

Zuerst schalten Sie den AutoFilter ein, filtern nach einem Kriterium, und dann bilden Sie die Funktionen.

1 Um den AutoFilter einzuschalten, markieren Sie die Zellen der Überschrift und wählen *Daten/Filter/AutoFilter.*

2 Filtern Sie jetzt Ihre Daten nach einem Kriterium. In diesem Beispiel lassen wir uns alle Besuche in Düsseldorf anzeigen.

3 Setzen Sie den Cursor jetzt unter die Liste und klicken Sie auf die Schaltfläche *AutoSumme* [Σ].

Sie erhalten jetzt nicht die SUMME-Funktion, sondern die Funktion TEILERGEBNIS.

4 Stellen Sie sicher, dass Excel alle Zellen mit den Daten, die summiert werden sollen, markiert. Auch wenn die Zellen ausgeblendet sind, sollte Excel die Zellen der ganzen Liste markieren.

```
=TEILERGEBNIS(9;I7:I16)
```

Die Ziffer 9 in der Funktion TEILERGEBNIS stellt sicher, dass die Summe gebildet wird.

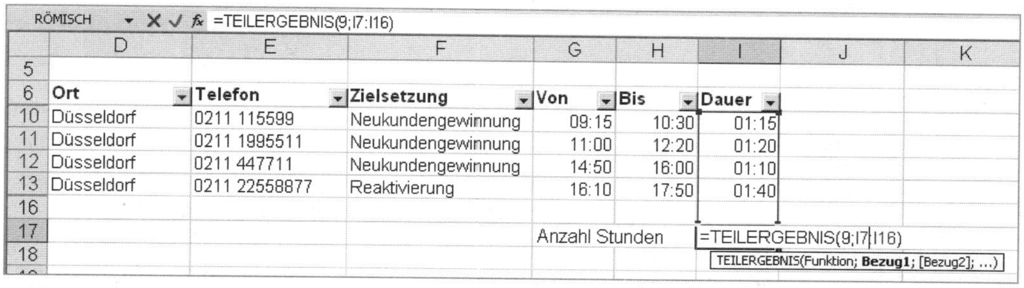

Bild 10.3: Die Anzahl der Stunden, die der Mitarbeiter in Düsseldorf verbrachte.

5 Drücken Sie zur Bestätigung auf die [Eingabe]-Taste.

Jetzt erkennen Sie, dass Sie 5 Stunden und 25 Minuten bei Düsseldorfer Firmen waren.

Im nächsten Schritt soll gezählt werden.

6 Markieren Sie die Zelle D17 und klicken Sie auf die Schaltfläche *AutoSumme* [Σ].

```
=TEILERGEBNIS(3;D7:D16)
```

Die 3 in der Funktion gibt an, dass die Zellen mit Text und Zahlen gezählt werden. Stellen Sie auch hier sicher, dass alle Zellen der Spalte markiert sind, auch wenn diese nicht sichtbar sind. Geben Sie gegebenenfalls die Zelladressen manuell ein.

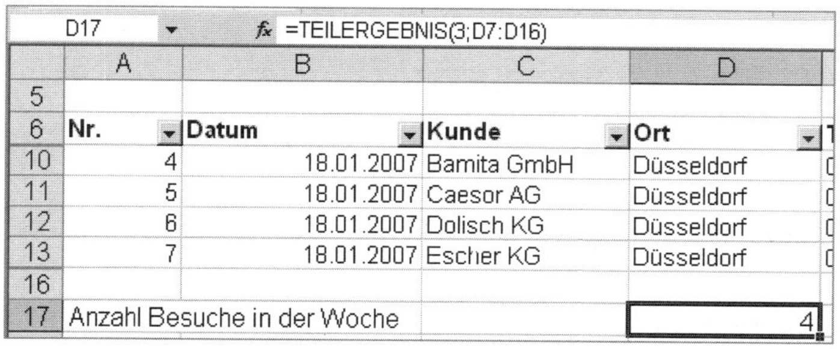

Bild 10.4: Die Anzahl der Besuche dieser Woche in Düsseldorf

Um zu ermitteln, welche Ergebnisse Sie noch über die Funktion TEILERGEBNIS berechnen können, starten Sie die Hilfe und geben das Wort *Teilergebnis* ein.

10.2 Buchungsliste für DATEV

Kategorie: Selbstständige & Freiberufler

Dateiname: BUCHUNGSLISTE.XLS

Schwierigkeitsgrad: ❋

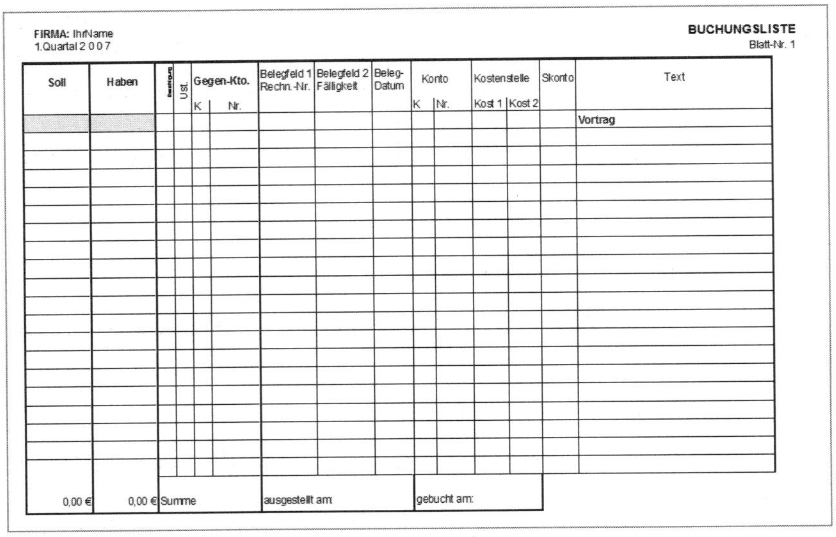

Bild 10.5: Buchungsliste Tabelle 1. Quartal

Sie sind Freiberufler oder Selbständiger und haben von Ihrem Steuerberater ein Buchungslisten-Formular erhalten, das Sie jedes Quartal ausfüllen sollen. Die Daten werden vom Steuerberater anschließend zum Beispiel in DATEV übertragen.

Es wird nicht gerne gesehen, wenn in diesen Buchungslisten handschriftliche Korrekturen, Streichungen oder Ergänzungen vorgenommen werden, daher haben wir dieses Formular in Excel nachgebildet. Damit können Sie die Liste nun komfortabel am PC ausfüllen und Korrekturen und Fehler sind unproblematisch auszubügeln.

Beschreibung

Die Arbeitsmappe besteht aus insgesamt vier Tabellen, jedes Quartal hat eine Tabelle mit vier Seiten. Die Summenbeträge eines Blatts werden automatisch als Übertrag in das nächste Quartals-Tabellenblatt übernommen. Zur komfortablen Eingabe der Daten sind die Tabellen mit einer Gliederungsmöglichkeit versehen. Über die Kopfzeile können Sie die Buchungsliste individuell anpassen.

Gliederung

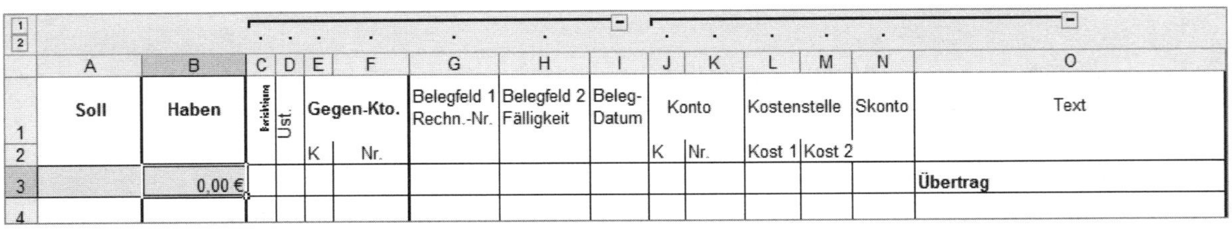

Bild 10.6: Buchungsliste mit zwei Gliederungsgruppen und allen Detailspalten

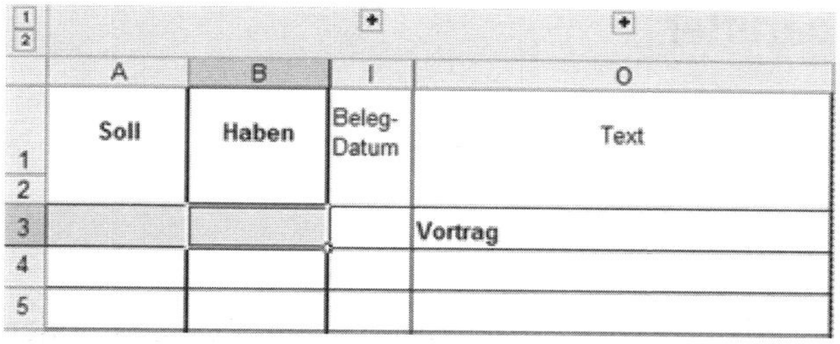

Bild 10.7: Buchungsliste mit zwei Gliederungsgruppen und ausgeblendeten Detailspalten

Über die Gliederung von Tabellenblättern können Sie Daten übersichtlich darstellen und Detaildaten einer Tabelle je nach Bedarf ein- bzw. ausblenden.

Da in der Buchungsliste von Ihnen nur die Spalten *Soll* (A) und *Haben* (B) sowie *Belegdatum* (I) und *Text* (O) einzutragen sind, die restlichen Spalten werden vom Steuerfachbüro eingetragen, haben wir die Gliederung so angelegt, dass Spalten einfach ausgeblendet werden können und für eine komfortable Dateieingabe unsere Spalten somit direkt nebeneinander liegen.

Manuelle Gliederung erstellen und nutzen

1. Markieren Sie die Spalten oder Zeilen der Tabelle, die Sie in einer Gliederungsgruppe zusammenfassen möchten.
2. Wählen Sie *Daten/Gruppierung und Gliederung/Gruppierung.*
3. Oberhalb der Spalten bzw. links neben den Zeilen erscheint eine Linie, die die Größe der Gliederungsgruppe anzeigt, und ein [-].
   Über dieses [-] bzw. [+] können Sie die Gliederungsgruppen nach Bedarf ein- und ausschalten.

Kopf- und Fußzeilen für alle Register anpassen

Um in allen Tabellenblättern die Kopf- und Fußzeilen nach Ihren Bedürfnisse einzugeben, arbeiten Sie mit der Tabellenblatt-Gruppierung:

1. Halten Sie die [STRG]-Taste gedrückt und markieren Sie nacheinander alle vier Tabellenblatt-Register. Kontrollieren Sie, ob in der Titelleiste nun in eckigen Klammern [Gruppe] steht. Die nächste Aktion gilt nun für die markierten Tabellenblätter.
2. Wählen Sie *Ansicht/Kopf- und Fußzeile* und wählen Sie die Schaltfläche *Benutzerdefinierte Kopfzeile.*

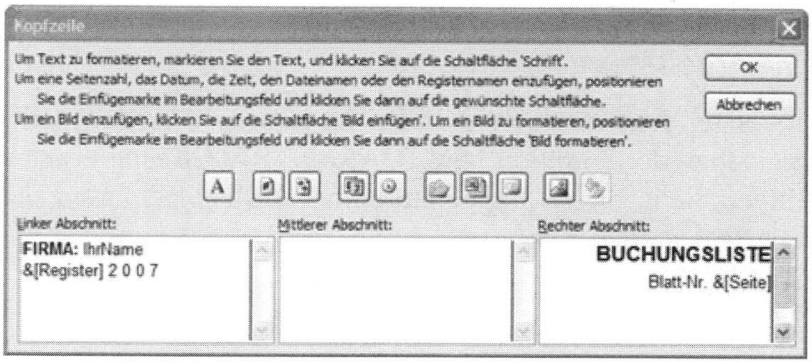

Bild 10.8: Benutzerdefinierte Kopfzeile anpassen

3. Passen Sie den linken und rechten Abschnitt mit Ihren Daten an und bestätigen Sie mit *OK.*
4. Heben Sie die Tabellenblattgruppierung durch einen rechten Mausklick auf ein beliebiges Tabellenblatt und die Auswahl *Gruppierung aufheben* wieder auf.

10.3 Einnahmenkalkulation für Freiberufler

Kategorie: Selbstständige & Freiberufler

Dateiname: EINNAHMENKALKULATION.XLS

Schwierigkeitsgrad: ❋❋

Sie haben zurzeit nicht so viel zu tun und möchten wissen, wie viel Sie eigentlich pro Tag verdienen müssen, um auf ein geplantes Jahreseinkommen zu kommen. Dabei wollen Sie auch die monatlichen Kosten berücksichtigen.

Zuerst sollten Sie ermitteln, wie viele Arbeitstage im aktuellen Jahr sind. Dann erfassen Sie die monatlichen Kosten. Zum Abschluss bilden Sie die Ergebnisse in der Spalte F.

	A	B	C	D	E	F
1	**Einnahmenkalkulation für Freiberufler**					
2						
3		**Für den Zeitraum**	01.01.2007	31.12.2007		
4						
5		**Geplantes Jahreseinkommen**	**70.000,00 €**			
6		**Arbeitstage im Jahr**	245			
7						
8	**Geplante Ausgaben pro Monat**					
9		Büromiete	1.500,00 €			
10		Bürogeräte/Leasing	500,00 €			
11		Büromaterial	150,00 €			
12		Strom	30,00 €			
13		Telefon/Internet	225,00 €		**Jahresbetriebskosten**	39.060,00 €
14		Auto	750,00 €		**Geplantes Jahreseinkommen**	
15		Porto	100,00 €		**Summe**	
16		Reinigungskosten	- €			
17		Sonstiges	- €		**Erforderliches Tageshonorar**	- €
18	**Monatsbetriebskosten**		**3.255,00 €**			

Bild 10.9: Eine Rückwärtsrechnung: Wenn ich den Betrag *x* im Jahr verdienen will, wie hoch muss mein Tageshonorar sein?

Die Arbeitstage im Jahr

Im ersten Rechenschritt möchten Sie wissen, wie viele Arbeitstage das Jahr 2007 hat. Dazu benötigen Sie neben der Funktion NETTOARBEITSTAGE eine Liste aller Feiertage des Jahres 2007. Eine Liste finden Sie in dieser Mappe auf dem Tabellenblatt *Liste Feiertage.* Dort finden Sie einen Zellbereich mit dem Namen *Feiertage.*

1. Geben Sie in den Zellen C3 und D3 das erste bzw. das letzte Datum des Jahres ein, für das Sie die Kalkulation durchführen möchten.
2. Setzen Sie den Cursor in die Zelle C6 und öffnen Sie den Funktionsassistenten.
3. Suchen Sie die Funktion NETTOARBEITSTAGE. Sollten Sie die Funktion nicht finden, dann lesen Sie weiter unten weiter.
4. Ins Feld *Ausgangsdatum* geben Sie die Zelle C3 ein. Ins Feld *Enddatum* geben Sie die Zelle D3 ein.
5. Ins Feld *Freie_Tage* kommt der Zellbereich mit dem Namen *Feiertage.*

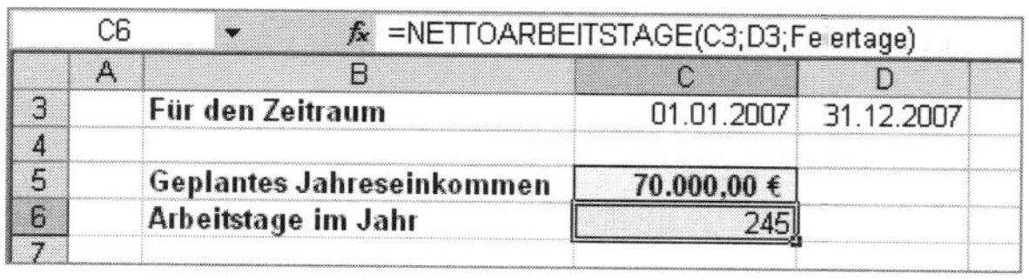

C6 =NETTOARBEITSTAGE(C3;D3;Feiertage)

	A	B	C	D
3		Für den Zeitraum	01.01.2007	31.12.2007
4				
5		Geplantes Jahreseinkommen	70.000,00 €	
6		Arbeitstage im Jahr	245	
7				

Bild 10.10: Die Funktion NETTOARBEITSTAGE zeigt die Anzahl der Tage im Jahr, die nicht Wochenende und nicht Feiertage sind.

Wenn Sie die Funktion NETTOARBEITSTAGE nicht im Funktionsassistenten finden, dann wählen Sie *Extras/Add-Ins* und aktivieren den Haken *Analyse-Funktionen.*

Die Ergebnisse

Bilden Sie zu Beginn die Summe der monatlichen Ausgaben in der Zelle C18.

1. Setzen Sie den Cursor in die Zelle C18.
2. Klicken Sie auf die Schaltfläche *AutoSumme* [Σ] und kontrollieren Sie, ob alle Ausgabenzellen markiert sind.
3. Drücken Sie die [Eingabe]-Taste.

Jetzt wollen wir in der Zelle F13 die Jahreskosten ausrechnen. Dazu nehmen wir die monatlichen Kosten und multiplizieren diese mit 12.

4. Setzen Sie den Cursor in die Zelle F13 und geben Sie die folgende Funktion ein: `=C20*12`.
5. Drücken Sie [Eingabe].

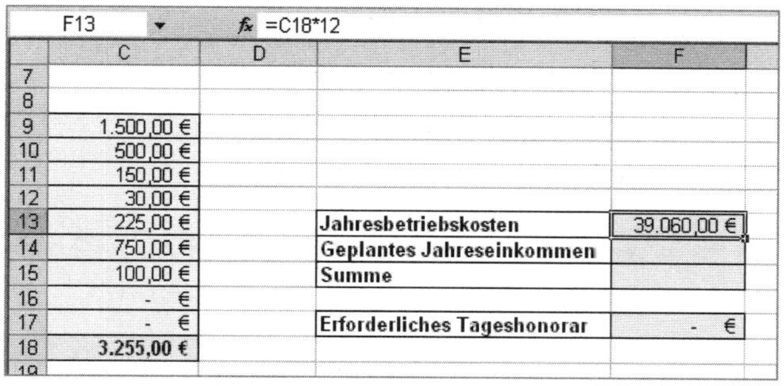

F13 =C18*12

	C	D	E	F
7				
8				
9	1.500,00 €			
10	500,00 €			
11	150,00 €			
12	30,00 €			
13	225,00 €		Jahresbetriebskosten	39.060,00 €
14	750,00 €		Geplantes Jahreseinkommen	
15	100,00 €		Summe	
16	- €			
17	- €		Erforderliches Tageshonorar	- €
18	3.255,00 €			

Bild 10.11: Im Jahr kommen also 39.060 Euro an Kosten zusammen.

Das geplante Jahreseinkommen haben Sie bereits in die Zelle C5 eingegeben.

6. Markieren Sie die Zelle F14 und geben Sie Folgendes ein: `=C5`.
7. Bilden Sie in der Zelle F15 die Summe der beiden Zelle darüber.
8. Als letzten Schritt teilen Sie jetzt die Summe in Zelle F15 durch die Anzahl der Arbeitstage in Zelle C6.

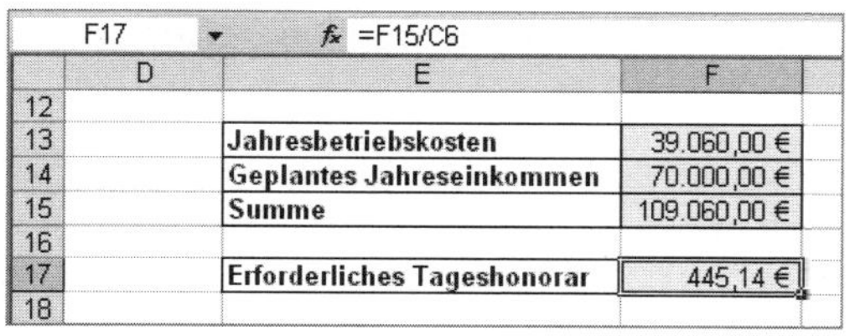

F17 =F15/C6

	D	E	F
12			
13		Jahresbetriebskosten	39.060,00 €
14		Geplantes Jahreseinkommen	70.000,00 €
15		Summe	109.060,00 €
16			
17		Erforderliches Tageshonorar	445,14 €
18			

Bild 10.12: Das erforderliche Tageshonorar, um 70.000 Euro zu verdienen, liegt bei 445,14 Euro.

10.4 Flyer-Vorlage, 3-fach gefaltet: Beispiel Pizza-Taxi

Kategorie: Selbstständige & Freiberufler

Dateiname: FLYER_PIZZA-TAXI.XLS

Schwierigkeitsgrad: ❋

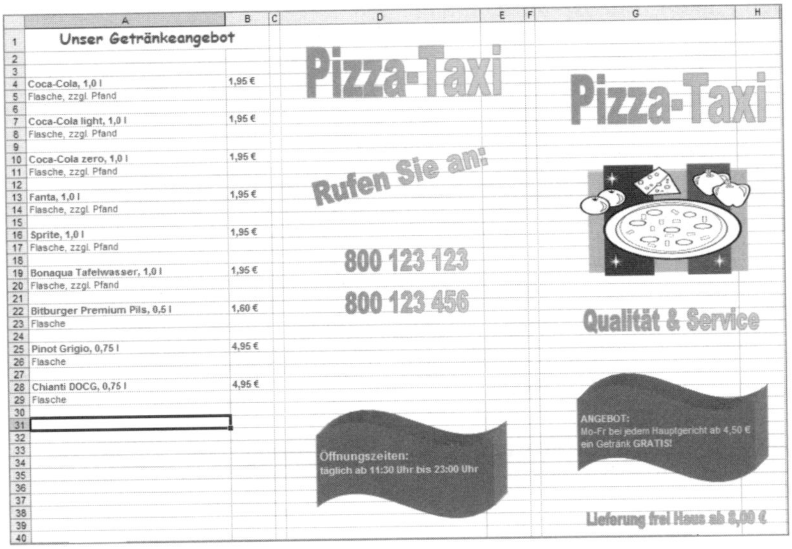

Bild 10.13: Die erste Seite des Flyers

Möchten Sie einen dreifach gefalteten Flyer zum Beispiel für Ihr Pizza-Taxi gestalten, so geht auch dies mit der Tabellenkalkulation Excel.

Spalten und Zeilen der Tabelle anpassen

Bei der Erstellung dieser Excel-Tabelle wurde im ersten Schritt die Spaltenbreite eingerichtet.

Zum Anpassen der Spalten klicken Sie mit der rechten Maustaste auf den Spaltenkopf und wählen aus dem Kontextmenü den Punkt *Spaltenbreite*. Wir haben in diesem Flyer für die Spalten A, D und G einheitlich die Spaltenbreite 39 gewählt.

Bild 10.14: Die Spaltenbreite festlegen

Alternativ können Sie die gewünschte Größe auch durch Ziehen an der Begrenzungslinie im Spaltenkopf ändern.

Vorderseite des Flyers mit grafischen Objekten versehen

Um grafische Objekte einzufügen, schalten Sie über *Ansicht/Symbolleiste/Zeichnen* die Symbolleiste *Zeichnen* ein.

Symbolleiste Zeichnen

Bild 10.15: Symbolleiste *Zeichnen*

- Wählen Sie über *Autoformen/Sterne und Banner* zum Beispiel die *Welle* aus. Durch Ziehen mit der Maus »malen« Sie diese Welle und verschieben sie an die gewünschte Stelle des Flyers. Geben Sie den gewünschten Text ein und wählen Sie Füllfarbe und 3D-Art nach Ihren Vorstellungen.
- Über die Schaltfläche *WordArt* in der Symbolleiste *Zeichnen* fügen Sie eine schöne Schmuckschrift für den Flyer ein und positionieren anschließend dieses WordArt-Objekt an die gewünschte Stelle.

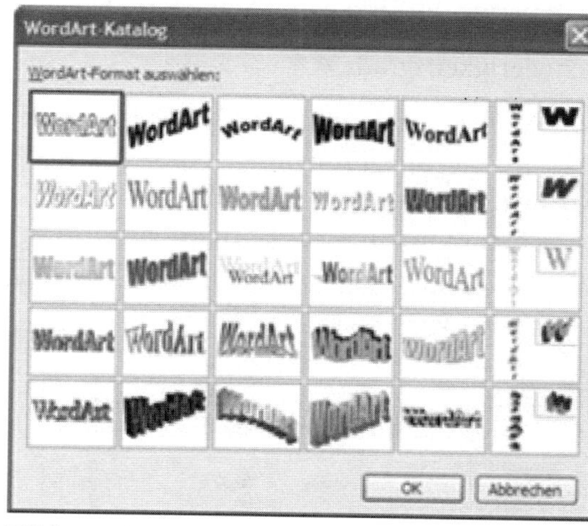

Bild 10.16: WordArt-Katalog

ClipArts einfügen

Sie möchten den Flyer noch mit ClipArts verschönern:

- Wählen Sie *Einfügen/Grafik/ClipArt.*
- Geben Sie in das Feld *Suchen nach* des Aufgabenbereichs *ClipArt* einen Begriff oder einen Ausdruck ein, der den gesuchten Clip beschreibt, oder geben Sie den Dateinamen des Clips ganz oder teilweise ein.
- Um die Suche auf eine bestimmte Clipsammlung oder auf einen bestimmten Dateityp zu beschränken, klicken Sie im Feld *Suchen in* auf den Pfeil und wählen die zu durchsuchenden Sammlungen aus bzw. klicken im Feld *Ergebnisse* auf den Pfeil und wählen die gesuchten Dateitypen aus.
- *OK* startet die Suche in der ClipArt-Gallery.

Die Rückseite des Flyers

Die Rückseite des Flyers haben wir in einer zweiten Tabelle vorbereitet. Hier wurden zuerst wieder Zeilen- und Spaltenbreite festgelegt.

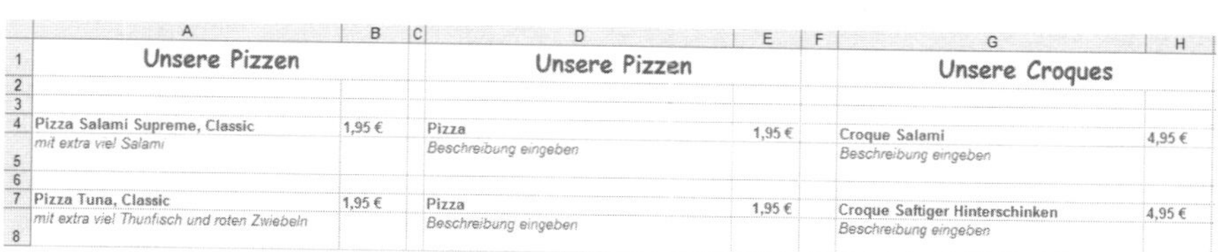

Bild 10.17: Die zweite Seite des Flyers

Sie brauchen hier nur noch die Zellen mit Ihren Service-Angeboten auszufüllen und gegebenenfalls nach Ihren Vorstellung zu formatieren.

10.5 Liquiditätsplan

Kategorie: Selbstständige & Freiberufler

Dateiname: LIQUIDITÄTSÜBERSICHT.XLS

Schwierigkeitsgrad: ❋❋

Sie wollen eine Liquiditätsübersicht erstellen, beispielsweise für Ihre Bank. In den Zeilen 4 und 5 erfassen Sie Ihre Einnahmen. In den Zeilen 9 bis 18 erfassen Sie alle Ihre Ausgaben. In der Zeile 6 wird die Summe der Einnahmen, in der Zeile 19 die Summe der Ausgaben erstellt. Die Differenz zwischen Einnahmen und Ausgaben wird in der Zeile 21 ermittelt.

	A	B	C	D	E	F	G	H	I	
1	**Liquiditäts - Übersicht**									
2		Januar	Februar	März	April	Mai	Juni	Juli	August	Se
3	Einnahmen									
4	Umsätze	18.000,00 €	- €	- €	- €	- €	- €	- €	- €	
5	Kredite	- €	- €	- €	- €	- €	- €	- €	- €	
6	Summe Einnahmen:	18.000,00 €	- €	- €	- €	- €	- €	- €	- €	
7										
8	Ausgaben									
9	Lohn, Gehalt, soziale Aufwendungen	5.000,00 €	- €	- €	- €	- €	- €	- €	- €	
10	Zahlung an Lieferanten	1.500,00 €	- €	- €	- €	- €	- €	- €	- €	
11	Bareinkäufe	- €	- €	- €	- €	- €	- €	- €	- €	
12	Tilgung von Krediten	- €	- €	- €	- €	- €	- €	- €	- €	
13	Zinsen	- €	- €	- €	- €	- €	- €	- €	- €	
14	Miete, Nebenkosten	2.300,00 €	- €	- €	- €	- €	- €	- €	- €	
15	Versicherungen	300,00 €	- €	- €	- €	- €	- €	- €	- €	
16	Steuern	- €	- €	- €	- €	- €	- €	- €	- €	
17	sonstige Ausgaben	- €	- €	- €	- €	- €	- €	- €	- €	
18	Privatentnahmen	- €	- €	- €	- €	- €	- €	- €	- €	
19	Summe Ausgaben:	9.100,00 €	- €	- €	- €	- €	- €	- €	- €	
20										
21	Überschuss-/Fehlbetrag	8.900,00 €	- €	- €	- €	- €	- €	- €	- €	
22	Saldo Vormonat		13.900,00 €	13.900,00 €	13.900,00 €	13.900,00 €	13.900,00 €	13.900,00 €	13.900,00 €	
23	Einlage	5.000,00 €								
24	Effektive Liquidität	13.900,00 €	13.900,00 €	13.900,00 €	13.900,00 €	13.900,00 €	13.900,00 €	13.900,00 €	13.900,00 €	
25										

Bild 10.18: Eine Liquiditätsübersicht

Die Summen der Einnahmen und Ausgaben

Im ersten Schritt möchten Sie die Summen der Einnahmen und Ausgaben bilden.

1. Markieren Sie die Zelle B6 und klicken Sie auf die Schaltfläche *AutoSumme* [Σ].
2. Kontrollieren Sie, ob alle Einnahmezellen markiert sind, und bestätigen Sie mit [Eingabe]: `=SUMME(B4:B5)`
3. Kopieren Sie die Funktion nach rechts.

B6 fx =SUMME(B4:B5)

	A	B	
1	**Liquiditäts - Übersicht**		
2		Januar	Fe
3	Einnahmen		
4	Umsätze	18.000,00 €	
5	Kredite	- €	
6	Summe Einnahmen:	18.000,00 €	
7			

Bild 10.19: Die Summe aller Einnahmen

4. Führen Sie diese Schritte jetzt für die Zelle B19 durch.

Die Differenz zwischen Einnahmen und Ausgaben

Im nächsten Schritt möchten Sie wissen, wie viel zurzeit übrig geblieben ist.

1. Markieren Sie die Zelle B21 und geben Sie den folgenden Rechenschritt ein: `=B6-B19`.
2. Kopieren Sie den Rechenschritt nach rechts.

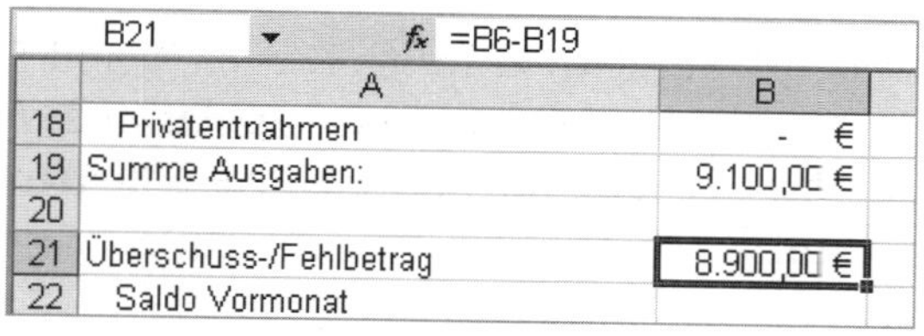

B21 | fx =B6-B19

	A	B
18	Privatentnahmen	- €
19	Summe Ausgaben:	9.100,00 €
20		
21	Überschuss-/Fehlbetrag	8.900,00 €
22	Saldo Vormonat	

Bild 10.20: Die Differenz zwischen Einnahmen und Ausgaben

Den aktuellen Betrag errechnen

Da der Januar der erste Monat ist, gibt es hier noch keinen Saldo aus dem Vormonat. Wenn Sie Geld auf das Firmenkonto einzahlen bzw. Bargeld in die Kasse legen, dann ist dies eine Einlage und wird in der Zeile 23 protokolliert.

1. Um jetzt zu berechnen, wie viel Geld im Monat bleibt, markieren Sie die Zelle B24 und klicken auf die Schaltfläche *AutoSumme* [Σ]:
   `=SUMME(B21:B23)`

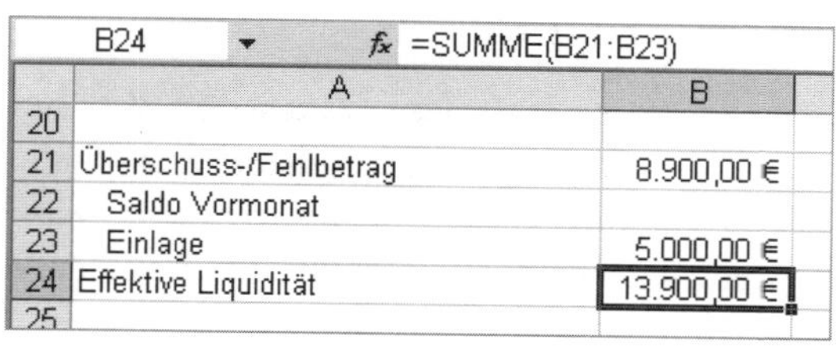

B24 | fx =SUMME(B21:B23)

	A	B
20		
21	Überschuss-/Fehlbetrag	8.900,00 €
22	Saldo Vormonat	
23	Einlage	5.000,00 €
24	Effektive Liquidität	13.900,00 €
25		

Bild 10.21: Was bleibt am Monatsende übrig?

Den Saldo des Vormonats übernehmen

Der Saldo des Vormonats für den Februar steht in der Zelle B24 *Effektive Liquidität* im Januar. Der Endwert vom Januar wird in den Februar übernommen.

1. Markieren Sie die Zelle C22 und geben Sie die folgende Funktion ein: `=B24`.
2. Kopieren Sie die Funktion nach rechts.

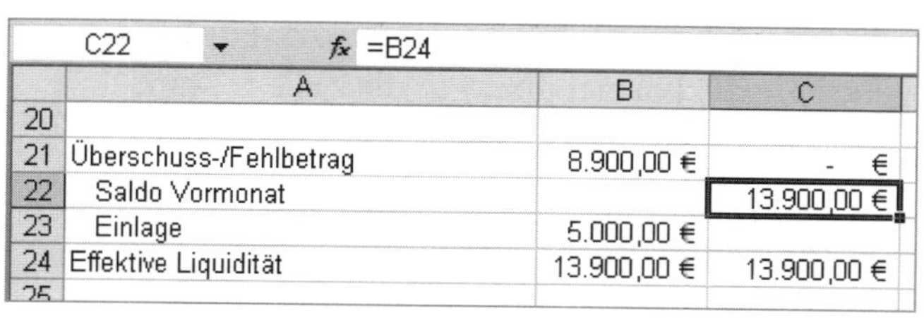

C22 | fx =B24

	A	B	C
20			
21	Überschuss-/Fehlbetrag	8.900,00 €	- €
22	Saldo Vormonat		13.900,00 €
23	Einlage	5.000,00 €	
24	Effektive Liquidität	13.900,00 €	13.900,00 €
25			

Bild 10.22: Der Saldo vom Vormonat

10.6 Projektplan

Kategorie: Selbstständige & Freiberufler

Dateiname: PROJEKTPLAN.XLS

Schwierigkeitsgrad: ❋❋

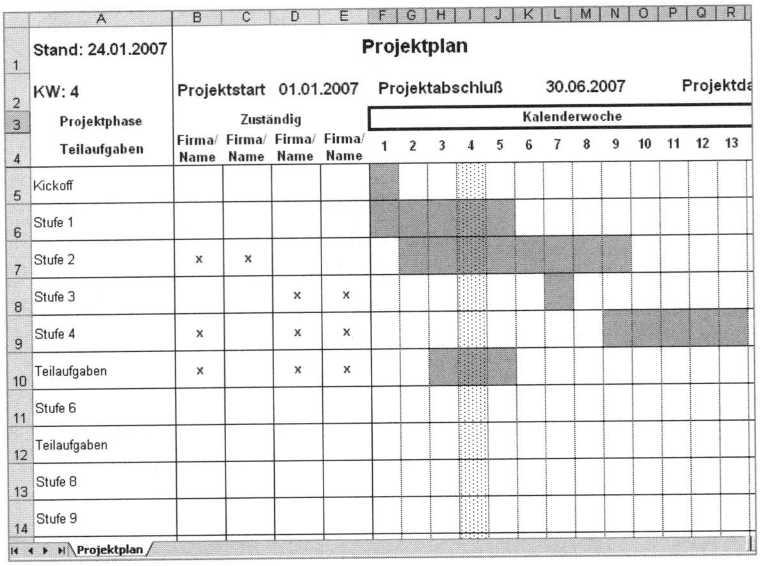

Bild 10.32: Zuständigkeiten und Realisierungszeitraum einzelner Projektphasen übersichtlich dargestellt

Größere Projekte sind meistens in mehrere Phasen unterteilt und erfordern oft einen detaillierten Zeitplan und eine eindeutige Verteilung der Zuständigkeiten.

Mit dieser Beispieldatei können Sie beliebig viele Teilaufgaben oder Projektstufen definieren, die zuständigen Personen entweder durch *x* kennzeichnen oder auch namentlich eintragen und durch die einfache Einfärbung der Zellen in der jeweiligen Kalenderwoche den Zeitrahmen für diese Teilaufgaben markieren.

Die zentralen Daten für die berechneten Zellen in dieser Datei sind die Datumsangaben zum Projektstart (Zelle D2), zum geplanten Projektabschluss (Zelle L2) und das aktuelle Datum (Zelle A1). Alle weiteren Datums- und Kalenderwochenangaben werden hieraus berechnet.

Berechnung der Projektdauer

In der Zelle U2 wird anhand von Start- und Abschlussdatum die Dauer des Projekts in Wochen errechnet. Dazu wird die DATEDIF-Funktion eingesetzt, die den Zeitraum zwischen zwei Datumsangaben in den Einheiten Tage, Monate oder Jahre ausgeben kann. Die Einheit legen Sie als dritten Parameter der Funktion fest. Geben Sie hier »D« für Tage, »M« für Monate oder »Y« für Jahre ein. Weil in diesem Beispiel die Angabe in Wochen gewünscht wird, lassen Sie sich Ergebnis der DATEDIF-Funktion in Tagen ausgeben und teilen diese durch 7. Da die DATEDIF-Funktion nicht über den Funktionsassistenten auswählbar ist, geben Sie die Formel direkt in die Zelle U2 ein:

```
=DATEDIF(D2;K2;"D")/7
```

Auflistung der Kalenderwochen über die Dauer des Projekts

In der Zeile 4 sollen, beginnend in Zelle F4, die Kalenderwochen des Projektzeitplans eingetragen werden. Dies sollen Sie jedoch nicht »zu Fuß« machen müssen. In der Zelle F4 berechnen Sie mit der KALENDERWOCHE-Funktion die Kalenderwoche Ihres Projektstarts.

```
=KALENDERWOCHE(D2)
```

In den Zellen rechts daneben soll nun die nächste Kalenderwoche angezeigt werden, aber nur solange Ihr Projekt läuft. Da in der Zelle U2 bereits die Anzahl der Wochen der Projektdauer berechnet wurde, können wir hier auf diese Information zugreifen.

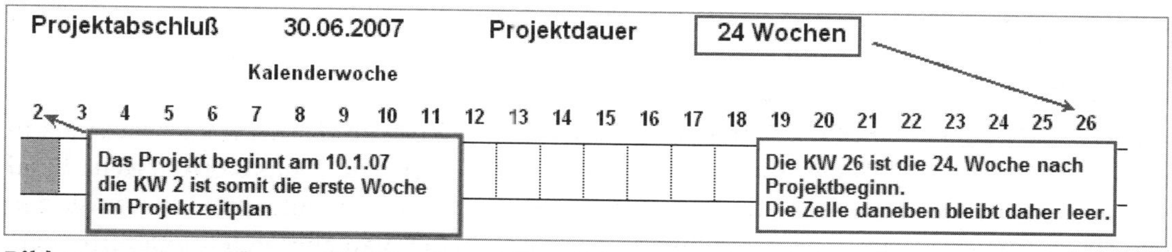

Bild 10.33: Es werden nur die Kalenderwochen während der Projektphase angezeigt.

Mit der ANZAHL-Funktion sollen die Zahleneinträge in der Zeile 4, beginnend bei F4, bis zur jeweils aktuellen Zelle gezählt werden. Über die WENN-Funktion wird geprüft, ob die Anzahl der Einträge, d. h. die Anzahl der aufgeführten Kalenderwochen, noch kleiner ist als die Gesamtdauer, und nur in diesem Fall wird zu der Kalenderwoche der Vorwoche eine 1 addiert, sonst soll nichts in die Zelle eingetragen werden. Geben Sie in die Zelle G4 die folgende Funktion ein:
`=WENN(ANZAHL($F4:F4)< $U$2;F4+1;"")`

Wenn Sie diese Formel nun über das Ausfüllkästchen weiter nach rechts kopieren, »wächst« der Bereich in der ANZAHL-Funktion mit, da über das $-Zeichen vor dem Bezug F4 festgelegt wurde, dass der Bereich immer in der Spalte F beginnen soll.

Kennzeichnung der aktuellen KW

Damit die aktuelle Kalenderwoche in Ihrem Zeitplan besonders gekennzeichnet wird, brauchen wir in einer zusätzlichen Zelle die Angabe der aktuellen Kalenderwoche und können diese dann für die bedingte Formatierung nutzen.

In der Zelle A1 wird über die Funktion `=Heute()` das aktuelle Datum ausgegeben. In der Zelle A2 wird über die Funktion `=Kalenderwoche(A1)` zu dem aktuellem Datum die Kalenderwoche berechnet.

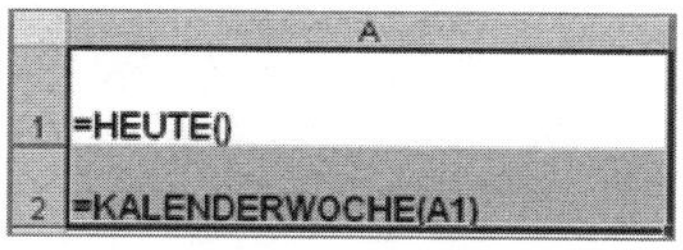

Bild 10.34: Funktionen zur Berechnung des aktuellen Datums und der aktuellen KW

Markieren Sie die Zelle F5 und starten Sie im Menü *Format* den Befehl *Bedingte Formatierung.*

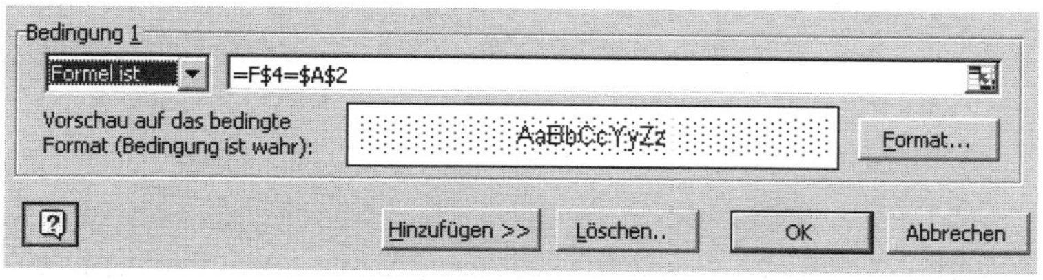

Wählen Sie im ersten Feld *Formel ist,* geben Sie im zweiten Feld folgende Formel ein: `=F$4=$A$2` und wählen Sie über die Schaltfläche *Format* die Darstellung für diese Bedingung aus. Übertragen Sie dieses Format mit dem Pinsel auf alle Zellen des Zeitplans.

10.7 Visitenkarten: Hochformat

Kategorie: Selbstständige & Freiberufler

Dateiname: VISITENKARTEN_HOCH.XLS

Schwierigkeitsgrad: ❋

In dieser Beispieldatei können Sie zehn Visitenkarten im Hochformat und Scheckkartengröße erstellen. In der Datei finden Sie zwei Tabellenblätter mit unterschiedlichen Gestaltungsvorschlägen. Beide Tabellen können sofort genutzt werden. Geben Sie lediglich in die erste Visitenkarte oben links Ihre persönlichen Daten ein. Diese Daten werden direkt in die restlichen 9 Visitenkarten übernommen:

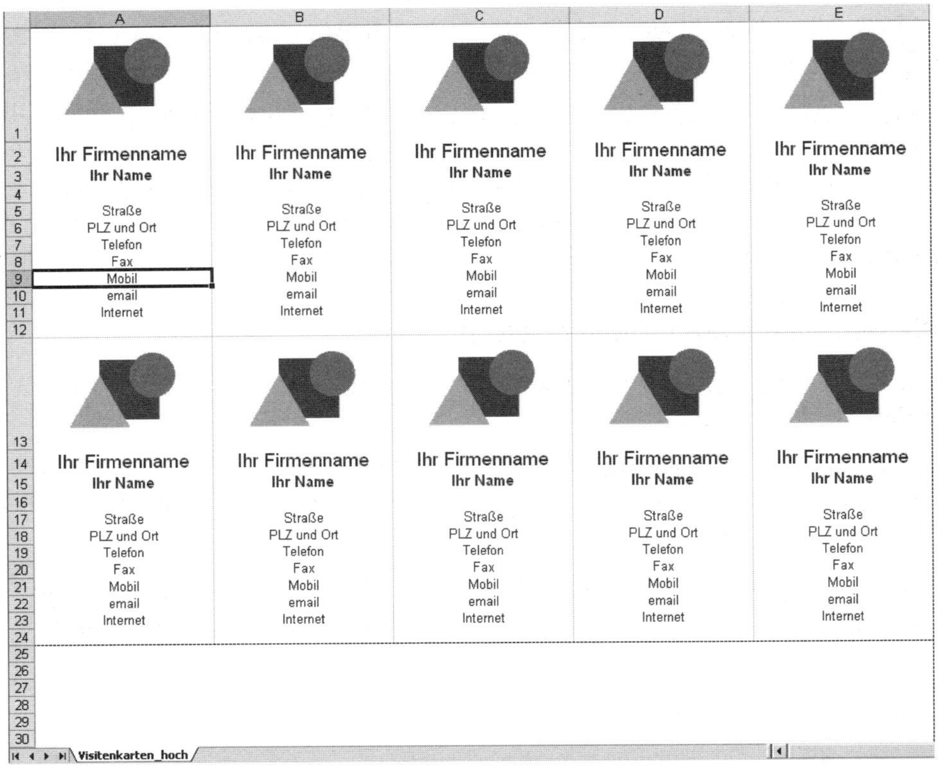

Bild 10.23: Zehn Visitenkarten im Hochformat

Beschreibung

In einer neuen Excel-Datei markieren Sie zunächst die Spalten A bis E und stellen für diese die *Spaltenbreite* 25 ein. Markieren Sie die Zeilen 1 und 13 und stellen Sie eine *Zeilenhöhe* von 85 ein. Im Zellbereich A1 bis A12 werden die Daten für die erste Visitenkarte eingegeben und das Layout festgelegt.

In den Zellbereich B1 bis B12 geben Sie die Verknüpfungen zu der ersten Visitenkarte ein. Diese Verknüpfungen sowie die Formatierungen, die Sie für die erste Visitenkarte vorgenommen haben, kopieren Sie zum Schluss in die anderen Visitenkarten.

Erste Visitenkarte erstellen

Tragen Sie in die Zellen A2 bis A11 Ihre persönlichen Daten ein und gestalten Sie diese nach Ihren Vorstellungen. Sie finden alle Formatierungsmöglichkeiten zusammengefasst über *Format/Zellen.*

Möchten Sie Ihr Logo, eine Grafik oder ein ClipArt auf die Visitenkarte drucken, gehen Sie wie folgt vor:

1. Markieren Sie die Zelle A1 und wählen Sie im Menü *Einfügen* den Befehl *Grafik* und in unserem Beispiel *aus Datei,* da wir das Logo als Grafikdatei vorliegen haben. Im anschließenden Menü *Grafik einfügen* wählen Sie zunächst den Ordner, der Ihr Logo enthält, sowie anschließend die Datei und bestätigen Sie die Auswahl mit *OK.*
2. Kopieren Sie nun Ihre Grafik in alle anderen Visitenkarten, indem Sie zunächst die markierte Grafik mit `Strg`+`C` kopieren und nacheinander in die Zellen B1 bis E1 und A13 bis E13 jeweils mit `Strg`+`V` einfügen.

Damit sich die Karten später leichter ausschneiden lassen, können Sie die einzelnen Visitenkarten umrahmen. Markieren Sie hierfür den Zellbereich A1:A12, wählen Sie im Menü *Format* den Befehl *Zellen,* stellen Sie auf der Registerkarte *Rahmen* einen dünnen hellgrauen Rahmen ein und klicken Sie im Bereich *Voreinstellung* auf die Option *Außen.* Diese Formatierung wird gleich mit dem Befehl *Format übertragen* auf die anderen Karten übertragen.

Verknüpfungen für die weiteren Visitenkarten erstellen

Damit Sie auf einem Blatt gleich zehn Visitenkarten ausdrucken können, ohne diese erneut eingeben zu müssen, werden nun Verknüpfungen eingefügt:

1. Geben Sie in die Zelle B2 ein Gleichheitszeichen = ein, klicken Sie anschließend in die Zelle A2 und betätigen Sie im Anschluss einmal die Taste `F4`. Jetzt steht in der Zelle B2 folgender Ausdruck `=$A$2`, wodurch der Inhalt der Zelle A2 in die Zelle B2 übernommen wird.
2. Geben Sie nun die Formel `=$A$3` in die Zelle B3 ein, die Formel `=$A$5` in die Zelle B5 und fahren Sie so fort, bis Sie alle Inhalte der ersten Visitenkarte auch in die zweite Karte übernommen haben.
3. Markieren Sie anschließend den Zellbereich A1:A12 und klicken Sie einmal auf den Pinsel . Markieren Sie nun den Zellbereich B1:B12, um die Formatierung hierhin zu übernehmen.
4. Da Sie mit der `F4`-Taste die Bezüge auf die Zellen der ersten Visitenkarte als absolute Bezüge eingetragen haben, können Sie nun die Formeln auf alle anderen Visitenkarten übertragen. Markieren Sie hierfür den Bereich B1:B12 und kopieren Sie diesen mit der Tastenkombination `Strg`+`C` in die Zwischenablage.
5. Markieren Sie nun mit gedrückter `Strg`-Taste die Zellen C1:E1 sowie den Bereich A13:E13 und fügen Sie mit der Tastenkombination `Strg`+`V` den Inhalt aus der Zwischenablage in diese Zellen ein.

Ihre zehn Visitenkarten sind nun fertig. Kontrollieren Sie über die Seitenansicht, ob alle auf eine Seite passen. Gegebenenfalls reduzieren Sie den oberen und unteren Seitenrand ein wenig. In unserem Beispiel haben wir alle Seitenränder auf 2 cm eingestellt.

10.8 Visitenkarten: Querformat

Kategorie: Selbstständige & Freiberufler

Dateiname: VISITENKARTEN_QUER.XLS

Schwierigkeitsgrad: ❋

Bild 10.24: 10 Visitenkarten im Querformat

In dieser Beispieltabelle können Sie zehn Visitenkarten im Querformat und Scheckkartengröße erstellen. Die Datei enthält drei Tabellenblätter. Sobald Sie Ihre persönlichen Daten in die erste Karte eingetragen haben, werden diese in den anderen neun Karten übernommen.

Beschreibung

In einer neuen Excel-Datei markieren Sie zunächst die Spalten A, D, E und H und stellen für diese die *Spaltenbreite* 0,5 ein. Für die Spalten B, C, F und G wählen Sie die *Spaltenbreite* 20 aus. Im Zellbereich A1 bis D11 werden die Daten für die erste Visitenkarte eingegeben und das Layout festgelegt. In den Zellbereich F1 bis H11 geben Sie die Verknüpfungen zu der ersten Visitenkarte ein. Diese Verknüpfungen kopieren Sie schließlich in die anderen Visitenkarten.

Erste Visitenkarte erstellen

Verbinden Sie über die Schaltfläche *Verbinden und zentrieren* die Zellen B2 und D2 und geben Sie in die verbundene Zelle Ihre Firmenbezeichnung ein. Tragen Sie in die Zelle C4 Ihren Namen und in die Zelle C5 Ihre Funktion ein. Stellen Sie für die bis jetzt gefüllten Zellen die Textausrichtung auf *rechtsbündig*. Tragen Sie nun in die Zellen C7 bis C9 Ihre Telefon- und Faxnummern sowie Ihre E-Mail-Adresse ein. Es empfiehlt sich, die Ausrichtung der Zelle D10 auf rechtsbündig zu stellen, damit die E-Mail-Adresse vollständig gedruckt wird. Gestalten Sie die erste Visitenkarte mit Hintergrundfarben und Rahmen sowie Schriftarten und Größe nach Ihren Vorstellungen. Diese Formatierung wird gleich mit dem Befehl *Format übertragen* auf die anderen Karten übertragen.

Verknüpfungen für die weiteren Visitenkarten erstellen

Damit Sie auf einem Blatt gleich zehn Visitenkarten ausdrucken können, ohne diese erneut eingeben zu müssen, werden nun Verknüpfungen eingefügt:

1. Markieren Sie die Zelle C2 und kopieren Sie diese mit der Tastenkombination [Strg]+[C] in die Zwischenablage.
2. Klicken Sie nun in die Zelle G2, wählen Sie im Menü *Bearbeiten* den Befehl *Inhalte einfügen* und klicken Sie in dem nun geöffneten Dialog auf die Schaltfläche *Verknüpfen*.
3. Analog verknüpfen Sie die anderen Daten der ersten Visitenkarte auf die zweite.
4. Markieren Sie anschließend den Zellbereich A1:D11 und klicken Sie einmal auf den Pinsel.
5. Markieren Sie den Zellbereich E1:H11, um die Formatierung hierhin zu übernehmen.
6. Kopieren Sie nun mit [Strg]+[C] den Bereich E1:H11 in die Zwischenablage.
7. Markieren Sie mit gedrückter [Strg]-Taste die Zellen A12, A23, A34, A45, E12, E23, E34 und E45 und fügen Sie mit der Tastenkombination [Strg]+[V] den Inhalt aus der Zwischenablage in diese Zellen ein.
8. Ihre zehn Visitenkarten sind nun fertig. Kontrollieren Sie über die Seitenansicht, ob alle auf eine Seite passen. Gegebenenfalls reduzieren Sie den oberen und unteren Seitenrand ein wenig. In unserem Beispiel haben wir alle Seitenränder auf 2 cm eingestellt.

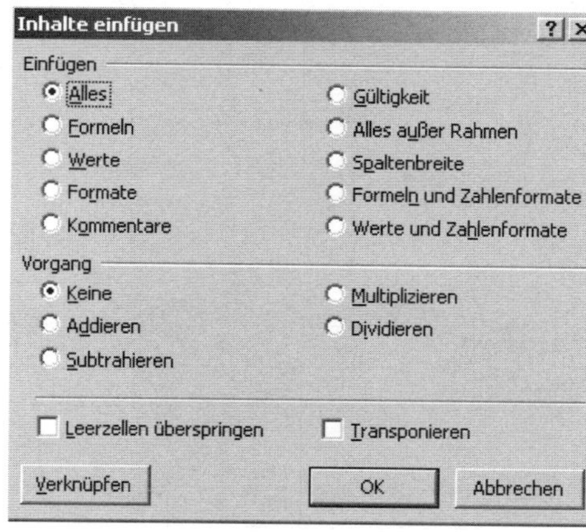

Bild 10.25: Mit einem Klick auf die Schaltfläche *Verknüpfen* können Sie Zellinhalte und Formate als Verknüpfung einfügen

Inhaltliche Änderungen, die Sie ab jetzt auf der ersten Visitenkarte vornehmen, werden automatisch auf alle anderen Visitenkarten übernommen. Falls Sie einen Eintrag löschen möchten, so können Sie entweder auf der ersten Karte in der entsprechenden Zelle einfach ein Leerzeichen eingeben, oder aber Sie entfernen hier den Eintrag und löschen die Verknüpfungen auf den anderen Visitenkarten.

Spätere Änderungen in der Formatierung können Sie wieder mit dem Befehl *Format übertragen* auf alle Visitenkarten anwenden.

11 Unternehmensführung

11.1 Analysen: Auswertungen nach zwei Merkmalen

Kategorie: Unternehmensführung

Dateiname: AUSWERTUNGEN NACH ZWEI MERKMALEN.XLS

Schwierigkeitsgrad: ❋❋❋

Im diesem Beispiel haben Sie eine Liste mit verschiedenen Filialen, die unterschiedliche Produkte verkauft haben. Jetzt möchten Sie den Filialennamen und das Produkt eingeben, und Excel soll Ihnen die verkaufte Menge summieren und anzeigen, wie oft die Filiale mit dem Produkt in der Liste vorkommt.

In der folgenden Abbildung erkennen Sie ab der Zeile 10 die Liste mit den Filialen und Produkten. In der Zelle B4 geben Sie die gesuchte Filiale und in der Zelle B5 das gesuchte Produkt ein. In den Zellen B6 und B7 werden die ermittelten Ergebnisse anzeigt.

	A	B	C
1	**Auswertungen nach Filiale und Produkt**		
2			
3			
4	**Filiale**	Berlin	
5	**Produkt**	Beta	
6	**Summe**	671	
7	**Anzahl**	2	
8			
9			
10	**Filiale**	**Produkt**	**Menge**
11	Köln	Alpha	109
12	Berlin	Beta	105
13	Berlin	Gamma	209
14	Köln	Teta	150
15	Hamburg	Alpha	165
16	Köln	Beta	170
17	Berlin	Gamma	154
18	Berlin	Teta	187
19	Köln	Alpha	194
20	Hamburg	Beta	187

Bild 11.1: Die Beispieltabelle für die Matrixfunktion

Lesen Sie zu diesem Thema auch das nächste Kapitel. Dort wird beschrieben, wie Sie auch mit drei Kategorien in einer Tabelle suchen können.

Wie viele Produkte sind pro Filiale verkauft worden?

Eine Frage, die jeder gerne beantwortet haben möchte: Wie viele Produkte wurden in einer bestimmten Filiale verkauft? Das vorliegende Beispiel zeigt, dass das Produkt *Beta* in *Berlin* 671-mal verkauft wurde.

1. Markieren Sie die Zelle B6 und geben Sie die folgende Funktion ein:

   `=SUMME(WENN(A11:A34=B4;WENN(B11:B34=B5;C11:C34;0)))`

2. Drücken Sie zur Bestätigung [Strg]+[Umschalt]+[Eingabe].

   `{=SUMME(WENN(A11:A34=B4;WENN(B11:B34=B5;C11:C34;0)))}`

Jetzt setzt Excel um die Funktion geschweifte Klammern. Das ist der optische Hinweis, dass es sich um eine Matrixformel handelt. Wenn Sie Änderungen vornehmen, müssen Sie zur Bestätigung wieder [Strg]+[Umschalt]+[Eingabe] drücken.

Die beiden WENN-Funktionen nehmen die Inhalte der Zelle B4 und B5 und suchen diese in der Liste. Die Funktion SUMME summiert dann die gefundenen Werte, die in der Spalte C stehen.

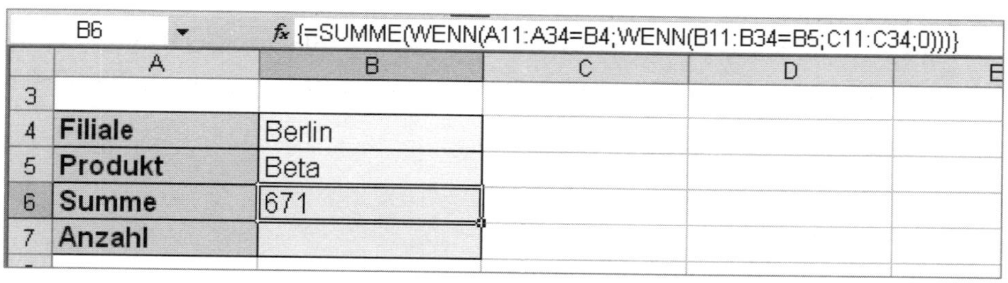

Bild 11.2: Die Summierung nach zwei Kriterien gleichzeitig

Wenn Sie jetzt andere Werte in die Zellen B4 und B5 eingeben, ändert sich der Wert in B6.

Wie oft kommen die Filiale Berlin und das Produkt Beta in der Liste vor?

Auch dies ist eine Frage von Interesse: Wie oft kommt das Paar Filiale *Berlin* und Produkt *Beta* in der Liste vor?

1. Markieren Sie die Zelle B7 und geben Sie die folgende Funktion ein:

   `=ANZAHL(WENN(A11:A34=B4;WENN(B11:B34=B5;C11:C34;"-")))`

2. Drücken Sie zur Bestätigung [Strg]+[Umschalt]+[Eingabe].

   `{=ANZAHL(WENN(A11:A34=B4;WENN(B11:B34=B5;C11:C34;"-")))}`

Die beiden WENN-Funktionen nehmen die Inhalte der Zelle B4 und B5 und suchen diese in der Liste. Die Funktion ANZAHL addiert die gefundenen Treffer.

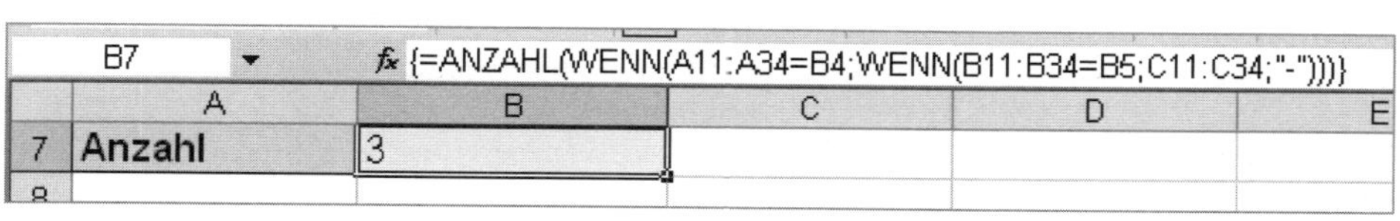

Bild 11.3: Die Auswertung nach zwei Kriterien gleichzeitig

11.2 Analysen: Auswertungen nach drei Merkmalen in einer Tabelle

Kategorie: Unternehmensführung

Dateiname: AUSWERTUNGEN NACH DREI MERKMALEN.XLS

Schwierigkeitsgrad: ❋❋❋

Im diesem Beispiel haben Sie eine Liste mit verschiedenen Filialen, die unterschiedliche Produkte in verschiedenen Monaten verkauft haben. Jetzt möchten Sie den Filialennamen, das Produkt und den Monat eingeben, und Excel soll Ihnen die verkaufte Menge summieren. Außerdem möchten Sie wissen, wie oft diese Dreierkombination in der Liste vorkommt.

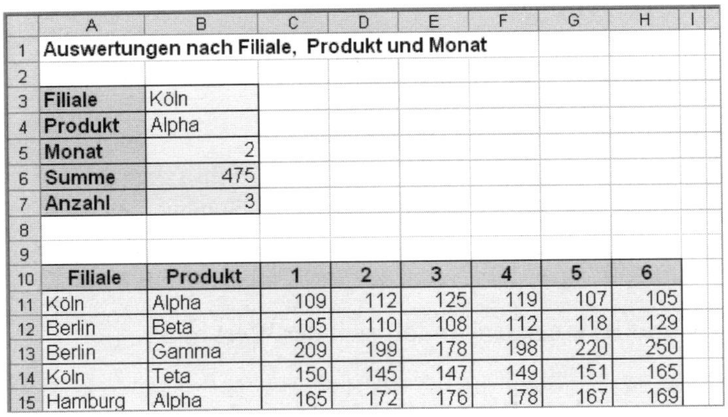

	A	B	C	D	E	F	G	H	I
1	Auswertungen nach Filiale, Produkt und Monat								
2									
3	Filiale	Köln							
4	Produkt	Alpha							
5	Monat	2							
6	Summe	475							
7	Anzahl	3							
8									
9									
10	Filiale	Produkt	1	2	3	4	5	6	
11	Köln	Alpha	109	112	125	119	107	105	
12	Berlin	Beta	105	110	108	112	118	129	
13	Berlin	Gamma	209	199	178	198	220	250	
14	Köln	Teta	150	145	147	149	151	165	
15	Hamburg	Alpha	165	172	176	178	167	169	

Bild 11.4: Die Beispieltabelle für die Matrixfunktion

Lesen Sie zu diesem Thema auch das vorherige Kapitel. Dort wird beschrieben, wie Sie mit zwei Kategorien in einer Tabelle suchen können.

Wie viele Produkte sind pro Filiale im Monat verkauft worden?

Das vorliegende Beispiel zeigt, dass das Produkt *Alpha* in *Köln* im Monat Februar 475-mal verkauft wurde.

1. Markieren Sie die Zelle B6 und geben Sie die folgende Funktion ein:

```
=SUMME(WENN($A$10:$A$33=B3;WENN($B$10:$B$33=B4;WENN($C$9:$H$9=B5;$C$10:$H$33;
0))))
```

2. Drücken Sie zur Bestätigung `Strg`+`Umschalt`+`Eingabe`.

```
{=SUMME(WENN($A$10:$A$33=B3;WENN($B$10:$B$33=B4;WENN($C$9:$H$9=B5;$C$10:$H$33
;0))))}
```

Jetzt setzt Excel um die Funktion geschweifte Klammern. Das ist der optische Hinweis, dass es sich um eine Matrixformel handelt. Wenn Sie Änderungen vornehmen, müssen Sie zur Bestätigung wieder `Strg`+`Umschalt`+`Eingabe` drücken.

Die drei WENN-Funktionen nehmen die Inhalte der Zelle B4, B5 und B6 und suchen diese in der Liste. Die Funktion SUMME summiert dann die gefundenen Werte, die in der Spalte C stehen.

B6 {=SUMME(WENN($A$11:$A$34=B3;WENN($B$11:$B$34=B4;WENN($C$10:$H$10=B5;$C$11:$H$34;0))))}

	A	B	C	D	E	F	G	H
1	Auswertungen nach Filiale, Produkt und Monat							
2								
3	Filiale	Köln						
4	Produkt	Alpha						
5	Monat	2						
6	Summe	475						
7	Anzahl							
8								
9								
10	Filiale	Produkt	1	2	3	4	5	6
11	Köln	Alpha	109	112	125	119	107	105
12	Berlin	Beta	105	110	108	112	118	129
13	Berlin	Gamma	209	199	178	198	220	250

Bild 11.5: Die Summierung in einer Tabelle nach drei Kriterien gleichzeitig

Wenn Sie jetzt andere Werte in die Zellen B4, B5 und B6 eingeben, ändert sich der Wert in B6.

Wie oft kommen die Filiale, das Produkt und der Monat in der Liste vor?

1. Markieren Sie die Zelle B7 und geben Sie die folgende Funktion ein:

```
=ANZAHL(WENN($A$11:$A$34=B3;WENN($B$11:$B$34=B4;WENN($C$10:$H$10=B5;$C$11:$H$34;""))))
```

2. Drücken Sie zur Bestätigung Strg + Umschalt + Eingabe.

```
{=ANZAHL(WENN($A$11:$A$34=B3;WENN($B$11:$B$34=B4;WENN($C$10:$H$10=B5;$C$11:$H$34;""))))}
```

Die drei WENN-Funktionen nehmen die Inhalte der Zelle B4, B5 und B6 und suchen diese in der Liste. Die Funktion ANZAHL addiert die gefundenen Treffer.

B7 {=ANZAHL(WENN($A$11:$A$34=B3;WENN($B$11:$B$34=B4;WENN($C$10:$H$10=B5;$C$11:$H$34;""))))}

	A	B	C	D	E	F	G	H
1	Auswertungen nach Filiale, Produkt und Monat							
2								
3	Filiale	Köln						
4	Produkt	Alpha						
5	Monat	2						
6	Summe	475						
7	Anzahl	3						
8								
9								
10	Filiale	Produkt	1	2	3	4	5	6
11	Köln	Alpha	109	112	125	119	107	105
12	Berlin	Beta	105	110	108	112	118	129
13	Berlin	Gamma	209	199	178	198	220	250
14	Köln	Teta	150	145	147	149	151	165
15	Hamburg	Alpha	165	172	176	178	167	169

Bild 11.6: Die Auswertung in einer Tabelle nach drei Kriterien gleichzeitig

11.3 Analysen der Kunden, Käufer und Umsätze

Kategorie: Unternehmensführung

Dateiname: KUNDENAUSWERTUNG.XLS

Schwierigkeitsgrad: ❋❋❋

Sie haben jeweils Montag bis Freitag Publikumsverkehr. Sie zählen die Kunden, die Ihr Geschäft betreten. Außerdem führen Sie Buch, wie viele der Kunden etwas kaufen und wie hoch der Gesamtumsatz ist.

Jetzt möchten Sie wissen, wie das Verhältnis von Käufer zu Kunden ist und wie viel Umsatz jeder Käufer durchschnittlich gemacht hat.

	A	B	C	D	E	F	G
1	Kundenauswertungen Februar 2007						
2							
3	Datum	Tag	Kunden	Käufer	Umsatz	Anteil Käufer zu Kunden	Umsatz pro Käufer
4							
5	01.02.2007	Do	7.355	735	55.800,00 €	9,99%	75,92 €
6	02.02.2007	Fr	1.235	1.500	185.800,00 €	121,46%	123,87 €
7	05.02.2007	Mo	4.455	2.500	5.800,00 €	56,12%	2,32 €
8	06.02.2007	Di				-	-
9	07.02.2007	Mi	7.455	800	75.800,00 €	10,73%	94,75 €

Bild 11.7: Die Auswertungen der Kunden, Käufer und Umsätze

Die Wochentage

Zuerst wollen Sie sich in der Spalte A die Arbeitstage anzeigen lassen.

1. Geben Sie in der Zelle A5 das erste Datum ein.
2. Ziehen Sie es nun nach unten und klicken Sie auf die *Einfügen*-Schaltfläche an der letzten Zelle.
3. Wählen Sie den Eintrag *Wochentage ausfüllen.*

Bild 11.8: Nur die Arbeitstage automatisch auffüllen

Jetzt werden nur die Arbeitstage angezeigt, die Wochenenden werden ausgeblendet.

Den Wochentag ermitteln

In der Spalte B soll der Wochentag zum Datum von links angezeigt werden.

1. Klicken Sie in die Zelle B5 und holen Sie sich das Datum aus der Zelle links daneben.

   `=A5`

2. Markieren Sie die Zelle B5 und wählen Sie *Format/Zellen.* Aktivieren Sie das Register *Zahlen* und die Kategorie *Benutzerdefiniert.* Geben Sie ins Feld *Typ* das folgende Muster ein: `TTTT`.
3. Kopieren Sie den Zellinhalt nach unten.

Wieviele Kunden sind Käufer?

In der Spalte F lassen Sie sich anzeigen, wie hoch der Anteil von Käufern am gesamten Kundenaufkommen ist.

1. Markieren Sie die Zelle F5 und geben Sie die folgende Funktion ein: `=WENN(C5="";"-";D5/C5)`.

Wenn die Zelle C5 leer ist, wird ein Strich geschrieben, ansonsten wird die Zelle D5 durch C5 geteilt.

2. Formatieren Sie die Zelle jetzt noch mit dem Prozentformat.
3. Kopieren Sie die Funktion nach unten.

F5 fx =WENN(C5="";"-";D5/C5)

	A	B	C	D	E	F
4						
5	01.02.2007	Do	7.355	735	55.800,00 €	9,99%
6	02.02.2007	Fr	1.235	1.500	185.800,00 €	121,46%
7	05.02.2007	Mo	4.455	2.500	5.800,00 €	56,12%
8	06.02.2007	Di	8.255			0,00%

Bild 11.9: Der Anteil der Käufer

Umsatz pro Käufer

In der Spalte G lassen Sie sich anzeigen, wie viel Umsatz jeder Käufer durchschnittlich gemacht hat.

1. Markieren Sie die Zelle G5 und geben Sie die folgende Funktion ein: `=WENN(E5="";"-";E5/D5)`.

Wenn die Zelle E5 leer ist, wird ein Strich geschrieben, ansonsten wird die Zelle E5 durch D5 geteilt.

2. Kopieren Sie die Funktion nach unten.

G5 fx =WENN(E5="";"---";E5/D5)

	A	B	C	D	E	F	G
4							
5	01.02.2007	Do	7.355	735	55.800,00 €	9,99%	75,92 €
6	02.02.2007	Fr	1.235	1.500	185.800,00 €	121,46%	123,87 €
7	05.02.2007	Mo	4.455	2.500	5.800,00 €	56,12%	2,32 €
8	06.02.2007	Di	8.255			0,00%	---
9	07.02.2007	Mi	7.455	800	75.800,00 €	10,73%	94,75 €

Bild 11.10: So viel Geld hat jeder Käufer durchschnittlich bei Ihnen ausgegeben.

11.4 Hausmesse: alle Kosten im Blick

Kategorie: Unternehmensführung

Dateiname: HAUSMESSE ÜBERWACHEN.XLS

Schwierigkeitsgrad: ❋

Sie müssen eine umfangreiche Liste mit Daten verwalten, in diesem Beispiel sind es Kosten. In unregelmäßigen Abständen befinden sich in den Zeilen Summen. Jetzt möchten Sie von einigen Kostengruppen nur die Summen sehen, andere Gruppen allerdings gesamt.

Über die *AutoGliederung* am linken Bildschirmrand lassen sich die gewünschten Gruppen ein- bzw. ausblenden.

	A	B	C	D	E
1			**2004**	**2005**	**2006**
2	**Nr.**	**Teilnahme**			
3	1	Beteiligungspreis	1.575,00 €	1.610,00 €	1.700,00 €
4	2	Katalogeintrag	195,00 €	230,00 €	320,00 €
5	3	Ausst.ausw./Parksch.	305,00 €	460,00 €	550,00 €
6	4	Standreinigung	195,00 €	330,00 €	420,00 €
7	5	Bewachung	425,00 €	490,00 €	580,00 €
8	6	Versicherung	155,00 €	160,00 €	250,00 €
9	7	Telefon/Fax/Monitore	135,00 €	170,00 €	120,00 €
10	8	Strom/Wasserverbrauch	25,00 €	25,00 €	30,00 €
11		**Summe:**	**3.010,00 €**	**3.475,00 €**	**3.970,00 €**
12					
13		**Standbau**			
19		**Summe:**	**2.125,00 €**	**2.185,00 €**	**2.260,00 €**
20					
21		**Ware**			
26		**Summe:**	**680,00 €**	**1.270,00 €**	**1.510,00 €**

Bild 11.11: Die aktivierte AutoGliederung kann Daten übersichtlich darstellen.

Die AutoGliederung aktivieren

Im ersten Schritt müssen Sie die AutoGliederung einschalten.

1. Setzen Sie den Cursor in die Liste und wählen Sie *Daten/Gruppierung und Gliederung/ AutoGliederung.*
2. Jetzt werden am linken Rand mehrere Minus-Symbole angezeigt. Wenn Sie auf eines klicken, dann werden die einzelnen Kosten ausgeblendet und Sie sehen nur noch die Gesamtkosten der Gruppe.

Über die kleinen Zahlen am oberen linken Rand des Tabellenblatts können Sie alle Daten auf einmal ein- bzw. ausblenden.

	A	B	C	D	E
1			**2004**	**2005**	**2006**
2	**Nr.**	**Teilnahme**			
11		**Summe:**	**3.010,00 €**	**3.475,00 €**	**3.970,00 €**
12					
13		**Standbau**			
19		**Summe:**	**2.125,00 €**	**2.185,00 €**	**2.260,00 €**
20					

Bild 11.12: Die Einzelkosten sind jetzt ausgeblendet.

3. Um die AutoGliederung wieder zu entfernen, wählen Sie *Daten/Gruppierung und Gliederung/ Gliederung entfernen.*

Gegliederte Werte kopieren und einfügen

Wenn Sie die gegliederten Zellen markieren, kopieren und an anderer Stelle wieder einfügen möchten, wird immer die ganze Tabelle eingefügt. Wenn Sie nur die angezeigten Zellen kopieren möchten, benötigen Sie die Schaltfläche *Sichtbare Zellen markieren.*

1. Wählen Sie *Extras/Anpassen* und aktivieren Sie das Register *Befehle.*
2. Markieren Sie die Kategorie *Bearbeiten* und ziehen Sie die Schaltfläche *Sichtbare Zellen markieren* nach oben, direkt neben eine Schaltfläche in Ihrer Symbolleiste.
3. Wenn die Schaltfläche in der Symbolleiste sichtbar ist, schließen Sie das Fenster *Anpassen.*
4. Markieren Sie jetzt die gegliederten Zellen und klicken Sie auf die neue Schaltfläche *Sichtbare Zellen markieren.*

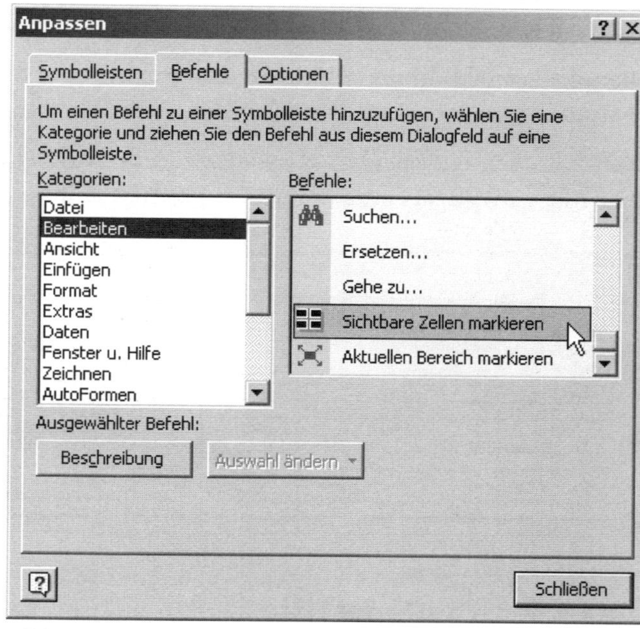

Bild 11.13: Eine Schaltfläche einfügen

Jetzt verändert sich der Markierungsrahmen um die Zellen.

5. Wählen Sie den Befehl *Kopieren.*
6. Aktivieren Sie ein anderes Tabellenblatt und wählen Sie den Befehl *Einfügen.*

	A	B	C	D	E
1	Nr.	Teilnahme			
2		Summe:	3.010,00 €	3.475,00 €	3.970,00 €
3					
4		Standbau			
5		Summe:	2.125,00 €	2.185,00 €	2.260,00 €

Bild 11.14: Die kopierten Zellen aus einer gegliederten Liste

Jetzt sind nur die sichtbaren Zellen kopiert und eingefügt worden. Es besteht keine Verbindung zu den Ursprungsdaten.

11.5 Inventur: Inventurliste

Kategorie: Unternehmensführung

Dateiname: INVENTURLISTE.XLS

Schwierigkeitsgrad: ❋❋

Sie müssen eine Inventur machen und neben den Artikelnummern und den Artikelnamen auch die Mengen und die Preise erfassen. Dann liegt es nahe, auch direkt den Gesamtwert jedes Artikels, also Menge mal Einzelwert, zu ermitteln.

Die folgende Abbildung zeigt eine Inventurliste, die Sie, wenn Sie die Beispielartikel in den Zeilen 8 bis 10 und die Daten aus den Zellen B1 bis B3 löschen, als leere Vorlage drucken können.

Wenn Sie sich entscheiden, die Daten direkt in Excel einzugeben, dann bieten Ihnen die Zellen der Spalte D eine Eingabehilfe in Form einer Auswahlliste. Das minimiert die Fehlerquote.

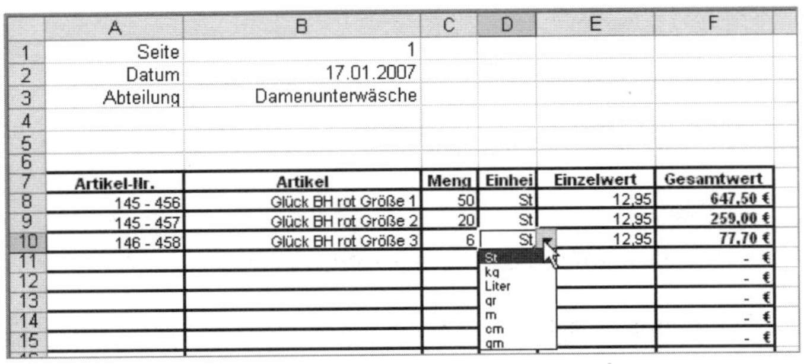

Bild 11.15: Eine Inventurliste mit bequemer Auswahl der Mengeneinheit

Die Rechenschritte der Liste

In dieser Inventurliste gibt es nur zwei unterschiedliche Rechenschritte: In der Spalte F wird der Gesamtwert jedes Artikels berechnet, und in der Zeile 47 werden am unteren Ende der Liste die Gesamtsumme des Blatts und die Anzahl der eingegebenen Artikel gezeigt.

Als Erstes wollen wir den Gesamtwert des Artikels ermitteln.

1. Markieren Sie die Zelle F8 und geben Sie den folgenden Rechenschritt ein: `=C8*E8`.

2. Kopieren Sie diesen Rechenschritt am Ausfüllkästchen nach unten.

Im nächsten Schritt wollen wir die Anzahl der Artikel zählen.

3. Markieren Sie die Zelle A47 und geben Sie die folgende Funktion ein: `=ANZAHL2(A8:A46)`.

Die Funktion ANZAHL2 zählt alle Zellen des Bereichs, in denen ein Text oder eine Zahl steht.

Im letzten Schritt wollen wir die Gesamtsumme der eingegebenen Artikel erfassen.

4. Markieren Sie die Zelle F47 und klicken Sie auf die Schaltfläche *AutoSumme* [Σ].

5. Stellen Sie sicher, dass alle Zellen mit den Gesamtwerten markiert sind und drücken Sie zur Bestätigung auf die [Eingabe]-Taste.

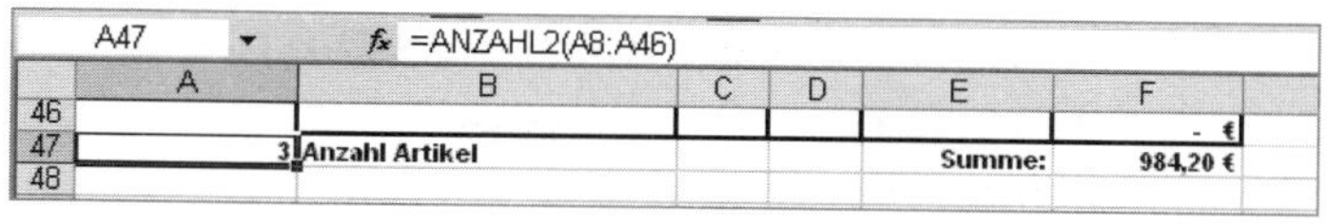

Bild 11.16: Die Zeile 47 zeigt die Anzahl und die Gesamtsumme der Artikel.

Nun können Sie die in andere Mappen oder auf andere Tabellenblätter kopieren.

Eine Auswahlliste erstellen

In diesem Beispiel wird jetzt noch eine Auswahlliste aller möglichen Einheiten angeboten, um die Eingabe der Artikel zu vereinfachen.

1. Erfassen Sie zuerst auf dem aktuellen Tabellenblatt eine Auslistung der Einträge, die gleich in der Liste zu sehen sein soll. In diesem Beispiel ist die Liste in den Zellen A56 bis A62.

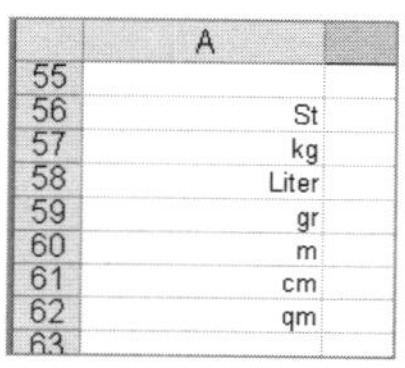

Bild 11.17: Die Aufzählung der Einheiten, auf die die Liste gleich zugreift

2. Markieren Sie die Zelle D8 und wählen Sie *Daten/Gültigkeit.*

3. Wählen Sie im Feld Zulassen den Eintrag *Liste.*

4. Setzen Sie den Cursor ins Feld *Quelle* und markieren Sie die Zellen mit der Aufzählung.

5. Kopieren Sie diese Einstellung nach unten in die restlichen Zellen.

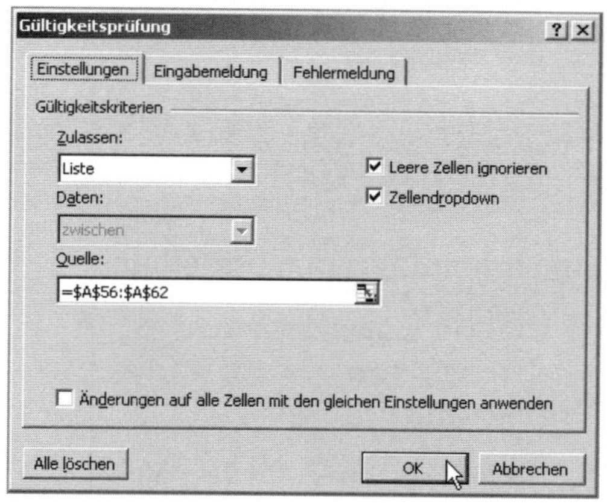

Bild 11.18: Diese Funktion hängt einen Listenpfeil an die aktuelle Zelle.

Ein Tabellenblatt kopieren

Wenn Sie jetzt ein Blatt kopieren möchten, klicken Sie mit der rechten Maustaste auf das gewünschte Tabellenblatt und wählen den Befehl *Verschieben/kopieren.*

Aktivieren Sie den Haken *Kopieren* und bestätigen Sie mit *OK.*

Wenn das Blatt in eine andere Mappe kopiert werden soll, muss die Mappe geöffnet sein. Wählen Sie im Feld *Zur Mappe* die Zielmappe aus.

11.6 Kommunikationsanalyse: Anrufe auswerten und grafisch darstellen

Kategorie: Unternehmensführung

Dateiname: ANRUFE AUSWERTEN.XLS

Schwierigkeitsgrad: ❋

Sie haben die Anzahl der Anrufe der letzten Monate vorliegen und möchten sie grafisch darstellen. Dazu eignet sich am besten ein Liniendiagramm.

Die folgende Abbildung zeigt ein Beispiel.

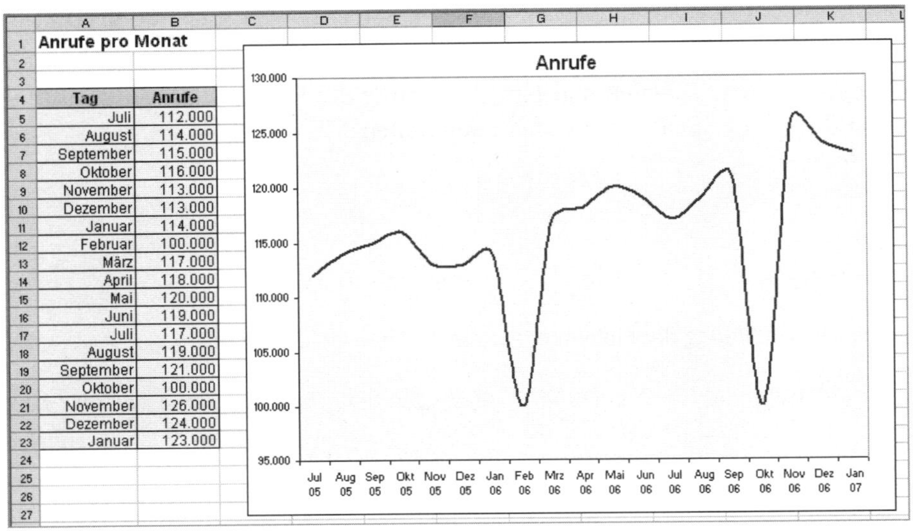

Bild 11.19: Die monatlichen Anrufe in einem Liniendiagramm

Ein Liniendiagramm erstellen

1. Um ein Liniendiagramm zu erstellen, markieren Sie die Zellen mit den Daten.
2. Klicken Sie auf die Schaltfläche *Diagrammassistent:* Wählen Sie in der Kategorie *Diagrammtyp* den Eintrag *Linie* und aktivieren Sie den ersten Untertyp im rechten Bereich.
3. Klicken Sie auf die Schaltfläche *Fertig stellen.*

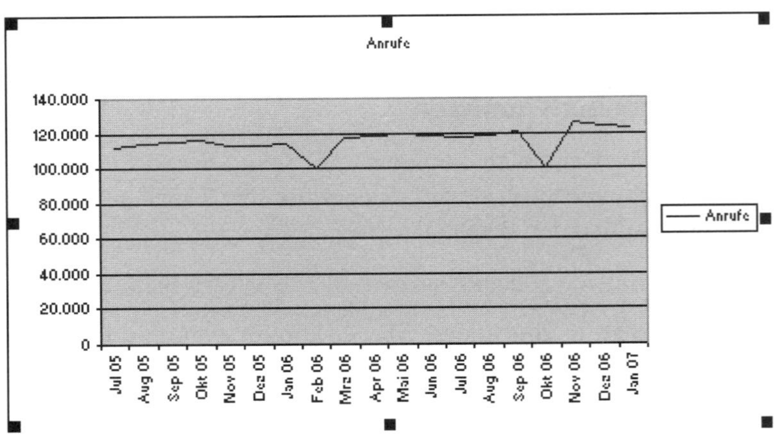

Bild 11.20: Das Liniendiagramm nach dem Erstellen mit dem Assistenten

Das Diagramm verändern

- Verändern Sie als Erstes die Größe des Diagramms, indem Sie an einer Ecke des markierten Diagramms ziehen.

Es ist bei diesem Diagramm nicht notwendig, dass die Skalierung bei 0 beginnt.

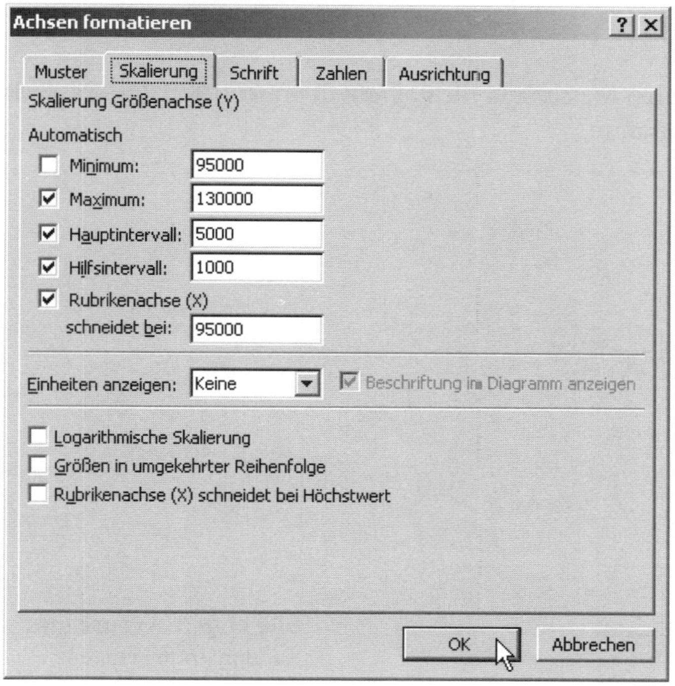

Bild 11.21: Die Skalierung der Größenachse (Y) verändern

- Um die Skalierung der Achse zu verändern, doppelklicken Sie auf die linke Achse und aktivieren das Register *Skalierung*. Deaktivieren Sie den Haken *Minimum* und tippen Sie eine andere Größe ein.

Die Linie wirkt noch besser, wenn sie etwas abgerundet ist.

- Doppelklicken Sie auf die Linie und aktivieren Sie auf dem Register *Muster* den Haken *Linie glätten.*
- Verändern Sie auf Wunsch auch die Farbe und die Stärke der Linie über die Felder in diesem Fenster.

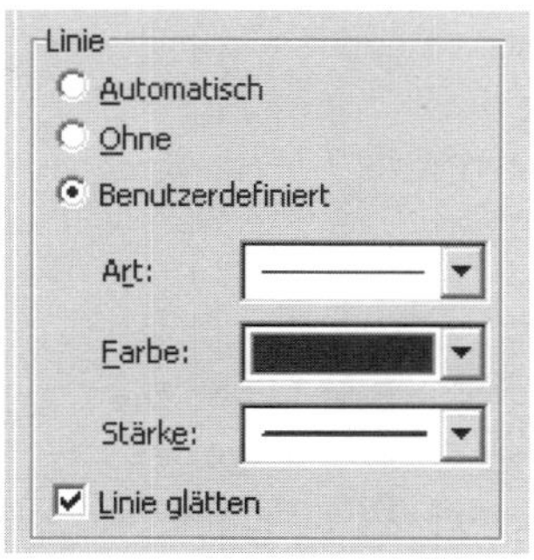

Bild 11.22: Die Linie glätten und das Aussehen verändern

11.7 Kundenanalyse: Besucherstrom mit einem Netzdiagramm analysieren

Kategorie: Unternehmensführung

Dateiname: KUNDENFREQUENZMITNETZDIAGRAMM.XLS

Schwierigkeitsgrad: ❋ ❋

Sie möchten den Kundenstrom, der durch Ihren Messestand fließt, grafisch präsentieren. Die folgende Abbildung zeigt die Daten in einem Netzdiagramm.

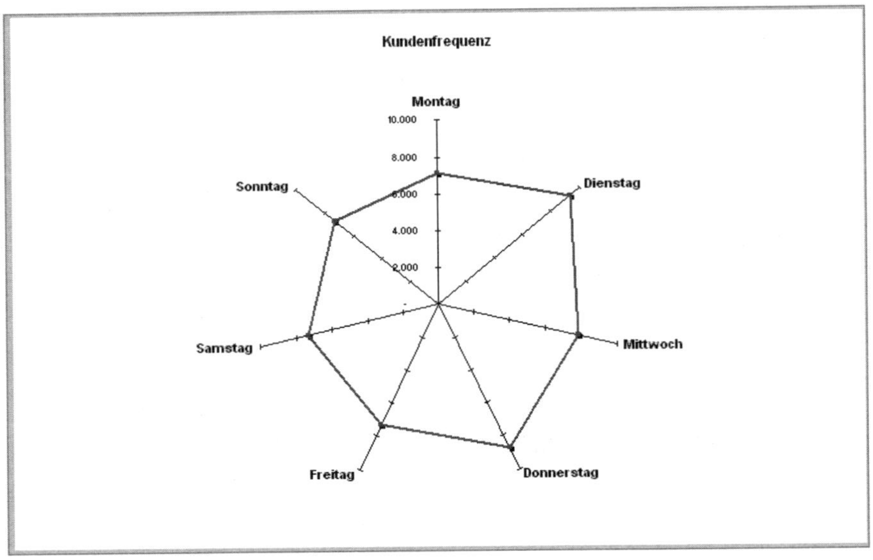

Bild 11.35: Der absolute Kundenstrom in einem Netzdiagramm

Die folgende Abbildung zeigt die Tabelle mit den Kundendaten.

	A	B	C	D	E	F	G	H
1	Besucherstrom im Laufe einer Woche							
2	Zeit	Montag	Dienstag	Mittwoch	Donnerstag	Freitag	Samstag	Sonntag
3	08:00	725	993	614	935	382	301	718
4	09:00	284	727	134	753	555	176	734
5	10:00	549	380	386	46	669	605	556
6	11:00	641	884	672	838	908	791	359
7	12:00	236	238	886	935	4	329	556
8	13:00	644	903	465	621	426	370	10
9	14:00	351	383	113	162	55	951	780
10	15:00	348	500	549	683	244	223	14
11	16:00	348	454	715	296	441	110	299
12	17:00	615	876	18	294	560	496	231
13	18:00	168	167	237	145	106	535	742
14	19:00	604	770	884	748	672	838	272
15	20:00	549	975	518	308	677	312	752
16	21:00	641	299	426	294	299	34	412
17	22:00	329	280	315	917	455	596	605
18	23:00	85	455	878	742	825	645	202
19	Gesamt	7.117	9.284	7.816	8.717	7.278	7.312	7.242
20								

Bild 11.36: Die Grundlage des Diagramms

1. Um das Diagramm zu erstellen, markieren Sie die Zellen B2 bis H2. Halten Sie dann die [Strg]-Taste gedrückt und markieren Sie die Zellen B19 bis H19.
2. Drücken Sie jetzt die Taste [F11], um ein Standardsäulendiagramm zu erstellen.
3. Wählen Sie über die Schaltfläche *Diagrammtyp* in der *Diagramm*-Symbolleiste den Eintrag *Netzdiagramm.*

Wenn Sie die *Diagramm*-Symbolleiste nicht finden, dann wählen Sie *Ansicht/Symbolleisten/Diagramm.*

Zuerst möchten Sie den grauen Hintergrund und den Rahmen entfernen, der um das Diagramm herum geht.

1. Doppelklicken Sie auf den grauen Hintergrund und stellen Sie sicher, dass Sie das Fenster *Zeichnungsfläche formatieren* sehen.
2. Aktivieren Sie in den Bereichen *Rahmen* und *Fläche* die Optionen *Keinen* und *Keine.*

Um die Gitternetzlinien zu entfernen, führen Sie die folgenden Schritte durch:

1. Wählen Sie im Menü *Diagramm* den Befehl *Diagrammoptionen.*
2. Aktivieren Sie das Register *Gitternetzlinien* und deaktivieren Sie den Haken *Hauptgitternetzlinien.*
3. Wenn Sie im selben Schritt auch noch eine Überschrift für Ihr Diagramm einfügen möchten, aktivieren Sie das Register *Titel* und tippen den gewünschten Text ins Feld *Diagrammtitel* ein.

Im nächsten Schritt möchten Sie die Linie etwas verändern.

1. Doppelklicken Sie auf die Diagrammlinie und stellen Sie sicher, dass sich das Fenster *Datenreihen formatieren* öffnet.
2. Aktivieren Sie die Option *Benutzerdefiniert* auf dem ersten Register.
3. Über die Felder *Farbe* und *Stärke* können Sie die Darstellung verändern.
4. Auf Wunsch können Sie im Bereich *Markierung* die Datenpunkte anpassen oder hier die Option *Ohne* wählen.

Die Texte am Diagramm können Sie markieren und über die Befehle in der *Format*-Symbolleiste vergrößern.

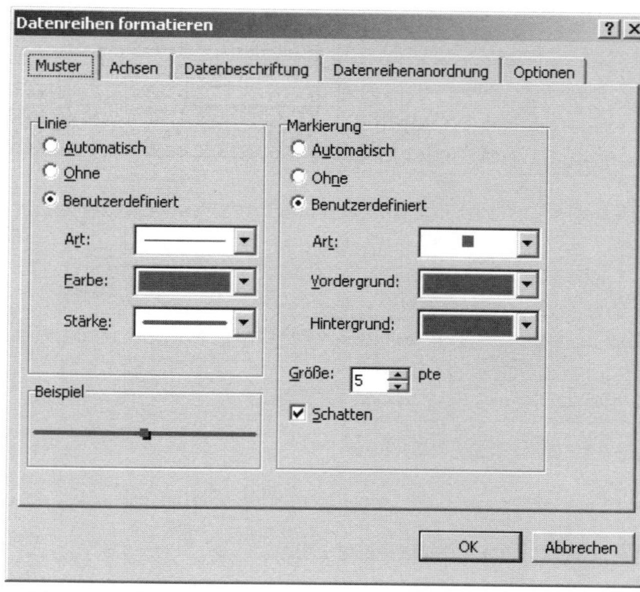

Bild 11.37: Über das Fenster *Datenreihen formatieren* können Sie die Linie anpassen.

11.8 Mitbestimmung: Ergebnisse einer Betriebsratswahl

Kategorie: Unternehmensführung

Dateiname: BETRIEBSRATSWAHLEN.XLS

Schwierigkeitsgrad: ❋❋

Betriebsratswahl 2007

Die Kandidaten

Zur Wahl stehen folgende Kollegen	Abteilung	Durchwahl
Monika Weberli	Vertrieb	-657
Sike Strebsam	Personal	-792
Wilfried Verlustig	Buchhaltung	-534
Leonard Grahtlinig	Qualitätsmanagement	-135

Das Ergebnis

Abgegebene Stimmen	276	100,0%
Monika Weberli	84	30,4%
Sike Strebsam	46	16,7%
Wilfried Verlustig	61	22,1%
Leonard Grahtlinig	82	29,7%
Ungültige Stimmen	3	1,1%
Stimmen	276	100%

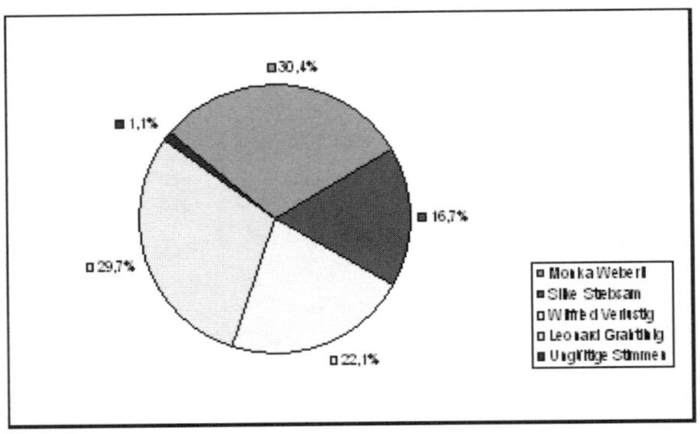

Bild 11.23: Das Ziel: Ein aussagekräftiges Wahlergebnis für das Schwarze Brett

In diesem Beispiel sehen Sie, wie Sie das Ergebnis einer Betriebsratswahl optisch ansprechend aufbereiten und drucken können. In den Zellen D18 bis D22 werden die Ergebnisse nach dem Auszählen eingetragen. Die Anzahl der abgegebenen Stimmen wird in Zelle D24 berechnet. In der Spalte E rechts daneben wird der prozentuale Anteil ermittelt. Aus diesen Daten wird zum Abschluss ein Kreisdiagramm erstellt.

Wenn Sie bei den Kandidaten Zeilen hinzufügen oder entfernen möchten, klicken Sie mit der rechten Maustaste auf die Zeilennummer und wählen im Kontextmenü den entsprechenden Befehl.

Das Ergebnis ermitteln

Sie möchten zuerst wissen, wie viele Stimmen insgesamt abgegeben wurden.

1. Markieren Sie die Zelle D24.
2. Klicken Sie auf die Schaltfläche *AutoSumme* und ziehen Sie mit der Maus über die Zellen mit den abgegebenen Stimmen: `=SUMME(D18:D22)`.
3. Drücken Sie zur Bestätigung auf die `Eingabe`-Taste.

4. Um den prozentualen Anteil der Stimmen pro Kandidat zu ermitteln, markieren Sie die Zelle E18 und geben Sie den folgenden Rechenschritt ein: `=D18/$D$24`.
5. Gestalten Sie die Zellen mit dem Format *Prozent* und weisen Sie ihnen noch Dezimalstellen zu.
6. Kopieren Sie diesen Rechenschritt nach unten.

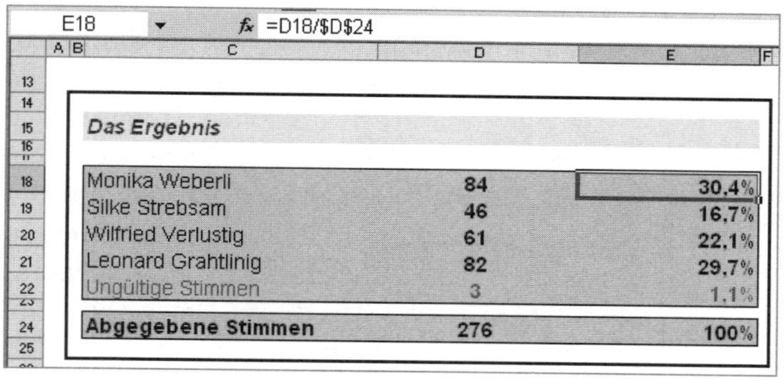

Bild 11.24: Die Anteile der einzelnen Kandidaten

Das Kreisdiagramm

1. Markieren Sie die Zellen C18 bis C22, halten Sie die [Strg]-Taste gedrückt, markieren Sie jetzt noch die Zellen E18 bis E22 und starten Sie den Diagrammassistenten.
2. Markieren Sie das Kreisdiagramm und klicken Sie zweimal auf die Schaltfläche *Weiter*. Im dritten Schritt des Assistenten aktivieren Sie das Register *Datenbeschriftung* und aktivieren den Haken *Prozent*.
3. Klicken Sie auf die Schaltfläche *Fertig stellen*. Passen Sie die Größe und die Position des Diagramms an. Die Position der Legende können Sie durch Ziehen verändern.

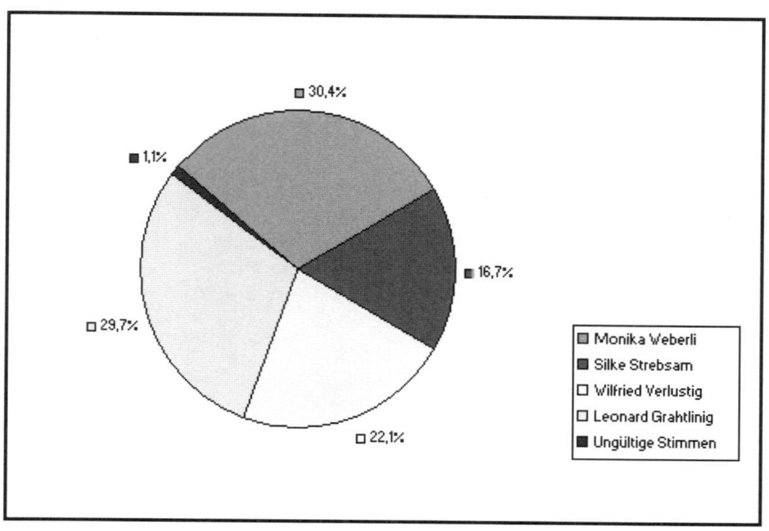

Bild 11.25: Das Diagramm zur Betriebsratswahl

Wenn Sie sicherstellen möchten, dass dieses Ergebnis auf einer Seite gedruckt wird, wählen Sie *Datei/Seite einrichten*. Aktivieren Sie auf dem ersten Register die Option *Anpassen*.

11.9 Mitarbeiter: Beurteilung

Kategorie: Unternehmensführung

Dateiname: MITARBEITERBEURTEILUNG.XLS

Schwierigkeitsgrad: ❋❋❋❋

Sie möchten Ihre Mitarbeiter bewerten. Dafür haben Sie einen Beurteilungsbogen, in dem beispielsweise die fachliche Kompetenz, die Umgangsformen und andere Dinge bewertet werden.

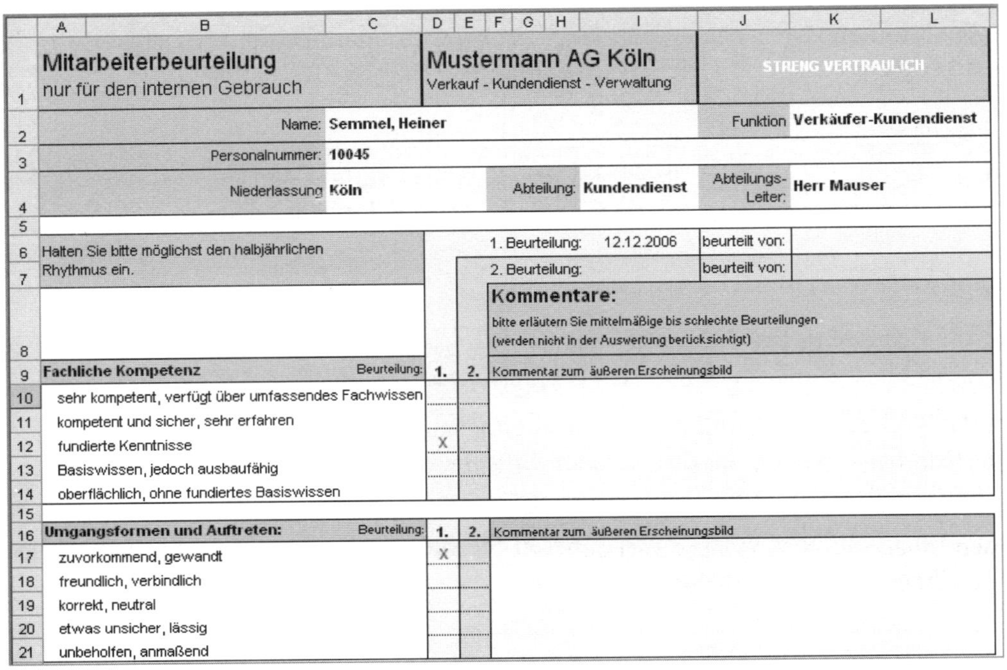

Bild 11.26: Der Musterbogen

Im vorliegenden Beispiel kreuzen Sie in jedem Block die entsprechende Beurteilung an.

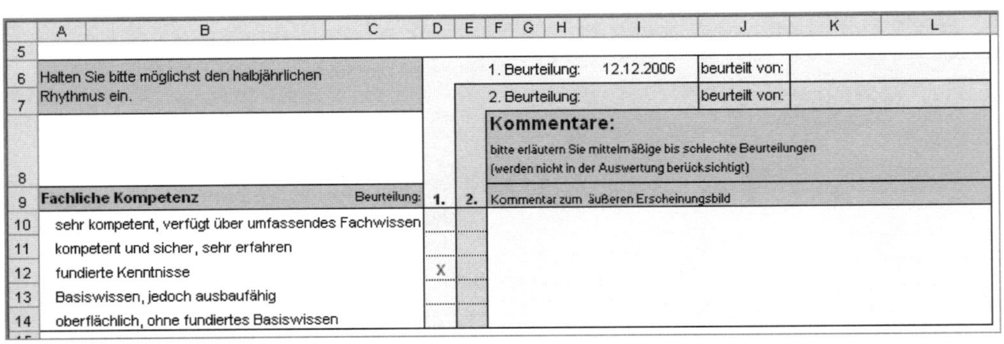

Bild 11.27: Die Beurteilung

Hinter jedem Kreuz versteckt sich eine Note zwischen 1 und 5. Dieses Versteck finden Sie rechts neben der Tabelle. Die Note 5 ist hierbei die beste und 1 die schlechteste Note.

Im folgenden Beispiel hat der Mitarbeiter im Bereich *Fachliche Kompetenz* die Note 3 erhalten. Diese Note versteckt sich hinter dem Kreuz in der Zelle *fundierte Kenntnisse.*

In den Spalten M bis O erkennen Sie jetzt das Versteck. In der Spalte M stehen die Noten in den Zeilen der Bereiche. In der Spalte N wird jetzt geprüft, welche Note der Mitarbeiter erhalten hat.

```
=WENN(D10="x";$M10;0)
```

Wenn in der Zelle D10 ein *x* steht, dann wird die Note aus M10 genommen, ansonsten wird eine 0 in die Zelle geschrieben. Da die Funktion gleich nach unten und nach rechts kopiert wird, muss die Spalte M durch dreimaliges Drücken der Taste F4 festgesetzt werden.

Kopieren Sie die Funktion zunächst nach rechts in die Zelle O10, markieren Sie anschließend die Zellen N10:O10 und kopieren Sie beide gleichzeitig nach unten.

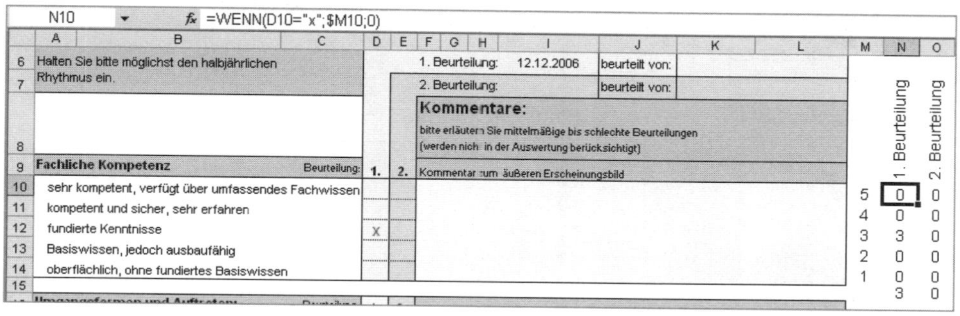

Bild 11.28: Die Benotung

In den Zellen unterhalb jedes Beurteilungsblocks wird die Summe der Zellen darüber gebildet, denn diese Werte brauchen wir gleich zur weiteren Auswertung.

Sie können jetzt den Inhalt der Zellen mit weißer Schriftfarbe formatieren, damit diese unsichtbar in Ihrem »Versteck« bleiben.

Die Auswertung der angekreuzten Daten

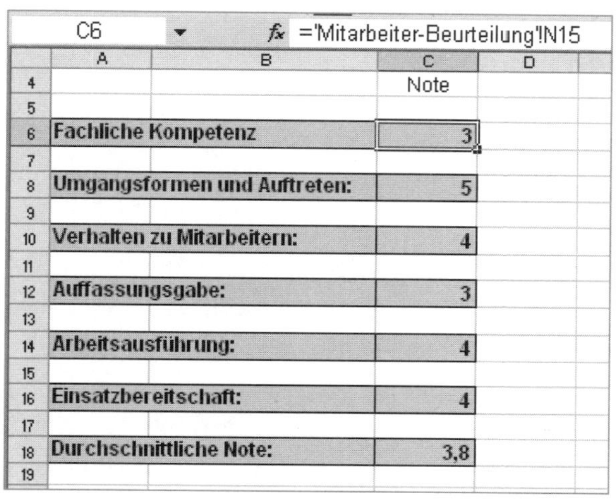

Bild 11.29: Die Auswertung der Beurteilung

Auf einem separaten Blatt holen Sie sich jetzt nur die Summe jedes Bereichs. In der Zelle C6 steht dann die Formel:

```
='Mitarbeiter-Beurteilung'!N15
```

Entsprechend übernehmen Sie die Summen für alle anderen Bereiche. Die Durchschnittsnote in Zelle C18 wird mit der folgenden Funktion ermittelt:

```
=RUNDEN(MITTELWERT(C6:C16);1)
```

11.10 Mitarbeiter: Mitarbeiterfragebogen erstellen

Kategorie: Unternehmensführung

Dateiname: MITARBEITERFRAGEBOGEN.XLS

Schwierigkeitsgrad: ❋

In diesem Beispiel sehen Sie, wie Sie einen anspruchsvollen Fragenbogen für Ihre Mitarbeiter erstellen können. Dieser Fragebogen kann gedruckt und verteilt werden.

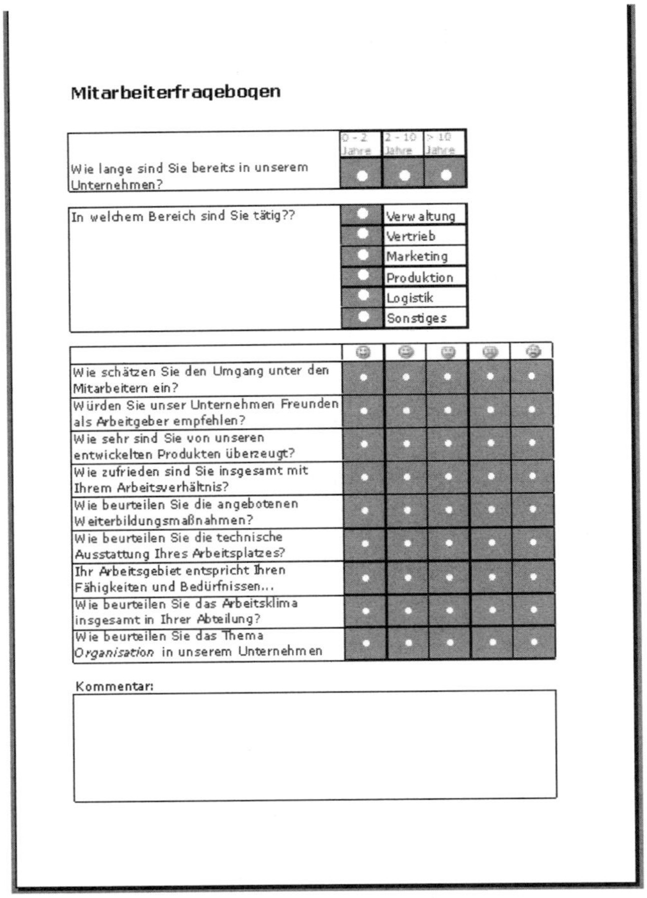

Bild 11.30: Ein Mitarbeiterfragebogen zum Drucken

Die Spaltenbreite

Die Spalte A ist in diesem Beispiel die breiteste.

1. Markieren Sie die Spalte A und wählen Sie *Format/Spalte*. Geben Sie im kleinen Fenster *Spaltenbreite* die Zahl 47 ein.

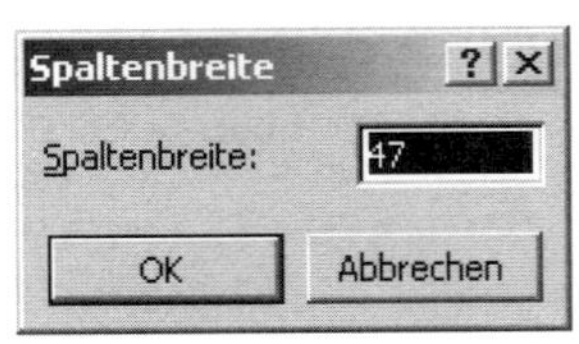

Bild 11.31: Die Breite der ersten Spalte

Die Spalten B bis F haben die Breite 6,5.

2. Damit der Text, wie es die erste Abbildung zeigt, in der Zelle umbrochen wird, markieren Sie die Spalte A erneut.

3. Wählen Sie *Format/Zellen* und aktivieren Sie das Register *Ausrichtung*.

4. Setzen Sie den Haken im Feld *Zeilenumbruch* und bestätigen Sie mit *OK*.

Wenn Sie jetzt einen Text in einer Zelle der Spalte A eingeben, wird er automatisch umbrochen.

Die Sonderzeichen in den Zellen

Die Kreise in den Zellen stammen aus dem Symbol-Fundus von Windows.

1. Markieren Sie die Zelle, in der gleich das Sonderzeichen stehen soll.
2. Wählen *Einfügen/Symbol* und markieren Sie das gewünschte Symbol.

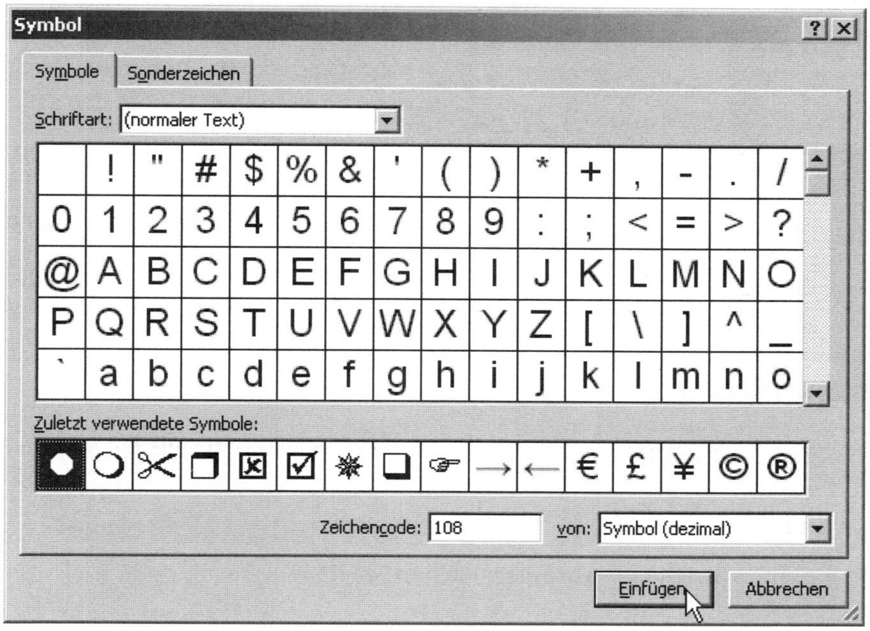

Bild 11.32: Ein Sonderzeichen einfügen

3. Klicken Sie auf die Schaltfläche *Einfügen und Schließen*.
4. Weisen Sie der Zelle jetzt eine graue *Füllfarbe* und eine weiße *Schriftfarbe* zu.
5. Kopieren Sie den Inhalt der Zelle danach in die anderen Zellen.

Die Smileys

Die Smileys sind Grafikobjekte, die Sie nach Bedarf verschieben bzw. vergrößern können. Damit die Objekte alle gleich groß sind, doppelklicken Sie auf das erste Objekt und geben auf dem Register *Größe* die gewünschten Maße ein. Geben Sie nun diese Daten für die anderen Objekte auch ein.

Wenn Sie die Objekte in einer anderen Datei benötigen, kopieren Sie sie einfach.

11.11 Umsatzstatistik der vergangenen Jahre

Kategorie: Unternehmensführung

Dateiname: UMSATZSTATISTIK.XLS

Schwierigkeitsgrad: ❋❋❋

	A	B	C	D	E	F
1	Umsatzstatistik					
2						
3						
4	Jahr	Umsatz	+/- im Vergleich zum Vorjahr	% im Vergleich zum Vorjahr	+/- im Vergleich zu 2000	% im Vergleich zu 2000
5	2000	1.200.000,00 €				
6	2001	1.500.000,00 €	300.000,00 €	25%	300.000,00 €	25%
7	2002	1.550.000,00 €	50.000,00 €	3%	350.000,00 €	29%
8	2003	1.400.000,00 €	-150.000,00 €	-10%	200.000,00 €	17%
9	2004	2.100.300,00 €	700.300,00 €	50%	900.300,00 €	75%
10	2005	2.680.000,00 €	579.700,00 €	28%	1.480.000,00 €	123%
11	2006	2.970.000,00 €	290.000,00 €	11%	1.770.000,00 €	148%
12	2007		-	-	-	-
13						

Bild 11.33: Ein Überblick über die Umsätze der vergangenen Jahre mit Auswertung

Es interessiert Sie, wie viel Umsatz mehr Sie im Vergleich zu Vorjahr gemacht haben. Sie möchten dies einmal als absolute Zahl und dann in Prozent wissen. Außerdem möchten Sie berechnen, wie hoch das Umsatzplus im Vergleich zum Jahr 2000 ist.

In der Spalte A geben Sie das Jahr und in der Spalte B den jeweiligen Umsatz ein.

+/- im Vergleich zum Vorjahr

Wir gehen in diesem Beispiel davon aus, dass das Jahr 2000 das erste Unternehmensjahr ist. Deshalb gibt es keine Auswertungen.

1. Markieren Sie die Zelle C6 und geben Sie folgende Funktion ein: `=WENN(B6="";"-";B6-B5)`.

Wenn B6 leer ist, dann geben Sie einen Strich ein. Ansonsten ziehen Sie B5 von B6 ab.

C6 fx =WENN(B6="";"-";B6-B5)

	A	B	C
2			
3			
4	Jahr	Umsatz	+/- im Vergleich zum Vorjahr
5	2000	1.200.000,00 €	
6	2001	1.500.000,00 €	300.000,00 €

Bild 11.34: Die Differenz vom aktuellen Umsatz zum Vorjahresumsatz

2. Kopieren Sie die Funktion nach unten.

% im Vergleich zum Vorjahr

Jetzt möchten wir wieder die Differenz vom aktuellen Umsatz zum Vorjahresumsatz, allerdings in Prozent.

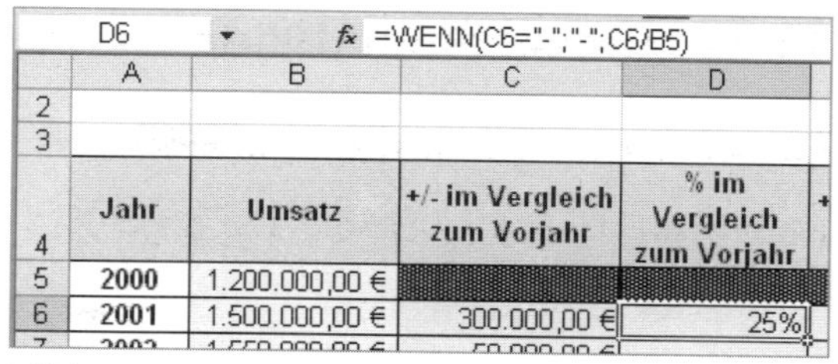

D6 =WENN(C6="-";"-";C6/B5)

	A	B	C	D
2				
3				
4	Jahr	Umsatz	+/- im Vergleich zum Vorjahr	% im Vergleich zum Vorjahr
5	2000	1.200.000,00 €		
6	2001	1.500.000,00 €	300.000,00 €	25%

Bild 11.35: Die Differenz in Prozent

1. Markieren Sie die Zelle D6 und geben Sie die folgende Funktion ein: `=WENN(C6="-";"-";C6/B5)`.

Wenn in der Zelle C6 ein Strich steht, dann geben Sie einen Strich ein. Ansonsten teile C6 durch B5.

2. Formatieren Sie die Zelle jetzt noch mit dem Prozentformat.
3. Kopieren Sie die Funktion nach unten.

+/- im Vergleich zu 2000

Jetzt möchten Sie die Differenz zum Jahr 2000 ermitteln.

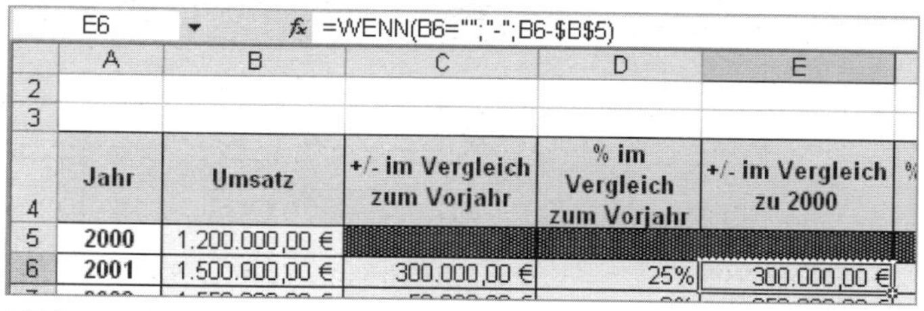

E6 =WENN(B6="";"-";B6-$B$5)

	A	B	C	D	E
2					
3					
4	Jahr	Umsatz	+/- im Vergleich zum Vorjahr	% im Vergleich zum Vorjahr	+/- im Vergleich zu 2000
5	2000	1.200.000,00 €			
6	2001	1.500.000,00 €	300.000,00 €	25%	300.000,00 €

Bild 11.36: Die Differenz zum Jahr 2000

1. Markieren Sie die Zelle E6 und geben Sie die folgende Funktion ein: `=WENN(B6="";"-";B6-$B$5)`.

Wenn B6 leer ist, dann geben Sie einen Strich ein. Ansonsten ziehen Sie B5 von B6 ab. Da die Formel nach unten kopiert werden soll, machen Sie die Zelle B5 durch Drücken der Taste [F4] fest.

2. Kopieren Sie die Funktion nach unten.

Prozentuale Veränderung im Vergleich zu 2000

Im letzten Schritt wollen Sie jetzt noch die Differenz in Prozent zum Jahr 2000 wissen.

1. Markieren Sie die Zelle F6 und geben Sie die folgende Funktion ein:

   `=WENN(E6="-";"-";E6/$B$5)`

Wenn in der Zelle E6 ein Strich steht, dann geben Sie einen Strich ein. Ansonsten teilen Sie C6 durch B5. Da die Formel nach unten kopiert werden soll, machen Sie die Zelle B5 durch Drücken der Taste [F4] fest.

2. Formatieren Sie die Zelle jetzt noch mit dem Prozentformat.
3. Kopieren Sie die Funktion nach unten.

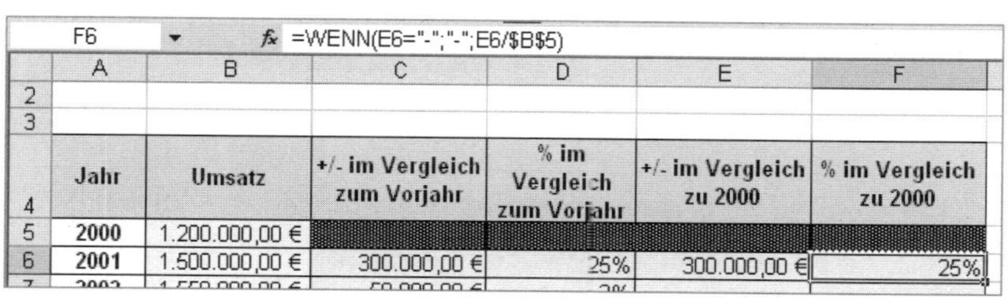

F6 =WENN(E6="-";"-";E6/$B$5)

	A	B	C	D	E	F
2						
3						
4	Jahr	Umsatz	+/- im Vergleich zum Vorjahr	% im Vergleich zum Vorjahr	+/- im Vergleich zu 2000	% im Vergleich zu 2000
5	2000	1.200.000,00 €				
6	2001	1.500.000,00 €	300.000,00 €	25%	300.000,00 €	25%

Bild 11.37: Die Differenz in Prozent zum Jahr 2000

11.12 Umsätze per Hyperlink überwachen

Kategorie: Unternehmensführung

Dateiname: UMSATZ ÜBERWACHEN.XLS

Schwierigkeitsgrad: ❋

Sie haben eine Excel-Mappe mit vielen Tabellenblättern und möchten schnell und bequem auf ein bestimmtes Blatt wechseln. Dafür setzen Sie die Hyperlinks ein.

In der vorliegenden Tabelle erkennen Sie Monate und die Halbjahresergebnisse auf den Registerblättern. Wenn Sie jetzt auf einen der Schalter klicken, dann wird sofort das gewünschte Tabellenblatt angezeigt.

Auf jedem Schalter liegt unsichtbar ein Hyperlink.

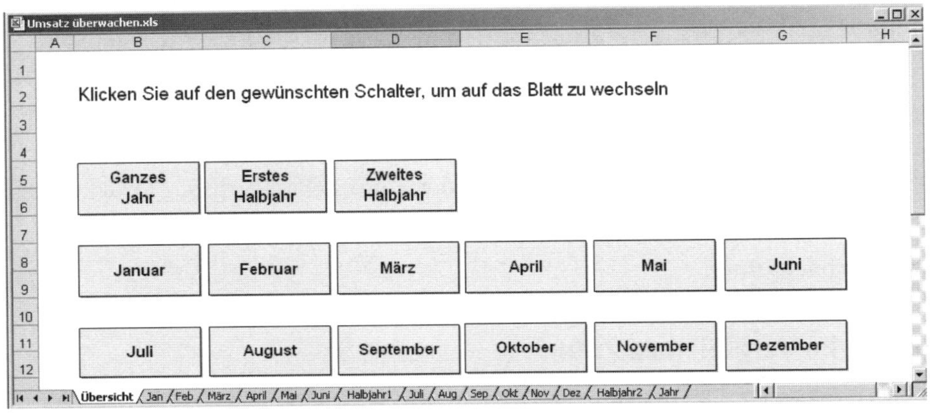

Bild 11.38: Mit einem Klick auf einen Schalter wird das entsprechende Tabellenblatt gezeigt.

Über den Befehl *Extras/Optionen* haben wir auf dem Register *Ansicht* über den Befehl *Gitternetzlinien* dieselben auf diesem Blatt ausgeblendet.

Einen Schalter einfügen

Die Schalter, die Sie hier sehen, sind Grafikelemente, die über die Symbolleiste *Zeichnen* eingefügt wurden.

1. Wenn die Symbolleiste *Zeichnen* nicht angezeigt wird, wählen Sie *Ansicht/Symbolleiste/Zeichnen.*

Bild 11.39: Die Symbolleiste *Zeichnen*

2. Klicken Sie auf die Schaltfläche *Rechteck* und ziehen Sie ein Rechteck auf dem Blatt auf.

Bevor Sie jetzt beginnen, die Größe und die Position des Rechtecks zu verändern, sollten Sie die Beschriftung erfassen.

3. Klicken Sie mit der rechten Maustaste in das Rechteck und wählen Sie den Befehl *Text hinzufügen.* Geben Sie den längsten Monatsnamen ein und formatieren Sie gegebenenfalls den Text.

4. Passen Sie nun die Größe des Rechtecks an.
5. Damit der Text in der Mitte des Rechtecks steht, klicken Sie erneut mit der rechten Maustaste auf das Rechteck und wählen den Befehl *AutoForm formatieren.* Aktivieren Sie auf dem Register *Ausrichtung* in den beiden Feldern *Horizontal* und *Vertikal* den Eintrag *Zentriert.* Über die Schaltflächen *Füllfarbe* und *Schattenart* in der *Zeichnen*-Symbolleiste können Sie das Aussehen Ihrer Schaltfläche anpassen.
6. Kopieren Sie nun das erste Rechteck und fügen es so oft ein, wie Sie es benötigen. Passen Sie nun die Texte und die Positionen gemäß Ihren Wünschen an.

Den Hyperlink auf ein gezeichnetes Objekt legen

Jetzt können Sie einen Hyperlink auf das erste Element legen.

1. Markieren Sie das gewünschte Objekt.
2. Klicken Sie mit der rechten Maustaste auf den schraffierten Rand und wählen Sie den Befehl *Hyperlink.*
3. Markieren Sie im Bereich *Link zu:* die Option *Aktuelles Dokument.* Dann werden im rechten Bereich alle Tabellenblätter angezeigt.
4. Markieren Sie das gewünschte Tabellenblatt und bestätigen Sie mit *OK.*

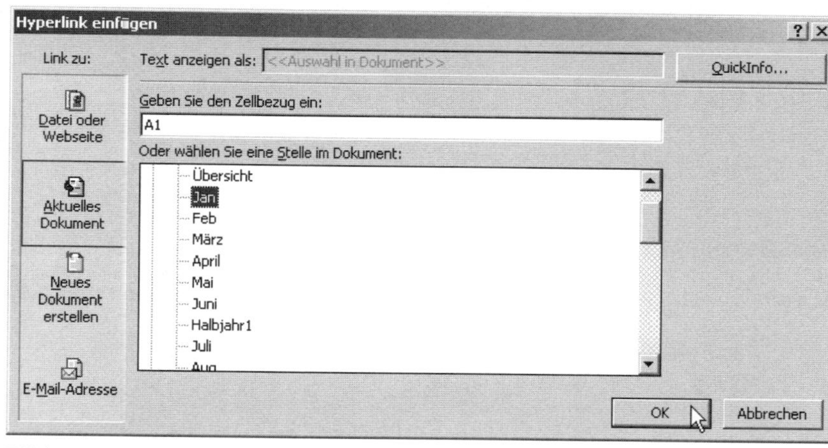

Bild 11.40: Einen Hyperlink einfügen

Sie erkennen den Erfolg Ihrer Arbeit, wenn die Maus auf dem Objekt jetzt zu einer Hand wird. Mit einem Klick kommen Sie jetzt auf das gewünschte Tabellenblatt.

Einen Hyperlink auf einen Text

Auf den anderen Tabellenblättern hätten Sie gerne einen Text, über den Sie zurück auf das erste Blatt springen können.

1. Markieren Sie die Zelle, in der Sie den Hyperlink sehen möchten. Wählen Sie *Einfügen/Hyperlink.*
2. Geben Sie im ersten Feld *Text anzeigen als* den Text ein, der gleich in der Zelle erscheinen soll. In diesem Beispiel ist es der Text: *Zurück zur Übersicht.*
3. Markieren Sie im Bereich *Link zu:* die Option *Aktuelles Dokument.* Markieren Sie das gewünschte Tabellenblatt und bestätigen Sie mit *OK.*

Jetzt gelangen Sie mit einem Mausklick wieder zurück auf das erste Blatt.

11.13 Umsätze: Quartalsumsätze

Kategorie: Unternehmensführung

Dateiname: QUARTALSUMSAETZE.XLS

Schwierigkeitsgrad: ❋❋

Diese Excel-Arbeitsmappe besteht aus fünf Tabellenblättern. Für jedes Quartal gibt es ein Tabellenblatt, im fünften Tabellenblatt werden über Tabellenblattverknüpfungen die Zahlen aus den vier anderen Blättern übernommen und so eine Jahresübersicht erstellt.

	A	B	C	D	E	F	G
1	Umsatzberechnung						
2	1. Quartal						
3							
4		**Produkte**	**Januar**	**Februar**	**März**	**Umsatz**	**Prozent**
5	Fertigungslinie A	Geschirr	123.657 €	14.389 €	182.525 €	320.571 €	4,7%
6	Porzellan	Dekor	10.989 €	87.555 €	13.300 €	111.844 €	1,6%
7		Vasen	12.882 €	35.640 €	47.160 €	95.682 €	1,4%
8	**Gesamt**		147.528 €	137.584 €	242.985 €	**528.097 €**	**7,8%**
9	Fertigungslinie B	Geschirr	231.856 €	202.240 €	176.640 €	610.736 €	9,0%
10	Keramik	Dekor	28.350 €	12.677 €	27.090 €	68.117 €	1,0%
11		Vasen	45.222 €	78.315 €	102.200 €	225.737 €	3,3%
12		Kachelöfen	98.541 €	78.444 €	77.773 €	254.758 €	3,7%
13	**Gesamt**		403.969 €	371.676 €	383.703 €	**1.159.348 €**	**17,0%**
14	Fertigungslinie C	Geschirr	325.240 €	368.480 €	340.280 €	1.034.000 €	15,2%
15	Steingut	Dekor	156.420 €	199.080 €	176.960 €	532.460 €	7,8%
16		Vasen	317.130 €	358.050 €	278.070 €	953.250 €	14,0%
17	**Gesamt**		798.790 €	925.610 €	795.310 €	**2.519.710 €**	**37,0%**
18	Fertigungslinie D	Geschirr	289.750 €	308.750 €	298.300 €	896.800 €	13,2%
19	Bone China	Dekor	205.020 €	252.450 €	301.410 €	758.880 €	11,2%
20		Vasen	356.160 €	313.760 €	271.360 €	941.280 €	13,8%
21	**Gesamt**		850.930 €	874.960 €	871.070 €	**2.596.960 €**	**38,2%**
22		**Gesamtumsatz:**	**2.201.217 €**	**2.309.830 €**	**2.293.068 €**	**6.804.115 €**	**100,0%**

Bild 11.41: Die Tabelle für das erste Quartal

Aufbau der vier Quartalsblätter im Gruppenmodus

Mittels Tabellenblatt-Gruppierung werden vom Grundaufbau vier gleiche Tabellen erstellt.

1. Öffnen Sie eine neue Excel-Arbeitsmappe. Standardmäßig enthält eine Arbeitsmappe nur drei Tabellen.
2. Fügen Sie über *Einfügen/Tabellenblatt* ein weiteres Tabellenblatt ein.
3. Klicken Sie mit der rechten Maustaste ein beliebiges Tabellenblatt an und wählen Sie aus dem Kontextmenü den Befehl *Alle Blätter auswählen.*
   Sobald Sie mehrere Tabellenblätter markiert haben, erscheint in der Titelleiste automatisch der Zusatz [Gruppe]. Damit ist der Gruppenmodus aktiviert.
   Alle Daten, Formatierungen und Formeln, die nun in ein gruppiertes Tabellenblatt eingegeben werden, erscheinen automatisch in allen markierten Tabellenblättern.
4. Gestalten Sie nun das »Grundgerüst« der vier Tabellen.

Gruppenmodus ausschalten

1. Klicken Sie mit der rechten Maustaste auf einen beliebigen Blattnamen.
2. Wählen Sie aus dem Kontextmenü den Befehl *Gruppierung aufheben.*

3. Geben Sie nun für jedes Tabellenblatt die individuellen Daten ein, wie zum Beispiel Anpassung der Monatsüberschriften und Eingabe der einzelnen Zahlenwerte für die unterschiedlichen Fertigungslinien.

Gesamtzahl der einzelnen Fertigungslinien

Die meisten Formeln können wieder im Gruppenmodus erstellt werden.

Die Gesamtzahl der einzelnen Fertigungslinien wird über die SUMME-Funktion berechnet. Geben Sie zum Beispiel in C8 die Formel ein: `=SUMME(C5:C7)` und kopieren Sie diese Formel nach rechts.

Umsatz eines Produkts innerhalb einer Fertigungslinie

Der Umsatz eines Produkts (z. B. Geschirr) innerhalb einer Fertigungslinie (z. B. Fertigungslinie A) wird ebenfalls über die SUMME-Funktion berechnet. Geben Sie zum Beispiel in F5 die Formel ein: `=SUMME(C5:E5)` und kopieren Sie diese Formel nach unten.

Der prozentuale Umsatz eines Produkts innerhalb einer Fertigungslinie

Der prozentuale Umsatz eines Produkts innerhalb einer Fertigungslinie (z. B. Geschirr) berechnet sich aus dem Umsatz (F5) geteilt durch den Gesamtumsatz (F22). Geben Sie somit in Zelle G5 die Formel ein: `=F5/$F$22`. Da Sie die Formel nach unten kopieren möchten, setzen Sie den Gesamtumsatz in F22 über die Taste [F4] absolut.

Tabelle Jahresumsatz erstellen

In der fünften Tabelle *Jahresumsatz* sollen die Zahlen aus den anderen Quartalsblättern übernommen werden. Sie möchten zum Beispiel in C5 alle Umsatzzahlen des Produkts *Geschirr* der *Fertigungslinien A* aus allen Quartalen addieren.

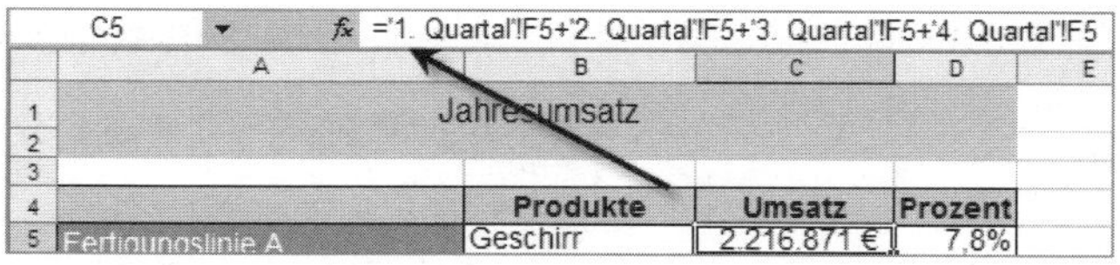

Bild 11.42: Eine Addition über vier Tabellenblätter

1. Setzen Sie den Cursor in Zelle C5 und beginnen Sie die Eingabe der Formel mit [=].
2. Klicken Sie auf das Tabellenblattregister *1.Quartal* und markieren Sie die Zelle F5.
3. Geben Sie ein [+] ein, klicken Sie auf das Tabellenblattregister *2.Quartal* und markieren Sie die Zelle F5.
4. Geben Sie ein [+] ein, klicken Sie auf das Tabellenblattregister *3.Quartal* und markieren Sie die Zelle F5.
5. Geben Sie ein [+] ein, klicken Sie auf das Tabellenblattregister *4.Quartal* und markieren Sie die Zelle F5.
6. Beenden Sie die Eingabe durch [Eingabe].

In Zelle C5 müsste nun folgende Formel stehen:

```
='1. Quartal'!F5+'2. Quartal'!F5–'3. Quartal'!F5+'4. Quartal'!F5
```

7. Kopieren Sie diese Formel nach unten.

11.14 Unsätze: Umsatzzahlen als Tortendiagramm

Kategorie: Unternehmensführung

Dateiname: UMSATZZAHLEN.XLS

Schwierigkeitsgrad: ❋❋

Mit dieser Excel-Tabelle erhalten Sie eine Übersicht über Umsatz und Gewinn der verschiedenen Produktlinien Ihres Unternehmens.

Zur besseren Veranschaulichung sind die prozentualen Gewinne als Tortendiagramm dargestellt.

Übersicht Umsatz und Gewinn je Produktlinie

Mehrwertsteuer	19%
Marge	32%

Produktlinie	Stückzahl	Einkaufspreis	Nettopreis	MwST	Bruttopreis	Umsatz	Gewinn	Prozent
Produktlinie A	100	€ 1.200,00	1.584 €	300,96 €	1.884,96 €	158.400,00 €	38.400,00 €	3,44%
Produktlinie B	150	€ 1.800,00	2.376 €	451,44 €	2.827,44 €	356.400,00 €	86.400,00 €	7,75%
Produktlinie C	180	€ 1.760,00	2.323 €	441,41 €	2.764,61 €	418.176,00 €	101.376,00 €	9,09%
Produktlinie D	210	€ 2.230,00	2.944 €	559,28 €	3.502,88 €	618.156,00 €	149.856,00 €	13,44%
Produktlinie E	100	€ 1.950,00	2.574 €	489,06 €	3.063,06 €	257.400,00 €	62.400,00 €	5,60%
Produktlinie F	270	€ 2.760,00	3.643 €	692,21 €	4.335,41 €	983.664,00 €	238.464,00 €	21,39%
Produktlinie G	70	€ 6.540,00	8.633 €	1.640,23 €	10.273,03 €	604.296,00 €	146.496,00 €	13,14%
Produktlinie H	330	€ 2.760,00	3.643 €	692,21 €	4.335,41 €	1.202.256,00 €	291.456,00 €	26,14%
Gesamt				5.266,80 €	32.986,80 €	4.598.748,00 €	1.114.848,00 €	100%

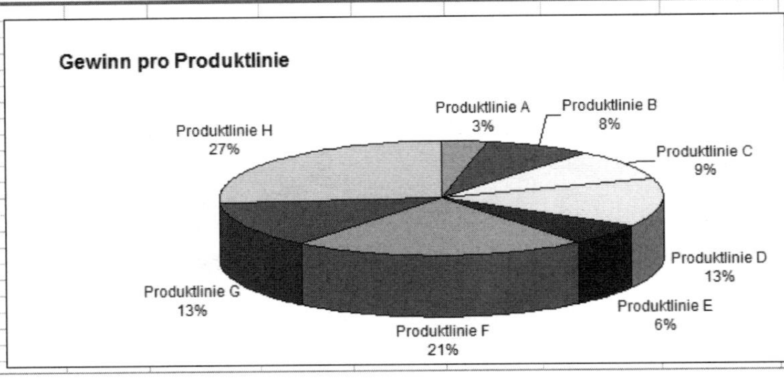

Bild 11.43: Die Tabelle mit den Umsatzzahlen und dem Diagramm

Nettopreis berechnen

Der Nettopreis der Produktlinien berechnet sich aus der Multiplikation der Marge in B5 mit dem Einkaufspreis. Da dieser Rechenschritt nur den prozentualen Anteil der Marge berechnet, muss der Einkaufspreis addiert werden. Geben Sie daher folgende Formel in D8 ein: `=C8+C8*$B$5`.

Da die Formel anschließend kopiert werden soll, setzen Sie die Zelladresse B5 absolut über die Taste [F4] auf $B$5.

Mehrwertsteuer berechnen

Die ausgewiesene Mehrwertsteuer berechnet sich aus dem Nettopreis in Zelle D8 mit dem Mehrwertsteuersatz in Zelle B4. Da auch diese Formel anschließend kopiert werden soll, setzen Sie die Zelladresse B4 absolut über die Taste [F4] auf $B$4: `=D8*$B$4`

Bruttopreis berechnen

Der Bruttopreis ist die Addition aus Nettopreis und Mehrwertsteuer. Geben Sie daher folgende Formel in F8 ein: `=D8+E8` und kopieren Sie die Formel nach unten.

Den Umsatz berechnen

Der Umsatz ist der Nettopreis multipliziert mit der Stückzahl. Geben Sie daher folgende Formel in G8 ein: `=D8*B8` und kopieren Sie die Formel nach unten.

Den Gewinn berechnen

Der Gewinn ist der Nettopreis minus Einkaufspreis multipliziert mit der Stückzahl. Geben Sie daher folgende Formel in H8 ein: `=(D8-C8)*B8` und kopieren Sie die Formel nach unten.

Die prozentualen Gewinne ausrechnen

Der prozentuale Gewinn in I8 berechnet sich aus dem Gewinn geteilt durch die Summe aller Gewinne. Da diese Formel anschließend kopiert werden soll, setzen Sie die Zelladresse H17 absolut über die Taste F4 auf $H$17.

Geben Sie folgende Formel in I8 ein: `=H8/$H$17` und kopieren Sie die Formel nach unten.

Erstellung des Kreisdiagramms

1. Um den prozentualen Gewinn als 3D-Kreisdiagramm darzustellen, markieren Sie die Bereiche A8:A15 und I8:I15 mit gedrückter `Strg`-Taste.
2. Aktivieren Sie den Diagrammassistenten und wählen Sie *3D-Kreis* aus.
3. Klicken Sie auf *Weiter* bis zum Schritt 3 von 4 und aktivieren Sie auf dem *Register Datenbeschriftung* das Kontrollkästchen *Beschriftung enthält Kategorienname* und *Prozentsatz.*

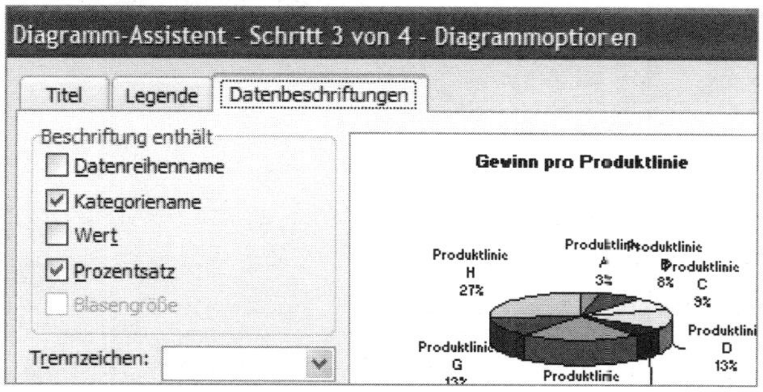

Bild 11.44: Im dritten Schritt des Diagrammassistenten können Sie die Datenbeschriftung festlegen.

4. Des Weiteren deaktivieren Sie im Schritt 3 auf der Registerkarte *Legende* das Kontrollkästchen *Legende anzeigen.*
5. Im Schritt 4 entscheiden Sie, wo das Diagramm erscheint, und über *Fertig stellen* schließen Sie die Diagrammerstellung ab.

12 Vertrieb

12.1 Angebot erstellen

Kategorie: Vertrieb

Dateiname: ANGEBOT.XLS

Schwierigkeitsgrad: ❋❋

Mit diesem Beispiel können Sie Angebote schreiben. Sie müssen nur in die Zellen F1 bis F7 Ihre Firmendaten schreiben. Sollten Sie keine E-Mail- oder Webadresse haben, leeren Sie die Zellen. In die Zellen A10 bis A14 kommen die Daten des Kunden. Der Kommunikationsblock in den Zeilen 20 und 21 muss auch nach Ihren Wünschen angepasst werden. Außerdem müssen Sie in den Zeilen 51 bis 53 Ihre individuellen Daten eingeben.

Im Teil, in den die Artikel eingegeben werden, wird nur in der Spalte F gerechnet. In allen anderen Zellen geben Sie die Artikel, die Mengen und den Einzelpreis ein.

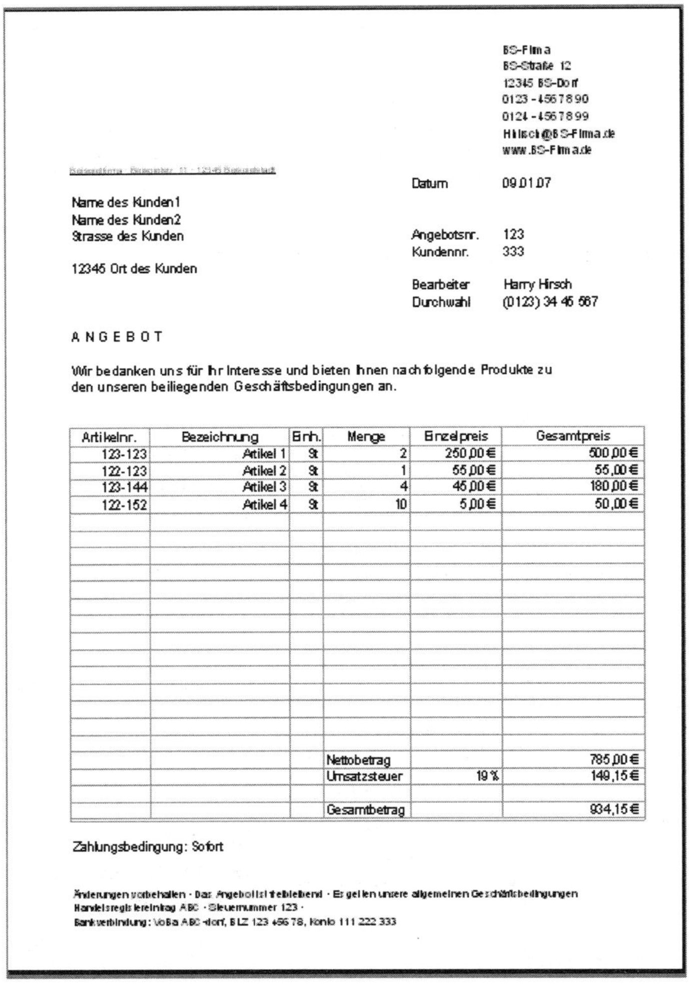

BS-Firma
BS-Straße 12
12345 BS-Dorf
0123 - 4567890
0124 - 4567899
Hirsch@BS-Firma.de
www.BS-Firma.de

Datum 09.01.07

Name des Kunden1
Name des Kunden2
Strasse des Kunden

12345 Ort des Kunden

Angebotsnr. 123
Kundennr. 333

Bearbeiter Harry Hirsch
Durchwahl (0123) 34 45 567

A N G E B O T

Wir bedanken uns für Ihr Interesse und bieten Ihnen nachfolgende Produkte zu den unseren beiliegenden Geschäftsbedingungen an.

Artikelnr.	Bezeichnung	Einh.	Menge	Einzelpreis	Gesamtpreis
123-123	Artikel 1	St	2	250,00 €	500,00 €
122-123	Artikel 2	St	1	55,00 €	55,00 €
123-144	Artikel 3	St	4	45,00 €	180,00 €
122-152	Artikel 4	St	10	5,00 €	50,00 €
			Nettobetrag		785,00 €
			Umsatzsteuer	19 %	149,15 €
			Gesamtbetrag		934,15 €

Zahlungsbedingung: Sofort

Änderungen vorbehalten · Das Angebot ist freibleibend · Es gelten unsere allgemeinen Geschäftsbedingungen
Handelsregistereintrag ABC · Steuernummer 123 ·
Bankverbindung: VoBa ABC-dorf, BLZ 123 456 78, Konto 111 222 333

Bild 12.1: Eine Vorlage für ein Angebot

Den Gesamtpreis pro Zeile ermitteln

Jetzt möchten Sie in der Spalte F den Gesamtpreis pro Artikel ermitteln. Dieser errechnet sich aus der Menge multipliziert mit dem Einzelpreis.

```
=D25*E25
```

Kopieren Sie den Rechenschritt so weit nach unten wie nötig.

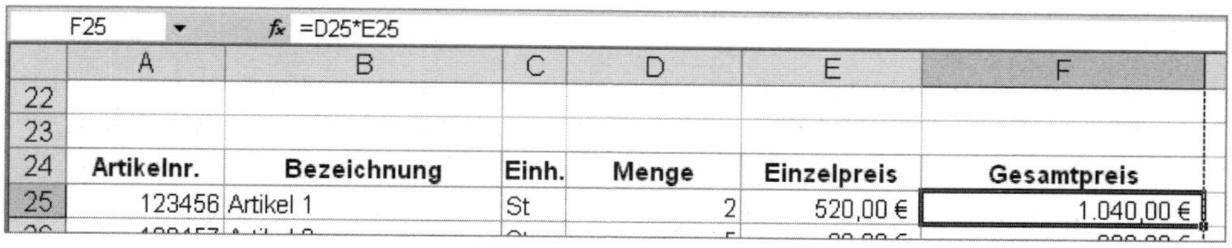

Bild 12.2: Der Gesamtpreis des Artikels errechnet sich aus der Menge multipliziert mit dem Einzelpreis.

In der Zelle F43 soll jetzt die Summe der Positionen darüber errechnet werden. Führen Sie diese Schritte über die Funktion *AutoSumme* Σ durch.

```
=SUMME(F25:F42)
```

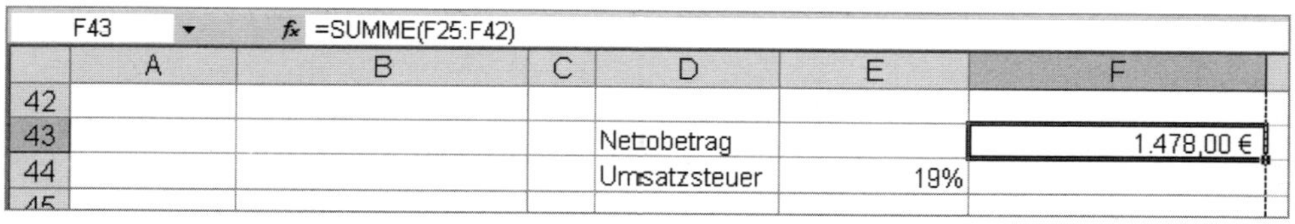

Bild 12.3: Der Nettobetrag aller Artikel

Die Umsatzsteuer wird berechnet aus dem Nettobetrag in Zelle F43 multipliziert mit dem Steuersatz in Zelle E44.

```
=F43*E44
```

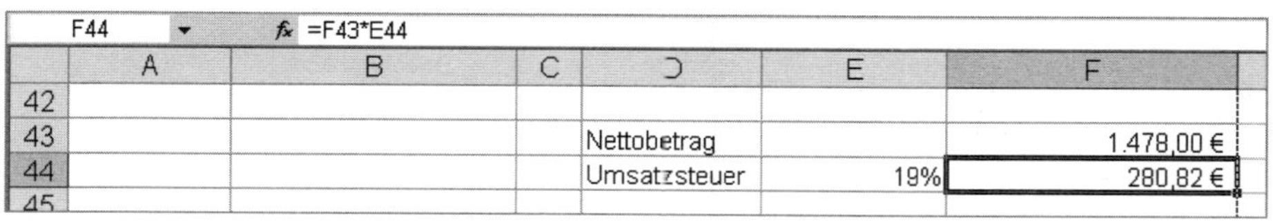

Bild 12.4: Die Berechnung der Umsatzsteuer

Im letzten Schritt wird jetzt nur noch der Gesamtbetrag ermittelt, indem der Nettobetrag in Zelle F43 und der Umsatzsteuerbetrag in Zelle F44 addiert wird.

```
=F43+F44
```

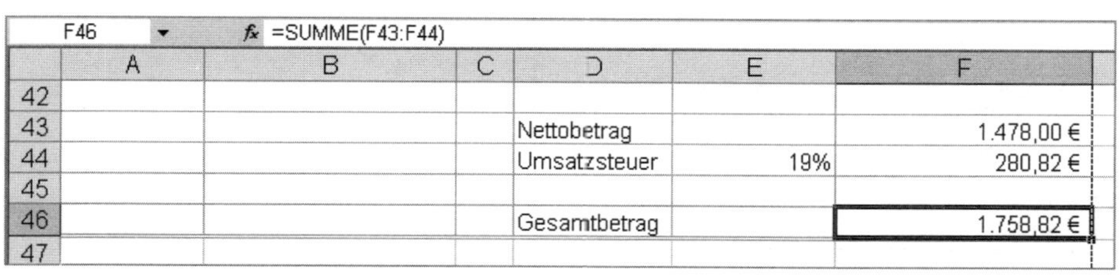

Bild 12.5: Der Zahlbetrag für den Kunden

Im letzten Schritt müssen Sie das Angebot nur noch drucken.

12.2 Auftragsbestätigung aus Angebot erstellen

Kategorie: Vertrieb

Dateiname: AUFTRAGSBESTÄTIGUNG.XLS

Schwierigkeitsgrad: ❋❋

Mit diesem Beispiel können Sie eine Auftragsbestätigung schreiben. Sollten Sie bereits ein Angebot erfasst haben, dann lesen Sie in diesem Beispiel, wie Sie daraus mit wenig Aufwand eine Auftragsbestätigung erstellen.

Sollten Sie noch kein Angebot geschrieben haben, lesen Sie im Beispiel mit den Angeboten, wie sich die einzelnen Rechenschritte zusammensetzen und welche Zellen Sie ändern müssen.

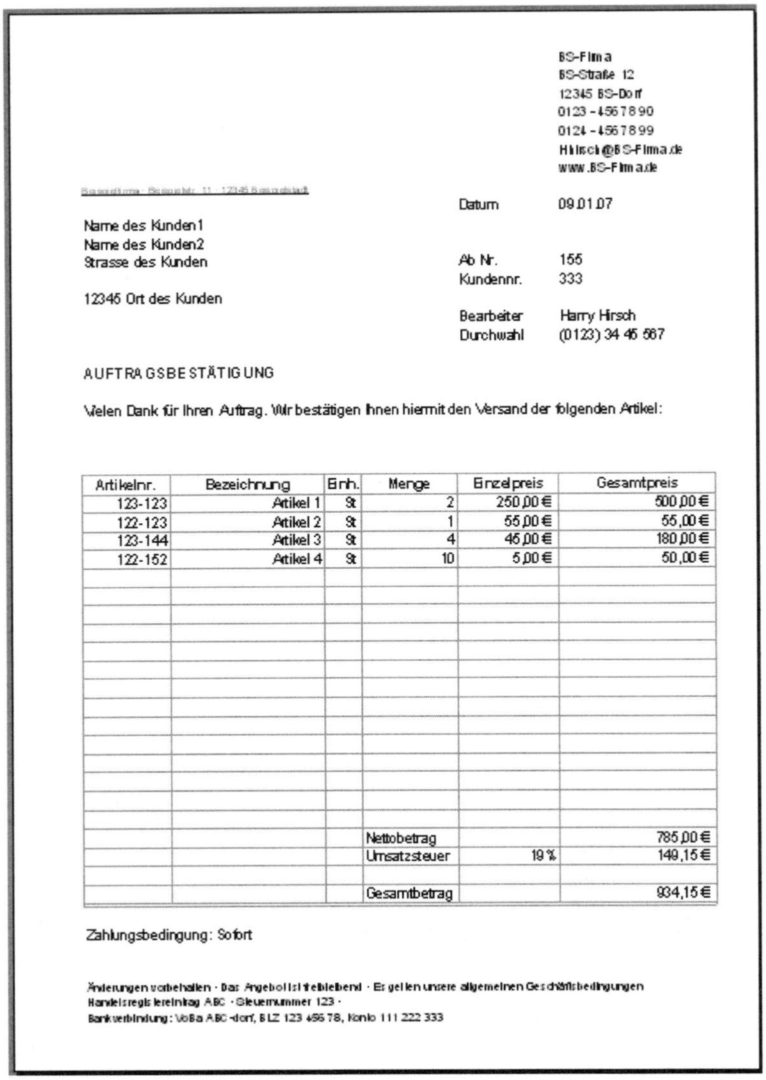

BS-Firma
BS-Straße 12
12345 BS-Dorf
0123 - 4567890
0124 - 4567899
Hirsch@BS-Firma.de
www.BS-Firma.de

Name des Kunden1
Name des Kunden2
Strasse des Kunden

12345 Ort des Kunden

Datum 09.01.07

Ab Nr. 155
Kundennr. 333

Bearbeiter Harry Hirsch
Durchwahl (0123) 34 45 567

AUFTRAGSBESTÄTIGUNG

Vielen Dank für Ihren Auftrag. Wir bestätigen Ihnen hiermit den Versand der folgenden Artikel:

Artikelnr.	Bezeichnung	Einh.	Menge	Einzelpreis	Gesamtpreis
123-123	Artikel 1	St	2	250,00 €	500,00 €
122-123	Artikel 2	St	1	55,00 €	55,00 €
123-144	Artikel 3	St	4	45,00 €	180,00 €
122-152	Artikel 4	St	10	5,00 €	50,00 €
			Nettobetrag		785,00 €
			Umsatzsteuer	19 %	149,15 €
			Gesamtbetrag		934,15 €

Zahlungsbedingung: Sofort

Änderungen vorbehalten · Das Angebot ist freibleibend · Es gelten unsere allgemeinen Geschäftsbedingungen
Handelsregistereintrag ABC · Steuernummer 123 ·
Bankverbindung: VoBa ABC-dorf, BLZ 123 456 78, Konto 111 222 333

Bild 12.6: Ein Formular für die Auftragsbestätigung

Aus dem Angebot eine Auftragsbestätigung machen

1. Öffnen Sie die Mappe mit dem Angebot.
2. Klicken Sie mit der rechten Maustaste auf das Tabellenblatt, das Sie kopieren möchten.

Bild 12.7: Aus dem Angebot wird die Auftragsbestätigung

3. Wählen Sie im Kontextmenü den Befehl *Verschieben/kopieren.*
4. Aktivieren Sie im Fenster den Haken *Kopie erstellen.*

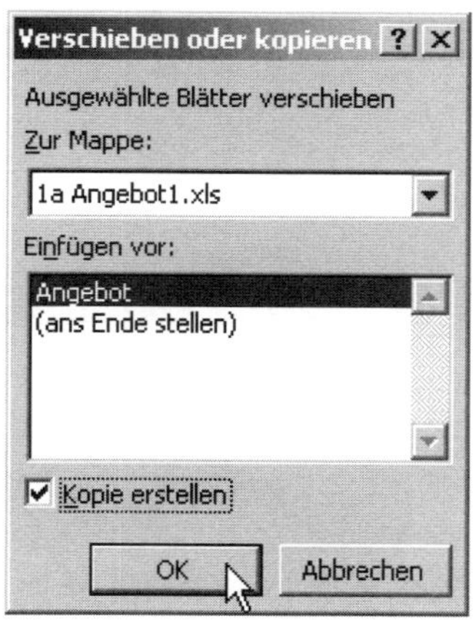

Bild 12.8: Das Angebot wird kopiert.

5. Bestätigen Sie mit *OK.*
6. Machen Sie in den Zellen A18 und A20 aus dem Wort *Angebot* das Wort *Auftragsbestätigung.* Ändern Sie die Vorgangsnummer in Zelle B20. Schreiben Sie wenn nötig noch einen Text, in dem Sie sich für diesen Auftrag bedanken.
7. Kontrollieren Sie die Artikel und entfernen Sie ganze Artikelzeilen, wenn es der Auftraggeber wünscht. Die Formeln werden die neuen Werte sofort berechnen.
8. Jetzt müssen Sie die Auftragsbestätigung nur noch drucken.

12.3 Lieferschein aus Angebot oder Auftrag schreiben

Kategorie: Vertrieb

Dateiname: LIEFERSCHEIN.XLS

Schwierigkeitsgrad: ❋❋

Mit diesem Beispiel können Sie einen Lieferschein schreiben. Sollten Sie bereits ein Angebot oder eine Auftragsbestätigung erfasst haben, dann lesen Sie in diesem Beispiel, wie Sie daraus mit wenig Aufwand einen Lieferschein erstellen.

Sollten Sie noch nichts geschrieben haben, dann lesen Sie im Beispiel mit den Angeboten, was Sie alles im Muster LIEFERSCHEIN.XLS ändern müssen.

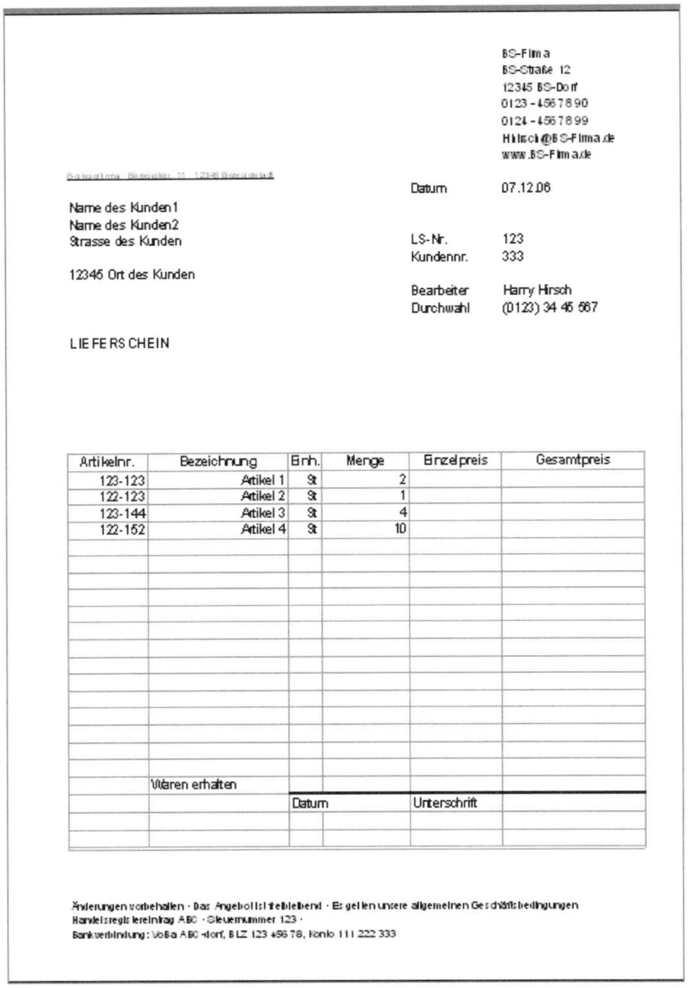

BS-Firma
BS-Straße 12
12345 BS-Dorf
0123 - 4567890
0124 - 4567899
Hirsch@BS-Firma.de
www.BS-Firma.de

Name des Kunden1
Name des Kunden2
Strasse des Kunden

12345 Ort des Kunden

Datum 07.12.06

LS-Nr. 123
Kundennr. 333

Bearbeiter Harry Hirsch
Durchwahl (0123) 34 45 567

LIEFERSCHEIN

Artikelnr.	Bezeichnung	Einh.	Menge	Einzelpreis	Gesamtpreis
123-123	Artikel 1	St	2		
122-123	Artikel 2	St	1		
123-144	Artikel 3	St	4		
122-152	Artikel 4	St	10		

Waren erhalten

Datum Unterschrift

Änderungen vorbehalten · Das Angebot ist freibleibend · Es gelten unsere allgemeinen Geschäftsbedingungen
Handelsregistereintrag ABC · Steuernummer 123 ·
Bankverbindung: VoBa ABC-dorf, BLZ 123 456 78, Konto 111 222 333

Bild 12.9: Das Formular für den Lieferschein

In einem Lieferschein werden keine Preise gedruckt. Hier werden nur die Artikel und die Menge dokumentiert.

1. Leeren Sie alle Zellen, in denen Preise oder Formeln stehen, und machen Sie aus den Wörtern *Angebot* oder *Auftragsbestätigung* das Wort *Lieferschein.* Ändern Sie auch die Vorgangsnummer in der Zelle B20.

2. Geben Sie die Texte ein, wie es die folgende Abbildung zeigt, damit der Empfänger den Empfang der Waren quittieren kann.

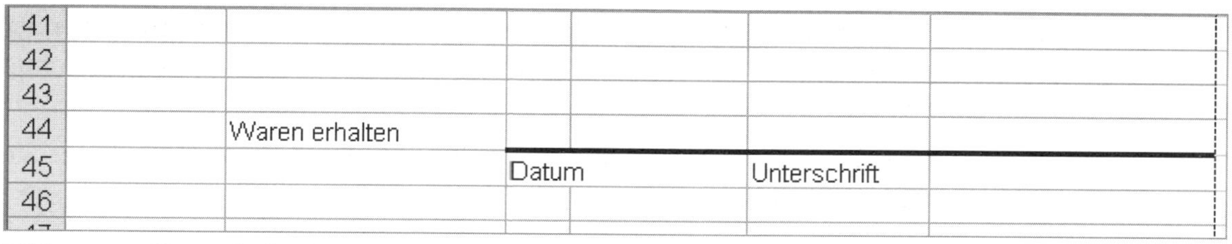

Bild 12.10: Eine Zeile für die Unterschrift des Kunden

3. Markieren Sie die Zeilen, auf denen der Kunde gleich den Erhalt der Waren quittieren soll, wählen Sie *Format/Zellen* und aktivieren Sie das Register *Rahmen.*

4. Wählen Sie im Feld *Art* die stärkste Linie aus und klicken Sie im linken Musterbereich an die Stelle, an der der Rahmen gleich gezeigt werden soll.

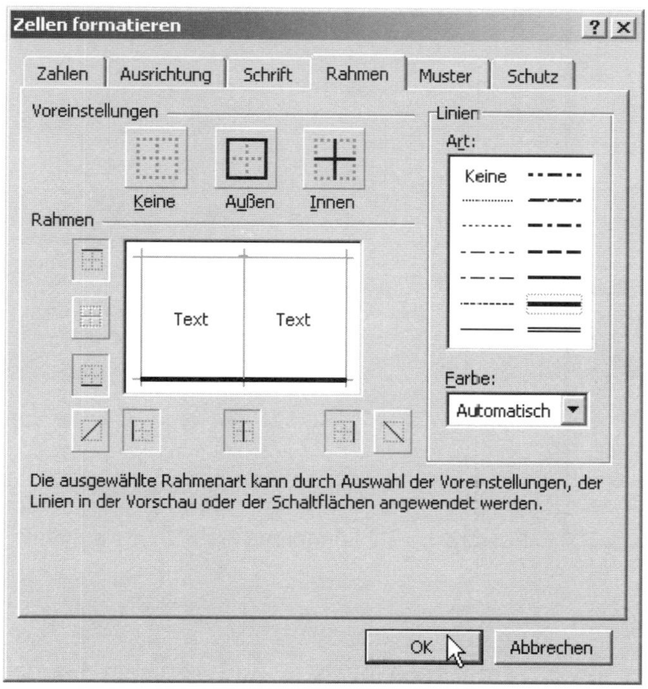

Bild 12.11: Eine Linie für die Unterschriftenzeile erstellen

5. Jetzt müssen Sie den Lieferschein nur noch drucken.

12.4 Mahnung aus einer Rechnung erstellen

Kategorie: Vertrieb

Dateiname: MAHNUNG.XLS

Schwierigkeitsgrad: ❋❋

Mit diesem Beispiel können Sie eine Mahnung schreiben. Sie kopieren aus der Rechnung, auf die sich diese Mahnung bezieht, alle Daten.

BS-Firma
BS-Straße 12
12345 BS-Dorf
0123 - 4567890
0124 - 4567899
Hirsch@BS-Firma.de
www.BS-Firma.de

Datum 01.02.2007

Name des Kunden1
Name des Kunden2
Strasse des Kunden

12345 Ort des Kunden

Rechnungs Nr. 456
Kundennr. 333

Bearbeiter Harry Hirsch
Durchwahl (0123) 34 45 567

MAHNUNG

Leider haben Sie die unten aufgeführten Positionen nicht beglichen. Wir bitten Sie, den Rückstand umgehend auf das unten angegebene Konto zu überweisen.

Falls Sie den angemahnten Betrag inzwischen beglichen haben, beachten Sie dieses Schreiben bitte als gegenstandlos.

Artikelnr.	Bezeichnung	Einh.	Menge	Einzelpreis	Gesamtpreis
123-123	Artikel 1	St	2	250,00 €	500,00 €
122-123	Artikel 2	St	1	55,00 €	55,00 €
123-144	Artikel 3	St	4	45,00 €	180,00 €
122-152	Artikel 4	St	10	5,00 €	50,00 €
			Nettobetrag		785,00 €
			Umsatzsteuer	19 %	149,15 €
			Gesamtbetrag		934,15 €

Zahlungsbedingung: Sofort

Änderungen vorbehalten · Das Angebot ist freibleibend · Es gelten unsere allgemeinen Geschäftsbedingungen
Handelsregistereintrag ABC · Steuernummer 123 ·
Bankverbindung: VoBa ABC-dorf, BLZ 123 456 78, Konto 111 222 333

Bild 12.12: Die Erinnerung für säumige Kunden

Aus einer Rechnung eine Mahnung schreiben

1. Öffnen Sie die Mappe mit der Rechnung, die Sie anmahnen müssen, und kopieren Sie das Rechnungsformular.
2. Klicken Sie mit der rechten Maustaste auf das Tabellenblatt, das Sie kopieren möchten.
3. Wählen Sie im Kontextmenü den Befehl *Verschieben/kopieren.*
4. Aktivieren Sie im Fenster den Haken *Kopie erstellen.*

5. Bestätigen Sie mit *OK*.
6. Um den Registernamen zu ändern, klicken Sie mit der rechten Maustaste auf das gewünschte Register.
7. Wählen Sie den Befehl *Umbenennen*, geben Sie den neuen Namen ein und bestätigen Sie mit [Eingabe].
8. Machen Sie nun aus dem Wort *Rechnung* in Zelle A18 das Wort *Mahnung*.
9. Fügen Sie nun unter dem Wort *Mahnung* einige Zeilen ein, indem Sie mit der rechten Maustaste auf eine Zeilennummer klicken und den Befehl *Zellen einfügen* wählen.
10. Geben Sie jetzt den Text ein, der an das Bezahlen der Rechnung erinnern soll. Die folgende Abbildung zeigt ein Beispiel.

	A	B	C	D	E	F
17						
18	MAHNUNG					
19						
20	Leider haben Sie die unten aufgeführten Positionen nicht beglichen. Wir bitten Sie, den					
21	Rückstand umgehend auf das unten angegebene Konto zu überweisen.					
22						
23	Falls Sie den angemahnten Betrag inzwischen beglichen haben, beachten Sie dieses					
24	Schreiben bitte als gegenstandlos.					
25						
26	**Artikelnr.**	**Bezeichnung**	**Einh.**	**Menge**	**Einzelpreis**	**Gesamtpreis**
27	123-123	Artikel 1	St	2	250,00 €	500,00 €
28	122-123	Artikel 2	St	1	55,00 €	55,00 €
29	123-144	Artikel 3	St	4	45,00 €	180,00 €
30	122-152	Artikel 4	St	10	5,00 €	50,00 €

Bild 12.13: Ein Mahnungstext

11. Wenn Sie Zeilen eingefügt haben, dann müssen Sie an anderer Stelle wieder Zeilen löschen, sonst passt die Mahnung nicht auf eine A4-Seite.
12. Markieren Sie zwischen den Positionen und den Gesamtsummen ein paar Zeilen, klicken Sie wieder mit der rechten Maustaste auf die markierten Zeilenköpfe und wählen Sie den Befehl *Zellen löschen*.
13. Drucken Sie die Mahnung aus.

12.5 Rechnung aus Angebot oder Auftrag schreiben

Kategorie: Vertrieb

Dateiname: RECHNUNG.XLS

Schwierigkeitsgrad: ❋❋

Mit diesem Beispiel können Sie eine Rechnung schreiben. Sollten Sie bereits ein Angebot oder eine Auftragsbestätigung erfasst haben, dann lesen Sie in diesem Beispiel, wie Sie daraus mit wenig Aufwand eine Rechnung erstellen.

Sollten Sie noch kein Angebot und keine Auftragsbestätigung geschrieben haben, dann lesen Sie im Beispiel mit den Angeboten, wie sich die einzelnen Rechenschritte zusammensetzen und welche Zellen Sie ändern müssen.

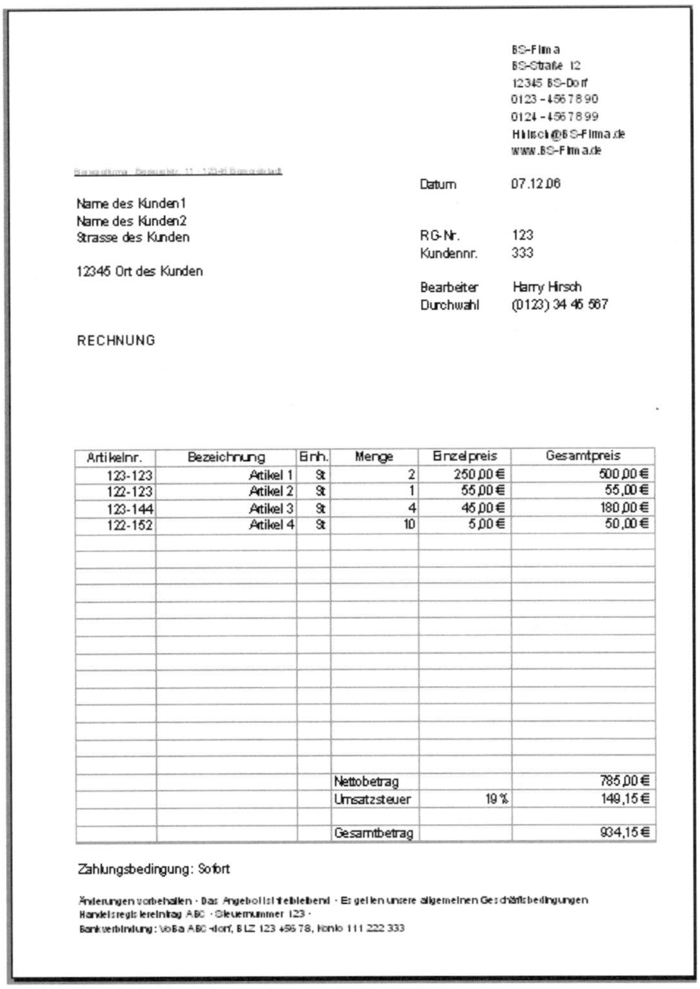

BS-Firma
BS-Straße 12
12345 BS-Dorf
0123 - 4567890
0124 - 4567899
Hirsch@BS-Firma.de
www.BS-Firma.de

Datum 07.12.06

Name des Kunden1
Name des Kunden2
Strasse des Kunden

12345 Ort des Kunden

RG-Nr. 123
Kundennr. 333

Bearbeiter Harry Hirsch
Durchwahl (0123) 34 45 567

RECHNUNG

Artikelnr.	Bezeichnung	Einh.	Menge	Einzelpreis	Gesamtpreis
123-123	Artikel 1	St	2	250,00 €	500,00 €
122-123	Artikel 2	St	1	55,00 €	55,00 €
123-144	Artikel 3	St	4	45,00 €	180,00 €
122-152	Artikel 4	St	10	5,00 €	50,00 €
			Nettobetrag		785,00 €
			Umsatzsteuer	19 %	149,15 €
			Gesamtbetrag		934,15 €

Zahlungsbedingung: Sofort

Änderungen vorbehalten · Das Angebot ist freibleibend · Es gelten unsere allgemeinen Geschäftsbedingungen
Handelsregistereintrag ABC · Steuernummer 123 ·
Bankverbindung: VoBa ABC-dorf, BLZ 123 456 78, Konto 111 222 333

Bild 12.14: Das Rechnungsformular

Aus einem Angebot oder einer Auftragsbestätigung eine Rechnung erstellen

1. Öffnen Sie die Mappe mit dem Angebot oder der Auftragsbestätigung.
2. Klicken Sie mit der rechten Maustaste auf das Tabellenblatt, das Sie kopieren möchten.
3. Wählen Sie im Kontextmenü den Befehl *Verschieben/kopieren.*
4. Aktivieren Sie im Fenster den Haken *Kopie erstellen.*
5. Bestätigen Sie mit *OK.*
6. Um den Registernamen zu ändern, klicken Sie mit der rechten Maustaste auf das gewünschte Register.
7. Wählen Sie den Befehl *Umbenennen.*

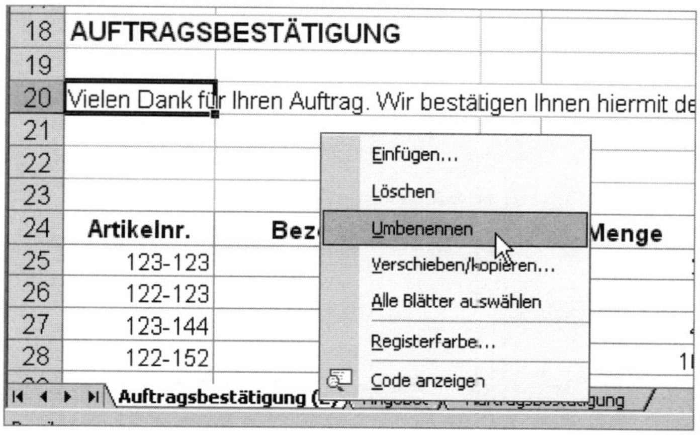

Bild 12.15: Das Umbenennen des Tabellenblatts

8. Tippen Sie den neuen Namen ein und bestätigen Sie mit Eingabe.
9. Ziehen Sie, wenn gewünscht, das Blatt mit der Rechnung nach rechts.

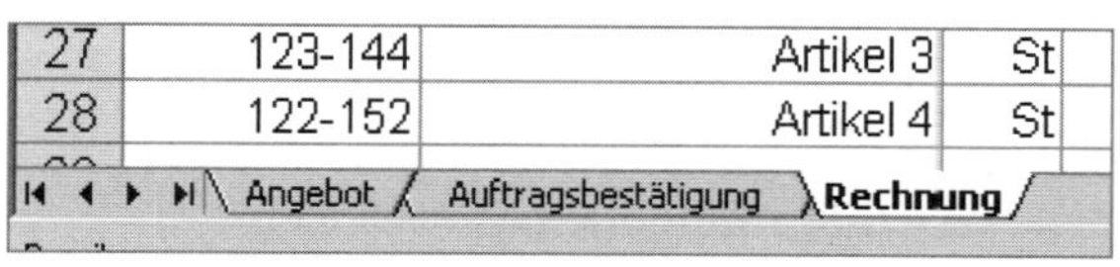

Bild 12.16: Aus der Auftragsbestätigung wird nun die Rechnung.

10. Ändern Sie nun alle Zellen so weit ab, dass Sie die Rechnung gleich drucken können.

12.6 Rechnungsformular: eine einfache Rechnung erstellen

Kategorie: Vertrieb

Dateiname: RECHNUNG_00.XLS

Schwierigkeitsgrad: ❋

In dieser Tabelle zeigen wir Ihnen, wie Sie eine einfache Rechnung in Excel erstellen.

Im oberen Teil geben Sie die Adresse ein. Im mittleren Teil ist der Bereich für die Rechnungspositionen vorbereitet. Für Betrag und Summe sind entsprechende Formeln hinterlegt.

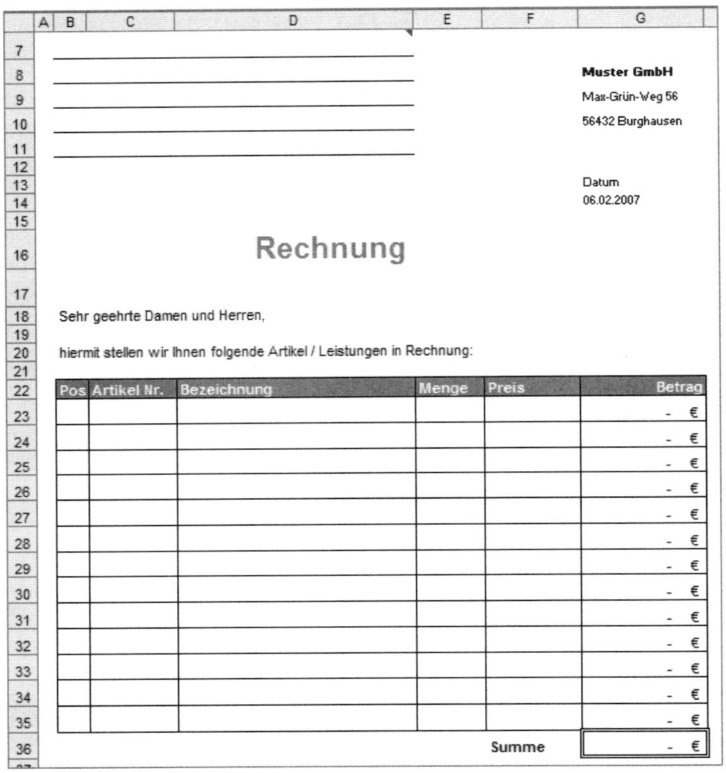

Bild 12.17: Tabelle *Rechnung*

Spalten und Zeilen der Tabelle anpassen

Richten Sie zuerst die Spaltenbreite und Zeilenhöhe der Tabelle nach Ihren Vorstellungen ein.

Zum Anpassen der Spalten bzw. Zeilen klicken Sie mit der rechten Maustaste auf den Spalten- bzw. Zeilenkopf und wählen aus dem Kontextmenü den Punkt *Spaltenbreite* bzw. *Zeilenhöhe.*

Alternativ können Sie die gewünschte Größe auch durch Ziehen an der Begrenzungslinie im Spalten- bzw. Zeilenkopf ändern.

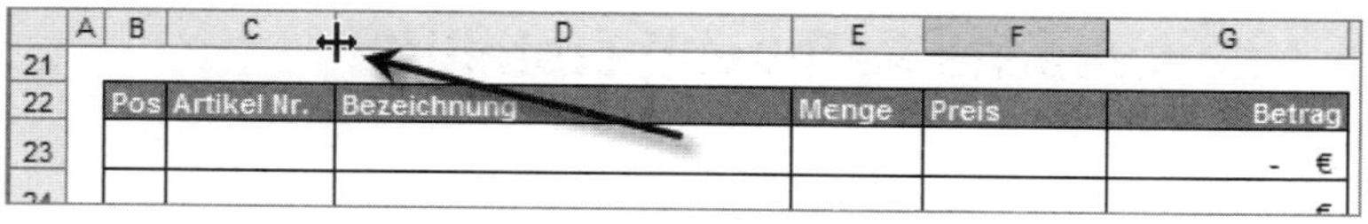

Bild 12.18: Verändern Sie die Spaltenbreite durch Ziehen an der Begrenzungslinie im Spaltenkopf.

Texteingabe und Zellen formatieren

Geben Sie die Texte in die gewünschten Zellen ein und formatieren Sie anschließend die Tabelle nach Ihren Vorstellungen.

Die grundlegenden Formatierungen sind über die Symbolleiste *Format* zu erzielen.

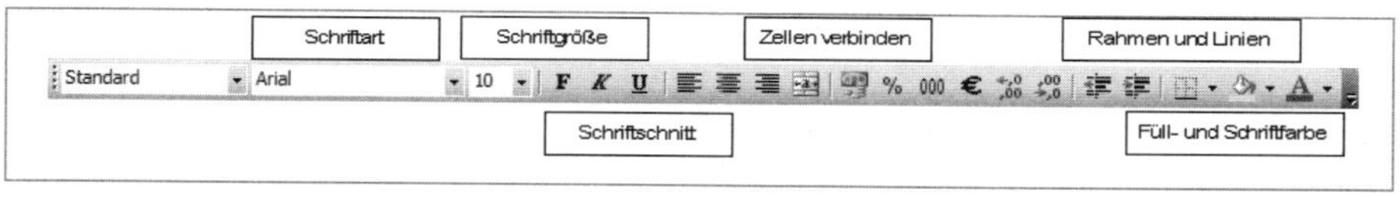

Bild 12.19: Die Symbolleiste *Format*

Rahmen und Linien

Eine einfache Auswahl an Rahmenlinien bietet schon die Schaltfläche *Rahmen* in der Symbolleiste *Format.*

1. Markieren Sie die gewünschte(n) Zelle(n).
2. Klicken Sie den Listenpfeil der Schaltfläche *Rahmen* aus der Symbolleiste *Format* an.

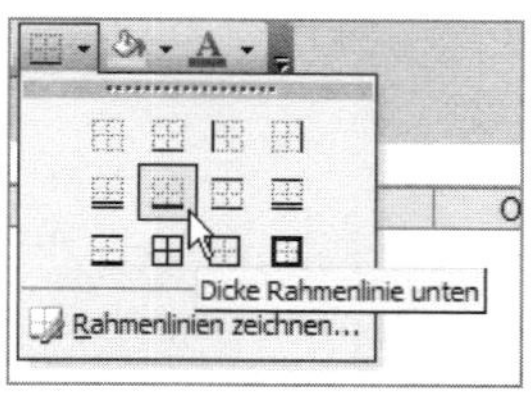

Bild 12.20: Die Auswahlmöglichkeiten der Schaltfläche *Rahmen*

3. Wählen Sie eine Rahmenlinie nach Ihren Vorstellungen aus.

Das aktuelle Tagesdatum

Damit unsere Rechnung in Zelle G14 stets das aktuelle Tagesdatum enthält, hinterlegen wir hier die Funktion HEUTE(). Geben Sie daher die Funktion ein: `=HEUTE()`.

Gesamtbetrag berechnen

Der Gesamtbetrag der einzelnen Positionszeilen berechnet sich aus Menge multipliziert mit dem Preis. Geben Sie die folgende Formel in die Zelle G23 ein und kopieren Sie diese nach unten bis zur Zelle G34: `=23*E23`.

Summe berechnen

In Zelle G36 haben wir über die Summenfunktion die Gesamtsumme aller Beträge berechnet. Geben Sie in G36 folgende Formel ein: `=SUMME(G23:G35)`.

12.7 Rechnungsformular: Rechnung mit benutzerdefinierten Zahlenformaten

Kategorie: Vertrieb

Dateiname: RECHNUNG_02.XLS

Schwierigkeitsgrad: ❋

In diesem Beispiel für eine Excel-Rechnung zeigen wir Ihnen unter anderem, wie Sie eigene Zahlenformate hinterlegen, etwa für Stunden und Kilometer.

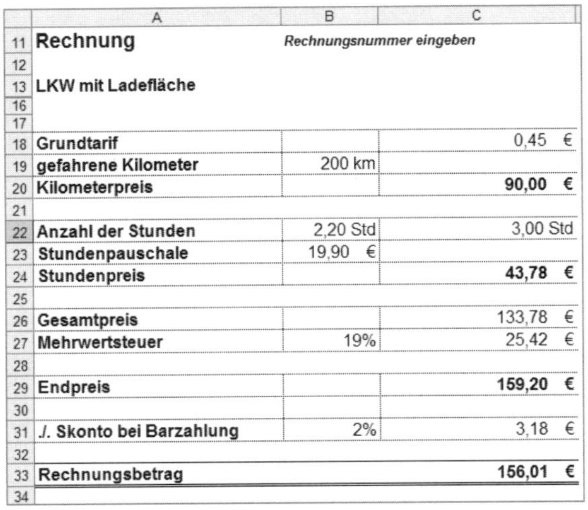

	A	B	C
11	Rechnung	Rechnungsnummer eingeben	
12			
13	LKW mit Ladefläche		
16			
17			
18	Grundtarif		0,45 €
19	gefahrene Kilometer	200 km	
20	Kilometerpreis		90,00 €
21			
22	Anzahl der Stunden	2,20 Std	3,00 Std
23	Stundenpauschale	19,90 €	
24	Stundenpreis		43,78 €
25			
26	Gesamtpreis		133,78 €
27	Mehrwertsteuer	19%	25,42 €
28			
29	Endpreis		159,20 €
30			
31	./. Skonto bei Barzahlung	2%	3,18 €
32			
33	Rechnungsbetrag		156,01 €
34			

Bild 12.21: Die Rechnungstabelle mit benutzerdefinierten Zahlenformaten

Benutzerdefinierte Zahlenformate

Da wir in dieser Rechnung zu der Anzahl der Stunden sowie zu den gefahrenen Kilometern die eingegebenen Zahlen mit beschreibenden Texten (wie 2,2 Std bzw. 200 km) ergänzen möchten, haben wir für die entsprechenden Zellen ein benutzerdefiniertes Zahlenformat hinterlegt.

1. Markieren Sie den Zellbereich.
2. Wählen Sie *Format/Zellen* Register *Zahlen.*
3. Wählen Sie im Bereich *Kategorie* über das Listenfeld den Eintrag *Benutzerdefiniert.*
4. Geben Sie im Eingabefeld *Typ* den Formatcode für Ihr Format ein:
   `0 "km"`
   `0,00 "Std"`
   Die 0 steht als Platzhalter für eine Ziffer. Wenn eine Zahl weniger Stellen besitzt als die festgelegten Stellen im benutzerdefinierten Format, werden diese mit Nullen belegt.
   Feststehender Text im Formatcode muss in Anführungszeichen gesetzt werden.

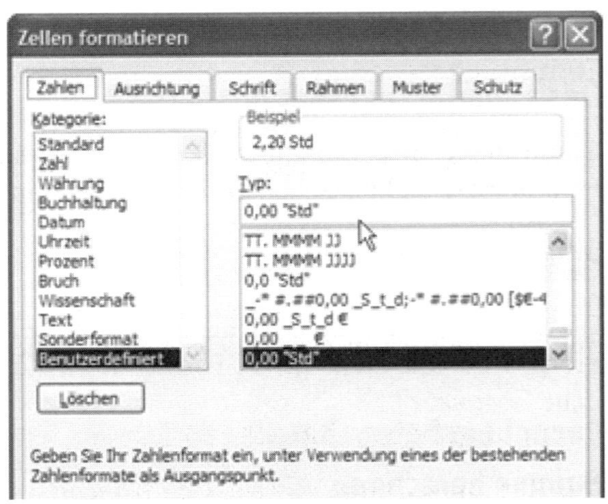

Bild 12.22: Benutzerdefiniertes Zahlenformat hinterlegen

5 Mit *OK* wird die gewählte Formatdefinition in die Liste übernommen und der markierte Bereich entsprechend formatiert.

Kilometerpreis berechnen

Der Kilometerpreis (C20) berechnet sich aus den gefahrenen Kilometern (B19), multipliziert mit dem Grundtarif (C18). Geben Sie daher folgende Formel ein: `=B19*C18`.

Die Funktion AUFRUNDEN

Da jede angebrochene Stunde voll in Rechnung gestellt werden soll, wird der Wert aus Zelle B22 über die Funktion AUFRUNDEN aufgerundet. Die Funktion AUFRUNDEN unterscheidet sich von der Funktion RUNDEN nur dadurch, dass sie eine Zahl immer um die *Anzahl_Stelle* aufrundet. Geben Sie in Zelle C22 folgende Formel ein: `=AUFRUNDEN(B22;0)`.

Stundenpreis berechnen

Der Stundenpreis in Zelle C24 berechnet sich aus der Anzahl der aufgerundeten Stunden in Zelle B22, multipliziert mit der Stundenpauschale in Zelle B23. Geben Sie folgende Formel ein: `=B22*B23`.

Gesamtpreis berechnen

Gesamtpreis in Zelle C26 ist die Addition aus Kilometerpreis in Zelle C20 und Stundenpreis in Zelle C24. Die Formel lautet: `=C20+C24`.

Mehrwertsteuer ausweisen

Die ausgewiesene Mehrwertsteuer von 19 % berechnet sich aus dem Mehrwertsteuersatz in Zelle B27, multipliziert mit dem Gesamtpreis in Zelle C26.
Geben Sie daher folgende Formel ein: `=C26*B27`.

Endpreis berechnen

Der Endpreis in Zelle C29 berechnet sich aus der Addition der ausgewiesenen Mehrwertsteuer und der Zwischensumme. Geben Sie daher folgende Formel ein: `=C26+C27`.

Skonto ausweisen

Der Skonto bei Barzahlung von 2 % berechnet sich aus dem Skontosatz in Zelle B31, multipliziert mit dem Endpreis in Zelle C29. Geben Sie daher folgende Formel ein: `=C29*B31`.

Rechnungsbetrag berechnen

Der Rechnungsbetrag in Zelle C33 berechnet sich aus dem Endpreis in Zelle C29 minus Skonto in Zelle C31. Geben Sie daher folgende Formel ein: `=C29-C31`.

12.8 Rechnungsformular: Rechnung mit verknüpften Tabellen

Kategorie: Vertrieb

Dateiname: RECHNUNG_03.XLS

Schwierigkeitsgrad: ❋❋❋❋

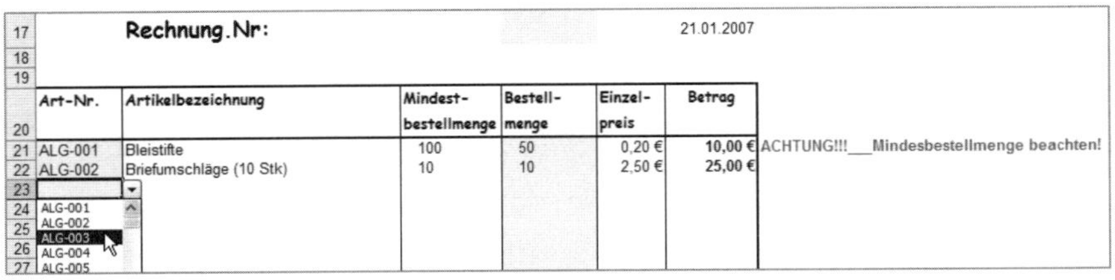

17		Rechnung.Nr:			21.01.2007		
18							
19							
20	Art-Nr.	Artikelbezeichnung	Mindest-bestellmenge	Bestell-menge	Einzel-preis	Betrag	
21	ALG-001	Bleistifte	100	50	0,20 €	10,00 €	ACHTUNG!!!__Mindesbestellmenge beachten!
22	ALG-002	Briefumschläge (10 Stk)	10	10	2,50 €	25,00 €	
23							
24	ALG-001						
25	ALG-002						
25	ALG-003						
26	ALG-004						
27	ALG-005						

Bild 12.23: Die Tabelle Rechnung mit einer Auswahlliste für die Artikelwahl

In diesem Rechnungsformular werden die Artikeldaten wie Artikelbezeichnung, Mindestbestellmenge und Preis nach Eingabe einer korrekten Artikelnummer automatisch aus der Tabelle *Artikel und Preise* übernommen. Die Bestellmenge erhält einen deutlichen Hinweis, wenn der eingetragene Wert kleiner ist als die Mindestbestellmenge. Im unteren Bereich der Rechnung wird der Gesamtpreis berechnet und die Mehrwertsteuer ausgewiesen. Über eine weitere Tabelle *Rabatte* wird gegebenenfalls ein Rabatt gegeben. Die Zeilen bzw. Informationen Rabatt, Höhe des Rabatts und der dadurch resultierende zu zahlende Betrag werden aber nur dann sichtbar, wenn der Kunde tatsächlich einen Rabatt erhält!

Rechnung ausfüllen

Im oberen Teil geben Sie die kundenrelevanten Daten und die Rechnungsnummer ein.

Für die Auswahl des Artikels ist in Zelle A21 über eine Gültigkeitsprüfung eine Auswahlliste hinterlegt. Anschließend »sucht« der SVERWEIS zum ausgewählten Artikel die Artikelbezeichnung, die Mindestbestellmenge sowie den Einzelpreis.

Aufbau des SVERWEIS

Zuerst wird geprüft, ob die Zelle A21 leer ist. Ist dies der Fall, soll nichts eingetragen werden. Ist die Zelle gefüllt, sucht der SVERWEIS aus der Matrix die gewünschten Detailinformationen.

1. Setzen Sie den Cursor in die gewünschte Zelle, in der Sie beispielsweise die Artikelbezeichnung sehen möchten, in unserem Beispiel B21, und starten Sie die SVERWEIS-Funktion.
2. Das *Suchkriterium* steht in der Zelle A21.
3. Als *Matrix* wählen Sie die Zellen von A2 bis E14 auf dem Blatt *Artikel und Preise.*
4. Der *Spaltenindex* ist die Nummer der Spalte, deren Inhalt Sie zurückgeben möchten. Da die Artikelbezeichnung in der zweiten Spalte steht, wird hier die Nummer 2 eingegeben.
5. Für die eindeutige Suche geben Sie als letzten Parameter *Bereich_Verweis* den Wert FALSCH ein.

```
=WENN(A21="";"";SVERWEIS(A21;'Artikel und Preise'!$A$2:$E$14;2;FALSCH))
```

6. Kopieren Sie anschließend diese Formel nach unten.

Für die Mindestbestellmenge (C21) sowie Einzelpreis (E21) verfahren Sie ebenso und wählen lediglich als Spaltenindex den Wert 3 bzw. 4. Die Bestellmenge (D21) geben Sie erst einmal vor über die Mindestbestellmenge (=C21). Diese Vorgabe kann bei Rechnungserstellung überschrieben werden. Allerdings wird in G21 geprüft, ob die Eingabe o.k. war. Ist die Zelle für Bestellmenge leer, soll sie leer bleiben. Gibt es in der Zelle D21 z. B. eine Fehlermeldung durch Eingabe einer falschen Artikelnummer, erscheint eine entsprechende Meldung. Und sobald die eingegebene Bestellmenge kleiner ist als die vorgeschriebene Mindestbestellmenge, erscheint ebenfalls ein Hinweis. Geben Sie in G21 eine Formel wie folgt ein und kopieren Sie diese nach unten:

```
=WENN(ISTLEER(D21);"";WENN(ISTFEHLER(D21);"Bitte prüfen___Diesen Artikel gibt es
nicht in der Auswahlliste!";WENN(D21>=C21;"";"ACHTUNG!!!___Mindesbestellmenge
beachten!")))
```

Rechnungsbetrag berechnen

Im unteren Teil wird die Summe aller Beträge ermittelt, die Mehrwertsteuer ausgewiesen und die Gesamtsumme gebildet.

Rabatte berechnen

In dem Tabellenblatt *Rabatte* ist die Rabattstaffelung hinterlegt.

	A	B
1	Rabattstaffelung	
2	0	0%
3	500	1%
4	1000	2%
5	1500	3%
6	2000	4%
7	3000	5%
8		

Bild 12.24: Die Tabelle für Rabatte mit den einzelnen Rabattstaffelungen

Die Informationen über Rabatt, Höhe des Rabatts und dadurch resultierenden zu zahlenden Betrag sollen aber nur dann sichtbar sein, wenn der Kunde tatsächlich einen Rabatt erhält!

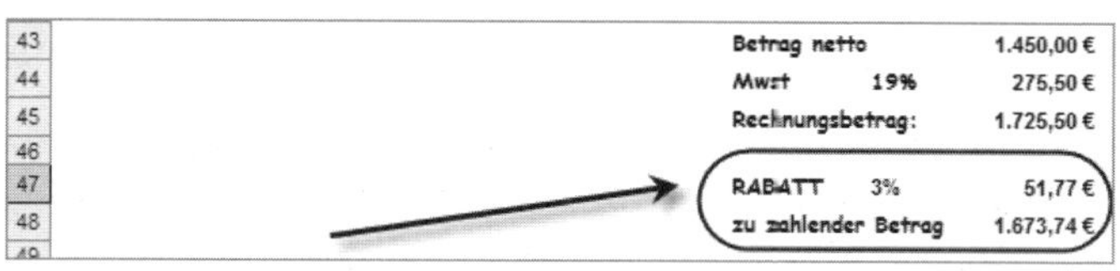

Bild 12.25: Die Rabattzeilen sollen nur dann erscheinen, wenn tatsächlich ein Rabatt gegeben wird.

Daher wird zuerst geprüft, ob der Rechnungsbetrag größer oder gleich 500 ist, dann wird in Zelle D47 der Text »RABATT« ausgegeben, ansonsten bleibt die Zelle leer: `=WENN(F45>=500;"RABATT";"")`.

Anschließend wird geprüft, ob Zelle D47 nicht leer ist, dann wird über den SVERWEIS die Höhe des Rabatts aus der Tabelle *Rabatte* ausgelesen. Der Parameter *Bereich_Verweis* bleibt dieses Mal leer, damit bei nicht exakter Übereinstimmung der nächstkleinere Wert aus der Matrix genommen wird.

```
=WENN(D47<>"";SVERWEIS(F45;Rabatte!A2:B7;2);"")
```

Anschließend wird in Zelle F47 der Rabatt ausgerechnet: `=WENN(D47="RABATT";F45*E47;"")` und in Zelle F48 der daraus resultierende Zahlungsbetrag: `=WENN(D47="RABATT";F45-F47;"")`.

12.9 Rechnungskontrolle mit dem Rechnungsausgangsbuch

Kategorie: Vertrieb

Dateiname: RECHNUNGSAUSGANGSBUCH.XLS

Schwierigkeitsgrad: ❊❊

Mit einem Rechnungsausgangsbuch können Sie die Zahlungseingänge Ihrer Kunden überwachen. Sie tragen alle Daten der Rechnung, die Sie geschrieben haben, in die Tabelle ein. Neben der Rechnungsnummer, dem Betrag und den Kundendaten tragen Sie auch ein, wann die Rechnung fällig ist. Excel zeigt Ihnen mit einer bedingten Formatierung an, welche Rechnung zur Zahlung fällig ist.

	A	B	C	D	E	F	G	H	I	J
1	Rechnungsausgangsbuch									
2										
3	Aktuelles Datum		08.02.2007							
4										
5										
6	lfd. Nr.	RE Nr.	RE Datum	Kunden Nr.	Kundenname	Netto	Mwst	Brutto	Fällig	Bezahlt
7	1	Re00001	10.01.2007	5879	Arom AG	8.970,00 €	1.704,30 €	10.674,30 €	24.01.2007	
8	2	Re00002	11.01.2007	6000	Kart Fenster GmbH	10.500,00 €	1.995,00 €	12.495,00 €	24.01.2007	23.01.2007
9	3	Re00003	21.01.2007	7455	Schmitz Türen KG	1.280,00 €	243,20 €	1.523,20 €	21.02.2007	26.01.2007
10	4	Re00004	22.01.2007	2522	Fassaden Hubermayer AG	250,00 €	47,50 €	297,50 €	28.01.2007	
11	5	Re00005								
12	6	Re00006								
13										
14										
15										
16										
17										
18										
19										
20										
21										

Bild 12.26: Das Rechnungsausgangsbuch zeigt an, welche Rechnungen fällig sind.

Die Beträge

In der Spalte F geben Sie in diesem Beispiel den Nettobetrag der Rechnung ein. Jetzt können Sie entscheiden: Die Steuerbeträge und die Bruttobeträge können Sie von der Rechnung abtippen oder von Excel ausrechnen lassen. Die Rechenschritte finden Sie im Folgenden:

1. Um den Mehrwertsteuerbetrag für die Spalte G zu berechnen, setzen Sie den Cursor in die Zelle G7 und geben den folgenden Rechenschritt ein: `=F7*19%`.
2. Kopieren Sie den Rechenschritt nach unten.
3. Um den Bruttobetrag in Spalte H zu ermitteln, markieren Sie die Zelle H7 und geben den folgenden Rechenschritt ein: `=F7+G7`.
4. Kopieren Sie den Rechenschritt nach unten.

G7 fx =F7*19%

	F	G	H
4			
5			
6	Netto	Mwst	Brutto
7	8.970,00 €	1.704,30 €	

Bild 12.27: Die Steuerbeträge und die Bruttobeträge werden automatisch berechnet.

Im Prinzip würde dies schon reichen. Jetzt haben Sie alle Rechnungen, die Sie geschrieben haben, im Blick.

Wenn Sie aber auch die Fälligkeit jeder einzelnen Rechnung überwachen wollen, lesen Sie hier weiter.

Sie möchten bei jedem Blick in dieses Rechnungsausgangsbuch sehen, welche Rechnung fällig ist. Dieses Beispiel funktioniert folgendermaßen: Wenn das Fälligkeitsdatum kleiner oder gleich dem aktuellen Datum ist, dann soll die Zelle mit dem Fälligkeitsdatum hervorgehoben werden. Dabei muss darauf geachtet werden, ob die Rechnung vielleicht schon bezahlt wurde.

Das aktuelle Datum

In der Zelle C3 steht das aktuelle Datum. Dies wird mit einer Excel-Funktion ermittelt.

Setzen Sie den Cursor in die Zelle C3 und geben Sie die folgende Funktion ein: `=HEUTE()`.

Die Fälligkeit über eine Farbe anzeigen lassen

Im letzten Schritt wollen wir uns jetzt alle fälligen Rechnungen mit einer roten Hintergrundfarbe automatisch hervorheben lassen. Dabei muss Excel vorher prüfen, ob die Rechnung nicht bereits bezahlt wurde.

1. Markieren Sie die Zelle I7, das ist die mit dem ersten Fälligkeitsdatum.
2. Öffnen Sie über das Menü *Format* den Befehl *Bedingte Formatierung.*
3. Wählen Sie im ersten Feld den Eintrag *Formel ist* aus und tippen Sie die folgende Funktion in das Feld daneben: `=WENN(I7="";1;0)`.

Wenn I7 leer ist, soll die normale Formatierung angezeigt werden.

4. Klicken Sie auf die Schaltfläche *Hinzufügen.* Wählen Sie im Bereich *Bedingung 2* den Eintrag *Formel ist* aus und tippen Sie die folgende Funktion in das Feld daneben: `=WENN(J7<>"";1;0)`.

Wenn der Inhalt von J7 nicht leer ist, dann geht Excel davon aus, dass die Rechnung bezahlt wurde. Die *Bedingte Formatierung* macht dann nichts, denn wir haben kein Format für diese Bedingung gewählt.

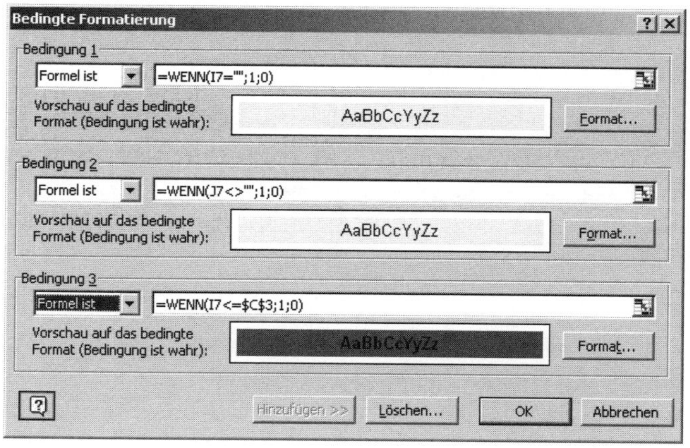

Bild 12.28: Die bedingte Formatierung soll die fälligen Rechnungen hervorheben.

5. Klicken Sie auf die Schaltfläche *Hinzufügen,* wählen Sie im Bereich *Bedingung 3* den Eintrag *Formel ist* aus und tippen Sie die Funktion in das Feld daneben: `=WENN(I7<=$C$3;1;0)`

Wenn das Fälligkeitsdatum kleiner oder gleich dem aktuellen Datum ist, dann ist die Rechnung fällig und Excel soll die Zelle rot einfärben.

Jetzt erkennen Sie auf einen Blick, welchen Ihrer Kunden Sie an die Zahlung erinnern möchten.

12.10 Vertriebsprozess: komplett in einer Excel-Mappe

Kategorie: Vertrieb

Dateiname: VERTRIEB KOMPLETT.XLS

Schwierigkeitsgrad: ❋❋❋

Statt Angebot, Auftragsbestätigung, Lieferschein und Rechnung jeweils einzeln zu kopieren, können Sie diese Schritte auch vereinfachen.

Im vorliegenden Beispiel erfassen Sie auf dem Register *Angebot* alle Daten, die Sie für ein Angebot benötigen. In den Zellen F1 bis F7 und A8 geben Sie Ihre Firmendaten ein. Sollten Sie beispielsweise keine Webseite haben, dann leeren Sie die Zelle F7 einfach. In die Zellen A10 bis A14 geben Sie den Namen und die Anschrift des Kunden ein. Ändern Sie auch die Daten in den Zellen F13 bis F16.

In den Zeilen 48 bis 53 müssen Ihre Zahlungsbedingungen und Bankdaten eingegeben werden.

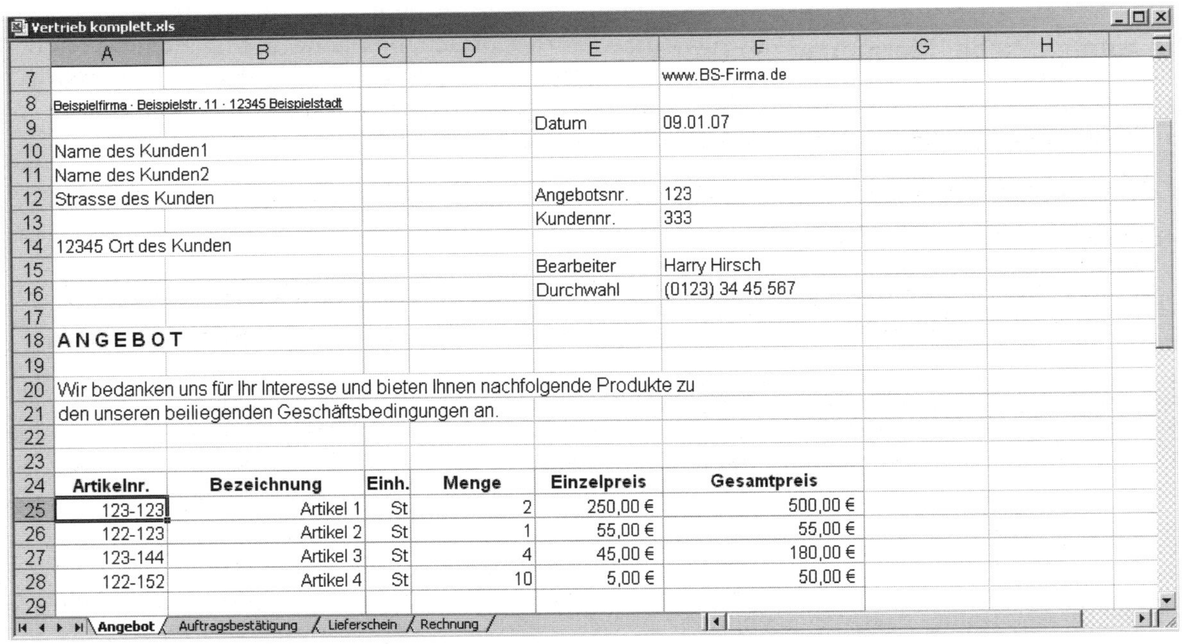

	A	B	C	D	E	F	G	H
7						www.BS-Firma.de		
8	Beispielfirma · Beispielstr. 11 · 12345 Beispielstadt							
9					Datum	09.01.07		
10	Name des Kunden1							
11	Name des Kunden2							
12	Strasse des Kunden				Angebotsnr.	123		
13					Kundennr.	333		
14	12345 Ort des Kunden							
15					Bearbeiter	Harry Hirsch		
16					Durchwahl	(0123) 34 45 567		
17								
18	ANGEBOT							
19								
20	Wir bedanken uns für Ihr Interesse und bieten Ihnen nachfolgende Produkte zu							
21	den unseren beiliegenden Geschäftsbedingungen an.							
22								
23								
24	Artikelnr.	Bezeichnung	Einh.	Menge	Einzelpreis	Gesamtpreis		
25	123-123	Artikel 1	St	2	250,00 €	500,00 €		
26	122-123	Artikel 2	St	1	55,00 €	55,00 €		
27	123-144	Artikel 3	St	4	45,00 €	180,00 €		
28	122-152	Artikel 4	St	10	5,00 €	50,00 €		
29								

Bild 12.29: Die Artikeleingabe im Angebot

Wenn Sie alle Änderungen vorgenommen haben, dann können Sie beginnen, die Artikel, die Mengen und die Einzelpreise in den entsprechenden Zellen zu erfassen. Die obere Abbildung zeigt ein Muster.

In der Spalte F wird dann der jeweilige Gesamtpreis des Artikels berechnet.

Wenn Sie weiter nach unten blättern, sehen Sie den Summenbereich mit der Umsatzsteuerberechnung.

	A	B	C	D	E	F
40						
41						
42						
43				Nettobetrag		785,00 €
44				Umsatzsteuer	19%	149,15 €
45						
46				Gesamtbetrag		934,15 €
47						
48	Zahlungsbedingung: Sofort					
49						
50						
51	Änderungen vorbehalten · Das Angebot ist freibleibend · Es gelten unsere allgemeinen Geschäftsbedingungen					
52	Handelsregistereintrag ABC · Steuernummer 123 ·					
53	Bankverbindung: VoBa ABC-dorf, BLZ 123 456 78, Konto 111 222 333					
54						

Bild 12.30: Berechnung der Artikelsummen und der Umsatzsteuer

Die automatische Übernahme der Daten

In diesem Beispiel werden die Daten, die Sie jetzt eingegeben haben, automatisch auf die drei anderen Blätter *Auftragsbestätigung, Lieferschein* und *Rechnung* übertragen.

So steht beispielsweise auf dem Register *Auftragsbestätigung* in Zelle A25 die folgende Funktion:

```
=WENN(Angebot!A25="";"";Angebot.A25)
```

Wenn die Zelle A25 auf dem Register *Angebot* leer ist, dann schreiben Sie nichts in die aktuelle Zelle, ansonsten sehen Sie den Inhalt dieser Zelle.

fx =WENN(Angebot!A25="";"";Angebot!A25)

rtrieb komplett.xls

A	B	C	D	E	F
Artikelnr.	**Bezeichnung**	**Einh.**	**Menge**	**Einzelpreis**	**Gesamtpreis**
123-123	Artikel 1	St	2	250,00 €	500,00 €
122-123	Artikel 2	St	1	55,00 €	55,00 €
123-144	Artikel 3	St	4	45,00 €	180,00 €
122-152	Artikel 4	St	10	5,00 €	50,00 €
			Nettobetrag		785,00 €
			Umsatzsteuer	19%	149,15 €
			Gesamtbetrag		934,15 €

Bild 12.31: Die Übernahmen von Daten in andere Tabellenblätter

Über diese Funktion werden die Daten vom Register *Angebot* auf alle anderen Register übertragen.

13 Zeit & Datum

13.1 Altersverteilung: Personen automatisch in Altersgruppen einteilen

Kategorie: Zeit & Datum

Dateiname: ALTERSGRUPPEN BILDEN.XLS

Schwierigkeitsgrad: ❋❋❋❋

Stellen Sie sich vor, Sie möchten Ihre Kunden in Altersklassen einteilen. Dazu benötigen Sie zum einen das aktuelle Alter Ihrer Kunden. Wie Sie das Alter Ihrer Kunden ermitteln, wurde im Beispiel »Alter über das Geburtsdatums ermitteln« beschrieben.

Die folgende Abbildung zeigt das Wunschergebnis.

	A	B	C	D	E	F	G	H	I	J	K
1	edsnu	Vorname	Nachname	M/W	Geburtstag	GebTag	GebMonat	GebJahr	GebTagDiesesJahr	Alter	Altersgruppe
2	2	Gisela	Mueller	W	10.10.1949	10	10	1949	10.10.2007	57	G
3	3	Guenter	Weidmann	M	26.03.1963	26	3	1963	26.03.2007	43	G
4	4	Gustav	Schulz	M	20.02.1963	20	2	1963	20.02.2007	43	G
5	5	Bernhard	Imhof	M	05.03.1979	5	3	1979	05.03.2007	27	F
6	11	Veronika	Bach	W	08.05.1980	8	5	1980	08.05.2007	26	F
7	12	Otto	Gruber	M	11.11.1949	11	11	1949	11.11.2007	57	G
8	13	Hans	Dietrichs	M	31.03.1970	31	3	1970	31.03.2007	36	F
9	16	Peter	Adams	M	04.12.1981	4	12	1981	04.12.2007	25	E

Altersgruppe	Summe
E	58
F	124
G	12
H	1
Gesamtergebnis	195

Bild 13.1: Das Ergebnis: Die Anzahl der Kunden in den Altersgruppen

Auf dem Register *Altersgruppen* finden Sie die Aufteilung des Alters in Gruppen.

Den Kunden die Gruppe zuweisen

Über die Funktion SVERWEIS holen Sie sich jetzt für jeden Kunden den entsprechenden Buchstaben.

1. Markieren Sie die Zelle K2 und geben Sie dort die folgende Funktion ein:

```
=SVERWEIS(J2;Altersgruppen!$A$1:$C$11;3)
```

2. Kopieren Sie die Funktion nach unten.

K2 fx =SVERWEIS(J2;Altersgruppen!$A$1:$C$11;3)

	A	B	C	D	E	F	G	H	I	J	K
1	edsnu	Vorname	Nachname	M/W	Geburtstag	GebTag	GebMonat	GebJahr	GebTagDiesesJahr	Alter	Altersgruppe
2	2	Gisela	Mueller	W	10.10.1949	10	10	1949	10.10.2007	57	G
3	3	Guenter	Weidmann	M	26.03.1963	26	3	1963	26.03.2007	43	G
4	4	Gustav	Schulz	M	20.02.1963	20	2	1963	20.02.2007	43	G
5	5	Bernhard	Imhof	M	05.03.1979	5	3	1979	05.03.2007	27	F

Bild 13.2: Die Funktion SVERWEIS holt sich die Altersgruppe.

Die Anzahl der Kunden pro Altersgruppe

Jetzt möchten Sie wissen, wie viele Kunden in der Gruppe G, wie viele in F usw. sind.

1. Setzen Sie den Cursor in die Liste und wählen Sie *Daten/PivotTable und PivotChart_Bericht.*
2. Klicken Sie auf die Schaltfläche *Weiter* und stellen Sie sicher, dass die ganze Liste markiert ist.
3. Klicken Sie auf *Weiter* und auf *Fertig stellen.*

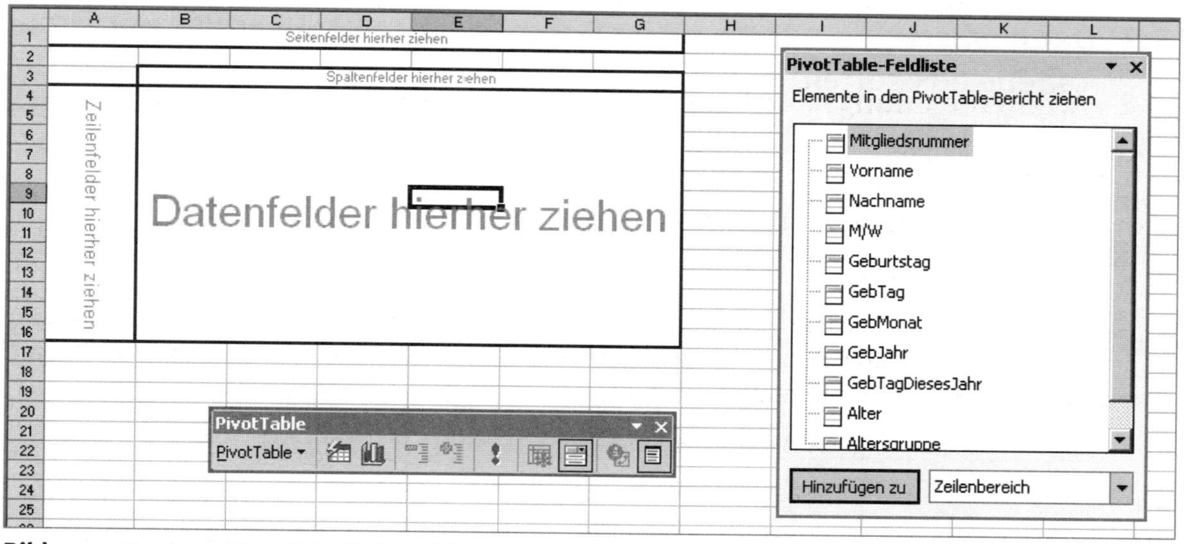

Bild 13.3: Der leere Pivot-Tabellenbereich

4. Ziehen Sie das Feld *Altergruppe* nach links in den Bereich *Zeilenfelder hierher ziehen.*
5. Ziehen Sie das Feld *Nachname* in den mittleren Bereich *Datenfelder hierher ziehen.*

3	Anzahl von Nachname	
4	Altersgruppe	Summe
5	E	58
6	F	124
7	G	12
8	H	1
9	Gesamtergebnis	195

Bild 13.4: Die fertige Pivot-Tabelle zeigt die Anzahl der Kunden pro Altersgruppe.

Wenn Sie nachträglich Änderungen bzw. Erweiterungen an der Mitgliederliste vornehmen, müssen Sie die Pivot-Tabelle aktualisieren.

- Klicken Sie dazu auf die Pivot-Tabelle und klicken Sie auf die Schaltfläche *Daten aktualisieren* .

Pivot-Tabelle kopieren

Wenn Sie dieses Ergebnis an einer anderen Stelle sehen möchten, markieren Sie die Pivot-Tabelle und wählen den Befehl *Kopieren.*

Setzen Sie dann den Cursor an die Zielstelle und wählen Sie den Befehl *Einfügen.*

Es besteht dann allerdings keine Verbindung mehr zur ursprünglichen Pivot-Tabelle. Das bedeutet, Änderungen werden nicht angezeigt.

13.2 Datumsberechnung: Monat im Datum ermitteln und mit Pivot-Tabelle auswerten

Kategorie: Zeit & Datum

Dateiname: MONAT IM DATUM ERMITTELN.XLS

Schwierigkeitsgrad: ❋❋❋

	A	B	C	D
1	Lfd. Nr.	Vorname	Nachname	Erster Kontakt
2	1	Peter	Adams	06.05.2005
3	2	Tao	Anker	03.11.2006
4	3	Maria	Awe	04.04.2004
5	4	Veronika	Bach	05.05.2005
6	5	Hans	Banger	20.05.2005
7	6	Johannes	Celvin	09.03.2005
8	7	Miles	Davis	01.06.2006
9	8	Hans	Dietrichs	06.05.2005
10	9	Fritz	Dirschedel	07.05.2005
11	10	Erwin	Dollinger	12.05.2005
12	11	Technika	Domo	06.10.2005
13	12	Tobias	Eberhard	27.05.2005
14	13	Gustav	Eiserner	15.08.2006

Erster Kontakt	Summe
Jan	2
Feb	2
Mrz	6
Apr	2
Mai	26
Jun	5
Aug	4
Sep	4
Okt	28
Nov	1
Gesamtergebnis	80

Bild 13.5: Die Anzahl der Kunden pro Monat

Sie haben Buch darüber geführt, an welchem Datum Sie den ersten Kontakt zu Ihrem Kunden hatten. Jetzt möchten Sie wissen, wie viele neue Kunden Sie im Januar, im Februar, im März usw. gefunden haben. Die folgende Abbildung zeigt in den Spalten F und G das gewünschte Ergebnis.

Die Auswertung erstellen

Wie viele neue Kunden haben wir in den verschiedenen Monaten neu hinzubekommen?

1. Setzen Sie den Cursor in die Liste und wählen Sie *Daten/PivotTable und PivotChart_Bericht.*
2. Klicken Sie auf die Schaltfläche *Weiter* und stellen Sie sicher, dass die ganze Liste markiert ist.
3. Klicken Sie auf *Weiter* und auf *Fertig stellen.*
4. Ziehen Sie das Feld *Erster Kontakt* nach links in den Bereich *Zeilenfelder hierher ziehen.*
5. Ziehen Sie das Feld *Nachname* in den mittleren Bereich *Datenfelder hierher ziehen.*

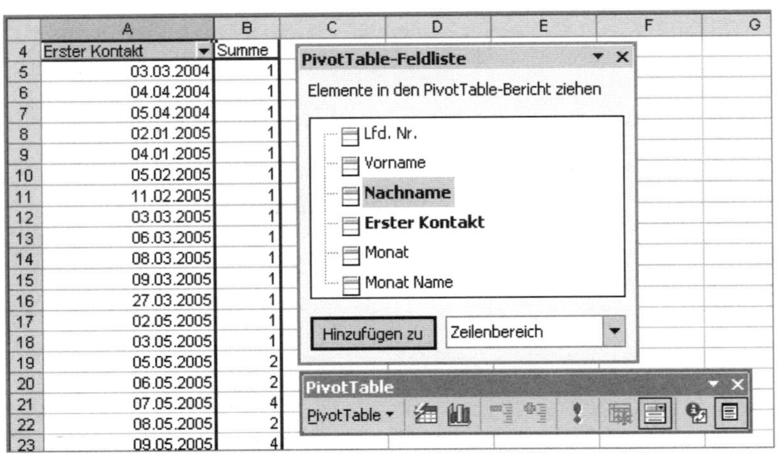

Bild 13.6: Der Pivot-Tabellenbereich

Sie lassen Excel jetzt zählen, wie viele Nachnamen pro Datum vorkommen. Beim Blättern durch diese Liste erkennen Sie, dass Sie an bestimmten Daten mehrere neue Kunden bekommen haben.

Die Daten gruppieren

Das gezeigte Ergebnis ist allerdings nicht das Ziel.

1. Klicken Sie mit der rechten Maustaste auf den Titel *Erster Kontakt* und wählen Sie die Befehlsfolge *Gruppierung und Detailanzeigen/Gruppierung.*
2. Klicken Sie auf den Eintrag *Monat* und bestätigen Sie mit *OK.*

Bild 13.7: Die Gruppierung der Daten nach Monaten

Jetzt werden die Daten jeweils pro Monat zusammengefasst und angezeigt.

	A	B
3	Anzahl von Nachname	
4	Erster Kontakt	Summe
5	Jan	2
6	Feb	2
7	Mrz	6
8	Apr	2
9	Mai	26
10	Jun	5
11	Aug	4
12	Sep	4
13	Okt	28
14	Nov	1
15	Gesamtergebnis	80

Bild 13.8: Das Ergebnis: Die Anzahl der Kunden pro Monat

Wenn Sie jetzt Änderungen an den Daten der Liste vornehmen, müssen Sie die Pivot-Tabelle aktualisieren. Dazu markieren Sie sie und klicken auf die Schaltfläche *Daten aktualisieren.*

Eine Pivot-Tabelle kopieren

Wenn Sie jetzt dieses Ergebnis an eine andere Stelle kopieren möchten, markieren Sie die Pivot-Tabelle, aktivieren den Befehl *Kopieren* und wählen an der Zielstelle den Befehl *Einfügen.* Es besteht jetzt keine Verbindung mehr zur Pivot-Tabelle.

13.3 Firmenjubiläum: Wer feiert im aktuellen Monat seinen Jahrestag?

Kategorie: Zeit & Datum

Dateiname: WER FEIERT JUBILÄUM.XLS

Schwierigkeitsgrad: ❋❋❋❋

	A	B	C	D	E	F
1	Wer hat Jubiläum?					
2						
3						
4	Nr.	Vorname	Nachname	Eintrittsdatum	Anz Monate	Jubiläum?
5	2	Gisela	Mueller	10.01.1997	120	Jubiläum!
6	3	Johanna	Freitag	01.08.1976	365	
7	4	Gustav	Schulz	15.02.1986	250	
8	5	Bernhard	Imhof	01.01.1987	240	Jubiläum!
9	11	Veronika	Bach	15.05.1980	319	
10	12	Otto	Gruber	15.11.1989	205	

Bild 13.9: Die Mitarbeiter, die ein rundes, des heißt 10jähriges Firmenjubiläum haben, anzeigen

Es interessiert Sie, ob Ihre Mitarbeiter in diesem Monat ein Jubiläum feiern. Sie wollen sich die Mitarbeiter anzeigen lassen, die 10, 20, 30 usw. Jahre im Unternehmen tätig sind. Dazu ermitteln Sie zu Beginn die Anzahl der Monate, die jeder Mitarbeiter bereits bei Ihnen arbeitet. Mit einer WENN-Funktion prüfen Sie dann, ob sich die Anzahl der Monate durch 120 teilen lässt.

Die Anzahl der Monate zwischen zwei Daten

Im ersten Schritt müssen Sie die Anzahl der Monate ermitteln, die der Mitarbeiter bereits bei Ihnen arbeitet.

1. Markieren Sie die Zelle E5 und geben Sie den folgenden Rechenschritt ein:
   `=DATEDIF(D5;HEUTE();"M")`

Die Funktion DATEDIF finden Sie nicht im Funktionsassistenten. Die Syntax lautet:

`=DATEDIF(Ausgangsdatum;Enddatum;Einheit)`

Sie können sich auch die Anzahl Tage oder Jahre anzeigen lassen. Die Einheit kann sein:

"D" Tag (Day) (einige Excel-Versionen benötigen "T"),
"M" Monat,
"Y" Jahr (Year) (einige Excel-Versionen benötigen "J").

Excel ermittelt jetzt die Differenz zwischen dem Eintrittsdatum und dem aktuellen Datum. Die Einheit "M" zeigt die gefundenen Monate an.

E5 =DATEDIF(D5;HEUTE();"M")

	A	B	C	D	E	F
1	Wer hat Jubiläum?					
2						
3						
4	Nr.	Vorname	Nachname	Eintrittsdatum	Anz Monate	Jubiläum?
5	2	Gisela	Mueller	10.01.1997	120	
6	3	Johanna	Freitag	01.08.1976	365	
7	4	Gustav	Schulz	15.02.1986	250	
8	5	Bernhard	Imhof	01.01.1987	240	

Bild 13.10: Die Anzahl der Monate zwischen zwei Daten finden

2. Kopieren Sie diese Funktion nach unten.

Feiert die Person ein Jubiläum?

Im nächsten Schritt wird jetzt berechnet, ob das Teilen der Monate durch 120 einen Rest ergibt oder nicht.

1. Markieren Sie die Zelle F5 und geben Sie die folgende Funktion ein:

```
=WENN(REST(E5;120)=0;"Jubiläum!";"")
```

Die oben beschriebenen Funktionen nehmen wir jetzt mal von innen nach außen auseinander. Die Funktion REST ermittelt, wie schon der Name sagt, den Rest. Sie teilt den Inhalt von E5 durch 120. 10 Jahre sind 120 Monate. Immer wenn das Ergebnis 0 ist, dann arbeitet die Person zehn Jahre für das Unternehmen. Die WENN-Funktion prüft für den ersten Mitarbeiter also:
`WENN(0=0;"Jubiläum!";"")`

Der erste Mitarbeiter feiert in diesem Monat also ein Jubiläum.

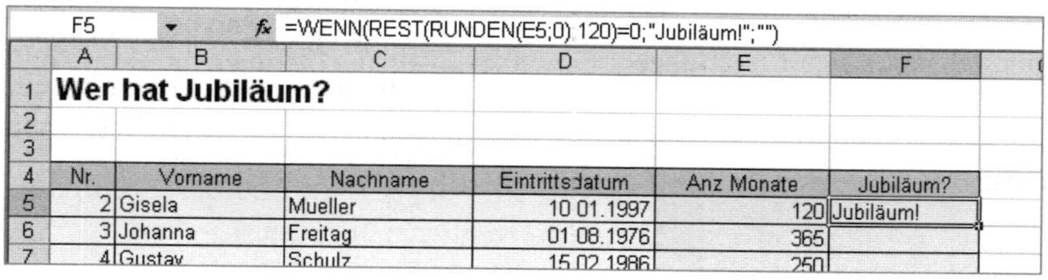

Bild 13.11: Die Anzeige, wer im aktuellen Monat Jubiläum feiert

2. Kopieren Sie diese Funktion nach unten.

Der Filter

Wenn Sie sich jetzt nur die Mitarbeiter anzeigen lassen möchten, die ihr Jubiläum feiern, dann setzen Sie den AutoFilter ein.

1. Markieren Sie die Zellen der Überschrift, in diesem Beispiel sind es die Zellen A4 bis F4.
2. Wählen Sie *Daten/Filter/AutoFilter.*
3. Klicken Sie jetzt am Listenpfeil der Zelle F4 und wählen Sie den Eintrag *Jubiläum* aus.

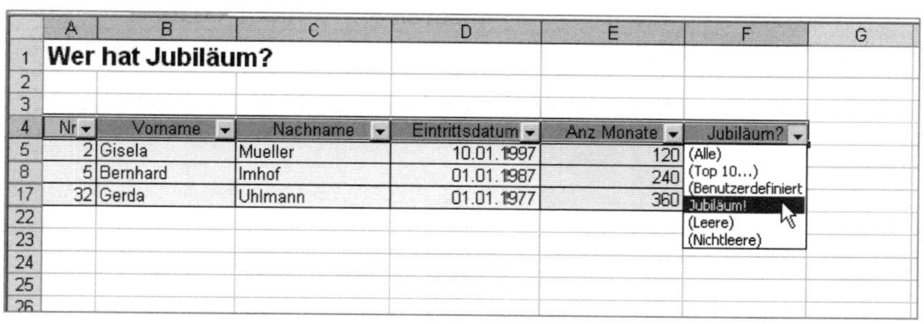

Bild 13.12: Die Personen, die 10, 20 oder 30 Jahre im Unternehmen tätig sind

Jetzt sehen Sie nur die Personen, die in diesem Monat ihr Jubiläum feiern.

13.4 Kalender: Professionelle Optik selbst erstellen

Kategorie: Zeit & Datum

Dateiname: KALENDER SELBST ERSTELLEN.XLS

Schwierigkeitsgrad: ❋❋❋

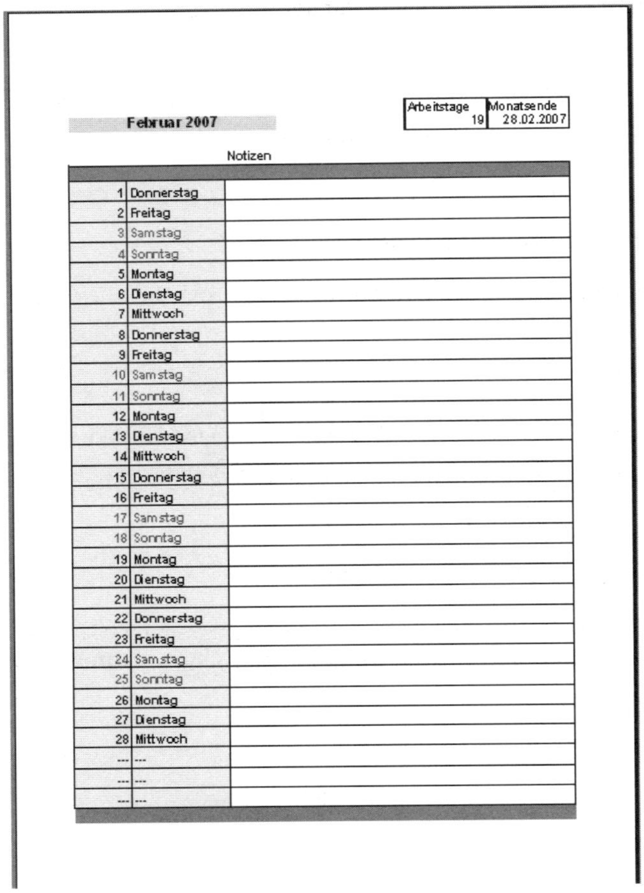

Februar 2007		Arbeitstage 19	Monatsende 28.02.2007
		Notizen	
1	Donnerstag		
2	Freitag		
3	Samstag		
4	Sonntag		
5	Montag		
6	Dienstag		
7	Mittwoch		
8	Donnerstag		
9	Freitag		
10	Samstag		
11	Sonntag		
12	Montag		
13	Dienstag		
14	Mittwoch		
15	Donnerstag		
16	Freitag		
17	Samstag		
18	Sonntag		
19	Montag		
20	Dienstag		
21	Mittwoch		
22	Donnerstag		
23	Freitag		
24	Samstag		
25	Sonntag		
26	Montag		
27	Dienstag		
28	Mittwoch		
---	---		
---	---		
---	---		

Bild 13.13: Ein Kalender, der automatisch die Tage im Monat anzeigt und die Wochenenden farbig hervorhebt

Das Ziel ist, einen Kalender selbst zu erstellen, der sich nach Eingabe des Startdatums automatisch neu generiert.

Die Abbildung zeigt eine Lösung mit automatischer Berechnung der Tage im laufenden Monat. Das heißt, dieser Kalender zeigt im Februar 2007 automatisch 28 Tage und im Juli 2007 automatisch 31 Tage an. Die Wochenenden werden über die bedingte Formatierung farbig hervorgehoben. Zusätzlich wird die Anzahl der Arbeitstage des aktuellen Monats gezählt und das Datum des Monatsletzten wird auch ausgegeben.

Einige der hier beschriebenen Funktionen sind Add-Ins. Das bedeutet, sie müssen zusätzlich aktiviert werden. Wählen Sie *Extras/Add-Ins*. Aktivieren Sie den Haken *Analyse-Funktionen* und bestätigen Sie mit *OK*.

Den Starttermin eingeben

In der Zelle A3 muss immer der Erste des gewünschten Monats eingegeben werden. In diesem Beispiel haben wir ihn umformatiert.

1. Markieren Sie die Zelle A3 und geben Sie den Ersten des Monats ein, für den Sie jetzt den Kalender erstellen möchten.
2. Markieren Sie A3 wieder und wählen Sie *Format/Zellen*, aktivieren Sie das Register *Zahlen* und die Kategorie *Benutzerdefiniert*.
3. Geben Sie im Feld *Typ* den folgenden Code ein: `MMMM JJJJ`.

Jetzt wird vom Datum nur der ausgeschriebene Monat und das Jahr anzeigt.

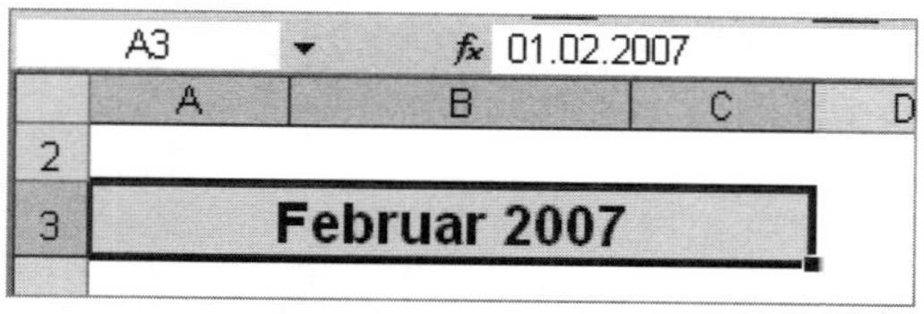

Bild 13.14: Das Startdatum für den Kalender

Das automatische Erkennen der Anzahl der Tage im Monat

Nachdem Sie den ersten des Monats erfasst haben, müssen Sie ihn in den Kalender übernehmen.

1. Markieren Sie die Zelle A6. Dort soll der Erste des Monats stehen.
2. Geben Sie die Funktion `=A3` ein, um sich den Inhalt von A3 anzeigen zu lassen.
3. Markieren Sie A6 wieder und wählen Sie *Format/Zellen*, aktivieren Sie das Register *Zahlen* und die Kategorie *Benutzerdefiniert*.
4. Geben Sie im Feld *Typ* den folgenden Code ein: `T`.

Damit wird beispielsweise der Zweite im Monat mit einer 2, der Zwanzigste als 20 dargestellt.

Im nächsten Schritt können Sie jetzt die Funktion zum Berechnen der restlichen Tage schreiben.

5. Markieren Sie die Zelle A7 und geben Sie die folgende Funktion ein:

```
=WENN(ISTFEHLER(A6+1);"---";WENN(A6+1<=MONATSENDE($A$3;0);A6+1;"---"))
```

Im ersten Teil der Funktion wird geprüft, ob in der Zelle darüber ein Berechnungsfehler vorliegt. Sollte ein Fehler erscheinen, sollen drei Striche (---) gezeigt werden. Diesen Teil benötigen wir für den Monat Februar, da dort in der Regel zwei Tage fehlen.

```
WENN(ISTFEHLER(A5+1);"---";
```

Im zweiten Teil der Funktion wird geprüft, ob das Datum kleiner oder gleich dem Monatsende ist. Wenn das Monatsende erreicht ist, werden drei Striche geschrieben.

```
WENN(A5+1<=MONATSENDE($A$3;0);A5+1;"---"))
```

Die Funktion MONATSENDE wird gleich beschrieben.

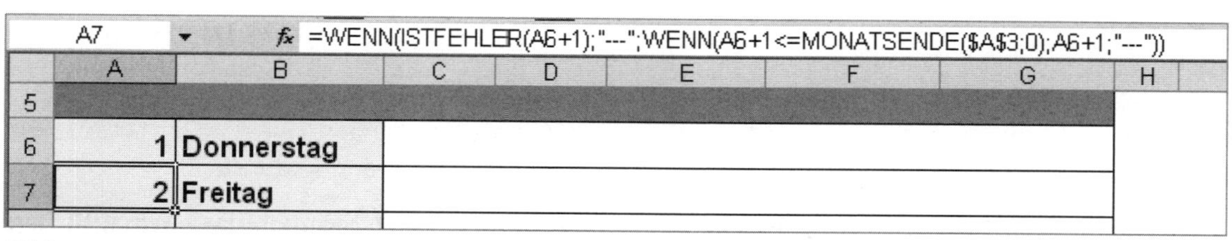

Bild 13.15: Die Funktion zum automatischen Erkennen des Monatsendes

6. Kopieren Sie diese Funktion bis zur Zelle A36 nach unten.

Testen Sie jetzt einmal, ob diese Funktion richtig arbeitet, indem Sie verschiedene Daten in die Zelle A3 eintippen.

Den Wochentag ermitteln

In der Spalte B soll der Wochentag zum Datum von links angezeigt werden.

1. Klicken Sie in die Zelle B6 und holen Sie sich das Datum aus der Zelle links daneben.

   =A6

2. Markieren Sie die Zelle B6 und wählen Sie *Format/Zellen*. Aktivieren Sie das Register *Zahlen* und die Kategorie *Benutzerdefiniert*. Geben Sie ins Feld *Typ* das folgende Muster ein: TTTT.

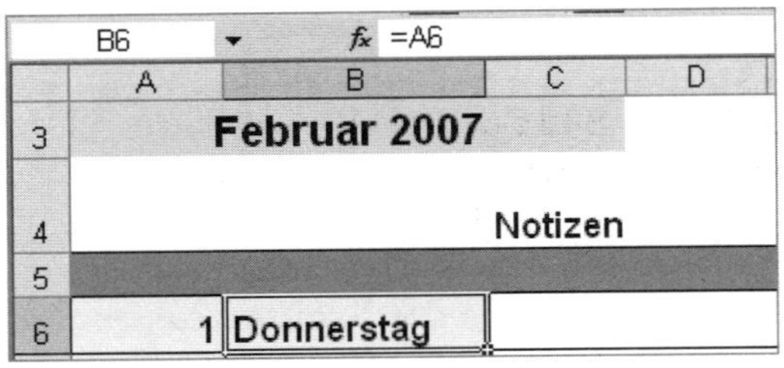

Bild 13.16: Den Wochentag automatisch voll ausschreiben lassen

Wochenenden farbig hervorheben

Um die Lesbarkeit des Kalenders zu erhöhen, möchten wir die Wochenenden farbig hervorheben. Dazu nutzen wir den Befehl *Bedingte Formatierung*.

1. Markieren Sie nun die Zelle A6, wählen Sie *Format/Bedingte Formatierung*.
2. Wählen Sie im ersten Feld den Eintrag *Formel ist* und geben Sie die folgende Funktion ein:

   =WENN(WOCHENTAG(A6;2)>5;1;0)

Es wird hier nur geprüft ob in der Zelle A6 ein Wert größer als 5 steht. Wenn dies zutrifft, dann ist der Wochentag eine 6 oder 7 und damit ein Wochenende.

3. Klicken Sie nun auf die Schaltfläche *Format* und stellen Sie das gewünschte Format ein.

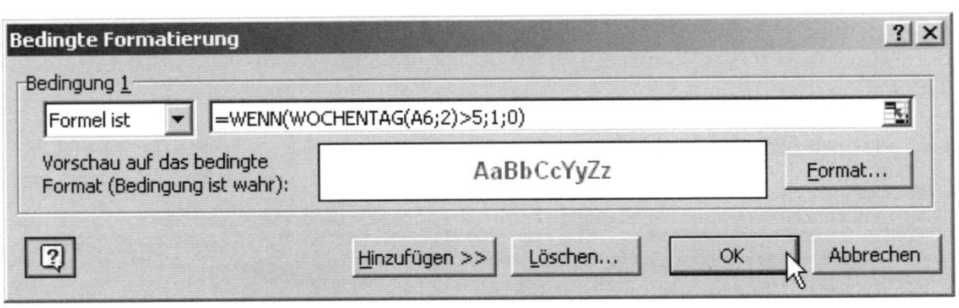

Bild 13.17: Die automatische Formatierung der Wochenenden

4. Bestätigen Sie mit *OK* und übertragen Sie das Format für alle Zellen der Spalte A.
5. Führen Sie diese Schritte auch für die Zelle B6 durch und übertragen Sie auch das Format für alle Zellen der Spalte B.

Den Monatsletzten berechnen

Um in diesem Beispiel die Anzahl der Arbeitstage zu berechnen, benötigen Sie auch das letzte Datum im Monat.

1. Markieren Sie die Zelle G3 und geben Sie die folgende Funktion ein: `=MONATSENDE(A3;0)`.

Die 0 gibt an, dass wir das Ende des Monats, der in A3 steht, ermitteln möchten.

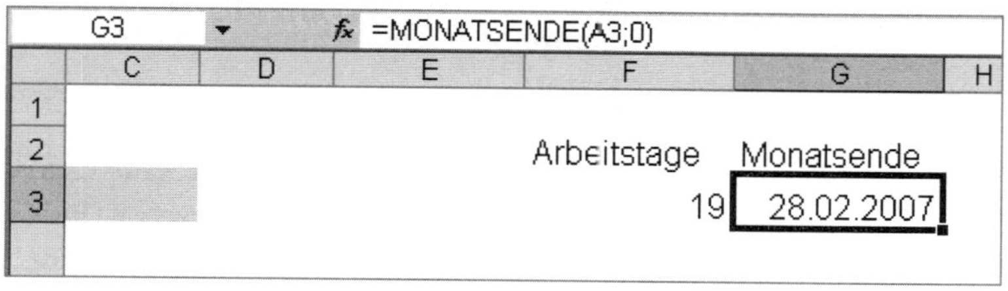

Bild 13.18: Der Monatsletzte wird durch die Funktion MONATSENDE ermittelt.

Die Anzahl der Arbeitstage ermitteln

Als Zusatz möchten wir jetzt noch die Anzahl der Arbeitstage im aktuellen Monat berechnen. Die Anzahl der Arbeitstage errechnet sich aus der Anzahl der Tage des Monats minus Wochenenden minus Feiertage.

Die Liste der Feiertage finden Sie auf dem Register *Liste Feiertage*. Die Zellen mit den Daten haben den Bereichsnamen *Feiertage*.

Um einen Bereichsnamen zu vergeben, markieren Sie die Zellen mit den Daten, wählen *Einfügen/Namen/Definieren* und geben einen Namen ein.

1. Markieren Sie die Zelle F3 und geben Sie die folgende Funktion ein:
   `=NETTOARBEITSTAGE(A3;G3;Feiertage)`

Das erste Funktionsargument ist das Startdatum, das in Zelle A3 steht. Das zweite Funktionsargument ist das Enddatum, das in Zelle G3 ermittelt wird. Im dritten Funktionsargument wird der Bereichsname der Feiertage eingegeben.

Wenn Sie in der Zelle G3 das Monatsende nicht anzeigen lassen möchten, dann muss die Funktion NETTOARBEITSTAGE folgendermaßen aussehen:

```
=NETTOARBEITSTAGE(A3;MONATSENDE(A3;0);Feiertage)
```

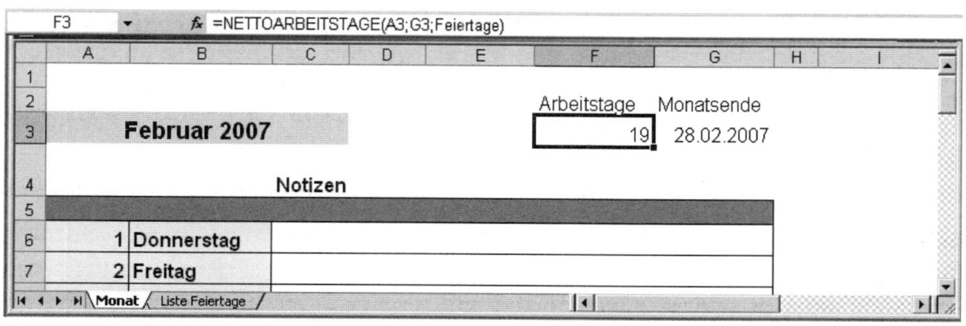

Bild 13.19: Die Anzahl der Arbeitstage im gewählten Monat

13.5 Kalender: Taschenkalender für die Brieftasche

Kategorie: Zeit & Datum

Dateiname: TASCHENKALENDER.XLS

Schwierigkeitsgrad: ❄❄

In unserer modernen Welt sind in Handys, PDAs oder Laptops Kalenderfunktionen integriert. Trotzdem ist ein kleiner Papierkalender mit eigenen Kennzeichnungen und Bemerkungen in manchen Situationen praktischer als ein elektronisches Hightech-Gerät.

Diese Excel-Datei kann übersichtlich in Excel bearbeitet und auf Papier gedruckt werden. Sie hat nach dem Falten die Größe einer Scheckkarte.

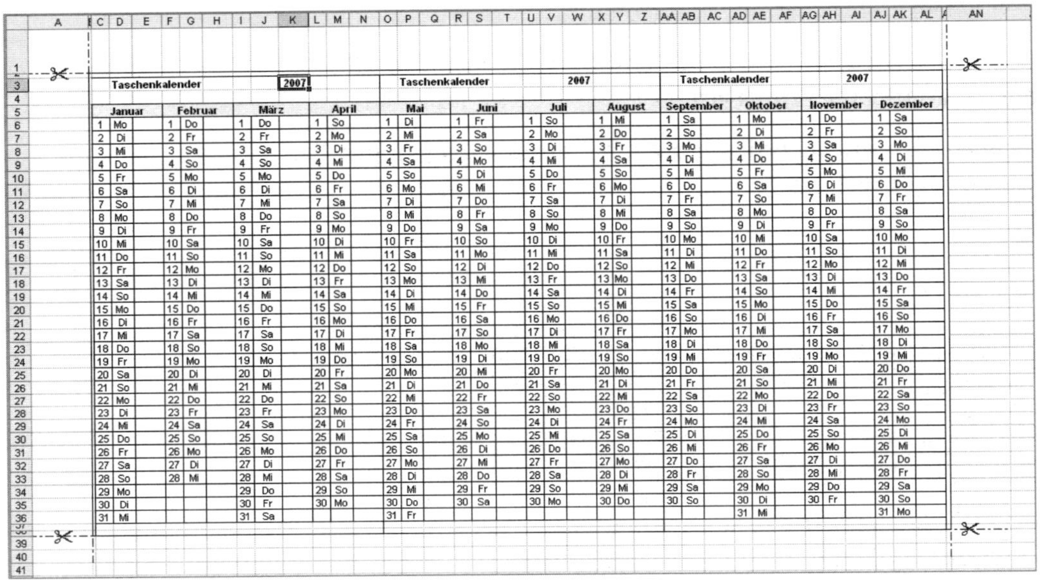

Taschenkalender 2007 | Taschenkalender 2007 | Taschenkalender 2007

Januar	Februar	März	April	Mai	Juni	Juli	August	September	Oktober	November	Dezember
1 Mo	1 Do	1 Do	1 So	1 Di	1 Fr	1 So	1 Mi	1 Sa	1 Mo	1 Do	1 Sa
2 Di	2 Fr	2 Fr	2 Mo	2 Mi	2 Sa	2 Mo	2 Do	2 So	2 Di	2 Fr	2 So
3 Mi	3 Sa	3 Sa	3 Di	3 Fr	3 So	3 Di	3 Fr	3 Mo	3 Mi	3 Sa	3 Mo
4 Do	4 So	4 So	4 Mi	4 Sa	4 Mo	4 Mi	4 Sa	4 Di	4 Do	4 So	4 Di
5 Fr	5 Mo	5 Mo	5 Do	5 So	5 Di	5 Do	5 So	5 Mi	5 Fr	5 Mo	5 Mi
6 Sa	6 Di	6 Di	6 Fr	6 Mo	6 Mi	6 Fr	6 Mo	6 Do	6 Sa	6 Di	6 Do
7 So	7 Mi	7 Mi	7 Sa	7 Di	7 Do	7 Sa	7 Di	7 Fr	7 So	7 Mi	7 Fr
8 Mo	8 Do	8 Do	8 So	8 Mi	8 Fr	8 So	8 Mi	8 Sa	8 Mo	8 Do	8 Sa
9 Di	9 Fr	9 Fr	9 Mo	9 Do	9 Sa	9 Mo	9 Do	9 So	9 Di	9 Fr	9 So
10 Mi	10 Sa	10 Sa	10 Di	10 Fr	10 So	10 Di	10 Fr	10 Mo	10 Mi	10 Sa	10 Mo
11 Do	11 So	11 So	11 Mi	11 Sa	11 Mo	11 Mi	11 Sa	11 Di	11 Do	11 So	11 Di
12 Fr	12 Mo	12 Mo	12 Do	12 So	12 Di	12 Do	12 So	12 Mi	12 Fr	12 Mo	12 Mi
13 Sa	13 Di	13 Di	13 Fr	13 Mo	13 Mi	13 Fr	13 Mo	13 Do	13 Sa	13 Di	13 Do
14 So	14 Mi	14 Mi	14 Sa	14 Di	14 Do	14 Sa	14 Di	14 Fr	14 So	14 Mi	14 Fr
15 Mo	15 Do	15 Do	15 So	15 Mi	15 Fr	15 So	15 Mi	15 Sa	15 Mo	15 Do	15 Sa
16 Di	16 Fr	16 Fr	16 Mo	16 Do	16 Sa	16 Mo	16 Do	16 So	16 Di	16 Fr	16 So
17 Mi	17 Sa	17 Sa	17 Di	17 Fr	17 So	17 Di	17 Fr	17 Mo	17 Mi	17 Sa	17 Mo
18 Do	18 So	18 So	18 Mi	18 Sa	18 Mo	18 Mi	18 Sa	18 Di	18 Do	18 So	18 Di
19 Fr	19 Mo	19 Mo	19 Do	19 So	19 Di	19 Do	19 So	19 Mi	19 Fr	19 Mo	19 Mi
20 Sa	20 Di	20 Di	20 Fr	20 Mo	20 Mi	20 Fr	20 Mo	20 Do	20 Sa	20 Di	20 Do
21 So	21 Mi	21 Mi	21 Sa	21 Di	21 Do	21 Sa	21 Di	21 Fr	21 So	21 Mi	21 Fr
22 Mo	22 Do	22 Do	22 So	22 Mi	22 Fr	22 So	22 Mi	22 Sa	22 Mo	22 Do	22 Sa
23 Di	23 Fr	23 Fr	23 Mo	23 Do	23 Sa	23 Mo	23 Do	23 So	23 Di	23 Fr	23 So
24 Mi	24 Sa	24 Sa	24 Di	24 Fr	24 So	24 Di	24 Fr	24 Mo	24 Mi	24 Sa	24 Mo
25 Do	25 So	25 So	25 Mi	25 Sa	25 Mo	25 Mi	25 Sa	25 Di	25 Do	25 So	25 Di
26 Fr	26 Mo	26 Mo	26 Do	26 So	26 Di	26 Do	26 So	26 Mi	26 Fr	26 Mo	26 Mi
27 Sa	27 Di	27 Di	27 Fr	27 Mo	27 Mi	27 Fr	27 Mo	27 Do	27 Sa	27 Di	27 Do
28 So	28 Mi	28 Mi	28 Sa	28 Di	28 Do	28 Sa	28 Di	28 Fr	28 So	28 Mi	28 Fr
29 Mo		29 Do	29 So	29 Mi	29 Fr	29 So	29 Mi	29 Sa	29 Mo	29 Do	29 Sa
30 Di		30 Fr	30 Mo	30 Do	30 Sa	30 Mo	30 Do	30 So	30 Di	30 Fr	30 So
31 Mi		31 Sa		31 Fr					31 Mi		31 Mo

Bild 13.20: Der Taschenkalender für den Druck in Scheckkartengröße

Beschreibung

Bei dieser Excel-Datei handelt es sich um eine Jahresübersicht mit Datum, Wochentag und einer Spalte für eigene Memos.

Nach dem Ausdruck schneiden Sie den Kalender an den Markierungen und falten ihn an den Falzmarken. Einmal gefaltet können Sie ihn leicht in ein Kreditkartenfach Ihrer Brieftasche einlegen. Sie finden es in der Datei auf dem Arbeitsblatt *Scheckkartengröße*. Beachten Sie dabei, dass die Ausgabe für den Ausdruck im Papierformat A4 ausgelegt ist.

Den Kalender für ein Jahr anpassen

Um den Kalender für ein neues Jahr anzupassen, geben Sie in der Zelle K3 die Jahreszahl ein. Die Monate und die zugehörigen Wochentage sind von dieser Jahreszahl abhängig. Ebenso wird die Jahreszahl in die Zellen W3 und AI3 übernommen.

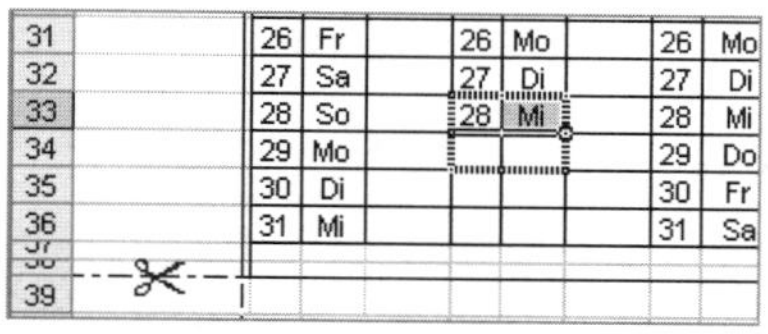

Bild 13.21: Hat der Februar 29 Tage, ziehen Sie die Datumsfelder eine Zeile nach unten.

Die Tage im Februar haben wir in dieser Datei nicht automatisch berechnet. Wenn der Februar in dem gewählten Jahr 29 Tage hat, ziehen Sie die Zellen F33 bis G33 eine Zeile nach unten.

Nebenbei sei hier noch erwähnt, dass das Symbol für die Schere separat in einem Textfeld mit Hilfe der Schriftart WingDings erstellt wurde.

Termine im Kalender eintragen und markieren

Der Vorteil an diesem einfachen Kalender ist, dass Sie das freie Feld beliebig formatieren können. Sie erhalten alle Befehle zur Bearbeitung der Zellen, indem Sie auf der Zelle die rechte Maustaste drücken und den Befehl *Zellen formatieren* aufrufen.

Wenn Sie für mehrere Tage ein Kennzeichen eintragen möchten, verkürzt die folgende Arbeitsweise die Bearbeitungszeit. Markieren Sie die gewünschten Tage im Kalender, beispielsweise AC9 bis AC23.

Um den Buchstaben »U« in alle Zellen auf einmal einzutragen, tippen Sie ein `U` und drücken die Tastenkombination [Strg]+[Eingabe].

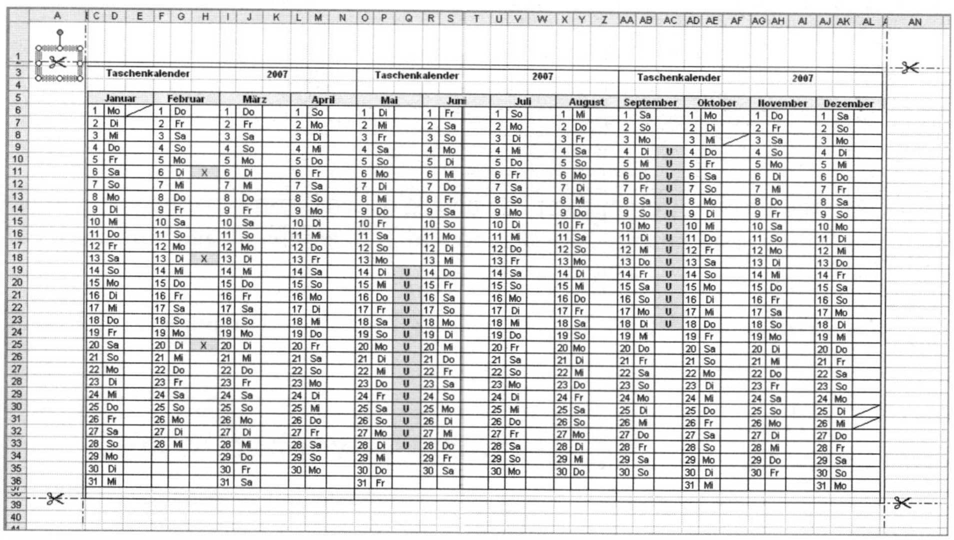

Bild 13.22: Felder können individuell bearbeitet werden.

Der Text wird in alle markierten Zellen eingetragen. Die folgende Abbildung zeigt ein Beispiel für den eingereichten und bestätigten Urlaub (Kennzeichen *U*) für das aktuelle Jahr.

Druckoptionen

Wenn der Ausdruck nicht hundertprozentig passt, können Sie die Druckparameter über den Befehl *Datei/Seite einrichten* anpassen. Passen Sie zur Optimierung die Skalierung um einige Prozentpunkte an.

Auf dem Arbeitsblatt *Taschenkalender* ist die Druckausgabe auf die Größe eines Taschenkalenders verbreitet.

13.6 Kalenderwochen berechnen

Kategorie: Zeit & Datum

Dateiname: KALENDERWOCHEN_BERECHNEN.XLS

Schwierigkeitsgrad: ❋❋

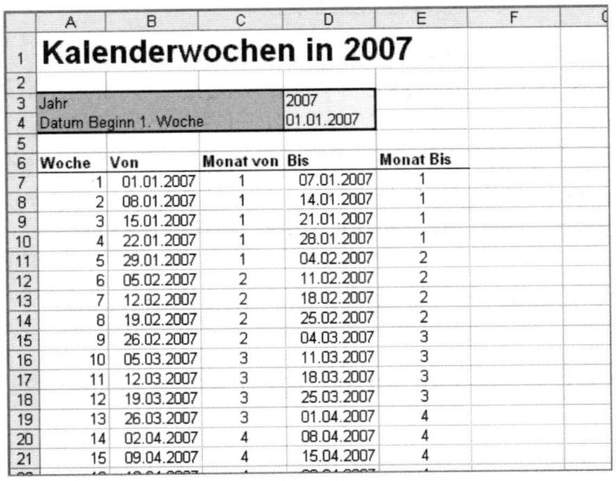

Kalenderwochen in 2007

Jahr			2007	
Datum Beginn 1. Woche			01.01.2007	
Woche	**Von**	**Monat von**	**Bis**	**Monat Bis**
1	01.01.2007	1	07.01.2007	1
2	08.01.2007	1	14.01.2007	1
3	15.01.2007	1	21.01.2007	1
4	22.01.2007	1	28.01.2007	1
5	29.01.2007	1	04.02.2007	2
6	05.02.2007	2	11.02.2007	2
7	12.02.2007	2	18.02.2007	2
8	19.02.2007	2	25.02.2007	2
9	26.02.2007	2	04.03.2007	3
10	05.03.2007	3	11.03.2007	3
11	12.03.2007	3	18.03.2007	3
12	19.03.2007	3	25.03.2007	3
13	26.03.2007	3	01.04.2007	4
14	02.04.2007	4	08.04.2007	4
15	09.04.2007	4	15.04.2007	4

Bild 13.23: Das Datum für den Montag und den Sonntag zu einer Kalenderwoche

Wenn es ungefähre Liefertermine geht, wird häufig eine Lieferwoche genannt. So heißt es etwa: Die Waschmaschine wird in der 23. Kalenderwoche geliefert. Die Datei enthält die Lösung zur Berechnung der Wochennummerierung ausgehend von einem Startdatum für die erste Kalenderwoche am Jahresanfang.

Beschreibung

Eigentlich ist es ja nicht schwierig, die Datumsangaben zu einer Wochennummer zu berechnen. Sie beginnen mit dem ersten Tag für die erste Kalenderwoche und addieren jeweils 7 Tage hinzu, um auf den Sonntag zu kommen.

Für den Montag der nächsten Woche sind dann 8 Tage bzw. 1 x 7 Tage (= 1 Woche) + 1 Tag hinzuzuaddieren.

1. Öffnen Sie die angegebene Datei.
2. Schalten Sie zum Arbeitsblatt *2007 leer*. In der Zelle D3 ist die Jahreszahl und in der Zelle D4 darunter ist das Datum für den ersten der ersten Kalenderwoche angegeben. Dieses Arbeitsblatt enthält noch keine Formeln zur Berechnung der Kalenderwochen.
3. Die Formel für den ersten Tag der ersten Woche lautet: `=D4`.

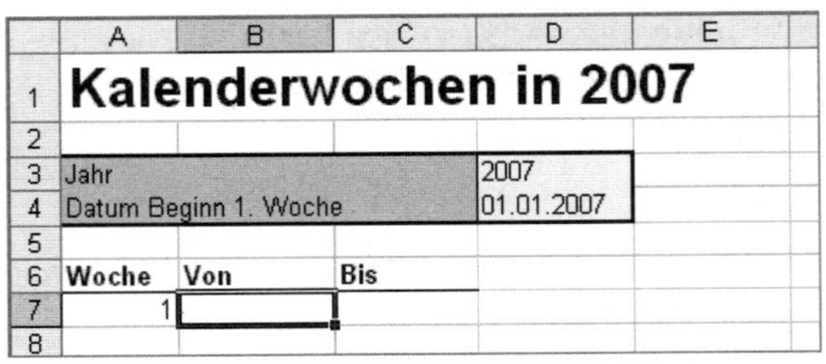

Kalenderwochen in 2007

Jahr			2007
Datum Beginn 1. Woche			01.01.2007
Woche	**Von**	**Bis**	
1			

Bild 13.24: Die Ausgangsposition für die Berechnung der Kalenderwochen

4. Den zugehörigen Sonntag erhalten Sie für C7 durch Eingabe der Funktion `=B4+7`.

Dies sind die Formeln für die erste Kalenderwoche.

Für die zweite Kalenderwoche in der Zeile 8 müssen Sie »nur« für den Montag in Zelle B7 die Formel `=C7+1` berechnen. Der Sonntag dieser Woche sind wiederum der Montagswert plus 7 Tage.

Die restlichen Kalenderwochen können Sie durch AutoAusfüllen der Zellen A8 bis C8 bis zur Kalenderwoche 52 nach unten aufziehen.

Fertig ist die Wochenkalender 2007.

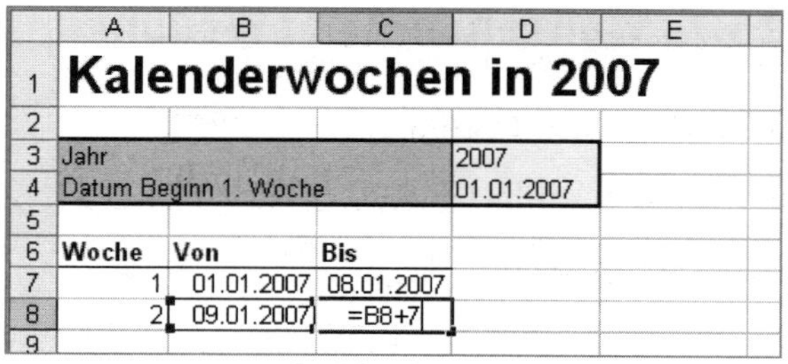

Bild 13.25: Die Berechnungen für die erste und zweite Kalenderwoche

Für Excel-Kenner

Auf dem Tabellenblatt 2007 finden Sie eine andere Wochennummernberechnung. Wenn Sie diese Formel verwenden, können Sie auch mit einer anderen Wochennummer beginnen und alle Formeln in allen Zeilen sind dann gleich.

```
=$D$4+(A7-1)*7
```

Um in einem Excel-Arbeitsblatt statt den Ergebnissen die Formeln anzuzeigen, drücken Sie die Tastenkombination [Strg]+[#].

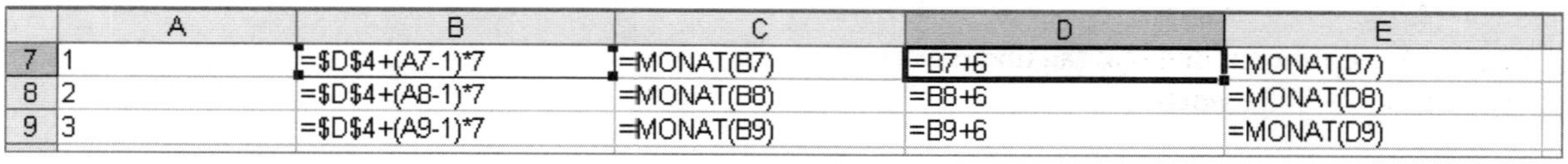

Bild 13.26: Die Formeln in einem Excel-Blatt anzeigen

Mit der gleichen Tastenkombination [Strg]+[#] schalten Sie wieder zurück zur Anzeige der Werte.

Kalender für 2008 bis 2010

Nachdem ein Jahr mit Hilfe der Excel-Funktionen fertiggestellt ist, kann man das Arbeitblatt kopieren und für das nächste Kalenderjahr anpassen.

1. Öffnen Sie das Kontextmenü zum Arbeitsblatt 2007, indem Sie auf dem Blattnamen die rechte Maustaste drücken.
2. Starten Sie den Befehl *Verschieben/Kopieren* und setzen Sie im angezeigten Dialogfenster das Häkchen *Kopieren.*
3. Benennen Sie das Blatt um und ändern Sie die Jahreszahlen und den ersten Tag für die erste Kalenderwoche im Jahr 2008 in 31.12.2007.

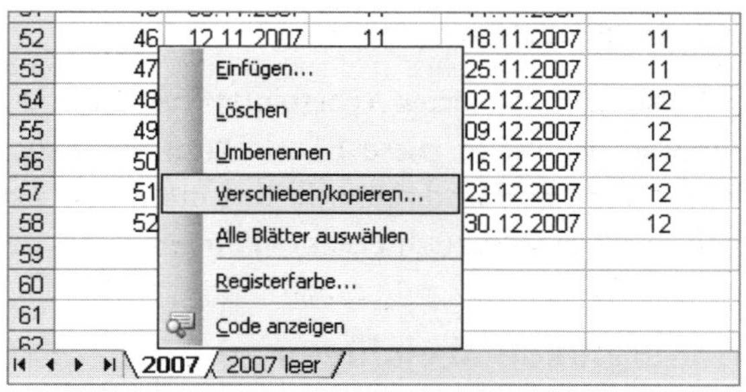

Bild 13.27: Das Kontextmenü zu einem Arbeitsblatt zeigt den Befehl *Kopieren.*

Auf der CD finden Sie die Blätter bis 2010.

13.7 Weltzeit: mit der Weltuhr immer wissen, wo es wie spät ist

Kategorie: Zeit & Datum

Dateiname: WELTUHR.XLS

Schwierigkeitsgrad: ❋

Sie haben Freunde in aller Welt und möchten schnell sehen, wie viel Uhr es zurzeit etwa in Los Angeles oder Kapstadt ist.

Das folgende Beispiel zeigt die Uhrzeiten an verschiedenen Orten auf der Welt.

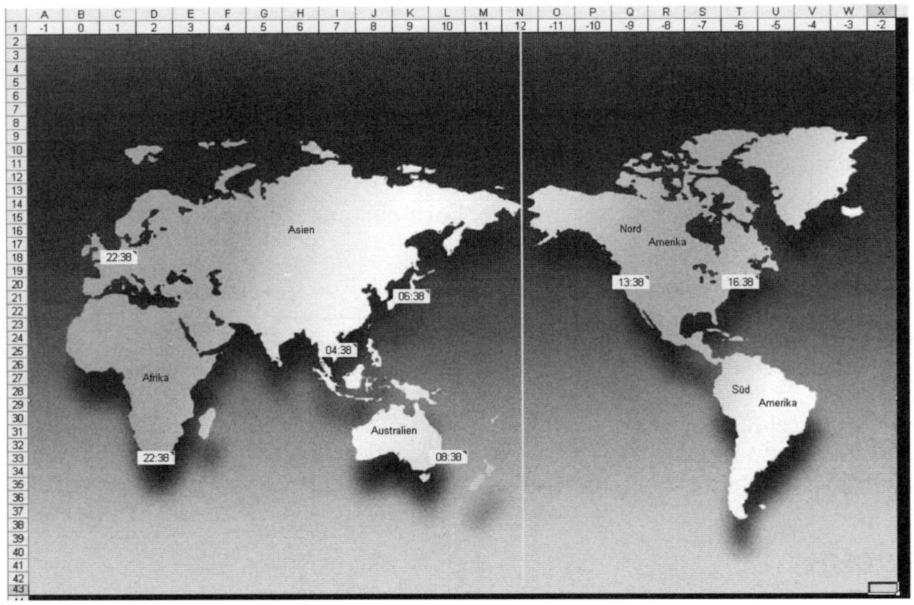

Bild 13.1: Die Weltkarte mit ihren Uhrzeiten

Beschreibung

Da Excel ein kariertes Arbeitsblatt besitzt, die Zeitzonen jedoch nicht genau nach Längen- und Breitengrad gehen, ist diese Excel-Datei nicht ganz so genau, wie es vielleicht andere Karten sind. Die Karte liegt als Hintergrundbild hinter den Excel-Zellen. Sie können daher auf der Karte die Zellen beschreiben und auch Formeln eingeben.

Hintergrundbild einfügen

Suchen Sie sich ein passendes Bild für Ihr Arbeitsblatt. Sie finden passende Bilddateien im Internet oder auf den Microsoft-ClipArt-Seiten. Aus Excel heraus gelangen Sie auf die ClipArt-Seite, indem Sie den Befehl *Einfügen/ClipArt* aufrufen und den Link *ClipArt auf Office Online* starten.

1. Nachdem Sie eine passende Bilddatei auf Ihren Computer heruntergeladen haben, führen Sie die folgenden Schritte durch.
2. Starten Sie den Befehl *Format/Blatt/Hintergrund.*
3. Markieren Sie die Bilddatei und klicken Sie auf *Einfügen.*

Hintergrundbilder werden in Excel mehrfach über das gesamte Excel-Arbeitsblatt, also hinter die 65.536 Zeilen und 256 Spalten gelegt.

Stellen Sie die Spaltenbreite so ein, dass 24 Spalten auf einer Weltkarte zu sehen sind.

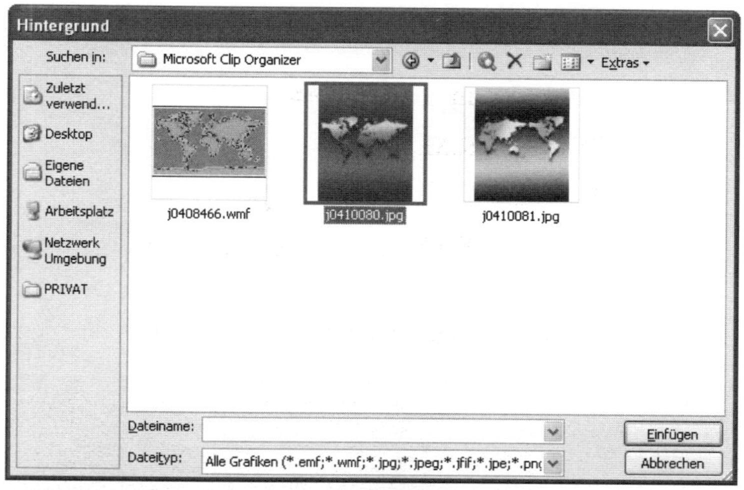

Bild 13.28: Wählen Sie Ihr Wunschhintergrundbild.

Andere Zeilen und Spalten ausblenden

Da es nur Sinn macht, an einer einzigen Weltkarte zu arbeiten, markieren Sie alle Spalten und Zeilen, die nicht in der Anzeige erscheinen sollen, und stellen eine andere Farbe (beispielsweise Schwarz) für den Zellhintergrund ein.

Geben Sie an Ihrem Standort die Funktion `=JETZT()` ein. Stellen Sie das benutzerdefinierte Zellformat *hh:mm* ein und legen Sie eine deckende Zellfarbe fest.

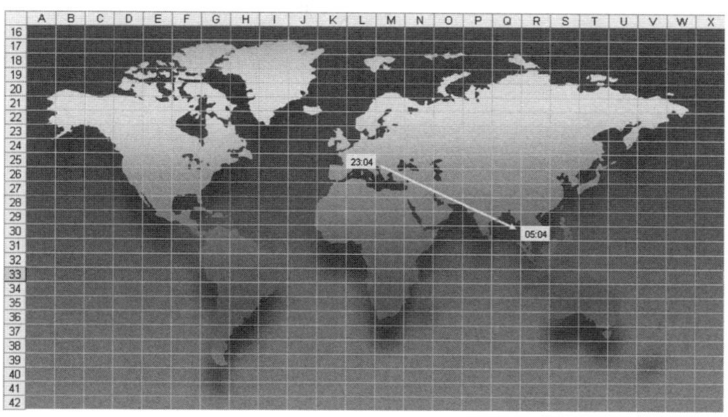

Bild 13.29: Die Uhrzeit im Zielort wird über eine Formel berechnet.

An den anderen Orten auf der Welt, an denen Ihre Bekannten und Freunde wohnen, geben Sie die folgende Formel ein `=$L$25 + 1/24 * 6`, wobei Sie für $L$25 die Zelle angeben, die Ihren Heimatstandort mit der Funktion `=JETZT()` definiert. Bei der Addition von 1/24 * 6 liegt der Zielort +6 Stunden von Ihnen entfernt. Beachten Sie, dass Sie gegebenenfalls die Anzahl der Differenzstunden nach dem Wechsel Sommerzeit/Winterzeit ändern müssen.

Wenn Sie den Ort an der Zelle angeben möchten, starten Sie den Befehl *Kommentar einfügen* über die rechte Maustaste. Erfassen Sie den Text und formatieren Sie das Kommentarfeld.

Stichwortverzeichnis

#NV 184, 375

A

ABC-Analyse 282, 284
Addieren 108, 110
Adressen
  Adresskarte erstellen 277
  doppelte anzeigen lassen 280
  im Internet suchen 279
  Liste für Outlook vorbereiten 272
  Liste mit Auswahlfunktionen 276
  Liste mit Map24 278
  Liste schnell durchsuchen 270
  vergleichen 280
Adressliste 26, 28
Aktie, Gewinn/Verlust pro 416
Aktien 58
  Momentaner Wert 417
Aktienverläufe protokollieren 416
Alter
  berechnen 238
  ermitteln 30
Altersverteilung 516
Analyse 283
Analysen 282
Angebot 306
  erfassen 307
  erstellen 496
  vergleichen 384, 386
Anwesenheitsliste 428
ANZAHL 125, 149, 153, 159, 175, 219, 243, 463
ANZAHL2 89, 143, 172
ANZAHLLEEREZELLEN 175, 219
Arabische Ziffern in Römische Zahlenfolge
  umwandeln 176
Arbeitsstunden 22
  berechnen 421
  errechnen 424
Arbeitstage
  im Jahr 21, 456
  Anzahl ermitteln 525
Arbeitszeiten 422
  errechnen 426
Arbeitszeiterfassung 430
Astrologie 68
Auftragsbestätigung aus Angebot erstellen 498
Auktionen 46
Ausdruck anpassen 127, 345, 349
Ausfüllfunktion 128
Ausgabeaufschlag 54
Ausgaben
  mit Belegen 402
  pro Monat 96
  Summe der 339
Aushilfen 426
Auswahlfunktion 334
Auto 42
AutoAusfüllen 114, 310
AutoFilter 31, 32, 250, 270, 342
Auto-Filterfunktionen in der Liste 164
Autokauf 34
Autokosten 36
Automarken 294
AutoSumme 34, 36, 41, 43, 403

B

Barwert 409, 418
Bastelkalender 122
Baukosten überwachen 308
Bedingte Formatierung 57
Beitragsverwaltung 242
Beitragszahlungen, Verwaltung 242
Belege, Layout anpassen 307
Benzinverbrauch 388
Bestellformular zum Ausdrucken 126
Bestellungen 320
Besuchsbericht 452
Beurteilungsbogen 370
Bevölkerungsstatistik 286
Bewirtungskosten 336
Bezinverbrauch berechnen 38
Bilder zählen 112

Blattschutz 108
Blattschutz an- und ausschalten 109
BMI (Body-Mass-Index) 72
Break-Even-Analyse:
  Wo liegt die Gewinnzone? 288
Bruttopreis berechnen 495
Buch-Archiv 142
Bücher verwalten 142
Bücher-Datenbank 144
Buchstabenrätsel 192
Buchungsliste 454
Budgetkontrolle 434
Bundesjugendspiele 162
BW 418

C

CD-Einleger gestalten 128
CDs 158
  archivieren 148
Checkboxen zeichnen 223
Checkliste zum Ausfüllen 222
ClipArts einfügen 115, 129, 139, 361, 459
Clips 127

D

Darlehen berechnen 44
Darlehensvarianten 406
DATEDIF 85, 157, 162, 238
  245, 462
Daten automatisch berechnen 190
Datenmaske 142
Datenpflege 429
DATEV 454
DATUM 68, 124, 190, 231
Datum, aktuelles 378
Datumsformat 411
Datumsintervall 76
Deckblatt 356, 358, 449
Deckungsbeitragsrechnung 290
Der Funktions-Assistent 292
Detailspalten 331
Dezimalzahlen 176
Diagramm 399
  bearbeiten 61
  erzeugen 295
  formatieren 299
  Linie 299
  Säule auf zwei Achsen 299
  Verbund- 299
Diagramm-Assistenten 60
Diagramm-Assistent 299
Diätplan 74
Dienstleistung 314
Disagio 407
Dollar 220
Drehfeld anlegen 357
DVDs 158
DVD-Verleihliste 150

E

ebay-Auktionen 46
Effektiver Jahreszins 407
Einbruchs-Schadensaufstellung 48
Einkaufscheck 50
Einnahmen
  monatliche 402
  private 96
  Summe der 339
Einsatzplanung 310
Ergebnisse
  schnelleres Aufbauen 293

F

Fahrtenbuch 40, 392, 394
Fahrzeugkosten 390, 396, 398
Fakturierung 306
Fälligkeit berechnen 343
Fax 356, 358
Fehlermeldung, unerwünschte abfangen 375
Feiertage 18
Fenster fixieren 95
Filter 28
  benutzerdefinierte 271
Filter, benutzerdefinierte 165, 251
Filterfunktionen 143
Finanzen 44
Finanzüberblick 56
Firmennamen
  doppelte finden 280
Fixieren 37

Fixierung aufheben 37
Flyer 458
Fondssparplan
Aktien 54
Depot 54
Format übertragen 131, 222, 311
Formatierung 405
automatische 132
bedingte 85, 109, 113, 117, 121, 150, 381
Formular 360
Formularfelder 356
Foto einfügen 224
Foto, Hyperlink auf legen auf 224
Freiberufler 452, 456
Füllfarbe 311
Funktionen
ABRUNDEN 345
ANZAHL 125, 149, 153, 159, 175, 219, 243, 431, 469
ANZAHL2 89, 143, 172
ANZAHLLEEREZELLEN 175, 219
AUFRUNDEN 509
BARWERT 45
BW 45, 418
DATEDIF 85, 157, 162, 238, 245
DATUM 68, 124, 190, 231, 438
F 45
HÄUFIGKEIT 174, 301
HEUTE 20, 43, 106, 163, 168, 217, 238, 241, 343
HEUTE() 30
INDEX 206, 207, 208, 356, 358, 448, 451
INDIREKT 397
ISTFEHLER 155
ISTLEER 103, 238, 239, 317, 388
ISTNV 177, 184, 375
JAHR 239
JAHR() 30
KALENDERWOCHE 93, 123, 125, 189, 462
KAPZ 414
KGRÖSSTE 208
KKLEINSTE 206, 219
MAX 163, 219, 373, 393
MIN 163, 218, 219, 373
MITTELWERT 57, 168, 170, 173, 218, 262
MONAT 43, 239
MONAT() 30
MONATSENDE 523
NETTOARBEITSTAGE 19, 21, 431, 456, 525
OBERGRENZE 321
ODER 31, 201
RANG 302
RECHTS 31
REST 133, 145, 150, 155
RMZ 45, 401, 408, 414
Römisch 177
RUNDEN 65, 73, 81, 89, 103, 345
SUMME 19, 23, 25, 34, 36, 43, 44, 55, 58, 77, 106, 143, 153, 160, 163, 168, 170, 173, 201, 286, 348, 353, 373, 403, 433, 460, 470
SUMMEWENN 87, 296, 297, 355, 403
SVERWEIS 68, 73, 82, 85, 161, 170, 177, 179, 183, 239, 242, 316, 324, 333, 353, 365, 374, 443, 510, 516
TAG 125, 239
TAG() 30
TEILERGEBNIS 453
UND 91, 125, 201, 343
VERGLEICH 207, 209, 448
WAHL 194, 198
WENN 22, 59, 62, 65, 77, 81, 87, 88, 91, 103, 123, 125, 137, 148, 151, 152, 154, 155, 157, 159, 164, 168, 173, 177, 185, 201, 231, 238, 239, 241, 283, 284, 317, 321, 324, 335, 343, 379, 388, 407, 411, 416, 424, 427, 431, 441, 463, 469, 470, 489, 523
WOCHENENDE 524
WOCHENTAG 23, 125, 231
WVERWEIS 65, 183, 450
ZÄHLENWENN 87, 120, 159, 171, 175, 292, 331, 383, 429, 431, 437, 446
ZEILE 145, 150, 155
ZINS 45
ZINSZ 414
ZUFALLSBEREICH 194, 198
Zw 45
Zzr 45
ZÄHLENWENN 161
Funktionsassistent 296, 297

G

Geburtstag 32
  runder 31
Geburtstagslisten 238
Gehalt 420
Geometrie 166
Gesamtdurchschnitt berechnen 169
Gesamtkosten abzüglich der Rabatte 227
Gesamtpreis 385, 387
Gesamtsumme 23
  berechnen 56
  Kosten pro Tag 229
Gesprächsnotiz 376
Gesundheit 68
Gewichtskontrolle 76, 78
Gewinn 289, 363, 404
  berechnen 495
Gewinn- und Verlustrechnung 290
Gitternetzlinien 110
Google Earth 26
Grafik einfügen 361
Gruppieren nach 51
Gültigkeitskriterien 163
Gültigkeitsprüfung 158, 200
Gutscheine zum Drucken 130

H

Häufigkeit
  relative 294
  relative Häufigkeit berechnen 294
HÄUFIGKEIT 174
Haushalt 92
Heute 106, 245
HEUTE 163, 168, 217, 238, 241
Heute() 43
Hyperlink
  auf ein Foto legen 224
  auf einen Text 225

I

INDEX 206, 207, 208
Info-Blatt erstellen 365
Informationen filtern 250
Inventur 476
ISTFEHLER 155
ISTLEER 103, 238, 239
ISTNV 177, 184

J

JAHR 239
Jahressumme 397
Jahresübersicht 433
Jahresumsatz 493
Jahreszins, effektiver 407

K

Kalender 272, 522, 526
KALENDERWOCHE 93, 123, 125, 189, 462
Kalenderwoche berechnen 93, 191, 528
Kalorienaufnahme 80
Kalorienverbrauch 82
Kanzlei 318
Kassenbuch 338, 340
  drucken 341
Kaufkurs 54
Kaufpreis berechnen 400
KGRÖSSTE 208
Kilometer, gefahrene 36, 38, 41, 351, 388, 389, 395
Kilometerkostenpauschale 350
Kilometerstand 37, 394
Kinder, Alter-berechnen 164
Kindergarten 164
KKLEINSTE 206, 219
Kniffel 202
Kombinationsfeld, anlegen 276
Kombinationsfeld anlegen 364
Kommentar für eine Zelle eingeben 221
Kontaktdaten 272
Kontakte, importieren 272
Kontrollkästchen
  anlegen 328, 357
  einfügen 319
Kosten
  auf einen Monat umlegen 398
  Auto 36
  ermitteln 226
  geplante 363
  pro 100 Kilometer 389
  pro Tag 229

Kostenstellen 372
Krankenkasse, private 86
Kredit 400
Kreditanalyse 406, 408, 410, 414
Kreis zeichnen 112
Kreisdiagramm 287, 295, 399, 483
Kunden pro Umsatzgruppe 300
Kursentwicklung 55
Kursverlauf 60
Kurzmitteilung 360

L

Laborwerte 84
Lagerbestand 320
Laufprotokoll 88
Layout anpassen 349
Leasing 400
Lieferschein aus Angebot oder Auftrag schreiben 500
Linie glätten 479
Linien 311, 337, 445, 507
Liniendiagramm 61, 285
  erstellen 478
Liquiditätsplan 460
Liste drucken 35
Lohn 420
Lohnabrechnung 420

M

Mahnung 502
Mandantenstammblatt 318
Mannschaftsliste 240
Mannschaftszuordnung 244
Marktanteile ermitteln 294
Marktforschung 294
Matrixfunktion 301, 470
Max 163
MAX 219
Mehrwertsteuer 346
  Ausweis 340
  ausweisen 509
  berechnen 494
Messekostenplaner 362
MIN 163, 218, 219
Minijobs 420
Mitarbeiter zählen 436
Mitgliederverwaltung 244
Mitgliedsnummer 244
MITTELWERT 168, 170, 173, 218, 262
Monat 43
MONAT 239
Monatsblatt 397
Monatsletzten berechnen 313, 525
Monatsrate, Berechnung der 401
Mustervorlage 358
  erstellen 359

N

Namen für Bereiche vergeben 442
Namensschilder drucken 134
Nettobetrag errechnen 340
Netzdiagramm 480
Notenspiegel 171, 172
Notenspiegel eine Klasse 174
Nullen unterdrücken 393

O

OBERGRENZE 321
ODER 201
Ordnerrücken 136, 138

P

Personaleinsatzplan 436
Pivot-Tabelle 519
PKW-Finanzierung 400
Platzreservierungen 322
Posten, offene 342
Prämien verteilen 440
Prämiensätzen 448
Präsentation 366
Projektplan 462
Protokollierung 372
Provisionen berechnen 442

Q

Quartalsumsätze 492
Quittungsdruck 344

R

Rabatt 384
Rahmen 311, 337, 445, 507
Rahmenlinien 127
Rang, bei identischen Zahlen 303
Raten-Laufzeit 408
Rätsel 193
Rechnen lernen 204
Rechnung 306
  aus Angebot oder Auftrag schreiben 504
  ausfüllen 317
  aus Liefersummen 312
Rechnungsbetrag berechnen 347, 509
Rechnungsdaten 313
Rechnungsformular 506, 508
Rechnungskontrolle 512
Registermappen beschriften 140
Reisecheck 222, 224, 226
Reisekostenabrechnung 348, 350
Renovierungskosten 98
Rentencheck 20
REST 133, 145, 150, 155
Restbudget 435
Restschuld 413
Rezepte 100
  Umrechnungstabelle 102
Römisch 177
RÖMISCH, Funktionsargumente 176
Römische Zahlen 176
  in arabische Ziffern umwandeln 177
RUNDEN 65, 73, 81, 89, 103

S

Saldo des Vormonats übernehmen 461
Schallplatten-Verzeichnis 152
Schule 160
Selbstständige 452
Skonto ausweisen 509
Smiley 371, 487
Soll-/Ist-Vergleich 362
Sonderzeichen 309
Sonderzeichen, farbliche Darstellung der 309
Sortieren nach zwei Suchkriterien 51
Spalte unsichtbar machen 121
Spalten ausblenden 108
Spaltenbreite mit der Maus ändern 319
Spesen 352
Spezialfilter 28, 29, 304
Spielpläne 250
Sport 88
Stammblatt als Mustervorlage speichern 319
Sternzeichen 68
Steuersatz, ermäßigter 346
Steuersätze, unterschiedliche 346
Stundenkontrollzettel 422, 424
Stundennachweis 22, 426
Stundenplan 114
Stundenplan mit farblicher Kennzeichnung 178
Suchtext berechnen 278
Sudoku 118, 214
Summe 43, 77, 160
SUMME 106, 143, 153, 163, 168, 170, 173, 201, 403
Summe berechnen 507
SUMMEWENN 87, 355, 403
SVERWEIS 68, 73, 82, 85, 161, 170, 177, 179, 183, 239, 242
Symbolleiste Zeichnen 115

T

Tabelle erweitern 19, 339, 367, 385
Tabelle fixieren 95
Tabellenblatt kopieren 119
TAG 125, 239
Tagesdatum 343
  aktuelles 507
Tageslohn ermitteln 427
Taschenkalender 526
Tätigkeitsbericht 372
Teilergebnisse 51
  kopieren 53
Teilnehmerliste 292
Teilsummen-Assistent 346
Telefonmanagement 376
Termine, fällige einfärben 378
Terminmanagement 378
Terminplaner 104, 314
Text drehen 187
Textfelder in ein ClipArt einfügen 110
Tierkreiszeichen 68

Tilgungsplan 414
Tippgemeinschaft 200
Training protokollieren 90
Transponieren 252
Turnierplan 252

U

Überminuten 25
Überschriften fixieren 147
Überschuss berechnen 57
Überstunden 24
Umsatz 298
  berechnen 495
  je Kunde 298
  kumulierter in % 283
Umsatzgruppen 300
Umsatzstatistik 488
Umsatzsteuer 346
Umsatzzahlen als Tortendiagramm 494
UND 91, 125, 201
Urlaub 220, 429
Urlaubsantragsformular 444
Urlaubsplan 380, 382, 446
Urlaubsplaner 230
Urlaubstage 382

V

Verbrauch 435
Verbrauch auf 100 Kilometer 39, 389
Verbunddiagramm 299
VERGLEICH 207, 209
Vergleich zum Vorjahr 488
Verkaufserlös 289
Verkaufsprämien 448
Verkaufsstatistik 304
Verleihliste 156
Verlust 363, 404
Vermietung 326, 332, 334
Vermögensverwaltung 58, 416
Versicherungen 62
Versicherungskosten 62
Vertrieb 496
Verzeichnis 158
Videos 158
Visitenkarten 464, 466
Vokabeln 182
Vorlage speichern 361
Vorlage, speichern als 359

W

WAHL 194, 198
Währungsformat wählen 228
Währungsumrechner 64, 232
Warengruppen 304
Warnung bei Unterbesetzung 436
Wasserverbrauch 264
Weight Watchers Ernährungsprogramm 78
Weltzeit 530
WENN 77, 81, 87, 88, 91, 99, 103, 123, 125, 137, 148, 151, 152, 154, 155, 157, 159, 164, 168, 173, 177, 185, 231, 238, 239, 241, 321
  mehrfach verschachtelte 201
Wettkampfsliste 162
Wochenenden, automatisches Einfärben von 231
WOCHENTAG 125, 231
Wochentag ermitteln 422, 437
Wochentage anzeigen 313
WordArt-Objekte einfügen 129
WVERWEIS 65, 183, 449

Z

Zählen
  Besucher 296
  Männer und Frauen 292
Zahlenformat
  benutzerdefiniertes 71
Zahlenformate, benutzerdefinierte 233, 508
Zahlenreihe automatisch fortführen 166
ZÄHLENWENN 87, 120, 159, 161, 171, 175
Zahlung überwachen 47
Zahlung, monatliche 412
Zahlungszeitraum 409
ZEILE 145, 150, 155
Zeitkonto 425
Zeitmanagement 106
Zeitungsabonnements 154
Zellen farbig anzeigen 199
Zellen verbinden 187
Zellformate übertragen 253

Zinsanteil 413
Zinsen 66
  zu regelmäßigen Zahlungen 418
Zinseszins 67
ZUFALLSBEREICH 194, 198